Lexiqu
des
termes
juridiques

Lexique

des

termes

juridiques

13e édition
2001

Raymond Guillien et Jean Vincent
sous la direction de

Serge Guinchard
Professeur à l'Université
Panthéon-Assas (Paris II)
Doyen honoraire
de la Faculté de droit de Lyon

Gabriel Montagnier
Professeur
à la Faculté de droit
de l'Université Jean-Moulin
(Lyon III)

avec le concours, pour la présente édition, de

Jacques Azema
Laurent Boyer
Adrien-Charles Dana
Serge Frossard
Dominique Grillet
Emmanuel Guinchard
Serge Guinchard
Danièle Massot-Durin

Yves Mayaud
Gabriel Montagnier
Christian Philip
Yves Reinhard
Henri Roland
Gérard Vachet
André Varinard

DALLOZ

Liste des symboles utilisés

Le souligné et la couleur pour certains mots indiquent qu'ils sont définis dans le lexique et propose au lecteur de s'y reporter.

La flèche (➤) précédant certains mots indique au lecteur les termes (définis dans le lexique) susceptibles de compléter sa recherche.

Les références précédées du symbole ▮ signalent les articles de code correspondant à la définition.

Le pictogramme qui figure ci-contre mérite une explication. Son objet est d'alerter le lecteur sur la menace que représente pour l'avenir de l'écrit, particulièrement dans le domaine de l'édition technique et universitaire, le développement massif du photocopillage.

Le Code de la propriété intellectuelle du 1er juillet 1992 interdit en effet expressément la photocopie à usage collectif sans autorisation des ayants droit. Or, cette pratique s'est généralisée dans les établissements d'enseignement supérieur, provoquant une baisse brutale des achats de livres et de revues, au point que la possibilité même pour les auteurs de créer des œuvres nouvelles et de les faire éditer correctement est aujourd'hui menacée.

Nous rappelons donc que toute reproduction, partielle ou totale, de la présente publication est interdite sans autorisation de l'auteur, de son éditeur ou du Centre français d'exploitation du droit de copie (CFC, 20 rue des Grands-Augustins, 75006 Paris).

31-35 rue Froidevaux, 75685 Paris cedex 14

Avertissement
pour la 13ᵉ édition

Fort de son succès auprès d'un large public auquel il a toujours été destiné – et, notamment, celui des étudiants – d'une utilisation qui reste simple et pratique, enrichi de nombreux mots nouveaux liés à l'activité législative la plus actuelle (cf. notamment, embryon, pacte civil de solidarité, signature électronique, etc.), le Lexique des termes juridiques *est à jour, dans sa treizième édition, des textes publiés au 1ᵉʳ juin 2001. Il demeure un instrument de travail indispensable, heureusement épuré de mots trop spécialisés dont la définition n'apparaît pas directement utile aux lecteurs qui lui font confiance depuis plus de trente ans, mais riche de sa pluridisciplinarité dont toute l'équipe des auteurs est le reflet le plus tangible, en même temps qu'elle constitue le gage du sérieux de l'actualisation de l'ouvrage.*

Le lecteur trouvera dans cette édition, comme lors de la précédente, le renvoi aux Codes officiels, notamment aux nouveaux Code de justice administrative, Code de commerce, Code monétaire et financier, *qui, en ce début de millénaire, traduisent le mouvement du droit vers plus de clarté dans la présentation de ses normes et, surtout, d'accessibilité. L'accès au droit, que le législateur a érigé en principe, n'était-ce pas, dès la première édition du* Lexique, *l'objectif visé par ses promoteurs, dont on mesure mieux, à plus de trente ans d'écart, la fabuleuse prémonition des besoins de nos concitoyens ?*

Leurs héritiers espèrent que cette édition du Lexique des termes juridiques *continuera à satisfaire ses utilisateurs dont la fidélité est le plus beau des encouragements à œuvrer dans le sens d'une plus grande diffusion de la norme juridique, à partir de ce qui en constitue la raison d'être, à savoir l'accessibilité au droit dans la clarté et la précision de la définition terminologique de ses concepts.*

Lyon et Paris, le 1ᵉʳ juin 2001

Serge GUINCHARD   Gabriel MONTAGNIER

Avertissement
pour la première édition

Le présent et modeste lexique de termes juridiques *tente de prendre rang parmi d'autres ouvrages de genres voisins, mais non identiques, parus depuis peu. Nombreux sont ceux, en effet, qui éprouvent le besoin de posséder un ouvrage de définitions, simple et facilement utilisable. Celui-ci est destiné à éviter cette rupture que provoque parfois dans la lecture d'un passage juridique, d'un article de journal ou de revue, l'apparition d'un mot, d'une formule dont le sens est peu connu ou totalement ignoré du lecteur.*

Utile donc à tout juriste novice ou hésitant, ce petit livre est conçu spécialement pour les étudiants de première et de deuxième années de licence ou de capacité, mais aussi pour les élèves qui, dès l'enseignement du second degré, songent, plus tôt que naguère, à poursuivre des études à caractère juridique.

Or l'expérience révèle que l'initiation juridique, pour l'élève d'une classe « terminale », pour le jeune étudiant, devient de plus en plus difficile.

C'est ainsi qu'un certain fonds de formules latines, suffisamment accessible jadis grâce aux études classiques, va maintenant se perdant sans recours dans le langage ordinaire. Le fonds latin, réduit à vrai dire au minimum, se maintient encore dans le domaine du droit et sa disparition totale n'irait pas sans dommage pour la clarté des raisonnements juridiques.

Fait plus important et d'ailleurs très heureux, le recrutement des étudiants des Facultés de Droit (qu'on accepte un instant ce mot du passé) s'installe dans des milieux plus différenciés qu'autrefois. Souvent privés, dorénavant, d'une certaine éducation juridique, aussi réelle que peu perceptible, éducation venue de contacts quotidiens de tels milieux familiaux, nos étudiants ont besoin d'être aidés alors qu'ils entrent dans un monde qui leur est tout à fait inconnu. Disons qu'ils ont droit à cette aide, si élémentaire et modeste soit-elle.

Les auteurs de ce lexique n'oublient pas non plus que la « pluridisciplinarité », institutionnalisée par la célèbre loi d'orientation du 12 novembre 1968, devrait permettre à un étudiant de puiser plus librement qu'autrefois dans des spécialités diverses. Or, il se heurtera à des difficultés sérieuses s'il veut en particulier aborder certaines matières juridiques. On a donc tenté de parer aux premiers risques de l'éducation juridique toujours malaisée, accusée si souvent de reposer sur un vocabulaire hermétique, suranné, soupçonné de chicane et de traîtrise. Il est exact que, dès qu'ils sont examinés sous l'angle du droit, les faits sociaux prennent une coloration propre. Si le langage des juristes semble abstrait, c'est qu'il traduit la superposition d'une science normative et d'un art. Le langage des juristes présente pour le non-initié une particularité déroutante. Le Droit est si étroitement lié aux manifestations spontanées des groupes sociaux que les instruments de la pensée juridique ont été puisés parmi les termes les plus courants, les plus communs, ceux de la vie quotidienne.

En pénétrant dans la sphère du droit, le mot usuel subit une inflexion, parfois même une mutation qui lui confère la précision technique, facteur nécessaire de la sécurité juridique, mais l'isole et le rend peu à peu incompréhensible au non-spécialiste. Ainsi en va-t-il, pour ne retenir que quelques exemples, des mots : « acte, action, aliment, compagnie, demande, exception, office, ordre ». Ce langage est étrangement « bariolé » ; certains termes gardent l'aspect du granit et défient les siècles; d'autres s'effritent qui n'auront joué le rôle que de passerelles légères et provisoires; d'autres encore subissent des avatars étonnants. Alors que certains sont connus de tous, en dépit de leur vêtement juridique, d'autres demeurent obstinément ésotériques. Ce vocabulaire se renouvelle sans cesse comme le prouvent les termes « bail à construction », « contrat de leasing », « de factoring *ou de* know how », *car le droit est si profondément enraciné dans la vie économique et sociale qu'il en traduit toutes les manifestations, dans son jaillissement continu, dans son exubérance tour à tour joyeuse ou tragique.*

Ces quelques remarques montrent le but qui a été visé. Ce lexique n'a aucune ambition scientifique : il ne contient que peu d'exemples et aucune référence jurisprudentielle ou doctrinale; il a écarté presque tous les termes correspondant aux disciplines spécialisées. Il n'est présenté qu'une liste de mots usuels, nécessaires à une initiation juridique.

Ce n'est pas sans quelque appréhension que les auteurs (1) de ce petit livre le confient au public; ils en connaissent les limites et l'imperfection. Sans doute n'avaient-ils pas pleinement mesuré l'ampleur et la difficulté de la tâche. Leur témérité trouvera son excuse, ils l'espèrent, dans leur souci de faciliter les premiers pas, parfois hésitants, de leurs jeunes étudiants.

Lyon, le 24 juin 1970

Raymond GUILLIEN
Professeur honoraire
à la Faculté de Droit
de l'Université de Lyon

Jean VINCENT
Professeur à la Faculté de Droit
de l'Université Jean Moulin
(Lyon III)
Doyen Honoraire

(1) Le lexique composé sous la direction initiale de Messieurs les Professeurs Raymond GUILLIEN (droit public) et Jean VINCENT (droit privé), puis de Messieurs les Professeurs Serge GUINCHARD et Gabriel MONTAGNIER a été rédigé :

– Pour le *droit administratif* et le *droit financier* : par Raymond GUILLIEN † et Gabriel MONTAGNIER, Professeurs, puis par Gabriel MONTAGNIER.

– Pour le *droit civil* : par Joseph FROSSARD † et Serge GUINCHARD, Professeurs ; puis par Laurent BOYER, Serge GUINCHARD et Henri ROLAND, Professeurs.

– Pour le *droit commercial* : par Jacques AZÉMA, Professeur, Danièle MASSOT-DURIN, Maître de conférences et Yves REINHARD, Professeur.

– Pour le *droit constitutionnel* et le *droit international public* : par Raoul PADIRAC †, Maître-Assistant ; puis par Christian PHILIP, Professeur.

– Pour le *droit européen* : par Christian PHILIP, Professeur.

– Pour le *droit international privé* : par Jacques PREVAULT, Professeur, puis par Emmanuel GUINCHARD, Allocataire de recherche, Moniteur.

– Pour le *droit rural* : par Jacques PRÉVAULT, Professeur, puis par Dominique GRILLET, Maître de conférences.

– Pour le *droit de la sécurité sociale* : par Marie-Andrée GUERICOLAS, Docteur en droit, ancienne collaboratrice technique à l'Institut d'Études du Travail ; puis par Gérard VACHET, Professeur.

– Pour le *droit du travail* : par Joseph FROSSARD †, Professeur, et Marie-Andrée GUERICOLAS ; puis par Joseph FROSSARD †, Professeur ; puis Serge FROSSARD, Maître de conférences.

– Pour le *droit pénal* et la *procédure pénale* : par Albert CHAVANNE, André DECOCQ, Professeurs, et Marie-Claude FAYARD †, Maître-assistant ; puis par Adrien-Charles DANA, Yves MAYAUD et André VARINARD, Professeurs.

– Pour la *procédure civile* : par Henri ROLAND et Jean VINCENT †, Professeurs, puis par Henri ROLAND, Professeur.

Sélection de quelques sites sur Internet

Admifrance, www.admifrance.gouv.fr
Admi.net, www.admi.net/jo/
Agence bibliographique de l'enseignement supérieur, www.sudoc.abes.fr
Assemblée nationale, www.assemblee-nationale.fr
Autorité de régulation des télécommunications (ART), www.art-telecom.fr
Banque de France, www.banque-france.fr
Banque mondiale, www.worldbank.org
Bibliothèque Nationale de France, www.bnf.fr/
Canada (droit québécois et canadien), http://juriste.gouv.qc.ca
Centre National de Documentation Pédagogique, www.cndp.fr/
Chambre Nationale des Huissiers de Justice, www.huissier-justice.fr/
CNRS, www.sg.cnrs.fr/internet/legislation.htm
Codes, site Légifrance, www.legifrance.gouv.fr
Commission des opérations de bourse, www.cob.fr/
Commission Nationale, Informatique et Libertés, www.cnil.fr.
Conseil d'État et juridictions administratives, www.conseil-etat.fr
Conseil de l'Europe, www.coe.fr
Conseil Constitutionnel, www.conseil-constitutionnel.fr
Conseil supérieur de l'Audiovisuel, www.comfm.fr/csa
Conseil Supérieur du Notariat, www.notaires.fr.
Cour de Cassation, www.courdecassation.fr
Cour des comptes et autres juridictions financières, www.ccomptes.fr
Cour des Comptes européenne, www.eca.eu.int
Cour de justice des Communautés européennes, www.curia.eu.int
Cour européenne des Droits de l'Homme, www.echr.coe.int
Cyberlex, www.grolier.fr/cyberlexnet
Cyber Tribunal, www.cybertribunal.org
Dalloz, www.dalloz.fr
Droit et institutions communautaires, www.europa.eu.int/scadplus/
Eurostat, www.europa.eu.int/eurostat.html
Findlaw, www.findlaw.com/
Fonds monétaire international, www.imf.org
France pratique, www.pratique.fr/vieprat/emploi
Hieros gamos, www.hgorg./hg-french.html
INED, www.ined.fr/.
INSEE, www.insee.fr/vf/index.htm
Institut National de l'Audiovisuel, www.ina.fr
Institut National de la Propriété Intellectuelle (INPI), www.inpi.fr

Journal officiel, www.journal-officiel.gouv.fr
Juribank, www.mygale.org/11/juribank
Juridesk, www.juriste.gouv.qc.ca
Jurifrance, www.jurifrance.com
Jurinet, www.legalis.net/jnet/index.htm
Juripole, http://juripole.u-nancy.fr
Juris, www.juris.uquam.ca/
Jursicom, www.juriscom.net
Juris cope, www.campus.électronique.tm.fr/jurisite
Jurisfac, www.chez.com/jurisfac
Jurisva, www.jurisva.com
Jurisweb, http://jurisweb.citeweb.net
La Documentation française, www.ladocfrancaise.gouv.fr
Law France, www.jura.uni-sb.de/france/Law-France
LégalisNet, www.legalis.net.
Legifrance, www.legifrance.gouv.fr
Ministère des Finances, www.minefi.gouv.fr
Newsgroup sur le droit, www.fr.misc.droit
OCDE, www.oecd.org
Office Européen des brevets, www.Austria.eu.net/epo
Ordre des avocats de Paris, www.paris.barreau.fr
Ordre des experts comptables, www.experts-comptables.com
Organisation mondiale du commerce, www.wto.org/
Organisation Mondiale de la Propriété Intellectuelle (OMPI), http://www.wipo.org
Organisation mondiale de la santé, www.who.ch
Premier Ministre, www.premier-ministre.gouv.fr *et aussi*, www.internet.gouv.fr
Ref lex, http://fp.worldnet.net/reflex
Revue de Droit des Affaires Internationales, www.iblj.com
Ridi, www.ridi.org/adi
Sénat, www.senat.fr
Sites officiels français et étrangers, www.service-public.fr
Union européenne, http://europa.eu-int/
USA (Bibliothèque de la Chambre des représentants), http://law.house.gov
Village de la Justice, www.village-justice.com

Métamoteurs de recherche

Copernic 2001, www.copernic.com
Google, www.google.fr

Abréviations*

Al.	Alinéa.
Art.	Article.
C. adm.	Code administratif.
C. assur.	Code des assurances.
C. civ.	Code civil.
C. com.	Code de commerce.
CCH	Code de la construction et de l'habitation.
C. consom.	Code de la consommation.
C. expr.	Code de l'expropriation.
C. gén. coll. territ.	Code général des collectivités territoriales.
CGI	Code général des impôts.
C. just. adm.	Code de justice administrative.
C. mon. fin.	Code monétaire et financier.
C. org. jud.	Code de l'organisation judiciaire.
C. pén.	Code pénal.
C. pr. civ.	Code de procédure civile.
C. pr. pén.	Code de procédure pénale.
C. propr. indus.	Code de la propriété industrielle.
C. propr. intell.	Code de la propriété intellectuelle.
C. rur. et for.	Code rural et forestier.
C. santé. publ.	Code de la santé publique.
CSS	Code de la Sécurité sociale, de la santé publique et de l'aide sociale.
C. transp.	Code des transports.
C. trav.	Code du travail.
C. urb.	Code de l'urbanisme.
C. voirie routière	Code de la voirie routière.
Contra	Solution contraire.
Décr.	Décret.
Décr.-l.	Décret-loi.
Dr. adm.	Droit administratif.
Dr. ass.	Droit des assurances.

* Voir également liste des sigles en fin d'ouvrage

Dr. civ.	Droit civil.
Dr. com.	Droit commercial.
Dr. const.	Droit constitutionnel.
Dr. eur.	Droit européen.
Dr. fin.	Droit financier.
Dr. gén.	Droit général (droit privé, droit public).
Dr. int. priv.	Droit international privé.
Dr. int. publ.	Droit international public.
Dr. marit.	Droit maritime.
Dr. pén.	Droit pénal.
Dr. priv.	Droit privé.
Dr. publ.	Droit public.
Dr. rur.	Droit rural.
Dr. soc.	Droit social.
Dr. trav.	Droit du travail.
Hist. dr.	Histoire du droit.
JO	Journal officiel.
L.	Loi.
Liv.	Livre.
LPF	Livre des procédures fiscales.
Mod.	Modifié.
NCP	Nouveau Code pénal.
NCPC	Nouveau Code de procédure civile.
Ord.	Ordonnance.
Pr. adm.	Procédure administrative.
Pr. civ.	Procédure civile.
Pr. gén.	Procédure (principes généraux).
Pr. pén.	Procédure pénale.
Rect.	Rectification.
Régl.	Règlement.
Séc. soc.	Sécurité sociale.
V.	Voir.

Abandon *[Dr. civ.]*

Acte par lequel une personne renonce à un droit.

L'abandon suppose une intention, à la différence de la perte.

Abandon d'enfant : les enfants recueillis par un particulier ou certaines œuvres spécialisées, dont les parents se sont manifestement désintéressés depuis plus d'un an, peuvent être déclarés abandonnés par le tribunal en vue de l'adoption.
📘 *C. civ., art. 350.*

[Dr. pén.] Crime ou délit, selon les circonstances, consistant dans le fait d'exposer ou de faire exposer, de délaisser ou de faire délaisser, en un lieu solitaire ou non solitaire, un enfant ou une personne hors d'état de se protéger en elle-même.
📘 *C. pén., art. 223-3 s., 227-1 s.*
➤ *Délaissement.*

Abandon de famille *[Dr. pén.]*

Fait :

1° de ne pas exécuter une décision judiciaire relative au versement de prestations ou pensions fixées par la justice;

2° de s'abstenir de notifier un change-ment de domicile au créancier de ces prestations ou pensions.

Depuis le 1ᵉʳ mars 1994, date d'entrée en vigueur du nouveau code pénal, ne sont plus des délits l'abandon physique du foyer familial par le père ou la mère, ainsi que l'abandon par le mari de sa femme enceinte. Quant à l'abandon moral des enfants, qui était lui aussi incriminé, il s'agit désormais d'une hypothèse de mise en péril des mineurs.
📘 *C. pén., art. 227-3 s.*

Abattement supplémentaire *[Séc. soc.]*

Possibilité offerte à certaines professions limitativement énumérées de déduire de la base de cotisations de sécurité sociale une somme égale au montant de la déduction supplémentaire pour frais professionnels dont elles bénéficient en matière fiscale.
📘 *CSS arr. 26 mai 1975, art. 4.*

« Ab intestat » *[Dr. civ.]*

Sans testament.

Se dit d'une succession dont les biens sont attribués aux héritiers selon les règles fixées par le législateur lorsque le défunt n'a pas laissé de testament ou, lorsqu'ayant rédigé un testament, celui-ci est nul ou caduc.
📘 *C. civ., art. 718 s.*

« Ab irato » *[Dr. gén.]*

Un acte est fait *ab irato* lorsqu'il est fait dans un mouvement de colère.

Abondement *[Dr. trav.]*
➤ *Plan d'Épargne d'entreprise.*

Abordage *[Dr. marit.]*

Collision de deux navires de commerce. La réglementation légale de l'abordage est, toutefois, étendue aux avaries sans collision, résultant par exemple des remous occasionnés par le déplacement de l'un des navires.

Abornement *[Dr. civ.]*
➢ *Bornage.*

Aboutissants *[Dr. civ.]*
Désigne, s'agissant d'une propriété foncière, les pièces de terre qui sont adjacentes à ses petits côtés.
➢ *Tenants.*

A

Abrogation *[Dr. pén.]*
Depuis le nouveau code pénal, la peine cesse de recevoir exécution quand elle a été prononcée pour un fait qui, en vertu d'une loi postérieure au jugement, n'a plus le caractère d'une infraction pénale.
▮ *C. pén., art. 112-4.*

Absence *[Dr. civ.]*
État d'une personne dont on ignore si elle est encore en vie, alors qu'aucun événement particulier ne fait présumer le décès.
▮ *C. civ., art. 112 s.*
➢ *Disparition.*

Absentéisme *[Dr. trav.]*
Phénomène traduisant, dans une période donnée, l'absence autorisée ou non des salariés de leur lieu de travail. Le taux d'absentéisme est le rapport entre les salariés absents et les effectifs de l'entreprise à une date déterminée.

Absolution *[Dr. pén.]*
➢ *Exemption de peine.*

Absolutisme *[Dr. const.]*
Système politique où tous les pouvoirs sont concentrés dans les mains du souverain.

Abstention *[Pr. gén.]*
Acte par lequel un juge renonce spontanément à connaître du procès, soit parce qu'il existe une cause de récusation en sa personne, soit parce qu'il y a pour lui un motif de conscience rendant souhaitable son abstention.
▮ *NCPC, art. 339.*
➢ *Déport, Récusation.*

Abstention délictueuse *[Dr. pén.]*
➢ *Omission de porter secours.*

Abstentionnisme électoral *[Dr. const.]*
Phénomène de non-participation à une élection ou à un référendum qui se définit par la différence entre le nombre des électeurs inscrits et le total des votants (suffrages exprimés + bulletins blancs et nuls).

Abus d'autorité *[Dr. civ.]*
Contrainte morale, prenant appui sur une autorité de fait ou de droit, exercée sur une personne, pour l'amener à accomplir un acte juridique.

Abus de biens sociaux *[Dr. com. / Dr. pén.]*
Délit dont se rendent coupables les dirigeants de sociétés par actions ou de SARL, qui, de mauvaise foi, font des biens ou du crédit de la société un usage qu'ils savent contraire à l'intérêt de celle-ci, à des fins personnelles ou pour favoriser une autre société ou entreprise dans laquelle ils sont intéressés directement ou indirectement.
▮ *C. com., art. L. 241-3-4° et L. 242-6-3°.*

Abus de blanc-seing/Dr. pén.]

Mention frauduleuse, au-dessus d'une signature, d'une obligation ou décharge, ou de tout autre acte pouvant compromettre la personne ou la fortune du signataire.

L'abus de blanc-seing n'est plus un délit spécifique depuis le nouveau code pénal, mais il peut être sanctionné au titre de l'abus de confiance ou du faux en écriture lorsqu'il en recoupe les éléments constitutifs.

Abus de confiance/Dr. pén.]

Fait par une personne de détourner, au préjudice d'autrui, des fonds, des valeurs, ou un bien quelconque qui lui ont été remis et qu'elle a acceptés à charge de les rendre, de les représenter ou d'en faire un usage déterminé.

🔖 *C. pén., art. 314-1.*

Abus de domination/Dr. com. / Dr. pén.]

Comportement d'une entreprise ou d'un groupe d'entreprises consistant à abuser de sa puissance économique.

La domination économique n'est pas en elle-même condamnable, seul l'abus est sanctionné lorsqu'il est de nature à fausser ou restreindre le jeu de la concurrence. Cet abus de domination peut revêtir deux formes.

La première, appelée abus de position dominante, consiste pour une entreprise ou un groupe d'entreprises, disposant d'une place prépondérante sur un marché déterminé à profiter de sa situation pour adopter certains comportements nocifs pour la concurrence.

La seconde, appelée abus de l'état de dépendance économique, consiste à se comporter, à l'égard d'un client ou d'un fournisseur qui ne dispose pas de solution équivalente, de manière inacceptable.

🔖 *C. com., art. L. 420-2.*

Abus de droit/Dr. priv. / Pr. gén.]

Fait par le titulaire d'un droit de le mettre en œuvre en dehors de sa finalité.

🔖 *NCPC, art. 32-1, 559, 581, 628.*

[Dr. trav.] ➤ *Rupture abusive.*

Abus de faiblesse
[Dr. civ. / Dr. com. / Dr. pén.]

Exploitation de l'état d'ignorance ou de l'état de vulnérabilité d'une personne tenant à son âge, à une maladie, à une déficience physique ou psychique, etc. pour l'amener à prendre des engagements dont elle est incapable d'apprécier la portée. L'abus de faiblesse est traitée comme un vice du consentement, tantôt dol, tantôt violence, et constitue un délit pénal.

🔖 *C. consom., art. L. 112-8; C. pén., art. 313-4.*

Abus de majorité/Dr. com.]

Décision prise par un actionnaire ou un groupe d'actionnaires détenteurs de la majorité du capital, contrairement à l'intérêt social et dans l'unique dessein de favoriser le groupe majoritaire au détriment de la minorité.

La sanction de l'abus peut consister en l'allocation de dommages et intérêts ou en l'annulation de l'opération abusive.

Abus de minorité/Dr. com.]

Décision des associés minoritaires contraire à l'intérêt social et prise dans l'unique dessein de favoriser les intérêts minoritaires au détriment des autres associés.

La sanction de l'abus peut consister en l'allocation de dommages et intérêts ou dans la désignation d'un mandataire chargé de voter au nom des associés minoritaires.

Abus de position dominante *[Dr. eur.]*
➤*Abus de domination.*

« Abusus » *[Dr. civ.]*
Mot latin désignant l'un des attributs du droit de propriété, le droit de disposer (disposition juridique par l'aliénation ou disposition matérielle par la destruction).
➤*Fructus, Usus.*

A

Académie *[Dr. adm.]*
Circonscription universitaire englobant, d'ordinaire, plusieurs départements.

À cause de mort *[Dr. civ.]*
Qualifie les actes qui ne développent leurs effets qu'après la mort de leurs auteurs. Le testament est l'acte à cause de mort par excellence. On dit en latin *mortis causa*.
➤*Entre vifs.*

Acceptation *[Dr. civ.]*
1° Acte par lequel une personne donne son agrément à une offre légale lui permettant de se prévaloir, si elle le désire, d'une situation juridique (acceptation de succession).
2° Manifestation de volonté par laquelle une personne donne son accord à une offre de contrat qui lui est faite.
[Dr. com.] Engagement pris par le débiteur d'une lettre de change, ou *tiré*, de payer à l'échéance le montant de celle-ci, engagement constaté par une signature apposée au recto de la lettre.
▌*C. mon. fin., art. L. 134-1; C. com., art. L. 511-15 s.*

Acceptation de succession sous bénéfice d'inventaire *[Dr. civ.]*
Acceptation qui, jointe à l'inventaire des biens transmis, limite le poids des dettes successorales à l'actif de la succession.
▌*C. civ., art. 793 s.*

Accès aux documents administratifs (Droit d') *[Dr. adm.]*
Droit reconnu aux administrés d'accéder à la plupart des documents administratifs non nominatifs, ou des documents nominatifs les concernant. En outre, toute personne a le droit de connaître les informations contenues dans un document administratif dont les conclusions lui sont opposées.
En cas de refus, les intéressés peuvent saisir la Commission d'accès aux documents administratifs (CADA). Ils sont irrecevables à saisir directement du refus la juridiction administrative compétente.

Accession *[Dr. civ.]*
Extension du droit de propriété aux choses réputées accessoires, qui s'unissent à la chose présumée principale.
Si une personne construit avec ses matériaux sur un terrain appartenant à un tiers, le propriétaire du sol devient propriétaire de la construction par accession.
▌*C. civ., art. 646 s.*
➤*Alluvion, Avulsion.*
[Dr. int. publ.] ➤*Adhésion.*

« Accessorium sequitur principale »
[Dr. civ.]

L'accessoire suit le principal en ce sens que le bien principal communique sa condition juridique au bien qui s'agglomère à lui.
➤ *Accession.*

Accident bénin*[Séc. soc.]*

Accident n'entraînant ni arrêt de travail, ni soins médicaux, donnant lieu à une prise en charge par les organismes de sécurité sociale. L'entreprise peut être autorisée à ne pas déclarer les accidents « bénins » sous réserve de tenir un registre ouvert à cet effet.
📗 *CSS, art. L. 441-4.*

Accident de mission*[Séc. soc.]*

Accident survenant alors que le salarié accomplit un travail pour le compte de l'employeur en dehors de son lieu habituel de travail. L'accident de mission est assimilé à un accident du travail dans la mesure où, lorsque l'accident se produit, le salarié n'a pas recouvré son indépendance ou interrompu sa mission pour un motif indépendant de l'emploi. En revanche, constitue un accident de trajet l'accident survenu entre le domicile du salarié et le lieu de mission.
📗 *CSS, art. L. 411-2.*

Accident de trajet*[Séc. soc.]*

L'accident de trajet est l'accident survenu à un travailleur sur le parcours, aller et retour, entre :

- le lieu de travail et sa résidence principale, une résidence secondaire ou tout autre lieu où le travailleur se rend de façon habituelle pour des motifs d'ordre familial ;

- le lieu de travail et le restaurant, la cantine ou, d'une manière plus géné-rale, le lieu où le travailleur prend habi-tuellement ses repas ;

- dans la mesure où le parcours n'a pas été interrompu ou détourné pour un motif personnel autre que les nécessités essentielles de la vie courante ou indépendant de l'emploi. L'accident de trajet donne droit aux mêmes réparations qu'un accident du travail. Toute-fois la victime dispose des recours selon le droit commun, contre l'auteur de l'accident, même si celui-ci est l'employeur ou l'un de ses préposés.
📗 *CSS, art. L. 411-2.*

Accident du travail*[Séc. soc.]*

Accident, qu'elle qu'en soit la cause, survenu par le fait ou à l'occasion du travail à toute personne salariée ou travaillant à quelque titre ou à quelque lieu que ce soit pour un ou plusieurs employeurs ou chefs d'entreprise.

L'accident du travail ouvre droit aux prestations en nature de l'assurance maladie sans ticket modérateur et avec système de tiers payant et aux prestations en espèce; indemnités journaliè-res en cas d'incapacité temporaire, rente en cas d'incapacité permanente ou accident mortel, capital en cas d'incapacité permanente inférieure à 10 %.

En cas d'accident du travail, la victime ne dispose d'aucun recours contre son employeur ou les préposés de celui-ci sauf faute intentionnelle ou s'il s'agit d'un accident de la circulation.
📗 *CSS, art. L. 411-1.*

« Accipiens »*[Dr. civ.]*

Mot latin désignant la personne qui reçoit un paiement; généralement, l'accipiens est le créancier.
➤ *Solvens.*

A

Accises [Dr. fin.]

Terme désignant les impôts indirects frappant de manière spécifique tel ou tel produit, comme les taxes fiscales sur les alcools ou les cigarettes.

Habituellement dénommées : « contributions indirectes » dans le Code général des impôts.

Acconier [Dr. marit.]

Entrepreneur de manutention, chargé des opérations de chargement et de déchargement d'un navire; peut se voir aussi confier des opérations juridiques, telles que la réception des marchandises.

Accord [Dr. gén.]

Rencontre des volontés en vue de produire l'effet de droit recherché par les parties : contrat, mariage, divorce par consentement mutuel, concordat...

Accord atypique [Dr. trav.]

Accord collectif ne respectant pas les conditions substantielles de conclusion des conventions et accords collectifs de travail. Le plus souvent ces accords, au lieu d'être négociés avec les organisations syndicales représentatives, sont conclus avec d'autres représentants du personnel. De tels accords ne sont pas nuls, mais n'ont qu'une efficacité restreinte.

Dans les petites entreprises, en vertu de la loi du 12 novembre 1996, les représentants du personnel peuvent conclure, sous certaines conditions, des accords collectifs.

Accord collectif [Dr. trav.]

L'accord collectif se différencie de la convention collective en ce qu'il ne traite que de points particuliers.

📕 *C. trav., art. L. 132-1.*

Accord dérogatoire [Dr. trav.]

Accord d'entreprise ou de branche qui, sous certaines conditions, peut déroger aux dispositions légales considérées comme étant d'ordre public. C'est ainsi qu'un accord de modulation qui répartit les horaires de travail non exclusivement sur la semaine est un accord dérogatoire au principe de la durée hebdomadaire de travail.

📕 *C. trav., art. L. 132-26, L. 212-9, L. 153-1.*

Accord en forme simplifiée
[Dr. int. publ.]

Traité non soumis à ratification ou approbation et qui entre donc en vigueur dès la signature. Ces accords en forme simplifiée se développent beaucoup à l'époque contemporaine et portent souvent sur des traités importants. Ils ont été aux États-Unis (executive agreements) depuis quarante ans de l'ordre de trois pour deux traités ratifiés et représentent en France actuellement 30 % des accords conclus. Le fait de savoir si l'État peut ou non s'engager sous cette forme relève du droit interne.

Accord de modulation [Dr. trav.]
➤ *Heures supplémentaires.*

Accord procédural [Dr. int. priv.]

Lorsque les parties à un litige ont la libre disposition de leurs droits, elles peuvent s'accorder sur l'application de la loi du for.

Cet accord est valable malgré l'existence d'une convention internationale ou d'une clause contractuelle désignant la loi normalement compétente. Il peut être exprès ou implicite.

Accord régional *[Dr. int. publ.]*
Accord entre des États unis par une solidarité géographique en vue de renforcer leur sécurité mutuelle.
Les conditions de la compatibilité des accords régionaux avec l'ONU sont définies par le chapitre 8 de la Charte des Nations Unies.

Accord de siège *[Dr. int. publ.]*
Traité conclu entre une Organisation internationale et l'État sur le territoire duquel elle est établie, pour régler les problèmes soulevés par cette situation.

Accréditer *[Dr. int. publ.]*
Donner qualité à une personne pour représenter un État auprès d'un autre État (comme agent diplomatique) ou auprès d'une Organisation internationale.
➤ *Agent diplomatique, Agrément, Persona grata.*

Accréditif *[Dr. com.]*
Nom sous lequel on désigne généralement la lettre de crédit remise par un banquier à son client pour lui permettre de toucher des fonds ou de se faire ouvrir un crédit par un banquier sur une autre place.
➤ *Lettre de crédit.*

Accroissement *[Dr. civ.]*
Droit en vertu duquel, en cas de pluralité d'héritiers ou de légataires, la part du défaillant augmente de plein droit la part de ceux qui viennent à la succession, en proportion de leur vocation respective. Ce droit entre en mouvement, principalement, par la répudia-

tion de l'hérédité, la renonciation à un legs ou sa caducité.
▌ *C. civ., art. 786, 1044.*
Désigne aussi la clause d'un contrat prévoyant la réversibilité de la portion des prémourants au profit des survivants (rente viagère, tontine, achat en commun).

Accueil de l'embryon *[Dr. civ.]*
Possibilité offerte à un couple (marié ou pouvant apporter la preuve d'une vie commune d'au moins deux ans) autorisé à recourir à l'assistance médicale à la procréation (pour cause d'infertilité pathologique ou pour éviter la transmission à l'enfant d'une maladie particulièrement grave) de décider que sera tentée la fécondation d'un certain nombre d'ovocytes pouvant rendre nécessaire la conservation d'embryons, dans l'intention de réaliser leur demande parentale dans un délai de cinq ans. À titre exceptionnel, et sur autorisation du président du TGI, les deux membres du couple (ou le survivant en cas de décès) peuvent consentir, par écrit, à ce que les embryons conservés soient accueillis par un autre couple pour lequel une assistance médicale à la procréation sans recours à un tiers donneurs ne peut aboutir.
▌ *C. santé publ., art. L. 152-1 et s.*

Accusatoire (Procédure) *[Pr. gén.]*
➤ *Procédure accusatoire.*

Accusé *[Pr. pén.]*
Personne soupçonnée d'un crime et traduite, pour ce fait, devant la Cour d'assises, afin d'y être jugée.
▌ *C. pr. pén., art. 214 s.*

ACH

A

Achalandage *[Dr. com.]*

Partie de la clientèle davantage retenue par l'emplacement du fonds de commerce que par la personne ou l'activité du commerçant.

➢ *Clientèle.*

Acompte *[Dr. adm. / Dr. fin.]*

Paiement partiel effectué en règlement de la fraction exécutée d'une fourniture convenue de biens ou de services.

➢ *Avance.*

[Dr. civ.] Paiement partiel qui est imputé sur le montant de la dette.

➢ *Arrhes.*

Acquêts *[Dr. civ.]*

Dans les régimes de communauté, biens acquis à titres onéreux par les époux, pendant le mariage, ensemble ou séparément, grâce à leur travail ou leur épargne. Ils sont communs.

▌ *C. civ., art. 1401 s., 1498 s.*

➢ *Participation aux acquêts.*

Acquiescement *[Pr. civ.]*

Fait, de la part d'un plaideur, de se soumettre aux prétentions de l'autre.

L'acquiescement à la demande emporte reconnaissance du bien-fondé des prétentions de l'adversaire et renonciation à l'action.

L'acquiescement au jugement emporte soumission aux chefs de celui-ci et renonciation aux voies de recours.

▌ *NCPC, art. 408, 409.*

Acquit *[Dr. civ.]*

Mention portée sur un titre par le créancier, suivie de sa signature et destinée à prouver le paiement de la dette.

➢ *Quittance.*

Acquisition intracommunautaire *[Dr. fin.]*

Dans l'actuel régime transitoire de TVA intracommunautaire, achat fait par une entreprise (assujettie à la TVA) dans un autre État membre de la Communauté européenne. La TVA est due dans l'État de l'acheteur.

➢ *Importations.*

Acquit-à-caution *[Dr. fin.]*

Pour prévenir la fraude sur les vins et les alcools, ceux-ci ne peuvent circuler que si leur détenteur possède une sorte de quittance prouvant le paiement de l'impôt (« congé »), ou un document lui permettant, sous la garantie d'une caution, de les déplacer en suspension d'impôt (« acquit-à-caution »).

Acquittement *[Pr. pén.]*

Décision de la Cour d'Assises déclarant non coupable l'accusé traduit devant elle.

▌ *C. pr. pén., art. 363.*

Acte *[Dr. civ.]*

1° En la forme, un acte est un écrit nécessaire à la validité ou à la preuve d'une situation juridique : on désigne parfois l'acte, au sens formel, par le mot *instrumentum*.

➢ *Écrit, Negotium.*

2° Au fond, un acte, désigné généralement par l'expression « acte juridique », est une manifestation de volonté destinée à produire des effets de droit. En ce sens, l'acte est appelé parfois *negotium*.

➢ *Instrumentum, Fait juridique, Fond, Forme.*

➢ *aussi les différentes sortes d'actes juridiques.*

Acte administratif *[Dr. adm.]*

Notion fondamentale du Droit administratif, pouvant être analysée à partir de plusieurs points de vue conduisant à des définitions différentes :

1° considéré sous l'angle de ses caractères propres :

- du point de vue formel, l'acte administratif est toute décision prise par une autorité administrative;

- du point de vue matériel, l'acte administratif est un acte visant un individu, ou des individus identifiés ou identifiables, (par opposition à l'acte réglementaire qui a une portée générale). Dans ce sens, il est synonyme d'acte individuel.

2° Considéré sous l'angle de son régime juridique, l'acte administratif est tout acte relevant du Droit administratif et de la compétence de la juridiction administrative, que cet acte soit unilatéral ou conventionnel, qu'il émane ou non d'une autorité administrative.

Acte d'administration *[Dr. civ.]*

1° *Au sens large*, acte ayant pour but la gestion normale d'un patrimoine, en conservant sa valeur et en le faisant fructifier.

2° *Au sens étroit*, on oppose acte d'administration à acte de disposition : l'acte d'administration tend à maintenir les droits dans le patrimoine et ne peut de ce fait entraîner leur transmission.

■ *C. civ., art. 456 et 457.*
➢ *Acte de disposition.*

Acte d'administration judiciaire *[Pr. gén.]*

➢ *Mesure d'administration judiciaire.*

Acte apparent *[Dr. civ.]*

Acte révélant une situation juridique différente de la situation véritable.

L'acte apparent est appelé également « acte ostensible ».

➢ *Apparence, Contre-lettre, Simulation.*

Acte d'appel *[Pr. civ.]*

Acte formalisant l'appel sous le régime abrogé de l'ancien Code proc. civ.
➢ *Déclaration d'appel.*

Acte authentique *[Dr. civ.]*

Écrit établi par un officier public (notaire par exemple) dont les affirmations font foi jusqu'à inscription de faux et dont les grosses, revêtues de la formule exécutoire, sont susceptibles d'exécution forcée.

Actes d'autorité et de gestion (distinction des) *[Dr. adm.]*

Théorie émise par la doctrine du XIXᵉ siècle, largement abandonnée aujourd'hui, qui fondait l'application de la compétence et du droit administratifs sur l'opposition des actes d'autorité (ou de puissance publique) mettant en œuvre les privilèges d'actions reconnus à l'Administration, et des actes de gestion ne mettant en jeu aucune des prérogatives conférées à celle-ci.

Acte d'avocat à avocat *[Pr. civ.]*

Acte de procédure rédigé par l'avocat près le tribunal de grande instance et signifié à son confrère au Palais par un huissier audiencier; on emploie aussi l'expression acte du Palais.

■ *NCPC, art. 672.*
➢ *Acte d'avoué à avoué.*

Acte d'avoué à avoué *[Pr. civ.]*

Acte de procédure rédigé par l'avoué près la Cour d'appel et signifié à son confrère au Palais par un huissier audiencier.

NCPC, art. 674.

➢ *Acte d'avocat à avocat.*

Acte bilatéral *[Dr. civ.]*

Acte juridique résultant de la volonté de deux personnes.

➢ *Acte unilatéral.*

Acte à cause de mort *[Dr. civ.]*

Acte juridique ne produisant d'effets qu'à la mort d'une personne (testament).

➢ *Acte entre vifs.*

Acte de commerce *[Dr. com.]*

Acte juridique ou fait juridique soumis aux règles du droit commercial, en raison de sa nature (ainsi l'achat pour revendre), de sa forme (ainsi la lettre de change), ou en raison de la qualité de commerçant de son auteur.

C. com., art. 631, 632, 633.

Acte-condition *[Dr. civ.]*

Acte dont le résultat est de rendre applicable à un individu une norme juridique (ou un ensemble de normes juridiques) qui ne lui était pas applicable jusqu'alors. L'acte-condition, qui place cet individu dans une situation juridique entièrement préétablie par le Droit, peut être un acte juridique (mariage, nomination d'un fonctionnaire) ou un fait juridique (tirage au sort d'un juré).

Acte consensuel *[Dr. civ.]*

Acte juridique ne nécessitant pour sa formation aucune formalité particulière. Le consensualisme est la règle.

C. civ., art. 1108.

➢ *Acte solennel.*

Acte conservatoire *[Dr. civ.]*

Acte ayant pour objet la sauvegarde d'un droit (ex. : renouvellement d'une inscription hypothécaire, interruption d'une prescription...).

➢ *Acte d'administration, Saisie conservatoire.*

Acte constitutif *[Dr. civ.]*

Acte juridique créant des droits nouveaux ou modifiant une situation antérieure.

➢ *Acte déclaratif.*

Acte déclaratif *[Dr. civ.]*

Acte constatant une situation juridique préexistante.

➢ *Acte constitutif.*

Acte déguisé *[Dr. civ.]*

Acte juridique destiné à demeurer secret, que les parties travestissent en un acte apparent qui ne reflète pas leur volonté (ex. : donation déguisée en vente).

➢ *Acte fictif, Acte simulé, Contre-lettre.*

Acte détachable *[Dr. adm.]*

Terme désignant, dans un acte administratif complexe, constitué d'une mesure principale et d'actes connexes, ceux de ces actes que le juge administratif accepte de soumettre à un régime contentieux distinct de celui appliqué à la mesure principale.

Acte de disposition *[Dr. civ.]*

Acte comportant transmission de droits pouvant avoir pour effet de diminuer la valeur du patrimoine.

➢ *Acte d'administration.*

Acte de l'état civil *[Dr. civ.]*

Acte instrumentaire, dressé par l'officier de l'état civil ou sous sa responsa-

bilité, destiné à prouver l'état des personnes.
📖 *C. civ., art. 34 s.*
➢ *État des personnes.*

Acte exécutoire/*Pr. gén.]*
➢ *Titre exécutoire.*

Acte extrajudiciaire/*Pr. civ.]*
Acte signifié par un huissier de justice et produisant des effets juridiques en dehors de toute procédure : ainsi une sommation de payer, un protêt, un commandement de saisie.
➢ *Acte judiciaire.*

Acte fictif/*Dr. civ.]*
Acte simulé par lequel les parties créent l'apparence d'un lien de droit alors qu'elles n'ont pas entendu s'obliger.
➢ *Acte déguisé, Acte simulé, Contre-lettre.*

Actes frustratoires/*Pr. gén.]*
Actes nuls ou inutiles dont les frais restent à la charge de l'auxiliaire de justice qui les a rédigés.
📖 *NCPC, art. 650, 698.*
➢ *Dépens.*

Actes de gestion/*Dr. adm.]*
➢ *Actes d'autorité.*

Acte de gouvernement/*Dr. publ.]*
Qualification à prétention explicative donnée à certains actes émanant d'autorités de l'État, dont les juridictions tant administratives que judiciaires se refusent à connaître et qui en général soit concernent les relations du Gouvernement et du Parlement, soit mettent directement en cause l'appréciation de la conduite des relations internatio-

nales par l'État. *Exemples* : décision d'engager les forces militaires françaises dans une opération de maintien de la paix, nomination par le Président de la République d'un membre du Conseil constitutionnel.

Acte gracieux/*Pr. civ.]*
➢ *Décision gracieuse.*

Acte individuel/*Dr. adm.]*
Acte destiné à produire ses effets au profit, ou à l'encontre, d'un destinataire déterminé ou de plusieurs destinataires individualisés.
On l'oppose à l'acte réglementaire, qui a une portée générale et impersonnelle.

Acte d'instruction/*Pr. pén.]*
Mesure d'information judiciaire utile à la manifestation de la vérité, prise ou ordonnée par une juridiction d'instruction, et qui a notamment pour effet d'interrompre la prescription de l'action publique.
📖 *C. pr. pén., art 7 s. et 81.*

Acte instrumentaire/*Dr. civ.]*
Écrit destiné à prouver l'existence d'une situation juridique, cette situation pouvant résulter d'un « acte » (au sens de *negotium.* ➢ Acte juridique) ou d'un fait juridique.
➢ *Écrit, Negotium.*

Acte judiciaire/*Pr. gén.]*
Acte lié au déroulement d'une procédure contentieuse ou gracieuse, ou tendant à une exécution forcée, émanant des parties ou de certains auxiliaires de justice (avocat, avoué, huissier de justice, greffier) : ainsi une assignation, la

convocation d'un témoin, la rédaction et la signification de conclusions.
➤ *Acte extrajudiciaire.*

Acte juridique *[Dr. gén.]*
Manifestation de volonté destinée à produire des effets de droit. La théorie et les classifications fondamentales des actes juridiques, principalement présentées en France par l'École de Bordeaux du Doyen Léon Duguit et de ses élèves (Bonnard, Vizioz, Réglade) permettent une forme de synthèse analytique de toutes les branches du droit. L'acte juridique est alors l'acte qui apporte une modification à l'ordonnancement juridique. Les principales catégories d'actes juridiques sont les suivantes :
- *Actes subjectifs et actes objectifs* : différenciés par la portée individuelle des premiers (qui peuvent être aussi bien des actes unilatéraux que conventionnels) et par la portée plus large des seconds. ➤ Acte-règle. Ces deux sortes d'actes donnent naissance respectivement à des situations juridiques subjectives et objectives.
- *Actes collectifs* : ils se caractérisent par une pluralité de déclarations de volontés concordantes engagées dans la réalisation d'une opération juridique qui est généralement de Droit public (ex. : vote d'une loi, élection d'un parlementaire, référendum), mais qui peut être aussi de droit privé (ex. : adhésions de nouveaux associés à une association préexistante).
- *Actes conventionnels* : ils se caractérisent par un concours de volontés (avec une interdépendance entre les vouloirs individuels, ce qui les distingue des actes collectifs) qui détermine tous les éléments et effets de l'acte sous réserve

d'éléments complémentaires éventuellement prévus et imposés par le droit. Le contrat est l'exemple par excellence d'une convention.
➤ *Acte, Acte-condition, Acte instrumentaire, Acte-règle.*

Acte juridictionnel *[Pr. gén.]*
D'un point de vue matériel, s'entend de tout acte, quel qu'en soit l'auteur, par lequel une autorité compétente procède à une vérification de légalité sur un acte juridique ou matériel.
D'un point de vue formel, cette qualification est réservée aux actes matériellement juridictionnels émanant d'une juridiction (juge, tribunal).
Un tel acte possède l'autorité de la chose jugée, la force exécutoire, un caractère le plus souvent déclaratif. Le juge qui a posé un acte juridictionnel est dessaisi.
➤ *Chose jugée, Décision gracieuse, Dessaisissement du juge, Mesure d'administration judiciaire.*

Acte mixte *[Dr. com.]*
Acte qui présente la caractéristique d'être commercial pour l'une des parties, et civil pour l'autre.
Ainsi, la vente d'un appareil ménager par un commerçant à un simple particulier.

Acte notarié *[Dr. civ.]*
➤ *Acte authentique.*

Acte de notoriété *[Dr. civ.]*
Acte instrumentaire dressé par un officier public (notaire) ou un magistrat (juge d'instance), faisant état des déclarations de plusieurs personnes attestant des faits notoirement connus.

Acte du Palais *[Pr. civ.]*
➢ *Acte d'avocat à avocat, Acte d'avoué à avoué.*

Acte de poursuite *[Pr. pén.]*
Au sens large, tout acte qui déclenche l'action publique (avertissement, convocation par procès-verbal, comparution immédiate, citation directe, plainte avec constitution de partie civile, réquisitoire introductif) ou qui permet son exercice jusqu'à son aboutissement (réquisitoire supplétif – définitif – exercice des voies de recours...).
Dans un sens plus restreint, acte interruptif de la prescription de l'action publique.
📗 *C. pr. pén., art. 7 s.*
 [Dr. fin.] ➢ *Poursuites (Actes de).*

Acte de procédure *[Pr. gén.]*
Acte soumis à certaines formes, effectué par un auxiliaire de justice ou un plaideur, destiné à entamer, alimenter, suspendre ou arrêter une instance.
📗 *NCPC, art. 2, 112 s., 411.*

Actes préparatoires *[Dr. pén.]*
Lors de la réalisation d'une infraction, actes qui s'inscrivent dans la phase immédiatement antérieure au commencement d'exécution, et qui ne constituent donc pas une tentative punissable.
📗 *C. pr. pén., art. 121-5.*

Actes de pure faculté *[Dr. civ.]*
Actes de jouissance que tolère le propriétaire sur son propre fonds, par bienveillance ou esprit de bon voisinage, insusceptibles, pour cette raison de fonder un droit par prescription.
Synonyme d'actes de simple tolérance.
📗 *C. civ., art. 2232.*

Acte recognitif *[Dr. civ.]*
Acte instrumentaire par lequel une personne reconnaît l'existence d'une situation juridique attestée par un écrit antérieur.
Il a pour effet soit de remplacer l'acte primordial perdu, soit d'interrompre une prescription.

Acte-règle *[Dr. priv. / Dr. publ.]*
Acte juridique dont l'effet est de créer, de modifier ou de supprimer une situation juridique dite objective, c'est-à-dire touchant un nombre de personnes physiques ou morales (souvent les deux en même temps) constituant un groupe placé dans un cadre juridique absolument uniforme du point de vue de l'acte générateur de cette situation.

Acte réglementaire
➢ *Acte individuel.*

Acte solennel *[Dr. civ.]*
Acte juridique soumis à des formes particulières pour sa validité.
➢ *Acte consensuel, Formes ad validitatem.*

Acte sous seing privé *[Dr. civ.]*
Acte écrit, généralement instrumentaire, plus rarement nécessaire à l'existence de la situation juridique, rédigé par un particulier et comportant la signature manuscrite des parties.
📗 *C. civ. art. 1322 s.*
➢ *Acte authentique, Blanc-seing.*

Acte à titre gratuit *[Dr. civ.]*
Acte par lequel une personne s'oblige ou dispose d'un droit avec une intention généreuse.
➢ *Acte à titre onéreux.*

ACT

Acte à titre onéreux *[Dr. civ.]*

Acte par lequel chacune des parties recherche un avantage. Il ne faut pas confondre l'acte à titre onéreux et le contrat synallagmatique qui comporte des obligations réciproques : l'acte à titre onéreux, bien que procurant des avantages pour chaque contractant ne crée pas nécessairement des obligations juridiques réciproques (ex. : remise de dettes).
➣ *Acte à titre gratuit, Contrat synallagmatique, Remise de dettes.*

Actes de tolérance *[Dr. civ.]*
➣ *Actes de pure faculté.*

Acte translatif *[Dr. civ.]*

Acte juridique transférant un ou plusieurs droits ou une universalité de droits au profit d'une personne.
➣ *Acte constitutif.*

Acte-type *[Dr. adm.]*

Nom donné à des modèles de rédaction d'actes juridiques, préparés par des autorités supérieures à celles auxquelles est imposé de manière plus ou moins directe le recours à ces sortes de formulaires.

Dans le cadre de la déconcentration, l'usage de ce procédé permet d'assurer une unité d'action très forte à l'intérieur de l'Administration.

Dans le cadre de la décentralisation, cette technique constitue au profit de l'État un moyen d'affaiblir la portée du principe selon lequel le pouvoir de tutelle, là où il subsiste, ne comporte pas de pouvoir d'instruction.
➣ *Instruction (pouvoir d').*

Acte unilatéral *[Dr. civ.]*

Acte juridique résultant de la manifestation de volonté d'une seule personne (ex. : testament).
➣ *Acte bilatéral.*

Acte unique européen *[Dr. eur.]*

Traité modifiant les textes constitutifs des Communautés européennes conclu en décembre 1985, signé en février 1986, et entré en vigueur en juillet 1987. Modifie certaines dispositions institutionnelles en renforçant, même si c'est de manière limitée, les pouvoirs du Parlement européen (➣ Procédure de coopération). Intègre la coopération politique dans le système communautaire. Fixe au 31 décembre 1992 l'achèvement du marché intérieur et prévoit l'adoption des mesures nécessaires avant cette date. Son adoption a traduit une volonté de relance de la construction européenne.

Acte entre vifs *[Dr. civ.]*

Acte juridique produisant ses effets du vivant des parties (ex. : donation).
➣ *Acte à cause de mort.*

Actif *[Dr. civ.]*

Si, familièrement, la notion recouvre l'ensemble des biens possédés par une personne, techniquement l'actif ne s'entend que de l'excédent, une fois déduit le passif. D'où résulte l'état de solvabilité qui fait obstacle aux mesures protectrices des droits du créancier (déchéance du terme, saisie conservatoire...).

[Dr. com.] Ensemble des biens, mobiliers et immobiliers, des créances et sommes d'argent que possède une entreprise,

qui figurent dans la partie gauche du bilan.
➢ *Bilan.*

Action *[Pr. gén.]*
➢ *Action en justice.*

Action(s) *[Dr. com.]*
Titre négociable émis par les sociétés par actions, qui représente une fraction du capital social et constate le droit de l'associé dans la société.
 C. com., art. L. 228-1 s.

Action d'apport *[Dr. com.]*
Action remise à celui qui fait des apports en nature lors de la constitution de la société par actions ou de l'augmentation de son capital.
On l'oppose à l'action en numéraire dont le montant est libéré en espèces ou par compensation, ou qui est émise par suite d'une incorporation au capital des réserves, bénéfices ou primes d'émission.

Action associationnelle *[Pr. gén.]*
➢ *Action collective.*

Action de capital *[Dr. com.]*
Action dont la valeur nominale n'a pas été remboursée à l'actionnaire. On l'oppose à l'action de jouissance.
➢ *Action de jouissance.*

Action civile *[Pr. pén.]*
Action en réparation d'un dommage directement causé par un crime, un délit ou une contravention. Appartenant à tous ceux qui ont personnellement souffert du dommage, elle peut être exercée, au choix de la victime, soit en même temps que l'action publique devant les juridictions répressives, soit séparément de l'action publique devant les juridictions civiles.
Elle doit être distinguée de la constitution de partie civile, qui permet à la victime de mettre en mouvement l'action publique indépendamment de son droit à réparation, et donc de toute demande de ce chef. Elle se distingue également de l'action de nature civile, qui est exercée devant les tribunaux civils en réparation d'un dommage, mais en l'absence de toute infraction pénale.
 C. pr. pén., art. 2 s.

Action collective *[Pr. gén.]*
Action en justice exercée par une personne morale à but désintéressé – association, syndicat ou ordre professionnel – pour la défense des intérêts à caractère collectif entrant dans son objet.
Contrairement aux syndicats, qui peuvent devant toutes les juridictions exercer tous les droits réservés à la partie civile relativement aux faits portant un préjudice direct ou indirect à l'intérêt collectif de la profession qu'ils représentent (C. trav., art. L. 411-11), les associations ne se voient pas reconnaître de façon générale la possibilité d'agir en justice pour la défense des intérêts qu'elles défendent : ce n'est en principe que si le législateur leur concède ce droit, en vertu de dispositions expresses, qu'elles peuvent se manifester auprès des tribunaux, tant civils que répressifs, qu'il y ait ou non infraction pénale.
➢ *Action en représentation conjointe.*

Action de concert *[Dr. com.]*
Accord en vue d'acquérir ou de céder des droits de vote ou en vue d'exercer des droits de vote pour mettre en œuvre

une politique commune vis-à-vis de la société.

Il est tenu compte de la totalité des actions détenues par les signataires de l'accord pour déterminer les seuils de participation dans les sociétés cotées.

Action confessoire *[Dr. civ.]*

Action réelle qui tend à la reconnaissance d'un droit à une servitude.

Action en contestation d'état *[Dr. civ.]*

➤ *Action d'état.*

Action « de in rem verso » *[Dr. civ.]*

Action permettant d'agir dans le cas d'enrichissement sans cause.

➤ *Enrichissement sans cause.*

Action déclaratoire *[Pr. civ.]*

Action tendant à faire reconnaître en justice, en dehors de tout intérêt né et actuel, la régularité ou l'irrégularité d'une situation juridique. Une telle action n'est pas toujours recevable.

➤ *Action interrogatoire, Action de jactance, Mesures d'instruction.*

Action directe *[Dr. civ.]*

Action exercée par un créancier, en son nom personnel et directement contre le tiers contractant de son propre débiteur. C'est ainsi que le bailleur peut exercer l'action en paiement du loyer contre le sous-locataire.

📕 *C. civ., art. 1753.*

On oppose l'action directe à l'action oblique. En assurance de responsabilité, l'expression désigne l'action exercée directement par la victime contre l'assureur du responsable de son dom-

mage, afin de mettre en jeu la garantie prévue au contrat d'assurance.

📕 *C. civ., art. L. 124-3.*

Action disciplinaire *[Pr. gén.]*

Action dont l'objet est de réprimer un manquement aux règles déontologiques d'une profession (fonctionnaire, magistrat, avocat, officier ministériel...) dont le résultat – éventuel – consiste en une sanction de type professionnel : réprimande, blâme, suspension, révocation, etc. Se distingue à la fois de l'action publique, exercée dans l'intérêt général et de l'action civile qui n'existe qu'au profit du particulier lésé. Sa finalité est de préserver la considération due au corps auquel appartient la personne poursuivie.

➤ *Déontologie, Discipline, Pouvoir disciplinaire.*

Action estimatoire *[Dr. civ.]*

Action par laquelle l'acquéreur d'une chose demande une diminution du prix en raison de vices cachés.

📕 *C. civ., art. 1644.*

Action d'état *[Dr. civ.]*

Action en justice portant sur l'état d'une personne.

On distingue les actions en réclamation d'état et les actions en contestation d'état ; les premières permettent au demandeur d'obtenir en justice la reconnaissance de son véritable état alors que les secondes sont intentées par les personnes qui ont qualité pour nier devant le tribunal l'état apparent d'autrui.

L'action en réclamation d'état d'enfant légitime tend à établir un lien de filiation légitime.

📕 *C. civ., art. 323.*

Action « ad exhibendum » *[Pr. civ.]*

« En vue d'exhiber. » S'applique à la demande d'un plaideur tendant à obtenir la production d'une pièce susceptible d'établir la réalité de ses allégations et que détient son adversaire ou un tiers. Le nouveau code de procédure civile reconnaît au juge le pouvoir d'enjoindre, sous astreinte, la représentation de tous éléments de preuve utiles à la manifestation de la vérité, dès l'instant qu'il n'existe pas d'empêchement légitime.

📖 *NCPC, art. 138.*

Action à fins de subsides *[Dr. civ.]*

Action qui appartient à l'enfant naturel dont la filiation n'est pas légalement établie, pour obtenir, de celui qui a eu des relations avec sa mère pendant la période de la conception, une pension destinée à couvrir ses frais d'entretien et d'éducation.

📖 *C. civ., art. 342 s.*

Action à futur *[Pr. civ.]*

➤ *In futurum.*

Action illicite sur les prix
[Dr. com. / Dr. pén.]

Délit consistant à diffuser par quelque moyen que ce soit, des informations mensongères ou calomnieuses, en jetant sur le marché des offres destinées à troubler les cours ou en utilisant tout autre moyen frauduleux afin d'opérer ou de tenter d'opérer la hausse ou la baisse artificielle du prix de biens ou de services.

Action immobilière *[Pr. civ.]*

Action par laquelle on demande la reconnaissance d'un droit réel ou personnel sur un immeuble (ex. : revendication).

📖 *C. civ., art. 526.*

Action en inscription de faux
[Dr. civ. / Pr. civ.]

➤ *Faux, Faux incident, Inscription de faux.*

Action interrogatoire *[Pr. civ.]*

Action visant à mettre le défendeur en demeure de prendre parti immédiatement, alors que la loi lui concède un délai, soit pour exercer une option (l'héritier a 3 mois et 40 jours pour faire inventaire et délibérer), soit pour élever une prétention (l'incapable à 5 ans pour demander la nullité d'un engagement). Est en principe irrecevable.

Action de jactance *[Pr. civ.]*

Action dirigée contre une personne qui se vante publiquement d'avoir un droit contre une autre, afin de l'obliger à établir la réalité de ses allégations, sous peine d'être vouée à un silence perpétuel. Est souvent irrecevable, lorsque le plaignant ne subit pas un préjudice matériel ou moral effectif.

Action de jouissance *[Dr. com.]*

Titre remis à l'actionnaire au cours de la vie sociale, lorsque la société procède à l'amortissement de son capital, en remboursant par anticipation la valeur nominale des actions aux actionnaires.

Action en justice *[Pr. gén.]*

Pouvoir reconnu aux sujets de droit de s'adresser à la justice pour obtenir le respect de leurs droits ou de leurs intérêts légitimes.

📖 *NCPC, art. 30.*

A

A

Action mixte *[Pr. civ.]*

Action par laquelle on réclame à la fois la reconnaissance d'un droit réel et d'un droit personnel.

📖 *NCPC, art. 46.*

Action mobilière *[Pr. civ.]*

Action sanctionnant un droit personnel ou réel portant sur un meuble, une créance.

📖 *C. civ., art. 529.*

Action négatoire *[Pr. civ.]*

Action réelle par laquelle le demandeur soutient que son immeuble n'est pas grevé de servitude.

Action nominative *[Dr. com.]*

📖 *C. com, art. L. 225-109.*
➤ *Titre nominatif.*

Action de numéraire *[Dr. com.]*

📖 *C. com., art. L. 228-7.*
➤ *Action d'apport.*

Action oblique *[Dr. civ.]*

Action intentée par un créancier au nom et pour le compte de son débiteur négligent et insolvable.

📖 *C. civ., art. 1166.*
➤ *Action paulienne.*

Action paulienne *[Dr. civ.]*

Action par laquelle le créancier demande en justice la révocation des actes d'appauvrissement accomplis en fraude de ses droits par le débiteur insolvable.

📖 *C. civ., art. 1167.*

Action personnelle *[Pr. civ.]*

Action par laquelle on demande la reconnaissance ou la sanction d'un droit personnel, quelle qu'en soit la source (convention, délit, loi, gestion d'affaires, enrichissement injuste).

Relative en général à un meuble corporel ou incorporel, une telle action peut, par exception, concerner un immeuble.

Action pétitoire *[Dr. civ. / Pr. civ.]*

Action mettant en cause l'existence d'un droit réel immobilier, notamment le droit de propriété immobilière.

📖 *NCPC, art. 1265 et s.*
➤ *Action possessoire.*

Action au porteur *[Dr. com.]*

📖 *C. com., art. L. 228-1.*
➤ *Titre au porteur.*

Action possessoire *[Pr. civ.]*

Action tendant à protéger un fait juridique, la possession et même la détention paisible d'un immeuble.

📖 *C. civ., art. 2282 et 2283; NCPC, art. 1264 et s.*
➤ *Action pétitoire, Complainte, Dénonciation de nouvel œuvre, Réintégrande.*

Action de priorité *[Dr. com.]*

Action qui confère à son détenteur certains avantages particuliers par rapport aux actions ordinaires. Ces avantages peuvent être « de nature pécuniaire » (droit d'antériorité sur les bénéfices par exemple). Ils ne peuvent pas en principe affecter le droit de vote dans les assemblées d'actionnaires sous réserve de la possibilité de conférer à certaines actions un droit de vote double.

Action publique *[Pr. pén.]*

Action portée devant une juridiction répressive pour l'application des peines à l'auteur d'une infraction. Même si elle peut être mise en mouvement par la partie civile, elle est toujours exercée par les magistrats ou par les fonctionnaires auxquels elle est confiée par la loi.

C. pr. pén., art. Iᵉʳ.
➤ *Action civile.*

Action en réclamation d'état *[Dr. civ.]*
➤ *Action d'état.*

Action récursoire *[Dr. civ.]*
Action exercée par celui qui a exécuté une obligation dont un autre était tenu, contre ce dernier afin d'obtenir sa condamnation à ce qui a été exécuté.
C. civ., art. 1214.

Action rédhibitoire *[Dr. civ.]*
Action en justice par laquelle l'acheteur demande la résolution de la vente en raison des vices cachés de la chose.
C. civ., art. 1644.

Action en réduction *[Dr. civ.]*
➤ *Réduction pour cause d'excès.*

Action réelle *[Pr. civ.]*
Action par laquelle on demande que soit reconnu ou protégé un droit réel principal ou accessoire sur un immeuble, plus rarement sur un meuble.

Action en représentation conjointe
[Pr. civ.]
Action exercée par une association agréée de consommateurs et reconnue représentative sur le plan national, en vue d'obtenir la réparation du préjudice subi individuellement par des consommateurs, personnes physiques, identifiés, du fait du même professionnel ; l'association doit obtenir un mandat à agir d'au moins deux consommateurs

et a qualité pour agir devant toute juridiction.
C. consom., art. L 422-1 et R. 422-1 s.

Action en revendication *[Dr. civ.]*
Action réelle, dite pétitoire, donnée au propriétaire contre qui détient indûment son bien et refuse de le restituer en contestant son droit. Aboutit, en cas de succès, à la reconnaissance du droit de propriété et à la restitution du bien en cause.
➤ *Action pétitoire.*

Action sanitaire et sociale *[Dr. adm.]*
Vaste ensemble d'aides financières et de prestations diverses, successeur de ce que l'on appelait jadis l'assistance publique, destiné à aider des catégories sociales en danger ou en difficulté, telles que l'enfance et l'adolescence défavorisées, les personnes âgées ou handicapées, ou à veiller à la protection de la santé notamment en matière maternelle et infantile. Cette action est largement prise en charge par le département. Il existe d'autres formes d'action sanitaire et sociale assurées par la Sécurité sociale.

[Séc. soc.] Activité des caisses de Sécurité Sociale ayant pour but de participer à l'amélioration de l'état sanitaire de l'ensemble de la population ou d'un groupe social déterminé (handicapés par exemple) et d'intervenir, tant sur le plan social que financier en faveur des individus ou groupes, sous forme de prestations supplémentaires (prestations extra-légales).

Activités sociales et culturelles *[Dr. trav.]*
Dans une entreprise ou un établissement, ensemble des actions ou institutions non obligatoires et indépendantes

A

A

du contrat de travail, destinées à l'amélioration des conditions de bien-être des salariés, anciens salariés, et de leur famille. Il peut s'agir d'aides temporaires ou de services permanents (cantines, colonies de vacances, bibliothèques, animations culturelles...). Lorsqu'il en existe un, le comité d'entreprise a vocation à gérer ou à contrôler l'ensemble des actions sociales et culturelles. Avant la loi du 28 octobre 1982, les textes juridiques visaient les œuvres sociales.

📖 *C. trav., art. L. 432-8 s., R. 432-2.*

Action syndicale *[Pr. gén.]*
➢ *Action collective.*

Actionnaire *[Dr. com.]*
Titulaire d'une action de société de capitaux.
➢ *Action.*

Actionnariat des salariés *[Dr. trav.]*
Accès des salariés au capital d'une société. Ce peut être la société où ils sont employés (actionnariat dans l'entreprise). ou toute autre société (capitalisme populaire). Le législateur s'est efforcé de faciliter l'actionnariat des salariés dans l'entreprise.

📖 *C. trav., art. L. 443-3 s.*

« Actor sequitur forum rei » *[Pr. civ.]*
Le demandeur doit porter son action devant le tribunal du défendeur.
📖 *NCPC, art. 42.*

« Actori incumbit probatio » *[Pr. civ.]*
La preuve incombe au demandeur.
📖 *C. civ., art. 1315; NCPC, art. 6.*

Adage *[Dr. gén.]*
➢ *Aphorisme.*

« Ad agendum » *[Pr. civ.]*
« En vue de l'action. » Locution accolée à un mandat pour en désigner l'objet spécifique. Par le mandat *ad agendum*, le titulaire de l'action en justice confie à une personne mission d'entreprendre et de conduire le procès à sa place, telle une assemblée de copropriétaires chargeant le syndic d'agir en responsabilité contre un tiers pour le compte de la copropriété. Se distingue du mandat *ad litem* qui ne vise que la représentation dans l'accomplissement des actes de procédure et ne confère ni pouvoir d'initiative ni pouvoir de direction.

« Ad exhibendum » *[Pr. civ.]*
➢ *Action ad exhibendum.*

« Ad hoc » *[Dr. gén.]*
Expression voulant dire « pour cela »; ainsi on nomme un tuteur, un administrateur, un juge « ad hoc ».

« Ad nutum » *[Dr. gén.]*
La révocabilité « ad nutum » est celle qui peut être prononcée à tout moment par la décision souveraine d'une seule personne ou de l'organisme habilité à cet effet.

« Ad probationem » *[Dr. gén.]*
Littéralement : en vue de la preuve. Qualifie une exigence de forme qui ne constitue pas un élément intrinsèque de validité, mais qui est simplement requise pour établir l'existence ou la teneur d'un acte.

« Ad solemnitatem » *[Dr. gén.]*
Pour la solennité. Expression signifiant que la forme prescrite est exigée pour la

validité de l'acte et qu'en son absence il y a lieu à nullité.

« Ad validitatem » *[Dr. gén.]*
Pour la validité. Synonyme de *Ad solemnitatem.*

Adhésion *[Dr. civ.]*
➤ *Contrat d'adhésion.*
[Dr. trav.] Acte unilatéral par lequel les organisations professionnelles ou syndicales, ou les employeurs entendent appliquer une convention collective, soit dans son intégralité (parties normative et contractuelle), soit partiellement (partie normative seulement). L'adhésion déroge au droit commun des contrats.
📖 *C. trav., art. L. 132-9 et L. 132-15 s.*
[Dr. int. publ.] 1° Acte par lequel un État non partie à un traité se place sous l'empire de ses dispositions. On emploie aussi le mot accession.
2° Acte par lequel un État entre, sur simple déclaration de volonté de sa part, dans une organisation internationale.
➤ *Admission.*

Adjudicataire *[Pr. civ.]*
Personne qui dans une vente aux enchères de meuble ou d'immeuble porte la dernière et la plus forte enchère.

Adjudication *[Dr. adm.]*
Ancien mode de passation des marchés publics dans lequel la commande était attribuée automatiquement au candidat consentant le prix le plus bas, après mise en concurrence préalable des candidats. En raison des critiques liées aux conséquences de cet automatisme, cette procédure n'a pas été reprise dans la refonte du code des marchés publics de mars 2001.
[Dr. civ. / Pr. civ.] Attribution d'un bien meuble ou immeuble mis aux enchères, à la personne offrant le prix le plus élevé.
➤ *Adjudicataire.*

Adjudication de territoire *[Dr. int. publ.]*
Attribution d'un territoire à un État par voie arbitrale ou juridictionnelle.

« Ad litem » *[Pr. civ.]*
Expression employée pour préciser qu'un acte ou une décision sont pris « en vue d'un procès », ainsi provision, mandat « ad litem ».

Adminicule *[Dr. civ.]*
Élément préalable de preuve, incomplet, mais suffisamment grave pour que soit admise, en matière civile, la preuve par témoins.

Administrateur *[Dr. civ.]*
Personne chargée de gérer un ou plusieurs biens ou un patrimoine.

Administrateur délégué *[Dr. com.]*
Membre du conseil d'administration chargé par ce dernier des fonctions de président du conseil d'administration en cas d'empêchement temporaire ou de décès de ce dernier.

Administrateur judiciaire
[Dr. com. / Pr. civ.]
Mandataire de justice désigné par un tribunal, généralement par le président statuant en référé, pour assurer la gestion provisoire d'une société civile ou commerciale, d'une association, d'un patrimoine.

A

A

Administrateur judiciaire (Procédures de redressement et de liquidation judiciaires) *[Dr. com. / Pr. civ.]*

Auxiliaire de justice figurant sur une liste nationale et ayant reçu vocation à agir sur tout le territoire.

Il exerce une partie des fonctions dévolues antérieurement au syndic de faillite dans les procédures de règlement collectif du passif des entreprises.

Nommé par le tribunal dans le jugement qui ouvre le redressement judiciaire l'administrateur judiciaire a pour mission de surveiller, d'assister ou de remplacer le débiteur dans la gestion de son entreprise. Il est également chargé de préparer un plan de redressement de l'entreprise reposant sur un bilan économique et social.

 C. com., art. L. 811-1 s.
➢ *Mandataire judiciaire à la liquidation des entreprises.*

Administrateur légal *[Dr. civ.]*

Personne qui exerce les pouvoirs attribués par la loi dans le cadre de l'administration légale.

 C. civ., art. 389 s.

Administrateur provisoire *[Dr. com.]*
➢ *Administrateur judiciaire.*

Administrateur-séquestre
[Dr. civ. / Pr. civ.]

 C. civ., art. 1955 s.; NCPC, art. 1281-1, 1282.
➢ *Administrateur judiciaire, Séquestre.*

Administrateur de société *[Dr. com.]*

Membre du conseil d'administration d'une société anonyme nommé par l'assemblée constitutive, ou par l'assemblée générale ordinaire, ou par les statuts pour une durée limitée : 6 ans dans les deux premiers cas, 3 ans s'il y a désignation statutaire. Il est rééligible et révocable à tout moment par l'assemblée générale ordinaire. L'administrateur peut être une personne physique ou une personne morale. Dans ce dernier cas, celle-ci se fera représenter par une personne physique qui sera responsable comme un administrateur ordinaire.

Administration *[Dr. adm.]*

1° Avec une minuscule, fait, activité d'administrer.

2° Avec une majuscule : synonyme de Service public au sens formel du terme. Par extension, synonyme de la puissance publique.

[Dr. civ.]

1° Pouvoir d'accomplir les actes nécessaires à la conservation et à la mise en valeur d'un bien ou d'un patrimoine.

2° Ensemble des actes accomplis dans ce but.

Administration judiciaire (Mesures d')
[Pr. civ.]
➢ *Mesures d'administration judiciaire.*

Administration légale *[Dr. civ.]*

Administration d'un patrimoine ou d'un ensemble de biens dévolue par la loi à une personne déterminée.

Les biens des enfants mineurs sont en principe administrés par leurs parents; le père et la mère sont conjointement administrateurs légaux s'ils exercent en commun l'autorité parentale; l'administration légale est alors qualifiée de pure et simple. Dans les autres cas, l'administration légale appartient, sous

le contrôle du juge, à celui des parents qui exerce l'autorité parentale.
C. civ., art. 389 s.
➤ *Jouissance légale et tutelle.*

Administration de mission *[Dr. adm.]*

On a pris coutume d'opposer à l'Administration traditionnelle, assurant le fonctionnement des services publics dans le cadre des règles du droit administratif et financier classique et que l'on désigne désormais sous les termes d'Administration de gestion, une Administration de mission dont la tâche est d'imaginer et de contribuer à mettre en place les solutions destinées à répondre à des problèmes inédits, considérés, à tort ou à raison, comme ne pouvant être résolus par la seule intervention de l'Administration traditionnelle et par le seul recours aux techniques administratives classiques.

L'ambiguïté de ce type d'action administrative naît de ce que l'Administration de mission nécessite une souplesse d'intervention qui la fait généralement bénéficier d'un régime juridique dérogeant, dans une mesure variable, à un Droit commun administratif façonné par la loi et le juge en vue de garantir les droits des administrés et les exigences de l'intérêt général.

Admissibilité *[Dr. civ.]*

En matière probatoire, recevabilité d'un mode de preuve obligeant le juge à l'examiner, mais lui laissant, en principe, toute liberté d'appréciation.

Admission *[Dr. int. publ.]*

Décision d'une organisation internationale qui accepte un État comme nouveau membre.

Admission des créances
[Dr. com. / Pr. civ.]

Dans la procédure de redressement et liquidation judiciaires instituée par la loi n° 85-98 du 25 janvier 1985, décision du juge-commissaire admettant l'existence, la validité et le montant d'une créance contre le débiteur.
C. com., art. L. 621-104.
➤ *Déclaration des créances.*

Admission en non-valeur *[Séc. soc.]*

Décision qui consiste à autoriser le non-recouvrement de cotisations de sécurité sociale eu égard à la situation spécifique du débiteur.
CSS, art. L. 243-3, D. 243-2.

Admission au travail *[Dr. trav.]*
➤ *Âge.*

Admonestation *[Dr. pén.]*

Mesure de nature éducative consistant en des réprimandes, que peut prendre notamment le juge des enfants à l'encontre d'un mineur pénalement poursuivi (Ord. 2 février 1945, art. 8).

Adoptant *[Dr. civ.]*
Qui adopte un enfant.
➤ *Adopté.*

Adopté *[Dr. civ.]*
Qui a fait l'objet d'une adoption.
➤ *Adoptant.*

Adoptif *[Dr. civ.]*
Qui est relatif à l'adoption. On dit parfois « parent adoptif » ou « enfant adoptif ».

Adoption *[Dr. civ.]*
Création par jugement d'un lien de filiation entre deux personnes qui, sous

A

A

le rapport du sang, sont généralement étrangères l'une à l'autre.
➤ *Mots suivants.*

Adoption plénière*[Dr. civ.]*
Adoption provoquant une rupture de lien entre la famille d'origine et l'enfant adopté et assimilant ce dernier à un enfant légitime dans la famille adoptive.
 C. civ., art. 343 s.
➤ *Adoption simple.*

Adoption simple*[Dr. civ.]*
Adoption laissant subsister des liens entre l'enfant et sa famille d'origine.
 C. civ., art. 360 s.
➤ *Adoption plénière.*

Adultère*[Dr. civ.]*
Relations sexuelles entre un époux et une personne autre que le conjoint. Il constitue une faute, cause de divorce; il n'est plus sanctionné par la loi pénale (loi 11 juill. 1975).

Aéronef*[Dr. com.]*
Appareil susceptible de se maintenir et d'évoluer dans les airs (ex. : avion, ballon, dirigeable, hélicoptère, etc...).
[Dr. pén.]
➤ *Piraterie aérienne.*

Affacturage*[Dr. com.]*
Opération de crédit d'origine américaine qui consiste dans le transfert de créances commerciales de son titulaire à un « factor » qui se charge, moyennant une certaine rémunération, d'en opérer le recouvrement et qui en garantit la bonne fin, même en cas de défaillance momentanée ou permanente du débiteur.

Affaires courantes*[Dr. const.]*
Questions auxquelles doit se limiter un gouvernement démissionnaire après le vote d'une motion de censure ou le rejet d'une question de confiance. Il expédie les affaires courantes et ne peut engager des mesures nouvelles.

Affaire en état*[Pr. gén.]*
Une affaire est dite en état lorsqu'elle est prête à être portée à l'audience des plaidoiries, audience qui sera suivie du jugement.

Affectation*[Dr. adm.]*
Synonyme de classement.
[Dr. civ.] Procédé technique original d'utilisation des biens qui consiste à soumettre ceux-ci à un usage précis, en prenant en considération, soit la protection des intérêts d'une ou plusieurs personnes (affectation personnelle), soit l'exploitation des biens indépendamment des intérêts d'une personne déterminée (affectation réelle); l'affectation d'un bien en détermine le régime juridique. ➤ *Destination et Patrimoines d'affectation.*
[Dr. fin.] Liaison juridique, réglementée restrictivement par le droit budgétaire, établie entre une recette et une dépense au financement de laquelle est en tout ou partie destinée la perception de la ressource.
[Dr. pén.] Destination particulière d'une somme d'argent ou d'un bien, convenue ou imposée, et dont la violation peut être constitutive d'abus de confiance.

« Affectio societatis »*[Dr. com.]*
Intention, qui doit animer les associés, de collaborer sur un pied d'égalité.

AGE

L'affectio societatis implique non seulement un esprit de collaboration mais aussi le droit, pour chaque associé, d'exercer un contrôle sur les actes des personnes chargées d'administrer la société.

Affection longue et coûteuse *[Séc. soc.]*
Maladie qui entraîne la suppression du ticket modérateur. Il y a une liste de trente maladies longues et coûteuses.
⫸*CSS, art. L. 322-3 3°.*

Affermage *[Dr. adm.]*
➢*Ferme.*

Affermer *[Dr. civ.]*
Donner à bail un fonds rural moyennant un prix indépendant des résultats de l'exploitation.
➢*Métayage.*

Affidavit *[Pr. civ.]*
Certificat de déclaration faite sous serment devant une autorité compétente (en général étrangère) et présenté pour servir de preuve.
*[Dr. com.]*Certificat délivré au porteur étranger de valeurs mobilières afin de lui permettre d'être affranchi des impôts dont ces valeurs sont déjà frappées dans son pays d'origine.

Affiliation à la Sécurité sociale *[Séc. soc.]*
L'affiliation est une situation de droit qui consacre le rattachement d'un assuré social à une caisse déterminée. Le critère d'affiliation est, en principe, le lieu de résidence habituelle de l'assuré, cependant le lieu de travail reste utilisé pour certaines professions.
⫸*CSS, art. R 312-1.*

Affirmation *[Dr. gén.]*
Déclaration de sincérité et de véracité qui n'est exigée que dans les cas prescrits par la loi; par exemple, de l'avocat dans la distraction des dépens, des créanciers qui produisent dans un règlement judiciaire ou une liquidation de biens, des rédacteurs de certains procès-verbaux (garde-pêche, garde-chasse), des tuteurs dans la reddition de leurs comptes en justice...

Affouage *[Dr. rur.]*
Droit de ramasser en forêt du bois mort, généralement à usage de chauffage. Dans les forêts communales, le conseil municipal peut fixer les conditions de la répartition des coupes délivrées pour l'affouage.
➢*Code forestier, art. L. 145-1.*

Affrètement *[Dr. marit.]*
Contrat par lequel un armateur (fréteur) s'engage moyennant rémunération à mettre un navire à la disposition d'un affréteur pour le transport des marchandises ou de personnes.
➢*Fret.*

Âge d'admission au travail *[Dr. trav.]*
C'est l'âge auquel cesse l'obligation scolaire, soit actuellement seize ans.

Agence centrale des organismes de Sécurité sociale *[Séc. soc.]*
Organisme national ayant pour fonction de gérer la trésorerie des trois caisses nationales de Sécurité sociale et d'assumer la direction et le contrôle des unions de recouvrement.
⫸*CSS, art. L. 225-1 s.*
➢*Unions de recouvrement.*

A

Agence départementale*[Dr. adm.]*

Organisme pouvant être créé, depuis 1982, par accord entre le département et des communes en vue de leur apporter une assistance d'ordre technique, juridique ou financier.

▌ *C. gén. coll. territ., art. L. 5511-1.*

Agence française du sang*[Dr. adm.]*

Établissement public de l'État à caractère administratif et placé sous la tutelle du ministre chargé de la santé. Il doit contribuer à la définition et à l'application de la politique de transfusion sanguine, contrôler et coordonner l'activité des établissements de transfusion sanguine et remplir des missions d'intérêt national relatives à l'activité de la transfusion sanguine.

Agence française de sécurité sanitaire des aliments*[Dr. civ.]*

Établissement public de l'État qui a pour mission de contribuer à assurer la sécurité sanitaire dans le domaine de l'alimentation, depuis la production des matières premières jusqu'à la distribution au consommateur final.

▌ *C. santé publ., art. L. 794-1.*

Agence française de sécurité sanitaire des produits de santé*[Dr. civ.]*

Établissement public de l'État participant à l'application des lois et règlements relatifs à la fabrication, à la commercialisation, à l'utilisation des produits à finalité sanitaire destinés à l'homme et des produits à finalité cosmétique et d'hygiène corporelle.

▌ *C. santé publ., art. L. 793-1.*

Agence internationale de l'énergie atomique*[Dr. int. publ.]*

Organisation internationale créée en 1957 et reliée à l'ONU. S'efforce de développer la contribution de l'énergie atomique à la paix et à la prospérité, et contrôle le respect du principe de l'utilisation pacifique de l'aide qu'elle fournit. Siège : Vienne.

Agence du médicament*[Séc. soc.]*

Établissement public de l'État chargé de garantir l'indépendance, la compétence scientifique et l'efficacité administrative des études et des contrôles relatifs à la fabrication, aux essais, aux propriétés thérapeutiques et à l'usage des médicaments en vue d'assurer, au meilleur coût, la santé et la sécurité de la population et de contribuer au développement des activités industrielles et de recherche pharmaceutiques.

Agence nationale pour l'emploi
[Dr. trav.]
➢ *Emploi.*

Agenda 2000*[Dr. eur.]*

Programme de l'Union européenne destiné à faciliter la mise en œuvre du traité d'Amsterdam et à préparer l'élargissement aux pays de l'Europe centrale et orientale.

Agent d'affaires*[Dr. com.]*

Personne qui, moyennant une rémunération, se charge professionnellement des intérêts des particuliers en les conseillant, et parfois en agissant à leur place.

Agent de change*[Dr. com.]*

Officier ministériel et commerçant investi du privilège de négocier les valeurs mobilières pour le compte de ses clients.

La loi du 22 janvier 1988 a mis fin à leur activité.

➤ *Prestataires de services d'investissement.*

Agent commercial *[Dr. com.]*
Intermédiaire du commerce, qui, en qualité de mandataire professionnel indépendant, sans être lié par un contrat de travail, négocie et conclut des contrats au nom et pour le compte des commerçants.

▌*C. com., art. L. 134-1.*

Agent comptable *[Dr. fin.]*
Synonyme de comptable (public). Cette appellation est notamment donnée aux comptables des universités et de la plupart des établissements publics. On la trouve également employée dans le domaine de la Sécurité sociale, bien que la majeure partie des organismes gérant ce service public aient un statut de droit privé.

➤ *Comptable public, Sécurité sociale.*

Agent diplomatique *[Dr. int. publ.]*
Représentant d'un État auprès d'un autre État pour l'entretien des relations officielles d'une façon permanente (représentation et information de l'État accréditant, protection de ses intérêts et de ceux de ses ressortissants, négociations avec le gouvernement de l'État de résidence).

Agent général d'assurances *[Dr. trav.]*
Personne physique, justifiant de certaines connaissances, qui représente une ou plusieurs compagnies d'assurances dans une circonscription déter-

minée, en vertu d'un contrat de nomination.

L'agent d'assurances recherche la souscription de contrats pour le compte de sa compagnie et il gère ces contrats. Dans les branches Incendie, Accidents, Risques divers et Vie, les agents d'assurances bénéficient d'un statut.

Agent international *[Dr. int. publ.]*
Nom générique servant à désigner toute personne par qui une organisation internationale agit, qu'il s'agisse d'un collaborateur occasionnel (expert, arbitre...) ou d'un fonctionnaire international.

➤ *Fonctionnaire international.*

Agent judiciaire du Trésor public
[Dr. fin. / Pr. civ.]
Haut fonctionnaire du ministère de l'Économie et des Finances dont les attributions principales sont le recouvrement des créances de l'État étrangères à l'impôt et au Domaine, et la représentation de l'État demandeur et défendeur devant les juridictions judiciaires.

Agent de justice *[Pr. civ. / Pr. pén.]*
Agent contractuel de droit public recruté pour une durée maximale de cinq ans non renouvelable, en vue d'assurer des activités d'accueil et d'assistance auprès des justiciables et du public dans les juridictions et les maisons de justice et du droit, et de contribuer à la prise en charge et au suivi éducatif des mineurs et jeunes majeurs délinquants dans les services d'administration pénitentiaire et de la protection judiciaire de la jeunesse.

A

A

Agent de maîtrise *[Dr. trav.]*

Catégorie professionnelle généralement prévue par les conventions collectives. L'agent de maîtrise est chargé de diriger, coordonner, contrôler le travail d'un certain nombre d'ouvriers ou d'employés dans l'exécution de tâches dont la responsabilité lui incombe (chefs d'équipe, contremaîtres, chefs d'atelier). La loi ne définit pas l'agent de maîtrise et l'assimile parfois au cadre.

➤ *Cadre.*

Agent de probation *[Dr. pén.]*

Assistant social dont le rôle est de s'assurer que les délinquants placés sous le régime de la mise à l'épreuve (sursis, ajournement), ou qui exécutent leur peine en milieu libre (condamnés à un travail d'intérêt général, libérés conditionnels...), se soumettent aux mesures de contrôle et respectent les obligations qui leur sont imposées.

➤ *Travailleur social.*

Agents de police judiciaire *[Pr. pén.]*

➤ *Officiers de police judiciaire.*

Agent public *[Dr. adm.]*

Terme générique désignant tout collaborateur d'un service public, le plus souvent administratif, associé pour une certaine durée à l'exécution directe de l'activité spécifique de celui-ci et relevant à ce titre du droit administratif.

Un grand nombre d'entre eux ont la qualité juridique de fonctionnaires et sont soumis à des règles générales uniformes. Les différents services publics emploient également des salariés soumis au droit privé, en nombre plus ou moins grand selon la nature de leurs activités.

Agios *[Dr. com.]*

Frais qui grèvent les diverses opérations effectuées par un banquier.

AGIRC (Association générale des institutions de retraites des cadres)
[Séc. soc.]

Association regroupant l'ensemble des institutions gestionnaires du régime complémentaire de retraite et de prévoyance des cadres. Ce régime a été créé pour s'ajouter au régime général de Sécurité sociale pour la partie de rémunération située au-delà de la tranche A des salaires (correspondant au plafond de Sécurité sociale.

➤ *Plafond de Sécurité sociale.*

Agissements parasitaires
[Dr. civ. / Dr. com.]

Comportement de l'industriel ou du commerçant qui cherche à tirer profit de la réputation acquise par un tiers, en appliquant au produit qu'il crée le nom célèbre ou la marque notoire d'un autre produit. La captation de la clientèle d'autrui ayant lieu sans recherche de confusion, il n'y a pas concurrence déloyale, mais une sorte d'abus de droit justiciable de la responsabilité civile.

▌ *C. civ., art. 1382.*
➤ *Parasitisme.*

Agréage *[Dr. civ.]*

Acceptation de la marchandise par l'acheteur dans la vente comportant une faculté de dégustation, comme celle du vin dans un restaurant.

▌ *C. civ., art. 1687.*

Agréé *[Dr. com. / Pr. civ.]*

Avant l'unification des professions judiciaires, auxiliaire de justice habilité

par un tribunal de commerce à assister et à représenter devant lui les plaideurs.
➤ *Avocat.*

Agrément *[Dr. adm., fin.]*
Accord devant être obtenu de l'Administration pour que certaines réalisations projetées par les particuliers puissent être exécutées, ou bénéficient d'un régime financier ou fiscal de faveur.
[Dr. com.] Procédure par laquelle les associés de certaines sociétés approuvent ou refusent la cession ou la transmission de parts ou d'actions à une personne; ils peuvent ainsi s'opposer à l'admission de nouveaux associés ou à l'accroissement de la participation d'associés en place.
Le refus d'agrément entraîne le plus souvent obligation pour les associés de racheter les parts ou actions du cédant ou de les faire acquérir par un tiers. À défaut, la société procède à une réduction de son capital.
[Dr. int. publ.] Acceptation, par l'État auprès duquel doit être accrédité un agent diplomatique, de la personne choisie à cet effet par un autre État.
➤ *Persona grata.*
[Séc. soc.] Accord donné par l'autorité de tutelle à la nomination du personnel de direction, à l'établissement des statuts et des règlements intérieurs des caisses, à l'application des conventions collectives du travail du personnel des caisses.

Agression *[Dr. int. publ.]*
« Emploi de la force armée par un État contre la souveraineté, l'intégrité territoriale ou l'indépendance politique d'un autre État, ou de toute autre manière incompatible avec la Charte des Nations Unies » (définition formulée, au terme de longs travaux, par une résolution de l'Assemblée Générale des Nations Unies du 14 décembre 1974 qui, dans son art. 3, donne une énumération non limitative d'actes constitutifs d'une agression).

Agressions sexuelles *[Dr. pén.]*
Toute atteinte sexuelle commise avec violence, contrainte, menace ou surprise
📖 *C. pén., art. 222-22.*
➤ *Atteinte sexuelle.*

Agriculture *[Dr. civ. / Dr. com.]*
Sont réputées agricoles toutes les activités correspondant à la maîtrise et à l'exploitation d'un cycle biologique de caractère végétal ou animal et constituant une ou plusieurs étapes nécessaires au déroulement de ce cycle ainsi que les activités exercées par un exploitant agricole qui sont dans le prolongement de l'acte de production ou qui ont pour support l'exploitation.
Les activités agricoles ainsi définies ont un caractère civil.

Aide à l'accès au droit *[Pr. gén.]*
Aide financière accordée aux citoyens qui en ont besoin en vue d'obtenir une information sur leurs droits et obligations, un accompagnement dans leur démarche, une assistance au cours des procédures non juridictionnelles, une consultation en matière juridique et une assistance à la rédaction et à la conclusion des actes juridiques.
➤ *Aide juridique.*

Aide familial *[Séc. soc.]*
Notion propre au régime d'assurance maladie des exploitants agricoles. Il

A

A

s'agit de l'ascendant et, à partir de 16 ans, le descendant, frère, sœur ou allié au même degré du chef d'exploitation ou de son conjoint, à condition qu'il vive sur l'exploitation agricole et participe à sa mise en valeur sans y avoir la qualité de salarié, ni celle d'associé d'exploitation.

 C. rur., art. 1106-1.

Aide aux pays en voie de développement
[Dr. int. publ.]

1° *Aide économique* : aide consistant à assurer aux pays en voie de développement des débouchés et des prix stables pour leurs produits.

2° *Aide financière* : mise à la disposition des pays en voie de développement de ressources financières (prêts ou dons) pour leur permettre de procéder aux investissements nécessaires.

3° *Aide multilatérale* : aide fournie aux pays en voie de développement par les organisations internationales (par opposition à l'aide bilatérale fournie directement d'État à État). Un grand nombre d'organisations internationales, universelles (ONU, CNUCED, SFI, AID, etc.) ou régionalisées (OCDE, Communautés européennes, etc.) participent à cette aide.

4° *Aide technique* : mise à la disposition des pays en voie de développement des connaissances techniques nécessaires à leur développement (bourses d'études, envoi d'experts, formation de cadres locaux, fourniture de matériel).

Aide judiciaire *[Pr. gén.]*

Institution créée en 1972 pour remplacer l'assistance judiciaire. Celle-ci avait été instituée en 1851, pour aider financièrement le plaideur, démuni de res-

sources, à mener ou à subir un procès devant une juridiction civile, pénale ou administrative. ➢ *Aide juridique.*

Aide juridictionnelle *[Pr. gén.]*

Appellation nouvelle (L. 10 juill. 1991) de l'aide judiciaire.

Cette institution est destinée à aider financièrement le plaideur dont les ressources ne dépassent pas une certaine somme. Elle lui permet de bénéficier totalement ou partiellement du concours gratuit d'un avocat, d'un avoué ou de plusieurs officiers ministériels, ainsi que de l'avance par l'État des frais provoqués par des mesures d'instruction. L'aide juridictionnelle fonctionne devant les juridictions civiles, pénales, administratives. Elle peut être accordée, également, en vue de parvenir à une transaction avant l'introduction de l'instance. Elle englobe l'intervention de l'avocat au cours de la garde à vue et lors de la médiation pénale.

➢ *Aide judiciaire, Aide juridique, Assistance judiciaire.*

Aide juridique *[Pr. gén.]*

Forme d'aide sociale comprenant l'aide juridictionnelle et l'aide à l'accès au droit.

Aide personnalisée au logement
[Séc. soc.]

Aide destinée aux locataires, aux accédants à la propriété, aux propriétaires occupants pour leurs résidences neuves ou anciennes, à condition que leur logement ait bénéficié d'aides de l'État ou de prêts conventionnés ou que le bailleur du logement s'engage à respecter certaines obligations précisées par conventions passées avec l'État.

Cette aide est personnalisée en ce qu'elle tend à s'adapter précisément à l'évolution des ressources du ménage, à la charge relative du logement et à la situation familiale.

L'aide personnalisée au logement ne peut se cumuler avec l'allocation de logement, mais celle-ci continuera a être servie si le droit à l'aide personnalisée au logement n'est pas ouvert.

📖 *CCH, art. L. 351-2 s.*

Aide sociale *[Séc. soc.]*

Secours apporté par les collectivités publiques aux personnes dont les ressources sont insuffisantes. L'aide sociale a succédé en 1953 à l'assistance publique. Elle prend diverses formes : aide médicale, aide aux personnes âgées, aux personnes handicapées, aide à l'enfance, etc... Elle est organisée au niveau départemental.

➢ *Action sanitaire et sociale, Bureau d'aide sociale, Direction départementale.*

Aisances et dépendances *[Dr. civ.]*

Formule redondante utilisée par les notaires pour viser globalement les dépendances qui constituent l'accessoire de l'immeuble vendu et se dispenser ainsi de les énumérer avec précision.

Aisances de voirie *[Dr. adm.]*

Terme générique désignant les droits reconnus aux riverains des voies publiques : droit d'accès (supprimé pour les autoroutes), de vue, d'écoulement des eaux (sous certaines restrictions).

➢ *Voirie.*

Ajournement *[Pr. civ.]*

Expression de l'ancien Code de proc. civ. pour désigner l'assignation.

➢ *Assignation, Citation.*

Ajournement du prononcé de la peine *[Dr. pén.]*

Mesure de personnalisation des peines, éventuellement assortie d'une injonction ou d'une mise à l'épreuve, au titre de laquelle la juridiction, en matière correctionnelle ou en matière contraventionnelle, décide de surseoir au prononcé de la sanction, lorsqu'il apparaît que le reclassement du coupable est en voie d'être acquis, que le dommage causé est en voie d'être réparé et que le trouble résultant de l'infraction va cesser.

📖 *C. pén., art. 132-58, 132-60 s.; C. pr. pén., art. 747-3 s.*

➢ *Dispense de peine.*

A

Alerte *[Dr. com.]*

➢ *Procédure d'alerte.*

Alibi *[Pr. pén.]*

Moyen de défense par lequel celui qui l'invoque fait valoir qu'il ne peut être objectivement l'auteur d'une infraction, notamment en raison du fait qu'il se trouvait dans un lieu autre que celui où elle a été commise.

Aliénabilité *[Dr. civ.]*

Caractéristique juridique d'un bien dont le propriétaire peut transmettre son droit ou constituer un droit réel au profit d'un tiers.

➢ *Inaliénabilité.*

Aliénation *[Dr. civ.]*

Transmission du droit de propriété ou constitution d'un droit réel qui le démembre (aliénation partielle).

Aliénation mentale *[Dr. civ.]*

Altération des facultés mentales telle que l'individu n'a pas pleinement conscience des actes ou des faits dont il est l'auteur.

A

Le droit protège la personne atteinte d'une telle affection.

 C. civ., art. 490.

➤ *Démence.*

Aliéné mental *[Dr. civ.]*

Personne atteinte d'aliénation mentale. On dit également un aliéné.

Alignement *[Dr. adm.]*

Mode unilatéral d'établissement par l'Administration des limites matérielles de certaines dépendances du domaine public (voies publiques, voies ferrées), par rapport aux propriétés riveraines.

C. voirie routière, art. L. 112-1 et s.

Aliments *[Dr. civ.]*

Prestation ayant généralement pour objet une somme d'argent, destinée à assurer la satisfaction des besoins vitaux d'une personne qui ne peut plus assurer elle-même sa propre subsistance.

C. civ., art. 205 s.

➤ *Pension alimentaire.*

Allégation *[Pr. civ.]*

Doit s'entendre, strictement, de l'articulation des faits de nature à fonder une prétention. Première étape de la démonstration en justice, nécessairement suivie de la production des preuves, éventuellement de la qualification juridique de ces faits.

NCPC, art. 6.

➤ *Demandeur, Pertinence.*

Alliance *[Dr. civ.]*

Lien juridique existant entre un époux et les parents de son conjoint.

C. civ., art. 161, 164, 206.

➤ *Parenté.*

Allocataire *[Séc. soc.]*

Personne physique à qui est reconnu le droit aux prestations familiales. Ce droit est ouvert à toute personne, française ou étrangère, résidant en France et assumant la charge effective et permanente d'au moins un enfant résidant également en France.

Pour certaines prestations (allocation aux adultes handicapés par exemple) les droits des étrangers sont restreints.

CSS, art. L. 521-2.

Allocation *[Séc. soc.]*

Prestation en argent attribuée à une personne pour faire face à un besoin.

Allocation aux adultes handicapés *[Séc. soc.]*

Prestation destinée à donner un minimum de ressources aux adultes handicapés qui ne peuvent prétendre à un avantage de vieillesse ou d'invalidité d'un montant au moins égal à cette allocation.

CSS, art. L. 821-1.

Allocations de chômage *[Dr. trav.]*

Aides en espèces attribuées, sous certaines conditions, aux chômeurs. On distingue :

- l'*allocation unique dégressive*, attribuée au titre de l'assurance chômage. Elle est limitée dans le temps, et son montant diminue de période en période. Elle est composée d'une partie proportionnelle au salaire journalier de référence et d'une partie fixe;

C. trav., art. L. 351-1, R. 351-1 s.

- l'*allocation de solidarité spécifique*, attribuée au titre du régime de solidarité et versée pour l'essentiel aux chômeurs qui ont épuisé leurs droits résultant de l'assurance chômage.

C. trav., art. L. 351-10, R. 351-13, R. 351-22.

➤*Assurance chômage.*

Allocation d'éducation spéciale
[Séc. soc.]

Prestation familiale destinée aux enfants handicapés n'ayant pas dépassé vingt ans et dont l'incapacité permanente est au moins égale à 50 %.

CSS, art. L. 541-1.

Allocation familiale *[Séc. soc.]*

Prestation familiale d'entretien versée mensuellement à toute personne résidant en France pour chaque enfant à charge résidant en France à partir du second.

CSS, art. L. 521-1.

Allocation forfaitaire *[Séc. soc.]*

Somme destinée à couvrir le salarié des dépenses inhérentes à la fonction ou à l'emploi. La déduction des allocations forfaitaires de l'assiette des cotisations est subordonnée à leur utilisation effective conformément à leur objet.

CSS, arrêté du 26 mai 1975, art. 1.

Allocation forfaitaire de repos maternel
[Séc. soc.]

Allocation versée aux femmes chef d'entreprise et aux conjointes collaboratrices d'un artisan, d'un commerçant ou d'un membre d'une profession libérale en cas de maternité ou d'adoption entraînant une diminution de leur activité.

CSS, art. L. 615-19 et L. 615-19-1.

Allocation de garde d'enfant à domicile
[Séc. soc.]

Allocation attribuée au ménage ou à la personne employant à son domicile une ou plusieurs personnes pour assurer la garde d'au moins un enfant à charge de moins de 3 ans lorsque chaque membre du couple ou la personne exerce une activité professionnelle minimale.

CSS, art. L. 842-1 s.

Allocation pour jeune enfant *[Séc. soc.]*

Prestations familiales attribuées pendant la grossesse et jusqu'au 3e mois de la naissance sans condition de ressources. Elle peut être prolongée, sous condition de ressources, jusqu'aux trois ans de l'enfant.

CSS, art. L. 531-1 s.

Allocation de logement *[Séc. soc.]*

Prestation familiale destinée à compenser la charge du loyer ou d'accession à la propriété de la résidence principale de l'allocataire, compte tenu de ses ressources, de la composition de son foyer et des conditions minimales de salubrité et de peuplement du logement. Contrairement à l'aide personnalisée au logement, ce ne sont pas certains logements qui sont éligibles à l'allocation, mais certaines personnes. On distingue deux types d'allocations, dont les conditions d'attribution sont quasi identiques : l'allocation de logement dite « à caractère familial » destinée aux personnes chargées de famille, l'allocation de logement dite « à caractère social ».

CSS, art. L. 542-1 s.

A

Allocation de parent isolé*[Séc. soc.]*

Prestation familiale destinée à toute personne isolée résidant en France et assumant seule la charge d'un ou plusieurs enfants. Elle est attribuée sous condition de ressources. Elle cesse d'être versée si le bénéficiaire se marie ou vit maritalement.

📖 *CSS, art. L. 524-1 s.*

Allocation parentale d'éducation
[Séc. soc.]

Prestation familiale accordée à chaque personne ayant des enfants à charge, lorsque cette personne interrompt son ou ses activités professionnelles à l'occasion de la naissance, de l'adoption ou de l'accueil d'un enfant de moins de trois ans portant à trois ou plus le nombre d'enfants à charge.

📖 *CSS, art. L. 532-1 s.*

Allocation de rentrée scolaire*[Séc. soc.]*

Allocation attribuée sous condition de ressources aux ménages ou personnes qui ont bénéficié d'une prestation familiale au cours de tout ou partie de la période de 12 mois qui précède le 1er septembre de la rentrée scolaire du ou des enfants ouvrant droit à cette allocation.

📖 *CSS, art. L. 543-1 s.*

Allocation de solidarité*[Dr. trav.]*
➢ *Assurance chômage.*

Allocation de soutien familiale
[Séc. soc.]

Prestation familiale destinée à tout enfant orphelin de père et (ou) de mère, tout enfant dont la filiation n'est pas légalement établie à l'égard de l'un et (ou) de l'autre de ses parents et tout enfant dont le père et (ou) la mère ne

fait pas face à son obligation alimentaire.

Elle cesse d'être versée lorsque le père ou la mère se marie ou vit maritalement.

📖 *CSS, art. L. 523-1.*

Allocation spécifique d'attente*[Dr. trav.]*

Les personnes âgées de moins de soixante ans, ayant cotisé 160 trimestres ou plus au titre de l'assurance vieillesse et percevant l'allocation de solidarité spécifique ou l'allocation de revenu minimum d'insertion (RMI) ont droit en plus de ces minima à une allocation supplémentaire dire « allocation spécifique d'attente ».

📖 *C. trav., art. L. 354-10-1.*
➢ *Allocations de chômage.*

Allocation supplémentaire du fonds national de solidarité*[Séc. soc.]*

Prestation non contributive qui s'ajoute éventuellement à une allocation de base, qui peut être une prestation d'un régime d'assurance vieillesse (pension ou allocation non contributive) (➢ Prestation non contributive) ou l'allocation spéciale de la caisse des dépôts et consignations, pour porter les ressources de la personne âgée au minimum vieillesse .

📖 *CSS, art. L. 815-2 s.*

Allocation aux vieux travailleurs salariés*[Séc. soc.]*

Prestation non contributive accordée à des vieux travailleurs âgés qui ont insuffisamment cotisé et ne peuvent pas avoir une pension vieillesse minimale. Avec le secours viager et l'allocation aux mères de famille elle fait partie des prestations non contributives accor-

dées par les régimes d'assurance vieillesse.
📖 *CSS, art. L. 811-1 et s.*

Allotissement *[Dr. civ.]*
Opération du partage consistant à former des lots en vue d'attribuer à chaque copartageant la part qui lui revient.
📖 *C. civ., art. 831, 832.*

Alluvions *[Dr. civ.]*
Dépôts de terre apportés par un cours d'eau et accroissant la propriété du riverain.
📖 *C. civ., art. 556 s., 596.*

Alternance *[Dr. const.]*
Sous-entendu : des partis à la direction de l'État. La reconnaissance de la légitimité des tendances politiques à se succéder au pouvoir en cas de modification des majorités dans le pays est un élément essentiel de la démocratie pluraliste.

Alternatives à l'emprisonnement
[Dr. pén.]
Toute peine susceptible d'être prononcée à la place de l'emprisonnement, sans jamais pouvoir se cumuler avec lui.
➤ *Peines alternatives, Substituts à l'emprisonnement.*

Ambassadeur *[Dr. int. publ.]*
Représentant diplomatique d'un État, d'un souverain, auprès d'un État ou d'un souverain étranger.
➤ *Agent diplomatique.*

Aménagement foncier *[Dr. adm.]*
Ensemble des actions tendant à assurer aux propriétés et aux exploitations agricoles et forestières une utilisation rationnelle. Les moyens tendant à cette fin sont divers (remembrement, interdiction des cumuls, exécution de travaux d'infrastructure, exploitation en commun des terres...). L'État intervient tantôt par la contrainte (ex. : interdiction des cumuls), tantôt par l'incitation (ex. : formation de groupements volontaires d'exploitation en commun).

Aménagement du territoire *[Dr. adm.]*
Expression synthétique utilisée pour désigner la politique, et les moyens, visant à une utilisation économique et humaine plus rationnelle de l'espace géographique national.

Amende *[Dr. civ.]*
Au sens large, sanction pécuniaire prévue par une loi civile et prononcée par une juridiction civile en cas de violation de certaines règles juridiques limitativement énumérées.
📖 *C. civ., art. 50.*
Dans un sens plus restreint, l'amende civile est une somme d'argent mise à la charge de l'auteur d'une faute, infligée par un particulier ayant reçu un pouvoir de type disciplinaire; le montant de l'amende n'est pas en relation directe avec la valeur du préjudice. C'est ainsi que le chef d'entreprise pouvait naguère infliger des amendes aux salariés. ➤ *Droit du travail.*

[Dr. pén.] Peine pécuniaire obligeant le condamné à verser une certaine somme d'argent au Trésor public. L'amende pénale est à distinguer de l'amende fiscale, laquelle est à la fois une peine et une mesure de réparation destinée à récupérer les sommes dont le fisc a pu être privé.

A

[Dr. trav.] Sanction pécuniaire à caractère disciplinaire et non contractuel, infligée au salarié par le chef d'entreprise. L'amende, autrefois réglementée, a été interdite par la loi du 17 juillet 1978.
🔖 *C. trav., art. L. 122-42.*

[Pr. civ.] Sanction pécuniaire pouvant être mise à la charge du plaideur, soit qu'il ait simplement succombé sur un incident de procédure qu'il avait soulevé (vérification d'écriture, inscription de faux, récusation), soit qu'il ait agi ou exercé une voie de recours de façon abusive ou dans une intention dilatoire (appel, pourvoi en cassation, tierce opposition, recours en révision...).
🔖 *NCPC, art. 32-1, 559, 581, 628.*

Amende forfaitaire*[Pr. pén.]*
Modalité d'extinction de l'action publique propre à certaines contraventions des quatre premières classes, notamment au Code de la route, par laquelle le contrevenant évite toute poursuite en s'acquittant d'une amende soit immédiatement entre les mains de l'agent verbalisateur, soit de manière différée au moyen par exemple d'un timbre-amende.
L'amende forfaitaire est *majorée* lorsque les ultimes délais de paiement n'ont pas été respectés par le contrevenant.
À l'inverse, l'amende forfaitaire est *minorée* pour certaines contraventions au Code de la route (dont sont exclues celles relatives au stationnement) si le contrevenant en règle le montant dans des délais spécifiques.
🔖 *C. pr. pén., art. 529 s. et R. 49 s.*

Amendement*[Dr. const.]*
Modification proposée à un texte de loi au cours de sa discussion.

[Dr. pén.] Vertu attribuée à la sanction pénale, quelle qu'en soit la nature ou l'intensité, sous forme d'amélioration personnelle du délinquant et de sa réinsertion dans la société.

Ameubli*[Dr. civ.]*
➤ *Ameublissement.*

Ameublissement*[Dr. civ.]*
La clause d'ameublissement figurant dans un contrat de mariage a pour objet de faire entrer dans la communauté un ou plusieurs immeubles qui, en vertu du régime matrimonial légal, seraient propres à l'un des époux. On dit que l'immeuble, objet d'une telle convention, est ameubli.
🔖 *C. civ., art. 1497.*

Amiable compositeur*[Pr. civ.]*
Arbitre ayant reçu des parties le droit de rendre sa décision non selon le droit, mais en équité et sans observer les règles ordinaires de la procédure.
Le même pouvoir peut être donné au juge d'État, en matière civile, lorsque les parties ont la libre disposition de leurs droits.
🔖 *NCPC, art. 12 et 1474.*

« Amicus curiae »*[Pr. gén.]*
Personnalité faisant autorité dans un domaine d'activité et qu'une juridiction prend l'initiative, (exceptionnelle car non prévue par les textes en vigueur), d'entendre comme « ami de la cour » (et non comme témoin ou expert), pour connaître son opinion sur le problème débattu devant elle, en vue de garantir, grâce à ses lumières, un procès équitable, au sens européen du terme.

Amnistie *[Dr. pén.]*
Synonyme de pardon légal. Sans effacer les faits matériels et leurs conséquences civiles, l'amnistie, prévue par une loi, éteint l'action publique et efface la peine prononcée.
 C. pén., art. 133-9 s.

Amodiation *[Dr. adm.]*
Dans le droit des mines, nom donné à la convention par laquelle le titulaire du droit d'exploitation (État ou concessionnaire) procède à la location de la mine à un tiers, moyennant une redevance.
[Dr. civ.] Bail d'un fonds de terre dont le paiement se fait à portion de fruits.

Amortissement de la dette publique
[Dr. fin.]
Extinction progressive de la dette publique par voie de remboursement.
➢ *Caisse d'amortissement de la dette publique.*

Amortissement financier
[Dr. com. / Dr. fin.]
Remboursement, normalement échelonné sur un certain nombre d'années, du capital d'un emprunt aux porteurs de titres.

Amortissement industriel
[Dr. com. / Dr. fin.]
Technique consistant dans la constatation comptable de la dépréciation subie pendant l'exercice écoulé par une immobilisation de l'entreprise, assortie de la mise en réserve de la somme correspondante, en franchise d'impôt, en vue de son renouvellement ultérieur.
Ce point de vue comptable statique – l'amortissement simple enregistrement

d'une perte de valeur – est aujourd'hui repoussé au second plan par une conception fiscale dynamique, encore que déformant trop souvent la réalité – l'amortissement, instrument d'une politique d'autofinancement de l'entreprise.

Amovibilité *[Dr. adm. / Pr. civ. / Pr. pén.]*
➢ *Inamovibilité.*

Ampliation *[Dr. adm.]*
Double, en la forme authentique, d'un acte administratif.

Amplitude *[Dr. trav.]*
Durée du travail.

A

Amsterdam *[Dr. eur.]*
Traité adopté à Amsterdam en juin 1997, signé le 2 octobre 1997, entré en vigueur le 1er mai 1999. Constitue une nouvelle étape, après Maastricht, du développement de l'Union Européenne, même s'il n'a pas été possible au plan institutionnel de décider des adaptations rendues nécessaires par les prochains élargissements. Le traité réalise certaines avancées intéressantes, notamment en matière de droits fondamentaux, concernant le Parlement européen, la politique étrangère et de sécurité commune ou l'introduction de l'Europe à géométrie variable avec une procédure de coopération dite « renforcée ».

Analogie *[Dr. pén.]*
➢ *Interprétation stricte.*

Anatocisme *[Dr. civ.]*
Capitalisation des intérêts. Les intérêts, intégrés au capital, produisent eux-

A

mêmes des revenus, ce qui tend à augmenter rapidement le poids de la dette.

📖 *C. civ., art. 1154.*

➤ *Capital, Intérêts.*

Angarie *[Dr. int. publ.]*

Réquisition, moyennant indemnité, d'un navire neutre par un État belligérant, dans les eaux soumises à la juridiction de ce dernier.

Le droit d'angarie a connu un élargissement dans la pratique des 1re et 2e guerres mondiales, des États neutres l'ayant invoqué et exercé à l'égard de navires belligérants se trouvant dans leurs ports.

« Animus » *[Dr. civ.]*

État d'esprit d'une personne qui se comporte comme titulaire d'un droit sur une chose (*animus domini, possidendi*) pour l'exercer ou qui veut faire une libéralité (*animus donandi*).

On oppose l'« animus » au « corpus » qui n'est que l'exercice objectif d'un droit.

Année judiciaire *[Pr. civ.]*

L'année judiciaire coïncide avec l'année civile, commençant le 1er janvier et se terminant le 31 décembre, afin que la permanence et la continuité du service public de la justice demeurent toujours assurées.

📖 *C. org. jud., art. 711-1.*

Annexe *[Dr. gén.]*

Pièce jointe à un acte principal en vue de le compléter (ex. : annexe d'un traité, d'un décret...) ou de le justifier (ex. : annexes déposées au registre du commerce, justifiant les inscriptions relatives à une société commerciale).

Annexes de propres *[Dr. civ.]*

La clause d'annexes de propres, insérée dans un contrat de mariage plaçant les époux sous le régime de communauté, a pour but de rendre propres des immeubles acquis à titre onéreux, pendant le mariage, s'ils sont des annexes ou dépendances de biens propres. La communauté a droit à récompense pour le prix.

📖 *C. civ., art. 1406.*

➤ *Récompense.*

Annexion *[Dr. int. publ.]*

Adjonction d'un nouveau territoire à un État.

L'annexion intervient le plus souvent à la suite d'une guerre, le vaincu étant obligé de signer un traité de paix qui ampute son territoire.

Annonce judiciaire et légale *[Pr. civ.]*

Publicité dans certains journaux, ordonnée par le juge ou par la loi, destinée à annoncer ou à faire connaître certains actes juridiques ou judiciaires (extrait de jugement, vente aux enchères).

Annualisation *[Dr. trav.]*

Ce terme est relatif à la possibilité de répartir, par voie conventionnelle, sur l'année la durée légale du travail qui est en principe calculée sur la semaine civile.

📖 *C. trav., art. L. 212-2-1 et L. 212-8.*

➤ *Modulation.*

Annuité *[Dr. civ.]*

Somme d'argent que le débiteur doit remettre annuellement au créancier en vue de se libérer de sa dette. L'annuité comprend une partie du capital augmenté des intérêts.

Annuités (d'emprunt) *[Dr. fin.]*

Ce mot de la langue courante est mentionné ici seulement pour appeler l'attention sur le fait que, dans certaines présentations statistiques, l'annuité comprend la somme versée annuellement au prêteur au titre de l'amortissement du capital et du service des intérêts, alors que d'autres excluent les intérêts annuels.

Annulabilité *[Dr. gén.]*

Caractère d'un acte entaché d'un vice de forme ou de fond de nature à en faire prononcer l'annulation.

Annulation *[Dr. gén.]*

Anéantissement rétroactif d'un acte juridique, pour inobservation de ses conditions de formation, ayant pour effet soit de dispenser les parties de toute exécution, soit de les obliger à des restitutions réciproques.

[Pr. civ.] Anéantissement d'une décision pour irrégularité de forme ou de fond, à la suite d'un appel, d'un pourvoi en cassation ou d'un recours en révision.

« A non domino » *[Dr. civ.]*

Expression latine signifiant que l'on a reçu un bien d'une personne qui n'en était pas propriétaire.

Antériorité *[Dr. com.]*

Droit ou fait plus ancien opposable à un titre de propriété industrielle et le rendant nul.

Anthropométrie *[Dr. pén.]*

Technique d'identification des délinquants fondée sur les mensurations du corps humain et certains signes particuliers (oreilles, nez, pieds, etc.).

Antichrèse *[Dr. civ.]*

Sûreté réelle permettant au créancier de prendre possession d'un immeuble et d'en imputer annuellement les fruits et les revenus d'abord sur les intérêts, ensuite sur le capital de sa créance, jusqu'au règlement de cette dernière.
📖 *C. civ., art. 2085 s.*

Antidate *[Dr. civ. / Dr. com.]*

Erreur ou fraude consistant à donner à un écrit juridique une date antérieure à celle de sa signature. L'antidate ne débouche sur une sanction que dans les hypothèses où la date de l'acte est déterminante, soit pour fixer la priorité entre droits concurrents, soit pour marquer le point de départ d'une situation légale ou judiciaire.

Antitrust *[Dr. com.]*
➤ *Droit de la concurrence.*

« Apartheid » *[Dr. int. publ.]*

Politique de ségrégation raciale appliquée en Afrique du Sud jusqu'en 1991 en vue d'assurer la primauté des Blancs.

Apatride *[Dr. int. priv.]*

Individu qui n'a aucune nationalité. On emploie aussi le terme *Heimatlos*.
Cette situation résulte généralement de la perte de la nationalité d'origine (par ex. : par suite d'une déchéance), sans acquisition d'une nationalité nouvelle.
📖 *C. civ., art. 20-3 et 25.*

Apériteur *[Dr. civ.]*

Désigne, parmi les coassureurs d'un même risque, celui qui les représente

A

A

tous (société apéritrice) auprès de l'assuré, notamment pour l'établissement de la police, l'encaissement des primes et le règlement des sinistres.
➣ *Coassurance.*

Aphorisme (Adage, Brocard)*[Dr. gén.]*

Mots, en langage juridique, tellement voisins que, rapprochés souvent du terme de sentence (pris dans son sens non juridictionnel, voyez ce mot), parfois du terme de proverbe, on les tient pour quasi-synonymes. Les nuances, toujours pour le juriste, paraissent néanmoins importantes. Seul le mot de brocard, de moins en moins utilisé dans le langage courant, désigne toujours une formule juridique, caractérisée par son extrême brièveté, mais sachant résumer tout le fond d'un problème de droit directement saisi sous ses aspects humains. Longtemps frappés en langue latine (*summun jus, summa injuria*), les brocards passent en langue française (en mariage il trompe qui peut; le mort saisit le vif). Constamment et magnifiquement utilisés par les vieux auteurs, non sans abus, ils sont délaissés souvent, non sans abus aussi, par les auteurs modernes. Le sens du mot brocard n'est plus guère distinct de celui d'aphorisme, devenu rare en matière juridique, dont le contenu est pourtant plus sociologique. Le sens du mot brocard se perd surtout dans celui du mot adage, de beaucoup le plus employé, voire presque le seul, mais qui a une forte résonance morale.
➣ *Maxime.*

Aportionnement*[Dr. civ.]*

Faculté reconnue à un auteur adultère, par la loi du 3 janvier 1972 sur la filiation, de procéder avant son décès au règlement anticipé des droits successoraux de l'enfant adultérin, par une attribution suffisante de biens. Cette faculté de la loi de 1972 se distingue de l'ancienne faculté d'aportionnement du Code civil de 1804, en ce sens qu'elle a seulement pour but d'éviter la présence physique de l'enfant adultérin au règlement de la succession, sans le pénaliser, alors que celle de 1804 permettait d'éliminer de la succession un enfant naturel simple, en ne lui accordant que la moitié de sa part successorale.

 C. civ., art. 762.

Apostille*[Dr. civ.]*

Adjonction à un acte portée en marge, en bas de page, à la fin de l'écrit. L'apostille est annoncée par le renvoi qui n'est autre que le signe graphique indiquant que le libellé du texte est modifié.

Apparence*[Dr. civ. / Dr. com.]*

État d'une situation qui se présente sur la scène juridique de façon déformée.
La situation juridique apparente peut même être, en réalité, inexistante. Des motifs de sécurité juridique inclinent parfois à déduire des conséquences juridiques d'une situation apparente (héritier apparent, mandataire apparent).

Apparentement*[Dr. const.]*

1° Affiliation relâchée d'un élu à un groupe parlementaire, qui requiert l'accord de ce groupe, mais n'impose pas strictement sa discipline.
Les élus d'un parti peuvent s'apparenter à un groupe proche de leurs convictions politiques lorsqu'ils sont insuffi-

samment nombreux pour former leur propre groupe parlementaire. ➤*Groupe parlementaire.*

2°Groupement des listes électorales présentées par différents partis en vue de gagner des sièges aux dépens des adversaires isolés. ➤*L. 9 mai 1951.*

Appel *[Pr. gén.]*

Voie de recours de droit commun (ordinaire) de réformation ou d'annulation par laquelle un plaideur porte le procès devant une juridiction du degré supérieur, voire devant la même juridiction autrement composée (appel des décisions rendues par la cour d'assises en premier ressort).

▌*NCPC, art. 542 ; C. pr. pén., art. 380-1 s.*

Appel des causes *[Pr. civ.]*

Audience au cours de laquelle, devant le tribunal de grande instance et devant la cour d'appel, le président décide, soit de l'ouverture d'une instruction, soit du renvoi immédiat à l'audience des plaidoiries.

▌*NCPC, art. 759 s.*
➤*Mise en état.*

Appel en garantie *[Pr. civ.]*
➤*Garantie.*

Appel incident *[Pr. civ.]*

Appel formé en réplique à l'appel principal, par la partie intimée (le défendeur en appel), et qui est dirigé contre l'appelant ou contre les autres intimés.

Sur un appel principal ou sur un appel incident provoqué par le premier, un appel incident peut aussi être formé par toute partie, même non intimée.

▌*NCPC, art. 548.*
➤*Appel provoqué par l'appel principal.*

Appel « a minima » *[Pr. pén.]*

Acte d'appel émanant du ministère public par lequel il demande à la juridiction du second degré d'aggraver une peine qu'il estime insuffisante.

Appel d'offres *[Dr. adm.]*

Mode de conclusion des marchés publics permettant à l'Administration de choisir librement son co-contractant parmi des fournisseurs préalablement mis en concurrence.

▌*C. march. publ., art. 93 s.*
➤*Adjudication, Marchés négociés.*

Appel principal *[Pr. gén.]*

Appel formé par le plaideur qui a perdu un procès en première instance, comme demandeur ou comme défendeur.

Le recours peut viser tous les points du débat judiciaire ou seulement certains d'entre eux.

Appel provoqué par l'appel principal *[Pr. civ.]*

Dans un procès concernant plus de deux parties, appel formé par un plaideur n'ayant pas la possibilité d'user d'un appel incident, faute d'avoir été l'objet d'un appel principal.

▌*NCPC, art. 549.*
➤*Appel incident.*

Appel public à l'épargne *[Com.]*

Procédé de financement d'une société consistant à placer et à faire coter ses titres sur un marché financier réglementé, ou à recourir à des modes de publicité, de démarchage, ou de placement par des établissements de crédit ou des prestataires de services d'investissement.

▌*C. civ., art. 1841.*

A

A

Appelant*[Pr. civ.]*

Nom du demandeur en appel.

➤ *Intimé.*

Appelé*[Dr. civ.]*

Personne désignée par le disposant pour bénéficier, à la mort du grevé ou pour le cas de sa déchéance ou de sa renonciation, de la restitution des biens composant la substitution.

📖 *C. civ., art. 1053.*

Appellation d'origine*[Dr. com.]*

Dénomination d'un pays, d'une région ou d'une localité servant à désigner un produit qui en est originaire et dont la qualité ou les caractères sont dus au milieu géographique comprenant des facteurs naturels et des facteurs humains. Son usage est à la disposition de tous les producteurs du bien envisagé.

📖 *C. consom., art. L. 115-1.*

Applicabilité directe*[Dr. eur.]*

Principe dégagé par la Cour de justice selon lequel certaines dispositions des traités ou des actes des institutions communautaires peuvent en fonction de critères déterminés (clarté, précision et inconditionnalité) être invoquées par les justiciables devant les juridictions nationales car créant des droits en faveur de ceux-ci (arrêt Van Gend and Loos du 16 août 1962, Rec. 1963, p. 1).

Application immédiate des lois

➤ *Effet immédiat de la loi.*

Appoint*[Dr. civ. / Dr. com.]*

Complément exact en petite monnaie de la somme due que le débiteur qui paie en billets et en pièces doit verser au créancier de telle sorte que celui-ci n'ait aucune monnaie à rendre.

📖 *C. mon. fin., art. L. 112-5.*

Apport*[Dr. civ. / Dr. com.]*

Contribution à la constitution d'une personne morale, en argent, en nature ou en industrie (c'est-à-dire sous la forme d'une activité).

📖 *C. civ., art. 1843-3.*

Apport partiel d'actif*[Dr. com.]*

Opération par laquelle une société apporte à une autre société, nouvelle ou préexistante, une partie seulement de son patrimoine, moyennant attribution, au profit de ses associés, de droits de la société bénéficiaire de l'apport.

Apport(s) en société*[Dr. com.]*

Biens mis en commun par les associés lors de la constitution d'une société.

Ces apports peuvent se présenter sous plusieurs formes : en numéraire, en nature ou en industrie (c'est-à-dire en travail ou en services). En contrepartie de ses apports, chaque associé reçoit des droits sociaux (parts ou actions).

📖 *C. civ., art. 1832, 1835 et 1843-1 à 1843-3.*

Appréciation de légalité (recours en) *[Dr. adm.]*

➤ *Recours en appréciation de légalité.*

Apprentissage*[Dr. trav.]*

L'apprentissage est une forme d'éducation alternée. Il a pour but de donner à des jeunes travailleurs ayant satisfait à l'obligation scolaire une formation générale, théorique et pratique, en vue de l'obtention d'une qualification professionnelle sanctionnée par un diplôme de l'enseignement professionnel ou technologique du second degré ou du supérieur ou un titre professionnel homologué (loi du 23 juillet 1987).

Le contrat d'apprentissage, dont la durée est de 1 à 3 ans, est un contrat de travail de type particulier par lequel un employeur s'engage, outre le versement d'un salaire, à assurer à un jeune travailleur une formation professionnelle méthodique et complète, dispensée pour partie en entreprise et pour partie en centre de formation d'apprentis.

📕 *C. trav., art. L. 117-1.*

Approbation *[Dr. int. publ.]*

Procédure d'engagement de l'État qui doit être distinguée aussi bien de la ratification que des accords en forme simplifiée. Elle implique une formalité postérieure à la signature et peut nécessiter une autorisation parlementaire. Elle se distingue alors de la ratification, car elle émane non du Président de la République mais du Gouvernement, et en pratique du Ministre des affaires étrangères.

Apurement des comptes *[Dr. fin.]*

En matière de contrôle des comptes des collectivités publiques, ensemble d'opérations administratives consistant à vérifier la régularité des opérations de recettes et de dépenses publiques exécutées par les comptables publics, ainsi que des mouvements de fonds et de valeurs auxquels ils ont procédé au cours de la période contrôlée, puis à arrêter ces comptes s'ils sont réguliers.

L'apurement (administratif) se distingue du jugement des comptes, opéré par des juridictions (Cour des comptes, Chambres régionales des comptes), qui aboutit non à une décision administrative mais à un véritable arrêt ou jugement réglant définitivement dès son prononcé la situation du comptable, en le déclarant quitte, ou en <u>débet</u> ➤ *Trésorier-payeur général.*

Cette conception large de l'apurement est critiquée par certains spécialistes, qui réservent le terme à la constatation par l'autorité chargée de la vérification du compte de gestion du comptable « de l'exacte reprise des résultats actifs et passifs de ce compte au compte suivant ».

Arbitrage *[Dr. trav.]*

Procédure facultative de règlement des conflits collectifs de travail, qui consiste à confier à un tiers, choisi par les parties, la solution du conflit.

📕 *C. trav., art. L. 525-1 s.*
➤ *Cour supérieure d'arbitrage.*

[Pr. civ.] Procédure de règlement des litiges par recours à une ou plusieurs personnes privées (en nombre impair) appelées arbitres, parfois même par recours à un juge d'État déclaré amiable compositeur par les plaideurs.

📕 *NCPC, art. 1442 s.*
➤ *Amiable compositeur, Arbitre, Clause compromissoire, Compromis.*

[Dr. publ.] Souvent, ce mot ne désigne pas cette procédure matériellement juridictionnelle de « dire le droit » en vue de dénouer un litige juridique; il est utilisé alors pour dénommer un authentique pouvoir de décision dont dispose telle ou telle autorité en vue de trancher souverainement une opposition de points de vue administrative ou plus souvent politique (ex. : les « arbitrages budgétaires » du Premier Ministre ou du Président de la République en matière de répartition des crédits dans le projet

A

de loi de finances de l'année). C'est en ce sens que la pratique politique a fixé le sens du pouvoir d'arbitrage conféré au Président de la République par l'article 5 de l'actuelle Constitution.

Arbitrage international *[Dr. int. priv.]*

Est international l'arbitrage qui met en cause des intérêts du commerce international

📘 *NCPC, art. 1492 s.*
  [Dr. int. publ.] ➤ *Règlement pacifique des conflits.*

Arbitre *[Pr. civ.]*

Personne privée chargée d'instruire et de juger un litige, à la place d'un juge public, à la suite d'une convention d'arbitrage.

📘 *NCPC, art. 1451 s.*
➤ *Amiable compositeur, Clause compromissoire.*

Arbitre-rapporteur *[Pr. civ.]*

Personne désignée naguère pour fournir au tribunal de commerce un avis technique après avoir tenté une conciliation. Cette fonction a été supprimée.

Argument *[Pr. gén.]*

Raisonnement invoqué pour soutenir un moyen de procédure ou de fond.
➤ *Moyen, Cause.*

Aristocratie *[Dr. const.]*

(Du grec *aristoi*, les meilleurs, et *cratos*, gouvernement). Régime politique où le pouvoir est détenu par une classe considérée comme l'élite. – Ex. : aristocratie militaire de Sparte, aristocratie ploutocratique de Venise.

Armateur *[Dr. marit.]*

Celui qui exploite commercialement un navire.

Armes *[Dr. pén.]*

Est une *arme par nature* tout objet conçu pour tuer ou blesser.

Est une *arme par destination* tout autre objet susceptible de présenter un danger pour les personnes, dès lors qu'il est utilisé pour tuer, blesser ou menacer ou qu'il est destiné, par celui qui en est porteur, à tuer, blesser ou menacer.

Est une *arme dite « simulée »* tout objet qui, présentant avec une arme par nature une ressemblance à même de créer une confusion, est utilisé pour menacer de tuer ou de blesser ou est destiné, par celui qui en est porteur, à menacer de tuer ou de blesser.

L'*utilisation d'un animal* pour tuer, blesser ou menacer est assimilée à l'usage d'une arme.

📘 *C. pén., art. 132-75.*

Armistice *[Dr. int. publ.]*

Convention conclue entre belligérants pour l'interruption des hostilités, et qui, en fait, précède souvent les pourparlers de paix. Se distingue de la suspension d'armes, trêve de brève durée pour régler des intérêts pressants mais limités (par ex. : évacuation des morts et blessés).

Arpentage *[Dr. civ.]*

Mesurage d'une terre, originairement par arpent (34,19 ares), aujourd'hui par toute unité du système métrique. L'arpentage est l'opération préalable de tout bornage.

ARRCO (Association pour les régimes de retraites complémentaires des salariés) *[Séc. soc.]*

Association regroupant des institutions de retraites complémentaires. Depuis le 1er janvier 1999, c'est un régime unique; toutes les institutions relevant de l'ARRCO appliquent une réglementation entièrement unifiée qui s'est substituée d'office aux règlements de chacun des régimes.

Relèvent de ces régimes non seulement les salariés non cadres, mais également les salariés cadres pour la partie de leur rémunération (tranche A) qui ne dépasse pas le plafond de Sécurité sociale.

➢ *Plafond Sécurité sociale.*

Arrérages *[Dr. civ.]*

Somme d'argent versée périodiquement à un créancier et résultant d'une rente ou d'une pension.

❚ *C. civ., art. 1948 s.*

Arrestation *[Pr. pén.]*

Fait d'appréhender une personne, en ayant recours à la force si besoin est, en vue de sa comparution devant une autorité judiciaire ou administrative, ou à des fins d'incarcération.

Hors le cas de flagrance, l'arrestation exige un mandat.

Arrêt *[Pr. gén.]*

Décision de justice rendue, soit par une Cour d'appel, soit par la Cour de cassation, soit par les juridictions administratives autres que les tribunaux administratifs.

➢ *Jugement.*

Arrêt des poursuites individuelles *[Dr. com.]*

➢ *Suspension des poursuites individuelles.*

Arrêt de règlement *[Pr. gén.]*

Décision solennelle prise par une Cour souveraine (Parlement de l'ancien régime), de portée générale, et liant les juridictions inférieures.

Il est interdit aux juridictions françaises de rendre des arrêts de règlement.

❚ *C. civ., art. 5.*

➢ *Cour de cassation, saisine pour avis.*

Arrêté *[Dr. adm., const.]*

Décision exécutoire à portée générale ou individuelle émanant d'un ou de plusieurs ministres (arrêté ministériel ou interministériel) ou d'autres autorités administratives (arrêté préfectoral, municipal, etc.).

Arrêté de cessibilité *[Dr. adm.]*

Dans la procédure d'expropriation pour cause d'utilité publique, arrêté préfectoral déterminant la liste des parcelles foncières – ou des droits réels immobiliers – à exproprier, si cette liste ne résulte pas déjà de la déclaration d'utilité publique.

❚ *C. expr., art. L. 11-8 et R. 11-19.*

Arrêté de compte *[Dr. civ.]*

Acte par lequel une personne accepte le compte qui lui est rendu par une autre.

❚ *C. civ., art. 471; NCPC, art. 1269.*

Arrêté de conflit *[Dr. adm.]*

Décision préfectorale qui tend à dessaisir une juridiction judiciaire d'un litige à l'égard duquel l'Administration l'estime incompétente, et qui porte le problème de compétence devant le Tribunal des conflits.

Arrhes *[Dr. civ.]*

Somme d'argent imputable sur le prix total, versée par le débiteur au moment de la conclusion du contrat et constituant un moyen de dédit, sauf stipulation contraire.

 C. consom., art. L.114-1.

Les arrhes sont perdues si le débiteur revient sur son engagement. Il ne faut pas confondre « arrhes » et « acompte » bien que dans la pratique les deux termes soient utilisés indistinctement.

C. civ., art. 1590.

Arrondissement *[Dr. adm.]*

1° Circonscription administrative, dépourvue de personnalité juridique, se situant entre le département et le canton, au nombre d'environ 320 en France métropolitaine.

➤ *Sous-préfet.*

2° Division interne de certaines grandes villes.

➤ *Conseil d'arrondissement, maire d'arrondissement.*

Artisan *[Dr. com.]*

Celui qui exerce, pour son propre compte, un métier manuel pour lequel il justifie d'une qualification professionnelle et prend personnellement part à l'exécution du travail. Il doit être immatriculé au Répertoire des métiers.

L'activité artisanale a le caractère civil de sorte que l'artisan échappe à la compétence des tribunaux de commerce et au droit commercial. Néanmoins une tendance récente est d'étendre aux artisans le bénéfice des règles commerciales favorables.

La définition jurisprudentielle de l'artisan est plus stricte que la définition administrative qui oblige à s'immatriculer au Répertoire des métiers celui qui n'emploie pas plus de dix salariés et exerce à titre principal ou secondaire une activité professionnelle indépendante de production, de transformation, de réparation, ou de prestation de services, à l'exclusion de l'agriculture et de la pêche.

Elle est en revanche plus compréhensive que la définition du droit fiscal qui n'accorde le bénéfice de certains avantages qu'à ceux qui travaillent seuls ou avec le concours d'une main-d'œuvre familiale et d'un compagnon ou apprenti.

Ascendant *[Dr. civ.]*

Personne dont un individu est juridiquement issu.

Asile diplomatique *[Dr. int. publ.]*

Protection qu'un État peut assurer, grâce à l'inviolabilité des locaux diplomatiques, aux personnes objet de poursuites qui s'y sont réfugiées, en refusant de les remettre aux autorités locales ou d'autoriser celles-ci à venir les arrêter.

Assassinat *[Dr. pén.]*

Meurtre commis avec préméditation.

C. pén., art. 221-3.

Assemblée constituante *[Dr. const.]*

Assemblée spécialement élue pour élaborer ou réviser une constitution.

Assemblée générale *[Dr. civ. / Dr. com.]*

Réunion périodique de tous les membres d'une association ou d'une société (civile ou commerciale) pour approuver la gestion et prendre les décisions les plus importantes.

Outre les assemblées ordinaires, sont tenues des assemblées extraordinaires pour la modification des statuts.

L'assemblée statue à l'unanimité (sociétés de personnes) ou à la majorité simple (assemblée ordinaire) ou qualifiée (assemblée extraordinaire).

Assemblée générale dans certaines juridictions de l'ordre judiciaire
[Pr. civ. / Pr. pén.]
Réunion de tout ou partie des personnels d'une juridiction en vue de délibérer sur l'administration générale de cette juridiction.
📖*C. org. jud., art. R. 761-1 s.*

Assemblée générale des Nations Unies
[Dr. int. publ.]
Organe plénier de l'ONU, où tous les États membres sont représentés sur un pied d'égalité, et dont les compétences s'étendent à l'ensemble des buts des Nations Unies, mais avec la réserve que l'Assemblée générale ne dispose que d'un pouvoir de recommandation (sauf quand il s'agit de la vie intérieure de l'Organisation).
➣*Conseil de Sécurité.*

Assemblée nationale *[Dr. const.]*
Première chambre du Parlement français, élue au suffrage universel direct. L'Assemblée nationale exerce (avec le Sénat) le pouvoir législatif et financier : elle contrôle le Gouvernement (questions, enquêtes), dont elle peut seule mettre en jeu la responsabilité politique, soit spontanément (motion de censure) soit sur question de confiance posée par le Gouvernement. En contre-partie, elle peut être dissoute par le Président de la République.
➣*Sénat.*

Assemblée plénière *[Pr. civ. / Pr. pén.]*
Formation de la Cour de cassation comprenant, sous la présidence du Premier président, les présidents et les doyens des chambres ainsi qu'un conseiller pris au sein de chaque chambre (19 membres). Elle intervient *obligatoirement* lorsque, la juridiction de renvoi ne s'étant pas inclinée, un second pourvoi est formé et fondé sur les mêmes moyens que le premier. Sa saisine est *facultative* lorsqu'il existe des solutions divergentes soit entre les juges du fond, soit entre les juges du fond et la Cour de cassation.

Dans tous les cas, sa décision s'impose à la juridiction de renvoi.

Elle peut, à titre exceptionnel, juger sans renvoyer.
📖*C. org. jud., art. L. 121-6, L. 131-2, L. 131-4.*
*[Dr. adm.]*Plus haute formation de jugement du Conseil d'État, l'Assemblée du contentieux, composée de membres des sections contentieuses et administratives, connaît en pratique, principalement, des questions nouvelles les plus importantes. Ses arrêts n'ont d'autre force que leur portée de principe.

Assesseurs *[Pr. pén.]*
Magistrats professionnels, au nombre de deux, qui siègent aux côtés du président de la Cour d'assises.
📖*C. pr. pén., art. 248 s.*
[Pr. gén.] ➣*Collégialité.*

Assiette (des cotisations) *[Séc. soc.]*
Base de calcul des cotisations.
📖*CSS, art. L. 242-1.*

A

Assiette de l'impôt[*Dr. fin.*]

1° Ensemble d'opérations administratives tendant à établir l'existence et le montant de la matière imposable, et à constater la présence du fait générateur de l'impôt, c'est-à-dire de l'acte ou de la situation qui est la condition de la naissance de la dette d'impôt.

2° L'élément lui-même retenu pour le calcul de l'impôt par l'application du tarif, par exemple, montant du revenu annuel.

Assignation[*Pr. civ.*]

Acte de procédure adressé par le demandeur au défendeur par l'intermédiaire d'un huissier de justice, pour l'inviter à comparaître devant une juridiction de l'ordre judiciaire et valant, devant le tribunal de grande instance, conclusions pour le demandeur.

 NCPC, art. 55 et 56.
➤ *Citation, Conclusions, Procédure à jour fixe, Requête conjointe.*

Assignation à résidence[*Dr. int. priv.*]

Lorsqu'un étranger frappé par un arrêté d'expulsion ne peut pas quitter le territoire, il peut lui être assigné un lieu de résidence.

Assignation à toutes fins[*Pr. civ.*]

Citation en justice devant le tribunal d'instance dont l'objet est double : tenter de concilier les parties, à défaut statuer sur leurs prétentions.
NCPC, art. 829.

Assises[*Pr. pén.*]

Au sens strict, *Cour d'assises*, compétente, en premier ressort ou en appel, pour connaître des crimes.

Par extension, période, dite *session d'assises*, durant laquelle siège cette juridiction.
C. pr. pén., art. 231 s.

Assistance[*Dr. civ.*]

1° Obligation mise à la charge d'un époux de venir en aide à son conjoint par des soins attentifs, une aide matérielle et morale (comparer avec le devoir de secours).
C. civ., art. 212.

2° Mesure de protection de certains incapables majeurs placés sous le régime de la curatelle. Le curateur, par son assistance, signe les actes à côté de l'incapable, ou lui donne préalablement l'autorisation d'agir. Celui qui assiste ne représente pas.
C. civ., art. 510.
➤ *Représentation.*

Assistance des plaideurs[*Pr. civ.*]

À la différence de la représentation en justice qui consiste en un véritable mandat emportant pouvoir et devoir d'accomplir au nom du mandant les actes de la procédure, l'assistance est une mission de conseil et de défense du plaideur qui n'oblige en rien la partie. Sauf disposition ou convention contraire, la mission d'assistance est incluse dans le mandat de représentation.
NCPC, art. 412 et 413.
➤ *Aide juridique, Défenseur, Représentation en justice des plaideurs.*

Assistance éducative[*Dr. civ.*]

Ensemble de mesures qui peuvent être prises par le juge des enfants lorsque la santé, la sécurité ou la moralité d'un mineur non émancipé sont gravement compromises. Le juge peut ordonner le placement de l'enfant hors de sa famille

ou le maintenir dans son milieu en imposant le respect de certaines obligations.
C. civ., art. 375 s.

Assistance judiciaire *[Pr. civ.]*
➤*Aide juridique.*

Assistance mutuelle *[Dr. int. publ.]*
Aide que des États se promettent mutuellement par traité au cas où l'un d'eux serait victime d'une agression.

Assistance publique *[Séc. soc.]*
➤*Aide sociale.*

Assistant de justice *[Pr. civ.]*
Auxiliaire du juge recruté par engagement écrit pour une durée de deux ans renouvelable une fois, chargé d'apporter son concours aux travaux préparatoires réalisés par les magistrats des tribunaux d'instance, des tribunaux de grande instance et des cours d'appel pour l'exercice de leurs attributions.

Assistante maternelle *[Dr. trav.]*
Personne qui accueille habituellement à son domicile, moyennant rémunération, un ou plusieurs mineurs confiés par des particuliers ou des personnes morales de droit privé. En fait, la catégorie des assistantes maternelles recouvre, depuis la loi du 17 mai 1977, les anciennes nourrices et gardiennes d'enfants. Agréées nécessairement par la Direction départementale de l'Action sanitaire et sociale, elles sont assimilées à des salariés et bénéficient, en conséquence, avec quelque aménagement parfois, des dispositions du Code du travail.
C. trav., art. L. 773-1 s., D. 773-1-1 s.

Assistant(e) social(e) *[Dr. soc.]*
Personne titulaire du diplôme d'État d'assistant social, dont la mission générale est de faciliter l'adaptation des familles à la vie en société.

Association *[Dr. adm. / Dr. civ.]*
1° L'association, ou contrat d'association, est la convention par laquelle deux ou plusieurs personnes mettent en commun leurs connaissances ou leur activité dans un but autre que de partager des bénéfices (L. 1er juillet 1901, art. 1er).
2° Personne morale issue de cette convention. Selon leur type (déclarée, reconnue d'utilité publique, composée en majeure partie d'étrangers, ou ayant son siège social à l'étranger), les associations sont soumises à un régime de surveillance administrative plus ou moins sévère.
➤*Société.*

Association d'avocats *[Pr. civ.]*
Contrat écrit que peuvent passer entre eux des avocats en constituant une association dans laquelle chacun demeure responsable vis-à-vis de ses clients.
➤*Société civile professionnelle.*

Association de consommateurs
[Pr. civ. / Pr. pén.]
Association agréée par arrêté conjoint du ministre chargé de la consommation et du garde des Sceaux dont l'objet statutaire est la défense des intérêts des consommateurs, à laquelle la loi reconnaît qualité pour exercer les droits reconnus à la partie civile relativement aux faits portant un préjudice direct ou indirect à l'intérêt collectif des consommateurs et qui peut recevoir mandat

d'agir devant les juridictions civiles au nom des consommateurs victimes d'un préjudice personnel dû au même professionnel.

📖 *C. consom., art. L. 421-1 et L. 422-1.*

Association pour l'emploi dans l'industrie et le commerce (ASSEDIC)
[Dr. trav.]

Associations paritaires créées par convention collective, chargées d'indemniser les chômeurs (chômage total). Ces associations sont regroupées en une union nationale (UNEDIC) qui gère les fonds résultant des cotisations patronales et ouvrières et d'une subvention de l'État.

📖 *C. trav., art. L. 351-21, D. 352-1 s.*

Association européenne de libre-échange
[Dr. int. publ.]

Organisation internationale créée en 1960 par 7 États (Autriche, Danemark, Norvège, Portugal, Royaume-Uni, Suède, Suisse) qui ont décidé d'établir entre eux une zone de libre-échange.

La Finlande s'y est jointe en 1961, l'Islande en 1970, puis le Liechstenstein.

L'entrée progressive de certains de ses membres dans l'Union européenne, Danemark et Royaume-Uni d'abord, puis le Portugal, enfin en 1995 l'Autriche, la Finlande et la Suède, en fait un cadre quasiment vide. Conçue par les Anglais comme une « contre CEE », l'AELE se fond, aujourd'hui, dans l'Espace économique européen.

Association foncière agricole*[Dr. rur.]*

Groupement de propriétaires ruraux constitué pour réaliser un aménagement des terres.

📖 *C. rur., art. R. 131-1 s.*

Association foncière pastorale*[Dr. rur.]*

Groupement de propriétaires de terrains destinés à l'élevage, en vue de leur aménagement et du développement des activités pastorales.

Association intermédiaire*[Séc. soc.]*

Association, agréée par l'État, ayant pour objet d'embaucher des personnes dépourvues d'emploi afin de les mettre à titre onéreux à la disposition de personnes physiques ou morales pour exercer des activités qui ne sont pas assurées sur le plan local par l'initiative privée ou par les collectivités locales. Leur activité est réputée non lucrative.

Association internationale de développement (AID)*[Dr. int. publ.]*

Institution spécialisée des Nations Unies créée en 1960 et affiliée à la BIRD. Accorde des prêts à long terme (50 ans et sans intérêts) aux pays les moins avancés pour leur permettre de financer tous projets de développement (même non directement productifs). Siège : Washington.

Association de malfaiteurs*[Dr. pén.]*

Tout groupement formé ou entente établie en vue de la préparation, caractérisée par un ou plusieurs faits matériels, d'un ou plusieurs crimes ou d'un ou plusieurs délits punis de dix ans d'emprisonnement.

📖 *C. pén., art. 450-1.*

Association en participation*[Dr. com.]*
➤ *Société en participation.*

Associations syndicales*[Dr. adm.]*

Terme générique désignant plusieurs sortes de groupements de propriétaires fonciers réunis en vue de l'exécution de travaux destinés au profit commun de leurs fonds.

Les principaux types en sont représentés par : les associations libres (qui sont de simples personnes morales de droit privé), les associations autorisées (par l'Administration, et qui sont les plus nombreuses) et les associations forcées (qui sont des établissements publics, relevant à ce titre du droit administratif et bénéficiant de prérogatives de puissance publique).

Associé *[Dr. civ. / Dr. com.]*
Membre d'une société.
➤ *Sociétaire.*

Associé d'exploitation *[Dr. rur.]*
Membre de la famille de l'exploitant appartenant à un groupe de proches limitativement visés par la loi, et travaillant dans l'entreprise familiale sans autre rémunération qu'une participation financière modique aux résultats de l'exploitation.
▌ *C. rur., art. L. 321-6 s.*

Assujettissement *[Séc. soc.]*
Obligation d'affilier aux assurances sociales du régime général, quel que soit leur âge et même si elles sont titulaires d'une pension, toutes les personnes quelle que soit leur nationalité, salariées ou travaillant à quelque titre ou en quelque lieu que ce soit, pour un ou plusieurs employeurs et quels que soient le montant et la nature de leur rémunération, la forme, la nature ou la validité de leur contrat.
▌ *CSS, art. L. 311-2.*

Assurance *[Dr. civ. / Dr. com.]*
Opération par laquelle une partie, l'assuré, se fait remettre moyennant une rémunération (la prime), pour lui ou pour un tiers, en cas de réalisation d'un risque, une prestation par une autre partie, l'assureur, qui, prenant en charge un ensemble de risques, les compense conformément à la loi de la statistique.

Assurance chômage *[Dr. trav.]*
Système d'indemnisation du chômage total, à base conventionnelle, créé en 1958 par une convention nationale interprofessionnelle, étendue et rendue obligatoire en 1967. Le système a été unifié par une loi cadre du 16 janvier 1979 qui a supprimé les allocations complémentaires d'aide publique, tout en imposant à l'État l'obligation de subventionner le régime géré par l'UNEDIC. La convention de 1958 a été remplacée par un protocole du 10 janvier 1984 suivi de la convention du 24 février qui distinguent l'assurance chômage proprement dite financée par les entreprises et les salariés, et le régime de solidarité pris en charge par les collectivités et destiné à aider les néodemandeurs d'emploi, les chômeurs en fin de droit, les chômeurs en formation et les préretraités. La convention du 1er janvier 2001, très ambitieuse, met en place un plan d'aide au retour à l'emploi (PARE) destiné à faciliter pour les chômeurs la recherche active et l'obtention d'un emploi. Ce plan donne lieu dans chaque cas à un entretien approfondi avec l'Agence nationale pour l'emploi, ce qui permet de définir et de conclure un plan d'action personnalisé avec le demandeur d'emploi. Cette même con-

vention supprime toute dégressivité dans l'indemnisation du chômage.

📖 *C. trav., art. L. 351-2 et s.*

➢ *Association pour l'emploi dans l'industrie et le commerce.*

Assurance décès *[Séc. soc.]*

Assurance qui garantit aux ayants-droit de l'assuré qui décède le paiement d'une somme appelée capital-décès.

📖 *CSS, art. L. 361-1 s.*

Assurance garantie des salaires *[Dr. trav.]*

Système d'assurance contre le risque de non-paiement des salaires et sommes assimilées, lorsque l'entreprise est en état de redressement ou de liquidation judiciaire. L'employeur est tenu d'assurer ses salariés et verse à cet effet une cotisation à l'association patronale « Assurance garantie des salaires » perçue par les Assedic qui avancent les fonds au profit des salariés bénéficiaires de la garantie.

📖 *C. trav., art. L. 143-11-1.*

Assurance invalidité *[Séc. soc.]*

Assurance accordant une pension aux assurés ayant subi de manière durable une réduction de leur capacité de travail.

Le risque invalidité est couvert dans tous les régimes de Sécurité sociale.

📖 *CSS, art. L. 341-1 s.*

Assurance maladie *[Séc. soc.]*

Assurance procurant des « prestations en espèces » et des « prestations en nature » en cas de maladie. Le risque maladie est couvert dans tous les régimes de base obligatoires.

➢ *Sécurité sociale.*

Toutefois certains régimes n'accordent pas de prestations en espèces, par exemple régime agricole pour les exploitants agricoles, régime des professions non salariées non agricoles, pour les professions libérales.

📖 *CSS, art. L. 321-1 et s.*

Assurance maternité *[Séc. soc.]*

Assurance procurant des prestations en espèces et des prestations en nature sans ticket modérateur en cas de maternité. Le régime maternité est couvert dans tous les régimes de base obligatoires.

➢ *Sécurité sociale.*

Toutefois certains régimes n'accordent pas d'indemnité journalière mais des allocations forfaitaires par exemple régime des professions non salariées non agricoles.

📖 *CSS, art. L. 331-1 s.*

Assurance personnelle *[Séc. soc.]*

Régime facultatif, ouvert à toute personne qui ne relève pas d'un régime obligatoire et assurant les prestations en nature maladie et maternité du régime général. Il a été remplacé par la Couverture maladie universelle.

📖 *CSS, art. L. 741-1 s.*

Assurance veuvage *[Séc. soc.]*

Assurance accordant, sous certaines conditions, une allocation au conjoint survivant pendant une période de temps limitée.

📖 *CSS, art. L. 356-1 s.*

Assurance vieillesse *[Séc. soc.]*

Assurance accordant une pension aux personnes qui justifient d'une certaine durée d'assurance et qui partent à la retraite à partir de 60 ans.

📖 *CSS, art. L. 351-1 s.*

A

Le risque vieillesse est couvert dans tous les régimes de base obligatoires. Certains régimes accordent toutefois des pensions à des personnes qui partent à la retraite avant 60 ans.

Assurance volontaire *[Séc. soc.]*

Régime facultatif couvrant les régimes vieillesse – veuvage – invalidité et accidents du travail et ouvert aux personnes qui ne sont pas couvertes contre ces risques par un régime obligatoire. Elle complète la Couverture maladie universelle.

📖 *CSS, art. L. 742-1 s.*
➢ *Assurance personnelle.*

Assuré social *[Séc. soc.]*

Toute personne affiliée à un régime de Sécurité sociale.

Astreinte *[Dr. civ. / Pr. civ.]*

Condamnation à une somme d'argent, à raison de tant par jour (ou semaine, ou mois) de retard, prononcée par le juge du fond ou le juge des référés, contre un débiteur récalcitrant, en vue de l'amener à exécuter en nature son obligation. En principe *provisoire*, c'est-à-dire sujette à révision, l'astreinte peut être *définitive* si le tribunal en a ainsi expressément décidé. Mais une astreinte définitive ne peut être ordonnée qu'après le prononcé d'une astreinte provisoire et pour une durée que le juge détermine. Tout juge peut, même d'office, ordonner une astreinte pour assurer l'exécution de sa décision. Le juge de l'exécution a reçu des pouvoirs spéciaux en ce domaine.

[Dr. adm.] Pour éviter l'inexécution d'une décision rendue par une juridiction administrative, contre une personne morale de droit public, ou un organisme de droit privé chargé de la gestion d'un service public, cette juridiction peut prononcer une astreinte en vue d'en assurer l'exécution.

[Dr. trav.] On oppose astreinte et temps de travail effectif; ce dernier suppose que le salarié est à la disposition de l'employeur sans pouvoir librement vaquer à des occupations personnelles. Au contraire, une période d'astreinte s'entend comme une période pendant laquelle le salarié, sans être à la disposition permanente et immédiate de l'employeur, a l'obligation de demeurer à son domicile ou à proximité afin d'être en mesure d'intervenir pour effectuer un travail au service de l'entreprise, la durée de cette intervention étant considérée comme un temps de travail effectif. L'astreinte doit donner lieu à des compensations (financières ou sous forme de repos).

📖 *C. trav., art. L. 212-4 et L. 212-4 bis.*

Atelier protégé *[Dr. trav.]*

Établissement destiné à faciliter l'insertion des handicapés en milieu professionnel, par des structures proches de l'entreprise ordinaire. Les handicapés qui y travaillent sont des salariés dont la rémunération peut être inférieure au SMIC, à laquelle s'ajoute une aide. Les ateliers protégés passent généralement des marchés de sous-traitance avec des entreprises de production.

📖 *C. trav., art. L. 323-30 s., R. 323-60 s.*
➢ *Centre d'aide par le travail.*

Atermoiement *[Dr. com.]*

Forme de concordat, selon lequel le débiteur s'engage à régler intégralement ses dettes, mais avec un certain retard.

A

A

Atteinte à la dignité *[Dr. civ. / Dr. pén.]*

Manquement à la considération due à la personne humaine consistant, par exemple, dans les discriminations entre les individus à raison de leur origine, de leur sexe, de meurs mœurs, de leurs opinions politiques…, dans le proxénétisme, le bizutage, la soumission d'une personne vulnérable ou dépendante à des conditions de travail ou d'hébergement inacceptables.

C. civ., art. 16; C. pén., art. 225-1 s.

Atteinte à la liberté du travail *[Dr. trav.]*
➤ *Liberté du travail.*

Atteinte sexuelle *[Dr. pén.]*

Acte d'ordre sexuel, soit commis avec violence, contrainte, menace ou surprise, auquel cas il est constitutif d'une agression sexuelle toujours punissable, quelle qu'en soit la victime, soit réalisé sans violence, contrainte, menace ni surprise, auquel cas il n'est punissable qu'à l'égard des mineurs.

C. pén., art. 222-22 s., 227-15 s.
➤ *Agressions sexuelles, Mise en péril des mineurs.*

Atteintes involontaires *[Dr. pén.]*

Expression générique, qui regroupe l'homicide involontaire et les violences involontaires contre les personnes, par opposition aux atteintes volontaires, soit à la vie, soit à l'intégrité physique ou psychique des personnes.

C. pén., art. 221-6 s., 222-19 s., R. 622-1, R. 625-2 s.

Atteintes à l'état civil *[Dr. pén.]*

Ensemble d'infractions, de caractère délictuel ou contraventionnel, qui compromettent l'état civil des personnes.

Regroupées sous une division particulière du nouveau code pénal, elles concernent le non-respect du nom assigné par l'état civil, la bigamie, la célébration d'un mariage religieux sans mariage civil préalable, l'entrave à la liberté des funérailles, le non-respect des règles de tenue des actes d'état civil, la non-déclaration d'une naissance, la non-déclaration de découverte d'un enfant nouveau-né, l'inhumation sans autorisation ou en violation des dispositions législatives et réglementaires.

C. pén., art. 433-19 s., R. 645-3 s.

Atteintes à la filiation *[Dr. pén.]*

Infractions relatives, d'une part, à la provocation à l'abandon d'enfant, d'autre part, à la substitution volontaire d'enfant, ainsi qu'à la simulation ou dissimulation d'enfant.

C. pén., art. 227-12 s.
➤ *Abandon, Simulation d'enfant, Substitution d'enfant.*

Atteintes à la sûreté de l'État *[Dr. pén.]*

Ensemble de crimes et de délits qui compromettent, soit la défense nationale, soit les relations de la France avec l'étranger, soit la sécurité de l'État et la paix publique. Dans le nouveau code pénal, les atteintes à la sûreté de l'État sont désormais référencées sous le titres des atteintes aux intérêts fondamentaux de la nation.

C. pén., art. 410-1.

Atteintes à la vie privée *[Dr. civ. / Dr. pén.]*

Fautes civiles ou pénales lésant le droit de chaque citoyen au respect de sa personnalité, dans le cadre de sa vie privée ou de l'intimité de celle-ci.

C. civ., art. 9; C. pén., art. 226-1 s.

Atteintes aux intérêts fondamentaux de la nation
➤ *Intérêts fondamentaux de la nation.*

Attendu *[Pr. civ. / Pr. pén.]*
Nom donné aux alinéas de la partie d'un jugement contenant sa motivation. Chacun commence par les mots : Attendu que...
➤ *Considérant.*

Attentat à la pudeur *[Dr. pén.]*
Acte illicite d'ordre sexuel, avec ou sans violence, auquel la victime, personne de l'un ou l'autre sexe, se trouve physiquement mêlée. Dans le nouveau code pénal, les attentats à la pudeur sont désormais qualifiés d'atteintes sexuelles, et relèvent, soit des agressions sexuelles, soit de la mise en péril des mineurs.
📖 *C. pén., art. 222-22 s., 227-25 s.*

Atterrissement *[Dr. civ.]*
Mouvement de la terre dû à l'action d'un cours d'eau qui opère soit accroissement par dépôt sur la rive, soit constitution d'îles ou d'îlots par émergence au-dessus du lit.
📖 *C. civ., art. 556, 560.*
➤ *Accroissement, Alluvions, Lais et relais.*

Attestation *[Pr. civ.]*
Déposition écrite rédigée par une personne qui pourrait être convoquée comme témoin dans une enquête. Elle peut être produite spontanément par un plaideur ou provoquée par le juge.
📖 *NCPC, art. 199.*

Attestation d'embauche *[Dr. trav.]*
Document écrit que doit remettre l'employeur au salarié au moment de l'embauche et attestant de celle-ci. Cette mesure tend à lutter contre le travail clandestin.
📖 *C. trav., art. R. 320-5.*

Attributaire *[Séc. soc.]*
Personne physique ou morale entre les mains de laquelle sont versées les prestations familiales. Généralement, l'attributaire est l'allocataire, mais ce peut être son conjoint ou concubin ou la personne qui assure l'entretien de l'enfant.
📖 *CSS, art. L. 513-1.*

Attribution de juridiction *[Pr. civ.]*
➤ *Clause attributive de juridiction, Prorogation de juridiction.*

Attribution préférentielle *[Dr. civ.]*
Dans le partage d'une indivision, attribution d'un bien à celui des indivisaires qui, en vertu des critères légaux, est jugé le plus apte à le recevoir.
📖 *C. civ., art. 832, 1476, 1844-9.*

Aubain *[Dr. int. priv.]*
Terme de l'époque féodale, désignant l'individu né hors de la seigneurie (du latin : *alibi natus*) et frappé, de ce fait, de certaines incapacités.

Audience *[Pr. civ.]*
Séance au cours de laquelle une juridiction prend connaissance des prétentions des parties, instruit le procès, entend les plaidoiries et rend son jugement.
Le plus souvent, l'audience est publique.
📖 *NCPC, art. 430 s.*

Audience de la Chambre *[Pr. civ.]*
Formation de chacune des chambres de la Cour de cassation composée de cinq

A

de ses membres ayant voix délibérative, appelée à statuer sur les pourvois délicats qui ne peuvent être examinés par la formation ordinaire à trois magistrats.
📖 *C. org. jud., art. L. 131-6 et L. 131-6-1.*

Audience foraine *[Pr. civ.]*
Audience qui se tient dans une commune autre que celle où est fixé le siège de la juridiction.
📖 *C. org. jud., art. R. 7-10-1-1.*

Audit *[Dr. gén.]*
Mission de vérification de la conformité d'une opération ou de la situation d'une entreprise aux règles de droit en vigueur ; confiée à un professionnel indépendant (l'auditeur) par une personne (le prescripteur) souhaitant s'informer sur l'intérêt de cette opération ou de cette situation, elle peut aller jusqu'à évaluer les risques de l'initiative ou de l'activité vérifiée, ainsi que son degré d'efficacité. On parle ainsi d'audit juridique, d'audit fiscal, social, etc...

Auditeur *[Dr. adm. / Dr. fin.]*
Grade de début des membres du Conseil d'État et des magistrats de la Cour des comptes.

Auditeur de justice *[Pr. civ.]*
Élève à l'École nationale de la magistrature (ENM) recruté par concours, sur titres ou sur épreuves. À la sortie de l'École, l'auditeur de justice est nommé magistrat.

Auditeur à la Cour de cassation
[Pr. civ. / Pr. pén.]
Magistrat exerçant auprès de la Cour de cassation des attributions administratives (documentation, travaux d'aide à la décision).

Audition des parties *[Pr. civ.]*
Le magistrat peut à tout moment, et même d'office, entendre les parties en dehors d'une procédure de comparution personnelle.
📖 *NCPC, art. 20.*
➢ *Comparution personnelle.*

Audition des témoins *[Pr. civ.]*
Devant les juridictions civiles, l'audition des témoins a lieu soit à la barre du tribunal, soit devant un juge commis à cet effet. ➢ *Enquête, Témoins.*
📖 *NCPC, art. 208 s.*

[Pr. pén.] En procédure pénale, les règles applicables à l'audition des témoins diffèrent sensiblement d'une phase de procédure à l'autre : alors qu'elles sont plutôt de type inquisitoire lors de l'enquête de police et pendant l'instruction préparatoire, elles connaissent un régime plus accusatoire lors de la procédure de jugement (témoignage oral, public et contradictoire).

Audition des tiers *[Pr. civ.]*
Le juge à la faculté d'entendre, sans formalités, les personnes qui peuvent l'éclairer ainsi que celles dont l'intérêt risque d'être affecté par la décision.

Au marc le franc *[Dr. civ. / Dr. com.]*
Désigne la répartition proportionnelle d'une somme d'argent entre les créanciers chirographaires qui reçoivent un même dividende (40 %, 75 %) lorsque l'actif de leur débiteur commun est insuffisant. On parle aussi de distribution par contribution.
📖 *C. civ., art. 2093.*
➢ *Contribution.*

A

Auteur *[Dr. civ.]*

Celui qui transmet un droit ou une obligation à une autre personne appelée <u>ayant cause</u>.

[Dr. pén.] Personne à qui peut être imputée la commission d'une infraction ou sa tentative, pour en avoir personnellement réalisé les éléments constitutifs.

📖 *C. pén., art. 121-4.*
➤ *Coactivité, Complicité.*

Authenticité *[Dr. civ.]*
➤ *Acte authentique.*

Authentification *[Dr. civ.]*

Opération destinée à conférer à un acte le caractère authentique.
➤ *Acte authentique.*

Attestation de l'exacte provenance d'un objet ou d'un écrit.

Auto-contrôle *[Dr. com.]*

Situation dans laquelle une société possède directement ou indirectement, son propre capital.

L'auto-contrôle fait l'objet d'une réglementation limitative.

Autocratie *[Dr. const.]*

Pouvoir absolu d'un homme.

Auto-défense *[Dr. pén.]*

Fait par une personne de prévenir une agression, sans respecter les conditions de nécessité et de proportionnalité de la <u>légitime défense</u> (engin piégé susceptible de tuer…).

📖 *C. pén., art. 122-5 et 122-6.*

Autodétermination *[Dr. const.]*

Fait pour un peuple de choisir librement (par référendum) s'il entend ou non être souverain et constituer un État,

déterminer son système politique et économique.

Autofinancement *[Dr. com.]*

Politique d'une entreprise qui consiste à prélever une part importante des bénéfices distribuables pour assurer le financement des investissements.

C'est une source essentielle de financement pour les entreprises françaises, qui se manifeste par la constitution de <u>réserves</u>.

Autonomie financière *[Dr. adm. / Dr. fin.]*

Situation d'une collectivité ou d'un organisme disposant d'un pouvoir propre de gestion de ses recettes et de ses dépenses, regroupées en un budget ou dans un document équivalent. Pour être complète, elle suppose l'existence de ressources propres à la collectivité en cause. Elle est souvent – mais pas forcément – accompagnée de la reconnaissance de la personnalité morale à l'organisme en cause.

Autonomie de la volonté *[Dr. gén.]*

Principe de philosophie juridique en vertu duquel la volonté librement exprimée a le pouvoir de créer des obligations.

Autorisation *[Dr. adm.]*

Procédure permettant à l'administration une surveillance particulièrement serrée de certaines activités. Elle impose que ces activités, examinées une à une, soient formellement acceptées par l'autorité. Les conditions, selon les cas, sont plus ou moins sévères. Les suites, permettant un regard plus ou moins constant de cette autorité, sont souvent rigoureuses. C'est ici qu'il faut placer ce

A

A

qu'on appelle « attribution de licence » (ex. : ouverture d'un débit de boissons).

Autorisation de programme *[Dr. fin.]*

Dérogation au principe d'annualité budgétaire instituée au profit des dépenses d'investissement, et de certaines dépenses de fonctionnement, devant s'échelonner sur plusieurs années. Ces autorisations budgétaires, valables sans limitation de durée, permettent à l'administration de procéder à l'engagement des dépenses, mais non à leur paiement qui doit donner lieu ensuite à l'ouverture de crédits de paiement qui seront couverts par les recettes correspondantes. Pour l'État, les autorisations de programme sont ouvertes dans les lois de finances.

Les budgets des régions, des départements, de la Ville de Paris et des communes de plus de 3 500 habitants peuvent comporter des autorisations de programme pour leurs dépenses d'investissement.

➢ *Crédits de paiement, Délibérations de programme, Engagement, Loi de programme.*

Autorisation de travail *[Dr. int. priv.]*

Tout étranger qui désire exercer en France une profession salariée, doit présenter un contrat de travail visé par l'autorité administrative ou une autorisation de travail.

Une exception est faite pour les ressortissants d'un État membre de l'Union européenne, qui n'ont pas besoin de titre de travail et peuvent exercer tout emploi.

Autorités indépendantes *[Dr. adm.]*

Souvent dénommées autorités administratives indépendantes, générale-

ment collégiales (ex. : Commission nationale de l'informatique et des libertés, Conseil supérieur de l'audiovisuel), ces autorités, dont le statut s'efforce d'assurer l'indépendance vis-à-vis de l'État, ont été créées en vue d'assurer dans leur domaine de compétence la protection de droits et de libertés, ou la répartition de ressources rares (Autorité de régulation des télécommunications).

Exceptionnellement, elles peuvent n'être pas qualifiées d'« administratives » pour mieux conforter leur position, et être représentées par une personne physique (ces deux traits se retrouvant par exemple dans le Médiateur de la République ou le Défenseur des enfants).

Autorité judiciaire *[Pr. civ.]*

Expression de la Constitution de 1958 (art. 64 à 68) désignant l'ensemble des magistrats assurant le service de la justice civile, par opposition à la justice administrative.

➢ *Judiciaire (pouvoir).*

Autorité de chose jugée *[Pr. gén.]*
[Pr. gén. et pén.] ➢ *Chose jugée.*

Autorité parentale *[Dr. civ.]*

Pouvoir que la loi reconnaît aux père et mère sur la personne et les biens de leur enfant mineur et non émancipé. Dans la famille légitime, cette autorité est exercée en commun par le père et la mère.
 C. civ., art. 372.

S'ils sont divorcés elle est exercée soit en commun, soit par celui des deux parents à qui le tribunal l'a confiée.
C. civ., art. 287.

En ce qui concerne l'enfant naturel, elle est exercée par celui de ses père et mère qui l'a volontairement reconnu, s'il n'a été reconnu que par l'un d'eux;

 C. civ., art. 374.

mais si l'un et l'autre l'ont reconnu avant qu'il ait atteint l'âge d'un an et s'ils vivent en commun au moment de la reconnaissance concomitante ou de la seconde reconnaissance, l'autorité parentale est exercée en commun;

C. civ., art. 372, al. 2.

si la filiation est établie à l'égard des deux parents dans des conditions autres que celles qui viennent d'être indiquées, l'autorité parentale est exercée par la mère, sauf déclaration conjointe des deux parents devant le juge aux affaires familiales.

C. civ., art. 374, al. 2 .

Autorité de régulation des télécommunications *[Dr. adm. / Dr. com.]*

Autorité professionnelle investie d'un pouvoir de contrôle et de sanction des opérateurs dans le domaine des télécommunications, suite à la déréglementation de ce secteur.

C. P et T, art. L. 36-8.

Autorités publiques *[Dr. adm. / Dr. const.]*
➤ *Pouvoirs publics.*

Auxiliaires *[Dr. adm.]*

Personnels non titulaires employés par l'État, les collectivités territoriales et leurs établissements publics, théoriquement pour occuper des emplois momentanément privés de leur titulaire, mais dont une notable partie en réalité occupe durablement ces postes, puis fait l'objet souvent d'une intégration dans le personnel titulaire.

Auxiliaires de justice *[Pr. civ.]*

Hommes de loi dont la mission est destinée à faciliter la marche de l'instance et la bonne administration de la justice.

➤ *Administrateur judiciaire, Avocat, Avocat au Conseil d'État et à la Cour de cassation, Avoué à la Cour d'appel, Greffier, Huissier de justice, Mandataire judiciaire à la liquidation des entreprises.*

Aval *[Dr. com.]*

Garantie donnée sur un effet de commerce par une personne appelée « donneur d'aval » ou « avaliste » ou « avaliseur » qui s'engage à en payer le montant à l'échéance, si le ou les signataires pour lesquels l'aval a été donné ne le font pas. L'opération s'apparente à un cautionnement.

 C. mon. fin., art. L. 131-28, L. 134-1, L. 134-2; C. com., art. L. 511-21 et L. 512-4.

Avance *[Dr. adm. / Dr. fin.]*

Paiement partiel effectué préalablement à l'exécution même fragmentaire d'une prestation convenue.

➤ *Acompte.*

Avancement d'hoirie *[Dr. civ.]*

Donation faite à un héritier et qui s'impute sur sa part successorale.

C. civ., art. 843.

Avant-contrat *[Dr. civ.]*

Accord de volontés par lequel deux ou plusieurs personnes décident de réaliser dans l'avenir un contrat (par ex. : promesse de vente, promesse de prêt).

Avant-dire-droit *[Pr. civ.]*
➤ *Jugement avant – dire – droit.*

A

A

Avantage matrimonial *[Dr. civ.]*

Enrichissement procuré à l'un des époux par le jeu des règles du régime matrimonial et échappant en principe aux règles des libéralités.

Ex. : Préciput, C. civ., art. 1515.

Avantage en nature *[Séc. soc.]*

Bien, produit ou service servi gratuitement à un salarié ou économie réalisée par lui, qui doit être intégré dans l'assiette des cotisations (par exemple logement, nourriture, voiture...).

📖 *CSS, arr. 9 janvier 1973.*

Avantages acquis (maintien des)
[Dr. trav.]

Clause d'une convention collective nouvelle par laquelle certains des avantages contenus dans la convention collective précédente sont maintenus; cette clause est interprétée de façon restrictive en droit prétorien. La loi du 13 novembre 1982 a prévu sous certaines conditions le maintien des avantages individuels acquis, après dénonciation d'une convention collective non suivie d'une renégociation.

📖 *C. trav., art. L. 132-8, al. 6 et 7.*

Avantages contributifs *[Séc. soc.]*

Avantages servis en contrepartie de cotisations.

Avantages non contributifs *[Séc. soc.]*

Avantages servis sans contrepartie de cotisations.

Avenant *[Dr. civ. / Dr. com.]*

Modification apportée à un contrat antérieur ou à un contrat type.

Avenir *[Pr. civ.]*

Acte invitant naguère l'adversaire à se rendre à l'audience de liaison de l'instance. Supprimé depuis la procédure de la mise en état.

Avertissement *[Dr. fin.]*

Ancien nom de l'avis d'imposition.

[Dr. adm. / Pr. civ.] Sanction disciplinaire. ➤ *Poursuite disciplinaire.*

[Pr. pén.] Moyen non formaliste utilisé par le Ministère Public pour déclencher l'action publique devant le tribunal correctionnel ou le tribunal de police. Le document qui en tient lieu doit indiquer l'infraction poursuivie et viser le texte de loi qui la réprime, et ne dispense de la citation directe que s'il est suivi de la comparution volontaire de la personne à laquelle il est adressé.

➤ *Comparution volontaire.*

📖 *C. pr. pén., art. 389.*

[Séc. soc.] Invitation par lettre recommandée de la direction régionale des affaires sanitaires et sociales au débiteur d'avoir à régulariser sa situation quant aux cotisations dues. Cet avertissement précède l'action en recouvrement. Elle peut être remplacée par une mise en demeure.

Aveu *[Pr. civ. / Pr. pén.]*

Déclaration par laquelle une personne tient pour vrai un fait qui peut produire contre elle des conséquences juridiques.

L'aveu est judiciaire lorsque la déclaration est faite en justice : il lie le juge. Le tribunal conserve son libre pouvoir d'appréciation en présence d'un aveu extrajudiciaire.

📖 *C. civ., art. 1356.*

[Pr. pén.] Reconnaissance par un délinquant du ou des faits délictueux qui lui sont imputés. L'aveu ne lie pas le juge pénal.

🔖 *C. pr. pén., art. 428, 536.*

Avis *[Dr. gén.]*

Terme juridique s'appliquant dans toutes les branches du droit au résultat de consultations, facultatives ou obligatoires selon le cas, demandées aux organes les plus divers (personnes ou commissions, conseils, fonctionnaires qualifiés, Conseil d'État, etc...).

Ces consultations n'ont que rarement un caractère obligatoire dans leur contenu : on dit alors qu'une « décision sera prise sur avis conforme de... »

Avis consultatif *[Dr. int. publ.]*

Opinion sans force juridique obligatoire que la Cour internationale de Justice peut, à la demande d'un organe international qualifié (Conseil de sécurité, Assemblée générale, autres organes de l'ONU et institutions spécialisées autorisées par l'Assemblée générale), donner sur toute question juridique.

Avis de la Cour de cassation *[Pr. civ.]*
➤ *Cour de cassation.*

Avis d'imposition *[Dr. fin.]*

Avis adressé à un redevable d'impôts directs perçus par voie de rôle pour l'informer du montant et des modalités de paiement de sa dette fiscale, appelé autrefois avertissement.

🔖 *LPF, art. L. 253.*

Avis de mise en recouvrement *[Dr. fin.]*

En matière d'impôts indirects, titre exécutoire émis par les services de la direction générale des impôts pour liquider le montant impayé d'un impôt, et en permettre le recouvrement éventuel par des voies d'exécution.

🔖 *LPF, art. L. 256.*

➤ *Liquidation (Dr. fin.), Voies d'exécution.*

Avis à tiers-détenteur *[Dr. fin.]*

Sorte de saisie-attribution ou de saisie des rémunérations en forme très simplifiée, permettant aux comptables publics de demander à tout tiers, détenant (ou devant) des sommes appartenant à un redevable d'impôts assortis du privilège du Trésor, de leur verser en l'acquit du redevable le montant de ces impôts jusqu'à concurrence de la somme qu'ils détiennent – à peine pour ces tiers d'en devenir personnellement débiteurs –. Il est très souvent employé à l'égard, notamment, des employeurs ou des locataires des contribuables, ou de la banque où ils possèdent un compte.

🔖 *LPF, art. L. 262.*

Avocat *[Pr. adm., civ., pén.]*

Auxiliaire de justice exerçant l'ensemble des attributions antérieurement dévolues à des professions supprimées (en 1971, celle d'avoué près le tribunal de grande instance, d'agréé près le tribunal de commerce; en 1991, celle de conseil juridique). L'avocat cumule actuellement les fonctions de *conseil*, de *mandataire* et de *défenseur* des plaideurs.

L'avocat peut plaider devant toutes les juridictions et tous les conseils disciplinaires, mais doit respecter le principe de territorialité en ce qui concerne la

A

postulation devant le tribunal de grande instance.

Exercice de la profession d'avocat.

La profession d'avocat peut être exercée de manière fort diverse :

- à titre purement individuel, ou bien en qualité de collaborateur (➢ Collaboration... Contrat de...), ou de salarié (➢ Avocat salarié)

- en association (➢ Association d'avocats)

- en société (➢ Société civile professionnelle, société d'exercice libéral, société en participation).

A

Avocat aux conseils *[Pr. gén.]*
➢ *Avocat au Conseil d'État et à la Cour de cassation.*

Avocat au Conseil d'État et à la Cour de cassation *[Dr. adm. / Pr. civ. / Pr. pén.]*
Officier ministériel assistant et représentant les plaideurs devant le Conseil d'État et devant la Cour de cassation. Naguère, appelé parfois Avocat aux Conseils.

Avocat général *[Dr. eur.]*
Auprès de la Cour de Justice des Communautés Européennes, les avocats généraux ont une mission identique à celle des commissaires du gouvernement devant les juridictions administratives.

[Pr. civ. / Pr. pén.] Membre du ministère public institué auprès de la cour d'appel et de la Cour de cassation, auxiliaire du procureur général.

Avocat salarié *[Pr. adm. / Pr. civ. / Pr. pén.]*
La loi du 31 décembre 1990 (art. 71) a autorisé l'exercice de la profession par un avocat salarié. La rédaction d'un contrat écrit est alors exigé, soumis au Conseil de l'ordre et précisant le montant de la rémunération.

Cet avocat conserve son indépendance dans l'exercice de sa profession. Le contentieux éventuel, né de ce contrat est soumis à l'arbitrage du bâtonnier.

Avoir *[Dr. civ., com.]*
Ensemble des biens constituant le patrimoine d'une personne physique ou morale.

Dans le compte relatif à une personne, la colonne « Avoir » représente ce qui est dû à cette personne, la colonne « Doit » ce qu'elle doit à des tiers.
➢ *Actif, Doit, Passif.*

Avoir fiscal *[Dr. fin.]*
Modalité d'atténuation de la double imposition économique supportée par les bénéfices distribués par les sociétés françaises qui sont successivement imposés, dans le chef de la société à l'impôt sur les sociétés, en tant que bénéfice réalisé, puis dans la personne de l'actionnaire à l'impôt sur le revenu en tant que dividendes (revenu des valeurs mobilières).

Dans son principe, l'avoir fiscal est constitué par une créance sur l'État égale à la moitié du montant du dividende et qui est déduite de l'impôt sur le revenu dû par l'actionnaire ou qui lui est remboursée s'il n'est pas imposable.

La double conséquence de l'avoir fiscal est :

- d'une part que tout dividende versé par une société française se compose d'une partie en numéraire (le « coupon ») et d'une créance sur l'État;

- d'autre part, que la charge représentée par l'impôt sur les sociétés est effacée au profit des actionnaires sur la partie distribuée des bénéfices.

Avortement *[Dr. pén.]*

Fait de procurer ou tenter de procurer l'interruption de la grossesse d'autrui, avec ou sans son consentement, qualifié dans le nouveau code pénal d'« interruption illégale de la grossesse ». Puni de peines correctionnelles, ce fait est justifié dès lors que l'interruption de la grossesse est pratiquée, soit avant la fin de la dixième semaine, soit pour un motif thérapeutique.

📘 *C. pén., art. 223-10 s.*

Avoué *[Pr. civ.]*

Officier ministériel chargé devant les cours d'appel de postuler (c'est-à-dire de faire tous les actes nécessaires à la procédure) et de conclure (faire connaître les prétentions de son client), dont le ministère est, en principe, obligatoire.

📘 *NCPC, art. 899.*
➤ *Avocat, Conclusions, Postulation, Sociétés d'exercice libéral.*

Avulsion *[Dr. civ.]*

Déplacement, par l'effet brusque du courant, d'une « partie considérable et reconnaissable d'un champ riverain » avec projection sur le fonds inférieur ou sur la rive opposée. À la différence de l'alluvion qui déclenche le mécanisme de l'accession, l'accrue du terrain formée par avulsion ne donne lieu à accession qu'à défaut de revendication dans le délai d'un an.

📘 *C. civ., art. 559.*

Ayant cause *[Dr. civ.]*

Personne qui tient son droit d'une autre appelée auteur. ➤ *Mots suivants.*

Ayant cause à titre particulier *[Dr. civ.]*

Ayant cause n'ayant acquis de son auteur qu'un ou plusieurs droits déterminés (par opposition à une universalité qui comporte un actif et un passif).

📘 *C. civ., art. 1014.*
➤ *Ayant cause à titre universel, Ayant cause universel.*

Ayant cause à titre universel *[Dr. civ.]*

Ayant cause recevant une fraction de patrimoine composée de droits et d'obligations (actif et passif).

📘 *C. civ., art. 1010.*
➤ *Ayant cause à titre particulier, Ayant cause universel.*

Ayant cause universel *[Dr. civ.]*

Personne qui a vocation à recueillir l'ensemble d'un patrimoine.

📘 *C. civ., art. 1003.*
➤ *Ayant cause à titre universel, Ayant cause particulier.*

Ayant droit *[Dr. civ.]*

Celui qui est titulaire d'un droit. Expression volontiers employée comme synonyme d'ayant cause, mais à tort car l'ayant cause est celui auquel les droits d'une personne ont été transmis.

[Séc. soc.] Personnes qui bénéficient des prestations versées par un régime de sécurité sociale, non à titre personnel mais du fait de ses liens avec l'assuré : conjoint, enfant à charge, ascendant sous certaines conditions, concubin.

B

Bail *[Dr. civ.]*

Variété de louage de choses. Le terme bail s'emploie pour désigner le louage d'immeubles, ou d'animaux susceptibles de profit pour l'agriculture.

➤ *Bail à cheptel, Louage.*

Bail à cheptel *[Dr. civ.]*

Location d'un fonds de bétail constitué « d'animaux susceptibles de croît ou de profit pour l'agriculture », impliquant en principe partage à égalité des pertes et profits. Dans le cheptel simple, la totalité du bétail est fournie par l'une des parties; dans le cheptel à moitié, chacun des contractants apporte la moitié des bestiaux. Le cheptel de fer est l'accessoire d'un bail à ferme, de nature immobilière (car le bétail constitue un immeuble par destination) et dont les pertes par cas fortuit sont supportées entièrement par le fermier.

📖 *C. civ., art. 1800.*

Bail à colonat partiaire *[Dr. civ.]*

Synonyme de métayage.

📖 *C. rur., art. L. 417-1.*

Bail commercial *[Dr. com.]*

Bail d'un immeuble dans lequel le locataire exploite un fonds commercial ou artisanal dont il est propriétaire.

Les baux commerciaux sont soumis à un régime juridique très particulier, caractérisé par un droit de renouvellement, au profit du commerçant locataire, lui conférant ce que l'on appelle faussement « propriété commerciale ».

📖 *C. com., art. L. 145-1 s.*

Bail à complant *[Dr. rur.]*

Contrat des pays de l'Ouest par lequel le preneur s'engage à planter le domaine en vigne ou à cultiver la vigne existante, moyennant partage des fruits avec le bailleur.

📖 *C. rur., art. L. 441-1 s.*

Bail à construction *[Dr. civ.]*

Contrat de bail de longue durée par lequel le preneur s'engage à édifier des constructions sur le terrain dont il a la jouissance : il bénéficie du droit de superficie.

📖 *CCH, art. 251-1 s.*

Bail à domaine congéable *[Dr. civ.]*

Bail rural attribuant au fermier la propriété des constructions et des plantations qu'il a effectuées.

📖 *C. rur., art. L. 431-1 s.*

Bail emphytéotique *[Dr. civ.]*

📖 *C. rur., art. L. 451-1 s.*

➤ *Emphytéose.*

Bail à ferme *[Dr. civ.]*

Bail ayant pour objet un fonds rural, conclu pour une période de neuf ans, renouvelable.

Le preneur est appelé fermier.
C. civ., art. 1764 s.; C. rur., art. L. 411-1 s.

Bail à long terme *[Dr. civ.]*
Forme moderne de bail rural de longue durée (minimum de 18 à 25 ans), conçu pour des terres déjà cultivées dont le fermier désire accroître la production.
C. rur., art. L. 416-1.

Bail à nourriture *[Dr. civ.]*
Contrat par lequel l'une des parties s'engage à nourrir, entretenir et loger le cocontractant sa vie durant, contre une rémunération ou, le plus souvent, l'aliénation d'un bien ou d'un capital.
C. civ., art. 918.

Bail pastoral *[Dr. rur.]*
Bail de pâturage, en zone d'économie montagnarde.

Bail à réhabilitation *[Dr. civ.]*
Contrat par lequel un organisme d'habitation à loyer modéré ou une société d'économie mixte dont l'objet est de donner à bail des logements s'engage à réaliser des travaux d'amélioration sur l'immeuble du bailleur, en vue de le louer à un usage d'habitation pendant la durée du bail. Le preneur est titulaire d'un droit réel qui est sujet à hypothèque et à saisie immobilière.

Bailleur *[Dr. civ.]*
Dans le contrat de bail, celui qui s'engage à faire jouir le cocontractant d'une chose contre une rémunération.

Balance des paiements *[Dr. gén.]*
Document statistique présentant, pour une période donnée, l'ensemble des paiements intervenus entre un État et l'étranger.
On peut distinguer, à l'intérieur de ces mouvements, la balance commerciale correspondant au compte des biens (« transactions visibles ») et des services (« transactions invisibles ») importés et exportés, et les transferts – avec ou sans contrepartie – de capitaux et d'or monétaire.

Ballottage *[Dr. const.]*
Résultat non décisif obtenu dans une élection à deux (ou plusieurs) tours lorsqu'aucun des candidats (ou aucune des listes) n'a recueilli la majorité absolue.

B

Bande organisée *[Dr. pén.]*
Circonstance aggravante de certaines infractions, définie comme tout groupement formé ou toute entente établie en vue de la préparation, caractérisée par un ou plusieurs faits matériels, d'une ou de plusieurs infractions.
C. pén., art. 132-71.

Bannissement *[Dr. pén.]*
Peine criminelle politique infamante, consistant dans l'interdiction de résider en France. Cette peine disparaît dans le nouveau code pénal.

Banque *[Dr. com.]*
Établissement de crédit habilité de façon générale à recevoir du public des fonds à vue ou à moins de deux ans de terme et à effectuer toutes les opérations de banque.
C. mon. fin., art. L. 511-1.

Banque centrale européenne (BCE)
[Dr. eur.]

Prévue par le traité de Maastricht pour gérer la monnaie unique et définir la politique monétaire de la Communauté. Préparée par l'institution au 1er janvier 1994 d'un Institut monétaire européen (IME), elle a été créée le 1er janvier 1999. Dirigée par un Conseil des gouverneurs des banques centrales nationales et un directoire nommé par le Conseil européen. Siège : Francfort.

Banque de données juridiques *[Dr. gén.]*

Ensemble d'informations juridiques enregistrées sur des supports magnétiques et exploitées par un ordinateur.

Ces informations, variables d'une banque de données à une autre, concernent les textes législatifs et réglementaires, les décisions de jurisprudence, des références bibliographiques.

Sélectionnées à l'aide de mots-clés, les informations sont éditées sur un écran ou sur une imprimante.

➢ *Centre national d'informatique juridique.*

Banque européenne d'investissement (BEI) *[Dr. eur.]*

Créée par le Traité CEE et destinée au financement des investissements, en particulier dans les régions ou les secteurs économiques en difficulté. Indépendante des institutions communautaires, la BEI a ses propres organes et ses propres ressources et joue un rôle important. Siège : Luxembourg.

Banque européenne pour la reconstruction et le développement (BERD)
[Dr. eur.]

Créée en 1990 pour favoriser la transition vers l'économie de marché des pays d'Europe centrale et orientale. Regroupe les États membres de l'Union européenne et ceux non européens membres du FMI plus la Banque européenne d'investissement. Siège : Londres.

Banque de France *[Dr. fin.]*

Institution centrale du système monétaire et bancaire français, dont le capital est entièrement détenu par l'État, mais à l'égard duquel elle est pleinement indépendante, et dont le statut et les fonctions ont été profondément remaniés en 1993 et en 1998 pour les adapter aux exigences de l'Union économique et monétaire entrée en vigueur le 1er janvier 1999.

Elle est intégrée au Système européen de banques centrales (SEBC), et elle exerce ses fonctions dans le respect des missions et des objectifs fixés à celui-ci par les articles 105 et suivant du traité CE, notamment de l'objectif prioritaire de stabilité des prix.

Depuis 1999 la définition de la politique monétaire relevant du SEBC, la définition de la politique de change du Conseil (de l'Union Européenne) et sa conduite du SEBC, les missions fondamentales de la banque de France sont, dans ce cadre juridique, de :

- participer à l'accomplissement des missions du SEBC ;

- soutenir la politique économique du Gouvernement sans préjudice de l'objectif principal de stabilité des prix ;

- gérer les réserves de change de l'État ;

- veiller au bon fonctionnement et à la sécurité des systèmes de paiement, sans préjudice de la responsabilité prioritaire du SEBC en ce domaine.

- exercer le monopole légal d'émission des billets de banque en France métropolitaine et dans les départements d'Outre-mer.

Elle exerce en outre une série d'autres fonctions essentielles, notamment celles de :

- banque de refinancement au profit des établissements privés et publics de crédit;

- d'organe de réglementation et de contrôle des banques, directement ou par l'intermédiaire d'organismes auxquels elle est étroitement associée.

Elle tient également le compte du Trésor, sur lequel est centralisé l'essentiel des opérations budgétaires et de trésorerie de l'État, mais elle ne peut pas lui accorder des avances ou des concours financiers d'aucune sorte, ni acheter directement des titres de la dette publique.

▌ *C. mon. fin., art. L. 141-1 s.*

Banque internationale pour la reconstruction et le développement (BIRD)
[Dr. int. publ.]

Institution spécialisée des Nations Unies créée en 1945. Favorise, au moyen de garanties et de prêts, les investissements de capitaux dans certains pays, essentiellement les pays en voie de développement. Siège : Washington.

Banqueroute *[Dr. pén.]*

Délit consistant en des faits de gestion frauduleuse par un commerçant, artisan ou agriculteur, ou par tout dirigeant d'une personne morale de droit privé ayant une activité économique, et dont la poursuite nécessite l'ouverture préalable d'une procédure de redressement judiciaire. Les personnes morales

peuvent engager leur responsabilité pénale de ce chef.

▌ *C. com., art. L. 626-1 s.*

Bans *[Dr. civ.]*

Publication du projet de mariage par affichage à la mairie du lieu de célébration et à la mairie du domicile de chacun des futurs époux.

▌ *C. civ., art. 63, 166, 169.*

Barre *[Pr. gén.]*

Dans la salle d'audience d'un tribunal, lieu où se tiennent les avocats pour plaider.

➤ *Barreau.*

Barreau *[Pr. civ.]*

Les avocats inscrits auprès d'un tribunal de grande instance et les avocats inscrits sur la liste du stage constituent un Ordre, appelé barreau. Il y a, en principe, un barreau auprès de chaque tribunal de grande instance.

Plusieurs barreaux établis dans le ressort d'une même cour d'appel, peuvent cependant décider de fusionner en un barreau unique.

Un avocat ne peut être inscrit qu'à un seul barreau.

➤ *Ordre des avocats.*

Base légale *[Pr. civ.]*

Mots utilisés dans l'expression « manque de base légale » qui est un cas d'ouverture à cassation. Le manque de base légale réside dans une motivation insuffisante du jugement ne permettant pas à la Cour suprême de savoir si, en l'espèce, la règle de droit a été justement appliquée; ainsi en va-t-il en cas de motif dubitatif ou hypothétique, d'imprécision sur un fait utile à l'appré-

B

ciation de la légalité ou même d'absence d'une constatation matérielle qu'il faut connaître pour savoir si la décision est fondée en droit.

Base mensuelle de calcul *[Séc. soc.]*

Base servant de calcul aux prestations familiales à l'exception de l'allocation de logement. Elle évolue en fonction de l'augmentation des prix et de la participation des familles aux progrès de l'économie. Elle peut aussi évoluer en fonction de la progression générale des salaires moyens ou du SMIC.

CSS, art. L. 551-1.

Bateau *[Dr. com.]*

Bâtiment destiné à la navigation sur les fleuves et canaux.
➤ *Navire.*

Bâtonnier *[Pr. civ.]*

Chef élu d'un barreau pour une durée de deux ans.

Bénéfices *[Dr. com.]*

Excédent des éléments d'actif sur les éléments passifs de l'entreprise. Cette somme apparaît au passif du bilan par une inscription qui en rétablit l'équilibre.

C. civ., art. 1844-1.

Bénéfice de discussion *[Dr. civ.]*

Droit accordé à la caution poursuivie en exécution d'exiger du créancier que les biens du débiteur principal soient préalablement discutés, c'est-à-dire saisis et vendus.

C. civ., art. 2021 s.

Bénéfice de division *[Dr. civ.]*

Exception de procédure par laquelle, en cas de cautionnement multiple, l'une

des cautions poursuivie pour le tout obtient du juge que l'action en paiement soit fractionnée entre toutes les cautions solvables au jour des poursuites.

C. civ., art. 2026, 2027.

Bénéfice d'émolument *[Dr. civ.]*

Droit reconnu à chaque époux commun en biens de ne supporter les dettes communes nées du chef de l'autre que dans la limite de la part d'actif qu'il recueille dans le partage de communauté, à condition d'avoir fait dresser inventaire.

Sous l'empire du Code civil, applicable dans sa rédaction de 1804 aux personnes mariées avant le 1er février 1966, ce bénéfice ne peut être invoqué que par l'épouse.

C. civ., art. 1483 s.

Bénéfice d'inventaire *[Dr. civ.]*

Droit pour l'héritier de ne supporter les dettes successorales que dans la limite de l'actif qu'il recueille.

C. civ., art. 793 s.

Benelux *[Dr. int. publ.]*

Union douanière et économique entre la Belgique, les Pays-Bas et le Luxembourg (1944).

Bicamérisme ou bicaméralisme
[Dr. const.]

Système d'organisation du Parlement consistant dans sa division en deux chambres.

Une seconde Chambre peut être constituée pour assurer la représentation soit d'une classe sociale ou d'une élite, soit des notables locaux, soit des groupes économiques et sociaux, soit des collectivités fédérées.

Aux yeux de ses partisans, la seconde Chambre est un élément d'équilibre; elle permet d'assurer une meilleure représentation de l'opinion et garantit un meilleur travail législatif.

Bien *[Dr. civ.]*
1° Tout droit subjectif patrimonial.
2° Toute chose objet d'un droit réel.

Biens communaux *[Dr. civ.]*
Biens fonciers, du domaine privé d'une commune, dont les habitants ont la jouissance en nature (pâturages, bois, marais).
📖 *C. civ., art. 542.*

Biens communs *[Dr. civ.]*
Biens qui font partie de la communauté entre époux et qui sont partagés en principe par moitié après la dissolution du régime matrimonial.
📖 *C. civ., art. 1401, 1421 s.*
➤ *Biens propres.*

Biens consomptibles *[Dr. civ.]*
➤ *Choses consomptibles.*

Biens corporels *[Dr. civ.]*
Choses qui sont objet de droits et qui par leur nature physique font partie du monde sensible.
➤ *Biens incorporels, Choses corporelles, Droit corporel.*

Biens dotaux *[Dr. civ.]*
Dans le régime dotal, biens de l'épouse qui, par la volonté exprimée dans le contrat de mariage, sont inaliénables et insaisissables.
📖 *C. civ., anciens art. 1540 s.*
➤ *Biens paraphernaux.*

Biens de famille *[Dr. civ.]*
Biens qui, par la volonté du conjoint ou d'un ascendant sont soumis à un régime juridique permettant leur conservation dans l'intérêt de la famille.

Bien-fondé *[Pr. gén.]*
Conformité d'une demande en justice aux règles de droit qui lui sont applicables. Dans le cas contraire, on dit que la prétention est mal fondée ou non fondée.
📖 *NCPC, art. 71.*
➤ *Recevabilité.*

Bien incorporel *[Dr. civ.]*
Valeur économique, objet de droits, qui n'a pas de réalité sensible mais qui tire son existence de la construction juridique.
➤ *Biens corporels, Droit incorporel.*

Biens insaisissables *[Pr. civ.]*
Biens échappant aux saisies soit totalement, soit partiellement, ou ne pouvant être saisis que par certains créanciers seulement (L. 9 juill. 1991, art. 14, Décr. 31 juill. 1992, art. 39 s.). Il s'agit essentiellement des biens que la loi déclare insaisissables (effets de commerce, prestations sociales, RMI…), des créances à caractère alimentaire sauf pour le paiement des aliments déjà fournis, des biens mobiliers nécessaires à la vie et au travail du saisi et de sa famille (vêtements, linge, table et chaises, animaux d'appartement, etc.), à moins que ce soit des biens de valeurs en raison de leur importance, de leur matière, de leur rareté, de leur ancienneté ou de leur caractère luxueux ou que la cause de la saisie réside dans le paiement de leur prix.
➤ *Insaisissabilité.*

B

B

Biens d'occasion *[Dr. civ.]*

Sont considérés comme d'occasion les biens qui, à un stade quelconque de la production ou de la distribution, sont entrés en la possession d'une personne pour son usage propre, par l'effet de tout acte à titre onéreux ou à titre gratuit.

📖 *C. com., art. L. 321-1.*

Biens paraphernaux *[Dr. civ.]*

Dans le régime dotal, biens de l'épouse qui par la volonté des époux exprimée dans le contrat de mariage, sont soumis à son administration et qui échappent ainsi à la dotalité.

📖 *C. civ., art. 1574 s.*
➢ *Biens dotaux, Biens propres.*

Biens présents et à venir *[Dr. civ.]*

On entend par biens présents les biens dont on est propriétaire au jour de la conclusion de l'acte juridique et par biens futurs ceux qu'on est susceptible d'acquérir par la suite ou qu'on laissera à son décès. ➢ *Donation de biens à venir.* L'expression n'est technique que dans sa formulation conjonctive : elle désigne l'état actif du patrimoine tel qu'il apparaît au moment du dénouement de la situation juridique; c'est dans ce sens qu'il faut comprendre le droit de gage général reconnu à tout créancier par l'article 2092 du Code civil.

Biens propres *[Dr. civ.]*

Dans le régime matrimonial de communauté, biens appartenant à l'un ou à l'autre des époux et qui ne tombent pas dans la masse des biens communs. À la dissolution de la communauté, chaque époux reprend ses biens propres.

📖 *C. civ., art. 1403 s.*

Biens réservés *[Dr. civ.]*

Autrefois dans les régimes de communauté et dans celui de la séparation de biens avec société d'acquêts, bien que la femme acquérait dans l'exercice d'une profession séparée de celle de son mari. Ces biens étaient communs, mais la femme en avait l'administration, la jouissance, et en principe la libre disposition.

📖 *C. civ., ancien art. 224 s.*

Depuis la loi n° 85-1372 du 23 décembre 1985 ces biens sont confondus dans la masse des biens communs, le mari et la femme ayant sur eux les mêmes pouvoirs.

Bigamie *[Dr. civ. / Dr. pén.]*

Fait, pour une personne engagée dans les liens du mariage, d'en contracter un autre avant la dissolution du précédent. La bigamie est un délit attentatoire à l'état civil des personnes.

📖 *C. civ., art. 147, 188, 189; C. pén., art. 433-20.*

Bilan (théorie du) *[Dr. fin.]*

Théorie fondant la conception fiscale du revenu pour les entreprises, et selon laquelle le bénéfice imposable est représenté par la différence entre les actifs nets des bilans de clôture et d'ouverture de chaque exercice comptable. Elle conduit à imposer non seulement les profits courants d'exploitation et les profits accessoires (ce qui correspondrait à la théorie de la source), mais aussi les profits exceptionnels comme les plus-values.

📖 *CGI, art. 38-2.*

[Dr. adm.] Méthode de contrôle de la légalité d'un acte administratif élaborée par la juridiction administrative à propos du contentieux de la légalité des décla-

rations d'utilité publique, et qu'elle a étendue à d'autres domaines, selon laquelle cette utilité est absente lorsque la comparaison des inconvénients et des avantages de l'opération projetée lui fait apparaître que les premiers seraient excessifs par rapport aux seconds. On peut, semble-t-il, rapprocher cette théorie de celle de l'erreur manifeste d'appréciation.

Bilan de compétence *[Dr. trav.]*

Entrant dans le champ des dispositions relatives à la formation professionnelle, le bilan de compétence a pour objet de permettre à des travailleurs d'analyser leurs compétences professionnelles et personnelles ainsi que leurs aptitudes et leurs motivations afin de définir un projet professionnel et, le cas échéant, un projet de formation.
▌*C. trav., art. L. 900-2.*

Bilan consolidé *[Dr. com.]*
➢ *Comptes consolidés.*

Bilan de santé *[Séc. soc.]*

Examen de santé gratuit dont l'assuré et les membres de sa famille peuvent bénéficier à certaines périodes de leur vie.

Bilan social *[Dr. trav.]*

Document chiffré, établi par le chef d'entreprise après consultation des représentants du personnel et faisant apparaître la situation de l'entreprise dans le domaine social. La loi du 12 juillet 1977 et les textes d'application déterminent de façon rigoureuse les indicateurs du bilan, afin que des comparaisons utiles puissent être faites sur une période minimum de trois ans. Toutefois le bilan

social n'est obligatoire que dans les entreprises ou établissements de 300 salariés au moins.
▌*C. trav., art. L. 438-1 s. et R. 438-1.*

Billet à ordre *[Dr. com.]*

Titre par lequel une personne, le souscripteur, s'engage à payer à une époque déterminée une somme d'argent à un bénéficiaire ou à son ordre.
▌*C. mon. fin., art. L. 134-2; C. com., art. L. 512-1 s.*

Billet à ordre-relevé *[Dr. com.]*

Billet à ordre reposant sur un support informatique selon un système analogue à celui de la lettre de change-relevé.

Billet au porteur *[Dr. civ. / Dr. com.]*

Le billet au porteur, ou titre au porteur, est un titre de créance ne comportant pas le nom du bénéficiaire et qui se transmet par la tradition (remise de la main à la main).
➢ *Titre nominatif.*

Billet de banque *[Dr. com. / Dr. fin.]*

Titre au porteur émis par la Banque de France et servant de monnaie.
➢ *Cours forcé, Cours légal, Monnaie.*

Billets de fonds *[Dr. com.]*

Billets à ordre signés par l'acquéreur d'un fonds de commerce pour le paiement du prix, payables à des échéances déterminées. Ce sont des effets de commerce susceptibles d'être escomptés.

Bioéthique *[Dr. civ. / Dr. pén.]*

Éthique gouvernant les recherches médicales et leurs applications pratiques à l'être humain. Des deux lois du 29 juillet 1994, dites précisément de

B

B

bioéthique, assorties de sanctions pénales, la première dispose sur le respect du
corps humain et l'étude génétique de la
personne, la seconde réglemente le don
et l'utilisation des éléments et produits
du corps humain ainsi que l'assistance
médicale à la procréation. Quant à la
recherche biomédicale sur une personne
soit aux fins thérapeutiques ou scientifiques, elle relève essentiellement des
lois du 20 décembre 1988 et du 25 juillet
1994 qui définissent ses conditions en
insistant sur le consentement de la personne qui s'y prête.

📖 *C. civ., art. 16 à 16-12 ; C. santé. publ.,
art. 152-1 s., art. L. 209-1 s., L. 665-10,
L. 671-1 s. ; C. pén., art. 226-25 s., 511-2 s.*

Biotope (Arrêté de) *[Dr. rur.]*

Mesure de protection de l'environnement par des arrêtés préfectoraux créant
des zones naturelles d'équilibre biologique. Ces arrêtés introduisent des contraintes à l'encontre des agriculteurs
qui menacent l'écosystème par des pratiques agressives, telles la suppression
de haies, talus et arbustes.

Bipartisme *[Dr. const.]*

Système de partis dans lequel deux seulement des partis en présence ont une
vocation majoritaire et alternent plus
ou moins régulièrement au pouvoir, le
parti vainqueur aux élections formant
le Gouvernement, le parti battu constituant l'opposition.

Cette alternance au pouvoir suppose
l'accord des deux partis sur les données
fondamentales du régime.

Bipolarisation *[Dr. const.]*

Système dans lequel les partis tendent à
se regrouper autour de deux pôles, à

s'organiser en deux coalitions rivales.
Terme souvent utilisé en France, sous la
Ve République, pour désigner le double
regroupement des forces politiques :
conservateurs et libéraux d'une part,
communistes et socialistes d'autre part.

Blâme *[Pr. civ.]*

Sanction disciplinaire.
➤ *Pouvoir disciplinaire.*

Blanchiment (de capitaux illicites)
[Dr. pén.]

Fait de faciliter, par tout moyen, la justification mensongère de l'origine des
biens ou des revenus de l'auteur d'un
crime ou d'un délit ayant procuré à celui-
ci un profit direct ou indirect, ainsi que
d'apporter un concours à une opération
de placement, de dissimulation ou de
conversion du produit de l'une de ces
infractions.

📖 *C. pén., art. 324-1 s.*

Blanc-seing *[Dr. civ.]*

Signature apposée sur un titre avant la
rédaction de l'acte.
📖 *C. civ., art. 1326.*
➤ *Abus de blanc-seing.*

« Bleus » Budgétaires *[Dr. fin.]*

Fascicules (à la couverture bleue) détaillant, pour chaque ministère, les crédits
budgétaires figurant dans le projet de
loi de finances transmis par le Gouvernement au Parlement. Ces annexes bleues
comportent également des documents
de synthèse, comme le texte du projet
de loi et le rapport économique et financier.
➤ *Lois de Finances, « Verts » budgétaires.*

Blocs de compétence (système des) *[Dr. adm.]*

Système de résolution des problèmes de répartition des compétences juridictionnelles entre les deux ordres judiciaire et administratif, parfois utilisé par le juge administratif, et consistant, dans un but de simplification, à attribuer à la compétence d'un même ordre l'ensemble des litiges particuliers auquel peut donner lieu une même matière.

Bloc de constitutionnalité *[Dr. const.]*

Expression recouvrant l'ensemble des dispositions auxquelles le Conseil constitutionnel estime le Parlement lié dans l'exercice du pouvoir législatif : articles de la constitution, mais aussi préambule, « principes à valeur constitutionnelle » (principes contenus dans la Déclaration des Droits de l'Homme de 1789, le préambule de 1946 ou « reconnus par les lois de la République » au jugement du Conseil constitutionnel), et, dans une certaine mesure, lois organiques et accords ou traités internationaux.

Bloc de contrôle *[Dr. com.]*

Quantité de titres donnant le contrôle de la société émettrice.

Leur négociation obéit parfois à certaines règles particulières, notamment en cas de cession en bourse.

Blocus *[Dr. int. publ.]*

Action visant à faire pression sur un État en lui interdisant par la force toute communication ou échanges économiques avec l'extérieur.

Bon *[Dr. com.]*

➤ *Titre de créance.*

Bons d'achat *[Dr. trav.]*

Documents remis à un salarié, à titre de rémunération, et l'autorisant à acheter des marchandises dans un magasin de l'employeur. Ce mode de rémunération est interdit par le code du travail.
▌ *C. trav., art. 148-1.*

Bon de caisse *[Dr. com.]*

Titre nominatif au porteur ou à ordre, émis par une banque ou par une entreprise commerciale et représentatif d'un emprunt productif d'intérêts et remboursable par celui qui l'a émis à une échéance fixe.
▌ *C. mon. fin., art. L. 223-1.*

Bon de délégation *[Dr. trav.]*

Formulaire rempli par un représentant du personnel ou un délégué syndical, faisant état de son absence momentanée de son poste de travail en raison de l'exercice de son mandat. Le bon de délégation, s'il peut être imposé en vue du contrôle du temps consacré aux fonctions représentatives, ne peut en aucun cas être soumis, pour sa délivrance, à une quelconque autorisation de l'employeur. Ce système de contrôle est né de la pratique.

Bons offices *[Dr. int. publ.]*

Mode de règlement des conflits internationaux consistant dans l'interposition d'une tierce puissance qui cherche à rapprocher les parties pour les amener à entamer une négociation ou à recourir à un autre mode de règlement pacifique.

Bon pour *[Dr. civ.]*

Formalité, aujourd'hui abrogée par une loi du 12 juillet 1980 et par laquelle celui

B

qui s'engageait, dans un acte unilatéral non entièrement écrit de sa main à remettre une somme d'argent ou des choses qui se comptent au poids, au nombre ou à la mesure, faisait précéder sa signature des mots manuscrits « Bon pour » ou toute autre expression équivalente, afin d'éviter les abus de blancsseings. Cette formalité se trouve remplacée par une autre, consistant pour la partie qui s'engage, à mentionner de sa main dans l'acte juridique constatant cet engagement la somme ou la quantité en toutes lettres et en chiffres; en cas de différence entre les deux mentions, l'acte sous seing privé vaudra pour la somme écrite en toutes lettres.

📖 *C. civ., art. 1326.*
➤ *Reconnaissance de dette.*

Bons du Trésor *[Dr. fin.]*

Emprunts à court terme émis par l'État pour financer ses besoins de trésorerie. Ils sont actuellement représentés, pour un très faible montant, par des bons « sur formules » (c'est-à-dire matérialisés par des titres) émis dans le public pour une durée maximale de 5 ans mais remboursables après 3 mois avec un intérêt progressant avec la durée de leur détention, et surtout par des bons revêtant la forme d'inscriptions comptables et diffusés essentiellement auprès des banques et des établissements financiers (bons à taux fixe et intérêts payés d'avance : BTF; Bons à taux fixe et intérêts annuels : BTAN).

➤ *Obligations assimilables du Trésor, Valeurs du Trésor.*

Boni de liquidation *[Dr. com.]*

Excédent d'actif apparaissant après la liquidation d'une société, lorsque les créanciers ont été payés et les associés remboursés de leur apport.

Ce boni de liquidation est partagé entre les associés et éventuellement entre les porteurs de parts de fondateur.

Bonification d'intérêt *[Dr. fin.]*

Aide pouvant être apportée par l'État à un emprunteur, consistant à prendre à sa charge une partie de l'intérêt à verser au prêteur.

Bonne foi *[Dr. civ.]*

Le terme est usité dans deux acceptions. La bonne foi est en premier lieu la loyauté dans la conclusion et l'exécution des actes juridiques. Mais la bonne foi peut être également la croyance erronée et non fautive en l'existence ou l'inexistence d'un fait, d'un droit ou d'une règle juridique. La bonne foi est toujours présumée. ➤ *Mauvaise foi.*

📖 *C. civ., art. 2268.*
[Dr. pén.] ➤ *Intention.*

Bonnes mœurs *[Dr. civ. / Dr. pén.]*

Règles imposées par la morale sociale à une époque donnée et dont la violation, éventuellement constitutive d'infractions pénales, est susceptible de provoquer l'annulation d'une convention.

📖 *C. civ., art. 6.*
➤ *Outrage aux bonnes mœurs.*

Bonus-Malus *[Dr. civ.]*

Désigne, dans l'assurance automobile, la clause par l'effet de laquelle le montant de la prime est majoré ou minoré en fonction du nombre d'accidents dont a eu à répondre l'assuré.

Bordereau de cession de créances professionnelles *[Dr. com.]*

Ce titre, dit encore « bordereau Dailly », (du nom du sénateur auteur de la proposition de loi), permet à une entreprise de céder, selon des formes simplifiées, ses créances professionnelles ainsi que les sûretés qui les garantissent, à un établissement de crédit qui lui en verse immédiatement le prix.

📖 *C. mon. fin., art. L. 313-23 s.*

Bordereau de collocation *[Pr. civ.]*

Titre délivré à chaque créancier à l'issue d'une procédure d'ordre pour lui permettre de se faire payer.

📖 *C. pr. civ., art. 759 et 770.*

Bordereau de communication de pièces *[Pr. civ.]*

Liste des pièces communiquées dans un procès civil, dressée par l'avocat ou l'avoué qui procède à la communication et que signe l'avocat ou l'avoué destinataire pour faire preuve de l'accomplissement de la formalité.

📖 *NCPC, art. 815, 961.*

Bordereau Dailly

➤ *Bordereau de cession de créances professionnelles.*

Bordereau récapitulatif des cotisations *[Séc. soc.]*

Document accompagnant le versement des cotisations et indiquant, d'une part, le nombre de salariés de l'établissement ou de l'entreprise et, d'autre part, l'assiette et le montant des cotisations dues.

Bornage *[Dr. civ.]*

Délimitation de deux fonds de terre contigus.

📖 *C. civ., art. 646.*

Bourse de commerce ou de marchandises *[Dr. com.]*

Lieu où s'effectuent des achats et des ventes, généralement à terme, de certaines marchandises courantes ayant un vaste marché (laines, café, cacao).

📖 *C. com., art. 71 s.*

Bourse de marchandises *[Dr. com.]*

➤ *Bourse de commerce.*

Bourse de valeurs *[Dr. com.]*

Lieu où se négociaient, au comptant ou à terme, des valeurs mobilières par l'intermédiaire des Sociétés de bourse.

La loi du 2 juillet 1996 a supprimé les bourses de valeurs et a créé les marchés réglementés.

Bourse du travail *[Dr. trav.]*

Ensemble des locaux mis à la disposition des syndicats par une municipalité. Les Bourses du travail, sous l'aspect institutionnel, ont perdu leur fonction de placement; elles ont actuellement pour mission de permettre les réunions syndicales, de favoriser la documentation; généralement un service de renseignements et d'aide aux salariés est constitué.

📖 *C. trav., art. L. 312-2, L. 411-14.*

Boycottage *[Dr. trav.]*

➤ *Mise à l'index.*

Branches (d'un moyen) *[Pr. gén.]*

➤ *Moyens.*

Brevet *[Dr. civ.]*

L'acte dressé en brevet est établi par le notaire en un seul exemplaire qui est remis à l'intéressé.

➤ *Minute.*

B

B

Brevet d'invention *[Dr. com.]*

Titre délivré par les pouvoirs publics (INPI), conférant un monopole temporaire d'exploitation (20 ans) sur une invention à celui qui la révèle, en donne une description suffisante et complète, et revendique ce monopole.

C. propr. intell., art. L. 611-1, L. 611-2.

Brocard

➤ *Aphorisme.*

Budget *[Dr. fin.]*

1° *Collectivités territoriales et établissements publics* : Acte (➤ *ce mot,* dans ses deux sens) par lequel sont prévues et autorisées par le collège délibérant de ces personnes juridiques les recettes et les dépenses de celles-ci pour l'année à venir.

2° *État* : terme souvent employé comme synonyme de loi de finances, mais dont le sens est plus restreint. Ce n'est plus aujourd'hui un acte de décision, mais seulement un ensemble de comptes qui décrivent les ressources et les charges permanentes de l'État pour l'année qui vient.

Budget général : à l'intérieur de la loi de finances, et de droit commun, les prévisions de recettes et les autorisations de dépenses sont inscrites dans un compte unique appelé budget général, caractérisé par le fait que l'ensemble des recettes sert à couvrir l'ensemble des dépenses, sans affectation particulière de telles de celles-là à certaines de celles-ci, par application de la règle de l'universalité. Il représente environ les quatre cinquièmes du montant des lois de finances annuelles.

Budgets annexes : comptes figurant dans la loi de finances et décrivant les charges de services publics de l'État financées par des ressources qui leur sont affectées, correspondant aux opérations de services non dotés de la personnalité juridique et dont l'activité, en théorie du moins, tend essentiellement à fournir des biens ou des services moyennant rémunération.

Budgets autonomes : nom donné aux budgets de toutes les entités juridiques distinctes de l'État et fixant ainsi elles-mêmes le volume de leurs ressources et de leurs charges (collectivités locales, établissements publics).

Budget économique : en matière de comptabilité économique nationale, exposé prévisionnel de l'ensemble des activités de l'économie nationale pour l'année à venir.

Budget (de) programme : mode de présentation des crédits budgétaires consistant à regrouper les actions d'un même ministère par programmes, en rapprochant pour chacun d'eux les crédits de toutes natures et les résultats physiques ou financiers attendus, le tout étant complété par une projection indicative portant sur plusieurs années.

Budget social : malgré son nom, simple document d'information regroupant la majeure partie des actions de toute nature conduites en matière sociale pendant une année donnée dans l'ensemble de l'économie nationale.

Budget annexe des prestations sociales agricoles (BAPSA) *[Séc. soc.]*

Budget qui finance les avantages sociaux des non-salariés agricoles.

Bulletin de greffe *[Pr. civ.]*

Simple imprimé daté et signé par le greffier d'une juridiction et adressé aux parties aux fins de notification ou convocation.

📗 *NCPC, art. 826.*

Bulletin de paie *[Dr. trav.]*

Document obligatoirement délivré par l'employeur, au moment de la paie, à la personne qu'il emploie et qui permet à cette dernière de vérifier si elle a bien reçu son dû.

📗 *C. trav., art. L. 143-3 s., R. 143-2 s., R. 154-3.*

Bulletin de vote *[Dr. publ.]*

Matérialisation d'une participation à un scrutin, sous forme d'un billet, d'une feuille portant, particulièrement dans les opérations électorales, les procédures d'assemblées, de plébiscite ou de référendum, la ou les mentions traduisant la volonté juridique du titulaire du droit de voter.

Bulletins (ou votes) blancs *[Dr. publ.]*

Votes n'exprimant pas un choix positif (enveloppes vides, ou contenant deux bulletins de sens opposé ou un bulletin parfaitement vierge), mais dont la signification politique est incontestable, en ce qu'ils traduisent un refus du choix proposé, en même temps qu'une volonté de participation civique, par opposition aux abstentionnistes. Les bulletins blancs ne sont pourtant pas considérés comme des suffrages exprimés; ils sont comptés (abusivement selon certains) avec les bulletins nuls.

Bulletins nuls *[Dr. publ.]*

Bulletins de vote non conformes aux prescriptions de la loi électorale et qui, de ce fait, ne sont pas valables (ex. : bulletins portant des signes de reconnais-

sance). N'entrent pas en ligne de compte dans le dénombrement des suffrages exprimés.

Bundesrat *[Dr. const.]*

La seconde chambre du Parlement allemand composée de représentants des gouvernements des Länder.

Bundestag *[Dr. const.]*

L'équivalent de notre Assemblée nationale en Allemagne.

Bureau *[Dr. civ.]*

Organe assurant la gestion d'une association et comprenant au moins un président, un secrétaire, un trésorier, choisis parmi les membres du Conseil.

[Dr. const.] Organe directeur des travaux d'une assemblée parlementaire. Il comprend : le Président, des vice-présidents (qui suppléent le président), des secrétaires (chargés de contrôler les votes et la rédaction des procès-verbaux des séances), des questeurs (chargés des problèmes d'administration intérieure).

[Pr. civ.] Organe collégial fonctionnant dans le cadre d'une juridiction et dont les attributions sont tantôt administratives (bureau de la Cour de cassation), tantôt juridictionnelles (bureaux des conseils de prud'hommes), tantôt simplement judiciaires (bureaux d'aide juridictionnelle).

Bureau d'aide sociale *[Dr. adm.]*
➢ *Centre communal d'action sociale.*

Bureau international du travail
[Dr. trav.]

Organe administratif permanent de l'Organisation internationale du travail.

B

B

Bureau de conciliation *[Pr. civ.]*

Formation du conseil de prud'hommes se composant d'un représentant des employeurs et d'un représentant des salariés. Sa fonction primordiale est d'essayer de concilier les parties.

📖 *C. trav., art. L. 515-2, R. 515-1 et R. 516-13.*

Bureau de jugement *[Pr. civ.]*

Formation du conseil de prud'hommes pour juger les affaires qui lui sont soumises. Elle comprend deux représentants des employeurs, deux représentants des salariés.

📖 *C. trav., art. L. 515-2, R. 516-26.*

Bureau de placement *[Dr. trav.]*

Entreprise privée qui se charge de rapprocher les employeurs cherchant du personnel et les demandeurs d'emploi.

Les bureaux de placement payants ont été en principe supprimés.

📖 *C. trav., art. L. 311-1 s., R. 311-1-1 s.*

Bureau secondaire d'avocat *[Pr. civ.]*

L'avocat doit avoir son domicile professionnel dans le ressort du tribunal de grande instance auprès duquel il est inscrit.

Mais il peut, à certaines conditions, ouvrir un bureau secondaire dans le cadre territorial de son barreau, ou même dans le ressort d'un barreau différent.

Bureau de vote *[Dr. const.]*

Organisme, composé d'élus locaux et d'électeurs, qui, dans chaque commune ou section de vote, dirige et surveille le scrutin, reçoit les bulletins, les dépouille et dresse les procès-verbaux.

C

Cabinet ministériel *[Dr. const.]*

1° Ensemble des membres du Gouvernement (sauf en Grande-Bretagne où le cabinet est une formation restreinte regroupant, choisis par le Premier Ministre, les seuls ministres les plus importants et aux réunions duquel se prennent, et non pas en Conseil des ministres, les décisions essentielles).

2° Ensemble des collaborateurs directs d'un ministre, nommés et révoqués librement par lui (en principe directeur de cabinet, chargés de mission, chef de cabinet, conseillers techniques). Traditionnellement important en France et politisé, le Cabinet assure la liaison avec les services administratifs du ministère (d'où le reproche d'être un instrument de pression sur l'Administration) et, ce qui est normal, les relations du ministre avec l'extérieur (Parlement, presse ou sa circonscription électorale par exemple).

Cadastre *[Dr. civ. / Dr. fin.]*

1° Représentation cartographique de l'ensemble du territoire national sur une base communale et selon sa division en parcelles de propriété.

Les feuillets correspondants, soumis à une publicité sur place et par extrait, et déposés auprès de l'Administration et dans chaque mairie, se composent de trois séries de documents :

- la matrice, qui énumère les parcelles appartenant à chaque propriétaire dans la commune;

- les états de section, sorte de répertoire permettant la consultation du plan;

- le plan cadastral proprement dit, qui est une carte à grande échelle.

2° Administration fiscale chargée d'établir, de mettre à jour et de conserver les documents précédents.

Cadastre *[Séc. soc.]*

Dans le régime agricole, certaines cotisations sont assises sur le revenu cadastral. Il s'agit soit du revenu cadastral réel, tel qu'il a été établi par les services du Cadastre, soit du revenu cadastral théorique obtenu par application au revenu cadastral réel d'un coefficient variant selon la nature de la culture ou selon la région.

Cadre *[Dr. soc.]*

En général : salarié appartenant à la catégorie des employés supérieurs en raison de la formation reçue ou de l'exercice d'un commandement.

Pour l'application de la convention collective nationale du 14 mars 1947 modifiée instituant un régime de retraite et de prévoyance des cadres, sont assimilés aux cadres certains salariés percevant une rémunération atteignant un seuil minimum déterminé.

[Dr. trav.] Pour l'application des dispositions relatives à la durée du travail, la

C

loi du 19 janvier 2000 a distingué trois catégories de cadres : les cadres « dirigeants » (qui ne sont pas soumis aux dispositions relatives à la durée du travail, au repos hebdomadaire et aux jours fériés), les cadres désignés comme tels dans les conventions de branche (ou à l'article 4 de la convention nationale du 14 mars 1947) et occupés selon l'horaire collectif applicable au sein de l'atelier, du service ou de l'équipe auquel ils sont intégrés et les cadres qui n'appartiennent à aucune des deux premières catégories. Dans ce dernier cas, des dispositions particulières en matière de durée et d'aménagement du temps de travail sont envisagées par les textes, notamment des conventions de forfait.

C. trav., art. L. 212-15-1 s.

Les VRP font partie de la section encadrement des conseils de prud'hommes.

C. trav., art. L. 513-1.

Caducité *[Dr. civ.]*

État d'un acte juridique valable mais privé d'effet en raison de la survenance d'un fait postérieurement à sa création. C'est ainsi que le testament est caduc si le légataire meurt avant le testateur.

C. civ., art. 1039 s.

[Pr. civ.] Extinction du lien d'instance qui est déclarée d'office lorsque les parties n'ont pas saisi le tribunal de grande instance dans les quatre mois de l'assignation, la cour d'appel dans les deux mois de l'acte d'appel.

Si la prescription n'a pas fait son œuvre, la demande peut être recommencée et une nouvelle assignation introduite.

NCPC, art. 406, 407, 468, 469, 905, 922.

Cahier des charges *[Dr. adm.]*

Document administratif détaillant, généralement avec minutie, les obligations et éventuellement les droits du titulaire de certains contrats administratifs (comme les concessions) et du bénéficiaire de certaines autorisations (lotissement), ou explicitant les modalités de réalisation de certaines décisions (par exemple ZAC).

[Pr. civ.] Document rédigé le plus souvent par l'avocat du créancier saisissant, dans la saisie d'immeuble, et contenant toutes les conditions de la prochaine vente par adjudication.

Déposé au greffe, il peut être l'objet de contestations.

Caisse d'amortissement de la dette sociale (CADES) *[Dr. fin.]*

Structure financière créée en 1996 pour apurer les déficits accumulés par les organismes de Sécurité sociale de 1992 à 1998. Son financement est assuré par des emprunts, et par un impôt perçu sur tous les revenus (contribution au remboursement de la dette sociale : RDS) jusqu'en janvier 2014.

Caisse des dépôts et consignations *[Dr. fin.]*

Puissante institution publique de crédit, revêtant la forme juridique d'un établissement public dont les organes de direction associent dans leur composition un grand nombre de représentants des Pouvoirs Publics et grands corps de l'État, et qui est au centre de tout un réseau d'organismes destinés à accroître l'efficacité de ses interventions.

Créée à l'origine pour recevoir les dépôts obligés des notaires et les consignations. La Caisse est principalement alimentée aujourd'hui par la collecte des fonds libres des caisses d'épargne, des institutions de prévoyance et des organismes de sécurité sociale. Les emplois de ces fonds sont très diversifiés : certains sont placés au profit du Trésor, dont la Caisse est un correspondant important, la majeure partie est utilisée pour des prises de participation et des prêts au profit de personnes publiques, spécialement des collectivités locales dont elle est directement ou indirectement un important prêteur et les organismes de logement social.

Caisses d'épargne et de prévoyance *[Dr. fin.]*

Organisées sous la forme de sociétés coopératives, les Caisses d'épargne et de prévoyance sont des établissements de crédit autorisées, malgré leur statut coopératif, à exercer toutes les opérations de banque, comme les dépôts de fonds du public (sur des livrets d'épargne, dont le « livret A » à statut privilégié, ou sur des comptes bancaires classiques), les opérations de crédit et de change, le placement et la gestion de valeurs mobilières, le conseil à la gestion de patrimoine – voire l'assurance vie. Cependant leur particularisme est marqué par les missions d'intérêt général dont les investit l'article L. 512-85 du code monétaire et financier, notamment l'affectation d'une partie de leurs excédents d'exploitation au financement de projets d'économie sociale, et locale (prêts aux collectivités locales). Le capital des Caisses est détenu par des « sociétés locales d'épargne ». L'ensemble des Caisses est organisé en réseau, dont le chef de file est la Caisse nationale des Caisses d'épargne, dont le capital est détenu très majoritairement

par les Caisses, pour le reste par la Caisse des Dépôts et Consignations.
📖 *C. mon. fin., art. L. 512-85 s.*

Caisse mutuelle régionale *[Séc. soc.]*
Caisse qui immatricule et affilie à un organisme conventionné les travailleurs non salariés non agricoles.
📖 *CSS, art. R. 615-10.*

Caisse noire *[Dr. fin.]*
Masse de fonds que des agents publics peuvent arriver à réunir grâce à des procédures irrégulières et qui est gérée en dehors des règles de la comptabilité publique en vue, très généralement, d'accroître les ressources budgétaires normales du service.

Caisses de Sécurité sociale *[Séc. soc.]*
Organismes de gestion du régime général de la Sécurité sociale. On distingue :
- la Caisse nationale d'assurance maladie des travailleurs salariés, les Caisses régionales et primaires d'assurance maladie, qui gèrent les risques maladie, maternité, invalidité, décès, accident du travail ;
- la Caisse nationale d'allocations familiales, et les Caisses d'allocations familiales qui gèrent les allocations familiales ;
- la Caisse nationale d'assurance vieillesse des travailleurs salariés, la Caisse régionale d'assurance vieillesse pour les départements du Haut-Rhin, Bas-Rhin et Moselle, affectées à la gestion du risque vieillesse ;
- enfin des Caisses générales de sécurité sociale pour les départements d'Outre-Mer.
Les Caisses *nationales* sont des établissements publics à caractère administratif.

En dehors du régime général, chaque régime de sécurité sociale possède sa propre organisation, comportant des caisses particulières : caisses de mutualité agricole, caisses professionnelles et interprofessionnelles du régime des non-salariés non agricoles, sociétés de secours minières du régime des Mines, etc.

Cambiaire *[Dr. com.]*

Ce qui a trait à la lettre de change et, par extension, aux autres effets de commerce (ex. : le recours cambiaire).

Campagne électorale *[Dr. const.]*

Ensemble des opérations de propagande qui précèdent une élection ou un référendum.

Cancellation *[Dr. gén.]*

Suppression manuscrite de tout ou partie d'un acte juridique réalisée par rature, rayure, biffage. Selon les espèces et le moment où elle intervient, la cancellation opère d'elle-même ou requiert approbation. Surtout employé en matière testamentaire.

Candidature *[Dr. const.]*

Action de se porter candidat à une fonction dont le titulaire est désigné par élection ou nomination.

Canon

➢ *Droit canonique.*

Canton *[Dr. adm.]*

Circonscription administrative, dépourvue de personnalité juridique, se situant entre l'arrondissement et la commune, au nombre d'environ 3 500 en France métropolitaine.

Cantonnement *[Dr. civ.]*

Réduction judiciaire de l'assiette d'une garantie pour mieux l'ajuster au montant de la dette et ménager ainsi le crédit du débiteur : cantonnement de l'hypothèque.

📖 *C. civ., art. 2161 s.*

Capacité *[Dr. civ.]*

On distingue deux degrés dans la capacité juridique. La capacité de *jouissance* est l'aptitude à avoir des droits et des obligations (toute personne physique a en principe la capacité de jouissance). La capacité d'*exercice* est le pouvoir de mettre en œuvre soi-même ses droits et ses obligations.

➢ *Incapacité.*

Capacité d'ester en justice *[Pr. gén.]*

Le recours à la justice est une prérogative si importante que la *jouissance* de la faculté d'ester (d'agir) en justice est ouverte à toute personne physique ou morale, même étrangère.

En revanche, nombreuses sont les personnes (mineures, majeures en tutelle ou curatelle) qui n'ont pas la capacité d'*exercice*, c'est-à-dire l'aptitude à faire valoir, elles-mêmes ou elles seules, leurs droits et intérêts en justice.

➢ *Incapacité.*

Capital *[Dr. civ.]*

1° Ensemble des biens figurant à l'actif d'un patrimoine, par opposition aux revenus qu'ils produisent.

[Dr. com.] ➢ *Capital social.*

2° Principal de la dette de somme d'argent.

➢ *Intérêt.*

Capitalisation *[Dr. civ. / Dr. com.]*

Transformation des intérêts perçus par un créancier en capital, en vue de la production de nouveaux intérêts.

▌ *C. civ., art. 1154.*

➤ *Anatocisme.*

[Séc. soc.] Système dans lequel les cotisations versées chaque année sont affectées au compte individuel de chaque participant et capitalisées à intérêts composés compte tenu de la mortalité. À l'âge de la retraite, le participant reçoit le capital correspondant aux versements et intérêts ou une rente viagère correspondant à ce capital.

Capital social *[Dr. com.]*

La valeur des apports en numéraire et en nature forme le capital social, dont le montant minimum est déterminé par la loi pour certains types de société. Le capital peut être augmenté sous certaines conditions, mais le principe de l'intangibilité du capital social explique l'existence d'une réglementation plus rigoureuse des réductions de capital, dans l'intérêt des créanciers sociaux.

▌ *C. civ., art. 1835.*

Capital variable *[Dr. com.]*

➤ *Société à capital variable.*

Capitaux de couverture *[Séc. soc.]*

Capitaux servant à garantir les prestations jusqu'à leur terme. Les régimes de prévoyance doivent désormais être gérés en « capitaux de couverture », cette technique étant appelée également « capitalisation ».

Capitaux propres *[Dr. com.]*

Les capitaux propres représentent l'ensemble des sommes qui reviendraient aux associés en cas de dissolution de la société. Ils regroupent l'ensemble des sommes investies par les détenteurs du capital par opposition aux ressources d'origine externe.

Le montant figure au passif du bilan comptable; il correspond à la somme algébrique du capital, des réserves et des résultats.

Capitulations (régime des) *[Dr. int. publ.]*

(De *capitulum* : chapitre, clause). Régime, aujourd'hui disparu, en vigueur dans des pays hors chrétienté (Turquie, Égypte, Chine) et consistant en ce que les étrangers échappaient à la compétence des autorités locales et restaient soumis à celle de leurs autorités nationales (spécialement de leurs consuls).

Captation *[Dr. civ.]*

Manœuvres dolosives exercées sur autrui ayant pour effet d'obtenir une libéralité; elles peuvent être le fait du donataire ou d'un tiers.

▌ *C. civ., art. 909.*

Captation de parole et d'image *[Dr. civ.]*

➤ *Atteinte à la vie privée.*

Carence *[Pr. civ.]*

Absence de biens meubles susceptibles de saisie entre les mains du débiteur. L'huissier de justice dresse alors un procès-verbal de carence.

[Dr. adm.] On appelle carence de l'Administration l'inaction de celle-ci, spécialement dans les hypothèses où elle aurait dû agir, ce qui engage alors la responsabilité de la personne publique en cause si un préjudice est né de cette carence.

C

[Dr. eur.] Recours organisé par l'article 175 du traité CEE permettant à la Cour de justice ou au Tribunal de première instance de constater l'illégalité d'une inaction du Conseil ou de la Commission.

Carnet de maternité *[Séc. soc.]*

Document délivré par la caisse primaire à la future mère qui comporte les prescriptions relatives à la surveillance sanitaire pré et postnatale et qui lui précise ses droits et obligations.

Carnet de santé *[Séc. soc.]*

Document attribué par les organismes d'assurance maladie destiné à favoriser le suivi du bénéficiaire tout au long de sa vie et à devenir la mémoire de sa santé.
▮ *CSS, art. L. 162-1 s.*

Carrières *[Dr. adm. / Dr. civ.]*

Gisement de substances minérales définis par opposition aux mines, celles-ci étant fixées par énumération législative. Les carrières comprennent les matériaux de construction, d'empierrement, d'amendement pour la culture des terres, etc.

Carte communale *[Dr. adm.]*

Les petites communes non dotées d'un plan local d'urbanisme peuvent établir un document délimitant les zones constructibles et les zones naturelles, en vue d'organiser leur évolution en matière d'urbanisme.

Elle doit être compatible avec les autres documents d'aménagement, tels que schéma de cohérence territoriale ou charte du parc naturel régional.
▮ *C. urb., art. L. 124-1 s.*

Carte de paiement *[Dr. com.]*

Document de format standardisé émis par des banques ou des grands magasins, permettant à son titulaire soit de régler facilement des achats ou des prestations de services chez les commerçants affiliés, soit d'obtenir des espèces auprès des établissements bancaires émetteurs. La carte de paiement est personnelle à son titulaire.
▮ *C. mon. fin., art. L. 132-1 et L. 132-2.*

« Carte grise » *[Dr. adm.]*

En matière de réglementation des véhicules, appellation familière synonyme de certificat d'immatriculation. Ce document comporte notamment le numéro minéralogique du véhicule délivré par la préfecture du domicile du titulaire.

Carte nationale d'identité
[Dr. adm. / Dr. pén.]

Document délivré par l'autorité publique à toute personne en faisant la demande, et dont les mentions permettent d'établir l'identité de son titulaire en cas de vérification d'identité par la police. Sa possession est facultative, et l'identité peut être prouvée par tout autre moyen.

Carte professionnelle
[Dr. trav. / Dr. adm. (pour les nationaux)]

Dans certaines professions, carte délivrée par des organes administratifs ou corporatifs, et nécessaire en fait ou en droit pour l'exercice de cette activité. Ex. : représentants de commerce, certaines professions commerciales. L'une des plus connues est la carte d'identité professionnelle de journaliste, qui permet de bénéficier des facilités accordées par les autorités administratives pour l'exercice de cette profession.

📗 *C. trav., art. L. 751-13, L. 761-15.*

Carte de travail. Étranger
[Dr. int. priv.]
➤ *Autorisation de travail.*

« Carte verte » *[Dr. assur.]*
En matière d'assurance obligatoire des véhicules terrestres à moteur, pour la responsabilité civile de l'auteur d'un accident, appellation familière désignant le document établi par la société d'assurance pour faciliter la circulation internationale des véhicules assurés et valant attestation d'assurance.

📗 *C. assur., art. R. 211-17.*

Cartel *[Dr. com.]*
➤ *Entente.*

Cas fortuit *[Dr. civ.]*
Au sens large, synonyme de « force majeure ».
Dans un sens étroit et discuté, impossibilité d'exécuter une obligation tenant à des causes internes (vice du matériel par exemple).

Casier civil *[Dr. civ.]*
➤ *Répertoire civil.*

Casier judiciaire *[Dr. pén.]*
Relevé national et automatisé des condamnations pénales et de certaines autres décisions. Les informations ainsi centralisées font l'objet de trois « bulletins » (B1 – B2 – B3), qui peuvent être délivrés à des destinataires précis, mais dont le contenu varie selon la qualité de ceux-ci.

📗 *C. pr. pén., art. 768 s. et R. 62 s.*

Traditionnellement réservé aux personnes physiques, le casier judiciaire s'applique désormais aux *personnes morales*, dans la logique du principe de leur responsabilité pénale, tel qu'il est retenu dans le nouveau code pénal.

Cassation *[Pr. civ. / Pr. pén.]*
Annulation par la Cour suprême d'une décision passée en force de chose jugée et rendue en violation de la loi.
➤ *Conseil d'État, Cour de cassation, Pourvoi en cassation.*

« Casus belli » *[Dr. int. publ.]*
Circonstance de nature à provoquer une déclaration de guerre.

C

Caucus *[Dr. const.]*
Système utilisé aux États-Unis dans les États n'organisant pas de primaires pour désigner les délégués aux conventions de chaque parti devant choisir leur candidat aux élections, particulièrement l'élection présidentielle. Votent seulement les électeurs enregistrés comme sympathisants du parti.

Causalité *[Dr. civ.]*
Dans le droit des *obligations*, lien de cause à effet entre la faute d'une personne ou le rôle d'une chose et le préjudice subi par un tiers.
Plusieurs facteurs pouvant intervenir dans la réalisation d'un dommage, la doctrine s'est efforcée de préciser cette notion; on a parfois soutenu que toute cause est à l'origine de l'intégralité du dommage (théorie de l'*équivalence des conditions*); mais on a dit, à l'inverse, qu'il fallait rechercher la *cause adéquate*, c'est-à-dire celle qui, normalement, est de nature à provoquer le dommage

C

considéré. La jurisprudence applique généralement la théorie de la causalité adéquate.

[Dr. pén.] Dans les *délits non intentionnels*, depuis la loi n° 2000-647 du 10 juillet 2000 tendant à en préciser la définition, la causalité est un critère d'appréciation de la responsabilité pénale des personnes physiques, pour se conjuguer désormais avec deux catégories de fautes.

Lorsque la causalité est *directe*, une *faute simple* suffit à la responsabilité.

Lorsque la causalité est *indirecte*, c'est-à-dire lorsque les prévenus ont créé ou contribué à créer la situation qui a permis la réalisation du dommage ou n'ont pas pris les mesures permettant de l'éviter, une *faute qualifiée* est requise pour engager leur responsabilité, sous la forme, soit d'une violation manifestement délibérée d'une obligation particulière de prudence ou de sécurité prévue par la loi ou le règlement, soit d'une faute caractérisée ayant exposé autrui à un risque d'une particulière gravité qui ne pouvait être ignoré.

▌ *C. pén., art. 121-3.*
➤ *Faute simple, faute délibérée, faute caractérisée.*

Cause *[Dr. civ.]*

- *Existence de la cause.* Dans le droit des obligations, la *cause* de l'obligation du débiteur est le but immédiat et direct qui le conduit à s'engager. On oppose à la cause, ainsi définie, le *motif* qui est un mobile personnel, subjectif et lointain. La cause est, au contraire, objective; nécessaire à la validité des actes juridiques, elle est toujours la même pour chaque catégorie d'actes (par ex. : dans un contrat synallagmatique, la

cause de l'obligation de l'une des parties est l'obligation de l'autre; dans un acte à titre gratuit, la cause est l'intention libérale.

▌ *C. civ., art. 1108, 1131.*

- *Licéité de la cause.* La notion de cause, lorsqu'elle est envisagée sous l'aspect de sa licéité ou de sa légalité, recouvre les motifs personnels qui conduisent une partie à contracter. Lorsque le motif est illicite (contraire à la morale, à l'ordre public), il entraîne la nullité de l'acte à la double condition d'être la *cause impulsive et déterminante* de l'opération et d'avoir été connu de l'autre partie.

▌ *C. civ., art. 1131, 1133.*

[Pr. civ.] La notion de cause intervient pour fixer les éléments de la demande en justice. La cause de la demande est constituée par un ensemble de faits juridiquement qualifiés. Elle intervient aussi pour vérifier si le litige n'a pas déjà été jugé (comparaison du dispositif d'un jugement et d'une demande en justice ultérieure). ➤ *Moyens.*

▌ *C. civ., art. 1351; NCPC, art. 6 et 7.*

Au sens large, contestation dont est saisi le juge. Ainsi entendue, la cause s'identifie au procès et se distingue du litige qui reste un conflit de prétentions dépourvu de formalisme tant que ne se produit pas l'élévation du contentieux. C'est de la cause définie comme un différend cristallisé dans une procédure qu'il est question dans les expressions *mettre en cause, être hors de cause. appeler la cause.*

Cause réelle et sérieuse *[Dr. trav.]*

Depuis la loi du 13 juillet 1973, fait justifiant un licenciement. Elle n'est pas nécessairement une faute (ex. : longue absence pour maladie) et si elle consiste en un comportement sujet à reproche, son intensité est inférieure à celle de la faute grave. La cause réelle et sérieuse peut reposer sur un fait économique.

▮ *C. trav., art. L. 122-14-3, L. 122-14-4, L. 321-1.*

« Cautio judicatum solvi » *[Pr. civ.]*

Caution qu'un Français, défendeur à une action, pouvait, avant 1972, exiger d'un demandeur étranger, pour garantir le recouvrement des sommes que ce dernier pouvait être condamné à lui payer.
➤ *Caution.*

Caution *[Dr. civ.]*

Personne qui s'engage à garantir l'exécution d'un contrat par l'une des parties au profit de l'autre.

Lorsque la caution accepte d'exécuter elle-même, dans le cas où le débiteur principal ne remplirait pas son engagement, elle est appelée caution personnelle. Lorsque la caution, au lieu de s'engager à exécuter personnellement, offre en garantie une hypothèque sur un immeuble lui appartenant, elle est dite « caution réelle ». ➤ *Cautionnement.*
▮ *C. civ., art. 2011 s.*

[Pr. civ.] Un plaideur peut parfois obtenir l'exécution provisoire d'un jugement en offrant de fournir caution ou de consigner une certaine somme.
▮ *NCPC, art. 517 et 519.*
➤ *Cautionnement, Consignation.*

Cautionnement *[Dr. civ. / Dr. com.]*

1° Contrat par lequel la caution s'engage.
▮ *C. civ., art. 2011 s.*
2° Dépôt de fonds ou de valeurs destinés à garantir une créance éventuelle.
➤ *Caution, Consignation.*

Cautionnement électoral *[Dr. const.]*

Somme d'argent que doit déposer le candidat à une élection et qui lui est remboursée s'il obtient un certain pourcentage de suffrages. But de l'institution : décourager les candidatures fantaisistes.

Cautionnement des ouvriers et employés *[Dr. trav.]*

Dépôt d'argent ou de valeurs fait par le salarié entre les mains de l'employeur au moment de la conclusion du contrat de travail pour garantir la restitution des liquidités ou marchandises que le salarié est appelé à détenir dans l'exercice de ses fonctions.
Le cautionnement est réglementé.
▮ *C. trav., art. L. 126-1 s.*

Cavalerie (traite de) *[Dr. com.]*
➤ *Effet de complaisance.*

Cavalier budgétaire *[Dr. fin.]*

Disposition législative étrangère, par sa nature, au domaine des lois de finances et irrégulièrement introduite dans l'une d'elles pour des raisons de simple opportunité, ce qui la voue à être privée d'effet par le Conseil Constitutionnel en cas de saisine de celui-ci.
➤ *Conseil constitutionnel.*

Cédant-cessionnaire
➤ *Cession de créance.*

Cédule *[Dr. fin.]*

Synonyme vieilli de catégorie administrative de revenus imposables à l'impôt sur le revenu. On parlait ainsi, par exemple, de cédules des traitements et salaires, ou des revenus fonciers.

C

CÉL

C

Célibat (clause de) *[Dr. trav.]*

Clause du contrat de travail qui prévoit la résiliation du contrat au cas de mariage du salarié.

La loi du 13 juillet 1982 interdit de prendre en considération la situation de famille.

📘 *C. trav., art. L. 122-45 ; C. pén., art. 225-1.*

Censure *[Dr. adm.]*

Examen auquel le Gouvernement soumet les écrits et les spectacles avant d'en autoriser ou interdire la publication ou la représentation. En France, la censure a disparu pour la presse : la loi du 22 juillet 1881, déclare que « tout journal, tout écrit périodique peut être publié sans autorisation préalable ». Pour les spectacles, si la censure théâtrale a été abolie par le décret du 8 juin 1906, une censure cinématographique est exercée depuis 1919 par une commission de contrôle qui délivre un visa indispensable pour l'exploitation d'un film.

[Dr. const.] 1° Procédure par laquelle une assemblée parlementaire met en jeu la responsabilité politique du Gouvernement par un blâme motivé à l'adresse de ce dernier.

Le vote d'une motion de censure entraîne la démission forcée du Gouvernement. En régime parlementaire rationalisé, la censure obéit à des règles précises concernant sa recevabilité, sa discussion et son vote. ➢ *Constitution de 1958, art. 49.*

2° Sanction disciplinaire applicable à un parlementaire dans les conditions prévues par le règlement intérieur de l'assemblée.

[Pr. civ.] Sanction disciplinaire.

➢ *Pouvoir disciplinaire.*

Centrale d'achat *[Dr. com.]*

Groupement de commerçants, constitué sous forme de société ou de groupement d'intérêt économique, qui effectue des achats pour le compte de ses membres, agissant le plus souvent en qualité de commissionnaire.

Il faut distinguer de la centrale d'achat proprement dite, le groupement d'achat consistant à réunir les membres désirant réaliser leurs achats en commun dans une structure coopérative.

Il existe enfin des organismes appelés centrales de référencement, qui, sans réaliser eux-mêmes les achats, se bornent à référencer les fournisseurs et à négocier avec eux les conditions d'approvisionnement. Le regroupement de la puissance d'achat que ces organismes permettent de réaliser peut dégénérer en abus de domination.

Centralisation *[Dr. adm.]*

Système d'administration reposant sur l'attribution des pouvoirs de décision à des autorités soumises, médiatement ou immédiatement, au pouvoir hiérarchique du Gouvernement.

Du point de vue de la technique d'organisation, la centralisation peut revêtir deux formes : *la concentration* système irréalisable pratiquement, rassemblant au siège du Gouvernement les autorités précitées ; la *déconcentration* système pratiqué en droit positif, consistant à confier les pouvoirs de décision à celles de ces autorités qui sont en fonction dans différentes circonscriptions administratives.

Centralisme démocratique *[Dr. const.]*

Principe directeur de la structure des partis communistes. Ce principe signifie :

a) élection de tous les organes dirigeants du parti, de la base au sommet ;

b) compte rendu périodique de gestion devant les militants ;

c) discipline rigoureuse (interdiction des fractions) dans le parti et subordination de la minorité à la majorité ;

d) obligation stricte pour les organismes inférieurs d'appliquer les décisions des organismes supérieurs.

Les points *a)* et *b)* représentent la partie démocratique du système, les points *c)* et *d)* la partie centraliste.

Centre d'aide par le travail (CAT)
[Dr. trav.]

Établissement recevant des handicapés de plus de 16 ans dont la capacité de travail est inférieure au tiers de la capacité normale et qui ne peuvent être admis dans un atelier protégé. Les activités à caractère professionnel sont complétées par un soutien médico-social et éducatif.

C. trav., art. L. 323-8, R. 323-1; C. fam., art. 167.

Centre communal d'action sociale
[Dr. adm.]

Établissement public communal ou intercommunal, successeur depuis 1968 des anciens Bureaux d'aide sociale, chargé d'une mission générale de prévention et de développement social, et d'un rôle d'instruction des demandes d'aide sociale. Il distribue en outre des prestations en espèces ou en nature aux habitants les plus démunis.

Centres de détention *[Dr. pén.]*

Établissements pénitentiaires dont le régime est principalement orienté vers la resocialisation des condamnés. Parmi ces établissements figurent les centres pour jeunes condamnés et les établissements ouverts.

➤ *Prisons.*

Centre d'étude des revenus et des coûts (CERC)

➤ *Conseil supérieur de l'emploi, des revenus et des coûts.*

Centre européen de la recherche nucléaire (CERN) *[Dr. int. publ.]*

Organisation internationale créée en 1953 dans le but de mettre en commun les ressources des États européens pour procéder à la recherche scientifique visant à l'utilisation pacifique de l'énergie nucléaire.

Gère près de Genève un accélérateur de particules d'une grande importance, accrue demain par la construction du LHC.

Centre de formalités des entreprises (CFE) *[Séc. soc. / Dr. fin.]*

Centre permettant aux entreprises de souscrire en un même lieu et sur un même document les déclarations auxquelles elles sont tenues par les lois et règlements dans les domaines juridique, administratif, fiscal, social et statistique afférents à leur création, à la modification de leur situation et à la cessation de leur activité.

Centre de gestion agréé *[Dr. fin.]*

Dans le cadre de la politique d'amélioration de la connaissance des revenus des professions non salariées, il a été institué des centres de gestion agréés, dénommés associations agréées pour les professions libérales, auxquels ces professionnels peuvent confier la tenue

C

C

de leur comptabilité, ce qui confère plus d'exactitude à celle-ci et ouvre droit en conséquence à ces professionnels à des abattements sur leur bénéfice imposable sous certaines conditions. L'agrément est donné par l'Administration fiscale.

Centre des impôts *[Dr. fin.]*

Cellule de base de l'organisation locale des services d'assiette et de contrôle de la Direction générale des impôts, où se trouvent déposés, mis à jour et suivis les dossiers de tous les contribuables de sa circonscription, particuliers ou entreprises.

Centre national d'études judiciaires *[Pr. civ.]*
➢ *École nationale de la magistrature.*

Centre national d'informatique juridique (CNIJ) *[Dr. gén.]*

Organisme (service public industriel et commercial) chargé de réaliser la coordination des principales banques de données juridiques.
➢ *Banques de données.*

Centre de préparation à l'administration générale (CPAG) *[Dr. adm.]*
➢ *Institut régional d'administration.*

Centre régional de formation professionnelle d'avocats *[Pr. civ.]*

Établissement d'utilité publique, doté de la personnalité morale, et institué sur le plan régional par le décret du 27 novembre 1991 (art. 42 et s.). Auparavant, un tel centre existait dans le cadre de la cour d'appel.

Chaque centre est administré par un conseil regroupant des magistrats, des avocats et des universitaires.
Il est chargé de former les candidats ayant réussi l'examen d'entrée au centre et d'assurer la préparation du certificat d'aptitude à la profession d'avocat. Il a aussi la mission de la formation permanente des membres des barreaux.

Certain *[Dr. civ. / Pr. civ.]*

1° Qui ne peut être mis en doute (dette certaine).
2° Qui est déterminé (corps certain).

Certificat complémentaire de protection *[Dr. com.]*

Titre qui se substitue pour un certain temps au brevet à son expiration conférant à son titulaire les mêmes droits et soumis aux mêmes limitations et qui permet de compléter la protection de l'invention en matière de médicaments, compensant ainsi l'impossibilité de l'exploiter avant d'avoir obtenu l'autorisation de mise sur le marché (AMM).
▌ *C. propr. intell., art. L. 611-3.*

Certificat de conformité *[Dr. adm.]*
➢ *Permis de construire.*

Certificat de coutume *[Dr. int. priv.]*

Attestation, délivrée par un jurisconsulte étranger (avocat, notaire, consul), affirmant l'existence d'une règle de droit ou en exposant le contenu.
Procédé utilisé fréquemment lorsque, dans un État étranger, n'existe pas de législation écrite, les règles de droit émanant soit de la coutume soit de la jurisprudence.

Certificat de droit de vote *[Dr. com.]*
➤ *Certificat d'investissement.*

Certificat d'investissement *[Dr. com.]*
Titre né du démembrement d'une action. Le certificat d'investissement est négociable et confère à son titulaire tous les droits pécuniaires attachés à l'action. Le certificat de droit de vote est au contraire incessible en principe. En émettant de tels titres, une société peut donc augmenter son capital sans aliéner son indépendance.
📖 *C. com., art. L. 225-186; C. com. fin., art. L. 212-11.*

Certificat de nationalité *[Dr. int. priv.]*
Attestation délivrée par le greffier en chef du tribunal d'instance, au vu de pièces justificatives dont il est fait mention, selon laquelle un individu a la nationalité française. Sa validité peut être judiciairement contestée.
📖 *C. civ., art. 31 s.*

Certificat de non-paiement *[Dr. com.]*
Titre institué par la loi n° 85-695 du 11 juillet 1985 en remplacement du protêt exécutoire. Délivré par le tiré au porteur du chèque impayé qui lui en fait la demande, ou automatiquement lorsque le chèque reste impayé au-delà d'un certain délai et après une nouvelle présentation infructueuse, il a pour but de faire constater officiellement le non-paiement du chèque et permet la délivrance par un huissier d'un titre exécutoire rendant possible toutes les formes de saisie.
📖 *C. mon. fin., art. L. 131-73.*
➤ *Protêt.*

Certificat d'obtention végétale *[Dr. com.]*
➤ *Obtention végétale.*

Certificat de propriété *[Dr. civ. / Dr. com.]*
Acte par lequel un fonctionnaire ou un agent public atteste l'existence d'un droit sur une chose ou une valeur.

Certificat de travail *[Dr. trav.]*
Document obligatoirement remis par l'employeur au salarié à l'expiration de son contrat de travail, et qui mentionne l'identité des parties, la date d'entrée et de sortie du salarié, la nature de l'emploi qu'il a occupé.
Le certificat doit être signé par l'employeur.
📖 *C. trav., art. L. 122-16, R. 516-18.*

Certificat d'urbanisme *[Dr. adm.]*
Document informatif pouvant être demandé à l'Administration, qui indique les dispositions d'urbanisme et les limitations administratives au droit de propriété et les taxes et participations d'urbanisme applicables à un terrain déterminé, ainsi que les équipements publics existants ou prévus.
En outre, lorsque la demande détaille l'opération de construction projetée, le certificat précise si le terrain peut être utilisé pour la réalisation de celle-ci.
Il est prudent, avant l'acquisition d'un terrain à bâtir, de demander la délivrance de ce document.
📖 *C. urb., art. L. 410-1.*

Certificat d'utilité *[Dr. com.]*
Titre de propriété industrielle susceptible de protéger une invention brevetable pendant une courte durée (6 ans) sans établissement d'un rapport de recherche.
📖 *C. propr. intell., art. L. 611-2.*

C

C

Certificat de vie *[Dr. civ.]*

Acte par lequel certaines personnes qui exercent des fonctions publiques (notaire, président de tribunal, maire) attestent l'existence actuelle d'une personne. Ce certificat doit être, en principe, présenté par tout crédirentier désireux d'obtenir le paiement des arrérages auxquels il a droit.

Certification conforme *[Dr. civ. / Pr. civ.]*

Attestation de l'identité existant entre la copie et l'original d'un acte ou de l'exactitude de la consignation par écrit d'une déclaration verbale. Ainsi tout témoin est tenu de signer le procès-verbal d'enquête ou de le certifier conforme à sa déposition.
📖 *NCPC, art. 220, al. 2.*

Certification (en matière de chèque) *[Dr. com.]*

Procédé par lequel le tiré, en apposant sa signature au recto du chèque, bloque, sous sa responsabilité, la provision au profit du porteur, jusqu'à l'expiration du délai légal de présentation.

Césarisme *[Dr. const.]*

Système de gouvernement dans lequel le pouvoir politique, qui appartient théoriquement au peuple, est en fait abandonné par celui-ci à un homme de confiance qui le concentre entre ses mains et l'exerce autoritairement (ex. : Premier et Second Empires, où l'instrument du césarisme a été le plébiscite).

« Cessante ratione legis, cessat ejus dispositio » *[Dr. gén.]*

La loi cesse de s'appliquer lorsque ses motifs ont disparu.

Cessation des paiements *[Dr. com.]*

État du débiteur qui est dans l'impossibilité de faire face à son passif exigible avec son actif disponible. La cessation des paiements est un des cas d'ouverture de la procédure de redressement et de liquidation judiciaires.
📖 *C. com., art. L. 621-1.*

Cessibilité *[Dr. adm.]*
➢ *Arrêté de cessibilité.*

[Dr. civ., com.] Qualité d'un bien, d'une part sociale, d'un titre, permettant sa cession.

Cession *[Dr. civ.]*

Transmission d'un droit entre vifs.
➢ *Vente.*

Cession à bail *[Dr. int. publ.]*

Transfert temporaire de compétence opéré par un État au profit d'un autre État sur une portion de son territoire.
Procédé utilisé par les grandes puissances à la fin du XIXᵉ siècle pour favoriser leur pénétration économique en Chine, et repris après la seconde guerre mondiale à la faveur de la politique des bases stratégiques.

Cession de créance *[Dr. civ.]*

Convention par laquelle le créancier, appelé cédant, transmet sa créance contre son débiteur (débiteur cédé) à un tiers, appelé cessionnaire.
📖 *C. civ., art. 1689 s.*

Cession de dettes *[Dr. civ.]*

Convention par laquelle un débiteur transmet sa dette à un tiers qui sera désormais tenu à sa place envers le créancier. La cession de dettes n'est possible que dans des cas exceptionnels.

Cession de droits litigieux *[Dr. civ.]*

Cession d'une créance dont l'existence ou la validité fait l'objet d'un procès ou d'une contestation.

📖 *C. civ., art. 1700.*

En raison des dangers que cette cession présente, le débiteur cédé peut éliminer le nouveau créancier en lui remboursant le prix réel de la cession (et non le montant nominal de la créance), avec les frais et loyaux coûts ainsi que les intérêts à compter du jour où le cessionnaire évincé s'est acquitté.

📖 *C. civ., art. 1699.*

Cession de droits successifs *[Dr. civ.]*

Convention par laquelle un héritier cède à un tiers sa quote-part dans la succession.

📖 *C. civ., art. 780, 815-14.*

Cession de salaire *[Dr. trav.]*

Délégation de tout ou partie du salaire faite par le salarié à un créancier, que l'employeur paiera directement.

La cession de salaire obéit à des règles strictes de quantum et de forme.

📖 *C. trav., art. L. 145-1 s., R. 145-1 s.*

Cession de terrain contre locaux futurs *[Dr. civ.]*

Contrat par lequel un vendeur, généralement un particulier, cède un terrain à un tiers, généralement une société, qui s'engage à construire des édifices et à remettre certains appartements au vendeur à titre de paiement de tout ou partie du prix de vente.

Chambre *[Dr. const.]*

Assemblée législative. Dans un Parlement bicaméral, on appelait autrefois Chambre basse la Chambre élue et Chambre haute la Chambre nommée ou héréditaire. ➤ *Parlement.*

[Pr. gén.] Réunion de plusieurs magistrats d'un même tribunal tenue à des fins juridictionnelles, soit d'instruction, soit de jugement. En règle générale, les chambres d'une même juridiction n'ont pas de compétence propre et la décision rendue est considérée comme l'œuvre de la. juridiction tout entière.

Le terme désigne aussi, s'agissant des corporations d'auxiliaires de justice (avoués, notaires, commissaires-priseurs) l'organe représentatif des membres de la même profession ayant qualité pour délibérer sur les questions d'intérêt commun (règlement intérieur, discipline, etc.).

Chambre d'accusation *[Pr. pén.]*
➤ *Chambre de l'instruction.*

Chambre d'agriculture *[Dr. civ.]*

Organisme représentatif, dans le cadre du département, des intérêts des agriculteurs, composé de membres élus exerçant principalement des attributions consultatives.

📖 *C. rur., art. L. 511-1.*

Chambre des appels correctionnels *[Pr. pén.]*

Formation de la Cour d'appel compétente pour statuer en appel sur les affaires jugées en premier ressort par les tribunaux correctionnels et par les tribunaux de police.

📖 *C. pr. pén., art. 510 s.*

Chambre civile *[Pr. civ.]*

Chambre de la Cour de cassation chargée de l'examen des pourvois formés en

C

CHA

matière de droit privé (droit civil, droit commercial, droit social, procédure civile, etc.).

Il existe cinq chambres civiles qui ont reçu les noms suivants : Première, Deuxième, Troisième Chambre civile, Chambre commerciale et financière, Chambre sociale.

C. org. jud., art. R. 121-3 s.

Chambre de commerce et d'industrie *[Dr. com.]*

Établissement public composé de commerçants et d'industriels élus pour plusieurs années et chargés de défendre les intérêts généraux du commerce et de l'industrie.

Il y a au moins une chambre de commerce et d'industrie par département et une chambre régionale par région économique.

C. com., art. L. 711-1 s.

Chambre de commerce internationale *[Dr. com. / Dr. int. priv. / Pr. civ.]*

Organisme privé dont le siège est à Paris (CCI). Elle a pour objectif d'élaborer des règles conventionnelles internationales. Elle constitue avant tout un centre d'arbitrage international pour les litiges du commerce.

Chambre commerciale et financière *[Pr. civ.]*

Nom donné à la quatrième Chambre civile de la Cour de cassation.

Chambre de compensation *[Dr. com.]*

Réunion quotidienne ou pluriquotidienne des banquiers d'une même place afin de compenser leurs créances réciproques.

Chambre du conseil *[Pr. civ.]*

Formation de toute juridiction civile siégeant sans publicité.

Les attributions de la chambre du conseil sont le plus souvent gracieuses, mais sont parfois aussi contentieuses.

NCPC, art. 22 et 433 s.

Chambre criminelle *[Pr. pén.]*

Formation de la Cour de cassation chargée de l'examen des pourvois en matière pénale.

C. pr. pén., art. 567.

Chambre des Députés *[Dr. const.]*
➢ *Chambre.*

Chambre détachée *[Pr. civ. / Pr. pén.]*

Formation de jugement du tribunal de grande instance implantée dans une des communes de son ressort et lui servant d'annexe locale, en vue de rapprocher la justice du justiciable.

C. org. jud., art. L. 311-16 s. et R. 311-39 s.

Chambre de discipline *[Pr. civ.]*

Juridiction corporative chargée de statuer sur les infractions aux devoirs professionnels tels que la chambre de discipline des avoués, des commissaires priseurs.
➢ *Discipline, Pouvoir disciplinaire.*

Chambre de l'instruction *[Pr. pén.]*

Formation de la Cour d'appel, qui s'est substituée, depuis la loi n° 2000-516 du 15 juin 2000 renforçant la protection de la présomption d'innocence et les droits des victimes, à l'ancienne chambre d'accusation, et statuant :

- *principalement* :

sur appel des ordonnances ou décisions rendues dans le cadre d'une instruction;

- accessoirement :
1° comme juridiction disciplinaire des officiers et agents de police judiciaire;
2° en matière d'extradition, de réhabilitation judiciaire, de contentieux de l'amnistie, de règlement de juges…
📗 *C. pr. pén., art. 191 s.*

Chambre des métiers *[Dr. com. et civ.]*
Établissement public créé généralement dans un cadre départemental, chargé, par l'intermédiaire de membres élus, de représenter auprès des autorités administratives les intérêts généraux des artisans.

Chambre mixte *[Pr. civ. / Pr. pén.]*
Formation de la Cour de cassation composée de magistrats appartenant au moins à trois chambres de la Cour (au minimum 13 magistrats, le premier président et pour chaque chambre le président, le doyen, deux conseillers).
Sa saisine est *obligatoire* en cas de partage égal des voix dans une chambre.
Sa saisine est *facultative* lorsqu'une affaire pose une question relevant des attributions de plusieurs chambres, lorsqu'une affaire a reçu ou est susceptible de recevoir des solutions divergentes.
📗 *C. org. jud., art. L. 121-5, L. 131-2 et L. 131-3.*

Chambre régionale des comptes *[Dr. fin.]*
Juridiction financière fonctionnant dans le cadre de chaque région, chargée d'un triple rôle :
1° Le jugement des comptes des comptables publics ou de fait des régions, des départements, des communes, et de leurs établissements publics, en vue de déterminer s'ils sont quittes ou en débet. Ces jugements peuvent faire l'objet d'un appel devant la cour des Comptes.
2° Un contrôle de gestion, de nature administrative, portant sur le bon emploi des crédits et des fonds de ces collectivités, pouvant donner lieu à des observations critiques qui leur sont adressées.
3° Un contrôle budgétaire, de nature administrative, éventuellement sanctionné par des décisions du Préfet, quand le budget de ces collectivités n'est pas voté à temps, ou est voté ou exécuté en déficit, ou néglige de doter des dépenses obligatoires de crédits suffisants.
📗 *C. jur. fin., art. L. 210-1 s.*
➢ *Cour des comptes, Trésorier-Payeur Général.*

Chambres des requêtes *[Pr. civ.]*
Chambre de la Cour de cassation qui, avant 1947, statuait sur la recevabilité des requêtes, avant leur examen par la Chambre civile.

Chambre sociale *[Pr. civ.]*
Nom donné à la cinquième Chambre civile de la Cour de cassation et à une chambre de la cour d'appel compétente pour les affaires de droit social.

Chambres réunies *[Pr. civ. / Pr. pén.]*
Formation de la Cour de cassation, remplacée depuis 1967 par l'Assemblée plénière.

Chancellerie *[Dr. adm.]*
Établissement public existant dans chaque Académie, dirigé par le recteur, et gérant des biens et des moyens concourant au fonctionnement de l'enseignement supérieur.

C

C

[Dr. const.] 1° Bureaux ou résidence du chancelier, titre donné au Premier Ministre dans certains pays (ex. : RFA ou Autriche).

2° Services en France du Ministère de la justice.

[Dr. int. publ.] Bureaux d'une ambassade ou d'un consulat où l'on délivre certains actes.

Change *[Dr. com.]*

Échange d'une monnaie contre une autre.

Le change peut avoir pour objet une monnaie métallique ou fiduciaire ou des valeurs mobilières.

On désigne également sous ce terme le bénéfice réalisé sur la différence des cours entre les deux monnaies.

Chantage *[Dr. pén.]*

Fait d'obtenir ou de tenter d'obtenir, en menaçant de révéler ou d'imputer des faits de nature à porter atteinte à l'honneur où à la considération, soit une signature, un engagement ou une renonciation, soit la révélation d'un secret, soit la remise de fonds, de valeurs ou d'un bien quelconque.

📖 *C. pén., art. 312-10 s.*

Chapitre budgétaire *[Dr. fin.]*

Unité élémentaire de spécialisation des crédits, groupant ceux-ci selon leur nature (dépenses de personnel ou de matériel) ou selon leur destination.

Charge *[Pr. civ.]*

➤ *Officier ministériel.*

Chargé d'affaires *[Dr. int. publ.]*

➤ *Agent diplomatique, Rang diplomatique.*

Charges *[Dr. civ.]*

Dans les *libéralités* : obligations imposées par le disposant au gratifié qui accepte, sous peine pour ce dernier, s'il ne les exécute pas, de perdre la libéralité, sauf à solliciter leur révision en justice.

📖 *C. civ., art. 900-2.*

Charges de *mariage* : dans un régime matrimonial, postes du passif, comprenant essentiellement l'entretien du ménage et l'éducation des enfants. La communauté légale supporte définitivement les charges du mariage.

📖 *C. civ., art. 214.*

[Dr. soc.] Ensemble des contributions obligatoires versées par les employeurs à différents organismes à finalité sociale et liées à la masse salariale.

Charges indues *[Séc. soc.]*

Dépenses supportées actuellement par le régime général de la Sécurité sociale, qui devraient normalement incomber à la collectivité et être couvertes par l'impôt (par ex. : dépenses d'équipement hospitalier).

Chargeur *[Dr. mar.]*

Propriétaire de marchandises à transporter par mer, en cas d'affrètement partiel du navire; lorsque l'affrètement est total, le propriétaire des marchandises est désigné par le mot affréteur.

Charte *[Dr. const.]*

Acte de l'ancien droit qui accordait un titre ou un privilège. En droit anglais, acte fondamental intéressant surtout les libertés publiques, concédé par le Roi sous la pression armée des barons, du clergé, du peuple de Londres (Grande Charte de 1215). En droit français, actes constitutionnels de la Restauration (1814) et de la Monarchie de juillet (1830).

[Dr. int. publ.] Acte constitutif d'une organisation internationale.
➤ *Ex. Charte des Nations Unies.*

Charte des droits fondamentaux
[Dr. eur.]

Déclaration des principaux droits sociaux et politiques adoptée par le Conseil européen de Nice en décembre 2000. Non encore intégrée aux traités institutifs de l'Union.

Charte européenne des droits sociaux fondamentaux des travailleurs *[Dr. eur.]*

Adoptée à Strasbourg le 9 décembre 1989 par le Conseil européen. N'a pas été signée par le Royaume-Uni. Simple déclaration solennelle mais définit les principaux droits sociaux qui seront garantis et mis en œuvre, selon les cas, par les États ou la Communauté.

Charte-partie *[Dr. mar.]*

Écrit qui constate un contrat d'affrètement.

Il doit contenir un certain nombre de mentions (Décr. du 31 déc. 1966, art. 5).

Charte sociale européenne *[Dr. trav.]*

Traité international élaboré par le Conseil de l'Europe et relatif aux problèmes sociaux. Signée le 18 octobre 1961, elle ne fut ratifiée par la France qu'en 1973.

Charte du travail *[Dr. trav.]*

Organisation des rapports collectifs sous le régime de Vichy. Elle se caractérisait par le principe du syndicat uni-

que et obligatoire placé sous le contrôle de l'État.

Chef de l'État *[Dr. const.]*

Titre apparu dans les monarchies constitutionnelles, à une époque où le Roi avait une situation prééminente dans l'État, et qui a subsisté, alors même que se sont amenuisées (jusqu'à l'effacement dans certains régimes) les fonctions correspondantes. Le Chef de l'État peut être héréditaire (Roi) ou élu (Président de la République), individuel ou collégial (Directoire, Présidium).

Chef d'entreprise *[Dr. trav.]*
➤ *Employeur, Entreprise.*

Chef de famille *[Dr. civ.]*

Qualité autrefois reconnue au mari pour assurer la direction matérielle et morale de la famille; depuis des lois récentes (13 juillet 1965, 4 juin 1970, 11 juillet 1975, 23 décembre 1985), les époux assurent ensemble cette direction.
➤ *Administration légale et autorité parentale.*

Cheptel *[Dr. civ.]*
➤ *Bail à cheptel.*

Chèque *[Dr. com.]*

Titre par lequel une personne appelée « tireur » donne l'ordre à un banquier ou à un établissement assimilé, le « tiré », de payer à vue une somme déterminée soit à son profit, soit à une troisième personne, le « bénéficiaire », ou porteur, soit à son ordre.
▌ *C. mon. fin., art. L. 131-2 s.*

Chèque barré *[Dr. com.]*

1° *Barrement général* : chèque au recto duquel figurent deux barres parallèles

C

CHÈ

ne comportant aucune inscription entre elles, dont le paiement ne peut être effectué par le tiré qu'à un banquier ou à un établissement assimilé, à un chef de bureau de chèques postaux, ou à un client connu du tiré.

2° *Barrement spécial* : chèque au recto duquel figurent deux barres parallèles entre lesquelles est inscrit le nom d'un banquier, dont le paiement ne peut être effectué par le tiré qu'au banquier ainsi désigné.

📘 *C. mon. fin., art. L. 131-44 et L. 131-45.*

Chèque postal *[Dr. com.]*

Titre établi sur une formule spéciale délivrée par l'administration des Postes, qui permet d'utiliser, selon des règles propres, un compte de dépôt ouvert et tenu par l'administration postale.

📘 *C. mon. fin., art. L. 131-88.*

Chèque sans provision *[Dr. pén.]*

Chèque, soit émis sans provision préalable, soit privé de tout ou partie de sa provision après émission, soit frappé d'opposition à paiement.

Depuis la loi n° 91-1382 du 31 décembre 1991, le délit spécifique d'émission de chèque sans provision est supprimé, et les conséquences du défaut de provision sont désormais exclusivement bancaires, sous réserve de pénalités libératoires éventuellement versées au Trésor public. Seuls les deux autres faits continuent à être érigés en délits, s'ils ont été commis avec l'intention de porter atteinte aux droits d'autrui.

📘 *C. mon. fin., art. L. 163-2.*

Chèque restaurant *[Dr. com.]*
➤ *Titre restaurant.*

Chèques-service *[Séc. soc.]*

Titres remis avec l'accord des salariés en paiement de la rémunération des emplois de service auprès des particuliers dans leurs résidences, y compris dans le cadre des associations ou des entreprises agréées par l'État ayant pour objet ou pour activité exclusive la fourniture de services aux personnes.

Chèque syndical *[Dr. trav.]*

Subvention versée par l'employeur aux syndicats implantés dans l'entreprise; son montant est déterminé par l'audience respective de chaque syndicat et par le nombre de sympathisants. Cette pratique, qui ne résulte que d'accords d'entreprise, est controversée.

Chèque sur le trésor *[Dr. fin.]*

Mode ordinaire, avec le virement bancaire ou postal, de règlement des dépenses publiques, sous la forme d'un chèque établi à l'ordre du créancier et tiré par l'État sur lui-même.
➤ *Comptable assignataire.*

Chèques vacances *[Dr. trav.]*

Titres acquis par l'employeur et cédés à moindre coût aux salariés qui ont épargné à cet effet; les salariés dont les revenus sont peu élevés remettent ces titres en payement des dépenses effectuées pour les vacances auprès des collectivités publiques et des prestataires de services agréés.

Chèque de voyage *[Dr. com.]*

Chèque tiré à l'ordre d'un de ses clients par une banque sur l'un de ses établissements, ou sur l'une de ses succursales, moyennant le versement d'une somme égale à son montant, outre une

certaine commission. Ce chèque permet au porteur (le client) de toucher des fonds dans toute ville où la banque émettrice a une succursale ou un correspondant.
➤ *Chèque.*

Chiffre noir *[Dr. pén.]*
Différence entre la criminalité réelle et la criminalité apparente.
➤ *Criminalité.*

Chirographaire *[Dr. civ.]*
➤ *Créancier chirographaire.*

Chômage *[Dr. trav.]*
Arrêt d'activité. Est en chômage, le travailleur apte au travail qui manque involontairement d'emploi. Le chômage peut être total, ou simplement partiel en cas de réduction anormale de la durée du travail.
Chômage cyclique : situation de chômage se reproduisant avec une certaine régularité en raison des variations cycliques de l'économie ou de la production.
Chômage saisonnier : chômage limité à une période de l'année et qui s'y reproduit régulièrement.
Chômage technique : arrêt d'activité d'un établissement dont le fonctionnement est paralysé par un événement insurmontable (manque d'énergie, de matières premières, éventuellement grève).
Chômage structurel : chômage causé par une modification des structures économiques.
📖 *C. trav., art. L. 351-1 s., L. 351-25.*

Choses *[Dr. civ.]*
Objets sur lesquels peuvent exister des droits subjectifs.

Choses communes *[Dr. civ.]*
Choses qui ne sont pas susceptibles d'appropriation et qui sont à l'usage de tous, comme l'air, l'eau.

Choses consomptibles *[Dr. civ.]*
Choses qui se consomment par le premier usage, leur utilisation provoquant leur destruction (ex. : les denrées).
📖 *C. civ., art. 587, 1874.*

Choses corporelles *[Dr. civ.]*
Choses du monde sensible sur lesquelles sont exercés des droits.
➤ *Biens corporels, Biens incorporels, Choses, Droit corporel, Droit incorporel.*

Choses fongibles *[Dr. civ.]*
Choses qui sont interchangeables les unes par rapport aux autres (ex. : 100 kg de blé et la même quantité de cette denrée, une voiture de série).
📖 *C. civ., art. 1291.*
Les choses fongibles sont dites également « choses de genre ». Les choses non fongibles sont appelées « corps certains ».

Choses frugifères *[Dr. civ.]*
Choses produisant des fruits.

Choses de genre
➤ *Choses fongibles.*

Choses hors du commerce *[Dr. gén.]*
Chose susceptible d'appropriation dont l'aliénation est interdite : elles sont hors du commerce juridique.
📖 *C. civ., art. 1128.*

Chose jugée *[Pr. gén.]*
Autorité attachée à un acte de juridiction servant de fondement à l'exécution

C

C

forcée du droit judiciairement établi, et faisant obstacle à ce que la même affaire soit à nouveau portée devant un juge.

Il y a chose jugée lorsque la même demande, entre les mêmes parties, agissant en les mêmes qualités, portant sur le même objet, soutenue par la même cause, est à nouveau portée devant une juridiction.

On parle de simple *autorité* lorsque le jugement est rendu; de force de chose jugée, lorsque les délais des voies de recours suspensives d'exécution (opposition, appel, pourvoi dans les rares cas où il est suspensif) sont expirés ou que celles-ci ont été employées; *d'irrévocabilité*, enfin, lorsque les voies de recours extraordinaires ont été utilisées ou ne peuvent plus l'être.

L'autorité de chose jugée est *relative* ou *absolue*. Elle est le plus souvent *relative* en droit privé et dans certaines formes du contentieux administratif. Elle est invoquée par les parties au moyen d'une fin de non-recevoir (dite faussement exception de chose jugée), par les tiers à l'aide de l'exception de relativité de chose jugée.

L'autorité des jugements est dite *absolue* dans la mesure où ce qui a été jugé entre deux ou plusieurs plaideurs est *opposable* à tous et doit être respecté par ceux qui étaient étrangers au procès. La tierce opposition est la voie de recours permettant à un tiers de demander que tel ou tel jugement ne lui soit pas opposable.

▌ *C. civ., art. 1350 et 1351; NCPC, art. 480, 500.*

➤ *Opposabilité, Tierce opposition.*

[Pr. pén.] Situation dans laquelle une personne, jugée de façon définitive pour une infraction pénale, ne peut plus faire l'objet de poursuites pour les mêmes faits, y compris sous une qualification différente.

➤ *Non bis in idem.*

Circonscription d'action régionale
[Dr. adm.]

Nom donné à la Région jusqu'à la loi du 5 juillet 1972. Les CAR avaient elles-mêmes succédé en 1960 aux régions de programme créées en 1955.

Circonscription électorale *[Dr. const.]*

Portion du territoire dont la population a le droit d'élire un ou plusieurs représentants.

Les circonscriptions électorales peuvent coïncider avec les circonscriptions administratives ou être des circonscriptions spéciales.

La délimitation des circonscriptions peut aboutir à des inégalités dans la représentation (si les circonscriptions ont un nombre inégal d'électeurs) ou donner lieu à des manipulations politiques (découpage favorable à tel parti : système connu aux États-Unis sous le nom de « gerrymandering »).

Circonstances aggravantes *[Dr. pén.]*

Événements ou qualités limitativement énumérés par la loi et dont la constatation entraîne l'application d'une peine plus lourde que celle normalement applicable.

▌ *C. pén., art. 132-71 s.*

Circonstances atténuantes *[Dr. pén.]*

Événements entourant la commission d'une infraction, ou traits de caractère relatifs à la personne de son auteur, librement appréciés par le juge et entraînant une modulation de la peine dans le sens de la clémence.

Dans le nouveau code pénal, la notion même de circonstances atténuantes, disparaît, comme une conséquence normale de la suppression des peines minimales. Mais cette disparition n'est que d'ordre conceptuel, puisque figurent expressément au titre des modes de personnalisation des peines, tant les circonstances de l'infraction, que la personnalité de son auteur.

📖 *C. pén., art. 132-24.*

Circonstances exceptionnelles *[Dr. adm.]*
Théorie d'origine jurisprudentielle, s'analysant principalement en une extension temporaire des compétences normales de l'administration dans la mesure nécessaire pour permettre la poursuite du fonctionnement des services publics, en présence de situations de fait exceptionnelles.
[Dr. const.] ➢ *Pouvoirs exceptionnels.*

Circulaires *[Dr. adm.]*
Instructions de service écrites adressées par une autorité supérieure à des agents subordonnés en vertu de son pouvoir hiérarchique.
Bien que juridiquement dépourvues de force obligatoire vis-à-vis des administrés en dehors du cas exceptionnel où leur auteur serait investi d'un pouvoir réglementaire, les circulaires jouent en fait un rôle majeur dans les relations de l'Administration avec les administrés. Ceux-ci peuvent se prévaloir des circulaires (légales) à l'encontre de l'Administration. De plus, en matière fiscale, pour des raisons de sécurité juridique, les circulaires dérogeant à la loi fiscale

de façon favorable aux contribuables peuvent, malgré leur illégalité, être opposées au fisc dans certaines conditions.

Citation (en justice) *[Pr. civ.]*
Terme générique désignant l'acte de procédure par lequel on somme une personne ou un témoin de comparaître devant un juge, un tribunal ou un conseil de discipline.
➢ *Assignation.*

Citation directe *[Pr. pén.]*
Acte de procédure par lequel le ministère public ou la victime peuvent saisir *directement* la juridiction de jugement en informant le prévenu des coordonnées de l'audience.
📖 *C. pr. pén., art. 550 s.*
➢ *Réquisitoire.*

Citoyen *[Dr. const.]*
Individu jouissant, sur le territoire de l'État dont il relève, des droits civils et politiques.

Citoyenneté européenne *[Dr. eur.]*
Instituée par le traité de Maastricht au profit de toute personne ayant la nationalité d'un État membre. S'ajoute aux droits et obligations liés à la qualité de citoyen de cet État.
Est prévu un droit de vote et d'éligibilité aux élections municipales et européennes, une protection diplomatique communautaire pour l'ensemble des ressortissants des Communautés dans les pays tiers, un droit de pétition devant le Parlement européen, ou de déposer plainte sur des cas de mauvaise administration née de l'action d'institutions ou organes communautaires à un médiateur nommé par le Parlement européen.

C

C

S'appuie aussi sur la liberté de circulation et de séjour pour tous dans l'espace communautaire.

Pourra être complétée par le Conseil statuant à l'unanimité.

Civilement responsable *[Dr. civ.]*

Personne devant répondre des conséquences civiles d'une infraction commise par autrui; par ex. : chef d'entreprise et préposé; parents et enfant mineur.

Clandestinité *[Dr. civ.]*

État d'une situation juridique (ex. : la possession) ou souvent d'un acte juridique (ex. : formation d'un mariage, constitution d'une société) qui demeure secret alors qu'il est de l'intérêt des tiers d'en avoir connaissance. La clandestinité est sanctionnée de façon diverse.

[Dr. pén.] État d'une infraction dont la réalisation peut ne pas être immédiatement apparente (abus de confiance, abus de biens sociaux...), ce qui soulève la question de savoir si le point de départ du délai de prescription de l'action publique ne mérite pas d'être reporté au jour de la connaissance effective de cette infraction, ou des possibilités objectives d'une telle connaissance.

Classement *[Dr. adm.]*

Dans les hypothèses où l'exigence en est requise, acte réalisant l'incorporation juridique d'un bien dans le domaine public d'une collectivité, dans la mesure où il sera ensuite suivi d'effet concret.

Classement sans suite *[Pr. pén.]*

Décision prise par le Ministère Public en vertu du principe de l'opportunité des poursuites, écartant momentané-

ment la mise en mouvement de l'action publique.

🔖 *C. pr. pén., art. 40.*

Clause *[Dr. civ.]*

Disposition particulière d'un acte juridique.

Clause abusive *[Dr. civ.]*

Clause figurant dans un contrat conclu entre un professionnel et un non-professionnel ou consommateur qui a pour objet ou pour effet de créer au détriment du non-professionnel ou consommateur un déséquilibre significatif entre les droits et obligations des parties au contrat. Des décrets en Conseil d'État pris après avis de la Commission des clauses abusives peuvent déterminer des types de clauses qui doivent être regardées comme abusives; par ailleurs, la Cour de cassation a reconnu aux juges du fond le pouvoir de décider en dehors de toutes dispositions réglementaires que telle clause est abusive. Une liste de clauses qui peuvent être considérées abusives si elles satisfont aux conditions requises (professionnel et consommateur, déséquilibre entre droits et obligations) figure au Code de la consommation à titre indicatif et non exhaustif.

🔖 *C. consom., art. L. 132-1 s.*

Clause d'administration conjointe
➢ *Main commune.*

Clause d'agrément *[Dr. com.]*
➢ *Agrément.*

Clause attributive de compétence
[Pr. civ.]

Disposition contractuelle confiant le règlement du litige à une juridiction légalement sans qualité pour en connaître, qu'il s'agisse de compétence d'attribution ou de compétence territoriale.

📖 *NCPC, art. 41 et 48.*
➢ *Attribution de juridiction, Prorogation de juridiction.*

Clause de célibat *[Dr. trav.]*
➢ *Célibat.*

Clause commerciale *[Dr. civ.]*

Clause contenue dans un contrat de mariage permettant l'attribution à l'un des époux, à la dissolution de la communauté, soit d'un bien commun moyennant une indemnité maintenant l'égalité du partage, soit autorisant le survivant des époux à acquérir contre indemnité aux héritiers un bien propre au conjoint prédécédé.

Ce bien est le plus souvent un fonds de commerce, d'où le nom donné à la clause. Lorsque la clause porte sur un bien propre, elle constitue un pacte sur succession future, exceptionnellement autorisé par la loi.

📖 *C. civ., art. 1511.*

Clause compromissoire *[Dr. int. publ.]*

Clause d'un traité stipulant le recours au règlement arbitral ou judiciaire pour les litiges concernant l'interprétation ou l'application dudit traité.

[Pr. civ.] Clause insérée dans un contrat, le plus souvent commercial et privé, par laquelle les parties s'engagent à recourir à l'arbitrage pour les différends qui surgiraient entre elles. En dehors des cas légaux, cette clause est nulle.

Clause de conscience *[Dr. trav.]*

Disposition légale par laquelle le journaliste salarié qui quitte une entreprise de presse en raison d'un changement notable dans le caractère de l'orientation du journal, peut obtenir une indemnité, lorsque cette situation porte atteinte à ses intérêts moraux.

📖 *C. trav., art. L. 761-7.*

Clause de dédit formation *[Dr. trav.]*

Clause par laquelle un salarié accepte, dans son contrat de travail, de demeurer un certain temps au service de l'entreprise en contrepartie d'une formation que cette dernière prend en charge. En cas de démission avant l'expiration du temps de fidélité, le salarié doit rembourser tout ou partie des frais de formation.

Clause d'échelle mobile *[Dr. civ.]*

Clause d'un contrat à exécution successive en vertu de laquelle la valeur d'une prestation est liée à la valeur d'un bien, d'un service ou du coût de la vie.

➢ *Échelle mobile des salaires et Indexation.*

Clause d'exclusivité *[Dr. civ. / Dr. com.]*

Clause par laquelle l'acheteur, le cessionnaire ou le locataire de biens meubles s'engage vis-à-vis de son vendeur, de son cédant ou de son bailleur à ne pas faire usage d'objets semblables ou complémentaires en provenance d'un autre fournisseur.

📖 *C. com., art. L. 330-1.*

Clause exorbitante (du droit commun) *[Dr. adm.]*

Stipulation insérée dans un contrat passé par l'administration ou pour son compte, et dont le caractère exorbitant du droit privé entraîne la qualification administrative de ce contrat.

C

C

Pour certains auteurs, il faudrait que le contenu de cette clause soit tel qu'elle serait illicite en droit privé; pour la jurisprudence administrative, il suffit qu'elle soit d'un type inusité dans les contrats entre particuliers.

Clause de garantie de passif *[Dr. com.]*
➤ *Garantie de passif.*

Clause léonine *[Dr. com.]*

Clause privant un associé de tout droit aux profits de la société ou lui attribuant la totalité des profits, mettant à sa charge la totalité des pertes ou l'exonérant de toute contribution au passif social.

Cette clause est réputée non écrite dans le contrat de société.

📖 *C. civ., art. 1844-1, al. 2.*

Clause de mobilité *[Dr. trav.]*

Clause d'un contrat par laquelle le salarié accepte par avance toute mutation qui, sans cette clause, constituerait une modification du contrat et ne pourrait en conséquence être imposée unilatéralement.

Clause de la nation la plus favorisée
[Dr. int. publ.]

Clause par laquelle un État s'engage à étendre à son cocontractant les avantages qu'il viendrait à accorder conventionnellement par la suite à d'autres États. Cette clause, qui permet d'étendre les effets d'un traité à un État tiers, est une exception au principe de la relativité des traités.

Clause de non-concurrence
[Dr. com. / Dr. trav.]

Clause d'un contrat par laquelle une des parties s'interdit, dans certaines limites

de temps et de lieu, d'exercer une activité professionnelle déterminée susceptible de faire concurrence à l'autre partie. Cette clause se rencontre notamment dans les contrats portant sur le fonds de commerce.

On la trouve aussi dans les contrats de travail où elle est parfois appelée clause de non-réembauchage et par laquelle, dans les mêmes limites, un salarié s'interdit, lors de son départ de l'entreprise, de s'engager chez un concurrent ou de s'établir à son compte.

Clause de non-réembauchage *[Dr. trav.]*
➤ *Clause de non-concurrence.*

Clause de non-rétablissement
[Dr. civ. / Dr. trav.]
➤ *Clause de non-concurrence.*

Clause pénale *[Dr. civ.]*

1° Dans un contrat, clause par laquelle le débiteur, s'il manque à son engagement, devra verser au créancier une somme d'argent dont le montant, fixé à l'avance, est indépendant du préjudice causé.

📖 *C. civ., art. 1226.*

2° Dans un testament, clause par laquelle le testateur exclut de sa succession ou du bénéfice d'un legs, l'héritier ou le légataire qui n'accomplirait pas une condition qu'il lui impose.

Clause de réserve de propriété
[Dr. com.]

Clause par laquelle un vendeur – pour garantir sa créance – se réserve la propriété de la chose vendue jusqu'au paiement intégral du prix par l'acheteur.

Cette clause est opposable aux tiers, notamment aux créanciers de l'acquéreur mis en redressement ou en liqui-

dation judiciaires lorsque certaines conditions sont réunies.
📖 *C. com., art. L. 621-122.*

Clause résolutoire *[Dr. civ.]*
➤ *Pacte commissoire.*

Clause de sauvegarde *[Séc. soc.]*
Garantie accordée au participant contre le non-paiement par l'employeur de ses cotisations au régime AGIRC et qui lui permet de conserver ses droits s'il a subi le précompte de sa part personnelle de cotisation.

Clause de sécurité syndicale *[Dr. trav.]*
Convention conclue entre un employeur et un syndicat et qui a pour objet de limiter la liberté d'adhésion syndicale au profit du syndicat signataire.
Les atteintes à la liberté sont plus ou moins importantes, et atteignent une efficacité particulièrement redoutable dans les « closed shop ». Elles sont interdites en France.
📖 *C. trav., art. L. 411-5, L. 412-2.*

Clause de style *[Dr. civ.]*
Clause que l'on retrouve souvent dans les actes de même genre.

Clearing *[Dr. com.]*
Procédé de règlement des créances et des dettes entre les banques, par compensation.

« Clearing house » *[Dr. com.]*
➤ *Chambre de compensation.*

Clerc *[Dr. civ. / Pr. civ.]*
Collaborateur d'un notaire, d'un huissier, d'un avoué, chargé de préparer les actes qui entrent dans le monopole du titulaire de l'office, parfois autorisé à les accomplir lui-même.

Clerc d'huissier *[Pr. civ.]*
Le clerc d'huissier assermenté est légalement qualifié pour procéder aux significations à la place et sous la responsabilité de son patron. Il peut aussi, à condition de remplir certaines conditions être habilité à procéder à des constats (L. 9 juillet 1991, art. 80).
➤ *Clerc.*

Clientèle *[Dr. com.]*
Ensemble des personnes (clients) qui sont en relations d'affaires avec un professionnel.
Si ce professionnel est un commerçant la clientèle est dite commerciale. S'il exerce une profession civile et en particulier libérale (avocat, médecin, etc.) il s'agit d'une clientèle civile; le régime de transmission de la clientèle commerciale diffère de celui de la clientèle civile.

Clientèle (droit de) *[Dr. civ.]*
Droit portant sur la valeur représentative de la clientèle habituelle d'un commerçant ou d'une personne exerçant une profession libérale.

« Closed-shop » (Clause) *[Dr. trav.]*
La clause « closed-shop » (ou entreprise fermée) est une clause restrictive de la liberté syndicale pratiquée parfois dans les États Nord-Américains dans les conventions collectives. Le patron qui y souscrit s'interdit d'embaucher des salariés non membres du syndicat signataire.
➤ *Clause de sécurité syndicale.*

C

C

Clôture des débats *[Pr. civ.]*

Fin de l'audience de jugement intervenant après l'audition du ministère public, partie jointe, après quoi les parties ne peuvent déposer aucune note à l'appui de leurs observations, si ce n'est pour répondre aux arguments développés par le ministère public ou à la demande du président invitant les parties à fournir tels éclaircissements de fait ou de droit.

📖 *NCPC, art. 445.*

Co-activité *[Dr. pén.]*

Participation à une infraction de manière déterminante et nécessaire qui donne lieu à une poursuite de l'agent comme co-auteur, dans les mêmes conditions que les autres auteurs.

📖 *C. pén., art. 121-4.*

Coalition *[Dr. trav.]*

Groupement de patrons ou d'ouvriers en vue d'exercer une pression dans le sens de la baisse ou de la hausse des salaires. Interdites par la loi Le Chapelier (1791), les coalitions ont été érigées en délit par le code pénal. Le délit de coalition a disparu en 1864.

Coassurance *[Dr. civ.]*

Répartition d'un risque important, maritime, industriel, immobilier... entre plusieurs assureurs.

Chaque assureur n'est engagé que pour le montant qu'il accepte de couvrir dans la limite du « plein de souscription » (somme maximale garantie).

➤ *Apériteur.*

Cocontractant *[Dr. civ.]*

Partie avec laquelle on contracte. Par exemple, dans la vente, le cocontractant de l'acheteur est le vendeur et réciproquement.

Code *[Dr. gén.]*

Ensemble de lois ordonnées regroupant les matières qui font partie d'une même branche du droit (ainsi C. civ., C. com., C. pén., C. pr. civ.).

Les codes modernes ne constituent plus un tout organique, mais se présentent souvent comme de simples compilations réunissant dans un même texte les dispositions touchant à un ordre de matières déterminé (C. de la pharmacie, C. des Caisses d'épargne, etc.).

➤ *Codification.*

Codécision *[Dr. eur.]*

Sur certains sujets, le Traité de Maastricht (article 189 B) allant au-delà de la procédure de coopération (*V. ce mot*) instituée par l'Acte unique en 1986, accorde au Parlement européen un pouvoir dit de codécision. Le Traité d'Amsterdam élargit le champ des domaines où joue la procédure de codécision, la coopération subsistant seulement pour les dispositions du traité relatives à l'union monétaire. La codécision permet au Parlement européen de rejeter la position commune du Conseil et, si tel est le cas, l'acte ne peut être adopté. S'il l'amende et si le Conseil ne retient pas ces amendements, un comité mixte de conciliation est réuni pour trouver un accord. Alors qu'à défaut d'accord, le Traité de Maastricht permettait au Conseil d'imposer sa position (sauf vote contraire à la majorité absolue des membres du Parlement), le traité d'Amsterdam indique que l'acte n'est pas adopté dans cette hypothèse de non-accord entre Conseil et Parlement. S'il y a accord au comité mixte de conciliation, il doit être confirmé par un vote à la majorité absolue des suffrages exprimés au Parlement et à la majorité qualifiée au Conseil faute de quoi la proposition d'acte n'est pas adoptée. Le Parlement se voit donc vraiment reconnaître un pouvoir de codécision.

Codicille *[Dr. civ.]*
Acte soumis aux formalités d'un testament et modifiant ou annulant un testament antérieur.

Codification *[Dr. adm.]*
Regroupement dans un texte d'origine généralement gouvernementale d'un ensemble souvent complexe de dispositions législatives ou réglementaires intéressant une même matière; celles-ci conservent leur portée et leur force juridique originaires, ce qui pose des problèmes délicats lorsque la codification ne respecte pas strictement les textes qu'elle rassemble.
➢ *Code.*
[Dr. int. publ.] Opération, réalisée sous forme de traités collectifs, consistant à énoncer dans un ordre systématique et en termes précis les règles du droit international (en grande partie coutumières) relatives à une matière déterminée.
➢ *Commission du Droit International.*

Coefficient d'anticipation *[Séc. soc.]*
Coefficient de minoration appliqué à la retraite complémentaire lorsque le salarié part avant 60 ans ou 65 ans s'il n'a pas 160 trimestres d'assurance.

Coefficient d'occupation des sols (COS) *[Dr. adm.]*
Rapport exprimant le nombre de mètres carrés de plancher constructibles par mètre carré au sol, pour une catégorie donnée de terrains. Ce rapport, qui peut différer selon la destination de la construction à réaliser (habitations, bureaux, commerces…) est déterminé par les plans locaux d'urbanisme, qui peuvent ouvrir le droit d'accorder des permis de construire en dépassement du COS, en respectant le plafond légal de densité. La loi du 13 décembre 2000 a supprimé la possibilité d'exiger dans ce cas une participation financière pour dépassement du COS.
📖 *C. urb., art. L. 123-1 s., R. 123-22.*

C

Coexistence pacifique *[Dr. int. publ.]*
Système international consistant dans une tolérance réciproque entre États à systèmes économiques et politiques opposés, qui renoncent à imposer l'un des systèmes par la force pour recourir à des formes pacifiques de compétition (compétition économique, scientifique, etc.).
➢ *Guerre froide.*

Cofidéjusseurs *[Dr. civ.]*
Désigne les personnes qui se sont rendues cautions d'un même débiteur pour une même dette.
📖 *C. civ., art. 2025, 2033.*

Cogestion *[Dr. trav.]*
Gestion de l'entreprise exercée en commun par le chef d'entreprise et les représentants des salariés, et impliquant pour ces derniers le pouvoir de participer aux décisions sans être nécessairement actionnaires ou bailleurs de fonds de l'entreprise.
L'institution des comités d'entreprise, en France, n'a pas réalisé la cogestion.

Cohabitation *[Dr. civ.]*

État de deux ou plusieurs personnes habitant ensemble.

Devoir des époux d'avoir des relations intimes.

➤ *Communauté de vie.*

Cohabitation *[Dr. const.]*

Expression utilisée pour caractériser le fonctionnement de la Ve République avec une majorité présidentielle et une majorité parlementaire opposées. Cette situation s'est produite entre mars 1986 et mai 1988, puis d'avril 1993 à mai 1995 et à nouveau depuis mai 1997. Traduit un glissement de la réalité du pouvoir au profit du Premier Ministre contraire à l'esprit de la Ve République.

« Coin fiscal » *[Dr. fin.]*

Néologisme d'origine anglo-saxonne désignant la différence – née des prélèvements fiscaux – entre un revenu originaire avant impôt et ce même revenu demeurant disponible entre les mains du contribuable après les différents impôts ayant grevé ce revenu. Par exemple, la différence entre le bénéfice par action d'une société anonyme avant l'application de l'impôt sur les sociétés et le dividende disponible chez l'actionnaire après application de son impôt sur le revenu mesure le « coin fiscal » résultant de l'application successive de ces deux impôts ; ce « coin fiscal » est aujourd'hui largement supprimé par le jeu de l'avoir fiscal.

Colitigants *[Pr. civ.]*

On appelle colitigants les plaideurs qui se trouvent engagés dans un procès à sujets multiples, quelle que soit leur qualité.

➤ *Litigants, Litisconsorts.*

Collaboration (contrat de... entre avocats) *[Pr. civ.]*

Contrat écrit par lequel un avocat (stagiaire ou inscrit au tableau) s'engage à exercer tout ou partie de son activité dans le cabinet d'un autre avocat, contre une rémunération.

Collatéral *[Dr. civ.]*

Adjectif qualifiant le lien de parenté existant entre un individu et une ou plusieurs autres personnes descendant d'un auteur commun, mais ne descendant pas les uns des autres.

Le terme est également utilisé comme substantif.

Collationnement *[Dr. civ. / Pr. civ.]*

Vérification que la copie d'un acte ou d'un document est conforme à l'original, que les objets compris dans une saisie de meubles ou dans un inventaire n'ont pas été détournés avant leur vente ou leur partage.

➤ *Récolement.*

Collectif *[Dr. fin.]*

Terme autrefois employé pour désigner les lois de finances rectificatives.

Collectivités locales (ou territoriales) *[Dr. adm.]*

Expression générique désignant des entités de droit public correspondant à des groupements humains géographiquement localisés sur une portion déterminée du territoire national, auxquels l'État a conféré la personnalité juridique et le pouvoir de s'administrer par des autorités élues : communes, départements, régions, départements d'Outre-Mer, territoires d'Outre-Mer.

Collège des magistrats *[Pr. civ. / Pr. pén.]*
Magistrats des cours et tribunaux et du ministère de la justice élus par les magistrats de l'ordre judiciaire et dont la mission est de procéder à l'élection des magistrats appelés à siéger à la Commission d'avancement, laquelle est chargée de dresser et d'arrêter le tableau d'avancement ainsi que les listes d'aptitude aux fonctions.

Collégialité *[Pr. gén.]*
Principe en vertu duquel la justice est rendue par plusieurs magistrats (un président et un nombre variable d'assesseurs) qui délibèrent leurs décisions à la majorité absolue des voix. Dans le système à juge unique, au contraire, le pouvoir de statuer appartient à un seul magistrat. Exceptionnellement appliqué dans l'ordre administratif, le recours au juge unique est plus fréquent dans l'ordre judiciaire.
📖 *C. just. adm., art. L. 3; C. org. jud., art. L. 212-2, L. 311-7 s., L. 321-4, L. 412-1, L. 441-2; C. trav., art. R. 515-1, R. 515-3.*

Collègue *[Dr. gén.]*
Désigne dans leurs rapports entre eux les personnes exerçant des fonctions officielles communes (fonctionnaires de même rang, magistrats, universitaires par exemple) ou remplissant une mission en commun (ministres, députés, membres du conseil d'administration d'une association, d'une société par exemple).
➤ *Confrère.*

Collocation *[Pr. civ.]*
Décision du juge déterminant le rang et les droits d'un créancier qui se trouve en concours avec d'autres lors de la répartition du produit des biens saisis entre les mains d'un débiteur commun.

Colonat partiaire *[Dr. civ.]*
➤ *Métayage.*

Colonisation *[Dr. int. publ.]*
Politique d'expansion politique et économique pratiquée à partir du XVIe siècle par certains États à l'égard de peuples moins développés obligés d'accepter des liens plus ou moins étroits de dépendance.
➤ *Annexion, Capitulation, Cession à bail, Concession, Condominium, Décolonisation, Porte ouverte, Protectorat.*

Colportage *[Dr. pén. / Dr. com.]*
➤ *Démarchage.*

Comecon *[Dr. int. publ.]*
Le Conseil d'aide économique mutuelle ou Comecon était l'organisation à compétence économique regroupant les États de l'Europe de l'Est et même certains États extérieurs à l'Europe (Mongolie, Cuba, Vietnam). Créé en 1949 pour contrer le plan Marshall, le Comecon n'a pas su réaliser une intégration comparable aux Communautés Européennes. Considéré comme un instrument au service de l'URSS par lequel celle-ci organisait sa tutelle, a disparu avec l'effondrement de l'URSS.

Comitas Gentium *[Dr. int. publ.]*
➤ *Courtoisie internationale.*

C

Comité économique et social *[Dr. eur.]*

Organe consultatif représentant les partenaires socioprofessionnels dans le cadre des Communautés européennes. Composé de 222 membres (dont 24 pour la France), il joue un rôle utile pour faire prendre conscience de la dimension communautaire aux organisations représentatives du monde économique et social.

Comité électoral *[Dr. const.]*

Groupement local de citoyens, membres ou sympathisants d'un parti, en vue de patronner un ou plusieurs candidats et de soutenir leur campagne.

Comité d'entreprise *[Dr. trav.]*

Organe de l'entreprise qui réunit le chef d'entreprise et les représentants élus du personnel, en vue d'associer ceux-ci à la marche de l'entreprise.

Comité central d'entreprise : quand une entreprise comporte plusieurs <u>établissements</u>, il existe un comité central d'entreprise composé des délégués élus par chacun des comités d'établissement.

📗 *C. trav., art. L. 431-1 s., L. 435-1 s.*

Comité d'entreprise européen *[Dr. trav.]*

Par transposition de la directive européenne du 22 septembre 1994, le Code du travail prévoit la mise en place d'un comité d'entreprise européen dans les entreprises qui emploient au moins mille salariés dans les États membres de l'Union européenne ainsi que dans les États membres de l'espace économique européen et comptant au moins deux établissements ou entreprises employant au moins 150 salariés dans au moins deux États différents. Cette institution permet la représentation des travailleurs dans ces entreprises de dimension communautaire et organise le droit des salariés à l'information et à la consultation. La mise en œuvre est soumise à un accord négocié au sein d'un groupe spécial ; à défaut d'accord, la loi détermine la composition et la compétence du comité d'entreprise européen.

📗 *C. trav., art. L. 439-6 s., L. 439-12 s.*

Comité de groupe *[Dr. trav.]*

Structure de représentation du personnel mise en place au sein d'un groupe d'entreprises dans lequel une entreprise dite dominante exerce une influence ainsi qualifiée sur d'autres entreprises qu'elle contrôle. L'influence dominante est, ou bien présumée sur constatations de certains éléments prévus par la loi, ou bien démontrée sur le fondement de relations permanentes et importantes établissant l'appartenance des entreprises au même groupe économique. Le comité de groupe a des prérogatives restreintes comparées à celles qui sont exercées par un comité d'entreprise ; il reçoit des informations économiques et sociales.

📗 *C. trav., art. L. 439-1.*

Comité d'hygiène, de sécurité et des conditions de travail *[Dr. trav.]*

Organisme institué dans les établissements et chargé de prévenir les accidents du travail, de veiller à l'application des règles de sécurité et de contribuer à l'amélioration des conditions de travail.

📗 *C. trav., art. L. 236-1 s.*

Comité des régions *[Dr. eur.]*

Institué par le Traité de <u>Maastricht</u> pour associer les collectivités locales au système communautaire. 189 membres nommé par le Conseil. Rôle consultatif, à sa propre initiative, ou sur saisine de la Commission ou du Conseil.

Comité des représentants permanents des états membres (Coreper) *[Dr. eur.]*

Prépare les travaux du Conseil des ministres des Communautés européennes et exécute les mandats qui lui sont confiés par celui-ci. L'importance de fait prise par ce Comité dans le processus de décision communautaire n'a pas été sans conséquence sur l'évolution des équilibres institutionnels.

Comitologle *[Dr. eur.]*

Pratique institutionnelle du système communautaire conduisant à instituer de nombreux comités pour assister Conseil et Commission dans l'exercice de leurs compétences. Composés de représentants des États membres et présidés par la Commission, ils pallient l'imparfaite répartition des pouvoirs entre Conseil et Commission.

Command (Déclaration de)
[Dr. civ. / Dr. com.]

Faculté réservée par la convention à l'acquéreur de se substituer le véritable bénéficiaire d'une vente amiablement consentie.

[Pr. civ.] Déclaration faite dans les vingt-quatre heures d'une adjudication d'immeuble par laquelle l'adjudicataire fait connaître le nom et l'acceptation du véritable bénéficiaire de l'opération.

📖 *C. pr. civ., art. 707; CGI, art. 686.*

Commandement *[Pr. civ.]*

Acte signifié au débiteur, par l'intermédiaire d'un huissier de justice, l'invitant à payer sous peine d'être saisi.

Cet acte suppose que le créancier est muni d'un titre exécutoire. Préambule d'une saisie-vente (remplaçant la saisie-exécution), d'une saisie-appréhension ou d'une saisie immobilière.

📖 *C. pr. civ., art. 673.*

Commandement de l'autorité légitime *[Dr. pén.]*

Fait justificatif qui supprime le caractère délictueux d'actes accomplis en exécution d'un ordre donné par une autorité publique, compétente et légitime, à moins que cet ordre ne soit manifestement illégal.

📖 *C. pén., art. 122-4.*

Commanditaire *[Dr. com.]*

Associé d'une société en commandite, simple bailleur de fonds n'ayant pas la qualité de commerçant et n'étant tenu que sur son apport.

Commandité *[Dr. com.]*

Associé commerçant d'une société en commandite, responsable personnellement et indéfiniment des dettes sociales.

Commencement d'exécution *[Dr. pén.]*

Acte caractérisant la tentative punissable, qui doit tendre directement à l'infraction avec intention de la commettre, ou qui a pour conséquence immédiate et directe la consommation de celle-ci.

📖 *C. pén., art. 121-5.*
➢ *Tentative.*

Commencement de preuve par écrit *[Dr. priv.]*

Tout titre signé, émanant de celui contre lequel la demande est formée, mais

C

qui ne peut, pour des raisons de fond ou de forme, constituer un écrit nécessaire à la preuve des actes juridiques (ex. : une reconnaissance d'enfant naturel faite sous seing privé, et non en la forme authentique n'est qu'un commencement de preuve par écrit); la production d'un tel document, s'il rend vraisemblable le fait allégué, autorise l'audition des témoins.

📖 *C. civ., art. 1347.*

[Pr. civ.] Lorsqu'une comparution personnelle a été ordonnée, le juge peut tirer toute conséquence de droit des déclarations des parties, de l'absence ou du refus de répondre de l'une d'elles et en faire état comme équivalent à un commencement de preuve par écrit.

➢ *Comparution personnelle, Serment supplétoire.*

Commerçant *[Dr. com.]*

Personne qui effectue des actes de commerce et en fait sa profession, agissant en son nom et pour son compte.

📖 *C. com., art. L. 121-1 et L. 110-1 (ex-art. 1ᵉʳ et 632).*

Commettant *[Dr. civ.]*

Personne qui est représentée ou au nom de qui on agit.

Celui qui agit sous la direction du commettant est le préposé.

[Dr. com.] ➢ *Commission (contrat de).*

Comminatoire *[Dr. civ. / Pr. civ.]*

Adjectif qualifiant une mesure révocable destinée à faire pression sur un débiteur. L'astreinte prononcée par le juge est souvent comminatoire.

Commissaire adjoint de la République *[Dr. adm.]*

Dénomination donnée au sous-préfet entre 1982 et 1988.

Commissaire aux apports *[Dr. com.]*

Personne chargée dans les sociétés par actions et les SARL d'apprécier, sous sa responsabilité, la valeur des apports en nature effectués par un associé, lors de la constitution de la société ou de l'augmentation de son capital, et des avantages particuliers qui peuvent être consentis à un associé ou à un non-associé par la société, en contrepartie des services rendus à l'occasion de ces opérations.

Ces commissaires aux apports sont en principe désignés par les associés à l'unanimité dans la SARL et par le Président du tribunal de commerce dans les autres cas.

Commissaire aux comptes *[Dr. com.]*

Personne, physique ou morale, chargée par le législateur de contrôler de façon très stricte la régularité de la gestion comptable des sociétés anonymes et de certains autres groupements, et de tenir informés les organes de direction et les actionnaires des faits dont elle a eu connaissance et des irrégularités qu'elle a relevées dans la gestion comptable de la société.

📖 *C. com., art. L. 221-9 s.*

Commissaire du Gouvernement *[Dr. adm.]*

1° Auprès des juridictions administratives et du Tribunal des conflits : membre de la juridiction, chargé en toute indépendance de présenter sous forme de conclusions la solution que lui paraît appeler, compte tenu du droit positif, le problème juridique posé par le litige.

2° Auprès des sections administratives du Conseil d'État : haut fonctionnaire désigné par le Gouvernement pour développer et soutenir le point de vue de l'Administration.

3° Auprès de certains organismes qui sont soumis à un contrôle de l'État : représentant de l'État exerçant sur leur fonctionnement les contrôles prévus par les textes.

Commissaire de police *[Pr. pén.]*

Agent de la police nationale, qui, investi de la qualité d'officier de police judiciaire, est habilité à accomplir certains actes de procédure.

Commissaire-priseur *[Pr. civ.]*

Officier ministériel chargé, dans son ressort, de procéder aux ventes judiciaires de meubles aux enchères publiques, c'est-à-dire aux ventes prescrites par la loi ou par décision de justice. Depuis la loi n° 642 du 10 juillet 2000, il a le titre de commissaire-priseur judiciaire et a perdu son monopole pour les ventes volontaires réalisées désormais par des sociétés de forme commerciale.

➤ *Société d'exercice libéral, Société de ventes volontaires de meubles aux enchères publiques.*

Commissaire de la République *[Dr. adm.]*

Dénomination donnée au préfet en 1982. Le décret du 29 février 1988 a rétabli le titre de préfet.

Commission *[Dr. civ. / Dr. com.]*

1° Rémunération due à un commissionnaire, et, par extension, à tout mandataire.

2° Contrat de commission : contrat par lequel une personne s'engage à accomplir un ou plusieurs actes pour le compte d'un commettant, sans que le nom de ce dernier soit indiqué au cocontractant qui sait pourtant que le commissionnaire agit pour autrui.

📖 *C. cons., art. L. 132-1, al. 4 (ex-art. 94, al. 1).*

[Pr. gén.] Mission donnée par un juge, à un agent de l'autorité publique, aux fins de surveillance (juge commissaire dans les procédures collectives de liquidation) de remplacement (magistrat chargé d'instruire, à la place de la juridiction qualifiée, pour cause d'éloignement), de conservation (huissier désigné pour rétablir la minute de la décision au greffe) ou de règlement d'une situation juridique (notaire commis pour liquidation de régime matrimonial).

➤ *Commission rogatoire.*

Se dit aussi de l'agrément nécessaire à l'exercice régulier de certaines fonctions, telles celles du garde champêtre qui doit être dûment commissionné par le sous-préfet.

Commission d'accès aux documents administratifs (CADA) *[Dr. adm.]*

➤ *Accès aux documents administratifs.*

Commission de conciliation
[Dr. civ. / Pr. civ.]

Le département est le cadre de nombreuses commissions de conciliation :

• *commissions départementales de conciliation en matière de baux commerciaux* (loi du 5 juillet 1988 et décret n° 88-694 du 9 mai 1988), composée, à égalité, de bailleurs et de locataires et de personnes qualifiées et qui sont compétentes pour les litiges de principe sur l'existence même du déplafonnement du loyer et, lorsque celui-ci n'est pas contesté, sur les litiges de quantum et de valeur locative;

C

C

• *commissions départementales de conciliation en matière de baux d'habitation* (loi n° 89-462 du 6 juillet 1989) qui doivent s'efforcer de concilier les parties à un contrat de location qu'il soit initial ou renouvelé;

• *commissions de règlement des litiges de la consommation* (arrêté du 20 Décembre 1994) qui siègent au sein des comités départementaux de la consommation, en vue de régler les différends entre les consommateurs et les vendeurs ou prestataires de services dans les deux mois de leur saisine.

➢ *Commissions de surendettement des particuliers, Conciliateur.*

Commission départementale de la coopération communale *[Dr. adm.]*

Commission composée d'élus locaux (communes, département) et présidée par le préfet, investie d'un rôle d'information et de proposition en vue de renforcer la coopération intercommunale, dont elle tient à jour un état pour le département.

📖 *C. gén. coll. territ., art. L. 5211-13.*

Commission départementale des impôts *[Dr. fin.]*

Organisme composé de représentants du fisc et des contribuables, présidé par un juge administratif, chargé autrefois de fixer les forfaits de bénéfices ou de TVA en cas de désaccord entre l'Administration et le redevable, et de rendre un avis en cas de litige sur l'application de l'impôt portant sur des questions de fait (comme le taux à retenir pour l'amortissement d'un bien).

📖 *LPF, art. L. 59A; et R. 60-1.*

Commission départementale des travailleurs handicapés des mutilés de guerre et assimilés *[Séc. soc.]*

Organisme compétent pour connaître des recours contre les décisions de la COTOREP.

📖 *C. trav., art. L. 323-35.*

Commission du droit international *[Dr. int. publ.]*

Organe subsidiaire de l'Assemblée Générale des Nations Unies, composé de 34 juristes indépendants choisis de manière à représenter les différents systèmes juridiques du monde, et chargé « d'encourager le développement progressif du droit international et sa codification ». Ses travaux ont permis l'adoption de conventions importantes, comme celles de Genève sur le droit de la mer (1958), celles de Vienne sur les relations diplomatiques (1961) et consulaires (1963), et sur le droit des traités (1969). Malgré des travaux importants a plus de mal aujourd'hui à déboucher sur de nouvelles conventions.

Commission de l'éducation spéciale (CDES) *[Séc. soc.]*

Organisme compétent pour désigner les établissements dispensant l'éducation spéciale correspondant aux besoins de l'enfant et en mesure de l'accueillir et pour apprécier si l'état ou le taux d'incapacité de l'enfant ou de l'adolescent justifie l'attribution de l'allocation d'éducation spéciale et éventuellement de son complément ainsi que de la rente d'invalidité.

Commission européenne *[Dr. eur.]*

Organe commun depuis le 1ᵉʳ juillet 1967 à la CECA, à la CEE et à Euratom, composé depuis le dernier élargissement de 20 membres (2 de la nationalité des États les plus importants : Allemagne, Espagne, France, Italie et Royaume-Uni; 1 seul pour les dix autres États), mais indépendants des gouvernements car ne représentant pas l'État dont ils sont citoyens. Depuis le Traité d'Amsterdam, le Président est désigné d'un commun accord par les gouvernements des États membres mais cette nomination doit être approuvée par le Parlement européen. Les autres membres sont choisis d'un commun accord par les Gouvernements et le Président désigné.

La Commission est présidée depuis juillet 1999 par Romano Prodi.

Le Traité de Nice prévoit que le prochain élargissement sera accompagné d'une réforme de la composition de la Commission. Pour éviter un nombre excessif de membres, le nombre de ses membres sera égal au nombre des États de l'Union, chaque État ayant un commissaire de sa nationalité (concession des grands États en échange d'une nouvelle pondération des voix au Conseil). Au delà de 27 États dans l'Union, le nombre des commissaires pourra être limité, un système de rotation « égalitaire » étant alors introduit entre les pays membres. Son président verra sa nomination facilitée puisqu'il suffira d'une décision du Conseil à la majorité qualifiée.

La Commission est dotée d'un pouvoir d'initiative (elle propose règlements et directives), d'exécution (mise en œuvre et contrôle de l'action de l'Union) et de représentation (en particulier par rapport aux États tiers). Jean Monnet voulait qu'elle soit la « locomotive de l'Europe ». A aujourd'hui du mal à trouver sa place aux côtés du Conseil et du Parlement compte-tenu du retour à une certaine prééminence des États membres.

Commission européenne des droits de l'homme *[Dr. int. publ.]*

Organe créé par la Convention Européenne des droits de l'homme pour :

a) examiner la recevabilité des requêtes étatiques ou (si l'État mis en cause le permettait) individuelles, formées pour violation des droits reconnus;

b) tenter un règlement amiable.

Disparaît en novembre 1998 avec l'entrée en vigueur d'un protocole modifiant la convention et confiant l'ensemble du mécanisme de contrôle à la Cour Européenne des droits de l'homme.

Commission d'indemnisation des victimes d'infractions *[Pr. civ. / Pr. pén.]*

Juridiction civile siégeant au tribunal de grande instance, compétente pour accorder, dans certaines conditions, une réparation aux victimes d'une infraction pénale, lorsqu'elles ne peuvent être indemnisées à un autre titre (auteur inconnu, insolvable…), réparation ensuite prise en charge par le fonds de garantie des victimes des actes de terrorisme et d'autres infractions.

📕 *C. pr. pén., art. 706-3 s., R. 50-1 s.*

Commission mixte paritaire *[Dr. const.]*

Commission composée d'un nombre égal de parlementaires des deux chambres et chargée, en cas de désaccord entre celles-ci, d'élaborer un texte transactionnel susceptible d'être adopté par elles (système en vigueur au Parlement français depuis la Constitution de 1958).

C

**Commission nationale de l'informati-
que et des libertés (CNIL)** *[Dr. adm.]*
> *Fichiers.*

**Commission nationale de la négociation
collective** *[Dr. trav.]*
> *Convention collective.*

Commission d'office *[Pr. pén.]*

Mesure par laquelle un avocat est désigné d'autorité pour assister dans sa
défense une personne mise en examen
(inculpé), un prévenu ou un accusé.
📖 *C. pr. pén., art. 116, 274, 317, 417.*

C

Commission des opérations de bourse
[Dr. com.]

Autorité administrative indépendante
chargée de veiller à la protection de
l'épargne publique, à l'information des
investisseurs et au bon fonctionnement
des marchés. La COB peut prendre des
règlements relatifs au fonctionnement
des marchés et aux règles de pratique
professionnelle. Elle exerce également
un pouvoir d'enquête et, dans certains
cas, de sanctions.
📖 *C. mon. fin., art. L. 621-1 s.*

Commission parlementaire *[Dr. const.]*

1° Formation interne du Parlement chargée de la préparation du travail législatif (examen des projets et propositions de lois avant leur délibération en
séance plénière).

On distingue : les commissions permanentes et spécialisées : finances,
affaires étrangères, etc. (ex. : France);
les commissions permanentes mais non
spécialisées (ex. : Grande-Bretagne); les
commissions spéciales formées cas par
cas pour l'examen d'un projet, ou d'une
proposition de loi déterminée.

2° Organisme créé par les Chambres
avec mission de réunir des éléments
d'information sur une question déterminée (commission d'enquête et de
contrôle).

Commission de recours amiable
[Séc. soc.]

Commission formée au sein du conseil
d'administration des caisses locales de
Sécurité sociale, qui examine les réclamations des particuliers contre les décisions de la caisse. Le recours amiable précède et peut éviter le recours contentieux.
📖 *CSS, art. R. 142.1 et s.*

Commission des représentants *[Dr. trav.]*

Rémunération des représentants de commerce consistant en un pourcentage du
montant des commandes recueillies.
📖 *C. trav., art. L. 751-8.*

Commission rogatoire
[Pr. civ. / Pr. pén. / Dr. int. priv.]

Acte par lequel un magistrat délègue ses
pouvoirs à un autre magistrat ou à un
officier de police judiciaire, pour qu'il
exécute à sa place un acte d'instruction.
> *Commission.*

Une telle délégation est possible en France
à la demande d'un État étranger et à
l'étranger à la demande de l'État français
(commission rogatoire internationale).
📖 *NCPC, art. 730 s. ; C. pr. pén., art. 151 s.*

**Commission technique d'orientation et
de reclassement professionnel** *[Séc. soc.]*

Organisme compétent pour reconnaître la qualité de travailleur handicapé
aux personnes dont les possibilités
d'obtenir ou de conserver un emploi
sont réduites, pour se prononcer sur
l'orientation de la personne handicapée

et sur les mesures propres à assurer son reclassement, pour désigner l'établissement en mesure d'accueillir la personne handicapée, pour apprécier si l'état ou le taux d'incapacité de la personne handicapée justifie l'attribution de l'allocation aux adultes handicapés.

📖 *C. trav., art. L. 323-11.*

Commissions d'urbanisme commercial *[Dr. adm.]*

Organes institués en 1973 (loi Royer), constituant un système à deux degrés, degré départemental et degré national, pour essayer de concilier les intérêts des commerces et artisanats locaux (petits et moyens) et des « grandes surfaces ». Ce système confie aux commissions, composées d'élus locaux, de représentants des activités commerciales et artisanales, et de représentants des usagers, un véritable pouvoir d'autorisation de s'installer à l'égard des « grandes surfaces ».

📖 *C. urb., art. L. 451-5 s.*

Commission de vérification des comptes des entreprises publiques *[Dr. fin.]*

Organisme non juridictionnel de contrôle financier, supprimé en 1976. Ses attributions ont été confiées à la Cour des comptes, dont elle n'était d'ailleurs qu'une émanation de par sa composition.

Commissionnaire *[Dr. com.]*

Intermédiaire du commerce, agissant en son nom mais pour le compte d'un autre (le commettant) qui supporte les effets des opérations commerciales réalisées.

📖 *C. com., art. L. 132-1 s., L. 110-1 (ex-art. 94 s. et art. 632).*

Commodat *[Dr. civ.]*

Prêt à l'usage; il a pour objet une chose non consomptible qui doit être restituée par l'emprunteur en nature.

📖 *C. civ., art. 1875 s.*
➤ *Mutuum ou prêt de consommation.*

Common law *[Dr. Comp.]*

Droit commun des pays anglo-saxons, qui résulte non de textes législatifs mais de la pratique des juridictions.

Commonwealth *[Dr. int. publ.]*

Association de la Grande-Bretagne et d'anciennes possessions britanniques ayant accédé au rang d'États pleinement indépendants. Jusqu'en 1947, le British Commonwealth comportait l'allégeance de tous ses membres (britanniques d'origine et de tradition) à la Couronne; depuis son extension, il n'y a plus qu'un Commonwealth of Nations, dont les membres reconnaissent la Couronne comme « symbole de libre association ». L'absence d'armature juridique confère au Commonwealth une extrême souplesse.

Communauté *[Dr. const.]*

Mode d'aménagement des relations entre la France et ses colonies proposé en 1958 (Titre XII de la Constitution). À la différence de l'Union française, la Communauté est fondée sur le principe d'une libre adhésion par le vote de la Constitution (la Guinée vote « non » et devient aussitôt indépendante). Cette formule a été transitoire du fait de la volonté des pays africains d'acquérir une indépendance véritable. La loi constitutionnelle du 4 juin 1960 transforme la Communauté en une union internationale laquelle n'aura pas de

C

C

réalité. La Communauté dite « rénovée » devient un fantôme et les relations de la France avec ces nouveaux États s'établissent sur une base purement bilatérale. Disparaît en 1992 de la Constitution.

Communauté d'agglomération *[Dr. adm.]*

Établissement public pouvant être créé pour établir une coopération intercommunale entre des villes de taille moyenne.

Elle doit regrouper un ensemble d'un seul tenant de plus de 50 000 habitants, autour d'une ou plusieurs communes centres de plus de 15 000 habitants (en principe).

Elle exerce, à la place des communes membres, un certain nombre de compétences obligatoires, en matière de développement urbain, d'habitat social et de politique de la ville, et elle doit en outre opter pour l'exercice d'un certain nombre d'autres compétences relatives à des grands équipements urbains.

📘 *C. gén. coll. territ., art. L. 5216-1 s.*
➢ *Établissement public de coopération intercommunale, Communauté urbaine, Communauté de communes.*

Communauté de communes *[Dr. adm.]*

Établissement public pouvant être créé entre plusieurs communes d'un seul tenant, sans condition de population minimale ce qui en fait l'instrument privilégié de la coopération intercommunale en milieu rural. La communauté exerce à la place des communes membres un certain nombre de compétences, principalement en matière d'aménagement de l'espace, de déve-

loppement économique et d'équipements.

📘 *C. gén. coll. territ., art. L. 5214-1 s.*

Communauté entre époux *[Dr. civ.]*

Régime matrimonial en vertu duquel une partie des biens dont disposent les époux est commune et partagée après la dissolution du régime. Le régime matrimonial légal, c'est-à-dire celui qui est applicable toutes les fois que les époux n'ont pas conclu un contrat de mariage, est la communauté réduite aux acquêts depuis la loi du 13 juillet 1965.

📘 *C. civ., art. 1400 s.*
➢ *Acquêt.*

Communauté des états indépendants (CEI) *[Dr. int. publ.]*

Créée en décembre 1991 entre la Russie, l'Ukraine, la Biélorussie, l'Arménie, l'Azerbaïdjan, la Moldavie et les cinq républiques d'Asie Centrale de l'ex-URSS. N'a pu engendrer que des liens très lâches entre ces États et a pour seul élément permanent l'engagement de tenir les frontières des États signataires pour intangibles.

Communautés européennes *[Dr. eur.]*

Organisations ayant pour but de réaliser l'unification européenne en soumettant les souverainetés étatiques, dans certains domaines, à une autorité commune.

Les traits caractéristiques des Communautés (existence d'organes composés de personnes indépendantes des Gouvernements, importance des compétences concédées par les États, introduction de la règle de majorité, rapports directs avec les particuliers...) ont permis de parler d'Organisations supra-nationales. Quinze États membres : Allemagne, Belgique, France, Italie, Luxembourg, Pays-Bas, auxquels s'ajoutent, depuis 1973, la Grande-Bretagne, le Danemark et l'Irlande, depuis 1981 la Grèce, depuis 1986 l'Espagne et le Portugal, enfin depuis janvier 1995 l'Autriche, la Finlande et la Suède.

Les trois Communautés sont :

1° Communauté Européenne du Charbon et de l'Acier, CECA (1951). Libre concurrence de la production et des échanges sous le contrôle de la Haute Autorité : pouvoir de police, interventions de conjoncture (sur la production et les prix) et en matière de développement (aide au financement des investissements, à la modernisation des entreprises, à la recherche), compétences sociales (amélioration des conditions de vie de la main-d'œuvre).

2° Communauté Économique Européenne ou Marché Commun (1957). À la fois :

a) union douanière : libre circulation des marchandises par la suppression des barrières douanières et la disparition des restrictions quantitatives, tarif extérieur commun;

b) union économique : libre circulation des personnes, services et capitaux, rapprochement des législations (sociale, fiscale…), politiques économiques communes par secteurs (agriculture, transports, énergie) ou générale (conjoncturelle, monétaire, commerciale et de développement).

3° Communauté Européenne de l'Énergie Atomique ou Euratom (1957). Coordination de la recherche et diffusion des connaissances, encouragement des initiatives des entreprises et créa-tion d'entreprises communes, organisation d'un marché commun atomique, politique commune en matière d'approvisionnement, protection sanitaire et contrôle de sécurité.

Ont assez profondément évolué jusqu'à l'institution de l'Union européenne par le traité de Maastricht qui les englobe dans un ensemble plus large intégrant les mécanismes de coopération politique. Constituent de fait une seule organisation depuis la fusion des exécutifs au 1er juillet 1987.

Communauté européenne de défense (CED) *[Dr. eur.]*

Organisation prévue par le traité du 27 mai 1952 entre les six États déjà membres de la CECA, mais non effectivement créée à la suite du refus de la France (30 août 1954).

Ce projet, qui tendait à intégrer les forces armées des « Six » sous une autorité supranationale, répondait à la crainte suscitée par la perspective du réarmement allemand envisagé par les États-Unis au moment de la guerre de Corée.

Communauté politique européenne *[Dr. eur.]*

Prévue par l'article 38 du Traité CED et dont le statut fut élaboré dès 1953 par une assemblée *ad hoc* constituée par l'Assemblée de la CECA. Aurait abouti à une véritable union fédérale. Mort-née du fait de la non-entrée en vigueur du Traité CED.

Communauté urbaine *[Dr. adm.]*

Établissement public pouvant être créé pour établir une coopération intercommunale dans les grandes agglomérations urbaines.

C

COM

C

Les communautés urbaines créées depuis la loi du 12 juillet 1999 doivent regrouper des communes d'une population totale de plus de 500 000 habitants.

Les communautés urbaines exercent de plein droit à la place des communes membres un nombre important de compétences en matière de développement économique, d'aménagement de l'espace communautaire, de logement social, de politique de la ville, de protection de l'environnement et de gestion de grands services d'intérêt collectif.

📗 *C. gén. coll. territ., art. L. 5215-1 s.*
➤ *Communauté d'agglomération, Communauté de communes.*

Communauté de vie *[Dr. civ.]*

Devoir imposé aux époux de vivre ensemble (communauté de résidence) et d'avoir des relations intimes (cohabitation).
📗 *C. civ., art. 215.*

Communauté de villes *[Dr. adm.]*

Ancienne forme d'établissement public de coopération intercommunale, qui a dû se transformer au plus tard fin 2001 en communauté de communes ou en communauté d'agglomération.

Commune renommée *[Dr. civ.]*

Rumeur publique ou croyance commune tenant pour vrais des faits dont il n'existe aucune preuve directe.

La commune renommée n'est qu'exceptionnellement admise comme moyen de preuve.

Communes *[Dr. adm.]*

Collectivités territoriales de base de l'organisation administrative française,

très inégales par leurs ressources et leur population, gérées selon un régime juridique en principe uniforme par un conseil municipal et un maire. En France métropolitaine, il existe plus de 36 000 communes, dont les 9/10 ont moins de 2 000 habitants, et dont les 6/10 en ont moins de 500.

📗 *C. gén. coll. territ., art. L. 2111-1 s.*
➤ *Décentralisation.*

Communication du dossier *[Dr. adm.]*

Garantie fondamentale de la défense consistant en l'obligation pour l'Administration de mettre à même toute personne liée à elle de prendre connaissance du contenu de son dossier personnel préalablement à toute mesure disciplinaire, ou même seulement prise en considération de sa personne, et ceci à peine de nullité de la procédure engagée.

Communication au ministère public *[Pr. civ.]*

Il y a communication au ministère public lorsque celui-ci intervient dans une affaire comme partie jointe spontanément, à la demande du tribunal ou sur l'ordre de la loi.
📗 *NCPC, art. 425 s., 798.*

Communication de pièces *[Pr. civ.]*

Les plaideurs doivent se communiquer les pièces dont ils se servent.

Cette communication, si elle n'est pas faite spontanément, peut être exigée par l'intermédiaire du juge ou du tribunal qui peuvent assortir sa non-exécution, dans un certain délai, d'une astreinte.
📗 *NCPC, art. 132 s.*
➤ *Compulsoire.*

Commutation de peine *[Dr. pén.]*

Mesure de remplacement d'une peine par une autre, à la suite d'une grâce présidentielle. Ainsi, une peine privative de liberté peut être commuée en une peine d'amende.

📗 *C. pén., art. 133-7 s.*

Commutative (Justice)

➤ *Justice.*

Comourants ou « Comorientes » *[Dr. civ.]*

Personnes qui meurent dans un même événement.

📗 *C. civ., art. 720 s.*

Compagnie *[Pr. civ.]*

Terme d'usage pour distinguer l'organisation corporative de certaines professions, ainsi celle de commissaire-priseur.

Compagnies républicaines de sécurité (CRS) *[Dr. adm.]*

Catégorie d'agents civils de la Force publique, au même titre que les agents de police, mais organisés militairement. Les CRS, très mobiles, dont les missions sont diverses et excèdent très largement le maintien de l'ordre au sens courant du terme, sont rattachées au ministère de l'Intérieur et agissent sur ordre direct des autorités civiles compétentes, auxquelles elles sont hiérarchiquement subordonnées.

➤ *Gendarmerie.*

Comparution *[Pr. civ.]*

Devant les tribunaux de droit commun, comparaître signifie constituer avocat (tribunal de grande instance) ou avoué (cour d'appel) dans le délai fixé par l'assignation.

📗 *NCPC, art. 751 et 899.*

Devant les tribunaux d'exception, comparaître signifie se présenter soi-même ou envoyer un mandataire à l'audience lors de l'appel de la cause.

📗 *NCPC, art. 827, 853, 883, 931; C. trav., art. R. 516-4.*

Comparution immédiate *[Pr. pén.]*

Modalité de saisine du tribunal correctionnel qui remplace, depuis la loi du 10 juin 1983, la saisine directe. Elle concerne uniquement les affaires en état d'être jugées, qu'elles soient flagrantes ou non, en dehors du domaine de la minorité pénale, des infractions politiques, des délits de presse et des infractions expressément soumises à des procédures particulières de poursuite.

📗 *C. pr. pén., art. 395 s.*

Comparution personnelle *[Pr. gén.]*

Mesure d'instruction par laquelle les parties sont convoquées devant le tribunal pour y être interrogées sur les faits de la cause.

[Pr. civ.] La comparution personnelle ne désigne pas l'obligation où se trouvent les plaideurs de se présenter eux-mêmes devant le juge (la représentation en justice par un mandataire étant la règle), mais la mesure d'instruction consistant à entendre directement les parties ou l'une d'elles.

La comparution personnelle peut être prescrite en toute matière, et même d'office; elle se déroule en présence des défenseurs et donne lieu à l'établissement d'un procès-verbal.

C

Elle peut viser une personne morale qui comparaît alors par l'intermédiaire de son représentant légal.

📗 *NCPC, art. 184 s.*

➤ *Audition des parties, Mesures d'instruction.*

Comparution volontaire *[Pr. pén.]*

Mode de saisine non formaliste du tribunal correctionnel et du tribunal de police, par lequel le prévenu, en général sur avertissement du ministère public, se présente spontanément devant la juridiction répressive, ce qui dispense de la délivrance d'une citation directe.

📗 *C. pr. pén., art. 389.*

C

Compensation *[Dr. civ.]*

Extinction de deux dettes réciproques jusqu'à concurrence de la plus faible.

📗 *C. civ., art. 1289 s.*

La compensation n'est possible que si les dettes sont certaines, liquides et exigibles.

Compensation démographique
[Séc. soc.]

Transferts financiers opérés d'un régime de sécurité sociale à un autre, pour remédier au déséquilibre des ressources et des dépenses existant dans certains secteurs en raison d'un rapport défavorable entre le nombre des affiliés actifs et des affiliés non actifs. C'est ainsi que la compensation démographique est pratiquée entre le régime général et le régime des non-salariés.

Compétence *[Dr. priv. / Dr. publ.]*

Pour une autorité publique ou une juridiction, aptitude légale à accomplir un acte ou à instruire et juger un procès.

Compétence d'attribution ou « ratione materiae » *[Pr. adm. / Pr. civ.]*

Compétence d'une juridiction en fonction de la nature des affaires, parfois aussi de leur importance pécuniaire.

Les règles de compétence d'attribution répartissent les litiges entre les divers ordres, degrés et nature de juridiction.

➤ *Compétence territoriale.*

Compétence civile *[Pr. civ.]*

➤ *Tribunal de grande instance, Tribunal d'instance.*

Compétence commerciale *[Pr. civ.]*

➤ *Tribunal de commerce.*

Compétence discrétionnaire, liée
[Dr. adm.]

➤ *Pouvoir discrétionnaire, Pouvoir lié.*

Compétence exclusive *[Pr. civ.]*

Il y a compétence exclusive lorsque la connaissance d'un certain contentieux est absolument réservée à une juridiction déterminée, qu'il s'agisse de compétence d'attribution ou de compétence territoriale. Ainsi, le tribunal de grande instance a compétence exclusive en matière d'état des personnes.

📗 *C. org. jud., art. L. 311-2.*

Compétence internationale *[Dr. int. priv.]*

➤ *Conflits de juridiction.*

Compétence matérielle ou « ratione materiae » *[Pr. pén.]*

Aptitude d'une juridiction pénale à connaître des infractions en fonction de leur nature (ex. : contraventions, délits, crimes).

Compétence nationale (domaine de la)
[Dr. int. publ.]

Selon la terminologie de la Charte de l'ONU (art. 2, § 7), affaires relevant exclusivement des États membres et soustraites de ce fait à la compétence des organes de l'ONU.

Le contenu du « domaine réservé » n'étant pas déterminé, les organes de l'ONU décident discrétionnairement chaque fois qu'un État soulève l'exception de compétence nationale, et ils ont le plus souvent passé outre (principales applications en matière coloniale).

Compétence personnelle ou « ratione personae » *[Pr. pén.]*

Aptitude d'une juridiction pénale à connaître de certaines infractions en fonction de la qualité personnelle du délinquant (ex. : mineur de dix-huit ans).

Compétence territoriale ou « ratione loci » *[Pr. pén.]*

Aptitude d'une juridiction pénale à connaître d'une infraction en fonction d'une circonstance de lieu (ex. : lieu de commission de l'infraction, de la résidence ou de l'arrestation du prévenu).

Compétence territoriale « ratione personae vel loci » *[Pr. adm. / Pr. civ.]*

Les règles de compétence territoriale précisent quel est, de tous les tribunaux d'une même catégorie, répartis sur le territoire, celui qui devra connaître de l'affaire.

📘 *NCPC, art. 42 s.*
➢ *Compétence d'attribution.*

Complainte *[Pr. civ.]*

Action permettant d'agir au possessoire lorsque le possesseur et même le simple détenteur précaire est victime d'un trouble actuel.

📘 *C. civ., art. 2282.*
➢ *Action possessoire.*

Complément familial *[Séc. soc.]*

Prestation familiale attribuée au ménage ou à la personne qui assume la charge d'au moins trois enfants tous âgés de 3 ans et plus.

📘 *CSS, art. L. 522-1 et s.*

Complicité *[Dr. pén.]*

Situation de celui qui, par aide ou assistance, facilite la préparation ou la consommation d'une infraction, sans en réaliser lui-même les éléments constitutifs, ou encore provoque une infraction ou donne des instructions pour la commettre.

Dans le nouveau code pénal, le complice de l'infraction est puni comme l'auteur.

📘 *C. pén., art. 121-6 et 121-7.*

Compromis *[Dr. civ.]*

Terme employé de façon impropre par les praticiens pour désigner la convention provisoire par laquelle les parties constatent leur accord sur les conditions d'une vente, en attendant de régulariser l'opération devant notaire.

[Pr. civ.] Convention par laquelle deux ou plusieurs personnes décident de soumettre un litige concernant des droits dont elles ont la libre disposition à l'arbitrage. L'administration ne peut, sauf cas exceptionnels, signer un compromis.
➢ *Arbitrage, Clause compromissoire.*
📘 *NCPC, art. 1447 s.*

[Dr. int. publ.] Accord entre États pour soumettre à un règlement arbitral ou judiciaire un conflit qui les oppose.

C

Comptabilité *[Dr. com.]*

Procédé permettant d'enregistrer grâce à la tenue permanente de *comptes* toutes les opérations commerciales réalisées par un commerçant individu ou par une entreprise commerciale, et de dégager, soit à tout moment certaines situations partielles (situation de caisse, situation client par exemple), soit, en fin d'exercice, la situation financière générale de cet individu ou de cette entreprise par la présentation du bilan.

Comptabilité publique *[Dr. fin.]*

1° Au sens le plus étroit, ensemble des règles fixant la tenue des comptes de l'État, des collectivités territoriales, et des établissements publics soumis à ses règles.

2° Au sens large, qui est le plus fréquent, elle embrasse l'ensemble des règles déterminant les obligations et la responsabilité des ordonnateurs et des comptables publics, ainsi que les règles d'exécution des recettes non fiscales et des dépenses des personnes publiques.

Comptable assignataire *[Dr. adm.]*

Comptable public sur la caisse duquel un ordonnateur doit assigner – c'est-à-dire faire effectuer – le paiement d'une dépense d'une personne publique. Ce comptable est chargé d'effectuer le contrôle de la régularité de la mise en paiement de la dépense par l'ordonnateur.

Comptable de fait *[Dr. fin.]*

Terme désignant toute personne se rendant coupable d'un acte constitutif de gestion de fait.

Comptable principal *[Dr. fin.]*

Comptable public rendant un compte de gestion à la Cour des comptes ou à une Chambre régionale des comptes après avoir éventuellement intégré dans sa comptabilité les opérations d'autres comptables publics (dits : comptables secondaires). Dans chaque département, seul le Trésorier-Payeur Général est comptable principal, devant la Cour des comptes, de toutes les dépenses et les recettes de l'État.

Comptables publics *[Dr. fin.]*

Catégorie d'agents ayant seuls qualité, sous leur responsabilité pécuniaire, pour recouvrer les créances et payer les dettes de la majeure partie des personnes publiques, ainsi que pour manier et conserver les fonds et valeurs appartenant ou confiés à celles-ci.

Les fonctions de comptable et d'ordonnateur sont en principe incompatibles, mais pour les produits fiscaux à caractère indirect les comptables procèdent eux-mêmes à la liquidation de l'impôt, et il peut être créé auprès des ordonnateurs des régies d'avances ou de recettes.

➤ *Ordonnateur.*

Compte administratif *[Dr. adm.]*

En matière de finances des collectivités territoriales et des établissements publics, document voté par le collège délibérant (conseil municipal...) après la clôture de l'exercice budgétaire, afin de comparer les opérations effectuées et les autorisations budgétaires.

Il correspond à ce qu'est pour l'État la loi de règlement.

📕 *C. gén. coll. territ., art. L. 1612-12.*

Comptes consolidés *[Dr. com.]*

Bilan et comptes d'une société décrivant la situation active et passive et les résultats des filiales et des sociétés dont elle détient une participation.

Compte courant *[Dr. civ. / Dr. com.]*

Contrat par lequel deux personnes qui sont périodiquement créancières et débitrices réciproques, font figurer leurs créances et dettes en articles de compte indivisible, seul le solde étant dû après clôture.

On appelle « remettant » celui qui est bénéficiaire d'une créance, « récepteur » celui qui opère la même inscription à son débit.

Compte courant d'associé *[Dr. com.]*

Cette formule inexacte désigne le prêt consenti par un associé à la société dont il fait partie.

La durée du prêt de l'associé peut être indéterminée, par exemple du fait de l'existence d'une convention de blocage. Les intérêts versés font l'objet d'une réglementation fiscale spécifique.

Compte courant postal *[Dr. com.]*

Compte ouvert, sous réserve d'agrément par l'administration des postes, à toute personne physique ou morale, à tout service public et groupement d'intérêts sur demande adressée à un bureau postal, et tenu par l'administration des postes.

Compte de dépôts *[Dr. com.]*

Compte ouvert par un établissement de crédit et en particulier par une banque à une personne, commerçante ou non commerçante, qui dépose des fonds et les retire par chèque ou par virement.

Compte épargne-temps *[Dr. trav.]*

Compte qui permet au salarié qui le désire d'accumuler des droits à congés payés. Le compte peut être alimenté de diverses manières, notamment par le report d'une fraction, plafonnée à dix jours par an, des congés payés annuels ou par la conversion en jours, de congés supplémentaires, dans des conditions déterminées, de tout partie de primes conventionnelles. Les comptes épargne-temps sont institués par voie conventionnelle (convention ou accord collectif étendu ou convention ou accord d'entreprise ou d'établissement).
C. trav., art. L. 227-1.

Compte d'exploitation *[Dr. com.]*

Document légal de synthèse qui enregistrait les charges et les produits courants de l'entreprise au cours d'une période de référence appelée exercice.

La différence faisait apparaître soit un bénéfice soit un déficit d'exploitation.

Ce compte a été fondu avec le compte de pertes et profits dans un compte unique appelé compte de résultat (nouveau Plan Comptable applicable en principe à compter du 1er janvier 1984).

Compte de gestion *[Dr. fin.]*

Ensemble des documents chiffrés et des pièces justificatives des recettes et des dépenses, par lesquels un comptable principal justifie devant la Cour des comptes ou devant une Chambre régionale des comptes les opérations qu'il a exécutées ou centralisées durant une année financière.

Compte joint *[Dr. civ. / Dr. com.]*

Compte ouvert au nom de plusieurs personnes, établissant entre elles une

C

C

solidarité tant active que passive. Se caractérise par la possibilité pour chaque titulaire d'engager la totalité des fonds et par la présomption de copropriété entre tous les déposants. Le compte est joint dans le fonctionnement, disjoint dans la liquidation.

📙 *C. civ., art. 1202, al. 1.*

Compte de pertes et profits *[Dr. com.]*

Document légal de synthèse qui reprenait le solde débiteur ou créditeur du compte d'exploitation en y ajoutant les profits et les pertes exceptionnelles ou sur exercice antérieur.

La différence représentait le résultat net comptable qui était repris à l'actif (perte) ou au passif (bénéfice) du bilan.

Aujourd'hui remplacé par le compte de résultat.

Compte de résultat *[Dr. com.]*

Document légal de synthèse qui enregistre tous les produits et les charges de l'entreprise.

La différence est le résultat net comptable qui sera repris (en soustraction s'il s'agit d'une perte) au passif du bilan.

Comptes spéciaux du Trésor *[Dr. fin.]*

Comptes ouverts dans les écritures du Trésor public en vue d'affecter certaines recettes à certaines dépenses.

Le Parlement autorise dans la loi de Finances les opérations qu'ils retracent, soit dans leurs masses soit dans leur solde.

Compulsoire *[Dr. civ. / Pr. civ.]*

Procédure ancienne grâce à laquelle un plaideur pouvait se faire délivrer copie d'un acte public auquel il n'avait pas participé ou obtenir la représentation de l'original en vue de le collationner avec la copie.

Abrogée et remplacée par le nouveau Code de procédure civile qui aménage des règles plus générales permettant, en cours d'instance, à une partie, d'obtenir des pièces détenues par des tiers.

📙 *NCPC, art. 138.*

Computation *[Pr. gén.]*
➤ *Délais.*

Concentration *[Dr. adm.]*

Mode très théorique d'organisation administrative selon lequel tous les pouvoirs de décision seraient rassemblés au profit d'autorités étatiques situées au siège géographique des pouvoirs publics.

[Dr. com.] Au sens large, toute opération juridique tendant à créer une unité de décision entre des entreprises, dans le but d'en accroître la puissance économique.

📙 *C. com., art. L. 430-2 s.*

Dans un sens plus strict, opérations juridiques tendant à créer une unité de décision entre des entreprises soit par la création de liens structurels modifiant l'identité juridique des entreprises intéressées (➤ Fusion), soit par la création de liens financiers laissant subsister l'indépendance juridique des entreprises en cause.

➤ *Groupe de sociétés.*

Conception *[Dr. civ.]*

En Droit français, la personnalité juridique de l'enfant né vivant et viable remonte à la date de sa conception qui, sous cet aspect, se confond avec la procréation.

Concert européen *[Dr. int. publ.]*

Entente des grandes puissances européennes au cours du XIXᵉ siècle pour régler en commun, par une suite de réunions intermittentes, les grands problèmes européens.

Concertation *[Dr. adm.]*
➤ *Économie concertée.*

Concession *[Dr. adm.]*

Il existe plusieurs variétés de concessions, présentées ci-après, mais qui toutes correspondent à un contrat passé entre une personne publique (État, collectivités territoriales) et une personne de droit privé ou de droit public.

1° *de service public* : mode de gestion d'un service public consistant à confier la gestion à un concessionnaire recruté contractuellement agissant à ses risques et rémunéré par des perceptions prélevées sur les usagers.

2° *de travaux publics* : procédé de réalisation d'un ouvrage public caractérisé par le mode de rémunération de l'entrepreneur, à qui est reconnu le droit d'exploiter à titre onéreux l'ouvrage pendant un temps déterminé (système du péage).

3° *d'occupation du domaine public* : contrat de droit administratif conférant à son bénéficiaire, moyennant rémunération, le droit d'utiliser privativement une partie plus ou moins étendue du domaine public. ➤ *Concession de voirie.*

[Dr. int. publ.] Affectation d'un quartier de ville aux étrangers qui y résident, avec le droit pour eux d'avoir leur propre administration et leur propre juridiction.

Appliqué en Chine à partir de 1840, le régime des concessions a disparu progressivement après la première guerre mondiale.

Concession commerciale *[Dr. com.]*

Contrat liant un fournisseur à un commerçant, auquel il réserve la vente de ses produits, à la condition qu'il accepte un contrôle commercial, comptable, voire financier de son entreprise et parfois s'engage à s'approvisionner, dans ce secteur, exclusivement chez le concédant.

📖 *C. com., art. L. 330-3.*

Concession immobilière *[Dr. civ.]*

Contrat par lequel le propriétaire d'un immeuble attribue la jouissance du bien, contre rémunération annuelle, et pendant au moins vingt ans, à un preneur qui peut apporter tous aménagements de son choix et édifier.

À l'expiration du contrat, le propriétaire doit en principe indemniser le concessionnaire pour les constructions effectuées.

Concession de voirie *[Dr. adm.]*

Contrat administratif autorisant une occupation privative – et donc anormale – d'une portion de la voirie par un particulier, moyennant une redevance. Malgré son caractère contractuel cette autorisation, précaire, peut être révoquée en indemnisant le concessionnaire.

➤ *Permission de voirie.*

Conciliateur de justice *[Dr. civ. / Proc. civ.]*

Type particulier de conciliateur; c'est une personne privée qui a pour mission, soit de faciliter, en dehors de toute

C

C

procédure judiciaire, le règlement amiable des différends portant sur des droits dont les intéressés ont la libre disposition, soit de procéder aux tentatives préalables de conciliation prescrites par la loi (sauf en matière de divorce ou de séparation de corps), sur désignation du juge (notamment du juge d'instance) et moyennant accord des parties. Le conciliateur de justice doit justifier d'une expérience en matière juridique d'au moins trois ans; il est nommé par ordonnance du premier président de la cour d'appel; il exerce ses fonctions à titre bénévole.

📗 *NCPC, art. 840, al. 2.*

[Dr. com.] Quand une entreprise se trouve en difficultés, elle peut donner l'alerte, afin que soient prises des mesures de prévention et qu'un accord amiable soit conclu en présence d'un *conciliateur* désigné par le président du tribunal de commerce.

➤ *Commissions de conciliation, Règlement amiable.*

Conciliation *[Dr. int. publ.]*

Mode de règlement politique des conflits internationaux consistant dans l'intervention d'une commission chargée, en mettant en œuvre une procédure contradictoire, d'examiner l'affaire et de proposer une solution.

[Dr. trav.] 1° Phase obligatoire de l'instance prud'homale qui précède la procédure devant le bureau de jugement, pendant laquelle deux juges tentent de mettre les parties d'accord.

2° Procédé de règlement amiable des conflits collectifs de travail. La procédure de conciliation est facultative, sauf convention la rendant obligatoire.

[Pr. civ.] Phase préalable de certains procès, au cours de laquelle le juge essaye d'amener les plaideurs à un règlement amiable (ainsi séparation de corps et divorce). Sauf exception légale (conseil des prud'hommes, tribunal paritaire des baux ruraux), il n'y a pas de tentative obligatoire de conciliation dans les procès civils, commerciaux, sociaux. Mais le juge peut toujours essayer de concilier les parties, à toute hauteur de la procédure.

📗 *NCPC, art. 127.*
➤ *Médiation.*

Conclusions *[Dr. adm.]*
➤ *Commissaire du gouvernement.*

[Pr. gén.] Acte de procédure par lequel le demandeur expose ses chefs de demande, le défendeur ses moyens de défense. C'est par le dépôt des conclusions que le débat est lié. Le juge a l'obligation de répondre à tous les chefs des conclusions.

📗 *NCPC, art. 4, 815, 909, 961.*
➤ *Avocat, Avoué, Postulation.*

Conclusions récapitulatives *[Pr. civ.]*
Conclusions de synthèse, les dernières en date, reprenant les prétentions et moyens présentés ou invoqués dans les conclusions antérieures; les points non récapitulés étant réputés abandonnés, le tribunal ou la Cour n'est tenu de se prononcer que sur les dernières écritures et n'expose donc pas sa décision à cassation pour défaut de réponse à conclusions dès lors qu'il s'agit de moyens qui n'ont pas été rappelés.

📗 *NCPC, art. 753, al. 2, art. 954, al. 2.*

Concordat *[Dr. com.]*
➤ *Règlement amiable.*

[Dr. int. publ.] Traité conclu entre le Saint-Siège et un État en vue de régler la condition de l'Église et du culte dans cet État.

Concours *[Dr. adm.]*

Mode de recrutement ordinaire des fonctionnaires. consistant en une sélection et un classement des candidats assurés par un jury indépendant, se prononçant soit à partir d'épreuves écrites ou orales (concours sur épreuves), soit par appréciation comparée des titres universitaires ou professionnels des candidats (concours sur titres).

Concours (ou cumul) idéal d'infractions *[Dr. pén.]*

➤ *Conflits de qualifications.*

Concours (loi du) *[Dr. civ.]*

Règle en vertu de laquelle les créanciers supportent, à proportion de leurs droits, l'insolvabilité de leur débiteur. Son application est exceptionnelle en droit civil où la déconfiture est un état inorganique qui tolère que le paiement soit le prix de la course. N'entre en vigueur que par la procédure de l'opposition au règlement du prix, une fois la saisie opérée. Au rebours, le principe égalitaire de la contribution au marc le franc gouverne la liquidation du passif commercial.

Concours réel d'infractions *[Dr. pén.]*

Situation dans laquelle un délinquant a, par ses agissements, commis plusieurs infractions distinctes, sans qu'elles soient séparées entre elles par une condamnation définitive.
▮ *C. pén., art. 132-2.*

Concours au Trésor public *[Dr. fin.]*

Avant la réforme de la Banque de France de 1993 qui a interdit à celle-ci toute forme – directe ou indirecte – de crédits ou de prêts à l'État, on désignait ainsi des avances de trésorerie que la Banque de France consentait de façon permanente à l'État dans la limite d'un plafond légal.

Concubinage *[Dr. civ.]*

Union de fait, caractérisée par une vie commune présentant un caractère de stabilité et de continuité, entre deux personnes, de sexe différent ou de même sexe, qui vivent en couple, alors que l'union conjugale n'a pas été célébrée. L'union de fait peut ou non être accompagnée d'un pacte civil de solidarité
▮ *C. civ., art. 515-8.*
➤ *Union civile.*

Concurrence *[Dr. com.]*

➤ *Droit de la concurrence.*

Concurrence déloyale *[Dr. com.]*

Ensemble de procédés concurrentiels contraires à la loi ou aux usages, constitutifs d'une faute intentionnelle ou non et de nature à causer un préjudice aux concurrents.
▮ *C. civ., art. 1382.*

Concussion *[Dr. pén.]*

Fait, par une personne dépositaire de l'autorité publique ou chargée d'une mission de service public, soit de recevoir, exiger ou ordonner de percevoir à titre de droits ou contributions, impôts ou taxes publics, une somme qu'elle sait ne pas être due, ou excéder ce qui est dû, soit d'accorder une exonération

C

ou franchise de ces droits en violation de la loi.

📗 *C. pén., art. 432-10.*

Condition *[Dr. civ.]*

Modalité d'un acte juridique faisant dépendre l'existence d'un droit d'un événement futur dont la réalisation est incertaine.

En fonction de ses effets, on distingue la condition *suspensive* et la condition *résolutoire* : si la condition est suspensive, le droit ne naît, rétroactivement, que si l'événement se produit. Si la condition est résolutoire, la survenance de l'événement fait disparaître le droit rétroactivement. ➤ *Terme.*

En fonction du rôle éventuel de la volonté dans la réalisation de la condition, on distingue la condition *casuelle, potestative et mixte.*

La condition casuelle est celle qui dépend uniquement des circonstances, du hasard.

La condition potestative est celle qui dépend de la volonté de l'une des parties à l'acte juridique ou au contrat.

Elle est valable lorsque la volonté dont elle dépend est celle du créancier de l'obligation.

Elle ne l'est pas lorsqu'elle dépend de la seule volonté du débiteur (je paierai si je veux), condition dite purement potestative.

La condition simplement potestative, dépendant de la volonté du débiteur et d'une circonstance indépendante de sa volonté, est licite.

Est valable également la condition mixte qui dépend à la fois de la volonté de l'une des parties et de la volonté d'un tiers.

📗 *C. civ., art. 1168 s.*

Condition des étrangers
[Dr. int. priv. et publ.]

Ensemble de droits dont peuvent jouir des étrangers en territoire français.

Certaines restrictions, de droit public et de droit privé, frappent les étrangers.

📗 *C. trav., art. L. 341-1 s., R. 341-1 s.; C. civ., art. 11.*

Condition potestative *[Dr. civ.]*
➤ *Condition.*

Condition préalable *[Dr. pén.]*

Circonstance indispensable à la commission d'une infraction, mais sans pour autant en caractériser un élément constitutif au sens précis et étroit du terme. Ainsi en est-il, dans le vol, de l'existence préalable d'une chose susceptible d'appropriation, condition sans laquelle un acte répréhensible de soustraction ne saurait se concevoir.

Condominium *[Dr. int. publ.]*

Régime de cosouveraineté de deux ou plusieurs États sur un même territoire (ex. : Condominium franco-britannique sur les Nouvelles-Hébrides jusqu'à leur accession à l'indépendance, en 1980 sous le nom de Vanuatu).

Confédération *[Dr. const. / Dr. int. publ.]*

Association d'États indépendants qui ont, par traité, délégué l'exercice de certaines compétences (diplomatie, défense...) à des organes communs, sans constituer cependant un nouvel État superposé aux États membres (différence fondamentale avec l'État fédéral).

Les compétences confédérales sont exercées par un organe de type diplomatique, qui prend à l'unanimité ou à une majorité renforcée des décisions qui ne peuvent atteindre la population qu'indirectement, par l'intermédiaire des États confédérés. Ex. : Confédération des États-Unis (1781-1787), Confédération germanique (1815-1866).

[Dr. trav.] Groupement réunissant les fédérations professionnelles et les unions interprofessionnelles.

Principales confédérations : Confédération générale du travail (CGT), Confédération générale du travail – Force ouvrière (CGT-FO), Confédération française des travailleurs chrétiens (CFTC), Confédération française démocratique du travail (CFDT), Confédération française de l'encadrement – Confédération générale des cadres (CFE-CGC).

Conférence *[Dr. int. publ.]*

1° Réunion internationale de personnes (hommes d'État, diplomates, experts, etc.) pour discuter de questions d'intérêts communs à plusieurs États (s'oppose à l'Organisation internationale par son caractère épisodique).

2° Terme souvent employé pour désigner l'organe délibérant d'une Organisation internationale (ex. : Conférence générale de l'UNESCO, Conférence générale de l'OIT).

Conférence administrative régionale *[Dr. adm.]*

Organisme composé de hauts fonctionnaires en service dans la région, placé auprès du préfet de région qui le préside, et qui connaît des incidences des investissements publics sur la vie économique et sociale de la région.

Conférences de La Haye *[Dr. int. priv.]*

Conférences tenues à La Haye entre 1893 et 1905, reprises depuis 1925 et surtout depuis 1951, dans le but d'élaborer des conventions internationales en matière de droit international privé.

[Dr. int. publ.] Conférences internationales tenues en 1899 et 1907 dans le but de codifier et compléter les règles de Droit international, principalement dans le double domaine du règlement pacifique des conflits et de l'humanisation du Droit de la guerre.

Premier exemple d'une grande Conférence internationale réunie dans un but purement normatif, en dehors de tout règlement politique immédiat.

Conférence des Nations Unies pour le Commerce et le Développement (CNUCED) *[Dr. int. publ.]*

Organe subsidiaire créé par l'Assemblée générale de l'ONU pour suivre les problèmes relatifs au commerce entre pays industrialisés et pays en voie de développement. Est devenu un organe essentiel du dialogue Nord/Sud.

Conférence des présidents *[Dr. const.]*

Organisme parlementaire composé du président de l'assemblée, des vice-présidents, des présidents de groupes, des présidents des commissions, du rapporteur général du budget et d'un membre du gouvernement, dont le rôle est d'examiner l'ordre des travaux de l'assemblée et de faire toutes propositions concernant le règlement de l'ordre du jour en complément des discussions fixées par priorité par le Gouvernement.

➢ *Ordre du jour.*

C

C

Confiance légitime (Principe de)
[Dr. eur. / Dr. adm.]

Principe de droit communautaire déduit du principe de sécurité juridique, selon lequel le justiciable de bonne foi – en général une entreprise – peut compter sur une certaine stabilité des textes sur lesquels il a fondé certaines décisions, en pratique économiques. En conséquence, un changement trop rapide et imprévisible de ces textes peut justifier à son égard l'octroi d'une indemnité, ou la non-application de la règle nouvelle à ces décisions.

En droit administratif, ce principe est encore émergent, et sa violation pourrait tout au plus engager éventuellement la responsabilité de l'État.

Confirmation *[Dr. civ.]*

Manifestation de volonté par laquelle le titulaire d'une action en nullité relative renonce à agir et, par un nouveau consentement, valide rétroactivement l'acte.
La confirmation peut être tacite.
📖 *C. civ., art. 1338 s.*

[Pr. gén.] Décision par laquelle la juridiction du second degré consolide et maintient la décision des premiers juges.
➢ *Infirmation, Réformation.*

Confiscation *[Dr. pén.]*

Peine par laquelle est dévolu autoritairement à l'État tout ou partie des biens d'une personne, sauf disposition particulière prévoyant leur destruction ou leur attribution.

La confiscation est obligatoire pour les objets qualifiés, par la loi ou le règlement, dangereux ou nuisibles. De plus, lorsque la chose confisquée n'a pas été saisie ou ne peut être représentée, la confiscation est ordonnée en valeur, avec application éventuelle de la contrainte par corps.
📖 *C. pén., art. 131-21.*

Conflit *[Dr. adm.]*

1° *Conflit positif d'attributions* : procédure tendant à permettre à l'Administration de faire dessaisir, par le tribunal des conflits, le tribunal judiciaire qui, selon elle, aurait été saisi à tort d'un litige en arguant de son incompétence au regard des règles de répartition des compétences juridictionnelles entre les deux ordres de juridictions.

2° *Conflit négatif d'attributions* : procédure tendant à éviter, par l'intervention automatique ou sollicitée du tribunal des conflits, qu'un litige ne puisse trouver de juges dans l'hypothèse où chaque ordre de juridictions considérerait que l'autre ordre est seul compétent pour en connaître.

3° *Conflit de jugements* (plus souvent appelé contrariété de jugements) : procédure tendant à permettre à un plaideur de faire juger par le tribunal des conflits le fond d'un litige à l'occasion duquel chaque ordre de juridictions aurait rendu au fond des décisions dont la contradiction juridiquement infondée entraînerait pour lui un déni de justice.
➢ *Contrariété de jugements.*

Conflit collectif de travail *[Dr. trav.]*

Différend mettant en jeu un intérêt collectif, qui oppose un ou des employeurs à un groupe de salariés.
Le conflit collectif s'accompagne généralement d'une grève.
Conflit collectif d'ordre juridique : c'est celui qui porte sur l'application ou l'interprétation d'une source de droit.

Conflit collectif d'ordre économique et social; ayant pour origine une tension d'ordre social, il tend à modifier les relations juridiques entre salariés et employeurs en vue d'un nouvel équilibre.

📘 *C. trav., art. L. 521-1 s.; C. pén., art. 431-1.*

Conflits de compétence *[Pr. civ.]*
➤ *Connexité, Contredit, Déclinatoire de compétence, Litispendance.*

Conflit (ou différend ou litige) international *[Dr. int. publ.]*
Opposition de thèses juridiques ou d'intérêts entre des États.
1° *Conflits juridiques* (ou justiciables parce que leur règlement est normalement effectué par la voie juridictionnelle ou arbitrale) : ceux qui portent sur l'application ou l'interprétation du Droit positif.
2° *Conflits politiques* (ou non justiciables parce que les États préfèrent les soumettre à des modes diplomatiques ou politiques de règlement) : ceux dans lesquels une des parties demande une modification du Droit positif.
➤ *Règlement juridique, Règlement politique des conflits.*

Conflit de juridictions *[Dr. int. priv.]*
Expression traditionnellement utilisée pour désigner les questions de compétence internationale *directe* des tribunaux, de procédure applicable à un litige international et d'effets des jugements étrangers.

📘 *C. civ., art. 14 et 15, 2123; NCPC, art. 509, 683 s.; C. org. jud., art. L. 311-11; C. consom., art. L. 121-73.*

Conflit de lois *[Dr. int. priv.]*
Concours de deux ou plusieurs ordres juridiques émanant d'États différents et susceptibles d'être appliqués à un même fait juridique. On parle aussi de conflit de lois dans l'espace.
C'est un conflit de compétences législatives (ex. : accident de la circulation survenu à deux Français en territoire étranger : la responsabilité civile doit-elle être appréciée selon la loi de l'État où a eu lieu l'accident, ou selon la loi nationale des intéressés ?). La solution du conflit s'opère traditionnellement grâce à une règle dite de conflit de lois.
Cette dernière peut être unilatérale, c'est-à-dire ne délimiter le champ d'application que de la seule loi du for, ou bilatérale, c'est-à-dire désigner la loi applicable en mettant sur un pied d'égalité loi du for et loi étrangère.
La méthode des règles de conflit de lois subit aujourd'hui la concurrence des lois d'application immédiate.

📘 *C. civ., art. 3, 310, 311-14, 311-16 à 311-18, 370-3, al. 1er.*

Conflits de lois dans le temps
Problèmes que pose la succession dans le temps d'une loi ancienne et d'une loi nouvelle. En principe, la loi nouvelle est immédiatement applicable, sans rétroactivité; la loi ancienne est immédiatement abrogée, sans prorogation provisoire. Ces deux règles générales comportent des exceptions. On emploie souvent pour désigner ces problèmes l'expression de droit transitoire.

Conflit mobile *[Dr. int. priv.]*
Situation dans laquelle un conflit de lois dans l'espace se complique d'un

C

C

conflit dans le temps (ex. : un étranger a obtenu la nationalité française; la loi française admet le divorce, la loi étrangère le refuse; l'étranger, naturalisé Français, peut-il divorcer, alors que la loi sous l'empire de laquelle il avait contracté mariage interdit le divorce ?)

Conflit de nationalités *[Dr. int. priv.]*
Situation d'un individu qui est susceptible soit d'invoquer deux nationalités différentes (conflit positif), soit d'être renié par deux États différents qui, l'un et l'autre, ne le considèrent pas comme leur sujet (conflit négatif ➢ Apatridie).
La première hypothèse (cumul de nationalités) est fréquente, du fait que les législations des différents États n'adoptent pas toutes les mêmes critères pour déterminer la nationalité des individus.
📖 *C. civ., art. 20-3, 23 et 25.*

Conflit de qualifications *[Dr. int. priv.]*
Discordance entre les qualifications d'une même institution données par des systèmes juridiques différents (ex. : la rédaction d'un testament par un officier ministériel est considérée, en droit français, comme une simple question de forme; aux Pays-Bas, le code civil en fait une condition de fond pour la validité du testament). ➢ *Qualification.*

[Dr. pén.] Situation dans laquelle le comportement d'un délinquant relève *a priori de* plusieurs textes d'incrimination, si bien que se pose la question du cumul ou du non-cumul des qualifications pénales en concours (ex. : la présentation d'un bilan falsifié aux fins d'obtention d'un prêt peut être qualifiée aussi bien d'usage de faux que d'escroquerie).

Confrère *[Dr. gén.]*
Désigne dans leurs rapports entre eux les membres de certaines professions libérales (avocat, médecin, architecte, etc.) de certaines sociétés scientifiques, littéraires, religieuses (Académie par exemple). ➢ *Collègue.*

Confrontation *[Pr. gén.]*
Procédé d'instruction consistant pour le juge à mettre en présence plusieurs personnes en vue de comparer leurs dires. Peuvent être confrontés soit les témoins entre eux, soit les parties entre elles, soit les parties avec les témoins. Le cas échéant, il est procédé à l'audition en présence d'un technicien.

Confusion *[Dr. civ.]*
Mode d'extinction d'une situation juridique par la réunion sur la même tête de deux qualités contraires qui doivent être réparties sur deux personnes pour que la situation juridique demeure (ex. : si le créancier hérite de son débiteur, il cumule deux qualités opposées qui entraînent confusion et donc extinction du rapport d'obligation).
📖 *C. civ., art. 1301.*

Confusion des peines *[Dr. pén.]*
Modalité d'application de la règle du non-cumul des peines, lorsque, à l'occasion de procédures séparées, la personne poursuivie a été reconnue coupable de plusieurs infractions en concours réel.
📖 *C. pén., art. 132-4 s.*

Congé *[Dr. civ.]*
Acte par lequel l'une des parties au contrat de louage manifeste à l'autre partie sa volonté de mettre fin au contrat.

[Dr. fin.] ➤ *Acquit à caution.*

[Dr. trav.] 1° Suspension organisée du contrat de travail en vue d'accorder un avantage au salarié.

Congé de conversion : prélude au licenciement pour motif économique, il permet à un salarié de suivre une formation en vue de son reclassement ; le salarié perçoit une rémunération partielle résultant de la convention de conversion liant l'employeur et l'État et permettant l'aide financière du Fonds national de l'emploi.

📖 *C. trav., art. L. 322-4.*

Congé de formation : congé de droit, accordé dans la limite de 2 % de l'effectif de l'entreprise, au salarié qui désire suivre un stage de formation. La durée du congé de formation peut atteindre un an.

📖 *C. trav., art. L. 931-1 s.*

Congé de formation économique, sociale et syndicale : d'une durée de 2 à 12 jours, il permet à tout salarié de recevoir, dans un centre rattaché à une organisation syndicale représentative ou dans un institut spécialisé, une formation économique, sociale ou syndicale ; le congé est rémunéré par l'employeur.

📖 *C. trav., art. L. 451-1 s.*

Congé de maternité : suspension du contrat de travail de la femme en couches (durée légale obligatoire : 8 semaines ; durée légale facultative : 16 semaines pouvant être prolongées en raison des circonstances d'ordre familial ou pathologique).

📖 *C. trav., art. L. 122-26, L. 224-1.*

Congé de naissance : congé de trois jours accordé à un chef de famille à l'occasion de la naissance d'un enfant.

📖 *C. trav., art. L. 226-1.*

Congé parental : congé accordé aux parents d'un enfant né ou adopté qui prend effet à dater de l'expiration du congé de maternité ou d'adoption et qui peut se prolonger jusqu'au troisième anniversaire de l'enfant.

📖 *C. trav., art. L. 122-28-1 s.*

Congé payé : suspension annuelle du contrat de travail pendant laquelle le salarié reçoit sa rémunération habituelle.

📖 *C. trav., art. L. 223-1, L. 223-2 s., L. 223-11 s.*

Congé sabbatique : il s'agit d'un congé pour convenance personnelle (il n'a pas à être motivé) qui peut être pris par un salarié ayant exercé une activité professionnelle pendant une certaine durée et sous condition d'ancienneté dans l'entreprise. Il n'est pas rémunéré et constitue une simple suspension du contrat de travail.

📖 *C. trav., art. L. 122-32-17 s., L. 122-32-22 s.*

2° Acte qui met fin au contrat de travail à durée indéterminée.

➤ *Congédiement, Licenciement, Résiliation, Rupture.*

Congé spécial *[Dr. adm.]*

Position administrative particulière dans laquelle certains fonctionnaires peuvent être placés d'office ou sur leur demande, où ils conservent leur traitement, et qui prend fin en général par une mise à la retraite normale ou anticipée.

Congédiement *[Dr. trav.]*

Renvoi du salarié par l'employeur qui prend l'initiative de la rupture du contrat de travail. On dit plus volontiers « licenciement ».

C

Congrégation *[Dr. adm.]*

En l'absence d'une définition légale, la jurisprudence et l'Administration considèrent qu'elle se caractérise principalement comme une communauté de personnes réunies par une même foi religieuse, plaçant leur vie (menée en principe en commun) sous cette même foi, et soumise à une même autorité. Les congrégations « reconnues » ont la personnalité juridique; elles sont toutefois soumises à certaines interdictions.
➢ *Association.*

C

Congrès *[Dr. const.]*

1° Nom donné au Parlement des États-Unis.

2° En France, assemblée résultant de la réunion des deux chambres pour l'adoption d'une loi de révision constitutionnelle (art. 89, al. 3 de la Constitution de 1958).

3° Réunion périodique des délégués d'un parti politique en vue de décider des programmes et des questions politiques et pour renouveler les organes dirigeants.

[Dr. int. publ.] Réunion de chefs d'États, de Ministres des Affaires étrangères ou de plénipotentiaires en vue du règlement de questions politiques importantes.

Conjoint associé *[Séc. soc.]*

Personne qui participe à l'activité de l'entreprise artisanale ou commerciale exploitée en société. Elle doit être affiliée aux régimes d'assurance vieillesse et d'assurance maladie-maternité des professions non salariées non-agricoles et au régime d'allocations familiales des employeurs et travailleurs indépendants.
▮ *CSS, art. L. 615-1 et L. 622-8.*
[Dr. com.] ➢ *Société entre époux.*

Conjoint à charge *[Séc. soc.]*

Conjoint d'un salarié ou d'un non salarié n'exerçant aucune activité professionnelle entraînant son assujettissement à un régime obligatoire de sécurité sociale.

Conjoint collaborateur *[Séc. soc.]*

Personne qui participe effectivement et habituellement à l'activité professionnelle non salariée de son conjoint, et qui n'est pas affiliée à un régime obligatoire d'assurance vieillesse. Elle peut adhérer au régime d'assurance vieillesse de base de son conjoint.
▮ *CSS, art. L. 742-6.*

Conjonctif *[Dr. civ.]*

S'applique au testament fait dans le même acte par deux ou plusieurs personnes, soit au profit d'un tiers, soit à titre de disposition réciproque et mutuelle. Le testament conjonctif est prohibé.
▮ *C. civ., art. 968.*

Connaissement *[Dr. marit.]*

Écrit par lequel le capitaine d'un navire reconnaît avoir reçu à son bord les marchandises qui y sont énumérées.

Le connaissement constitue un titre représentatif des marchandises, qui peut circuler, comme un effet de commerce.

Connexité *[Pr. civ.]*

Il existe une connexité entre deux demandes en justice lorsque celles-ci sont étroitement liées entre elles, si bien qu'en les jugeant séparément, on risque d'aboutir à une contrariété de jugements.
▮ *NCPC, art. 100 s.*

La connexité est, en outre, une condition de recevabilité des demandes incidentes.

📖 *NCPC, art. 70.*

➢ *Déclinatoire de compétence, Litispendance.*

[Pr. pén.] Hypothèse légale de prorogation de compétence tenant à des liens étroits entre plusieurs infractions, soit qu'il y ait de l'une à l'autre unité de temps, de lieu ou de dessein, soit qu'une relation de cause à effet les unisse, soit qu'il y ait encore recel après appropriation illicite d'une chose.

📖 *C. pr. pén., art. 203.*

Conquête *[Dr. int. publ.]*

Acquisition par un État du territoire d'un autre État à la suite d'opérations militaires qui ont abouti au complet anéantissement de ce dernier.

Consanguins *[Dr. civ.]*

Se dit des frères et sœurs engendrés par le même père mais nés de mères différentes.

➢ *Germains, Utérins.*

Conseil d'administration *[Dr. com.]*

Organe collégial composé de trois membres au moins et douze au plus, investi des plus larges pouvoirs pour gérer les sociétés anonymes dites « de type classique », sous réserve des pouvoirs attribués aux autres organes de la société.

📖 *C. com., art. L. 225-17 s.*

Conseil d'arrondissement *[Dr. adm.]*

À Paris, Lyon et Marseille, il existe des conseils élus d'arrondissement, dotés essentiellement d'un pouvoir consultatif sur les affaires et sur les équipements publics concernant leur circonscription. Ils ont également un rôle de relais à jouer entre la population de l'arrondissement et les institutions de la commune.

📖 *C. gén. coll. territ., art. 2511-3 s.*

Conseil de cabinet *[Dr. const.]*

Formation ministérielle réunissant les membres du Gouvernement sous la présidence du premier Ministre.

Conseil de la concurrence *[Dr. com.]*

Organe de décision, composé de magistrats administratifs et judiciaires, ainsi que de personnalités représentant divers secteurs économiques ou choisies en raison de leur compétence en matière de concurrence et de consommation, chargé principalement de sanctionner les entreprises coupables d'ententes ou d'abus de domination.

Il joue également un rôle consultatif en ce qui concerne certaines réglementations de prix et toute question de concurrence, ainsi que dans les procédures de contrôle des opérations de concentration.

📖 *C. com., art. L. 461-1 s.*

Conseil constitutionnel *[Dr. const.]*

Organe institué par la Constitution de 1958 pour assurer le contrôle de constitutionnalité, notamment sur les lois avant promulgation, veiller à la régularité des référendums et des élections législatives ou présidentielles, jouer un rôle consultatif en cas de recours aux procédures exceptionnelles de l'art. 16, constater l'empêchement pour le chef de l'État d'exercer ses fonctions, et décider de l'incidence du décès ou de l'empêchement d'un candidat à la Présidence de la République sur le processus électoral.

Composition : 3 membres nommés par le Président de la République, 3 par le Président de l'Assemblée Nationale, 3 par le Président du Sénat (pour 9 ans); les anciens Présidents de la République en sont membres de droit.

Si la saisine du Conseil est automatique pour les lois organiques et les règlements des Assemblées, peuvent saisir le Conseil, le Président de la République, le Premier Ministre, les Présidents des deux assemblées pour ce qui est du contrôle de constitutionnalité des lois et des engagements internationaux. En outre, depuis 1974, 60 députés ou 60 sénateurs peuvent saisir s'ils estiment qu'une loi votée, ou, depuis 1992, un engagement international, est contraire à la constitution – ce qui, dans la pratique, a considérablement élargi les conditions – (et les cas) de saisine. Reste à mettre en place la possibilité pour un citoyen de saisir le Conseil comme beaucoup le souhaitent aujourd'hui (par exemple en soulevant devant une juridiction l'inconstitutionnalité des dispositions d'une loi, à charge pour elle de saisir le Conseil par la voie préjudicielle ou en exigeant un nombre minimum de signatures pour saisir le Conseil d'une loi ?).

Le Conseil constitutionnel a su progressivement prendre une place considérable dans le système politique de la Ve République. Sa jurisprudence a construit une véritable « charte des libertés » et clarifié les rapports entre les pouvoirs publics constitutionnels.

Conseil départemental de l'accès au droit *[Pr. gén.]*

Groupement d'intérêt public chargé, dans chaque département, de recenser les besoins, de définir une politique locale et de dresser l'inventaire des actions menées. Il est saisi, pour information, de tout projet d'action et, pour avis, de toute demande de concours financier de l'État.

Conseil économique et social *[Dr. const.]*

Assemblée purement consultative composée de représentants des principales activités économiques et sociales de la Nation. Il est saisi par le Gouvernement obligatoirement (plan) ou facultativement (textes ou problèmes à caractère économique et social); il peut aussi se saisir lui-même des questions entrant dans sa compétence.

[Dr. int. publ.] Organe de l'ONU, composé de 54 membres élus pour trois ans par l'Assemblée générale, et chargé de promouvoir la coopération économique et sociale internationale (études, rapports, préparation de projets de conventions, convocation de conférences internationales, recommandations à l'assemblée générale, aux membres de l'ONU et aux Institutions spécialisées).

Conseil économique et social régional *[Dr. adm.]*

Organe consultatif de la Région en matière économique et financière, composé de représentants des organismes et activités à caractère économique, social, culturel, sportif, professionnel, familial, éducatif et scientifique.

C. gén. coll. territ., art. L. 4134-1.
➢ *Conseil régional, Préfet de région.*

Conseil d'État *[Dr. adm.]*

Juridiction la plus élevée de l'ordre administratif, possédant des attributions à la fois juridictionnelles et administratives.

En matière juridictionnelle, il est à la fois juge de premier ressort de certains litiges, juge d'appel de certains jugements des Tribunaux administratifs (principalement le contentieux des élections communales et départementales), et juge de cassation.

En matière administrative, sa principale attribution est d'émettre des avis sur les questions ou sur les projets de textes dont il est saisi par le Gouvernement, obligatoirement ou facultativement. En outre, de nombreux membres du Conseil d'État occupent, à titre personnel, d'importantes fonctions dans les Gouvernements ou dans la Fonction Publique supérieure.

➤ *Cour administrative d'appel, Dualité de juridictions.*

Conseil de l'Europe *[Dr. int. publ.]*

Organisation internationale créée en 1949 et ouverte aux États démocratiques d'Europe (actuellement 43 États appartenant aussi bien à l'Europe de l'Ouest que de l'Est). Le Conseil de l'Europe exerce son activité dans tous les domaines (sauf le domaine militaire), mais n'a pas de pouvoir de décision. D'abord lieu de débats, il est aussi le cadre d'élaboration de conventions harmonisant les législations des États les ratifiant. Siège : Strasbourg.

➤ *Convention européenne des droits de l'homme.*

Conseil européen *[Dr. eur.]*

Réunions régulières depuis 1975 des Chefs d'État (France) ou de Gouvernement (14 autres pays) des États membres de l'Union européenne. Institution non prévue à l'origine par les traités, a

été créée en décembre 1974 à l'initiative du Président (V. Giscard d'Estaing) et constitue depuis un moment essentiel de la vie communautaire. A été officialisée par l'Acte unique européen en 1987. Se réunit, depuis, deux fois par an dans le pays qui assure la présidence du Conseil des Ministres (jusqu'en 1988 se réunissait trois fois par an). Conçue pour donner un nouvel élan à la construction européenne et être l'occasion régulière de nouvelles avancées, n'a pas toujours répondu à cette attente même si certaines réunions constituent des dates importantes. Traite à la fois des dossiers relatifs aux activités des Communautés et de la concertation des politiques étrangères.

➤ *Coopération politique.*

Conseil de l'information sur l'énergie électronucléaire *[Dr. adm.]*

Comité associant des experts et des représentants de la population, chargé de veiller à ce que le public ait accès à l'information sur les aspects technique, sanitaire, écologique, économique et financier de l'énergie électronucléaire.

À cette fin, il est tenu informé du développement électronucléaire en France et dans le monde, et il peut procéder à des consultations et à des auditions. Il rend chaque année un rapport public.

Conseil de famille *[Dr. civ.]*

Assemblée de parents et de personnes qualifiées chargée, sous la présidence du juge des tutelles, d'autoriser certains actes graves accomplis au nom d'un mineur ou d'un majeur en tutelle, et de contrôler la gestion du tuteur.

❚ *C. civ., art. 407 s.*

C

Conseil général *[Dr. adm.]*

Assemblée élue chargée d'administrer par ses délibérations les affaires du département en tant que collectivité territoriale.

📘 *C. gén. coll. territ., art. L. 3121-1 s.*

Conseil des impôts *[Dr. fin.]*

Organisme consultatif placé auprès de la Cour des comptes, créé en 1971, composé de hauts magistrats et de hauts fonctionnaires. Il est chargé de constater la répartition de la charge fiscale et d'en mesurer l'évolution. Les rapports de ses travaux sont publiés par le Journal officiel.

Conseil interministériel *[Dr. const.]*

Réunion préparatoire à certaines décisions gouvernementales. Réunit sous la présidence du Chef de l'État ou du Premier Ministre non seulement les ministres et secrétaires d'État intéressés par les questions à l'ordre du jour, mais aussi des hauts fonctionnaires dont les responsabilités couvrent le domaine étudié.

Conseil judiciaire *[Dr. civ.]*

Personne autrefois chargée d'assister les prodigues et les faibles d'esprit.

➢ *Curateur.*

Conseil juridique

[Dr. civ. / Dr. com. / Pr. civ.]

Profession juridique exercée, soit à titre personnel, soit dans le cadre d'une société, consistant à donner des consultations et à rédiger des actes sous seing privé, dans les matières commerciales et fiscales.

La loi n° 90-1259 du 31 décembre 1990 a supprimé la profession de conseil juridique. Ceux qui l'exerçaient sont devenus, de plein droit, avocats, à dater du 1er janvier 1992, à moins qu'ils n'aient préféré exercer une autre profession. Des mesures transitoires ont été prévues.

Conseil des marchés financiers *[Dr. com.]*

Autorité professionnelle dotée de la personnalité morale, investie d'un pouvoir de contrôle des prestataires de services d'investissement et des entreprises de marché.

Conseil des ministres *[Dr. const.]*

Formation réunissant l'ensemble des membres du gouvernement sous la présidence du chef de l'État (cependant, la pratique est fluctuante sous la Ve République en ce qui concerne la participation des Secrétaires d'État). C'est en Conseil des Ministres qu'est arrêtée la politique gouvernementale et que sont prises certaines décisions importantes (nomination des hauts fonctionnaires, décision de poser la question de confiance, etc.).

[Dr. eur.] Conseil des Ministres des Communautés Européennes : organe commun à la CECA, au Marché Commun et à l'Euratom, composé des représentants des Gouvernements des États membres, et chargé d'exercer, en collaboration avec la Commission le pouvoir exécutif au sein des Communautés (très schématiquement, le Conseil des Ministres possède le pouvoir de décision, mais sur proposition de la Commission).

Conseil municipal *[Dr. adm.]*

Assemblée élue chargée d'administrer par ses délibérations les affaires de la commune.

📘 *C. gén. coll. territ., art. L. 2121-1 s.*

Conseil national de l'aide juridique
[Pr. gén.]

Organe composé de 24 membres, présidé par un conseiller d'État ou un conseiller à la Cour de cassation, qui donne son avis sur les projets de loi et de décrets relatifs à l'aide juridique, à l'aide à l'accès au droit, à l'aide à l'intervention de l'avocat au cours de la garde à vue, de la médiation et de la composition pénale.

Conseil national des barreaux
[Pr. civ. / Pr. pén.]

Destiné à favoriser une action commune de tous les barreaux français, ainsi que les relations avec les barreaux européens, un Conseil national des barreaux a été institué par le décret du 27 novembre 1991.

Ce conseil est composé d'avocats élus au scrutin de liste à la proportionnelle par deux collèges de délégués qui sont, eux-mêmes élus.

Il ne possède aucun pouvoir disciplinaire, comme c'est le cas, par exemple, pour l'Ordre des médecins; en revanche, sa commission formation doit notamment approuver les programmes des centres régionaux de formation professionnelle.

Conseil national du crédit *[Dr. fin.]*

Organisme consultatif présidé par le Ministre chargé de l'économie et des finances, dont le vice-président est le gouverneur de la Banque de France, et composé d'une cinquantaine de membres nommés par arrêté ministériel. Il étudie les conditions de fonctionnement du système bancaire et financier. Il peut être saisi pour avis des projets de lois ou de décrets entrant dans son champ de compétence. Il adresse chaque année au Président de la République et au Parlement un rapport relatif au fonctionnement du système bancaire et financier qui est publié au JO. Sa compétence a été réduite par la réforme de la Banque de France de 1993.

Conseil national des greffiers des tribunaux de commerce *[Pr. civ.]*

Conseil représentant auprès des pouvoirs publics la profession des greffiers des tribunaux de commerce. Il est chargé d'assurer la défense de leurs intérêts collectifs (L. 31 déc. 1990).

Conseil de l'ordre

Organisme dont les membres sont élus par ceux qui appartiennent à un ordre.

[Pr. civ.] Conseil de l'ordre des avocats. Il existe dans chaque barreau un Conseil de l'Ordre (de 3 à 36 membres) élu par tous les avocats et renouvelable par tiers chaque année. Il a à sa tête le bâtonnier et est investi d'attributions administratives et disciplinaires Il existe un Conseil de l'ordre auprès de chaque barreau institué auprès du TGI. Pourtant dans le cadre de la même cour d'appel plusieurs barreaux peuvent se regrouper et forment alors un seul barreau avec un Conseil de l'ordre unique.

Conseil en propriété industrielle
[Dr. com. / Pr. civ.]

Professionnel offrant à titre habituel et rémunéré ses services au public pour conseiller, assister ou représenter ses clients en vue de l'obtention, du maintien, de l'exploitation et de la défense des droits de propriété industrielle.

C

C

Nul n'est autorisé à faire usage du titre de Conseil en Propriété Industrielle s'il n'est inscrit sur la liste des Conseils en Propriété Industrielle établie par le Directeur de l'Institut National de la Propriété Industrielle.

C. propr. intell., art. L. 422-1.

Conseil de prud'hommes
[Dr. trav. / Pr. civ.]

Juridiction d'exception paritaire chargée de concilier et à défaut, de juger les litiges nés de la conclusion, de l'exécution et de la dissolution du contrat individuel de travail. La loi du 18 juillet 1979 a généralisé l'implantation des Conseils; il en existe au moins un par Département (270 au total).

Ils comportent chacun cinq sections autonomes : Encadrement, Industrie, Commerce et services commerciaux, Agriculture, Activités diverses. Le Conseil de prud'hommes siège en trois formations : bureau de conciliation, bureau de jugement, référé. ➢ *Juge des référés.*
En cas de partage des voix dans une formation du conseil, l'affaire est reprise en présence du juge d'instance qui intervient comme juge départiteur.

C. trav., art. L. 511-1 s., R. 511-1 s.

Conseil régional *[Dr. adm.]*

Assemblée élue au suffrage universel direct pour six ans, à la représentation proportionnelle, chargée d'administrer par ses délibérations les affaires de la région.

C. gén. coll. territ., art. L. 4131-1 s.
➢ *Comité économique et social, Préfet de région, Région.*

Conseil de sécurité *[Dr. int. publ.]*

Organe de l'ONU, composé de 15 membres (5 permanents et 10 élus pour deux ans par l'Assemblée Générale), chargé de la responsabilité principale du maintien de la paix : règlement pacifique des conflits (pouvoir de recommandation), action coercitive en cas d'agression ou de menace d'agression, recours à des méthodes d'apaisement des conflits. Un débat a lieu sur un élargissement du nombre de ses membres permanents (Allemagne, Japon, un État d'Afrique et d'Amérique du Sud) accompagné éventuellement de la suppression du droit de veto.

Conseil supérieur de l'audiovisuel
[Dr. adm.]

Autorité administrative indépendante, composée de neuf membres nommés par tiers par le Président de la République (dont son Président), par le Président du Sénat et par le Président de l'Assemblée nationale. Elle est investie d'une fonction très large de régulation de la communication audiovisuelle publique et privée; notamment, le CSA désigne les responsables des chaînes publiques de radio et de télévision, il décide de l'attribution des fréquences d'émission aux stations privées (radios et télévisions « libres »), et il veille au respect des obligations de pluralisme et de qualité des émissions. Il dispose d'un pouvoir de sanction.

Conseil supérieur de l'égalité professionnelle entre les femmes et les hommes *[Dr. trav.]*

Conseil participant à la mise en œuvre de la politique d'égalité professionnelle entre les femmes et les hommes.

C. trav., art. L. 330-2, R. 331-1 s.

Conseil supérieur de l'emploi, des revenus et des coûts *[Dr. fin. / Dr. adm.]*

Organe indépendant d'étude et de proposition créé en 1994 en remplacement du Centre d'étude des revenus et des coûts (CERC) en vue d'en élargir la compétence. Il est chargé de contribuer à la connaissance des revenus et des coûts de production, d'examiner les liens entre les revenus et l'emploi, et de formuler toute recommandation de nature à améliorer l'emploi. Son rapport annuel est rendu public.

Conseil supérieur des Français de l'étranger *[Dr. const.]*

Représente les Français établis hors de France. Élu par eux (plus quelques personnalités nommées). Désigne 12 sénateurs.

Conseil supérieur de la magistrature *[Dr. const. / Pr. civ. / Pr. pén.]*

Organe constitutionnel destiné à garantir l'indépendance de l'autorité judiciaire. Il comprend deux formations, l'une et l'autre présidées par le Président de la République et vice-présidées par le Ministre de la Justice.

La formation compétente à l'égard des magistrats du siège (5 magistrats du siège, un magistrat du parquet, un conseiller d'État, 3 personnalités) formule des propositions pour chaque nomination de magistrat du siège à la Cour de cassation, de premier président de cour d'appel, ou de président de tribunal de grande instance, et donne son avis (conforme) pour les autres fonctions du siège sur les propositions du Ministre de la Justice.

La formation compétente à l'égard des magistrats du parquet (5 magistrats du parquet, 1 magistrat du siège, 1 conseiller d'État, 3 personnalités) donne son avis (simple) sur les propositions du Ministre de la Justice, à l'exception des emplois auxquels il est pourvu en Conseil des Ministres.

En matière disciplinaire, le Conseil supérieur de la magistrature siège comme conseil de discipline vis-à-vis des magistrats du siège : il est alors présidé par le premier président de la Cour de cassation (ni le Président de la République, ni le Ministre de la Justice n'assistent aux séances). En ce qui concerne les magistrats du parquet, le CSM, présidé par le procureur général près de la Cour de cassation, est seulement consulté par le Garde des Sceaux quant à d'éventuelles sanctions que seul peut prendre le ministre lui-même.

Le conseil supérieur de la magistrature est également consulté sur les recours en grâce.

Conseil supérieur de la prud'homie *[Dr. trav. / Pr. civ.]*

Conseil appelé à formuler des avis et des suggestions, à effectuer des études sur l'organisation et le fonctionnement des conseils de prud' hommes. Il comprend des représentants désignés par les ministres de la Justice, de l'Agriculture et du Travail, des représentants des salariés et des employeurs (23 membres avec le président). Une commission permanente formée par le président et 13 membres évite les convocations trop nombreuses en séance plénière.
C. trav., art. L. 511-4, R. 511-4 s.

Conseil syndical *[Dr. civ.]*

Organisme composé de quelques copropriétaires d'un immeuble bâti, élus par

C

CON

les autres et chargés d'assister le syndic et de contrôler sa gestion relative à la copropriété.

Conseil de tutelle *[Dr. int. publ.]*
Organe de l'ONU chargé sous l'autorité de l'Assemblée Générale de contrôler l'administration des territoires sous tutelle. Ne se réunit plus du fait de la disparition de ces derniers.
➢ *Tutelle (territoires sous).*

Conseil de l'Union européenne *[Dr. eur.]*
Depuis le traité de Maastricht, réunion des ministres des États membres exerçant à la fois le rôle du Conseil des ministres, tel que défini par les traités créant les Communautés européennes, comme les compétences politiques nées de ce nouveau traité.
➢ *Union européenne.*

Conseil des ventes volontaires de meubles aux enchères publiques *[Pr. civ.]*
Institué par la loi n° 2000-642 du 10 juillet 2000, ce Conseil est chargé :
1° D'agréer les sociétés de ventes volontaires de meubles aux enchères publiques ainsi que les experts auxquels peuvent avoir recours ces sociétés (*V. cette expression*), les huissiers de justice, les notaires et les commissaires-priseurs judiciaires.
2° D'enregistrer les déclarations des ressortissants des États Membres de la Communauté européenne et des États parties à l'accord sur l'Espace économique européen, qui souhaitent accomplir, à titre occasionnel, en France, l'activité de ventes volontaires de meubles aux enchères publiques qu'ils exercent, à titre permanent, dans l'un de ces États.

3° De sanctionner les manquements aux lois, règlements et obligations professionnelles applicables aux sociétés de ventes volontaires de meubles aux enchères publiques, aux experts agréés et aux ressortissants d'un État membre de la Communauté européenne ou d'un État partie à l'accord sur l'Espace économique européen exerçant à titre occasionnel l'activité de ventes volontaires de meubles aux enchères publiques en France.
📖 *C. com., art. L. 321-18.*

Conseiller *[Pr. gén.]*
Magistrat siégeant à la Cour de cassation, à la Cour d'appel, au Conseil d'État et dans les juridictions administratives.
Certains magistrats détachés à la Cour de cassation portent le titre de conseiller référendaire.

Conseiller de la mise en état *[Pr. civ.]*
Magistrat de la cour d'appel sous le contrôle duquel l'affaire est instruite au niveau du second degré, comme elle l'est en première instance sous la direction du juge de la mise en état.
📖 *NCPC, art. 910 s.*
➢ *Juge de la mise en état.*

Conseiller du salarié *[Dr. trav.]*
Le salarié convoqué à l'entretien préalable à un éventuel licenciement peut se faire assister, lorsqu'il n'existe pas d'institution représentative du personnel dans l'entreprise, par un conseiller extérieur à celle-ci; ce dernier est choisi sur une liste dressée par le Préfet après avis des organisations syndicales.
📖 *C. trav., art. L. 122-14, L. 122-14-14 s.*

Conseiller du travail *[Dr. trav.]*

Travailleur social titulaire d'un diplôme délivré par le Ministère du travail, dont les fonctions consistent à veiller, sur les lieux du travail, au bien-être et à l'adaptation des salariés.

▌*C. trav., art. R. 250-6.*

Conseillers rapporteurs *[Pr. civ.]*

Conseillers prud'hommes qui sont désignés soit par le Bureau de conciliation, soit par le Bureau de Jugement (ou par son Président) et qui ont pour mission d'instruire l'affaire et de concilier les parties.

▌*C. trav., art. R. 516-21 s.*

Consensualisme *[Dr. civ.]*

Principe en vertu duquel un acte juridique n'est soumis à aucune forme particulière pour sa validité, le consentement ayant à lui seul le pouvoir de créer des obligations.

▌*C. civ., art. 1108.*
➣ *Formalisme.*

Consensus *[Dr. const.]*

Accord général sur les valeurs sociales essentielles et spécialement sur le régime politique établi, ce qui a pour effet de modérer les antagonismes politiques (lutte dans le cadre du régime et non sur le régime lui-même).

[Dr. const. / Dr. int. publ.] Méthode d'adoption des décisions consistant dans la recherche d'un accord mutuel sans que l'on procède à un vote formel (ou même pour éviter de recourir à un tel vote).

Consentement *[Dr. civ.]*

Dans la création d'un acte juridique, adhésion d'une partie à la proposition faite par l'autre. L'échange des consentements entraîne l'accord de volonté qui lie les parties.

Consentement de la victime *[Dr. pén.]*

Acceptation par une personne de faits constitutifs d'une infraction pénale à son encontre. Pareil consentement n'a en principe aucune portée justificative et n'exclut donc pas la responsabilité pénale de l'auteur de ces faits (ex. : l'euthanasie).

Conservation des hypothèques
[Dr. civ.]

Bureau dans lequel sont déposés tous les actes portant sur les droits réels immobiliers ainsi que certains actes générateurs de droits personnels dont un immeuble est indirectement l'objet. Le conservateur assume la garde des pièces déposées, constitue les fichiers personnels et réels. Il délivre copies ou extraits des actes publiés ainsi que l'état des inscriptions des droits réels (hypothèques, privilèges) grevant un immeuble déterminé. Ainsi est assurée la publicité des actes relatifs aux immeubles.

▌*C. civ., art. 2196 s.*
➣ *Publicité foncière.*

Considérant *[Pr. gén.]*

Synonyme d'attendu. Utilisé notamment dans la rédaction des arrêts de la cour d'appel, du Conseil d'État et du Tribunal des conflits.

Consignation *[Dr. civ. / Pr. civ.]*

Dépôt d'espèces, de valeurs ou d'objets entre les mains d'une tierce personne à charge pour elle de les remettre à qui de droit. Ainsi du plaideur qui dépose au greffe de la juridiction la somme nécessaire à la couverture des frais et vaca-

C

tions de l'expert. Ainsi du débiteur qui se heurte au refus du créancier de recevoir le paiement et qui s'acquitte en déposant son dû à la Caisse des dépôts et consignations.

📖 *C. civ., art. 1257.*

➤ *Exécution provisoire, Offres réelles.*

« Consilium fraudis » *[Dr. civ.]*

Conscience de la part d'un débiteur que, en effectuant un acte, il va aggraver son insolvabilité. Conscience de la part d'un tiers que, en traitant avec une personne, il va aggraver la situation de celle-ci au détriment de ses créanciers.

➤ *Action paulienne.*

Consolidation *[Dr. civ.]*

Réunion sur la même tête du droit de propriété et d'un démembrement de ce droit (usufruit, servitude).

📖 *C. civ., art. 617, 705.*

Consolidation de blessure *[Séc. soc.]*

Stabilisation de la blessure résultant d'un accident du travail, qui marque la fin du versement des indemnités journalières et le point de départ de la rente d'accident du travail.

Consolidation comptable *[Dr. com.]*

Pratique comptable consistant à établir, dans les groupes de sociétés, des comptes reflétant la réalité financière de l'ensemble des sociétés groupées.

➤ *Bilan consolidé, Comptes consolidés.*

Consolidation de la dette publique *[Dr. fin.]*

Mesure de gestion tendant à allonger le délai de remboursement, par la substitution de titres à plus long terme à des titres à court terme.

Consommateur *[Dr. com.]*

Personne qui conclut avec un professionnel un contrat lui conférant la propriété ou la jouissance d'un bien ou d'un service destiné à un usage personnel ou familial.

La jurisprudence assimile parfois au consommateur le professionnel concluant un contrat sans rapport direct avec l'activité professionnelle.

📖 *C. consom., L. 132-1.*

Consommation *[Dr. pén.]*

Réalisation de l'infraction dans toutes ses composantes, et par la réunion de ses conditions préalables, et par l'accomplissement de ses éléments constitutifs, et par la production de son résultat. L'infraction consommée se distingue ainsi de l'infraction seulement tentée.

📖 *C. pén., art. 121-4 et 121-5.*

Consomptible *[Dr. civ.]*

➤ *Choses consomptibles.*

Consorts *[Dr. gén.]*

Personnes qui, en dépit d'une communauté d'intérêts, ne relèvent pas nécessairement d'un statut juridique identique. Le terme, encore utilisé pour les dénominations sociales, est surtout en usage de nos jours en droit judiciaire dans la locution *litisconsorts*.

Constat d'huissier de justice *[Pr. civ.]*

Acte par lequel, à la demande du juge ou d'un particulier, un huissier de justice relate les constatations qu'il a faites, cet acte ne valant que comme simple renseignement, la preuve contraire étant réservée.

➤ *Clerc d'huissier.*

Constat d'urgence *[Dr. adm.]*
➤ *Référé-constatation.*

Constatation *[Dr. gén.]*
Fait d'établir l'état d'une chose, d'un lieu, en le consignant dans un écrit qui ne possède que la valeur d'un simple renseignement.

Constatations *[Pr. civ.]*
Mesure d'instruction à laquelle recourt le juge qui a besoin d'être éclairé sur une question de fait requérant les lumières d'un technicien. Elles ne lient pas le juge.
📗 *NCPC, art. 249.*

Constitution *[Dr. const.]*
1° *Au sens matériel* : ensemble des règles écrites ou coutumières qui déterminent la forme de l'État (unitaire ou fédéral), la dévolution et l'exercice du pouvoir.
2° *Au sens formel* : document relatif aux institutions politiques, dont l'élaboration et la modification obéissent à une procédure différente de la procédure législative ordinaire (ex. : assemblée constituante, majorité qualifiée). Ce formalisme, que traduit l'expression de *constitution rigide*, confère aux règles qui en bénéficient une force juridique qui les situe à la première place dans la hiérarchie des règles de Droit. Par opposition, une constitution est dite *souple* quand, ne se distinguant pas par sa forme des lois ordinaires, elle occupe le même rang qu'elles dans la hiérarchie des règles juridiques et peut être modifiée par elles.

Constitution d'avocat *[Pr. civ.]*
Mandat donné par un plaideur à un avocat en vue d'être représenté et assisté dans un procès.

Cette constitution est en principe obligatoire devant le tribunal de grande instance. Elle emporte élection de domicile. Elle a remplacé la constitution d'avoué.
📗 *NCPC, art. 755.*

Constitution d'avoué *[Pr. civ.]*
Mandat donné par un plaideur à un avoué de le représenter devant la cour d'appel. Obligatoire sauf exception pour les litiges portés devant la cour d'appel. Emporte élection de domicile.
📗 *NCPC, art. 899.*
➤ *Constitution d'avocat.*

Constitution européenne *[Dr. eur.]*
Débat visant à réunir dans un texte unique l'ensemble des traités institutifs de l'Union européenne. Resterait en la forme un traité et non un acte de droit interne fondateur d'un État fédéral.

Constitution de partie civile *[Dr. pén.]*
➤ *Partie civile.*

Constitutionnalisme *[Dr. const.]*
Conception des hommes de la Révolution de 1789, comme aussi des fondateurs du Droit Constitutionnel au XIXᵉ siècle, qui lie la notion de constitution à celle de régime libéral (Cf. art. 16 de la Déclaration des Droits de l'homme et du Citoyen).

Constitutionnalité des lois (contrôle de) *[Dr. const.]*
Contrôle destiné à assurer la conformité des lois à la constitution rigide.
Réservé aux pouvoirs publics ou ouvert aux citoyens, le recours en inconstitutionnalité est formé devant un organe politique ou devant un organe juridictionnel.

C

1° Contrôle par un organe politique (ex. : Sénats impériaux).

2° Contrôle par un organe juridictionnel :

- par voie d'action, quand la loi est attaquée directement devant un tribunal (Cour suprême ordinaire ou Cour spéciale) en vue de la faire annuler à l'égard de tout le monde (ex. : Suisse, RFA). ➢ *Conseil constitutionnel.*

- par voie d'exception, lorsque, à l'occasion d'un litige devant un tribunal quelconque, une partie se défend contre l'application d'une loi en invoquant son inconstitutionnalité, auquel cas le tribunal, sans pouvoir l'annuler, refusera de l'appliquer dans ce litige s'il la juge inconstitutionnelle (système en vigueur notamment aux États-Unis où il a revêtu à une certaine époque (1880-1936) le caractère d'un « gouvernement des juges »).

➢ *Conventionnalité des lois (Contrôle de).*

Consul *[Dr. int. publ.]*

Agent officiel qu'un État établit dans les villes d'un autre État avec mission de protéger ses ressortissants à l'étranger et d'exercer à leur égard diverses compétences (état civil, délivrance et visa des passeports, légalisation de signatures, actes notariés, exécution de commissions rogatoires, etc.).

1° *Consul de carrière* : consul exerçant ses fonctions à titre exclusif en tant que fonctionnaire de l'État qui l'a nommé.

2° *Consul honoraire* (ou marchand) : personne choisie sur place par un État, parmi ses nationaux ou parmi les ressortissants de l'État de résidence, pour exercer des fonctions consulaires (qui ne sont alors que l'accessoire d'une autre activité professionnelle, commerciale notamment).

Consultation *[Pr. civ.]*

Mission confiée par le juge ou par le tribunal à un technicien et consistant, lorsque l'examen des faits ne nécessite pas des investigations complexes, à donner son opinion verbalement au juge ou éventuellement par écrit, après un examen contradictoire des faits litigieux.

⬛ *NCPC, art. 256.*

[Pr. gén.] Se dit aussi de l'avis donné par un juriste professionnel dans un cas litigieux.

Consumérisme *[Dr. com.]*
➢ *Consommateur.*

Contenance *[Dr. civ.]*

Dimension d'un fonds bâti ou non bâti. Le droit sanctionne son inadéquation à la mesure réelle, tantôt par l'ajustement du prix, tantôt par la résolution du contrat.

⬛ *C. civ., art. 1619.*

Contentieux *[Pr. gén.]*

Substantif : un contentieux est formé par un ensemble de procès se rapportant au même objet : contentieux privé, pénal, administratif, fiscal, etc.

On parle aussi d'un contentieux des loyers, de la sécurité sociale, de la responsabilité des transports, etc.

Adjectif : qui fait l'objet d'un désaccord, spécialement juridique. Parfois, synonyme de juridictionnel.

Contentieux administratif *[Dr. adm.]*

Terme susceptible de plusieurs acceptions, toutes fondées sur l'idée de litige.

1° Ensemble des règles d'organisation et de fonctionnement des juridictions administratives.

2° Ensemble des litiges dont la connaissance appartient aux juridictions administratives.

Distinction des contentieux. – Classification opérée parmi les recours du contentieux administratif, ayant donné lieu principalement :

à un regroupement quadripartite fondé sur les pouvoirs du juge (contentieux de l'annulation, de la pleine juridiction, de l'interprétation et de la répression);

à un regroupement bipartite dont le critère est la nature de la situation juridique contentieuse déférée au juge (contentieux objectif et subjectif).

Contentieux du contrôle technique
[Séc. soc.]

Contentieux disciplinaire destiné à réprimer les fautes, abus et fraudes relevés à l'encontre des médecins, chirurgiens-dentistes, sages-femmes et pharmaciens à l'occasion des soins dispensés ou des prestations servies aux assurés sociaux : actes non justifiés, actes fictifs, prescriptions de complaisance. En première instance la juridiction du contrôle technique compétente est la section des assurances du conseil régional de discipline de l'Ordre. En appel, les affaires sont examinées par la section des assurances sociales du conseil national de l'Ordre compétent. À ne pas confondre avec le contentieux technique.

CSS, art. L. 145-1 s.

Contentieux de la Sécurité sociale
[Pr. civ. / Séc. soc.]

Ensemble des litiges relatifs à l'application de la législation et de la réglementation de la Sécurité sociale.

Le contentieux général est jugé par des juridictions spécialisées, suivant une procédure simplifiée et peu coûteuse. Mais il existe des contentieux spéciaux qui échappent aux juridictions ordinaires de sécurité sociale.

CSS, art. L. 142-1 s.
➣ *Tribunal des affaires de Sécurité sociale.*

Contentieux technique *[Séc. soc.]*

Litiges relatifs au degré d'invalidité ou à l'état d'incapacité permanente en cas d'accident du travail ou de maladie professionnelle. Litiges relatifs à la tarification des accidents du travail. Les premiers sont portés devant les tribunaux du contentieux de l'incapacité puis devant la Cour nationale de l'incapacité et de la tarification. Les seconds sont portés directement devant la Cour nationale de l'incapacité et de la tarification. À ne pas confondre avec le contentieux du contrôle technique.

CSS, art. 143-1 et s.

Contingent *[Dr. fin.]*

En matière de finances locales, synonyme de contribution exigée d'une collectivité pour participer au financement de certaines dépenses (ex. : contingent communal d'aide sociale).

Continuité de l'État *[Dr. int. publ.]*

Principe selon lequel un Gouvernement ne peut répudier les obligations souscrites par son prédécesseur.

Contractuel *[Dr. adm.]*

Personne recrutée par un organisme public sur le fondement d'un contrat, de façon théoriquement provisoire, et n'ayant donc pas la qualité de fonctionnaire. Le recrutement de contractuels, naguère destiné à procurer à l'Administration des agents supplémentaires peu qualifiés (« auxiliaires »), sert également aujourd'hui à recruter des spécialistes hautement qualifiés en leur accordant des avantages de rémunérations supérieurs à ceux des fonctionnaires, en l'absence desquels l'Administration parviendrait difficilement à les recruter.

« Contra non valentem agere non currit praescriptio » *[Dr. civ.]*

Contre celui qui ne peut agir en justice, la prescription ne court pas.

Contradiction *[Pr. gén.]*

➢ *Contradictoire (principe du), Liberté de la défense.*

Contradictoire (principe du) *[Pr. gén.]*

Principe essentiel, bien que non formulé pendant longtemps par la loi, commandant toutes les procédures.

Il implique la liberté pour chacune des parties, de faire connaître tout ce qui est nécessaire au succès de sa demande ou de sa défense. Il impose que toute démarche, toute présentation au juge d'une pièce, d'un document, d'une preuve par l'adversaire soit portée à la connaissance de l'autre partie et librement discutée à l'audience. Le respect du principe du contradictoire est la condition indispensable de la liberté de la défense. Le juge doit en toutes circonstances observer et faire observer le principe de la contradiction et ne peut retenir dans sa décision que les explications qu'il a recueillies contradictoirement.

📖 *NCPC, art. 16; C. just. adm., art. L. 5.*

Contrainte *[Dr. pén.]*

Force à laquelle l'auteur d'une infraction n'a pu résister au moment des faits, ce qui exclut sa responsabilité pénale. ➢ *Imputabilité.*

📖 *C. pén., art. 122-2.*

[Pr. civ.] Acte délivré par l'administration des finances ou par une caisse de sécurité sociale, susceptible d'exécution forcée contre le redevable.

Procédure qui permet au directeur de l'organisme créancier d'obtenir le paiement des cotisations impayées. À défaut d'opposition du débiteur devant le tribunal des affaires de Sécurité sociale, la contrainte comporte tous les effets d'un jugement.

📖 *CSS, art. L. 244-9.*

Contrainte par corps *[Pr. pén.]*

Incarcération d'une personne majeure, pourvu qu'elle soit solvable et âgée de moins de soixante-cinq ans, condamnée pour une infraction de nature non politique et n'emportant pas peine perpétuelle, qui ne s'acquitte pas de ses obligations pécuniaires, autres que de réparation civile, au profit du Trésor public (amendes pénales ou fiscales, par ex.). L'emprisonnement, ici utilisé comme moyen de pression, est d'une durée variable en fonction du montant des créances garanties, voire des infractions en cause.

📖 *C. pr. pén., art. 749 s.*

Contrariété de jugements *[Pr. civ.]*

Inconciliabilité de deux décisions intervenues entre les mêmes parties, sur les mêmes moyens et relativement au même objet, rendant impossible leur exécution respective et donnant lieu à cassation contre le jugement second en date. Lorsque la contradiction est constatée, elle se résout au profit du premier et la cassation est prononcée sans renvoi.

Contrat *[Dr. civ.]*

Convention faisant naître une ou plusieurs obligations ou bien créant ou transférant un droit réel.

📙 *C. civ., art. 1101 s.*

Contrat (établissements d'enseignement privé sous) *[Dr. adm.]*

Établissements d'enseignement privé, le plus souvent confessionnels dans la pratique, ayant usé des possibilités ouvertes depuis la loi du 31 décembre 1959 (« loi Debré ») leur accordant une aide financière des Pouvoirs Publics en contrepartie d'un contrôle pédagogique et financier.

On distingue :

- le contrat d'association, ouvert aux établissements d'enseignement du premier et du second degré ainsi que du technique, aux termes duquel les Pouvoirs Publics prennent en charge les dépenses de fonctionnement et les salaires des enseignants, qui peuvent être soit des personnels de l'enseignement public soit (très généralement) des personnels propres à l'établissement;

- le contrat simple applicable à l'enseignement du premier degré, qui laisse aux enseignants leur qualité de personnel privé. Leur rémunération est payée sur fonds publics.

Contrat d'adaptation à l'emploi *[Dr. trav.]*

Contrats de travail destinés à faciliter l'insertion professionnelle des jeunes; ces derniers reçoivent une formation en alternance et sont suivis par un tuteur, responsable qualifié de l'entreprise.

📙 *C. trav., art. L. 981-6, D. 981-9 s.*

Contrat administratif *[Dr. adm.]*

Contrat passé par une personne publique ou pour son compte et soumis à la compétence et au droit administratifs soit par disposition expresse de la loi, soit en raison de la présence de clauses exorbitantes du droit commun dans ses stipulations, soit parce qu'il confère à son titulaire une participation directe à l'exécution d'une activité de service public.

Tous les contrats des personnes publiques ne sont donc pas des contrats administratifs, certains étant soumis aux règles du droit privé.

Contrat d'adhésion *[Dr. civ. / Dr. publ.]*

Contrat conclu entre deux parties dont l'une ne peut en fait discuter les différentes clauses, et n'a que la liberté d'accepter ou de refuser le contenu global de la proposition de convention (ex. : contrat d'assurance).

Contrat aléatoire *[Dr. civ.]*

Contrat à titre onéreux dans lequel l'existence ou la valeur d'une prestation dépend d'un événement futur incertain (ex. : contrat de rente viagère).

📙 *C. civ., art. 1104, al. 2.*
➢ *Contrat commutatif.*

Contrat d'assurance de groupe *[Séc. soc.]*

Contrat souscrit par une personne morale ou un chef d'entreprise en vue de l'adhésion d'un ensemble de personnes répondant à des conditions définies au contrat, pour la couverture des risques dépendant de la durée de la vie humaine, des risques portant atteinte à l'intégrité physique de la personne ou liés à la maternité, des risques d'incapacité de travail ou d'invalidité ou du risque chômage.

Contrat de bière *[Dr. com.]*

À l'origine, contrat conclu entre un brasseur et un débitant ou revendeur, par lequel, en contrepartie de certains avantages qui lui sont consentis par le premier (bail d'immeubles, prêt de matériel, cautionnement d'un emprunt, etc.), le second s'engage à s'approvisionner en bière exclusivement chez son cocontractant.

Ce terme désigne aujourd'hui, de manière plus générale, toutes les conventions ou clauses d'approvisionnement exclusif par lesquelles une personne s'engage envers une autre à ne s'approvisionner en produits ou marchandises déterminées qu'auprès d'elle.

📗 *C. com., art. L. 330-1 et L. 330-2.*
➢ *Concession commerciale.*

Contrat commutatif *[Dr. civ.]*

Contrat à titre onéreux dont on connaît l'importance des prestations réciproques au moment où il est conclu.

📗 *C. civ., art. 1104.*
➢ *Contrat aléatoire.*

Contrat emploi consolidé *[Dr. trav.]*

Contrat de travail, soutenu par l'État, conclu pour une durée maximum de 5 ans au profit d'une personne ne pouvant trouver un emploi ou bénéficier d'une formation à l'issue d'un contrat-emploi solidarité.

📗 *C. trav., art. L. 322-4-8-1.*

Contrat emploi jeunes *[Dr. trav.]*

La loi du 16 octobre 1997 tend à encourager le développement d'activités d'utilité sociale créatrices d'emplois et à répondre à des besoins nouveaux non satisfaits (culture, sport, éducation, activités de proximité...). Des contrats de travail d'une durée de 5 ans, avec une aide de l'État, peuvent être conclus à cette fin dans le secteur public et associatif.

📗 *C. trav., art. L. 322-4-18 s.*

Contrat emploi-solidarité *[*Dr. trav.]*

Contrats de travail destinés à lutter contre le chômage, ils sont proposés principalement aux chômeurs de longue durée, aux allocataires du revenu minimum d'insertion, et aux jeunes âgés de 18 à 26 ans. Ils comportent une exonération des charges sociales et la prise en charge par l'État d'une partie des frais de formation et des salaires. Ces contrats sont conclus avec une personne morale de droit public ou un organisme de droit privé à but non lucratif.

📗 *C. trav., art. L. 322-4-7 s.*

Contrat d'entreprise *[Dr. civ. / Dr. com.]*

Contrat par lequel une personne se charge de faire un ouvrage pour autrui, moyennant une rémunération, en conservant son indépendance dans l'exécution du travail.

📗 *C. civ., art. 1787.*

Contrats État-Région *[Dr. adm.]*

Contrats signés entre l'État et les régions, fondés à la fois sur les plans régionaux et sur les travaux préparatoires du onzième plan national, prévoyant le financement partiel par l'État d'un certain nombre d'actions que l'État et la région s'engagent à mener conjointement.

Contrat initiative emploi *[Dr. trav.]*

Contrat de travail conclu au profit des demandeurs d'emploi de longue durée et des personnes en grande difficulté (bénéficiaires du RMI, de l'allocation spécifique de solidarité, femmes isolées assumant des charges de famille...) et subventionné par l'État. À la différence du « contrat emploi-solidarité », il peut être conclu par des entreprises à but lucratif.

C. trav., art. L. 322-4-2 s.

Contrat innomé *[Dr. civ.]*

Contrat qui ne figure pas au nombre des variétés réglementées par la loi.

C. civ., art. 1107.

Contrats d'insertion en alternance
[Dr. trav.]

Ensemble du dispositif permettant par des contrats de travail comportant une formation en alternance de favoriser l'emploi.

C. trav., art. L. 981-1 s.

Contrat instantané *[Dr. civ.]*

Contrat dont l'exécution est mise en œuvre par une seule prestation sur le simple échange des consentements (ex. : contrat de vente).

Contrat d'intégration *[Dr. rur.]*

Contrat passé entre une firme commerciale et un agriculteur, d'où résulte une intégration de ce dernier dans des circuits commerciaux. Cette situation fait l'objet d'une législation spéciale, protectrice des agriculteurs.

Contrat judiciaire *[Pr. civ.]*

Convention intervenue en cours d'instance entre les plaideurs et destinée à mettre fin au procès.

Le juge donne acte aux parties de leur accord par une décision qui n'est pas juridictionnelle.

➤ *Jugement d'expédient.*

Contrat de licence *[Dr. com.]*

Contrat par lequel le titulaire d'un droit de propriété industrielle (brevet, marque, dessin ou modèle) concède à un tiers, en tout ou en partie, la jouissance de son droit d'exploitation, gratuitement ou à titre onéreux, moyennant le paiement de redevances ou royalties.

C

Contrat de mariage *[Dr. civ.]*

Convention par laquelle les futurs époux fixent le statut de leurs biens pendant le mariage et le sort de ces biens à la dissolution.

L'expression « conventions matrimoniales », souvent utilisée comme synonyme, désigne non seulement le régime matrimonial, mais encore des conventions annexes, telles les libéralités adressées aux futurs époux par leurs parents ou par des étrangers.

C. civ., art. 1387 s.

Contrat nommé *[Dr. civ. / Dr. com.]*

Contrat d'usage courant, pour cette raison, qualifié et réglementé par la loi (vente, louage, dépôt, assurance...). Par opposition, un contrat est dit innomé lorsqu'il ne fait l'objet d'aucun régime légal spécifique (contrat d'hôtellerie ou de déménagement), quoiqu'il finisse par recevoir de la pratique une dénomination propre.

C

Contrat d'orientation *[Dr. trav.]*

Contrat de travail à durée déterminée conclu entre un jeune ayant au plus achevé un second cycle d'enseignement secondaire sans être diplômé, et une entreprise conventionnée; ce contrat, lié à une formation, tend à favoriser l'orientation professionnelle des jeunes; l'entreprise bénéficie d'une aide de l'État.

📖 *C. trav., art. L. 981-7 s., D. 981-17 s.*

Contrat pignoratif *[Dr. civ. / Dr. com.]*

Contrat par lequel le débiteur, en garantie de ce qu'il doit, remet à son créancier la possession de tel élément de son patrimoine (antichrèse, gage, endossement d'un effet de commerce...).

📖 *C. civ., art. 2071 s.*

Contrats de plan *[Dr. adm.]*

Les contrats de plan représentent l'un des principaux instruments juridiques d'articulation du plan économique national et des plans des régions. Dans le cadre d'un système d'économie concertée, ils peuvent être conclus entre l'État et les régions, les entreprises publiques ou privées, ainsi qu'avec les départements et les communes. Ils comportent les engagements réciproques des signataires en vue de l'exécution d'un certain nombre d'objectifs et, notamment, le montant des aides financières accordées. Les régions peuvent également, pour assurer l'exécution de leur propre plan de développement, conclure des contrats analogues avec des départements, des communes ou des entreprises publiques ou privées.

➤ *Planification.*

Contrat de qualification *[Dr. trav.]*

Contrats destinés aux jeunes dépourvus de qualification; une formation en alternance leur permet d'acquérir cette qualification; l'entreprise, qui bénéficie d'une aide de l'État, doit être habilitée par l'autorité administrative.

📖 *C. trav., art. L. 981-1, 981-10 s., D. 981-1 s.*

Contrat successif *[Dr. civ.]*

Contrat qui implique pour son exécution l'écoulement d'un certain temps, soit que les prestations aient été échelonnées (contrat d'abonnement à un journal), soit qu'il existe entre les parties un rapport continu d'obligation (contrat de bail ou de travail).

➤ *Contrat instantané.*

Contrat synallagmatique *[Dr. civ.]*

Contrat faisant naître à la charge des parties des prestations réciproques (ex. : contrat de vente).

📖 *C. civ., art. 1102.*
➤ *Contrat unilatéral.*

Contrat à titre onéreux *[Dr. civ.]*
➤ *Acte à titre onéreux.*

Contrat de transport *[Dr. civ. / Dr. com.]*

Contrat par lequel, moyennant rétribution, un transporteur se charge de faire parcourir un itinéraire déterminé, dans des conditions déterminées, à une chose ou à une personne.

📖 *C. civ., art. 1782 s., C. com., art. L. 133-1 s. (ex-art. 103 s.).*

Contrat de travail *[Dr. trav.]*

Convention par laquelle une personne, le salarié, met son activité professionnelle à la disposition d'une autre personne, l'employeur ou patron, qui lui verse en contrepartie un salaire et a autorité sur elle.

📖 *C. trav., art. L. 120-1 s.*

Contrat de travail à durée déterminée : contrat de travail affecté d'un terme. Il ne peut être conclu que dans des hypothèses limitativement énumérées par la loi.

▌ *C. trav., art. L. 122-1 s.*

Contrat de travail à durée indéterminée : sans précision de terme, c'est le contrat de travail de droit commun ; il peut être rompu à tout moment par la volonté unilatérale de l'une des parties, sous réserve, lorsque la rupture émane de l'employeur, de l'existence d'une cause réelle et sérieuse de rupture et de l'observation de la procédure de licenciement.

▌ *C. trav., art. L. 121-5.*

Contrat de travail entre époux : il se distingue de l'entraide familiale par le fait de la participation professionnelle et constante de l'époux salarié à l'activité exercée par son conjoint et par l'existence d'un salaire au moins égal au SMIC.

▌ *C. trav., art. L. 784-1.*

Contrat de travail temporaire : contrat de travail écrit d'un type particulier qui lie un salarié à un entrepreneur de travail temporaire. Est entrepreneur de travail temporaire toute personne physique ou morale, dont l'activité exclusive est de mettre à la disposition provisoire d'utilisateurs des salariés qu'elle embauche et rémunèrent à cet effet, en fonction d'une qualification convenue.

▌ *C. trav., art. L. 124-1 s.*

Contrat-type *[Dr. gén.]*

Variété de contrat d'adhésion, excluant également les pourparlers, s'en distinguant par son origine : le modèle est établi, non par une entreprise isolée, mais par un organisme représentatif de la profession, d'où il résulte une possibilité d'application à tous les cas particuliers. Ainsi le contrat-type de fermage ou de métayage régit la situation du preneur et du bailleur à défaut d'arrangement individuel.

Contrat unilatéral *[Dr. civ.]*

Contrat ne faisant naître de prestations qu'à la charge d'une seule partie (ex. : contrat de prêt).

▌ *C. civ., art. 1103.*
➤ *Contrat synallagmatique.*

Contrats de ville *[Dr. adm.]*

214 contrats ont été signés pour la période 1994-1998 entre l'État et les communes, en vue de fixer les engagements respectifs de l'État et de celles-ci en vue de la réhabilitation de quartiers en difficulté.

C

Contravention *[Dr. pén.]*

Infraction la moins grave après les crimes et les délits, sanctionnée de peines contraventionnelles. Ces peines sont l'amende, certaines peines privatives ou restrictives de droits, et des peines complémentaires. Le taux maximum de l'amende est de 20 000 F pour les personnes physiques, et du quintuple de ce montant pour les personnes morales.

▌ *C. pén., art. 111-1, 131-12 s., 131-40 s.*

Contravention de grande voirie *[Dr. adm.]*

Atteintes portées à des dépendances du domaine public, relevant soit des tribunaux administratifs, soit des juridictions répressives judiciaires.

Contredit *[Pr. civ.]*

Voie de recours ouverte au plaideur dans un certain nombre de cas :

Contredit de compétence formé par la partie qui refuse de s'incliner devant une décision d'incompétence qui a statué seulement sur la compétence et non sur le fond (dans ce dernier cas, il faudrait recourir à l'appel).

NCPC, art. 80 s.

Contredit, critique du règlement provisoire établi par le juge au cours d'une procédure d'ordre.

C. pr. civ., art. 755.

Contre-enquête *[Pr. civ.]*

Enquête grâce à laquelle le plaideur peut, sans autorisation du juge, faire entendre ses propres témoins sur les articulats de la partie adverse, admise à prouver ses dires par témoignage.

NCPC, art. 204.
➤ *Enquête.*

Contre-expertise *[Pr. civ.]*

Mesure d'instruction destinée à faire vérifier par d'autres hommes de l'art les résultats d'une précédente expertise.
➤ *Expertise.*

Contrefaçon *[Dr. com. / Dr. pén.]*

Fait pour un autre que le titulaire d'un droit de propriété intellectuelle ou son licencié d'exploiter ce monopole, portant ainsi atteinte aux droits de son titulaire.

La contrefaçon est un délit correctionnel. Elle constitue aussi un fait générateur de responsabilité civile.

Contre-lettre *[Dr. civ.]*

Acte écrit et secret entre les parties destiné à modifier le contenu ou les effets d'un acte apparent.

C. civ., art. 1321.
➤ *Acte apparent, Simulation.*

Contremaître *[Dr. trav.]*
➤ *Agent de maîtrise.*

Contre-passation *[Dr. com.]*

Technique qui consiste à annuler, par une écriture inverse de la précédente, une opération comptable faite antérieurement : ainsi dans le compte courant, en cas de non-paiement des effets de commerce dont le montant avait été porté au crédit du client.

Contreseing ministériel *[Dr. const.]*

1° Signature apposée sur un acte par un ou plusieurs ministres, à côté de la signature du Chef de l'État, en vue de l'authentifier, c'est-à-dire de la certifier.

2° Dans le régime parlementaire, le contreseing a pris une autre signification : c'est la formalité de prise en charge par le Cabinet ministériel de la responsabilité politique d'actes dont le Chef de l'État, élément irresponsable de l'exécutif, n'est que nominalement l'auteur. Dans un régime (comme celui de la Ve République) où le Chef de l'État exerce effectivement les pouvoirs que la Constitution lui confère, le contreseing traduit l'accord nécessaire du Président de la République et du Gouvernement pour certains actes (ou l'accord au sein du Gouvernement quand il s'agit du contreseing des actes du Premier ministre).

Contribution *[Pr. civ.]*

La procédure de distribution par contribution est celle qui permet de répartir entre des créanciers chirographaires, au marc le franc de leurs créances, les sommes provenant d'une saisie mobilière, ou d'une saisie immobilière en l'absence de créanciers hypothécaires.

Le décret du 31 juillet 1992 (art. 283 à 293) abroge les dispositions de l'ancien Code de procédure civile relative à la distribution par contribution.

L'agent chargé de la vente prépare un projet de répartition et s'efforce de concilier les prétentions des créanciers. S'il obtient leur accord, il procède à la répartition. En revanche, tout incident est porté devant le juge de l'exécution du lieu de la vente.

Contribution à la dette *[Dr. civ.]*

Règlement final intervenant, une fois le créancier satisfait (obligation à la dette), entre l'auteur du paiement et le véritable débiteur ou entre l'auteur du paiement et ses coobligés. Marque le deuxième stade dans la procédure de règlement de certains passifs : après le passif provisoire, acquitté en tout ou partie par un répondant, vient le compte définitif qui fait assumer le poids de la dette à celui ou à ceux qui en sont réellement tenus. Ainsi les propres du mari supporteront seuls en définitive la charge des dommages-intérêts personnels dont le règlement avait été poursuivi sur les biens communs. Ainsi l'obligé solidaire, qui a payé le tout, récupérera sur les codébiteurs la part contributive de chacun.

📗 *C. civ., art. 1485, 1486.*

Contribution pour le remboursement de la dette sociale *[Séc. soc. / Dr. fin.]*

Prélèvement fiscal assis sur l'ensemble des revenus : revenus d'activité, de remplacement, du patrimoine, produits de placement, destiné à apurer les déficits accumulés au 31 décembre 1995 par le régime général et le régime d'assurance maladie des non salariés. Elle sera perçue jusqu'au 31 janvier 2014.

📗 *CGI, 1600-0G.*

Contribution sociale généralisée (CSG)
[Dr. fin. / Séc. soc.]

Imposition de nature fiscale créée en 1991, à la structure complexe, frappant à un taux proportionnel l'ensemble des revenus d'activités ou du patrimoine de chaque contribuable, destinée à financer la Caisse nationale d'allocations familiales; pour les revenus d'activités elle est, malgré sa nature fiscale, directement perçue par les organismes de recouvrement de la Sécurité sociale (URSSAF). La CSG représente une manifestation du double phénomène d'élargissement de l'assiette des prélèvements fiscaux sur les revenus, face à l'impôt progressif sur le revenu traditionnel (dont elle doit dépasser le montant en 1999), qui n'est plus guère payé que par la moitié des contribuables potentiels, et de la fiscalisation des ressources de la Sécurité sociale qui évite d'accroître de façon difficilement supportable ses cotisations.

📗 *GGI, art. 1600-0 C et s.; CSS, art. L. 136-1 et s.*

Contribution sociale de solidarité
[Séc. soc.]

Contribution annuelle basée sur le chiffre d'affaires acquittée par les sociétés au profit des régimes d'assurance vieillesse et d'assurance maladie-maternité des travailleurs non salariés des professions non agricoles.

📗 *CSS, art. L. 651-1 et s.*

Contrôle administratif *[Dr. adm.]*
➢ *Tutelle.*

C

C

Contrôle budgétaire *[Dr. adm. / Dr. fin.]*
➢ *Chambre régionale des comptes.*

Contrôle des changes *[Dr. fin.]*
Ensemble de mesures dérogatoires au principe de la liberté des relations financières avec l'étranger, soumettant à des limitations ou à des autorisations les transferts de capitaux et de moyens de paiement à l'étranger, ainsi que la possession d'avoirs en devises par les nationaux. Complètement supprimé le 1er janvier 1990, en application des obligations communautaires de la France.

Contrôle de l'emploi *[Dr. trav.]*
➢ *Emploi.*

Contrôle financier déconcentré *[Dr. fin.]*
➢ *Contrôleur financier.*

Contrôle d'identité *[Pr. pén.]*
Examen, effectué par un OPJ ou un APJ, sur la voie ou dans un lieu public, d'un document de nature à prouver l'identité d'une personne. Il constitue la première étape de l'opération tendant à établir l'identité.
▌ *C. pr. pén., art. 78-1 à 78-5.*
➢ *Vérification d'identité.*

Contrôle judiciaire *[Pr. pén.]*
Mesure restrictive de liberté qui astreint la personne mise en examen (inculpé) ou le prévenu à se soumettre à une ou plusieurs obligations légalement définies, choisies en vue des nécessités de l'information ou pour des raisons de sécurité.
▌ *C. pr. pén., art. 137 s., R. 16 s.*

Contrôleur des dépenses engagées
[Dr. fin.]
➢ *Contrôleur financier.*

Contrôleur financier *[Dr. fin.]*
Titre actuel de l'ancien contrôleur des dépenses engagées. Il est le représentant du ministre des Finances auprès de chacun des autres ministres; chargé de veiller à la régularité budgétaire des opérations d'engagement et d'ordonnancement, il examine en pratique dans toute leur ampleur les incidences financières des projets sans toutefois pouvoir empiéter sur l'appréciation de leur opportunité. En cas de désaccord persistant portant sur une opération, il peut refuser d'apposer son visa, et cette opposition ne peut être levée que par le ministre des Finances.

Pour les dépenses engagées au niveau des administrations déconcentrées de l'État, il existe dans chaque région un « contrôle financier déconcentré » ayant le même objet, confié au Trésorier-Payeur Général de région. Il s'exerce sous la forme d'un visa préalable des engagements de dépenses des ordonnateurs locaux, dont le refus ne peut être surmonté que par décision du ministre du Budget, ou d'un examen *a posteriori*, ainsi que par un contrôle sur les actes de gestion des personnels de l'État, appelé par la déconcentration croissante de la gestion de ceux-ci.

Contumace *[Pr. pén.]*
Procédure criminelle destinée au jugement d'un accusé ayant fui la justice. Comportant plusieurs phases, cette procédure suppose d'abord que soit constaté *l'état de contumace*, c'est-à-dire le fait que l'accusé n'ait pu être saisi ou ne se soit pas présenté devant la Cour d'assises, ou encore qu'il se soit évadé avant le verdict. Alors est prise une *ordonnance de contumace*, qui con-

tient ordre à l'accusé de comparaître, faute de quoi il est procédé au *jugement de la contumace.* Enfin, si le contumax se constitue prisonnier ou s'il est arrêté avant que la peine ne soit éteinte par prescription, il y a *purge de la contumace,* laquelle opère anéantissement rétroactif et de plein droit de l'arrêt de condamnation et de ses conséquences civiles.

📖 *C. pr. pén., art. 627 s.*

Convention *[Dr. civ.]*
Accord de volonté destiné à produire un effet de droit quelconque.
Par rapport au contrat, la convention est le genre car ses effets peuvent être autres que ceux qui résultent d'un contrat, lequel n'est qu'une espèce de convention. – Néanmoins, dans le langage courant, les deux termes sont souvent utilisés l'un pour l'autre.

📖 *C. civ., art. 1101.*
[Dr. const.] ➤ *Assemblée constituante.*
Aux États-Unis, assemblée de délégués de chaque parti pour la désignation des candidats aux différentes élections présidentielles. Des conventions d'État ou des élections primaires désignent des délégués aux conventions nationales, qui désignent les candidats de chaque parti à la Présidence.
[Dr. int. publ.] Synonyme d'accord ou traité.

Conventionnalité (Contrôle de) *[Dr. gén.]*
Au cours d'une instance devant une juridiction administrative ou judiciaire, contrôle exercé par celle-ci sur un texte législatif invoqué par une partie, en vue de s'assurer qu'il ne méconnaît pas une convention internationale ou un texte international de force juridique équiva-

lente, comme un texte de droit communautaire. Dans ce cas, le texte national est écarté par le juge. Il n'est possible pour le justiciable d'invoquer le moyen que si la norme internationale est d'effet direct.
➤ *Constitutionnalité des lois (Contrôle de).*

Conventions *[Séc. soc.]*
Accords nationaux régissant les rapports entre les caisses primaires d'assurance maladie et les praticiens et auxiliaires médicaux, et conclus au niveau national pour chacune des professions concernées, entre les caisses nationales des divers régimes d'assurance maladie et une ou plusieurs organisations syndicales représentatives de la profession intéressée.

📖 *CSS, art. L. 162 s.*

Convention collective *[Dr. trav.]*
Accord conclu entre, d'une part, un employeur ou un groupement d'employeurs et, d'autre part, une ou plusieurs organisations syndicales de salariés possédant un caractère représentatif, en vue de déterminer l'ensemble des conditions d'emploi et de travail des salariés et de leurs garanties sociales.
Commission nationale de la négociation collective : Commission comprenant des représentants des pouvoirs publics, des représentants des organisations syndicales de salariés les plus représentatives et des représentants des organisations d'employeurs les plus représentatives; elle est chargée de faire des propositions de nature à faciliter le développement de la négociation collective, de donner un avis sur l'exten-

CON

sion et l'élargissement des conventions collectives et sur la fixation du SMIC.

🔲 *C. trav., art. L. 132-1 s., L. 136-1 s., R. 136-1 s.*
➤ *Accord atypique.*

Convention de conversion *[Dr. trav.]*

En cas de projet de licenciement pour motif économique, l'employeur doit proposer aux salariés dont le licenciement est envisagé un projet de conversion tendant à une nouvelle formation et à leur reclassement; lorsque le salarié, qui dispose d'un délai de réflexion, accepte, le contrat de travail est censé rompu du commun accord des parties; l'ancien salarié, au titre de la convention de conversion, est stagiaire de la formation professionnelle.

🔲 *C. trav., art. L. 321-4 s.*

Convention européenne des droits de l'homme *[Dr. int. publ.]*

Convention adoptée le 4 novembre 1950 par les États membres du Conseil de l'Europe pour imposer aux États signataires le respect des principaux droits fondamentaux. Modèle dit-on car texte de droit positif assorti d'un mécanisme de garantie (Commission et Cour européenne des droits de l'Homme) modifié par le protocole numéro 11 adopté en 1994 et entré en vigueur le 1er novembre 1998 qui supprime la Commission et organise le système de contrôle autour de la seule Cour.

Convention internationale du travail
[Dr. int. publ. / Dr. trav.]

Convention portant sur le droit du travail et adoptée par la Conférence internationale du travail (assemblée plénière

de l'OIT composée sur la base du tripartisme en vigueur dans cette organisation). Plus de 160 conventions, dont certaines ratifiées par de nombreux États, ont été adoptées. Un mécanisme de contrôle de leur application fonctionne de manière assez satisfaisante et constitue un exemple rare et original.

Convention de Lomé *[Dr. eur.]*

Convention régissant les relations économiques des Communautés européennes avec plus de 60 états d'Afrique, d'Asie ou du Pacifique (pays ACP). Signée le 28 février 1975 (Lomé I), confirmée en 1979 (Lomé II) et en 1984 (Lomé III), elle a été renouvelée pour la période postérieure à 1990 (Lomé IV). Considérée comme un modèle du dialogue Nord/Sud du fait des avantages accordés aux pays en voie de développement par les européens.

Convention matrimoniale *[Dr. civ.]*
➤ *Contrat de mariage.*

Conventionnement *[Séc. soc.]*

Le conventionnement est le fait, pour les praticiens ou auxiliaires médicaux, d'adhérer individuellement à la convention nationale conclue entre les organismes représentatifs de leur profession et la sécurité sociale. Le médecin conventionné, par exemple, doit respecter (sauf droit à dépassement) les tarifs d'honoraires fixés par la convention nationale, mais jouit, en revanche, d'avantages fiscaux et sociaux.

Conversion de la dette publique *[Dr. fin.]*

Mesure de gestion de la Dette publique tendant à réduire le taux d'intérêt à servir aux prêteurs.

C

160

Conversion de rente *[Séc. soc.]*

Transformation d'une rente en un capital.

Convocation par procès-verbal *[Pr. pén.]*

Procédure simplifiée de poursuite devant le tribunal correctionnel, qui a remplacé le rendez-vous judiciaire, et qui est applicable à des affaires peu complexes pouvant être jugées rapidement. Lorsque les charges réunies sont suffisantes, et que l'affaire est en état d'être jugée, le prévenu est invité à comparaître devant le tribunal dans un délai compris entre dix jours et deux mois. Un double du procès-verbal, comportant notamment l'heure et la date de l'audience, est remis à la personne poursuivie. Il vaut convocation devant la juridiction de jugement.

▮ *C. pr. pén., art. 388, 393 et 394.*

Cooobligé *[Dr. civ.]*

Personne qui est tenue au paiement d'une dette avec une ou plusieurs autres, soit conjointement, soit solidairement. Le terme le plus courant est codébiteur.

Coopération décentralisée *[Dr. adm.]*

Coopération que les collectivités territoriales peuvent engager avec des collectivités territoriales étrangères dans la limite de leurs compétences. Elle prend la forme de conventions, ou de participation à des sociétés d'économie mixte locale ou à des groupements d'intérêt public.

L'expression est parfois employée aussi pour désigner les actions de coopération au profit de collectivités des pays en voie de développement engagées par des collectivités locales françaises.

Coopération politique européenne *[Dr. eur.]*

Mise en place par l'accord Davignon du 27 octobre 1970. Organise un mécanisme de concertation des politiques étrangères des États membres des Communautés européennes. Même si les rencontres prévues à ce titre se sont multipliées et si des résultats intéressants ont été enregistrés, n'a pu encore déboucher sur une politique extérieure commune. Intégrée dans les traités constitutifs par l'Acte unique européen, elle connaîtra un développement important avec le traité de Maastricht et la création d'une politique étrangère et de sécurité commune (PESC).

Coopératives *[Dr. gén.]*

Entreprises recherchant pour leurs membres les services les meilleurs aux plus bas prix (production, consommation, agriculture, artisanat, commerce de détail, habitation, reconstruction, crédit...). Leur immense activité à caractère social part du principe, non de la suppression systématique du profit, mais de la réduction de son rôle et surtout de sa répartition entre les adhérents, avec égalité de ceux-ci dans la gestion, abstraction faite du nombre des parts et de l'ancienneté (sauf rares exceptions). L'expérience toute contemporaine montre les difficultés qu'éprouvent les coopératives à n'être pas confondues, même par certains de leurs adhérents, avec les entreprises du type capitaliste ordinaire.

Coopérative ouvrière de production *[Dr. trav.]*

Société à capital variable, ayant la forme de société anonyme ou de société à res-

C

ponsabilité limitée, constituée par des salariés en vue de l'exercice en commun d'activités de production ou de services. Afin d'obtenir des capitaux, il peut être fait appel, en qualité de sociétaires, à des non-coopérateurs, nécessairement minoritaires, dans les organes de gestion.

C. trav., art. L. 442-7, L. 442-9.

Coopérative d'utilisation de matériel agricole (CUMA) *[Dr. civ.]*

Groupement d'agriculteurs en vue de l'achat et de l'utilisation en commun du matériel de culture. Forme de coopérative permettant aux petits propriétaires de bénéficier d'un matériel qu'ils ne pourraient acheter individuellement.

Cooptation *[Dr. const.]*

Mode de recrutement des gouvernants consistant dans la désignation des nouveaux gouvernants par ceux qui sont déjà en fonction.

En vigueur dans les dictatures, la cooptation joue aussi un rôle important au sein des partis politiques (même dans les régimes démocratiques).

[Dr. adm.] Procédé de recrutement de certains membres ou, successivement, de tous les membres d'un conseil ou d'une assemblée (le plus souvent de nature juridictionnelle ou scientifique) par les membres mêmes de ce conseil ou de cette assemblée, afin d'assurer l'indépendance dans le recrutement et la qualité particulière des personnes choisies.

Coordonnateur *[Dr. soc.]*

Personne chargée de favoriser sur le plan local une liaison efficace entre les services et établissements à caractère sanitaire et social, concernant les retraités et les personnes âgées (circ. n° 82-13 du 7 avril 1982).

Copie certifiée conforme (du jugement) *[Pr. civ.]*

Simple copie du jugement affirmée identique à la minute délivrée par le greffier en chef et non munie de la formule exécutoire.

➢ *Copie exécutoire.*

Copie exécutoire *[Pr. civ.]*

Copie du jugement détenu en minute au greffe, délivrée par le greffier en chef et assortie de la formule exécutoire.

NCPC, art. 502, 1439.

➢ *Expédition, Grosse exécutoire.*

Copie exécutoire à ordre
[Dr. civ. / Pr. civ.]

Copie d'un acte notarié reçu en minute, revêtue de la formule exécutoire, à ordre et transmissible suivant certaines conditions, par endossement.

Copropriété *[Dr. civ.]*

Modalité du droit de propriété découlant de la pluralité des titulaires du droit sur la chose d'où il résulte que le droit de propriété de chacun est ramené à une quote-part (1/2, 1/3, 1/4) dont le copropriétaire peut librement disposer, tandis que la gestion du bien indivis lui-même est soumise à l'accord de tous, parce que le droit s'applique, matériellement, à la totalité du bien.

Le terme désigne souvent dans la pratique la situation d'un immeuble construit et divisé en appartements attribués privativement à des personnes déterminées : la copropriété ne porte alors que sur les parties communes et le gros œuvre.

Le règlement de copropriété est un document écrit qui doit obligatoirement déterminer les parties communes et privatives, les quotes-parts des charges, les conditions de jouissance, des parties communes et privatives et fixer les règles relatives à l'administration des parties communes.
➤ *Méthodes de Grenoble et de Paris.*

Corps certain *[Dr. civ.]*
Chose caractérisée par son irréductible individualité et, par conséquent, insusceptible d'être remplacée par une autre dans un paiement.
➤ *Choses fongibles.*

Corps diplomatique *[Dr. int. publ.]*
Ensemble des agents diplomatiques en poste dans un État donné. Il existe un doyen du corps diplomatique, qui est le chef de mission le plus ancien (voire dans certains États, de droit le nonce apostolique) mais qui a seulement un rôle protocolaire ou une autorité morale.

Corps électoral *[Dr. const.]*
Ensemble des citoyens qui ont le droit de vote.

Corps (de fonctionnaires) *[Dr. adm.]*
Ensemble de fonctionnaires soumis au même statut particulier et ayant vocation à parvenir aux mêmes grades. Chaque corps est divisé en quatre catégories (A, B, C, D) correspondant à des niveaux décroissants de fonctions et d'exigences de diplômes pour leur recrutement.
➤ *Fonctionnaire, Statut.*

Corps humain *[Dr. gén.]*
Aspect physique de l'être humain, en principe inviolable (sauf nécessité thérapeutique ou prélèvement d'organes sous des conditions très strictes) et dont les éléments et les produits ne peuvent faire l'objet d'un droit patrimonial. ➤ Hors du commerce. Le juge peut prescrire toutes mesures propres à empêcher ou faire cesser une atteinte illicite au corps humain ou des agissements illicites portant sur des éléments ou des produits de celui-ci.
📘 *C. civ., art. 16 s.*

« Corpus » *[Dr. civ.]*
Le corpus (corps) constitue l'élément matériel de la possession, en désignant le pouvoir de fait exercé sur une chose.
➤ *Animus.*

Corréalité *[Dr. pén.]*
➤ *Coactivité.*
[Dr. civ. / Dr. com.] Synonyme de solidarité.

Correctionnalisation judiciaire *[Pr. pén.]*
Pratique qui consiste, pour les autorités de poursuite ou d'instruction, à déférer à la juridiction correctionnelle ce qui est constitutif d'un crime, notamment en négligeant l'existence de circonstances aggravantes.

Correspondant du Trésor public *[Dr. fin.]*
Nom donné à toute personne (morale ou physique) déposant auprès du Trésor public tout ou partie de sa trésorerie, à titre facultatif ou obligatoire (comme les collectivités locales).
Depuis une réforme engagée en 1999, les fonds des comptes courants postaux

C

collectés par La Poste, naguère correspondant important du Trésor, ne sont plus déposés auprès de celui-ci, sauf ceux des comptables et régisseurs publics (le transfert de ces fonds hors du Trésor public s'effectue progressivement jusqu'en 2003).

➢ *Régies d'avances, de recettes.*

Corruption (délit de) *[Dr. pén.]*

Comportement pénalement incriminé par lequel sont sollicités, agréés ou reçus des offres, promesses, dons ou présents, à des fins d'accomplissement ou d'abstention d'un acte, d'obtention de faveurs ou d'avantages particuliers. La corruption est dite *passive* lorsqu'elle est le fait du corrompu, elle est dite *active* lorsqu'elle est le fait du corrupteur.

📖 *C. pén., art. 432-11, 433-1 et 433-2.*

Corse *[Dr. adm.]*

La collectivité territoriale de Corse est une région dotée de compétences plus étendues, et d'une organisation particulière marquée par l'existence d'un Conseil exécutif de Corse.

📖 *C. gén. coll. territ., art. L. 4421-1 s.*

Cote boursière *[Dr. com.]*

Liste officielle des cours des valeurs et marchandises négociées en bourse.

Cote d'impôt *[Dr. fin.]*

Dans le vocabulaire de la pratique administrative, synonyme d'imposition individuelle à un impôt direct quelconque. Par exemple, on parle de la cote d'impôt sur le revenu d'un contribuable pour désigner le montant d'impôt qu'il doit payer au titre d'une année.

Cotation des actes médicaux *[Séc. soc.]*

Nomenclature générale des actes professionnels et des actes de biologie médicale attribuant à chaque acte une lettre-clé et un coefficient, en vue de son remboursement par les caisses d'assurance maladie. La lettre-clé indique la catégorie de l'acte et représente une valeur en francs variables, fixée et révisée selon la réglementation sur les honoraires des praticiens, auxiliaires médicaux et biologistes : le coefficient est un nombre indiquant la valeur relative de chaque acte, en fonction de son importance.

Cotisations de Sécurité sociale *[Séc. soc.]*

Versements des assurés sociaux et de leurs employeurs assis sur le revenu professionnel et destinés au financement de la Sécurité sociale.

Dans le régime agricole, on distingue les cotisations techniques affectées à la couverture des dépenses de prestations, des cotisations complémentaires affectées aux dépenses de gestion, d'action sanitaire et sociale et aux frais de contrôle médical.

📖 *CSS, art. L. 241-1.*

Coup d'État *[Dr. const.]*

Action de force contre les pouvoirs publics exécutée par une partie des gouvernants ou par des agents subordonnés, notamment des militaires (dans ce dernier cas on parle aussi de putsch ou de pronunciamiento), et qui vise à renverser le régime établi (exceptionnellement à le défendre : ex. les coups d'État « en chaîne » du Directoire pour rétablir l'harmonie, souvent rompue, entre les pouvoirs publics).

Coups et blessures par imprudence
[Dr. pén.]
> Atteintes involontaires, Homicide et blessures par imprudence.

Cour administrative d'appel *[Dr. adm.]*
Juridiction administrative de second degré. Il en existe sept (Bordeaux, Douai, Lyon, Marseille, Nancy, Nantes, Paris). Elle est compétente pour connaître des appels contre les jugements des tribunaux administratifs, à l'exception de ceux portant sur les recours en appréciation de légalité et sur les litiges relatifs aux élections municipales et départementales, qui continuent de relever en appel du Conseil d'État. Les arrêts rendus par les CAA peuvent faire l'objet d'un recours en cassation devant celui-ci.

📖 *C. trib. adm., art. R. 7.*

Cour d'appel *[Pr. civ. / Pr. pén.]*
Juridiction de droit commun et de second degré, comprenant le plus souvent plusieurs départements dans son ressort.

📖 *C. org. jud., art. L. 212-1 s. et R. 211-1 s.*

Cour d'assises *[Pr. pén.]*
Juridiction répressive compétente, en premier ressort ou en appel, pour juger les crimes. À raison d'une cour d'assises par département, elle est composée de deux catégories de membres délibérant ensemble : d'une part, trois magistrats professionnels qui forment la Cour, d'autre part, des jurés de jugement non professionnels qui forment le jury, au nombre de neuf lorsque la cour d'assises statue en premier ressort et de douze lorsqu'elle statue en appel, tous étant désignés par tirages au sort à partir des listes électorales.

Il existe une formation spéciale de la cour d'assises dans le ressort de chaque cour d'appel, chargée de juger les crimes militaires, les crimes de droit commun commis dans l'exécution de leur service par les militaires lorsqu'il y a un risque de divulgation d'un secret de la défense nationale, certains crimes contre les intérêts fondamentaux de la nation, les actes de terrorisme, et, depuis la réforme du code pénal, les crimes en matière de trafics de stupéfiants. Elle est composée d'un président, et de six ou huit assesseurs, selon qu'elle statue en premier ressort ou en appel, tous magistrats professionnels, ce qui en fait une cour d'assises sans jurés.

📖 *C. pr. pén., art. 231 s., 698-6.*

Cour de cassation *[Pr. civ. / Pr. pén.]*
Juridiction placée au sommet de la hiérarchie pour les juridictions civiles et pénales de l'ordre judiciaire.

Elle comprend cinq chambres civiles et une chambre criminelle, peut statuer aussi en chambre mixte et en Assemblée plénière. Chargée de favoriser l'unité d'interprétation des règles juridiques, la Cour de cassation, saisie par un pourvoi, ne peut connaître que des questions de droit et non des questions de fait abandonnées à l'appréciation souveraine des juges du fond.

📖 *C. org. jud., art. L. 111-2, L. 111-3, L. 131-1 s., R. 121-3.*

Une loi du 15 mai 1991 permet, en matière civile, à une juridiction de saisir la Cour de cassation, pour connaître son avis sur une question de droit nouvelle présentant une difficulté sérieuse d'interprétation et se posant dans un grand

C

C

nombre de litiges. L'avis ainsi donné ne s'impose pas aux juges du fond.
📖 *C. org. jud., art. L. 151-1; NCPC, art. 1031-1 s.*

Cour des comptes *[Dr. fin.]*
Juridiction administrative, soumise au contrôle de cassation du Conseil d'État, chargée d'exercer un contrôle sur pièces ou sur place des finances de l'État et de ses établissements publics, de la Sécurité sociale et d'organismes même privés bénéficiant de concours financiers de l'État. Ses attributions essentielles sont représentées :
1° à l'égard des comptables publics ou de fait de l'État et de ses établissements publics, par le jugement de leur compte de gestion ou des documents en tenant lieu, en vue de déterminer s'ils sont quittes ou en débet vis-à-vis des personnes publiques dont ils ont exécuté les opérations;
2° à l'égard des ordonnateurs des mêmes personnes publiques, par la formulation d'observations non juridictionnelles sur la régularité et l'efficience de leur gestion; les plus importantes sont publiées dans le rapport public annuel de la Cour, publié par le Journal officiel;
3° par la vérification de la régularité des comptes et par l'appréciation de la gestion des entreprises publiques. Ces investigations, à caractère non juridictionnel, aboutissent à un compte rendu aux ministres intéressés et à un rapport public biennal;
4° par une compétence de juge d'appel à l'égard des jugements définitifs des chambres régionales des comptes.
➢ *Commission de vérification des comptes des entreprises publiques, Comptable de fait.*

Cour des comptes européenne *[Dr. eur.]*
Créée par le Traité de Bruxelles du 22 juillet 1975 et installée (siège : Luxembourg) en octobre 1977. Chargée du contrôle de la légalité et de la régularité ainsi que de la bonne gestion financière des recettes et dépenses des Communautés européennes.

Cour constitutionnelle *[Dr. const.]*
Juridiction en charge du respect de la constitution, en particulier contrôle la constitutionnalité des lois et veille au respect des droits fondamentaux. Sa composition (désignation par le pouvoir exécutif ou le pouvoir législatif ou les deux) et son mode de saisine (par voie d'action et/ou d'exception) varient selon les pays.
➢ *Conseil constitutionnel.*

Cour de discipline budgétaire et financière *[Dr. fin.]*
Juridiction administrative chargée, sous le contrôle de cassation du Conseil d'État, de réprimer les irrégularités budgétaires en prononçant des peines pécuniaires contre les agents d'exécution des budgets de l'État, des collectivités territoriales et des établissements publics. Les élus locaux (sauf dans quelques cas) et les ministres ne sont pas justiciables de la Cour. Son fonctionnement n'a pas répondu aux espoirs mis en elle.

Cour européenne des droits de l'Homme *[Dr. int. publ.]*
Juridiction créée dans le cadre de la Convention européenne de sauvegarde des droits de l'homme et des libertés fondamentales. Assure le contrôle du respect de la convention. Siège : Strasbourg.

Cour internationale de justice
[Dr. int. publ.]

Organe judiciaire principal des Nations Unies, fonctionnant conformément à un Statut annexé à la Charte, et dont la mission est de régler par des arrêts les différends d'ordre juridique entre États et de donner des avis consultatifs aux organes de l'ONU et aux institutions spécialisées. Siège : La Haye. Succède à la Cour permanente de justice internationale contemporaine de la SDN. On doit déplorer une activité aujourd'hui très faible de la Cour car peu saisie, les États préférant l'arbitrage.

Cour de justice des communautés européennes (CJCE) *[Dr. eur.]*

Organe juridictionnel commun aux trois Communautés européennes chargé d'assurer le respect du droit dans l'interprétation et l'application des traités. Composée de 15 juges et de 7 avocats généraux nommés d'un commun accord par les États membres et indépendants, la Cour a de nombreuses compétences (elle peut, par exemple, annuler un acte du Conseil ou de la Commission, constater le manquement par un État de l'une des obligations lui incombant, interpréter, sur renvoi préjudiciel des juridictions nationales, les traités et actes de droit dérivé...). Rendant désormais environ 200 arrêts par an, la Cour, qui siège à Luxembourg, tend à devenir une sorte de Cour suprême européenne. Elle exerce un rôle moteur dans la construction communautaire par une interprétation souvent extensive des compétences des Communautés, par l'unité qu'elle assure au droit communautaire

et par la sanction de ses éventuelles violations.

➢ *Tribunal européen de première instance.*

Cour de justice de la République
[Dr. const.]

Instituée par la loi constitutionnelle du 27 juillet 1993 elle remplace la Haute Cour de justice, pour connaître de la responsabilité pénale des membres du Gouvernement. 15 membres soit 12 parlementaires élus en leur sein et en nombre égal par l'Assemblée nationale et le Sénat, et 3 magistrats du siège à la Cour de cassation dont l'un préside la Cour. La révision constitutionnelle a voulu faciliter et juridictionnaliser la mise en œuvre de la responsabilité des ministres, suite au dossier du sang contaminé, tout en maintenant le principe d'une juridiction spécifique considérée comme garante de l'indépendance du pouvoir politique. Tout citoyen peut porter plainte auprès d'une Commission des requêtes, l'initiative de la saisine n'étant plus réservée au seul Parlement.

Cour nationale de l'incapacité et de la tarification des accidents du travail (anciennement commission nationale technique) *[Séc. soc.]*

Juridiction compétente pour statuer sur les appels formés contre les décisions des tribunaux du contentieux de l'incapacité qui sont rendus en premier ressort; compétente également pour connaître des décisions rendues par les caisses régionales d'assurance maladie en matière de tarification accident du travail.

📖 *CSS, art. L. 143-3.*

C

Cour permanente d'arbitrage
[Dr. int. publ.]

Institution créée par la première conférence de La Haye (1899) pour favoriser le règlement arbitral des litiges internationaux. La CPA consiste en une liste permanente de jurisconsultes (4 au plus par État) parmi lesquels les parties choisissent un ou plusieurs arbitres. Siège : La Haye.

Cour permanente de justice Internationale *[Dr. int. publ.]*
➤ *Cour Internationale de Justice.*

Cour supérieure d'arbitrage *[Dr. trav.]*

Juridiction d'exception chargée d'examiner les pourvois formés par les parties contre les sentences arbitrales pour excès de pouvoir ou violation de la loi.
📘 *C. trav., art. L. 525-5 s., R. 525-2 s.*
➤ *Arbitrage.*

Cour de sûreté de l'État *[Pr. pén.]*

Juridiction d'exception, instituée par une loi du 15 janvier 1963, chargée de juger en temps de paix l'ensemble des infractions contre la sûreté intérieure et extérieure de l'État. A été supprimée par une loi du 4 août 1981.

Cours de bourse *[Dr. com.]*

Prix atteint par une valeur mobilière ou une marchandise au cours d'une séance de la bourse, un jour donné et qui dépend du volume respectif des offres et des demandes d'un titre ou d'une denrée.

Cours forcé *[Dr. civ. / Dr. com.]*

Le cours forcé de la monnaie signifie que les particuliers ne peuvent pas exiger de la Banque de France la conversion en or de leurs billets de banque. L'institution du cours forcé aggrave singulièrement les conséquences du cours légal.
➤ *Cours légal.*

Cours légal *[Dr. fin. /Dr. com. / Dr. civ.]*

Une monnaie a cours légal lorsque le créancier est obligé de l'accepter en paiement. C'est le cas actuellement des billets de la Banque de France; cependant, pour lutter contre la fraude fiscale et le blanchiment des capitaux, le paiement par chèque, carte bancaire ou virement est obligatoire au-delà d'une certaine somme (20 000 F ou 3 000 euros pour les non-commerçants), à peine d'une lourde amende fiscale.
📘 *CGI, art. 1649 quater B; C. civ., art. 125-7.*
➤ *Cours forcé.*

Courtage *[Dr. com.]*

Contrat par lequel une personne appelée *courtier* met en relations deux personnes qui désirent contracter. L'opération de courtage constitue un acte de commerce.
📘 *C. com., art. L. 110-1 (ex-art. 632).*

Courtage matrimonial *[Dr. civ.]*

Profession qui consiste pour celui qui l'exerce à mettre en rapport certaines personnes, moyennant une rémunération, afin de faciliter leur mariage.

Courtier *[Dr. com.]*
➤ *Courtage.*

Courtoisie internationale (comitas gentium) *[Dr. int. priv. / Dr. publ.]*

Usages sans caractère d'obligation suivis dans les rapports internationaux simplement pour des raisons d'égards mutuels.

Coutume *[Dr. civ.]*

Règle qui n'est pas édictée en forme de commandement par les pouvoirs publics, mais qui est issue d'un usage général et prolongé *(repetitio)* et de la croyance en l'existence d'une sanction à l'observation de cet usage *(opinio necessitatis)*. Elle constitue une source de droit, à condition de ne pas aller à l'encontre d'une loi.

[Dr. trav.] ➢ *Usage.*

Coutume constitutionnelle *[Dr. const.]*

Règle non écrite résultant de précédents concordants respectée par les pouvoirs publics d'un État. La Grande-Bretagne et Israël n'ont pas de constitution écrite, mais une constitution coutumière. Plus généralement, se présente comme un complément à la constitution écrite qu'elle vient interpréter, compléter ou, exceptionnellement, modifier.

Coutume internationale *[Dr. int. publ.]*

« Pratique juridique acceptée comme étant le droit » (art. 38-§ 2 du Statut de la Cour Internationale de Justice); ce qui implique un élément matériel (répétition de précédents constituant un usage continu et général) et un élément psychologique (*l'opinio juris*, c'est-à-dire conviction des États qu'en suivant cet usage ils obéissent à une règle de Droit).

➢ *Codification.*

Couverture maladie universelle (CMU) *[Séc. soc.]*

Régime d'assurance maladie maternité dont bénéficie toute personne ainsi que ses ayants droit résidant en France ou dans les DOM de façon stable et régulière et qui ne relève pas d'un autre régime d'assurance maladie maternité. S'est substituée au régime d'assurance personnelle.

📖 *CSS, art. L. 380-1.*

Créance *[Dr. civ.]*

Synonyme de droit personnel; généralement utilisé pour désigner le droit d'exiger la remise d'une somme d'argent.

➢ *Dette, Obligation.*

[Pr. civ.] Conditions pour saisir : en principe, un créancier ne peut déclencher une procédure de saisie que si sa créance est *certaine* (ayant une existence actuelle et incontestable), *liquide* (estimée en argent), *exigible* (non affecté d'un terme suspensif).

➢ *Saisie-appréhension, Saisie-attribution, Saisie-vente.*

Créancier *[Dr. civ.]*

Titulaire d'un droit de créance.

Créancier chirographaire *[Dr. civ.]*

Créancier de somme d'argent ne bénéficiant d'aucune garantie particulière pour le recouvrement de son dû.

Il est donc en concours avec les autres créanciers dans le partage du produit de la vente des biens du débiteur insolvable.

📖 *C. civ., art. 2093.*

➢ *Créancier hypothécaire, Créancier privilégié.*

Créancier hypothécaire *[Dr. civ.]*

Créancier bénéficiant d'un droit d'hypothèque sur un immeuble du débiteur.

C

Ce droit constitue une garantie lui permettant d'obtenir la remise du produit de la vente de l'immeuble sur saisie, par préférence aux autres créanciers.

▌ *C. civ., art. 2114.*

Créancier privilégié *[Dr. civ.]*

Créancier qui, en raison de la nature de son droit personnel, peut obtenir paiement avant d'autres créanciers et bénéficie d'un rang déterminé par la loi.

▌ *C. civ., art. 2095.*

Crédirentier *[Dr. civ.]*

Personne créancière des arrérages d'une rente.

➤ *Débirentier.*

Crédit (opérations de) *[Dr. com.]*

Constitue une opération de crédit tout acte par lequel une personne met ou promet de mettre des fonds à la disposition d'une autre personne ou prend, dans l'intérêt de celle-ci, un engagement par signature tel qu'un aval, un cautionnement ou une garantie.

Crédit-bail *[Dr. com.]*

Technique contractuelle moderne (d'origine américaine où elle porte le nom de leasing) de crédit à moyen terme, par laquelle une entreprise dite de crédit-bail acquiert, sur la demande d'un client, la propriété de biens d'équipement mobiliers ou immobiliers à usage professionnel, en vue de les donner en location à ce client pour une durée déterminée et en contrepartie de redevances ou loyers. À l'issue de la période fixée, le locataire jouit d'une option. Il peut : soit restituer le bien à la société financière, soit demander le renouvelle-

ment du contrat, soit acquérir le bien pour un prix qui tient compte, au moins pour partie, des versements effectués à titre de loyers.

Conçu à l'origine pour les biens d'équipement mobiliers, le crédit-bail peut s'appliquer à l'acquisition ou à la construction d'immeubles à usage professionnel. Il est alors pratiqué par des établissements spécialisés appelés sociétés immobilières pour le commerce et l'industrie (SICOMI), qui bénéficient d'un statut fiscal favorable et doivent distribuer chaque année la plus grande partie de leurs bénéfices aux actionnaires.

➤ *Lease-Back.*

Crédit budgétaire *[Dr. fin.]*

Autorisation de dépenser, limitée dans son montant et spécialisée quant à son objet, inscrite au budget d'une personne publique et représentant en principe le plafond des dépenses de l'espèce que celle-ci peut effectuer au cours de l'année budgétaire.

Crédit documentaire *[Dr. com.]*

Opération de banque par laquelle le vendeur de marchandises transportées sur un navire tire une traite sur son acheteur et remet en garantie à son banquier, pour faciliter l'escompte de sa traite, divers documents, parmi lesquels le connaissement, qui représentent la marchandise transportée.

Crédit d'heures *[Dr. trav.]*

Temps dont dispose un représentant du personnel ou un délégué syndical pour l'exercice de son mandat. On dit également « heures de délégation » ; elles sont payées comme temps de travail et prises sur ce dernier.

📘 *C. trav., art. L. 412-20, L. 424-1, L. 434-1.*

Crédit d'équipement des petites et moyennes entreprises *[Dr. fin.]*

Société financière créée par regroupement de la Caisse nationale des marchés de l'État, du Crédit hôtelier commercial et industriel et du Groupement interprofessionnel des petites et moyennes entreprises. Fonctionnant depuis 1981, il vise à faciliter l'accès des PME au crédit (prêts, financement des commandes des personnes publiques et des opérations de crédit-bail).

Crédit foncier de France *[Dr. fin.]*

Institution de crédit revêtant la forme juridique d'une société anonyme, dont les dirigeants sont nommés par l'État, alimentée par des fonds privés et publics, créée initialement pour consentir des prêts hypothécaires aux propriétaires d'immeubles; aujourd'hui, le Crédit Foncier finance en outre les investissements des collectivités locales et il joue un rôle important dans le financement de la construction privée par les différents prêts qu'il consent en liaison avec le Comptoir des Entrepreneurs, autre organisme de crédit placé sous la tutelle de l'État et qui lui est rattaché.

Crédit immobilier *[Dr. civ.]*

Ce type de crédit vise les prêts consentis par les établissements de crédit (banques ou établissements financiers) pour l'achat ou la construction d'un logement. Il s'ensuit une certaine association entre les deux contrats, contrat d'achat ou de construction d'une part et contrat de prêt, d'autre part. Le légis-lateur en réglementant le crédit immobilier a eu en vue la protection de l'emprunteur.

📘 *C. consom., art. L. 312-1 s.*

Crédit d'impôt *[Dr. fin.]*

À l'origine, technique permettant de concilier l'existence d'une éventuelle retenue fiscale à la source, effectuée lors du versement des intérêts aux porteurs des valeurs mobilières françaises à revenu fixe (obligations), avec le principe d'unicité de l'impôt sur le revenu, selon lequel tout revenu n'est soumis qu'une fois à cet impôt.

Dans ce but, le montant de cette retenue constitue pour les obligataires français une créance sur l'État, appelée crédit d'impôt, qui vient en déduction de l'impôt sur le revenu dû par eux, ou qui leur est remboursée s'ils ne sont pas imposables.

Dans un sens plus général, désigne toute somme venant s'imputer sur le montant brut d'impôt à payer par application de diverses règles fiscales.

➢ *Avoir fiscal.*

Crédit local de France *[Dr. fin.]*

Successeur depuis 1987 de la Caisse d'aide à l'équipement des collectivités locales (CAECL, le Crédit local de France a le statut de société anonyme au capital détenu en majorité par l'État et la Caisse des dépôts et consignations. Il joue un rôle important de prêteur au profit des collectivités locales, à partir de fonds qu'il emprunte.

Crédit municipal (caisses de) *[Dr. fin.]*

Forme moderne des monts-de-piété, dont la mission originaire a été de faire échapper aux usuriers des emprunteurs

C

C

très modestes au moyen de prêts sur gages corporels consentis à des taux favorables.

Aujourd'hui, leurs services s'adressent à une clientèle très large, grâce à l'institution de prêts sur valeurs mobilières, ainsi que sur traitements et pensions publics.

Leur activité est actuellement freinée par l'étroitesse de leurs moyens financiers.

Crédit national *[Dr. fin. / Dr. adm.]*

Institution financière créée en 1919 sous la forme d'une société anonyme rassemblant des capitaux privés en vue d'aider au règlement des dommages de guerre et de prêter aux sinistrés. Ce rôle bancaire s'est hypertrophié et le Crédit national concourt aujourd'hui, essentiellement, à la distribution directe ou indirecte de crédit à moyen et long terme aux entreprises privées, ainsi qu'aux entreprises publiques ne détenant pas, en droit ou en fait, une situation économique de monopole.

Crédits de paiement *[Dr. fin.]*

Crédits budgétaires ouverts dans la loi de finances de l'État, ou dans le budget des collectivités locales et qui constituent la limite supérieure des dépenses pouvant être ordonnancées ou payées pendant l'année pour la couverture des engagements contractés dans le cadre des autorisations de programme correspondantes.

L'équilibre budgétaire des lois de finances, et des budgets locaux, s'apprécie en tenant compte des seuls crédits de paiement (et non des autorisations de programme).

➤ *Ordonnancement.*

Criées *[Pr. civ.]*

Audience du tribunal au cours de laquelle un immeuble est vendu aux enchères.

Crime *[Dr. pén.]*

Infraction de droit commun ou infraction politique, sanctionnée, pour les *personnes physiques*, de la réclusion ou de la détention à perpétuité ou à temps, voire d'une peine d'amende et de peines complémentaires, et, pour les *personnes morales*, de l'amende et, dans les cas prévus par la loi, de peines privatives ou restrictives de droits.

📖 *C. pén., art. 111-1, 131-1 s., 131-37 s.*

Crime contre l'humanité *[Dr. pén.]*

Déportation, réduction en esclavage ou pratique massive et systématique d'exécutions sommaires, d'enlèvements de personnes suivis de leur disparition, de la torture ou d'actes inhumains, inspirées par des motifs politiques, philosophiques, raciaux ou religieux, et organisées en exécution d'un plan concerté à l'encontre d'un groupe de population civile, ou contre ceux qui combattent le système idéologique au nom duquel ces crimes sont perpétrés.

Dans le nouveau code pénal, les crimes contre l'humanité font l'objet d'un titre spécial, englobant le génocide, et les personnes morales peuvent en être déclarées responsables.

📖 *C. pén., art. 211-1 s.*

Criminalistique (La) *[Dr. pén.]*

Ensemble de disciplines scientifiques qui contribuent à permettre aux autorités de police et de justice, de déterminer les circonstances exactes de la commission d'une infraction et d'en identifier les auteurs (ex. : médecine légale, dactyloscopie, techniques des empreintes digitales).

Criminalité *[Dr. pén.]*

Ensemble des infractions à la loi pénale commises pendant une période de référence (en général l'année) dans un pays déterminé. On distingue la criminalité légale (ensemble des infractions sanctionnées par les juridictions pénales), la criminalité apparente (ensemble des faits apparemment constitutifs d'infractions connus des autorités publiques), la criminalité réelle (ensemble des infractions commises, en incluant, par une évaluation, celles demeurées inconnues).

« Criminel tient le civil en état (Le) » *[Pr. pén.]*

Principe de droit processuel au titre duquel le juge civil, lorsqu'il est saisi de l'action en réparation d'une infraction, doit surseoir à statuer jusqu'à ce que le juge pénal se soit lui-même définitivement prononcé sur l'action publique.

Criminologie *[Dr. pén.]*

Au sens étroit : ensemble des doctrines et recherches ayant pour objet de déterminer les causes de la criminalité (criminogenèse). Au sens large, étude scientifique du phénomène criminel dans ses trois composantes : la norme pénale, le crime, la réaction sociale.

Crise ministérielle *[Dr. const.]*

À la fois événement qui provoque la chute du Gouvernement en régime parlementaire et période pendant laquelle le Gouvernement démissionnaire n'est pas remplacé par un nouveau.

Croît *[Dr. civ.]*

Fruit naturel provenant de l'accroissement d'un troupeau par la naissance des petits.

Culpabilité *[Dr. pén.]*

Situation d'une personne qui se voit reprocher l'élément moral d'une infraction, soit au titre de l'intention, par hostilité aux valeurs sociales protégées, soit au titre de la non-intention, par indifférence auxdites valeurs. La culpabilité suppose acquise l'imputabilité.
C. pén., art. 121-3.

Cumul *[Dr. adm.]*

1° *Cumul de responsabilités* : possibilité reconnue par la jurisprudence administrative à la victime d'un préjudice imputable à la fois à une personne publique et à la faute personnelle d'un de ses agents, de mettre en jeu indifféremment la responsabilité de la personne publique ou celle propre de l'agent quand la faute de ce dernier n'est pas dénuée de tout lien avec le fonctionnement du service public. Il peut s'agir soit d'un cumul de fautes distinctes commises par l'Administration et par l'agent, soit d'une seule faute juridiquement imputable à l'un et à l'autre.

2° *Cumul d'emplois* : fait, en général interdit ou limité, d'occuper simultanément plusieurs emplois publics, ou un emploi public et une profession privée.

3° *Cumul de rémunérations* : perception simultanée, en général interdite ou limitée, de rémunérations publiques ou privées dans les hypothèses où le cumul d'emplois est autorisé.

[Dr. pén.] ➤ *Concours réel d'infractions, Conflit de qualifications, Non-cumul des peines.*

CUM

Cumul de mandats *[Dr. const.]*

Possibilité d'exercer parallèlement plusieurs mandats électifs. Assez rare à l'étranger mais courant en France. Une loi votée en 1985 limite désormais les cumuls autorisés (principe de deux mandats seulement mais différentes modulations existent). Un débat est en cours sur son interdiction ou tout au moins une limitation encore plus stricte.

Curatelle *[Dr. civ.]*

Depuis la loi du 3 janvier 1968, institution permettant d'assister certains majeurs protégés par la loi en raison de déficiences physiques ou psychiques.
📖 *C. civ., art. 508.*

Curateur *[Dr. civ.]*

Personne chargée d'assister un majeur placé sous le régime de la curatelle.

Cure de désintoxication
[Dr. pén.]

Mesure de sûreté à caractère thérapeutique dont l'objectif est d'obtenir qu'une personne puisse se désaccoutumer progressivement d'un produit qui agit comme un poison (alcooliques dangereux pour autrui et toxicomanes).

Cybersignature
[Dr. civ. / Dr. com.]
➢ *Signature électronique.*

C

date de l'inscription en compte doit coïncider avec la date réelle de l'opération quand il s'agit de dépôts ou de retraits de fonds ; elle peut être différée ou avancée en cas de remises de chèques à l'encaissement ou au décaissement.

Dation en paiement *[Dr. civ.]*

Remise, à titre de paiement et de l'accord des deux parties, d'une chose différente de celle qui faisait l'objet de l'obligation.

📗 *C. civ., art. 2038.*

Déballage *[Dr. com.]*
➤ *Vente au déballage.*

D

Débat d'orientation budgétaire
[Dr. fin.]

Dans les communes de plus de 3 500 habitants, les départements et les régions, débat sur les orientations générales du prochain budget, devant obligatoirement avoir lieu au sein de leur conseil deux mois au moins avant la discussion de celui-ci.

Un débat semblable existe au printemps au Parlement en vue de la mise au point du projet de loi de finances de l'année à venir.

📗 *C. gén. coll. territ., art. L. 2312-1, L. 3312-1, L. 4311-1.*

Débats *[Pr. gén.]*

Phase du procès qui, après l'instruction, est réservée aux *plaidoiries* des parties.

Elle débute parfois par le *rapport* d'un magistrat désigné, suivi des plaidoiries du demandeur, puis du défendeur.

En procédure civile, le *ministère public*, prend la parole le dernier, lorsqu'il est partie jointe.

« **Damnum emergens** » *[Dr. civ.]*

Perte éprouvée. En matière de responsabilité civile, l'étendue du dommage matériel et, corrélativement, le montant de l'indemnité de réparation sont déterminés par deux éléments : nécessairement par la perte éprouvée, éventuellement par le manque à gagner (lucrum cessans).

Date certaine *[Dr. civ.]*

Date d'un titre juridique qui ne peut être contestée par les tiers, tout spécialement par les ayants cause à titre particulier de l'une des parties à la convention.

La date certaine résulte de l'enregistrement de l'acte, de la mention faite du titre dans un acte authentique, du décès de l'une des parties.

📗 *C. civ., art. 1328.*

Date de valeur *[Dr. civ. / Dr. com.]*

Date à partir de laquelle une opération enregistrée dans un compte est prise en considération par l'organisme financier pour le calcul des intérêts éventuels. La

En procédure pénale, c'est *l'inculpé* ou *l'accusé* qui a la parole le dernier.

En procédure administrative, le commissaire du gouvernement présente ses *conclusions* après les plaidoiries.

Le Président de la juridiction lorsque les débats sont achevés prononce leur clôture et met l'affaire en délibéré.
➢ *Commissaire du Gouvernement, Partie jointe, Partie principale.*

Les débats sont publics, sauf lorsque la loi exige ou permet qu'ils aient lieu à huis clos.
▮ *NCPC, art. 433 s.; C. pr. pén., art. 306 s., 458 s.; C. just. adm., art. L. 6, R. 731-3.*

Débauchage *[Dr. trav.]*

Sous ce vocable, on désigne les manœuvres et les comportements déloyaux visés par le code du travail, par lesquels un nouvel employeur se rend complice d'un salarié qui rompt abusivement son contrat de travail.
▮ *C. trav., art. L. 122-15.*

Débet *[Dr. fin.]*

Terme de comptabilité publique, désignant la situation d'un comptable public (ou d'un particulier dans certains cas) qui a été constitué débiteur d'une personne publique par une décision administrative (« arrêté de débet ») ou juridictionnelle (« jugement, ou arrêt, de débet »), après l'examen de ses comptes. Se dit aussi de cette dette elle-même. La personne en débet peut bénéficier d'une remise gracieuse (« remise de débet »).
➢ *Remise de dette.*
    [Dr. priv.] ➢ *Reddition de compte.*

Debellatio *[Dr. int. publ.]*
➢ *Conquête.*

Débirentier *[Dr. civ.]*

Débiteur des arrérages d'une rente.
➢ *Crédirentier.*

Débiteur *[Dr. civ.]*

Personne tenue envers une autre d'exécuter une prestation.
➢ *Créancier.*

Débits de tabac *[Dr. fin.]*

Seuls points de vente autorisés des produits du monopole fiscal des tabacs, dont le personnel est soumis à un régime juridique complexe qui en fait des préposés de l'Administration, soumis à son pouvoir disciplinaire.

La débite du tabac en dehors d'un débit autorisé, même à titre gratuit, est une infraction au monopole de production et de commercialisation des tabacs détenu par l'État, passible de lourdes sanctions pénales. Certains débits de tabac sont accessoirement chargés du recouvrement d'impôts perçus par voie de timbre ou de vignette. En outre, les débitants peuvent se livrer, et se livrent en fait, à des activités annexes de vente de nature commerciale.

Débours *[Pr. civ.]*

Dépenses avancées par un avocat, par un officier ministériel ou public au profit d'une partie et qui doivent lui être remboursées (ainsi frais de voyage, de papeterie, de correspondance, de publicité). Ces débours, dans un procès, font partie des dépens.
▮ *NCPC, art. 695.*
➢ *Émoluments.*

Débouté *[Pr. civ.]*

Décision du juge déclarant la demande insuffisamment ou mal fondée.

Débrayage *[Dr. trav.]*

Action de se mettre en grève ou grève de courte durée.

Débudgétisation *[Dr. fin.]*

Néologisme désignant la pratique qui consiste, pour dégonfler la masse des dépenses figurant au budget de l'État, à transférer certaines d'entre elles – comme les aides à des entreprises ou à des collectivités publiques – vers d'autres bailleurs publics de fonds, parmi lesquels la Caisse des dépôts et consignations a longtemps occupé une place importante.

Décentralisation *[Dr. adm.]*

Système d'administration consistant à permettre à une collectivité humaine (décentralisation territoriale) ou à un service (décentralisation technique) de s'administrer eux-mêmes sous le contrôle de l'État, en les dotant de la personnalité juridique, d'autorités propres et de ressources.

Décentralisation industrielle *[Dr. adm.]*

Politique économique tendant, dans le cadre de l'aménagement du territoire, à inciter les entreprises à s'installer dans les régions géographiques insuffisamment industrialisées.

Décès *[Dr. civ.]*

Mort naturelle mettant un terme à la personnalité juridique, sous réserve de la protection posthume des dernières volontés, de l'image, du cadavre et de la mémoire du décédé; sa constatation scientifique n'est aménagée qu'en cas de prélèvement d'organes.

📕 *C. santé publ., art. L. 671-7 et R. 671-7-1 s.*

Déchéance *[Dr. civ.]*

Perte d'un droit, soit à titre de sanction, soit en raison du non-respect de ses conditions d'exercice.

📕 *C. civ., art. 378 s., 618, 792.*

[Dr. const.] Sanction des inéligibilités. La déchéance du mandat parlementaire est constatée par le Conseil Constitutionnel.

Déchéance et forclusion *[Pr. civ.]*

Lorsqu'un délai est prévu pour entamer une instance, accomplir un acte, exercer un recours, son expiration entraîne le plus souvent, pour la partie, une forclusion, c'est-à-dire la déchéance de la faculté d'agir, de former un recours, etc.

➢ *Relevé de forclusion.*

Déchéance professionnelle *[Dr. pén.]*

Sanction consistant à interdire au condamné l'exercice d'une activité professionnelle, à titre de peine principale (alternative à l'emprisonnement), de peine complémentaire ou de peine accessoire.

Dans le nouveau code pénal, du fait de la disparition des peines accessoires, aucune déchéance ne peut être appliquée si la juridiction ne l'a expressément prononcée. Mais la portée de cette disposition, limitée au code lui-même, laisse entière les déchéances conçues comme des peines accessoires dans d'autres textes, sous réserve d'en être relevé en tout ou partie par le jugement de condamnation ou par jugement ultérieur, dans les conditions fixées par le code de procédure pénale.

📕 *C. pén., art. 132-21; C. pr. pén., art. 702-1 et 703.*

D

DÉC

D

Déchéance quadriennale *[Dr. fin.]*
➤ *Prescription quadriennale.*

Décision *[Pr. gén.]*
Terme général utilisé en procédure, pour désigner les actes émanant d'une juridiction collégiale ou d'un magistrat unique. Les actes juridictionnels émanant du Conseil constitutionnel ont aussi reçu le nom de décision. – Ce mot s'applique également au résultat des discussions d'un organisme collectif.
➤ *Assemblée générale, Délibération.*

[Dr. const.] Nom officiel des mesures prises (sans contreseing ministériel) par le président de la République en vertu de l'article 16 de la Constitution.
➤ *Pouvoirs exceptionnels.*

Décision gracieuse *[Pr. civ.]*
La décision gracieuse est celle que prend le juge en vertu de son pouvoir d'» imperium » (par opposition à ses pouvoirs de « jurisdictio ») en l'absence de litige, pour favoriser l'instruction, protéger certaines personnes, vérifier ou authentifier certains actes, régler certains problèmes urgents.
La décision gracieuse, qui ne dessaisit pas le juge, est, en principe, dépourvue de l'autorité de la chose jugée, mais elle est susceptible de voies de recours.
❚ *NCPC, art. 25, 543.*
➤ *Acte juridictionnel, Mesure d'administration judiciaire.*

Décision implicite d'acceptation
[Dr. adm.]
Dans les cas prévus par décret, pour inciter l'Administration à statuer rapidement, le silence gardé pendant deux mois – en règle générale – par l'Administration sur une demande qui lui est adressée équivaut à l'acceptation de celle-ci.
Hors le cas de la Sécurité sociale, il ne peut jamais s'agir de demandes présentant un caractère financier.

Décision implicite de rejet *[Dr. adm.]*
Règle de procédure administrative selon laquelle le défaut de réponse de l'Administration au terme d'un délai aujourd'hui de deux mois – sauf exceptions – à une demande ou à une réclamation qui lui a été adressée équivaut à une décision de rejet, ce qui permet à son auteur de saisir la juridiction administrative.
Cependant, dans certains cas, le défaut de réponse équivaut à une décision implicite d'acceptation.

Décision préalable (règle de la)
[Dr. adm.]
Règle de procédure selon laquelle les juridictions administratives ne peuvent être saisies, en règle générale, que par voie d'un recours dirigé contre une décision administrative, explicite ou implicite, contraire aux intérêts du requérant.
➤ *Silence de l'Administration.*

« Décisoria litis » *[Dr. int. priv.]*
Éléments de fond d'un litige, par opposition aux éléments de procédure.
➤ *Ordinatoria litis.*
Cette distinction a été mise en évidence par la doctrine italienne du Moyen Age.

Déclarant *[Dr. gén.]*
Personne faisant connaître à qui de droit un fait (naissance, décès), une identité (command), une obligation (déclara-

tion affirmative). Sa responsabilité peut être engagée soit à raison de sa carence, soit à raison de l'inexactitude de sa déclaration.

Déclaration *[Dr. adm.]*

Procédure de police permettant la surveillance de certaines activités en imposant aux particuliers de prévenir l'administration de la naissance de cette activité (ex. : l'obligation de déclaration des marchands ambulants).

Déclaration annuelle des données sociales (DADS) *[Séc. soc.]*

Document unique destiné à la fois à la Sécurité sociale et à l'administration fiscale faisant ressortir pour chacun des salariés ou assimilés occupé dans l'entreprise ou l'établissement le montant total des rémunérations ou gains perçus.

📗 *CSS, art. R. 243-10 s.*

Déclaration d'appel *[Pr. civ.]*

Acte par lequel un plaideur manifeste sa volonté d'interjeter appel.

📗 *NCPC, art. 901.*
➢ *Requête conjointe.*

Déclaration des créances *[Dr. com.]*

Déclaration faite au représentant des créanciers, appelé encore mandataire-liquidateur par les créanciers d'un débiteur en état de redressement judiciaire, dont les créances sont nées antérieurement au jugement de redressement judiciaire. La déclaration des créanciers doit indiquer le montant de leurs créances et être accompagnée de la preuve de leurs prétentions.

Seuls les salariés échappent à cette obligation.

📗 *C. com., art. L. 621-43 s.*
➢ *Admission des créances.*

Déclaration des droits
[Dr. const. / Dr. int. publ.]

Document, précédant généralement une Constitution, qui énonce les droits des individus face à l'État, ainsi que les principes fondamentaux nécessaires à leur garantie. Certaines Constitutions sont plus modestement précédées d'un « Préambule » (ex. Constit. françaises de 1946 et de 1958).

L'affirmation des droits de l'homme s'est élargie au plan international avec la Déclaration Universelle des droits de l'homme votée par l'ONU en 1946, les Pactes internationaux des Droits de l'homme et la Convention européenne des droits de l'homme adoptée par le Conseil de l'Europe en 1950.

Déclaration au greffe *[Pr. civ.]*

Procédure simplifiée de saisine du tribunal, en vigueur devant certaines juridictions d'exception (tribunal d'instance, conseil de prud' hommes, tribunal paritaire des baux ruraux) consistant dans la présentation au greffe, soit oralement, soit par écrit, de l'objet de la demande et de ses motifs.

📗 *NCPC, art. 847-1.*

Déclaration de jugement commun
[Pr. civ.]

Un des objets de l'intervention forcée : un tiers est mis en cause dans un procès, en vue de lui rendre opposable le jugement sollicité et de lui fermer, ainsi, et l'exception de relativité de la

D

chose jugée et le recours à la tierce opposition.

📖 *NCPC, art. 331.*

Déclaration nominative préalable
[Séc. soc.]

Déclaration que doit faire tout employeur, préalablement à toute embauche d'un nouveau salarié, auprès des organismes de protection sociale.

Déclaration de politique générale
[Dr. const.]

Déclaration par laquelle le Premier Ministre, en cours d'exercice de ses fonctions, présente à l'Assemblée Nationale ses projets politiques, en engageant éventuellement la responsabilité politique du Gouvernement (art. 49, al. 1 de la Constit. de 1958). Le Premier Ministre peut aussi demander au Sénat l'approbation d'une déclaration de politique générale, mais le refus d'approbation ne peut entraîner la chute du Gouvernement (art. 49, al. 4).

Déclaration universelle des droits de l'homme *[Dr. int. publ.]*

Résolution adoptée par l'Assemblée générale des Nations unies le 10 décembre 1948, qui reconnaît aux individus un certain nombre de droits et libertés. Ce document, qui n'a que valeur de recommandation d'un idéal à atteindre, a été suivi de l'adoption de Pactes internationaux des droits de l'homme.

Déclaration d'urgence *[Dr. const.]*

Selon la constitution de 1958, déclaration du Gouvernement qui, dans la procédure législative, permet au Premier Ministre de demander la forma-tion d'une commission mixte paritaire après une seule lecture par chaque Assemblée (au lieu de deux normalement) (art. 45), – ou qui réduit à 8 jours (au lieu d'un mois) le délai dans lequel le Conseil Constitutionnel doit statuer (art. 61).

Déclaration d'utilité publique *[Dr. adm.]*

Acte administratif représentant la phase préliminaire d'une opération foncière projetée par une personne publique, telle qu'une expropriation pour cause d'utilité publique constatant le caractère d'utilité publique qu'elle présente, après qu'a été recueilli l'avis de la population, et qui est la condition de la poursuite de la procédure engagée.

📖 *C. expr., art. L. 11-1 s.*

Déclassement *[Dr. adm.]*

Acte juridique, ou parfois survenance d'un événement, ayant comme but ou comme résultat de transférer juridiquement une dépendance du domaine public dans le domaine privé d'une collectivité, avec toutes les conséquences de droit qui en résultent.

Déclinatoire de compétence *[Dr. adm.]*

Acte introductif de la procédure de conflit positif d'attributions, adressé par le préfet au tribunal judiciaire qu'il estime incompétent, et l'invitant à se dessaisir du litige.

[Pr. civ.] Exception permettant de contester la compétence du tribunal saisi, qui doit être soulevée avant toute conclusion au fond et toute fin de non-recevoir, et contenir l'indication de la

juridiction que le plaideur estime devoir être compétente.
📖 *NCPC, art. 75.*
➢ *Connexité, Litispendance.*

Décolonisation *[Dr. int. publ.]*
Processus (pacifique ou violent, rapide ou par étapes) par lequel une colonie accède au rang d'État indépendant.
➢ *Colonisation.*

« De commodo et incommodo » (enquête) *[Dr. adm.]*
Désignation traditionnelle de l'enquête préalable à la déclaration d'utilité publique, premier acte de la procédure d'expropriation pour cause d'utilité publique, et qui a pour but de permettre à tous les intéressés de consigner sur un registre leurs observations sur le caractère d'intérêt général présenté par le projet, et sur les inconvénients qu'il leur paraît présentés.
📖 *C. expr., art. R. 11-4.*

Déconcentration *[Dr. adm.]*
➢ *Centralisation.*

Déconfiture *[Dr. civ. / Pr. civ.]*
État d'un débiteur civil qui ne fait plus face à ses engagements.
📖 *C. civ., art. 2032.*

Déconventionnement *[Séc. soc.]*
Mise hors convention d'un praticien qui ne respecte pas les dispositions des conventions nationales conclues entre les organisations syndicales les plus représentatives des professions de santé et les caisses nationales d'assurance maladie : par exemple application de tarifs supérieurs aux tarifs conventionnels. Les assurés qui font appel à ces

praticiens sont remboursés sur la base d'un tarif fixé par arrêté interministériel à un montant très faible. La mise hors convention d'une durée de six mois entraîne la perte des avantages sociaux pour les médecins pendant cette période.

Décote *[Dr. fin.]*
Réduction du montant d'un impôt accordée, généralement de façon dégressive, aux redevables de sommes peu importantes, pour éviter que l'on ne passe sans transition de l'absence d'impôt à payer à une imposition au taux plein.
➢ *Franchise.*

Découpage électoral *[Dr. const.]*
➢ *Circonscription électorale.*

Découvert (de la loi de finances) *[Dr. fin.]*
Excédent éventuel de l'ensemble des charges inscrites dans une loi de finances sur l'ensemble de ses ressources.
➢ *Déficit budgétaire.*

Décret *[Dr. adm. / Dr. const.]*
Décision exécutoire à portée générale (➢ Règlement) ou individuelle signée soit par le Président de la République, soit par le Premier Ministre.
1° Le Président de la République signe d'une part les décrets qui, aux termes de la Constitution ou des lois organiques, relèvent de sa compétence, d'autre part tous ceux qui sont délibérés en Conseil des Ministres (art. 13). Ces décrets sont contresignés par le Premier Ministre et, « le cas échéant, par les ministres responsables » (sauf dans les cas exceptionnels où il n'y a pas contreseing : art. 19).
2° Le Premier Ministre signe tous les autres décrets. Ils sont contresignés, « le cas échéant, par les ministres chargés de

D

leur exécution » (art. 21). Depuis le début de la Vᵉ République, des décrets relevant de la compétence du Premier Ministre sont aussi signés par le Président de la République (le Conseil d'État ne considère pas cette pratique comme illégale).

3° Décret en Conseil d'État : décret adopté après avoir été soumis pour avis au Conseil d'État.

Décret d'avances *[Dr. fin.]*

Crédits supplémentaires que le Gouvernement peut exceptionnellement s'ouvrir à lui-même dans des hypothèses limitativement déterminées, et à charge de ratification ultérieure par le Parlement.

Décret-loi *[Dr. const.]*

Décret du Gouvernement pris en vertu d'une habilitation législative dans un domaine relevant normalement de la compétence du Parlement, et possédant force de la loi, c'est-à-dire susceptible de modifier les lois en vigueur.

Sous la IIIᵉ et la IVᵉ Républiques, de nombreux décrets-lois ont permis au Gouvernement de réaliser rapidement des réformes nécessaires (souvent impopulaires).

➤ *Ordonnance.*

Décrets de répartition *[Dr. fin.]*

Décrets pris après le vote des lois de finances annuelles ou rectificatives, en vue d'en répartir les masses de crédits par chapitres entre les différents ministres.

➤ *Crédits budgétaires.*

« De cujus » *[Dr. civ.]*

Premiers mots de la formule « de cujus successione agitur » (celui dont la suc-

cession est pendante) ; utilisés de nos jours pour désigner le défunt auteur de la succession : on dit le « de cujus ».

Dédit *[Dr. civ.]*

Possibilité qu'a un contractant de ne pas exécuter son obligation. Ce mot désigne également la somme d'argent que doit verser le débiteur s'il use de la faculté qui lui est reconnue de ne pas exécuter son obligation.

▌ *C. civ., art. 1590.*

Dédoublement fonctionnel *[Dr. publ.]*

Expression, à l'origine employée en Droit international public par G. Scelle, puis transposée dans les autres domaines du Droit public, désignant le phénomène selon lequel une autorité publique agit parfois au nom de deux personnes publiques différentes. Exemple du maire, qui selon les attributions qu'il exerce, agit tantôt au nom de sa commune et tantôt au nom de l'État.

« De facto » *[Dr. gén.]*

➤ *« De jure ».*

Défaut *[Pr. civ.]*

Situation découlant de la défaillance d'un plaideur qui ne conduit pas nécessairement à un jugement par défaut. Si c'est le demandeur qui ne comparaît pas, le défendeur peut requérir un jugement sur le fond qui sera contradictoire. Si c'est le défendeur qui ne comparaît pas alors que la citation n'a pas été délivrée à personne, il est à nouveau invité à comparaître, après quoi il est statué au fond et le jugement rendu en son absence n'est qualifié par défaut que si la décision est en dernier ressort et si la citation n'a pas été remise en mains propres à son destinataire.

📖 *NCPC, art. 468 s.*

➢ *Jugement par défaut, Jugement dit contradictoire, Jugement réputé contradictoire, Opposition.*

Défaut-congé (jugement de ...) *[Pr. civ.]*

Jugement que le tribunal peut prendre, à l'initiative du défendeur, lorsque le demandeur s'abstient d'accomplir les actes de procédure dans les délais requis. Le juge, sans examiner le fond, déclare la citation caduque. Il donne congé au défendeur, en le libérant de l'instance engagée contre lui.

📖 *NCPC, art. 468.*

Défaut de motif *[Pr. civ.]*

Vice de forme d'un jugement consistant dans une absence totale de motifs, une contradiction de motifs ou un défaut de réponse à conclusions et constituant un cas d'ouverture à cassation.

📖 *NCPC, art. 455.*

Défendeur *[Pr. civ.]*

Personne contre laquelle un procès est engagé par le demandeur.

Défenses à l'action *[Pr. civ.]*

On entend par « défenses » tous les moyens qui permettent au défendeur de riposter à l'attaque en justice dont il est l'objet.

➢ *Défense au fond, Demande reconventionnelle, Exception, Fin de non-recevoir.*

Défense au fond *[Pr. civ.]*

Moyen de défense par lequel le défendeur contredit directement la prétention du demandeur.

Peut être présentée en tout état de cause, en première instance et en appel.

📖 *NCPC, art. 71.*

Défense (liberté de la) *[Pr. gén.]*

Le principe de la liberté de la défense, étroitement lié à celui du contradictoire, doit être respecté tant par le plaideur à l'égard de son adversaire, que par le juge. Il constitue une exigence fondamentale de toute procédure. La liberté de la défense postule, outre le respect de la contradiction, la liberté pour les parties de présenter elles-mêmes des observations orales et de choisir librement leur défenseur. Le principe est si fort qu'il justifie, le cas échéant, la réouverture des débats. Il trouve toutefois sa limite dans le pouvoir reconnu au juge qui s'estime éclairé, de faire cesser les plaidoiries ou de mettre un terme aux explications des plaideurs.

📖 *NCPC, art. 14 à 19.*

➢ *Contradiction.*

Défenseur *[Pr. civ.]*

Personne ayant reçu mission d'assister le plaideur, c'est-à-dire de le conseiller et d'argumenter pour lui. Le type en est l'avocat qui a le pouvoir de plaider devant toutes les juridictions, hormis les juridictions suprêmes (Cour de cassation, Conseil d'État).

➢ *Assistance, Représentation.*

Défenseur des enfants *[Dr. civ. / Dr. adm.]*

Institué en mars 2000, le défenseur des enfants est une autorité indépendante nommée pour six ans et chargée de défendre et de promouvoir les droits de l'enfant consacrés par la loi ou par une convention internationale. À cet effet, il

D

peut être saisi directement (par les enfants mineurs et leurs représentants légaux, ou par certaines associations) de réclamations contre des personnes physiques ou morales privées, ou contre des personnes publiques ; éventuellement, il doit saisir la justice si un mineur lui apparaît en danger. Il peut en outre proposer de lui-même des réformes dans une série de domaines relatifs aux droits de l'enfant. Il établit annuellement un rapport annuel d'activité.

D

Déféré (préfectoral) *[Dr. adm.]*

Dans le cadre du <u>contrôle administratif</u> exercé par l'État sur l'activité juridique des communes, départements et régions, acte par lequel le préfet défère au Tribunal administratif les décisions de ces collectivités locales qu'il considère comme illégales.

📖 *C. gén. coll. territ., art. L. 2131-6, L. 3132-1, L. 4142-1.*

Déficit budgétaire *[Dr. fin.]*

Au sens précis du terme, excédent éventuel des charges à caractère définitif de la <u>loi de finances</u> (budget général + certains <u>comptes spéciaux du Trésor</u> d'affectation spéciale) sur les ressources à caractère définitif. On désigne sous le nom de « déficit primaire » le déficit hors charge de paiement des intérêts de la <u>Dette publique</u>.

➢ *Découvert (de la loi de finances).*

Défiscalisé *[Dr. fin.]*

Néologisme, synonyme d'exonéré d'impôt (généralement utilisé en matière d'imposition du revenu et des bénéfices). Les termes de « placement défiscalisé », souvent employés dans la presse, peuvent désigner tantôt un placement d'argent dont les intérêts sont exonérés (intérêts du livret A des Caisses d'Épargne, par exemple), tantôt un placement dont le capital lui-même échappe, en tout ou partie, à l'impôt sur les revenus à partir desquels il a été réalisé.

Déflation *[Dr. fin.]*

Au sens actif du terme (politique de -), action tendant à réduire la quantité de monnaie – sous toutes ses formes – disponible à un moment donné. Ceci se traduit par une réduction de la demande des biens et des services, et l'on parle parfois de situation déflationniste pour caractériser une conjoncture marquée par l'insuffisance de la demande face à l'offre.

Dégradation civique *[Dr. pén.]*

Peine au titre de laquelle un condamné est destitué et exclu de toutes fonctions, emplois ou offices publics, et privé de tous ses droits civiques et politiques, ainsi que de certains droits de famille.

Cette peine est supprimée dans le nouveau code pénal.

Degré de juridiction *[Pr. gén.]*

Le degré d'une juridiction précise sa place dans la hiérarchie judiciaire.

Depuis 1958, seule la cour d'appel est une juridiction de second degré dans l'ordre judiciaire, sous réserve, cependant, depuis la loi n° 2000-516 du 15 juin 2000 renforçant la protection de la présomption d'innocence et les droits des victimes, de la cour d'assises, dont les arrêts de condamnation rendus en premier ressort peuvent faire l'objet d'un appel porté devant une autre cour d'assises désignée par la chambre cri-

D

minelle de la Cour de cassation, avec un nombre plus élevé de jurés ou d'assesseurs.

C. pr. pén., art. 380-1 s.

La juridiction d'appel, en droit administratif, est exercée par le Conseil d'État et par les cours administratives d'appel.

Degré de parenté *[Dr. civ.]*

Tout intervalle entre les générations qui sépare, dans une ligne, deux parents. Entre collatéraux, les degrés se comptent en partant dans une ligne de l'un des parents, en remontant à l'auteur commun, puis en redescendant dans l'autre ligne jusqu'au second parent dont on veut établir par rapport au premier, l'éloignement en degrés.

C. civ., art. 735.

Dégrèvement *[Dr. fin.]*

Décharge d'impôt totale ou partielle, accordée pour des raisons de légalité ou de bienveillance par l'Administration fiscale.

Déguerpissement *[Dr. civ.]*
➢ *Délaissement.*

Déguisement *[Dr. civ.]*

Simulation dont l'objet est de modifier l'acte apparent, soit en s'en prenant à sa nature (donation cachée derrière le paravent d'une vente), soit en s'en prenant à l'une de ses conditions (dissimulation de prix pour diminuer les droits d'enregistrement).
➢ *Contre-lettre.*

« De jure » *[Dr. gén.]*
➢ *Juris et de jure.*

« De jure, de facto » (du latin : de droit, de fait). Ces expressions permettent

d'opposer des situations juridiques à des situations de pur fait.

Délai *[Dr. gén.]*

Certaines formalités de la vie juridique, les actes et formalités de la procédure doivent normalement être accomplis dans le cadre de certains délais. L'inobservation de ces délais entraîne des conséquences de gravité variable (prescription, forclusion, déchéance).

Les délais peuvent être calculés en jours, en mois, en année ou même d'heure à heure.

• *Point de départ d'un délai* : le jour qui est le point de départ du délai (« *dies a quo* ») n'est pas normalement compté. Pour un acte fait ou un événement survenu le 10 janvier, le délai court à partir du 11.

• *Point d'arrivée* : le jour auquel se termine un délai (« *dies ad quem* ») peut ou non être compté :

- lorsque le délai est *franc*, la formalité peut être accomplie le lendemain du « *dies ad quem* » ;

- lorsque le délai n'est *pas franc*, la formalité doit être accomplie le jour même de l'expiration du délai, le « *dies ad quem* ».

Fixés en principe par la loi les délais peuvent être parfois suspendus (moratoire, délai de grâce). Ils peuvent être fixés par le juge dans certains cas.
➢ *Délais de procédure.*

Délai de carence *[Séc. soc.]*

Délai de trois jours qui s'écoule entre la survenance d'une incapacité de travail et son indemnisation au titre de l'assurance maladie.

CSS, art. L. 323-1.

Délai-congé *[Dr. trav.]*

Période qui doit s'écouler obligatoirement entre l'annonce, par une des parties au contrat de travail à durée indéterminée, de sa décision de mettre fin
au contrat et la cessation effective de
celui-ci.

🗡 *C. trav., art. L. 122-5, L. 122-6 s., L. 122-
14-1.*

Délai franc-délai non franc *[Pr. gén.]*
➤ *Délai, Délai de procédure.*

Délai de grâce *[Dr. civ.]*

Report ou échelonnement du paiement
des sommes dues que le juge peut accorder, dans la limite de deux années,
compte tenu de la situation du débiteur
et en considération des besoins du créancier.

Le juge peut aussi prescrire que les
échéances reportées porteront intérêt à
un taux réduit, mais non inférieur au
taux légal, et que les paiements s'impu-
teront d'abord sur le capital.

🗡 *C. civ., art. 1244-1.*

Délai préfix *[Dr. civ. / Pr. civ.]*

Délai accordé pour accomplir un acte, à
l'expiration duquel on est frappé d'une
forclusion.

Le délai préfix ne peut, en principe, être
ni interrompu ni suspendu.
➤ *Prescription.*

Délai de procédure *[Pr. gén.]*

Temps accordé à l'un ou l'autre des pro-
tagonistes d'une procédure pour réaliser une formalité précise (mise au rôle,
voie de recours par ex.).

[Pr. civ.] Les délais de procédure civile
sont des délais *non francs*.

Le « dies a quo » constitue le premier
jour du délai quand celui-ci est calculé
en mois ou en année.

🗡 *NCPC, art. 640 s.*
➤ *Délai, Mise en état, Relevé de forclusion.*

[Pr. pén.] Pour le calcul des délais en
procédure pénale, il est généralement
admis que le « dies a quo » n'est pas
compris, les délais en cause commençant donc à s'écouler le lendemain de
l'acte, de l'événement ou de la décision
qui les fait courir.

Tout délai expire en principe le dernier
jour à minuit. Le délai qui expirerait
normalement un samedi ou un dimanche ou un jour férié ou chômé est pro-
rogé jusqu'au premier jour ouvrable
suivant.

Par exception le délai de pourvoi en
cassation est franc.

🗡 *C. pr. pén., art. 568, 801.*

[Dr. adm.] La jurisprudence administrative compute les délais selon des
régies identiques en fait à celles des
délais francs, malgré leur suppression.
Pour un acte notifié le 10 janvier, le délai
général de recours de deux mois expire
le 11 mars au soir. Si ce jour est un
samedi, un dimanche, un jour férié ou
chômé, le délai est prolongé jusqu'au
premier jour ouvrable suivant. En cas
de recours contre une décision implicite de rejet, le délai court dès le lendemain ; recours administratif reçu le
10 janvier ; rejet acquis le 10 mai au
soir, délai courant à compter du 11,
expirant le 11 juillet au soir.

Délai raisonnable *[Pr. gén.]*

Temps légitime, légalement fixé ou
non, accordé pour statuer définitivement sur un contentieux.

En procédure pénale, le droit à être jugé dans un délai raisonnable fait l'objet de dispositions particulières depuis la loi nº 2000-516 du 15 juin 2000 renforçant la protection de la présomption d'innocence et les droits des victimes.

Délai de viduité *[Dr. civ.]*
Délai que doit respecter la veuve ou la femme divorcée avant de se remarier ; ce délai a pour but d'éviter la confusion de part, c'est-à-dire l'incertitude relative à la paternité de l'enfant à naître.
C. civ., art. 228.

Délaissement *[Dr. civ.]*
Fait pour le détenteur d'un immeuble hypothéqué de l'abandonner au créancier hypothécaire poursuivant.
C. civ., art. 2168, 2172.

[Dr. marit.] En cas de sinistre important, droit pour l'assuré de recevoir l'intégralité de l'indemnité, moyennant abandon à l'assureur de la chose ou des restes.

[Dr. pén.] Crime ou délit, selon les circonstances, consistant à abandonner, en un lieu quelconque, soit un mineur de quinze ans, soit une personne qui n'est pas en mesure de se protéger en raison de son âge ou de son état physique ou psychique.
C. pén., art. 223-3 s., 227-1 s.

Délation de serment *[Pr. civ. / Pr. pén.]*
Acte par lequel l'appréciation de la cause est remise à la bonne foi d'une partie qui est invitée, par le juge ou le plaideur, à jurer de la véracité d'un fait ou de la réalité d'un engagement.
C. civ., art. 1357; NCPC, art. 317 s.
➢ *Relation de serment, Serment.*

Délégalisation *[Dr. const.]*
Technique prévue à l'article 37-2 de la Constitution de 1958 permettant de demander au Conseil constitutionnel de déclarer que certaines dispositions législatives sont intervenues à tort car relevant du domaine réglementaire et peuvent donc être modifiées par le règlement.

Délégation *[Dr. adm.]*
1º Délégation de compétence (ou de pouvoir) : fait, pour une autorité administrative, de se dessaisir dans les limites légales d'un ou plusieurs de ses pouvoirs en faveur d'un autre agent qui les exercera à sa place.
2º Délégation de signature : fait, pour une autorité administrative, d'habiliter dans les limites légales un autre agent à exercer concurremment avec elle un ou plusieurs de ses pouvoirs.

[Dr. civ.] Opération par laquelle une personne (le délégant) invite une autre personne (le délégué) à payer en son nom une dette à un tiers (le délégataire).

[Dr. const.] 1º Délégation de pouvoirs : transfert partiel de l'exercice du pouvoir législatif au Gouvernement. ➢ *Décret-Loi, Ordonnance.*
3º Délégation de vote : autorisation qu'un parlementaire donne à un de ses collègues de voter à sa place. Comme cette procédure favorise l'absentéisme, la Constitution de 1958 (art. 27) pose le principe du vote personnel; la délégation de vote n'est permise que dans six cas et nul ne peut en recevoir plus d'une (Ord. du 7 novembre 1958).

Délégation à l'emploi *[Dr. trav.]*
Organisme de l'Administration Centrale du Ministère du Travail chargé des

D

problèmes de l'emploi; la Délégation dispose à cette fin de l'Agence Nationale pour l'Emploi et de l'Association pour la Formation Professionnelle des Adultes.

Délégation de pouvoir *[Dr. pén.]*
Mode d'exonération de la responsabilité pénale, par lequel un chef d'entreprise apporte la preuve qu'il a délégué ses pouvoirs à un préposé investi par lui et pourvu de la compétence, de l'autorité et des moyens nécessaires pour veiller à la bonne observation des dispositions en vigueur, avec pour effet de transférer sa responsabilité au délégataire.

Délégation de pouvoir (ou de compétence) *[Dr. adm.]*
Transfert par une autorité administrative, dans les limites légales, d'une ou de plusieurs de ses compétences à une autre autorité administrative (désignée seulement par son titre). Pendant sa durée l'autorité délégataire est substituée, dans l'exercice des compétences concernées, à l'autorité délégante qui cesse de pouvoir les exercer.

Délégation de service public *[Dr. adm.]*
Procédé de gestion des services publics consistant pour la personne publique (généralement une collectivité locale) qui en a légalement la charge à en confier le fonctionnement à une autre personne morale (le plus souvent de droit privé), sous la forme d'un contrat conclu avec celle-ci. Pour le Conseil d'État, pour qu'il y ait délégation de service public, le contrat doit prévoir une rémunération résultant substantiellement des résultats de l'exploitation du service. Ce procédé, fréquent en matière de services publics industriels et commerciaux, comme la distribution de l'eau, est interdit pour certains services publics administratifs qui, par leur nature ou en raison d'un texte, ne peuvent être assurés que par la collectivité qui les a légalement en charge (comme la police ou l'état civil).
➢ *Concession, Ferme.*

Délégation de signature *[Dr. adm.]*
Habilitation donnée par une autorité administrative, dans les limites légales, à un agent nominativement désigné d'exercer, concurremment avec elle, une ou plusieurs de ses compétences en signant au nom du délégant les décisions correspondantes. Le délégant, qui n'est pas ici dessaisi de ses compétences, en conserve la responsabilité éventuelle.

« De lege ferenda » *[Dr. gén.]*
En se référant à la loi telle que l'on souhaiterait qu'elle fût faite.

« De lege lata » *[Dr. gén.]*
En considérant la loi telle qu'elle existe.

Délégués consulaires *[Dr. com. / Pr. civ.]*
L'élection des membres des tribunaux de commerce comporte un scrutin à deux degrés.
Un premier collège est constitué par les délégués consulaires dont le nombre est fonction de l'importance de la circonscription du tribunal. Participent à l'élection de ces délégués :
- les commerçants et assimilés,
- les membres des tribunaux de commerce et des chambres de commerce,

- les anciens membres des tribunaux de commerce et des chambres de commerce.

Ce sont ces délégués qui élisent les juges du tribunal de commerce.

📖 *C. org. jud., art. L. 413-1 et L. 413-2.*

Délégués du personnel *[Dr. trav.]*

Représentants élus du personnel d'un établissement, chargés de faire observer les conditions de travail, de transmettre les réclamations du personnel à l'employeur et, éventuellement, de remplacer le comité d'entreprise quand celui-ci n'existe pas.

📖 *C. trav., art. L. 421-1 s., R. 422-1 s.*

Délégué syndical *[Dr. trav.]*

Représentant, auprès du chef d'entreprise, d'un syndicat habilité par la loi du 27 décembre 1968 à constituer une section syndicale. Il ne faut pas confondre le délégué syndical avec le représentant syndical au comité d'entreprise.

📖 *C. trav., art. L. 412-11 s., R. 412-1 s.*

Délibération *[Dr. adm. / Dr. int. publ.]*

1° Examen et discussion d'une affaire par un organe collectif avant qu'il prenne une décision.

2° Résultat de cette discussion : la décision prise. Ce terme est spécialement employé pour désigner les décisions prises par les assemblées des collectivités locales.

➢ *Vœu.*

Délibération de programme *[Dr. adm.]*

Programme prévisionnel des dépenses d'investissement envisagées par une collectivité territoriale pour les années à venir, voté par le Conseil délibérant

de celle-ci avec l'indication de l'échéancier prévu des réalisations.

(À rapprocher, pour l'État, de la loi de programme).

Délibéré *[Pr. adm. / Pr. civ. / Pr. pén.]*

Phase de l'instance au cours de laquelle, les pièces du dossier ayant été examinées, les plaidoiries entendues, les magistrats se concertent avant de rendre leur décision à la majorité. Le délibéré est toujours secret.

📖 *NCPC, art. 447 s.*

Délimitation des frontières
[Dr. int. publ.]

Opération consistant à déterminer la frontière entre deux États.

Conventionnelle ou arbitrale, la délimitation est exécutée sur le terrain par une commission de délimitation composée d'experts, qui procède à l'abornement.

Délinquant *[Dr. pén.]*

Auteur ou complice d'une infraction pénale, qui peut faire l'objet d'une poursuite de ce chef.

Délinquant primaire *[Dr. pén.]*

Auteur ou complice d'une infraction pénale, qui ne se trouve pas dans un état de récidive.

Délit *[Dr. pén.]*

Au sens large, le délit est synonyme d'infraction.

Au sens strict, le délit est une infraction dont l'auteur est punissable de peines correctionnelles.

Les peines correctionnelles encourues par les *personnes physiques* sont l'emprisonnement (entre 6 mois au plus et

D

10 ans au plus), l'amende (montant minimal de 25 000 F), le jour-amende, le travail d'intérêt général, des peines privatives ou restrictives de droits, et des peines complémentaires. Pour les *personnes morales*, les peines applicables sont d'une part l'amende, dont le taux maximum est égal au quintuple de celui prévu pour les personnes physiques, et d'autre part, dans les cas prévus par la loi, certaines peines privatives ou restrictives de droits.

📖 *C. pr. pén., art. 111-1, 131-3 s., 131-37 s.*

Délit d'audience *[Pr. civ. / Pr. pén.]*

Délit commis au cours de l'audience, pour la sanction duquel le président et le tribunal disposent de pouvoirs exceptionnels, à effet immédiat.

📖 *NCPC, art. 439 ; C. pr. pén., art. 675 s.*

Délit civil *[Dr. civ.]*

Au sens large : tout fait illicite de l'homme engageant sa responsabilité civile (on oppose le délit civil au délit pénal).

Dans une acception étroite : fait de l'homme résultant d'une faute intentionnelle et engageant sa responsabilité civile (par opposition au quasi-délit qui résulte d'une faute non intentionnelle).

📖 *C. civ., art. 1382, 1383.*

Délit-contravention *[Dr. pén.]*

Infraction dont le caractère hybride la rattache à la fois aux délits et aux contraventions. Elle constitue un délit par les peines dont elle est assortie, mais reste proche des contraventions par le régime applicable, tant en raison de son caractère purement matériel, qui la rend indifférente à l'intention ou à la faute, que de la possibilité de cumuler les peines encourues (délits en matière de chasse, d'urbanisme, d'environnement ou de droit du travail…).

Dans la logique de la réforme du code pénal, qui pose le principe qu'il n'y a point de crime ou de délit sans élément moral, même lorsque la loi ne le prévoit pas expressément, les délits-contraventions sont appelés à disparaître.

📖 *C. pén., art. 121-3.*

Délit de fuite *[Dr. pén.]*

Infraction consistant dans le fait, pour tout conducteur d'un véhicule ou engin terrestre, fluvial ou maritime, sachant qu'il vient de causer ou d'occasionner un accident, de ne pas s'arrêter et de tenter ainsi d'échapper à la responsabilité pénale ou civile qu'il peut avoir encourue.

📖 *C. pén., art. 434-10.*

Délit non intentionnel *[Dr. pén.]*

Délit dont l'élément moral consiste en une faute plus ou moins prononcée. Il s'agit, soit d'une faute d'imprudence, de négligence ou de manquement à une obligation de prudence ou de sécurité prévue par la loi ou le règlement, soit d'une faute délibérée par mise en danger de la personne d'autrui, soit d'une faute caractérisée ayant exposé autrui à un risque d'une particulière gravité qui ne pouvait être ignoré.

Depuis la loi n° 2000-647 du 10 juillet 2000 tendant à préciser la définition des délits non intentionnels, la causalité est également un critère d'appréciation de la responsabilité pénale des personnes physiques, pour se conjuguer désormais avec ces différentes catégories de fautes.

📖 *C. pén., art. 121-3.*
➢ *Causalité.*

Délit praeter-intentionnel *[Dr. pén.]*
➤ *Infraction praeter-intentionnelle.*

Délivrance *[Dr. civ.]*

Obligation qui pèse sur le vendeur et en vertu de laquelle il doit mettre la chose vendue à la disposition de l'acheteur.

📙 *C. civ., art. 1604.*

Demande additionnelle *[Pr. civ.]*

Demande par laquelle le demandeur, en cours d'instance, formule une prétention nouvelle, mais connexe à la demande initiale.

📙 *NCPC, art. 65.*
➤ *Connexité.*

Demande incidente *[Pr. civ.]*

L'expression désigne toute demande qui n'ouvre pas l'instance, mais intervient au cours d'un procès déjà engagé. Elle émane du demandeur (demande additionnelle) ou du défendeur (demande reconventionnelle); elle peut aussi provenir d'un tiers (intervention volontaire) ou être dirigée contre lui (intervention forcée).

📙 *NCPC, art. 63.*

Demande indéterminée *[Pr. civ.]*

Demande dont l'objet n'est pas susceptible d'évaluation pécuniaire (ex. : question d'état des personnes) ou dont la valeur est difficilement déterminable (ex. : tableau de famille).

Lorsque le taux de ressort dépend du montant du litige, l'indétermination de la demande rend l'appel toujours possible.

📙 *NCPC, art. 40.*

Demande initiale *[Pr. civ.]*

Acte par lequel une prétention est soumise au juge et qui déclenche l'instance, par opposition à la demande incidente qui se greffe sur une procédure déjà commencée. ➤ *Demande incidente.*

La demande initiale est formée : en matière contentieuse, soit par assignation de l'adversaire, soit par requête conjointe des parties; en matière gracieuse par requête unilatérale remise au secrétariat de la juridiction. La loi se contente parfois d'une simple déclaration ou de la présentation volontaire des plaideurs devant le juge.

La demande initiale, en délimitant l'objet du litige, fixe l'étendue de l'office du juge et commande la recevabilité des demandes incidentes.

📙 *NCPC, art. 53 et 54.*
➤ *Connexité.*

Demande en intervention *[Pr. civ.]*

Demande incidente dirigée par l'une des parties contre un tiers, un garant par exemple (intervention forcée), ou demande formée spontanément par un tiers contre l'un des plaideurs (intervention volontaire). L'intervention est autorisée en appel pour la première fois. Le juge a le pouvoir de provoquer l'intervention d'un tiers, par l'intermédiaire de l'un des plaideurs même en vue d'une condamnation de ce tiers.

📙 *NCPC, art. 325 s.*
➤ *Mise en cause.*

Demande introductive d'instance
[Pr. civ.]

Expression de l'ancienne procédure.
➤ *Demande initiale.*

D

D

Demande en justice *[Pr. gén.]*

Acte par lequel une personne soumet au tribunal une prétention. Elle émane normalement du demandeur.

➤ *Demande additionnelle, incidente, en intervention, reconventionnelle.*

Demande nouvelle *[Pr. civ.]*

Demande qui diffère de la demande introductive d'instance par l'un de ses éléments constitutifs, parties, objet ou cause, qu'elle soit présentée par le demandeur, par le défendeur ou par un tiers. Le principe de l'immutabilité du litige tendrait à déclarer irrecevable toute demande nouvelle.

Affirmée dans le cadre de l'appel, la règle de l'irrecevabilité des demandes nouvelles est appliquée sans rigueur, car une prétention n'est pas nouvelle lorsqu'elle tend aux mêmes fins que la demande originaire, mais que son fondement juridique est différent de celle-ci. En première instance, elle l'est avec plus de libéralisme encore, pourvu qu'il existe entre la demande initiale et la demande nouvelle un lien de connexité.

▮ *NCPC, art. 564.*

➤ *Demande additionnelle, en intervention, reconventionnelle.*

Demande reconventionnelle *[Pr. civ.]*

Demande formée par le défendeur qui, non content de présenter des moyens de défense, attaque à son tour et soumet au tribunal un chef de demande.

▮ *NCPC, art. 64.*

Demandeur *[Pr. civ.]*

Personne qui prend l'initiative d'un procès et qui supporte en cette qualité, la triple charge de l'allégation des faits, de leur pertinence et de leur preuve.

Démarchage *[Dr. com. / Dr. pén.]*

Opération qui consiste à rechercher des clients ou à solliciter des commandes pour le compte d'une entreprise, par des visites à domicile.

Le démarchage en vue du placement de valeurs mobilières – démarchage financier – est strictement réglementé.

▮ *C. consom., art. L. 121-21.*

Dématérialisation (des valeurs mobilières) *[Dr. com.]*

Opération consistant à inscrire dans un compte ouvert par la société émettrice ou un mandataire habilité les titres nominatifs et au porteur au nom de leurs titulaires, et à supprimer leur représentation matérielle (registre de transfert, support écrit).

Démembrement de propriété *[Dr. civ.]*
➤ *Droit réel.*

Démembrements de la puissance publique *[Dr. adm.]*

Expression fréquemment utilisée pour désigner l'ensemble des collectivités territoriales et établissements publics, auquel on ajoute parfois les organismes à façade privée montés par l'Administration en vue de poursuivre son action en échappant aux règles du droit administratif et de la comptabilité publique.

Démence *[Dr. pén.]*

Atteinte des facultés mentales de l'auteur ou du complice d'une infraction au moment des faits, ce qui justifie que sa responsabilité pénale soit écartée ou atténuée.

Dans le nouveau code pénal, la démence disparaît en tant que notion spécifique, pour être remplacée par le trouble psychique ou neuropsychique ayant aboli ou altéré le discernement de celui qui en est atteint.

📖 *C. pén., art. 122-1.*

Demeure *[Pr. civ.]*

Critère personnel de localisation des litiges déterminant la compétence territoriale des juridictions.

La demeure s'entend, pour une personne physique, du lieu où elle a son domicile, à défaut sa résidence, pour une personne morale du lieu où celle-ci est établie.

📖 *NCPC, art. 42.*

Démission *[Dr. publ.]*

1° Acte par lequel on renonce à une fonction ou à un mandat.

2° *Démission d'office* : démission forcée dans les cas définis par les textes juridiques en vigueur.

3° *Démission en blanc* : démission présentée sous forme d'une lettre signée mais non datée, remise à ses électeurs par le candidat à une élection, à titre de garantie de la fidèle exécution de ses engagements.

Pratique contraire au principe de l'interdiction du mandat impératif.

➤ *Mandat politique.*

[Dr. trav.] Rupture du contrat de travail par le salarié.

➤ *Congédiement.*

Démocratie *[Dr. const.]*

Étymologiquement, gouvernement du peuple par le peuple, ce qui suppose en théorie l'identification des gouvernants et des gouvernés.

Plus concrètement, régime dans lequel tous les citoyens possèdent à l'égard du pouvoir un droit de participation (vote)

et un droit de contestation (liberté d'opposition). Cependant la liberté d'opposition n'est reconnue que dans la démocratie libérale, mais non dans la démocratie autoritaire.

➤ *Démocratie politique, Démocratie économique et sociale.*

Démocratie directe *[Dr. const.]*

Forme de démocratie dans laquelle les citoyens exercent eux-mêmes le pouvoir sans intermédiaires.

En usage dans les antiques cités grecques, la démocratie directe ne survit de nos jours que dans quelques communautés, par ex. : dans certains Cantons suisses.

La démocratie directe ainsi définie s'oppose à la démocratie représentative. Mais certains auteurs (M. Duverger) emploient l'expression dans un sens nouveau, pour désigner les régimes dans lesquels les citoyens choisissent eux-mêmes le Gouvernement (du moins son chef). Ex. : États-Unis (élection du Président au suffrage universel), Grande-Bretagne (le bipartisme permettant aux citoyens de choisir le Premier Ministre – leader du parti majoritaire – à travers l'élection de la Chambre des Communes). Ainsi entendu, la démocratie directe s'oppose à la démocratie « médiatisée ».

Démocratie économique et sociale
[Dr. const.]

Conception de la démocratie selon laquelle les citoyens ne sont réellement libres que si leur participation au pouvoir s'accompagne d'une action du pouvoir lui-même visant à les libérer des inégalités économiques et sociales.

D

D

La démocratie économique et sociale s'accomplit : soit (dans les démocraties « occidentales ») par le prolongement de la démocratie politique, c'est-à-dire par une socialisation progressive dans le respect des libertés actuelles (participation des citoyens à la direction de l'économie, protection des citoyens contre les puissances économiques, égalisation des conditions sociales) ; soit (dans les démocraties marxistes) par la révolution prolétarienne, pour qui la libération de l'individu ne peut être que la conséquence d'une transformation de la société par l'élimination de la bourgeoisie capitaliste.

Démocratie libérale *[Dr. const.]*

Démocratie qui cherche à résoudre l'antagonisme entre le pouvoir et la liberté (antagonisme tenant à l'existence d'une majorité s'imposant à la minorité) au moyen de procédés divers de conciliation et d'équilibre : reconnaissance aux individus de droits opposables à l'État (notamment liberté d'opposition), aménagement de la structure de l'État de manière à limiter le pouvoir politique (principe de constitutionnalité, séparation des pouvoirs, indépendance du pouvoir judiciaire...).

Démocratie médiatisée *[Dr. const.]*

Régime dans lequel la multiplicité des partis politiques empêche que les citoyens puissent choisir directement le chef du Gouvernement à travers l'élection parlementaire ; ce choix dépend des tractations entre les états-majors politiques et des « jeux parlementaires ».

Démocratie pluraliste *[Dr. const.]*

Démocratie fondée sur la reconnaissance de la légitimité d'une pluralité effective de partis politiques, et de leur alternance au pouvoir. Cette conception de la démocratie a représenté l'une des différences essentielles entre les démocraties libérales « occidentales » et les démocraties populaires (et l'Union Soviétique) – au moins, peut-être, jusqu'aux réformes engagées dans ces dernières depuis la fin de 1989.
➤ *Démocratie libérale, Démocratie populaire, Parti dominant, Parti unique.*

Démocratie politique *[Dr. const.]*

Conception de la démocratie selon laquelle les citoyens participent au pouvoir, mais n'ont aucun droit d'exiger de lui des prestations ou des services. La démocratie politique part de l'idée que la liberté est naturelle à l'homme et que l'État n'a donc pas à intervenir pour la « créer », mais doit se borner à la reconnaître et à permettre qu'elle puisse s'exercer sans entraves.

En fait la démocratie purement politique revêt un caractère plus ou moins formel, car, si tous les citoyens ont le droit de vote, ils ne pèsent pas tous d'un poids égal sur les décisions politiques, le libéralisme économique tournant très souvent à l'avantage d'une minorité favorisé par la fortune ou la condition sociale.

Démocratie populaire *[Dr. const.]*

Régime politique marxiste et totalitaire (➤ Totalitarisme) institué au lendemain de la seconde guerre mondiale dans les États d'Europe centrale et orientale situés dans la zone d'influence de l'URSS.

Ces régimes ont été créés sur le modèle soviétique, avec cependant des éléments originaux plus ou moins marqués.

Les événements survenus dans la plupart de ces États fin 1989 ont conduit à la fin de ce régime politique et à la mise en place (malgré certaines difficultés) d'une démocratie pluraliste.

Démocratie représentative *[Dr. const.]*

Forme de démocratie dans laquelle les citoyens donnent mandat à certains d'entre eux d'exercer le pouvoir en leur nom et à leur place.
➤ *Mandat impératif, Mandat représentatif.*

Démocratie semi-directe *[Dr. const.]*

Forme de démocratie qui combine la démocratie représentative et la démocratie directe : le pouvoir est normalement exercé par des représentants, mais les citoyens peuvent dans certaines conditions intervenir directement dans son exercice.
➤ *Initiative populaire, Référendum, Révocation populaire, Veto populaire.*

Démocratisation du secteur public (loi de) *[Dr. adm.]*

Dénomination de la loi du 26 juillet 1983, qui généralise une représentation élue du personnel à l'intérieur du conseil d'administration ou de surveillance de la plupart des entreprises relevant du secteur public économique.

Dénaturation
[Dr. civ. / Pr. gén. / Dr. int. priv.]

Dans un premier sens, action par laquelle le juge du fond interprète, ou refuse d'appliquer, une clause claire et précise d'un document qui lui est soumis, alors que cette clause n'avait pas à être interprétée, en raison, précisément, de sa clarté et de sa précision.

Dans un sens plus large, la dénaturation consiste aussi, pour le juge du fond, à donner une mauvaise interprétation d'une clause ambiguë d'un acte juridique ou d'un contrat, ou encore d'une loi étrangère. La dénaturation est un cas d'ouverture à cassation.
▌ *C. civ., art. 1134.*

Dénégation d'écriture *[Pr. civ.]*
➤ *Vérification d'écriture.*

Déni de justice *[Pr. gén.]*

Refus de la part d'un tribunal d'examiner une affaire qui lui est soumise et de prononcer un jugement (sauf dans le cas où il se déclare incompétent). Le juge n'a pas le droit de se soustraire à sa mission qui consiste à dire le droit. Le déni de justice constitue un délit pénal. Dans un sens plus moderne et extensif, le déni de justice s'entend du manquement de l'État à son devoir de protection juridictionnelle, par exemple un délai anormal d'audiencement.
▌ *C. civ., art. 4 ; C. org. jud. L. 781-1; C. pén., art. 434-7-1.*
➤ *Prise à partie, Responsabilité de l'État du fait d'un fonctionnement défectueux de la justice.*

Se dit aussi de la situation résultant d'une double déclaration d'incompétence de la part des tribunaux de l'ordre judiciaire et de l'ordre administratif successivement saisis.
➤ *Conflit, 2°.*

Deniers publics *[Dr. fin.]*

Jadis l'une des notions reconnues comme fondamentales en matière de finances publiques, le concept de deniers publics a connu, en droit positif, un déclin parallèle à celui de service public, entraîné par la difficulté croissante d'en cerner les frontières.

Aujourd'hui, le législateur évite systématiquement d'en faire usage, mais la notion conserve un intérêt en jurisprudence financière, et en doctrine; on a pu, récemment encore, ordonner autour d'elle une présentation générale des Finances Publiques, en distinguant : une notion juridique, correspondant aux fonds appartenant ou confiés aux organismes publics; une notion politique, correspondant aux fonds mis en œuvre par un organisme de nature juridique quelconque dans le cadre d'une mission de service public.

Dénomination sociale *[Dr. com.]*

Appellation de la société déterminée dans les statuts.

📖 *C. com., art. L. 210-2.*

Dénonciation *[Dr. int. publ.]*

Acte par lequel un État partie à un traité y met fin (traité bilatéral) ou s'en dégage (traité multilatéral).

La dénonciation n'est valable que dans la mesure et les formes où le traité lui-même la prévoit. ➤ *Révision des traités.*

[Dr. trav.] Acte par lequel l'une ou l'autre des parties à une convention collective à durée indéterminée entend se dégager de l'accord. Les effets de la dénonciation sont plus ou moins étendus selon qu'elle émane de l'ensemble ou d'une partie seulement des signataires employeurs ou salariés.

📖 *C. trav., art. L. 132-8.*

[Pr. pén.] Acte par lequel un citoyen signale aux autorités policières, judi-

ciaires ou administratives une infraction commise par autrui. La dénonciation est, dans certains cas, ordonnée par la loi.

[Pr. civ.] Notification d'un acte de procédure à une personne qui n'en est pas le destinataire mais qui a néanmoins intérêt à le connaître. Tel est le cas de l'exploit de saisie-arrêt adressé au tiers saisi : le débiteur, de toute évidence, a besoin de savoir que les fonds inscrits à son compte sont désormais frappés d'indisponibilité.

Dénonciation calomnieuse *[Dr. pén.]*

Délit qui consiste à porter des accusations mensongères contre une personne déterminée, auprès d'un officier de justice ou de police administrative ou judiciaire, ou de toute autorité ayant le pouvoir d'y donner suite, y compris les supérieurs hiérarchiques ou l'employeur de la personne dénoncée.

📖 *C. pén., art. 226-10.*

Dénonciation de nouvel œuvre
[Dr. civ. / Pr. civ.]

Action exercée par le possesseur ou même par le simple détenteur d'un immeuble contre le propriétaire d'un fonds voisin qui effectue des travaux dont l'achèvement créera un trouble pour le demandeur.

La « complainte » est exercée par le possesseur en cas de trouble actuel et non éventuel.

📖 *C. civ., art. 2283; NCPC, art. 1262 à 1267.*

Déontologie *[Dr. gén.]*

La déontologie regroupe, pour les personnes exerçant certaines activités publiques ou privées, les règles juridiques et morales qu'elles ont le devoir de respecter.

Tel est le cas pour les fonctionnaires, les magistrats (obligation de réserve, secret du délibéré par exemple) et pour les membres des professions libérales réglementées (avocat, officier ministériel, médecin par exemple).

Les manquements aux règles de la déontologie qui sont variables d'une fonction à une autre, d'une profession à une autre sont de nature à provoquer des poursuites disciplinaires.
➢ *Discipline, Pouvoir disciplinaire.*

Département *[Dr. adm.]*
1° Fraction du territoire constituant à la fois une circonscription administrative pour les services de l'État, et une collectivité territoriale se situant entre la région et la commune. La métropole est divisée en 96 départements.
▌ *C. gén. coll. territ., art. L. 3111-1 s.*
➢ *Conseil général, Décentralisation, Paris, Préfet.*
2° Terme parfois employé comme synonyme de ministère, pour désigner un compartiment déterminé de l'Administration centrale (ex. : le département des Affaires Étrangères).

Départements d'Outre-Mer (DOM)
[Dr. adm.]
Collectivités territoriales créées en 1946 pour resserrer les liens juridiques existant entre la métropole et quatre de ses anciennes colonies : la Guyane, la Guadeloupe, la Martinique et la Réunion. St-Pierre-et-Miquelon, ex-territoire d'Outre-mer devenu DOM en 1976, a reçu en 1985 un statut spécial qui en fait (comme Mayotte) une collectivité territoriale particulière.

L'érection de ces colonies en DOM a été marquée par la mise en œuvre d'une politique législative peut-être plus généreuse dans son inspiration qu'heureuse dans tous ses résultats : l'assimilation législative, qui consiste à soumettre les DOM au Droit en vigueur dans les départements métropolitains, sous réserve de certaines adaptations nécessitées par leur éloignement géographique.
▌ *C. gén. coll. territ., art. L. 3441-1 s.*
➢ *Territoires d'Outre-Mer.*

D

Départiteur *[Pr. civ.]*
➢ *Conseil de prud'hommes.*

Dépénalisation *[Dr. pén.]*
Opération qui consiste à enlever à un fait son caractère d'infraction pénale. À une moindre échelle, il peut s'agir du transfert d'un fait du domaine pénal classique dans le domaine administratif pénal.

Dépendance (du domaine public)
[Dr. adm.]
Synonyme de bien faisant partie du domaine public.

Dépendance économique *[Dr. trav.]*
État d'un travailleur, salarié ou non, vis-à-vis de la personne qui l'emploie, lorsqu'il tire du travail qu'il exécute pour cette personne ses principaux moyens d'existence.
➢ *Abus de domination.*

Dépens *[Pr. civ.]*
Les dépens représentent la part des frais engendrés par le procès que le gagnant peut se faire rembourser par le perdant,

D

à moins que le tribunal n'en décide autrement.

Ils comprennent les droits de plaidoirie (non les honoraires de plaidoirie des avocats), les frais de procédure (taxés) dus aux avocats et aux officiers ministériels (ex. : huissier, avoué à la cour), la taxe des témoins, la rémunération des techniciens.

📘 *NCPC, art. 696.*

➢ *Gratuité de la justice, Liquidation des dépens, Ordonnance de taxe, Vérification des dépens.*

Dépenses en capital *[Dr. fin.]*

Catégorie de la classification économique des dépenses de l'État, regroupant les crédits destinés aux investissements effectués directement par l'État ou subventionnés par lui sous des formes diverses.

Le terme est synonyme de dépenses d'investissement (ou d'équipement).

Dépenses fiscales *[Dr. fin.]*

Terme générique désignant les exonérations ou allégements d'impôts divers accordés par les Pouvoirs Publics pour inciter les particuliers ou les entreprises à certains comportements qu'ils souhaitent encourager. Ex. : incitations à l'épargne, à la construction d'immeubles d'habitation, à l'investissement industriel. Cette forme d'incitation se traduit, comme les subventions directes, par une charge pour le budget (moins-values de recettes), ce qui explique leur nom. Elles font l'objet d'une évaluation annuelle (difficile) dans un document annexé au projet de la loi de finances.

Dépenses de transfert *[Dr. fin.]*

Catégorie de la classification économique des dépenses de l'État, regroupant les crédits destinés à des paiements effectués sans contrepartie directe de la part des bénéficiaires.

On y trouve essentiellement les subventions économiques, les crédits d'assistance ainsi que les intérêts de la dette publique – qui en comptabilité nationale ne sont pas classés parmi les opérations de transfert.

Déplacement *[Séc. soc.]*

Petit déplacement : déplacement professionnel occasionné par le travail qui ne répond pas aux critères du grand déplacement. Les frais éventuellement exposés par le salarié pour ce déplacement sont considérés comme des dépenses incombant à l'entreprise ou comme des frais professionnels.

Grand déplacement : déplacement qui interdit au salarié de regagner chaque jour le lieu de sa résidence qui engage en conséquence des frais supplémentaires de nourriture et de logement. Le grand déplacement fait intervenir deux critères : la nécessité d'une double résidence, une durée maximale de déplacement (3 mois).

📘 *CSS, arr. du 26 mai 1975.*

Déport

➢ *Abstention, Arbitre, Récusation.*

Déposition *[Pr. civ. / Pr. pén.]*

Déclaration d'un tiers faisant connaître, aux autorités qualifiées (justice, police), ce qu'il a vu ou entendu ou appris relativement à un fait litigieux ou incriminé.

Dépôt *[Dr. civ.]*

Contrat par lequel une personne (le déposant) remet une chose mobilière à une autre (le dépositaire) qui accepte de la garder et s'engage à la restituer lorsque la demande lui en sera faite.

📖 *C. civ., art. 1915 s.*

Dépôt de bilan *[Dr. com.]*

Formalité consistant, pour un débiteur en état de cessation des paiements, à saisir le tribunal compétent (de commerce ou de grande instance) en vue de l'ouverture d'une procédure de redressement judiciaire, en fournissant au tribunal certaines pièces comptables dont le bilan.

Dépôt légal *[Dr. publ.]*

Obligation faite par la loi à l'imprimeur (ou producteur) et à l'éditeur de remettre un certain nombre d'exemplaires des imprimés de toute nature, des œuvres musicales, photographiques, cinématographiques, phonographiques qu'ils mettent dans le commerce. La remise a lieu à la Bibliothèque nationale et aux bibliothèques habilitées par le ministre de l'Éducation nationale aux fins d'accroissement des collections publiques (2 exemplaires d'imprimeur, 4 d'éditeur) et au ministère de l'intérieur aux fins d'application des règlements de police (un exemplaire d'éditeur). Les services du dépôt légal, qui dépendent des deux ministères, constituent un service commun dénommé *Régie du dépôt légal*.

Député *[Dr. const.]*

Membre élu de l'Assemblée nationale.

Déréglementation

Dans le cadre du libéralisme économique pratiqué par la plupart des grands États, politique consistant à supprimer le plus grand nombre possible des réglementations imposant des contraintes aux opérateurs économiques, telles que la fixation de prix minimum ou des disciplines en matière de concurrence. On dit aussi : dérégulation.

« Derelictio » *[Dr. civ.]*

Se dit de l'abandon d'un meuble.

📖 *C. civ., art. 539, 656, 667, 699, 713, 717 et 802.*

➢ *Abandon.*

Dérisoire *[Dr. civ.]*

Qui est trop bas pour être juridiquement valable : dans une vente, le prix dérisoire est assimilé à un défaut de prix ; dans une clause pénale, la peine manifestement dérisoire peut être augmentée par le juge.

📖 *C. civ., art. 1152.*

Dernières écritures *[Pr. civ.]*

➢ *Conclusions récapitulatives.*

Dérogation *[Dr. civ.]*

Exclusion du droit commun dans un cas particulier. Le terme est surtout utilisé en matière conventionnelle pour désigner la stipulation par laquelle les parties écartent l'application d'une loi qui n'est ni impérative ni d'ordre public.

Désaffectation *[Dr. adm.]*

Synonyme de déclassement.

Désaveu *[Dr. civ.]*

Action par laquelle le mari tente de prouver qu'il n'est pas le père de l'enfant de sa femme.

Cette action permet de combattre la présomption de paternité.

📖 *C. civ., art. 312, 314 et 316.*

Désaveu d'avocat ou d'officier ministériel *[Pr. civ.]*

Action d'un plaideur soutenant qu'un avocat ou un officier ministériel avait dépassé les limites de son mandat. Justifié, le désaveu provoquait la nullité de l'acte de procédure critiqué.

Le nouveau Code de procédure civile a remplacé (sauf pour les avocats au Conseil d'État et à la Cour de cassation) le désaveu par une action en responsabilité personnelle à l'encontre du mandataire infidèle.

📖 *NCPC, art. 697 et 698.*

D

Descendant *[Dr. civ.]*

Individu qui tient sa filiation d'une personne qui l'a précédée dans la suite des générations. Cette parenté en ligne directe fait naître une vocation successorale privilégiée et engendre des rapports d'obligation ou des empêchements réciproques (aliments, témoignage, mariage...).

📖 *C. civ., art. 745, 908.*

Descente sur les lieux *[Pr. civ.]*
➤ *Vérifications personnelles du juge.*

Déshérence *[Dr. civ.]*

Situation d'une succession lorsqu'il n'y a pas d'héritier, c'est-à-dire de parents au degré successible, de conjoint ou de légataire universel. La succession en déshérence est acquise à l'État.

📖 *C. civ., art. 768 s.*

Désistement *[Dr. const.]*

Retrait de candidature, après un premier tour de scrutin, en faveur d'un autre candidat.

[Pr. civ.] Renonciation du demandeur, soit à l'*instance* actuelle (la demande peut alors être renouvelée) soit à l'*appel* ou à l'*opposition* (le jugement passe alors en force de chose jugée) soit à un ou plusieurs *actes de procédure* (l'instance se poursuit alors abstraction faite de l'acte retiré) soit encore à la *faculté d'agir* en justice (le droit substantiel est alors perdu).

📖 *NCPC, art. 394 s.*

Désistement volontaire *[Dr. pén.]*

Attitude de l'auteur d'une tentative d'infraction, par laquelle, en dehors de toute pression extérieure, il renonce à son projet délictueux avant d'être parvenu à la consommation du crime ou du délit, ce qui lui évite toute responsabilité pénale et le garantit de l'impunité.

📖 *C. pén., art. 121-5.*
➤ *Tentative.*

Déspécialisation *[Dr. com.]*

Fait, pour le titulaire d'un bail commercial, d'adjoindre à son activité principale des activités connexes ou complémentaires, ou encore d'exercer une ou plusieurs activités différentes de celles prévues au contrat. Les lois du 12 mai 1965 et 16 juillet 1971 ont assoupli les conditions de déspécialisation.

📖 *C. com., art. L. 145-47.*

Dessaisissement du juge *[Pr. gén.]*

Lorsqu'un juge rend un jugement possédant le caractère juridictionnel, il est, en principe, dessaisi.

Il conserve cependant le pouvoir d'interpréter sa décision, de réparer une erreur ou une omission matérielle.

En procédure civile, le nouveau code permet aussi au juge de compléter son jugement en cas d'omission de statuer (*infra petita*), de le rectifier s'il a statué sur des choses non demandées (*ultra petita*).

Il ne pourrait connaître à nouveau de l'affaire que si elle faisait l'objet d'une voie de recours de rétractation (opposition, recours en révision, par exemple).

📖 *NCPC, art. 461 à 464 et 481.*

Dessins et modèles *[Dr. com.]*

Créations de forme, de traits ou de couleurs sur lesquelles le créateur peut obtenir un monopole temporaire d'exploitation, à condition qu'elles présentent un caractère d'originalité. La protection peut être assurée soit par des dispositions spécifiques soit par le régime du droit d'auteur.

📖 *C. propr. intell., art. L. 511-1 s. et L. 111-1 s.*

Destination *[Dr. civ.]*

Affectation d'un bien à tel usage déclenchant le régime juridique approprié. La location d'un immeuble constitue, selon la finalité envisagée, un bail commercial, un bail rural, un bail d'habitation… Le meuble rattaché à un fonds pour son service et son exploitation ressortit fictivement de la catégorie des immeubles.

Destination du père de famille *[Dr. civ.]*

Se dit en matière d'acquisition des servitudes, lorsque le propriétaire de deux fonds établit, entre eux, un état de choses qui constituerait une servitude si ces deux fonds étaient attribués à des propriétaires distincts (ex. : voie de passage sur un fonds en vue de desservir le second); ce rapport de fait devient une servitude lorsque les deux héritages viennent à appartenir à deux proprié-

taires différents, tout spécialement à la suite d'un partage successoral.

📖 *C. civ., art. 692 s.*

Destitution *[Pr. civ.]*

Sanction disciplinaire. ➢ *Poursuite disciplinaire.*

[Dr. civ.] Retrait des fonctions de la personne qui a reçu une charge civique (ex. : tutelle).

Désuétude *[Dr. civ. / Dr. publ.]*

Situation d'une règle de droit qui, en fait, n'est pas ou plus appliquée.

Certains juristes estiment que la désuétude vaut abrogation implicite.

Détachement *[Dr. adm.]*

Position administrative d'un fonctionnaire placé hors de son corps d'origine pour exercer des fonctions (en général) dans une autre Administration, mais continuant à bénéficier dans son corps d'origine de ses droits à l'avancement et à la retraite. ➢ *Hors cadres.*

[Dr. trav.] Situation d'un salarié placé provisoirement au service d'une autre entreprise; le salarié détaché fait partie des effectifs de l'entreprise d'origine qui peut le rémunérer. ➢ *Mutation-Transfert.*

📖 *CSS, art. L. 761-1 s.; C. trav., art. L. 122-14-8.*

[Séc. soc.] Situation d'un travailleur qui est envoyé de France à l'étranger par son employeur afin d'y exercer une activité salariée pour une durée limitée et qui reste affilié pendant cette période au régime français de Sécurité sociale. Ce maintien peut être opéré en application soit des règlements internationaux ou conventions bilatérales de sécurité sociale, soit des dispositions de la législation interne française.

D

DÉT

D

Le détachement suppose qu'un lien de dépendance subsiste entre le travailleur et l'entreprise qui le détache, impliquant au minimum le versement par cette dernière des cotisations dues au régime français.

Le travailleur détaché a droit aux prestations du régime français.

Détention *[Dr. civ.]*

Maîtrise matérielle sur un bien, indépendamment du titre qui pourrait la justifier.

De façon plus restrictive, la détention est la maîtrise sur un bien en vertu d'un titre attribuant à autrui la propriété du bien. On oppose « détention » et « possessions ».

Détention criminelle *[Dr. pén.]*

Peine politique privative de liberté consistant dans l'incarcération du condamné en principe dans un quartier spécial des maisons centrales.

📖 *C. pén., art. 131-1 s.*
➢ *Infraction politique.*

Détention provisoire *[Pr. gén.]*

Mesure d'incarcération d'un inculpé pendant l'information judiciaire, ou d'un prévenu dans le cadre de la comparution immédiate. De caractère exceptionnel, elle ne peut être prise que dans des cas déterminés et par un magistrat du siège après un débat contradictoire au cours duquel il entend les réquisitions du ministère public, puis les observations de l'inculpé et le cas échéant celles de son conseil.

📖 *C. pr. pén., art. 137, 144 et s.*

Détournement *[Dr. adm.]*

Détournement de pouvoir : illégalité consistant, pour une autorité administrative, à mettre en œuvre l'une de ses compétences dans un but autre que celui en vue duquel elle lui a été conférée.

Détournement de procédure : forme particulière de l'irrégularité précédente, consistant à substituer à une procédure régulière une autre procédure plus expéditive mais non applicable à l'opération poursuivie.

Détournement de mineur *[Dr. pén.]*

Infraction par laquelle son auteur soustrait un mineur de l'un ou l'autre sexe à l'autorité ou à la direction de ceux auxquels il était soumis ou confié. Il s'agit d'un crime si le détournement s'accompagne de fraude ou de violence, et d'un délit dans le cas contraire. Cette incrimination a disparu du Nouveau Code Pénal qui diversifie les atteintes dont les mineurs peuvent être victimes.

📖 *C. pén., art. 221-3 s., 222-15 s.*

Dette *[Dr. civ.]*

Synonyme d'« obligation ». – Terme utilisé fréquemment pour désigner une prestation de somme d'argent qui est due.

➢ *Obligation.*

Dette publique *[Dr. fin.]*

Au sens le plus souvent employé, ensemble des fonds empruntés par l'État ou déposés auprès de lui.

Parmi les principales classifications dont elle fait l'objet, on peut retenir notamment :

• *Dette flottante* : dette constituée principalement par les bons du Trésor de toutes natures, les obligations assimilables du Trésor, et les dépôts des correspondants du Trésor. Son montant varie en permanence.

• *Dette inscrite* (sous-entendu : au grand livre de la dette publique) : dette représentée par les emprunts à moyen et long terme. On l'appelle parfois dette consolidée.

De cette Dette publique proprement dite, il convient de distinguer – encore qu'on l'y englobe parfois – la Dette viagère; celle-ci ne résulte pas d'emprunts ou de dépôts, elle correspond aux diverses pensions (retraite, invalidité...) servies par l'État à ses agents passés ou présents. Au sens du Traité d'Union européenne (Protocole n° 5), la Dette publique inclut aussi la Dette des collectivités locales et de la Sécurité sociale.

➢ *Consolidation de la dette publique.*

Dette de valeur *[Dr. civ.]*

Obligation pécuniaire portant, non sur une somme fixée à l'avance, mais sur une valeur estimée au moment de l'exigibilité, en vue de parer aux fluctuations monétaires. Le rapport successoral, par exemple, oblige l'héritier à restituer la valeur du bien donné appréciée à l'époque du partage, nullement à la date de la donation.

Dévaluation *[Dr. fin.]*

Dans un système de changes fixes entre les monnaies (qui n'existe plus), réduction du taux de change de la monnaie nationale décidée par les Pouvoirs Publics. Dans un vocabulaire rigoureux, ne peut se concevoir dans le cadre actuel d'un système de changes flottants – faute d'une référence fixe – mais il peut se produire une perte de valeur de la monnaie nationale par rapport à

telle ou telle autre, que peuvent consacrer les Pouvoirs Publics et que la presse continue alors d'appeler une dévaluation.

Devis *[Dr. civ.]*

Dans le contrat d'entreprise, état détaillé des travaux qui seront exécutés avec indication des matériaux employés et des prix de chaque article.

📗 *C. civ., art. 1787 s.*

Devise *[Dr. fin.]*

Synonyme de monnaie. Mais, encore que l'on pourrait parler de devise nationale pour désigner l'unité monétaire interne (le dollar dans le cas des USA), le terme est presque uniquement employé au pluriel et sans adjectif : il désigne alors, de manière collective, l'ensemble des monnaies étrangères par opposition à la monnaie nationale (par exemple : les avoirs de la France en devises).

Devoir juridique *[Dr. civ.]*

Le devoir juridique constitue une obligation qui pèse sur une personne.

Le respect d'un devoir peut-être obtenu par le bénéficiaire à l'aide d'une action en justice. Les devoirs qui sont imposés aux individus trouvent le plus souvent leur source dans les principes généraux du droit (ne pas nuire à autrui, ne pas s'enrichir sans cause à son détriment), dans la loi et dans les usages (droit pénal, organisation de la famille en droit civil).

Devoir moral *[Dr. gén.]*

Obligation dont l'exécution ne peut être poursuivie en justice, ne chargeant l'obligé que d'un devoir de conscience. Le concept n'est pas étranger au droit, en ce sens que l'accomplissement d'une telle obligation réalise un paiement, non une libéralité, excluant la répétition au titre de l'indu.

➤ *Obligation naturelle.*

Dévolutif *[Pr. civ.]*

➤ *Effet dévolutif des voies de recours.*

Dévolution *[Dr. civ.]*

Au sens large, transfert de l'hérédité aux successibles. Au sens strict, en cas de défaillance d'un degré ou d'une ligne, report de la vocation héréditaire sur le degré suivant ou sur l'autre ligne.

📗 *C. civ., art. 731 s., 786.*

Dialogue Nord-Sud *[Dr. int. publ.]*

Expression utilisée pour caractériser les négociations entre pays industrialisés et pays en voie de développement sur l'établissement de nouvelles relations économiques (construction du « nouvel ordre économique international » ou NOEI). Menées dans le cadre de conférences ad hoc ou dans le système des Nations-Unies. Sans grands résultats pour l'heure.

Dictature *[Dr. const.]*

Régime dans lequel les détenteurs du pouvoir, qui s'en sont emparé souvent par la force (coup d'État, révolution), l'exercent autoritairement, sans véritable participation du peuple et sans tolérer d'opposition.

La dictature peut être soit une réaction de défense de l'ordre établi insuffisamment protégé par la démocratie (dictatures réactionnaires ou conservatrices, ex. : dictatures fascistes), soit un instrument de transformation de la société (dic-

tatures révolutionnaires, ex. : dictatures du prolétariat).

« Dies ad quem »
[Dr. civ. / Dr. com. / Pr. civ. / Pr. pén.]

➤ *Délai, Délai de procédure, Dies a quo.*

« Dies a quo »
[Dr. civ. / Dr. com. / Pr. civ. / Pr. pén.]

➤ *Délai, Délai de procédure, Dies ad quem.*

Diffamation *[Dr. pén.]*

Allégation ou imputation d'un fait, constitutive d'un délit ou d'une contravention selon son caractère public ou non, qui porte atteinte à l'honneur ou à la considération d'une personne ou d'un corps constitué.

📗 *C. pén., L. 29 juil. 1881.*

Difficultés d'exécution *[Pr. civ.]*

Obstacles juridiques opposés par une partie ou un tiers à l'exécution de tout titre exécutoire, justifiant, au nom de l'ordre public, la compétence du juge de l'exécution.

📗 *C. org. jud., art. L. 311-12-1.*

Diffusion *[Dr. pén.]*

Mesure pouvant être prononcée par le tribunal et dont les frais sont à la charge du condamné.

📗 *C. pén., art. L. 131-35 s.*

➤ *Affichage.*

Dignité de la personne *[Dr. pén.]*

📗 *NCPC, art. 225-1 s.*

➤ *Atteinte à la dignité.*

Dilatoire *[Pr. civ.]*

Qui tend à gagner du temps. Le moyen dilatoire peut être licite, telle l'exception de l'héritier qui invoque le délai de

3 mois et 40 jours pour faire inventaire et délibérer en vue de suspendre, durant cette période, la procédure dirigée contre lui. Mais, le plus souvent, le procédé dilatoire est répréhensible, car il n'a d'autre fin que de ralentir abusivement le cours de la justice; ainsi de l'appel manifestement infondé dont le seul objet est d'éluder l'exécution du jugement.

📗 *NCPC, art. 32-1, 559.*

Diplomatie *[Dr. int. publ.]*
1° Ensemble des moyens et activités qu'un État consacre à la gestion de sa politique étrangère.
2° Carrière ou profession de diplomatie.
➢ *Agent diplomatique.*
3° Art des négociations entre États.
➢ *Relations diplomatiques.*

Dire *[Pr. civ.]*
Déclaration écrite, par ministère d'avocat, insérée dans le cahier des charges d'une vente judiciaire et soulevant une contestation relative aux conditions de la vente.

📗 *C. pr. civ., art. 689.*

Direction du procès *[Pr. civ.]*
Dans la tradition française, la direction du procès civil appartient aux plaideurs et à leurs conseils. À la suite d'une évolution (réformes de 1935, 1965, 1971) un certain pouvoir de direction a été donné devant le tribunal de grande instance et devant la cour d'appel, à un magistrat de la mise en état qui est devenu le maître de la progression de l'instance et de l'instruction de l'affaire. La même tendance se manifeste dans le nouveau code de procédure civile, pour les procédures suivies devant les juridictions d'exception.

📗 *NCPC, art. 763 s.*
➢ *Mise en état des causes.*

Directives *[Dr. adm.]*
Néologisme désignant des actes généraux par lesquels l'Administration procède à une autolimitation de son pouvoir discrétionnaire, en arrêtant à l'avance les principes qui fonderont son action dans certaines matières, sans la déposséder de son pouvoir d'appréciation. Leur régime juridique n'est pas homogène, mais elles ont en commun leur opposabilité à l'Administration lors de la prise par celle-ci d'actes individuels dans les domaines auxquels elles s'appliquent.

[Dr. const.] Sous la Vᵉ république, instruction que le Président de la République adresse au Premier Ministre (voire à un ministre) pour lui assigner des objectifs (avec parfois un calendrier de travail). Depuis 1974, certaines directives sont publiées, ce qui les rend plus contraignantes. Le Premier Ministre adresse, lui aussi, des directives aux départements ministériels.

[Dr. int. publ.] Dans le droit communautaire (➢ Communautés européennes), acte liant les États membres destinataires quant au résultat à atteindre, tout en leur laissant le choix des moyens et de la forme (dans la CECA : « recommandation »).
➢ *Règlement.*

Directoire *[Dr. com.]*
Organe composé de un à cinq membres, investi des plus larges pouvoirs pour gérer les sociétés anonymes dites « de type nouveau », sous réserve des

D

D

pouvoirs attribués aux autres organes sociaux.

[Dr. const.] 1° Nom donné à l'organe gouvernemental institué en France par la Constitution de l'an III.

2° Par extension, organe gouvernemental à forme collective, composé d'un petit nombre de membres égaux prenant les décisions à la majorité (ex. : Conseil fédéral suisse).

Dirigisme *[Dr. publ.]*

Nom – à connotation péjorative – donné au système de gestion de l'économie pratiqué en France au lendemain de la seconde guerre mondiale et dans lequel l'État orientait et contrôlait l'activité économique et sociale par une intervention directe ou indirecte (planification, nationalisations, subventions, etc.).

Dirimant *[Dr. civ. / Dr. gén.]*

Au sens proprement juridique, synonyme d'absolu : la parenté en ligne directe est un empêchement dirimant au mariage, c'est-à-dire qui ne peut être levé par une quelconque autorisation.

Dans un sens plus commun, une objection dirimante est une objection qui ruine le raisonnement qu'elle combat.

Discount *[Dr. com.]*

Vente à un prix anormalement bas par rapport à celui pratiqué sur le marché par les concurrents, pour des produits identiques.

Discrédit *[Dr. pén.]*

Incrimination frappant le fait de chercher à jeter le discrédit, publiquement par actes, paroles, écrits ou images de toute nature sur un acte ou une décision juridictionnelle dans des conditions de

nature à porter atteinte à l'autorité de la justice ou à son indépendance.

 C. pén., art. 434-25 s.

Discrétionnaire *[Dr. civ.]*

Qualifie le droit insusceptible d'abus, donc exclusif de toute responsabilité nonobstant les conséquences nuisibles que son exercice peut engendrer pour autrui (refus de consentir au mariage d'un enfant mineur, révocabilité des donations entre époux...).

[Pr. civ.] S'applique au pouvoir du juge du fond lorsque son appréciation échappe au contrôle de la Cour de cassation.

[Dr. adm.] ➤ *Pouvoir discrétionnaire, lié.*

Discipline *[Dr. adm.]*

➤ *Pouvoir disciplinaire.*

[Pr. civ.] Les magistrats, les avocats, les officiers ministériels, les divers auxiliaires de la justice sont tenus de respecter certaines règles de déontologie professionnelle. Leur violation les expose à des poursuites disciplinaires dont le régime est adapté à chacune des catégories (ainsi Conseil supérieur de la magistrature, Conseil de l'Ordre des avocats).

Discipline de vote *[Dr. const.]*

Attitude commune imposée aux membres d'un groupe parlementaire, lors d'un vote.

Discrimination *[Dr. com.]*

➤ *Pratiques discriminatoires.*

[Dr. pén.] *C. pén., art. 225-1 s.*

[Dr. trav.] Toute distinction, exclusion ou préférence fondée sur la race, la religion, le sexe, l'opinion politique, l'ascendance nationale ou l'origine sociale, qui a pour effet de détruire ou d'altérer

l'égalité de chances ou de traitement en matière d'emploi ou de profession. La Convention n° 111 de l'OIT prohibe la discrimination. On appelle discrimination positive le fait d'établir une différence au profit de personnes entrant dans l'une des catégories précitées, dans le seul but de rétablir une égalité socialement rompue (par exemple encourager l'emploi des femmes); ce type de discrimination n'est pas nécessairement prohibé.

C. trav., art. L. 122-45, L. 123-1 s. ;

Discussion [Dr. civ.]
➢ Bénéfice de...

Disjonction d'instance [Pr. civ.]
Décision par laquelle un tribunal décide l'éclatement d'une instance en plusieurs, parce que les questions litigieuses, groupées dans une même procédure, doivent être instruites et jugées séparément, faute de connexité suffisante entre elles.
Pratiquement, la disjonction se présente comme une disjonction de demandes, le tribunal statuant immédiatement sur la demande principale et reportant l'examen d'une demande reconventionnelle.

NCPC, art. 367 et 368.
➢ Jonction d'instance.

Disparition [Dr. civ.]
Événement qui, en raison des circonstances, fait douter de la survie d'une personne. Sa non-représentation, consécutive au péril de mort auquel elle s'est trouvée exposée, conduit à bref délai à un jugement déclaratif de décès.

C. civ., art. 88 s. et 112 s.
➢ Absence.

Dispense [Dr. civ.]
Exemption d'une condition de fond ou de forme accordée par les pouvoirs publics ou par la loi, à une personne, avant la conclusion d'un acte, l'attribution d'un état ou d'une fonction. Ainsi, un jeune homme ne peut se marier avant l'âge de 18 ans révolus, sauf dispense accordée par le Procureur de la République. Outre la condition, vise aussi l'exemption d'une obligation ou d'une charge : impôts, tutelle...

Dispense de peine [Dr. pén.]
Mesure par laquelle le juge correctionnel ou de police qui a retenu la culpabilité du délinquant décide de ne prononcer aucune sanction lorsqu'il apparaît que le reclassement du prévenu est acquis, que le dommage est réparé et que le trouble social a cessé.

C. pr. pén., art. 469-1 s.

Disponibilité [Dr. adm.]
Position d'un fonctionnaire placé temporairement hors de son corps d'origine, avec suspension de ses droits à l'avancement et à la retraite et, dans la majeure partie des cas, de tout ou fraction de son traitement.

Disponible [Dr. civ.]
➢ Quotité disponible.

Dispositif (principe) [Pr. civ.]
Principe en vertu duquel les plaideurs conservent la liberté d'entamer le procès, de lui donner le contenu qu'ils désirent (chefs de demande, cause, objet), de le suspendre ou de l'arrêter (acquiescement, désistement).
Le juge est lié par le cadre du procès tel que les parties l'ont tracé. Il ne peut modi-

fier d'office ni les parties ni leurs qualités, ni la cause, ni l'objet de la demande, l'ordre public fût-il en cause.

📖 *NCPC, art. 1, 4, 5 et 7.*

Dispositif du jugement *[Pr. civ.]*

Partie d'un jugement contenant la solution du litige et à laquelle est attachée l'autorité de la chose jugée.

Cette autorité n'existe pas, en principe, pour les motifs du jugement qui étayent le dispositif.

📖 *NCPC, art. 455.*

D

Disposition à titre gratuit *[Dr. civ.]*

Transfert d'un bien au profit d'un tiers avec une intention libérale, soit par donation entre vifs, soit par testament.

📖 *C. civ., art. 893 s.*
➢ *Acte à titre gratuit.*

Dissimulation *[Dr. civ. / Dr. com.]*

Envers de la simulation consistant à tenir secrète la vérité de l'opération juridique, soit en dénaturant, soit en modifiant, soit en supprimant l'acte apparent, soit encore en cachant l'identité du véritable bénéficiaire.

📖 *C. civ., art. 1321.*

Dissolution *[Dr. const.]*

Acte par lequel le Chef de l'État ou le Gouvernement met fin par anticipation au mandat de l'ensemble des membres d'une assemblée parlementaire.

Le droit de dissolution est un élément essentiel du régime parlementaire, dans lequel il contrebalance le droit pour le Parlement de mettre en jeu la responsabilité politique du Gouvernement. La dissolution peut être prononcée en vue de :

a) faire arbitrer par le peuple un conflit entre Parlement et Gouvernement;

b) soumettre au peuple une question importante (équivalent du référendum dans un pays qui ignore cette institution : ex. : Grande-Bretagne);

c) permettre au Gouvernement de choisir le moment favorable pour consulter les électeurs;

d) éviter les périodes de transition politique où les députés, voyant venir la fin de la législature, sont préoccupés par leur réélection et enclins à la démagogie.

La dissolution est soit discrétionnaire (laissée à la libre initiative du chef de l'État ou du Gouvernement, ex. : Constitution de 1958, art. 12), soit conditionnelle (par exemple liée à la fréquence des crises : Cf. Constitution de 1946, art. 51), soit automatique (l'ouverture d'une crise ministérielle provoquant *ipso facto* la dissolution).

[Dr. pén.] Peine « capitale » susceptible d'être prononcée contre une personne morale.

📖 *C. pén., art. 131-39.1°.*

[Dr. priv.] Disparition d'une institution provoquée par l'arrivée d'un événement déterminé. Les causes de dissolution varient selon le type d'institution. Ainsi le décès d'un époux met fin au mariage, alors que celui d'un associé d'une société anonyme laisse subsister la société.

Distinction des contentieux *[Dr. adm.]*
➢ *Contentieux administratif.*

Distraction des dépens *[Pr. civ.]*

Bénéfice accordé à l'avocat ou à l'avoué (en appel) du gagnant lui permettant de se faire payer directement par le per-

dant les frais qu'il a exposés pour son client sorti victorieux du procès.
📘 *NCPC, art. 698.*

Distraction de saisie *[Pr. civ.]*
Incident de saisie par lequel un tiers se prétend propriétaire de tout ou partie des biens saisis.
➤ *Saisie-revendication.*

Distributeur agréé *[Dr. com.]*
➤ *Distribution sélective.*

Distribution par contribution *[Pr. civ.]*
➤ *Contribution.*

Distribution des deniers *[Pr. civ.]*
Dispositif de règlement du passif intervenant en cas de réalisation d'un bien du débiteur en dehors de toute procédure d'exécution. La personne que désigne le président du tribunal de grande instance ou le président du tribunal de commerce établit un projet de répartition des fonds entre les créanciers déclarés et procède au paiement. Si le projet est contesté, elle procède à une tentative de conciliation; en cas d'échec, c'est le tribunal de grande instance ou le tribunal de commerce qui répartit les sommes à distribuer.
📘 *NCPC, art. 1281-1 s.*

Distribution sélective *[Dr. com.]*
Système consistant pour un fournisseur à se lier contractuellement à un certain nombre de distributeurs choisis sur la base de critères qualitatifs et auxquels, sans consentir d'exclusivité, il réserve la vente de ses produits moyennant le respect par eux de certains engagements.
📘 *C. com., art. L. 330-3.*

Distributive (Justice –)
➤ *Justice.*

District *[Dr. adm.]*
Ancienne forme d'établissement public de coopération intercommunale, qui a dû se transformer au plus tard fin 2001 en communauté de communes ou en communauté d'agglomération (ou éventuellement en communauté urbaine pour ceux comptant plus de 500 000 habitants).

Divertissement *[Dr. civ.]*
Action par laquelle un héritier ou un époux détourne frauduleusement un bien de la succession ou de la communauté.

D

Dividendes *[Dr. com.]*
Part des bénéfices réalisés par une société distribuée à la fin d'un exercice aux associés en application d'une délibération de l'assemblée annuelle.
📘 *C. civ., art. 1844-1.*

« Dividende fiscal » *[Dr. fin.]*
Termes parfois employés pour désigner le phénomène d'accroissement des rentrées fiscales entraîné automatiquement par l'accroissement du montant des revenus et profits, ainsi que de l'activité économique, en période d'expansion. Cet accroissement est en général plus que proportionnel par rapport à celle-ci, en raison notamment de la progressivité du barème de l'impôt sur le revenu et du déplacement des achats vers des produits ou services plus coûteux et donc soumis à des taux d'impôt indirect plus élevés (TVA).

Division *[Dr. civ.]*
➤ *Bénéfice de...*

D

Divorce *[Dr. civ.]*

Rupture du lien conjugal, prononcée par un jugement, soit sur la requête conjointe des époux (divorce par consentement mutuel), soit en raison de l'absence de communauté de vie (divorce-remède ou divorce-faillite), soit en raison de la faute commise par l'un des conjoints (divorce-sanction).

📗 *C. civ., art. 229 s.; NCPC, art. 1070 s.*

Divulgation *[Dr. pén.]*

Fait de révéler une information portant atteinte à l'honneur ou à la considération. Cette révélation est constitutive du délit de chantage prévu et réprimé par l'article 312-10 du code pénal lorsqu'elle est faite dans le but d'obtenir la remise de fonds, de valeurs, ou d'un bien quelconque.

Le même texte traite en chantage la menace de révélation des mêmes faits dans le même but.

Dockers *[Dr. trav.]*

Travailleurs employés de façon permanente au chargement et au déchargement des navires dans certains ports.

La loi du 9 juin 1992 a profondément modifié le statut juridique des dockers; en particulier nombre d'entre eux sont mensualisés et le syndicat a perdu son rôle de quasi monopole dans le recrutement.

📗 *C. trav., art. L. 743-1, R. 743-6 s.; C. ports. mar., art. 511-3.*

Doctrine *[Dr. gén.]*

Pensée des auteurs. Par extension, l'ensemble des auteurs.

Documents *[Pr. civ.]*

Écrits susceptibles de contribuer à la preuve des faits du procès. Des documents peuvent être fournis spontanément par les parties : leur communication peut être exigée des parties ou des tiers par le juge ou par le technicien, avec, si besoin est, l'intervention du juge.

📗 *NCPC, art. 132 s.*
➢ *Pièces.*

Documents administratifs *[Dr. adm.]*

Les fonctionnaires sont astreints à une obligation de *discrétion* à l'égard des informations qu'ils possèdent à raison de leurs fonctions, parfois renforcée en secret professionnel pénalement sanctionné. Cependant, une dérogation importante a été apportée à ce principe, lorsque l'information est contenue dans un document administratif, par la loi du 17 juillet 1978 instituant la règle de la liberté d'accès aux documents administratifs non nominatifs.

Doit *[Dr. civ. / Dr. com.]*
➢ *Actif, Avoir, Passif.*

Dol *[Dr. civ.]*

Manœuvre frauduleuse ayant pour objet de tromper l'une des parties à un acte juridique en vue d'obtenir son consentement.

📗 *C. civ., art. 887, 1116, 1147, 1150, 1792 et 1967.*

[Dr. pén.] Attitude psychologique du délinquant consistant de sa part à avoir voulu commettre l'infraction. Il y a dol *éventuel* lorsque l'agent n'a pas voulu le résultat dommageable tout en ayant prévu la possibilité de sa réalisation. Dans ce cas il répond d'une simple faute non intentionnelle.

Il y a dol *indéterminé* lorsque l'agent a agi intentionnellement sans se fixer un résultat bien déterminé. Il répondra du résultat effectivement causé.

> *Intention.*

Domaine privé *[Dr. adm.]*

Partie du patrimoine des collectivités publiques, dont le régime juridique obéit, en principe, aux règles de fond et de compétence du Droit privé.

📖 *C. dom. Et., art. L. 2.*

Domaine public *[Dr. adm.]*

Partie du patrimoine des personnes publiques soumise à un régime de Droit public très protecteur. Il comprend :

- le domaine public naturel (rivages de la mer, certains cours d'eau) ;

- le domaine public artificiel (biens très divers affectés à l'usage soit du public. soit des services publics).

Il est imprescriptible et inaliénable tant qu'il n'a pas fait l'objet d'une mesure de déclassement. Pour faciliter son utilisation économique, une loi de 1994 a conféré des droits réels (limités) aux personnes privées sur les constructions qu'elles sont autorisées à édifier sur le domaine public artificiel.

📖 *C. dom. Et., art. L. 2.*

> *Déclassement, Droits réels.*

Domaine réservé *[Dr. int. publ.]*

> *Compétence nationale.*

Domicile *[Dr. civ.]*

Lieu dans lequel une personne est censée demeurer en permanence. C'est la raison pour laquelle les actes judiciaires faits à son domicile lui sont opposables. En droit positif, le domicile est situé au lieu du principal établissement. > *Demeure.*

📖 *C. civ., art. 102 s.*

   [Dr. pén.] > *Violation de domicile.*

Domicile élu *[Dr. civ. / Pr. civ.]*

Lieu choisi par les parties à un acte juridique pour trancher les difficultés d'exécution et donner éventuellement compétence au tribunal.

📖 *C. civ., art. 111.*

   [Pr. civ.] > *Élection de.*

Domiciliataire *[Dr. com.]*

Personne au domicile de laquelle un effet de commerce doit être présenté au paiement.

Domiciliation *[Dr. com.]*

Indication du lieu choisi pour le paiement d'un effet de commerce.

📖 *C. mon. fin., art. L. 131-9, L. 134-1, L. 134-2 ; C. com., art. L. 511-2 et L. 512-3.*

Dominion *[Dr. int. publ.]*

Nom donné aux anciennes colonies anglaises ayant obtenu de la métropole l'autonomie interne et la personnalité internationale et accéder ainsi à la qualité de membres du Commonwealth.

Le terme n'est plus employé depuis que le British Commonwealth est devenu le Commonwealth of nations.

Dommage *[Dr. civ.]*

> *Préjudice, Préjudice d'agrément, Préjudices de caractère personnel, Préjudice esthétique.*

   [Séc. soc.] > *Préjudice.*

Dommages et intérêts *[Dr. civ.]*

Somme d'argent compensatoire du dommage subi par une personne en raison de l'inexécution ou de la mauvaise exécution d'une obligation ou d'un devoir juridique par le cocontractant ou un tiers. Lorsque le dommage subi pro-

D

DON

vient du retard dans l'exécution, les dommages-intérêts sont dits moratoires.

📖 *C. civ., art. 1142 s., 1226 s. et 1382.*

Donation *[Dr. civ.]*

Contrat par lequel une personne (le donateur) transfère la propriété d'un bien à une autre (le donataire), qui l'accepte, sans contrepartie et avec intention libérale.

📖 *C. civ., art. 893 s.*

Donation de biens à venir *[Dr. civ.]*

➢ *Institution contractuelle.*

Donation déguisée *[Dr. civ.]*

Donation ayant en la forme l'apparence d'un contrat d'une autre nature, spécialement d'un contrat à titre onéreux.

📖 *C. civ., art. 911, 931 et 1099.*

Donation indirecte *[Dr. civ.]*

Donation qui résulte d'un acte qui, par sa nature, ne comporte pas nécessairement une libéralité (ex. : remise de dette).

📖 *C. civ., art. 931.*

Donation mutuelle *[Dr. civ.]*

Donation caractérisée par une réciprocité, essentielle dans l'intention libérale, accidentelle dans l'exécution.

Lorsque les libéralités interviennent entre tiers, la mutualité sort la plénitude de ses effets : chacun est, à la fois, donateur et donataire.

Lorsque la donation mutuelle est consentie entre époux, qu'elle porte sur les biens à venir, la mutualité n'est effective qu'unilatéralement : la libéralité ne profite qu'au seul survivant.

Donation partage *[Dr. civ.]*

Acte par lequel une personne répartit ses biens de son vivant entre ses héri-tiers présomptifs qui en deviennent propriétaires.

Le Code civil n'autorisait les donations partages qu'au profit des descendants. Une loi du 5 janvier 1988 en a étendu la possibilité au profit d'autres personnes (transmission d'une entreprise indivi-duelle).

📖 *C. civ., art. 1075 s.*

➢ *Testament-Partage.*

Donation « propter nuptias » *[Dr. civ.]*

Libéralité entre vifs faite en vue du mariage du bénéficiaire soit par le futur conjoint soit par un tiers.

📖 *C. civ., art. 1081 s.*

Don manuel *[Dr. civ.]*

Donation de la main à la main ayant pour objet un meuble corporel.

📖 *C. civ., art. 931 et 2279.*

Donné acte *[Pr. civ.]*

➢ *Jugement de donné-acte.*

Donner (obligation de) *[Dr. civ.]*

Au sens technique, obligation de trans-férer la propriété.

📖 *C. civ., art. 1602 s.*

Dopage *[Dr. pén.]*

Fait d'utiliser au cours de compétitions et manifestations organisées par des fédérations sportives ou en vue d'y par-ticiper des substances ou procédés dont la liste est précisément prévue par des textes et qui sont de nature à modifier artificiellement les capacités.

Ce fait constitue une infraction, de même que l'emploi de substances ou procédés destinés à masquer l'usage de produits dopants. L'administration à des animaux est prohibée dans les mêmes conditions.

📖 *C. pén., loi n° 99-223 du 23 mars 1999.*

Dossier *[Pr. civ.]*

Réunion des documents, actes de procédure, jugements relatifs à un litige ouvert devant une juridiction civile, commerciale, sociale, dans un dossier sur lequel se trouvent mentionnés en outre les divers événements de la procédure.

📖 *NCPC, art. 727.*

➤ *Mention au dossier, Registre d'audience, Répertoire général.*

Dot *[Dr. civ.]*

Au sens large : donation en vue du mariage.

📖 *C. civ., art. 1081 s.*

Au sens strict : sous le régime dotal, biens apportés par la femme qui sont inaliénables et insaisissables et soumis à l'administration du mari.

Le législateur a supprimé pour l'avenir le régime dotal (L. 13 juill. 1965).

➤ *Biens dotaux.*

Dotation générale de décentralisation (DGD) *[Dr. adm.]*

Subvention versée par l'État aux communes, départements et régions en vue de compenser (avec d'autres recettes) les charges supplémentaires imposées à leurs budgets en raison des compétences nouvelles que l'État leur a transférées en application de la loi du 7 janvier 1983.

Dotation globale d'équipement (DGE) *[Dr. adm. / Dr. fin.]*

Subvention versée par l'État aux communes et aux départements, qui l'utilisent librement, en vue de participer à leurs dépenses d'équipement (investissements).

📖 *C. gén. coll. territ., art. L. 2334-32, L. 3334-10, L. 3413-1.*

Dotation globale de fonctionnement (DGF) *[Dr. fin.]*

Subvention, indexée sur un indice composite prenant en compte à la fois l'augmentation des prix et l'accroissement du produit intérieur brut (PIB), versée par l'État aux collectivités locales autres que les Régions, et représentant leur recette de fonctionnement la plus importante après les impôts directs locaux.

📖 *C. gén. coll. territ., art. L. 2334-1, L. 3334-1, L. 4414-5.*

Douane (droits de) *[Dr. fin.]*

Impôts assis, sans préjudice de l'application des impôts nationaux de consommation, sur les marchandises importées, dans le but principalement de protéger les producteurs nationaux.

Exceptionnellement, ils peuvent frapper les exportations. Il n'existe plus actuellement de droits de douane dans les échanges entre États membres du Marché commun.

Double (Formalité du) *[Dr. civ.]*

Nécessité juridique d'établir, pour la preuve d'un contrat synallagmatique, constaté par un acte sous seing privé, autant d'originaux qu'il existe d'intérêts opposés; les intéressés étant souvent au nombre de deux, l'acte est dressé en deux exemplaires.

📖 *C. civ., art. 1325.*

[Pr. civ.] ➤ *Double original, Exploit d'huissier de justice.*

D

D

Double degré de juridiction *[Pr. gén.]*

Il y a double degré de juridiction lorsqu'après un premier jugement, un appel peut être interjeté.

➤ *Degré de juridiction.*

Double incapacité de donner et de recevoir à titre gratuit *[Dr. pén.]*

Peine accessoire des peines afflictives perpétuelles qui entraîne pour le condamné une véritable incapacité de jouissance de recevoir ou de donner des biens par testament ou donation.

Peine perpétuelle, elle ne disparaît que par un relèvement décidé par le Gouvernement.

▌ *C. pén., art. 131-10.*

Double original *[Dr. civ. / Pr. civ.]*

Formalité exigeant, dans sa conclusion, l'établissement de l'acte en plusieurs exemplaires. Ainsi, dans les conventions sous seing privé, un original doit être délivré à chaque partie ayant un intérêt distinct; ainsi, dans les exploits de justice, le premier original est pour l'huissier, le second pour le requérant.

▌ *C. civ., art. 1325.*

➤ *Exploit.*

Doute (bénéfice du) *[Pr. gén.]*

Principe général de procédure pénale qui oblige le juge à prononcer une relaxe ou un acquittement dès lors qu'un doute subsiste sur l'existence même de l'infraction, la réalisation de ses conditions, ou encore la participation de ses auteurs.

➤ *« In dubio pro reo ».*

Doute intellectuel *[Dr. pén.]*

Croyance erronée assimilée à l'erreur de droit. Elle peut découler d'un choix effectué entre plusieurs sens qu'un texte peut revêtir. Elle peut résulter, et c'est l'hypothèse la plus fréquente, de l'adoption d'une solution jurisprudentielle discutée voire remise en cause ultérieurement.

Douzièmes provisoires *[Dr. fin.]*

Nom donné sous les IIIe et IVe Républiques, en cas de retard dans le vote de la loi de finances, à des autorisations budgétaires valables pour un mois et permettant provisoirement à l'Administration de percevoir les recettes, et de payer des dépenses à concurrence d'un douzième environ des crédits ouverts l'année précédente.

Doyen *[Dr. adm.]*

Enseignant élu par le Conseil d'une Faculté et placé à la tête de celle-ci. L'appellation de Doyen est employée quand l'Unité de Formation et de Recherche a pris le nom de Faculté.

[Dr. gén.] Membre le plus ancien dans la fonction (ainsi conseiller doyen de chaque chambre de la Cour de cassation), ou le plus âgé d'une assemblée (ainsi, doyen d'âge à l'Assemblée nationale).

Drogue *[Dr. pén.]*

➤ *Stupéfiants, Trafic de stupéfiants, Garde à vue.*

Droit *[Dr. gén.]*

Droit objectif : ensemble des règles régissant la vie en société et sanctionnées par la puissance publique.

Droit subjectif : prérogative attribuée à un individu dans son intérêt lui permettant de jouir d'une chose, d'une valeur ou d'exiger d'autrui une prestation.

[Dr. fin.] Synonyme d'impôt, souvent utilisé pour désigner certains impôts indirects les plus anciens. On parle ainsi de droits de douane, de droits de timbre.

Droit acquis *[Dr. civ.]*

En cas de conflit entre deux lois qui se succèdent, se dit d'un droit attribué sous l'empire de la règle antérieure et qui est maintenu malgré les dispositions contraires du nouveau texte.

Parce qu'il est difficile de déterminer ceux des droits qui sont acquis (par opposition aux simples expectatives), la théorie des droits acquis est aujourd'hui combattue.

➤ *Conflits de lois dans le temps.*

Droit administratif *[Dr. publ.]*

Au sens large, le droit administratif correspond à l'ensemble des règles du droit privé et du droit public qui s'appliquent à l'Administration dans sa gestion des services publics, et dans ses rapports avec les particuliers. Dans un sens plus restrictif, communément admis, le droit administratif s'entend seulement de celles de ces règles qui dérogent au droit privé et qui sont ainsi normalement appliquées par les juridictions administratives.

Droit administratif pénal
[Dr. pén. / Dr. adm.]

Ensemble des branches pénales dont l'application et parfois l'élaboration dépendent de l'administration (ex. : droit pénal de l'environnement, droit pénal fiscal notamment celui relatif aux contributions indirectes). On parle aussi de droit pénal technique dont il con-

vient de s'assurer qu'il respecte les principes fondamentaux du droit pénal.

Droit d'alerte *[Dr. trav.]*

Se dit soit du pouvoir reconnu aux salariés ou aux membres du Comité d'hygiène, de sécurité et des conditions de travail d'aviser immédiatement l'employeur de l'existence d'un danger grave et imminent, soit du droit reconnu aux représentants du personnel, selon une procédure complexe, d'informer les dirigeants d'une société ou les associés eux-mêmes de faits de nature à affecter de manière préoccupante la situation économique de l'entreprise.

📖 *C. trav., art. L. 231-9, R. 236-9, L. 432-5, R. 432-17 s.*
➤ *Procédure d'alerte.*

Droit d'auteur *[Dr. civ.]*

Prérogative attribuée à l'auteur d'une œuvre de l'esprit.

Le droit d'auteur comporte un droit pécuniaire (droit de tirer profit de l'œuvre), et un droit moral.

📖 *C. propr. intell., art. L. 111-1 s. et L. 121-1 s.*

Droit cambiaire *[Dr. com.]*

Ensemble des règles applicables aux effets de commerce et présentant un certain nombre de caractères très importants qui les distinguent des règles du droit commun des obligations.

Droit canonique

Droit de l'Église contenu aujourd'hui dans le *Codex juris canonici* promulgué par le Pape Jean-Paul II (1983).

Droit civil

Ensemble des règles de droit privé normalement applicables. Il constitue le

D

D

droit commun par rapport aux règles correspondant à des milieux spéciaux et qui se sont constituées en disciplines propres (droit commercial, droit rural, droit social...).
➤ *Droit commun, Droit privé.*

Droit de clientèle *[Dr. gén.]*
Catégorie amphibie, plus proche du droit réel que du droit personnel. Sa spécificité se présente comme une trilogie : le droit de clientèle est le fruit du travail de l'homme (source), son support est incorporel (objet), son opposabilité est absolue (effet). Tels le droit de présentation de l'officier ministériel, le droit de l'écrivain sur son œuvre, le droit de l'inventeur sur son brevet, le droit du producteur sur l'appellation d'origine... Le dénominateur commun est d'offrir la possibilité de se constituer et d'exploiter une clientèle.
➤ *Droits intellectuels.*

Droit commercial *[Dr. priv.]*
Ensemble des règles juridiques applicables aux commerçants dans l'exercice de leur activité professionnelle et régissant aussi, quoique de manière plus exceptionnelle, l'activité commerciale, voire les actes de commerce accomplis par toute personne.

Droit commun (Régime, règle de)
[Dr. gén.]
Au sens large : règles applicables à une situation juridique, ou à un rapport juridique entre des personnes physiques ou morales, quand il n'est pas prévu que des règles particulières sont applicables à cette situation ou à ce rapport.
Il ne faut pas assimiler régime juridique de droit commun et régime juridique

applicable dans le plus grand nombre des cas, car il peut arriver que des règles particulières s'appliquent à la quasi-totalité des situations (ex. : le délai de droit commun de prescription fiscale de dix ans de l'article L. 169 LPF ne trouve que rarement à s'appliquer). Une règle de droit commun est, en langage non juridique, une règle qui joue « par défaut ».
Au sens strict : règles normalement applicables en droit privé; le droit civil constitue le droit commun.

Droit communautaire *[Dr. eur.]*
Droit de l'Union européenne. Constitué des traités tels que modifiés au fil des années (le droit primaire), des actes pris par le Conseil ou la Commission (droit communautaire dérivé : règlements, directives, décisions, avis et recommandations, cf. art. 189 CEE) et du droit issu des accords externes conclus avec des États ou des organisations tiers. Complété par des accords interétatiques et par la jurisprudence de la Cour de Justice qui a beaucoup œuvré à son développement.
Le droit communautaire se caractérise par les notions d'immédiateté (non subordonné à une procédure de réception ou de transformation pour être applicable dans un État membre), d'applicabilité directe ou d'effet direct (s'applique directement aux particuliers qui peuvent en demander l'application au juge interne) et de primauté (en cas de conflit, il l'emporte sur la règle nationale).
Un ensemble de voies de droit concourent à sa mise en œuvre (recours en annulation, en carence, en constatation de manquement, en responsabilité

extra-contractuelle, exception d'illégalité ou renvoi préjudiciel).

Droit de communication *[Dr. fin.]*
Prérogative légale du fisc, lui permettant en matière de contrôle fiscal de se faire communiquer les renseignements dont il a besoin par les autres Administrations, et surtout par des professionnels publics ou privés tels que les banques ou les établissements financiers ou d'épargne.

Droit de la concurrence *[Dr. com.]*
Dans une acception étroite : corps de règles qui permettent de réprimer ceux qui, de différentes manières, entravent le libre jeu de la concurrence, notamment en constituant des ententes ou en exploitant une position dominante.
Au sens large : ensemble des règles juridiques gouvernant les rivalités entre agents économiques dans la recherche et la conservation d'une clientèle.

Droits constatés (Système des) *[Dr. fin.]*
Dans le secteur des personnes publiques, principe comptable qui consiste à comptabiliser comme recettes les créances et non les encaissements (cette règle n'étant d'ailleurs pas suivie par l'État), et comme dépenses les dettes et non les décaissements (l'État ne comptabilisant par ailleurs ses dettes qu'à un stade très proche du décaissement).
Ce système est celui retenu en matière de comptabilité commerciale.

Droit constitutionnel
Ensemble des règles juridiques relatives aux « institutions grâce auxquelles l'autorité s'établit, se transmet ou s'exerce dans l'État » (M. Prélot).

L'épithète constitutionnel vient de ce que les règles fondamentales de ce Droit sont contenues dans un document spécial : la Constitution.

Droit corporel *[Dr. civ.]*
Se dit d'un droit portant sur une chose corporelle.
➢ *Droit incorporel.*

Droit de créance *[Dr. civ.]*
➢ *Créance.*

Droits dérivés *[Séc. soc.]*
Droits à pension nés des cotisations d'un assuré et bénéficiant à son conjoint lorsque l'assuré décède. Dans le régime général il y a deux catégories de droits dérivés : les pensions de reversion et les pensions de vieillesse de veuve ou de veuf.

Droits de douane *[Dr. fin.]*
➢ *Douane (Droits de –).*

Droits économiques et sociaux *[Dr. soc.]*
Droits définis dans le Préambule de la Constitution de 1946.

Droit éventuel *[Dr. civ.]*
Droit subjectif qui peut résulter d'une situation juridique en voie de formation.

Droit extrapatrimonial
Droit subjectif qui n'entre pas directement dans le patrimoine et qui, par conséquent, n'est pas dans le commerce juridique.
Le droit extrapatrimonial est incessible et insaisissable. Cependant les droits extrapatrimoniaux sont peu nombreux et constituent des exceptions au prin-

D

cipe de la patrimonialité des droits subjectifs : citons le droit au nom et le droit moral de l'auteur. La plupart des prérogatives qualifiées à tort « droits » extrapatrimoniaux, ne sont que des libertés (droit au respect, à l'honneur, etc.).

📕 *C. civ., art. 1128.*

Droit et fait (dans le procès) *[Pr. gén.]*

Dans un procès, les parties doivent alléguer les faits, événements, circonstances matérielles qui soutiennent leurs prétentions juridiques. Le juge a la faculté d'exiger d'elles des justifications à cet égard.

Elles doivent, en outre, exposer leurs moyens en droit tant dans l'assignation que dans les conclusions de première instance et d'appel.

La mission du juge est d'appliquer aux faits du procès les règles de droit qui les régissent. Il doit vérifier les qualifications proposées par les plaideurs et peut soulever d'office un moyen de droit pur.

Les juridictions du fond apprécient souverainement les faits du procès. Seules les questions de droit sont soumises au contrôle du juge de cassation (Cour de cassation, Conseil d'État saisis d'un pourvoi).

📕 *NCPC, art. 6, 8, 12, 56, 753, 954.*
➤ *Allégation, Fond, Forme, Pertinence.*

Droits fondamentaux *[Dr. gén.]*

Ensemble évolutif de droits considérés en raison de leur importance comme s'imposant au législateur et au pouvoir réglementaire, et qui englobe actuellement pour l'essentiel les droits de l'homme (1°) et des droits sociaux

comme le droit de grève. Le rétablissement de certains d'entre eux réputés consubstantiels à tout être humain, comme le droit à la vie, est aujourd'hui considéré par beaucoup de Gouvernements, en cas de violation grave et persistante par un État, comme une exigence suffisamment impérieuse pour justifier une intervention internationale à l'intérieur de ses frontières.

➤ *Ingérence humanitaire.*

Droit de gage général *[Dr. civ.]*

Pouvoir que tout créancier tient de la loi sur l'ensemble des biens de son débiteur, grâce auquel le paiement peut être poursuivi par la saisie de l'un quelconque des éléments du patrimoine de l'obligé. À ne pas confondre avec la sûreté réelle du même nom.

📕 *C. civ., art. 2093.*
➤ *Gage.*

Droit de garde *[Dr. civ.]*
➤ *Garde.*

Droit des gens

Expression synonyme de Droit international public.

Droit d'habitation
➤ *Habitation.*

Droits de l'homme *[Dr. const.]*

1° Selon la conception de la démocratie libérale droits inhérents à la nature humaine, donc antérieurs et supérieurs à l'État et que celui-ci doit respecter non seulement dans l'ordre des buts mais aussi dans l'ordre des moyens.

📕 *C. civ., art. 7 s.*
➤ *Convention Européenne des Droits de l'Homme, Déclaration des droits, Garantie*

des droits, Habeas corpus, Pactes internationaux des Droits de l'Homme.

2° Selon la conception de la démocratie autoritaire (marxiste) : droits conquis par l'homme à la suite de l'instauration d'une société sans classes et donc sans exploitation de l'homme par l'homme. Tout ce qui favorise cette libération est bon, même une dictature, car ce qui importe ce ne sont pas les droits et libertés actuels (qui sont abstraits, formels), mais les droits et libertés futurs, seuls authentiques.

Droits hors du commerce *[Dr. civ.]*

Droits ne pouvant faire l'objet d'une convention.

📘 *C. civ., art. 1128.*

Droit immobilier *[Dr. civ.]*

Droit portant sur un immeuble.

📘 *C. civ., art. 516 s.*

Droit incorporel *[Dr. civ.]*

Droit ne portant pas sur une chose corporelle, tels les droits personnels, les droits intellectuels.

➤ *Droit corporel, Droit intellectuel, Droit personnel.*

Droit d'ingérence humanitaire
[Dr. int. publ.]

Contrairement au principe de non-ingérence dans les affaires intérieures d'un État, corollaire de la souveraineté, affirmé par la charte des Nations Unies, ce droit vise à permettre une action internationale quand un peuple serait gravement menacé dans sa survie même.

Invoqué pour la première fois en 1992 afin de justifier l'intervention de l'ONU dans l'ex-Yougoslavie et en Somalie.

Droits intellectuels *[Dr. gén.]*

Variété de droits de clientèle dont le trait spécifique réside dans ce que l'activité créatrice de clientèle repose sur l'œuvre de l'esprit : droit de l'auteur, de l'artiste, de l'inventeur.

Droit international privé

Ensemble des règles applicables aux personnes privées dans les relations internationales. Cette branche du droit, de source traditionnellement nationale, s'internationalise et, dans le cadre de l'Union européenne, depuis notamment le Traité d'Amsterdam, se communautarise.

Droit international public

Ensemble des règles juridiques régissant les relations entre les États et les autres sujets de la société internationale.

Droit judiciaire *[Pr. gén.]*

Terme qui tend à supplanter celui, trop étroit, de procédure, pour désigner l'ensemble des règles gouvernant l'organisation et le fonctionnement des juridictions civiles et pénales de l'ordre judiciaire. Certains auteurs désignent sous le nom de droit judiciaire privé la procédure civile (Solus-Perrot). On peut aussi parler de droit procédural.

Droits litigieux *[Dr. civ.]*

Droits, le plus souvent créances, qui font l'objet d'une contestation en justice. La « litigiosité » du droit a son principal intérêt dans la cession de créance : le débiteur cédé s'acquitte de son obligation en payant le prix de cession qui est toujours inférieur au mon-

D

tant de la créance transmise. On dit qu'il exerce le retrait litigieux.
C. civ., art. 1597 et 1699.

Droit maritime *[Dr. com.]*
Ensemble des règles juridiques relatives à la navigation maritime, au transport des voyageurs et de marchandises par mer.

Droit mobilier *[Dr. civ.]*
Droit portant sur un meuble.
C. civ., art. 527 s.

Droit moral *[Dr. civ.]*
Droit de l'auteur d'une œuvre littéraire, artistique ou scientifique de la divulguer, d'en fixer les conditions d'exploitation et d'en défendre l'intégrité.
On oppose le droit moral au droit pécuniaire portant sur les profits obtenus par l'exploitation de l'œuvre.
C. propr. intell., art. L. 121-1 s.

Droit naturel *[Dr. gén.]*
Expression susceptible d'acceptions fort différentes :
1° Recherche du juste par une analyse rationnelle et concrète des réalités sociales, orientée par la considération de la finalité de l'homme et de l'Univers.
2° Principes immuables, découverts par la raison, permettant d'éprouver la valeur des règles de conduite positives admises par le Droit objectif.

Droit objectif
➢ *Droit, Règle juridique.*

Droit patrimonial *[Dr. civ.]*
Droit subjectif entrant dans le patrimoine : le droit patrimonial est dans le

commerce juridique, il est cessible et prescriptible.
En principe, tout droit subjectif est patrimonial.
➢ *Droit extrapatrimonial.*

Droit pénal *[Dr. pén.]*
Ensemble des règles de droit ayant pour but la sanction des infractions. En un sens large, le droit pénal englobe également les règles qui tendent à la sanction des états dangereux. Synonyme : droit criminel.

Droits de la personnalité *[Dr. civ.]*
Ensemble des attributs que la loi reconnaît à tout être humain (droit à la vie et à l'intégrité corporelle, droit à l'honneur et à l'image...) placés en dehors du commerce juridique et dotés d'une opposabilité absolue.
C. civ., art. 9.

Droit personnel *[Dr. civ.]*
Synonyme de droit de créance.
Le droit personnel est le droit subjectif d'exiger d'une personne une prestation.
➢ *Action personnelle.*

Droit des peuples à disposer d'eux-mêmes *[Dr. int. publ.]*
Droit pour un peuple de déterminer lui-même sa propre forme de gouvernement ainsi que de se rattacher à l'État de son choix (droit de sécession et droit d'être consulté en cas d'échange ou de cession). Droit consacré par la Charte de l'ONU (art. 1, § 2) et divers textes récents.

Droit positif *[Dr. gén.]*
Le droit positif est constitué par l'ensemble des règles juridiques en vigueur dans un État ou dans la Communauté

internationale, à un moment donné, quelles que soient leur source. C'est le droit « posé », le droit tel qu'il existe réellement.

Droit de préemption
  ➢ *Préemption (Droit de –).*

Droit de préférence *[Dr. civ.]*
  Droit de certains créanciers (hypothécaires, privilégiés. ➢ Privilège, Hypothèque) d'obtenir, par préférence aux autres créanciers, généralement chirographaires, paiement sur le produit de la vente du bien saisi.
  ▌ *C. civ., art. 2073 et 2094.*

Droit de prélèvement *[Dr. int. priv.]*
  Dans le cas de partage d'une même succession entre des cohéritiers étrangers et français, ceux-ci pourront prélever sur les biens situés en France une portion égale à la valeur des biens situés en pays étranger dont ils seraient exclus, à quel que titre que ce soit, en vertu des lois et coutumes locales.

Droit prétorien *[Dr. gén.]*
  À Rome, droit issu de l'activité juridique du préteur par opposition au droit civil né de la loi et de la coutume. Aujourd'hui règle juridique qui se dégage de la jurisprudence.

Droit privé
  Ensemble des règles régissant les rapports entre particuliers et les relations juridiques entre l'Administration et les particuliers lorsqu'elles ne sont pas exorbitantes du droit commun.
  ➢ *Droit commun, Droit public.*

Droit processuel *[Pr. gén.]*
  Partie du droit judiciaire consacrée à l'étude des problèmes généraux et à la comparaison des différentes procédures (civile, disciplinaire, pénale, administrative). Désigne aussi le droit commun du procès né des normes internationales, européennes et constitutionnelles.
  [Pr. civ.] Droit d'ordre formel, issu de l'exercice d'une action, se superposant au droit substantiel, sans l'absorber.
  ➢ *Forme.*

Droits propres *[Séc. soc.]*
  Droits à pension nés des cotisations d'un assuré.
  ➢ *Droits dérivés.*

Droit de propriété *[Dr. civ.]*
  Droit réel conférant toutes les prérogatives que l'on peut avoir sur un bien; traditionnellement on distingue trois prérogatives : l'usus, l'abusus et le fructus.
  ▌ *C. civ., art. 544 s.*

Droit public
  Ensemble des règles organisant l'État et ses démembrements, et régissant les rapports entre la puissance publique et les particuliers.
  ➢ *Droit privé.*

Droit réel *[Dr. civ.]*
  Droit qui porte directement sur une chose. On oppose le droit réel au droit personnel. Les droits réels principaux sont le droit de propriété et ses démembrements. Le droit de propriété comporte trois prérogatives : le droit d'user de la chose, le droit d'en percevoir les fruits, le droit d'en disposer.

D

D

Certains droits réels ne confèrent à leur titulaire qu'une partie de ces attributs; on les qualifie de démembrements du droit de propriété (ex. : servitude, usufruit).

Par opposition aux droits réels principaux, il existe des droits réels accessoires; ils sont liés à l'existence d'une créance dont ils garantissent le recouvrement (ex. : hypothèque).

C. civ., art. 544 s.
➢ *Action réelle.*

Droit de repentir *[Dr. civ. / Dr. com.]*
Faculté de se retirer, unilatéralement, d'un engagement, au mépris du principe de l'irrévocabilité de la promesse (réméré, propriété littéraire et artistique, devis et marchés, démarchage à domicile). Reconnu par la loi ou établi par le contrat, le droit de repentir s'exerce sans contrepartie, sauf stipulation d'arrhes.

Droit de rétention *[Dr. civ.]*
Droit du créancier qui a en sa détention ou possession un bien appartenant au débiteur de refuser de s'en dessaisir tant qu'il n'est pas payé.

C. civ., art. 2082.

Droit de retrait *[Dr. trav.]*
Tout salarié qui a un motif raisonnable de penser qu'une situation de travail présente un danger grave et imminent pour sa vie ou pour sa santé peut cesser temporairement son activité sans subir de retenue de salaire.

C. trav., art. L. 231-8.

Droit rural
Ensemble des règles régissant la propriété agricole, ses transferts, les conventions entre propriétaires et locataires, ainsi que les dispositions portant statut des exploitants. Le Droit rural tend à protéger la paysannerie tout en permettant la modernisation de l'agriculture.

Droits simples *[Dr. fin.]*
Sur un avis d'imposition, termes désignant le montant brut d'impôt sur le revenu dû par application du barème de l'impôt sur le revenu au revenu net imposable, avant la mise en œuvre des corrections tendant à minorer (ou à majorer) la somme due.

Droit subjectif *[Dr. civ.]*
➢ *Droit, Faculté, Fonction, Liberté, Pouvoir, Situation juridique objectiver, Situation juridique subjective.*

Droit substantiel *[Dr. gén.]*
Droit qui constitue la matière du litige (propriété, créance, usufruit...). Dans le contentieux privé, support nécessaire de toute déduction en justice, exigeant, en outre, pour sa mise en œuvre, le droit d'agir dit droit processuel.
➢ *Pr. civ., Fond.*

Droits successifs *[Dr. civ.]*
Part héréditaire dans une succession ouverte (pas de pacte sur succession future) pouvant faire l'objet d'une cession, sous réserve de la préemption offerte à chaque cohéritier lui permettant de se substituer à tout acquéreur.

C. civ., art. 889 et 1696 s.

Droit de suite *[Dr. civ.]*
Droit permettant au créancier hypothécaire ou privilégié de saisir l'immeuble garantissant le paiement de la dette en

quelque main qu'il se trouve, même entre les mains d'un tiers acquéreur.

Plus généralement, prérogative du titulaire d'un droit réel de saisir le bien objet du droit quel qu'en soit le possesseur.

📖 *C. civ., art. 2114, 2119 et 2166.*

Droit de superficie *[Dr. civ.]*

Droit de propriété sur les édifices et plantations reposant sur le terrain d'autrui.

📖 *C. civ., art. 553.*

Droit des transports *[Dr. gén.]*

Ensemble des règles applicables aux contrats de transport de voyageurs et de marchandises (transports ferroviaires, aériens, fluviaux, maritimes, routiers) et portant statut des personnels et matériels, véhicules ou bâtiments.

Droit du travail *[Dr. trav.]*

En tant que branche du droit, le droit du travail recouvre l'ensemble des règles juridiques ayant pour objet, dans le secteur privé, les relations du travail entre employeurs et salariés et régissant les rapports d'emploi (l'accès à l'emploi, le contrat de travail, les licenciements,…) et les rapports professionnels, qui présentent une dimension collective (grève, négociation et conventions collectives, syndicats, représentation du personnel,…). le droit du travail, traditionnellement considéré comme une branche du droit privé, déborde largement celui-ci en organisant l'intervention de l'État et de ses services dans les relations du travail. Il comporte par ailleurs un certain nombre de principes qui, par leur généralité, pénètrent dans le secteur public (liberté syndicale, droit de grève).

Droit d'usage *[Dr. civ.]*
➤ *Usage.*

Droit de visite *[Dr. civ.]*

Prérogative reconnue initialement aux ascendants de recevoir leurs descendants mineurs (enfants ou petits-enfants) confiés à la garde d'un parent ou d'un tiers.

La loi du 4 juin 1970 sur l'autorité parentale a étendu ce droit à d'autres personnes, parentes ou non.

📖 *C. civ., art. 256, 288, 311-13, 371-4, 375-7 et 490-3.*

Dualisme *[Dr. int. publ.]*

Conception doctrinale selon laquelle Droit interne et Droit international sont deux ordres juridiques distincts, d'égale valeur et indépendants.

➤ *Monisme.*

Dualité de juridictions *[Dr. adm. / Pr. civ.]*

Principe d'organisation du système juridictionnel français, ayant valeur constitutionnelle, selon lequel il existe deux catégories (dites : « ordres ») de juridictions :

- des juridictions administratives, dont la juridiction suprême est le Conseil d'État, chargées de connaître de la plupart des litiges dans lesquels sont en cause l'État ou les autres collectivités publiques;

- des juridictions judiciaires, pour le reste, dont la juridiction suprême est la Cour de cassation.

Les conflits de compétence pouvant surgir entre les deux ordres de juridictions sont tranchés par le Tribunal des conflits.

D

DUC

D

Ducroire *[Dr. com.]*

Convention par laquelle le commissionnaire se porte garant vis-à-vis du commettant de l'exécution de l'opération par le tiers avec qui il traite pour le compte du commettant.

Dumping *[Dr. com.]*

À l'origine, pratique qui consiste à vendre sur les marchés extérieurs à des prix inférieurs à ceux qui sont pratiqués sur le marché national.

Plus généralement pratique consistant à offrir, dans le but d'accaparer un marché en faisant disparaître les concurrents, des produits ou des services à un prix inférieur à leur prix de revient.

➤ *Vente à perte.*

Dumping fiscal *[Dr. fin.]*

Pratique consistant pour un État, en vue de favoriser ses exportations ou d'attirer des entreprises sur son territoire, à diminuer délibérément certains de ses impôts en-dessous du niveau pratiqué par les pays concurrents.

La même technique est utilisable à l'égard des cotisations sociales, qui entrent dans le coût de la main-d'œuvre; l'effet sur les exportations correspond à celui d'une dévaluation de la monnaie nationale, sans en présenter les inconvénients sur le coût des importations.

Dumping social *[Dr. trav.]*

Néologisme désignant la politique de certains États consistant à établir une législation permettant de pratiquer des rémunérations de moindre niveau et des règles de droit du travail et de droit syndical moins rigoureuses que celles qui sont en vigueur dans les États réputés concurrents économiques, dans le but d'attirer l'implantation d'entreprises sur leur territoire.

Duplique *[Dr. adm. / Pr. civ.]*

Réponse du défendeur à la réplique du demandeur, présentée au cours des débats ou sous la forme de conclusions complémentaires.

➤ *Réplique.*

Durée du travail *[Dr. trav.]*

Temps pendant lequel le salarié exerce son activité au service de l'employeur. La durée légale de travail est déterminée en droit positif dans le cadre de la semaine civile (du lundi 0 heure au dimanche 24 heures), sauf accord de modulation ou d'annualisation pouvant prévoir une autre période de référence sur tout ou partie de l'année. La durée légale hebdomadaire, fixée à 35 heures par les lois dites « Aubry » du 13 juin 1998 et du 19 janvier 2000 (auparavant 39 heures), à compter du premier janvier 2000 (premier janvier 2002 pour les entreprises de 20 salariés ou moins). Au-delà de la durée légale, les heures effectuées sont dites supplémentaires et sont rémunérées à un taux majoré ou donnent droit à un temps de repos. La durée légale ne correspond donc pas nécessairement à la durée effective du travail.

Dans la semaine, les heures peuvent être réparties, selon les cas, entre 4, 5 ou 6 jours; la durée quotidienne ne peut excéder 10 heures et la durée hebdomadaire, en principe, 48 heures et, en moyenne, 44 heures sur une période quelconque de 12 semaines consécutives.

La durée du travail ne correspond pas nécessairement à un travail productif qui lui-même est distinct du temps de travail effectif et de l'amplitude. Le temps de travail effectif est celui pendant lequel le salarié est à la disposition de l'employeur et doit se conformer à ses directives sans pouvoir vaquer librement à des occupations personnelles (pendant l'arrêt d'une machine, il n'y a pas de travail productif, mais on est en présence d'un travail effectif). L'amplitude est le temps compris entre le commencement et la fin de la journée de travail, y compris les heures consacrées au repos.

📖 *C. trav., art. L. 212-1, L. 212-4, L. 212-5 et L. 212-7.*

➢ *Annualisation, Astreinte, Heures supplémentaires, Modulation.*

Dyarchie *[Dr. const.]*

Gouvernement exercé conjointement par deux personnes (mais ne disposant pas nécessairement des mêmes compétences). On qualifie parfois de dyarchie le couple Président – Premier Ministre sous la Ve République.

D

E

E

Eaux intérieures *[Dr. int. publ.]*

Eaux maritimes situées en deçà de la ligne de base de la mer territoriale sur lesquelles l'État riverain exerce sa pleine souveraineté (ports, havres et rades, baies de faible ouverture, etc.).

Échange *[Dr. civ.]*

Contrat par lequel une personne cède un bien contre la remise d'un autre bien. L'échange est voisin de la vente qui a pour contrepartie, non un bien déterminé, mais une somme d'argent dont la fongibilité est absolue.
📗 *C. civ., art. 1702 s.*

Échéance *[Dr. civ.]*

Date à laquelle le débiteur doit exécuter son obligation.

Échelle mobile des salaires *[Dr. trav.]*

Indexation des salaires sur le niveau général des prix (échelle mobile simple) ou, à la fois sur les prix et le revenu national (échelle mobile double). Sauf en ce qui concerne le SMIC, et avant lui le SMIG, l'indexation des salaires est généralement interdite.
📗 *C. trav., art. L. 141-9.*
➤ *Clause d'échelle mobile.*

Échevinage *[Pr. gén.]*

Mode de composition de certaines juridictions associant un ou plusieurs magistrats de carrière et des personnes issues de certaines catégories socioprofessionnelles (tribunal paritaire des baux ruraux, par exemple) ou représentant l'ensemble des citoyens (Cour d'Assises, par ex.).

École classique *[Dr. pén.]*

Courant de pensée né au XVIIIe siècle qui, en matière pénale, fonde le droit de punir sur l'idée de contrat social et assigne ainsi à la peine un but strictement utilitaire. Cette école qui met en œuvre une solution répressive de la criminalité implique un double postulat le libre arbitre de l'homme, donc sa responsabilité, et l'efficacité de la peine pour lutter contre le phénomène criminel.

École de la défense sociale *[Dr. pén.]*

Courant de pensée qui, en matière pénale, fonde le droit de punir sur l'idée d'une nécessaire protection de la collectivité contre les individus qui présentent un état dangereux. Si initialement cette école se désintéressait quelque peu de l'auteur de l'infraction, les mouvements contemporains de défense sociale (défense sociale nouvelle notamment) se caractérisent au contraire par un esprit nettement individualiste, puisque la protection de la société passe nécessairement par la resocialisation des délinquants en appliquant à chacun, compte tenu de sa personnalité, la sanction qui paraîtra la meilleure, peine ou mesure de sûreté.

École nationale d'administration (ENA)
[Dr. adm.]

École qui, depuis 1945, assure le recrutement et la formation des agents supérieurs des plus grands corps de l'État, tels que les Ministères et les juridictions administratives (Conseil d'État, Cour des comptes, cours administratives d'appel, chambres régionales des comptes, tribunaux administratifs).

Les élèves sont recrutés au moyen de trois concours :

- un « concours externe » ouvert aux candidats titulaires de certains diplômes;

- un « concours interne » ouvert à des agents publics ayant une certaine ancienneté de service;

- un « troisième concours » ouvert aux personnes ayant exercé pendant 8 années au total (sans avoir la qualité d'agent public) une activité professionnelle ou un mandat de membre d'une assemblée élue d'une collectivité territoriale.

École nationale de la Magistrature
[Dr. gén.]

L'École de la Magistrature (ENM) a succédé au Centre National d'Études Judiciaires. Elle est destinée à assurer la formation professionnelle des auditeurs de Justice (recrutés par concours ou sur titre) et à assurer la formation continue des magistrats.

École positiviste *[Dr. pén.]*

École de pensée développée par certains criminalistes italiens qui, s'appuyant sur le postulat d'un déterminisme absolu,

autrement dit sur la négation du libre arbitre et de la responsabilité morale, proposait une construction entièrement nouvelle du droit pénal, la lutte contre la criminalité étant assurée par des mesures de défense (mesures de sûreté) choisies non en fonction de la gravité de l'infraction mais de l'état dangereux du délinquant, en fonction de sa personnalité concrète révélée par les recherches criminologiques.

Économats *[Dr. trav.]*

Magasins de vente à crédit exploités par l'employeur, où les salariés viennent se fournir.

Les économats sont en principe interdits.

📖 *C. trav., art. L. 148-1 s., L. 154-3.*

Économie concertée *[Dr. gén.]*

Système de relations entre l'État et l'économie privée, dans lequel la Puissance Publique s'efforce d'engager le dialogue avec les destinataires de ses décisions économiques avant la prise de celles-ci.

Il s'oppose au dirigisme autoritaire.

Économie mixte *[Dr. gén.]*

Se dit d'une économie dans laquelle coexistent des entreprises privées, et des entreprises publiques ou contrôlées par l'État. Dans un sens plus large, on applique également cette expression à une économie dans laquelle des catégories importantes d'entreprises dépendent largement, pour leur activité, de commandes du secteur public. En fait, presque toutes les économies sont des économies mixtes, même dans les États qui rejettent ce qualificatif pour des raisons politiques (*cf.* aux USA, l'impor-

E

E

tance des commandes de l'État dans le secteur de l'aviation).

Écrit *[Dr. gén.]*

Identifié au papier qui le porte (ou à sa copie), l'écrit est aujourd'hui défini, avec le support électronique, comme une suite de lettres, de caractères, de chiffres ou de tous autres signes ou symbole dotés d'une signification intelligible, quels que soient leur support et leurs modalités de transmission.

📖 *C. civ., art. 1316.*

Écrit électronique *[Dr. civ. / Dr. com.]*

Document informatique véhiculé par Internet (« e-mail », achat en ligne…) admis en preuve au même titre que l'écrit sur support papier, à la double condition que l'auteur du message puisse être dûment identifié et que les modalités d'établissement et de conservation dudit document garantissent son authenticité.

📖 *C. civ., art. 1316-1.*
➢ *Preuve littérale, Signature électronique.*

Écrou *[Dr. pén.]*

Acte authentique constatant officiellement l'entrée et la sortie d'un prisonnier dans une prison et établissant ainsi à tout instant la position pénitentiaire exacte de ce détenu.

📖 *C. pr. pén., art. 724 et D. 148 s.*
➢ *Levée d'écrou.*

Écu *[Dr. eur.]*

Sigle de : *European Currency Unit*, désignant l'unité monétaire de compte utilisée dans la Communauté européenne avant la mise en vigueur de l'euro au 1er janvier 1999. Correspondant à un

« panier » de monnaies des États membres, l'ECU était utilisé comme monnaie de compte dans la gestion de la Communauté, et il servait en outre, notamment, de dénominateur commun dans le mécanisme des taux de change entre les monnaies nationales, et de mode de règlement entre les autorités monétaires dans la Communauté.

Éducateur spécialisé *[Dr. soc.]*

Personne titulaire d'un diplôme d'État dont la mission est de faciliter la rééducation et la « resocialisation » des enfants et adolescents inadaptés, délinquants ou non.

Éducation ouvrière *[Dr. trav.]*

Ancienne expression désignant l'actuelle formation économique, sociale et syndicale.

➢ *Congé.*

Éducation permanente
[Dr. gén. / Dr. trav.]

Ensemble des moyens et des actions ayant pour fin l'instruction et la formation professionnelle; elle comprend la formation initiale (scolarité obligatoire, études secondaires et universitaires), l'apprentissage et, pendant l'activité professionnelle, la formation professionnelle continue.

📖 *C. trav., art. L. 900-1.*

Éducation surveillée *[Dr. pén.]*

Ensemble des services du Ministère de la Justice qui s'occupent des problèmes posés par la délinquance juvénile et par l'enfance en danger moral.

Effectivité (principe d') *[Dr. int. publ.]*

Principe invoqué pour justifier la reconnaissance ou l'opposabilité d'une situation ou d'un fait réellement établis (Reconnaissance d'un État ou d'un Gouvernement quelles que soient les circonstances de leur naissance dès lors que cet État existe effectivement ou que ce Gouvernement exerce un pouvoir effectif; opposabilité de la nationalité conférée par un État dès lors qu'elle consacre des liens effectifs, etc.).

Effet de commerce *[Dr. com.]*

Titre négociable qui constate l'existence au profit du porteur d'une créance à court terme et sert à son paiement.

On distingue : la lettre de change ou traite, le billet à ordre, le chèque et le warrant.

Effet de complaisance *[Dr. com.]*

Lettre de change dépourvue de provision émise par le tireur sur le tiré, à la suite d'une entente frauduleuse avec celui-ci, afin de procurer au tireur un crédit factice et de prolonger son apparente solvabilité. Il arrive que l'opération soit répétée pour permettre le remboursement de la traite précédente, on parle dans ce cas « d'effets ou traites de cavalerie ». Il y a « effets croisés » lorsque deux commerçants, réciproquement gênés dans leurs affaires, se rendent le service de tirer l'un sur l'autre des effets de complaisance.

Effet constitutif *[Pr. civ.]*
➤ *Jugement constitutif.*

Effets croisés *[Dr. com.]*
➤ *Effet de complaisance.*

Effet déclaratif *[Dr. civ.]*

Effet attribué à un acte déclaratif.

En particulier, l'acte déclaratif a un effet rétroactif.

[Pr. civ.] ➤ *Jugement déclaratif.*

Effet dévolutif des voies de recours *[Pr. civ.]*

Les voies de recours ont, normalement, un effet dévolutif, en ce sens que le litige, dans sa complexité de fait et de droit, est porté devant le juge saisi du recours (le premier juge sur opposition, le juge du second degré sur appel). Le nouveau Code de procédure civile a donné plus d'ampleur qu'auparavant à l'effet dévolutif devant la cour d'appel.

La Cour de cassation ne connaissant que des questions de droit, le pourvoi n'a pas d'effet dévolutif.
📖 *NCPC, art. 561 et 572.*

Effet direct *[Dr. int. publ.]*

Principe selon lequel une règle adoptée par une organisation internationale ou un traité international s'applique directement dans le droit interne des États sans qu'il soit besoin ni possible que cet État transpose préalablement cette règle dans son droit interne par l'adoption d'une loi ou d'un vote réglementaire. Classique en droit communautaire l'effet direct reste exceptionnel dans le droit international public.
➤ *Applicabilité directe.*

Effet immédiat de la loi (Principe de l'...) *[Dr. gén.]*

Principe en vertu duquel la loi nouvelle régit immédiatement les situations juridiques constituées après sa publication, ainsi que les effets à venir des situations

E

en cours. Les lois nouvelles sont normalement douées de l'effet immédiat.
➢ *Non-rétroactivité, Rétroactivité des lois.*

Effet relatif des contrats *[Dr. civ.]*
Principe en vertu duquel les contrats ne peuvent produire des effets qu'entre les parties, tant à l'actif qu'au passif.
⬛ *C. civ., art. 1165 s.*
➢ *Res inter alios acta.*

Effet rétroactif *[Dr. civ.]*
➢ *Rétroactivité.*

Effet suspensif des voies de recours
[Pr. civ.]
Les voies de recours ordinaires (opposition et appel) ont un effet suspensif de l'exécution du jugement, sauf lorsque l'exécution provisoire a été ordonnée ou est de droit. L'exécution est suspendue pendant le délai de l'opposition ou de l'appel. Elle l'est, en outre, en cas d'exercice de l'une ou l'autre de ces voies de recours durant tout le temps nécessaire au règlement du recours qui a été formé.
Les voies de recours extraordinaires n'ont pas en principe, d'effet suspensif.
⬛ *NCPC, art. 539 et 579.*
[Dr. adm.] En contentieux administratif, les voies de recours contre les jugements rendus en premier ressort n'ont pas d'effet suspensif, sauf exceptions (rares) prévues par un texte. Un palliatif de cette règle est représenté par le droit qu'a le juge d'appel d'ordonner le sursis à l'exécution du jugement attaqué devant lui.

Effet utile *[Dr. eur.]*
Principe d'interprétation d'un acte juridique visant à donner un sens et un

effet aux dispositions de celui-ci qui ne les rendent pas inutiles, c'est-à-dire sans véritable application. Utilisé de manière extensive par la Cour de justice pour affirmer l'existence d'un ordre juridique propre et l'autorité du droit communautaire.

Égalité des armes *[Pr. pén.]*
Principe procédural extrait de la Convention européenne des droits de l'homme et introduit dans l'article préliminaire (loi n° 2000-516 du 15 juin 2000) du code de procédure pénale. Il tend à protéger l'équilibre procédural entre l'accusation et la défense.

Égalité fiscale *[Dr. fin.]*
Principe de politique fiscale selon lequel la charge fiscale supportée par les contribuables devrait être proportionnée à leurs revenus (et à leur fortune pour certains). Il est interprété aujourd'hui comme impliquant non l'égalité des contributions individuelles (impôt proportionnel aux revenus) mais leur progressivité en fonction des revenus.
L'interventionnisme économique et social en réduit notablement la portée effective.

Élargissement *[Dr. eur.]*
Processus conduisant à l'accroissement progressif du nombre des États membres de l'Union européenne. Un premier élargissement a vu l'adjonction aux six États originaires, le 1er janvier 1973, du Royaume-Uni, du Danemark et de l'Irlande. Un second élargissement a concerné, en deux temps, l'Europe du Sud (Grèce en 1981, Espagne et Portugal en 1986). Le troisième élargisse-

ment permet d'accueillir au 1er janvier 1995 l'Autriche, la Finlande et la Suède (la Norvège comme en 1972 a une nouvelle fois dit non par référendum). Un quatrième élargissement est engagé avec treize candidatures, pays d'Europe centrale ou orientale (les trois États baltes – Estonie, Lettonie et Lituanie – Bulgarie, Hongrie, Pologne, République tchèque, Roumanie, Slovaquie, Slovénie) et pays méditerranéens (Chypre, Malte, Turquie). L'entrée des premiers nouveaux États membres est espérée entre 2003 et 2005.

Ce quatrième élargissement est un vrai défi pour l'Union européenne tant par ses conséquences institutionnelles qu'économiques.

Élargissement d'une convention collective [Dr. trav.]

Le Ministre du travail, sous certaines conditions, peut rendre applicable une convention collective en dehors de son champ professionnel ou territorial.
▮ *C. trav., art. L. 132-12 s., L. 153-1.*
➢ *Extension d'une convention collective.*

« Electa una via, non datur recursus ad alteram » [Pr. pén.]

Une voie ayant été choisie, on ne peut en adopter une autre.

Adage traditionnel, aujourd'hui consacré dans le Code de procédure pénale, qui, afin de parer à des chantages éventuels, interdit à la victime d'une infraction ayant exercé son action en réparation devant la juridiction civile compétente, de se raviser par la suite afin de la porter devant la juridiction répressive. Il n'en est autrement que si celle-ci a été saisie par le ministère public, avant qu'un jugement sur le fond ait été rendu par la juridiction civile.
▮ *C. pr. pén., art. 5.*
➢ *Action civile.*

Électeurs inscrits [Dr. const.]

Électeurs dont les noms figurent sur les listes électorales et qui peuvent donc participer au vote.

Élection [Dr. const.]

Choix par les citoyens de certains d'entre eux pour la conduite des affaires publiques. Ce procédé permet aussi aux électeurs de choisir indirectement une orientation politique (Ne pas confondre avec votation).

1° *Élections générales* : celles auxquelles il est procédé en cas de fin collective du mandat d'une assemblée (expiration normale des pouvoirs ou dissolution).

2° *Élection partielle* : celle à laquelle il est procédé en cas de vacance individuelle d'un siège. La Constitution de 1958 limite les élections partielles avec l'institution des suppléants; les deux principaux cas sont la démission et l'annulation d'une élection par le Conseil constitutionnel.

[Dr. adm.] En droit administratif, les cas d'élections aux divers corps et conseils délibérants ou consultatifs sont extrêmement nombreux.
➢ *Conseil général, Conseil municipal, Conseil régional.*

Élection de domicile [Dr. civ.]

➢ *Domicile élu.*
[Pr. civ.] Déclaration par laquelle un plaideur se domicilie en un lieu autre que son domicile réel et grâce à laquelle les actes de la procédure sont valablement notifiés au domicile élu.

La constitution d'avocat, par exemple, emporte élection de domicile chez l'avocat constitué.

Électorat [Dr. const.]

Droit ou fonction d'électeur.

1° *Électorat-droit* : conception découlant de la souveraineté populaire, selon laquelle le suffrage est un droit appartenant à titre originaire à chaque citoyen et dont celui-ci est libre d'user ou de ne pas user.

2° *Électorat-fonction* : conception découlant de la théorie de la souveraineté nationale, selon laquelle le suffrage est une fonction publique dont la Nation souveraine peut réserver l'exercice aux plus aptes.

En fait, la discussion sur la conception de l'électorat, très importante lors de la Révolution de 1789, n'a plus qu'un intérêt théorique, les progrès de la démocratie ayant conduit à considérer l'électorat comme un droit malgré la référence à la souveraineté nationale.

Élément de l'infraction [Dr. pén.]

Composante, matérielle ou psychologique du comportement puni par la loi. C'est la réunion des éléments constitutifs de l'infraction qui permet l'application de la loi.
➤ *Condition préalable.*

Éligibilité [Dr. const. / Dr. adm.]

Aptitude à être élu, qui suppose la réunion de diverses conditions.

Émancipation [Dr. civ.]

Acte juridique par lequel un mineur acquiert la pleine capacité d'exercice et se trouve de ce fait assimilé à un majeur.

L'émancipation est légale lorsqu'elle est accordée directement par la loi (ex. : le mariage émancipe de plein droit); elle est volontaire lorsqu'elle résulte d'une manifestation de volonté des détenteurs de l'autorité parentale et de l'intéressé.

L'émancipation est possible à partir de seize ans révolus.

Depuis la loi du 5 juillet 1974, l'émancipation est judiciaire et résulte d'une décision du juge des tutelles.
▌ *C. civ., art. 476 s.*

Émargement [Pr. civ.]

Signature apposée par le destinataire d'un acte de procédure en marge de l'original de cet acte, parfois sur un registre *ad hoc*, afin de certifier que la formalité a été accomplie.
▌ *NCPC, art. 667.*

Embargo [Dr. int. publ.]

1° Défense faite par un État aux navires étrangers de quitter ses ports.

2° Interdiction d'exporter certaines marchandises (notamment des armes et munitions) vers un État déterminé.

Embauchage [Dr. trav.]

Engagement d'un salarié.
▌ *C. trav., art. 121-6 s.*

Embryon [Dr. civ.]
➤ *Accueil de l'embryon.*

Émender [Pr. civ.]

Pour une cour d'appel qui rend un arrêt confirmatif, corriger la décision des premiers juges sur tel ou tel point particulier.

Éméritat [Dr. adm.]

Titre pouvant être conféré temporairement aux professeurs d'enseignement

supérieur admis à la retraite, leur permettant – à titre bénévole – de diriger des séminaires de doctorat et des thèses, et de siéger dans des jurys de thèses.
➤ *Honorariat.*

Émission *[Dr. civ. / Dr. com.]*
Moment où se situe, selon l'opinion dominante, la rencontre des volontés dans les contrats conclus entre absents : l'acceptation est supposée donnée à l'instant où le destinataire de l'offre extériorise, d'une manière ou d'une autre, sa volonté d'acquiescer, non à la date où le partenaire vient à être informé.

Émolument *[Dr. civ.]*
Au sens large, profit, bénéfice que l'on retire d'une chose ou d'une situation. On dit en maxime qu'il n'y a pas d'émolument sans charge.
Au sens strict, part d'actif attribuée à un copartageant.
➤ *Bénéfice d'émolument.*
[Pr. civ.] Rémunération des actes effectués par les officiers ministériels (avoués, huissiers…) et les avocats, dont la caractéristique est d'être tarifée par l'autorité publique.
➤ *Debours.*

Empêchement *[Dr. civ.]*
Se dit des obstacles juridiques à la formation du mariage.
Si l'obstacle est tel que le mariage célébré au mépris de la loi est annulé, l'empêchement est dirimant.
L'empêchement est simplement prohibitif si l'officier de l'état civil qui le constate, a le devoir de ne pas célébrer l'union, étant admis que s'il passe outre, le mariage n'est pas annulable pour ce motif.
📖 *C. civ., art. 144 s. et 342-7.*

[Dr. const.] Impossibilité officiellement constatée pour un gouvernant d'exercer ses fonctions.
Si l'empêchement est définitif, il est nécessaire de pourvoir au remplacement; s'il est provisoire, un intérim peut être prévu (*cf.* art. 7 de la Constitution de 1958).

Emphytéose *[Dr. civ.]*
Bail de longue durée, pouvant atteindre 99 ans, portant sur un immeuble et conférant au preneur un droit réel.
📖 *C. civ., art. 1709.*

Empire *[Dr. const.]*
1° État ou ensemble d'États soumis à l'autorité d'un Empereur (Empire romain, Premier et Second Empires français…).
2° Ensemble colonial dominé par la métropole.
3° Par extension, État qui, en raison de sa puissance économique ou militaire, étend sa suprématie sur d'autres (« empires » américain, soviétique).

Emploi *[Dr. adm.]*
Dans le Droit de la Fonction publique, terme désignant un poste de travail prévu au budget et doté des crédits nécessaires à la rémunération de son titulaire.
[Dr. civ.] Achat d'un bien avec des capitaux disponibles.
Il y a remploi lorsque l'achat est précédé de la vente d'un bien permettant d'obtenir les capitaux nécessaires à la nouvelle acquisition.
Les contrats de mariage, en vue d'une meilleure administration des patrimoines, comportent souvent des clauses d'emploi ou de remploi. ➤ *Subrogation.*

E

EMP

E

[Dr. trav.] Tâche permanente et définie dans l'entreprise; plus généralement, travail salarié. Agence nationale pour l'emploi : établissement public créé en 1967 pour coordonner offres et demandes d'emploi et améliorer le placement.

📖 *C. trav., art. L. 311-1 s.*

Contrôle de l'emploi : contrôle administratif exercé par l'Inspection du travail sur les mouvements de main-d'œuvre en vue de permettre la mise en œuvre d'une politique locale ou nationale de l'emploi.

📖 *C. trav., art. L. 320, L. 320-1.*

Depuis la loi du 30 décembre 1986 l'administration n'a plus compétence pour autoriser les embauches ou les licenciements.

📖 *C. trav., art. L. 321-7.*

Emplois réservés : emplois publics ou semi-publics attribués à certaines personnes jugées dignes d'intérêt, soit exclusivement, soit par préférence.

📖 *C. trav., art. L. 323-5.*

Plein emploi : situation d'équilibre entre les ressources en main-d'œuvre et les emplois de main-d'œuvre.

Employé *[Dr. trav.]*

Salarié chargé de tâches administratives ou de relations avec le public.

➢ *Cadre, Ouvrier.*

Employé de maison *[Dr. trav.]*

Salarié attaché au service du foyer ou d'une personne et effectuant des travaux domestiques.

📖 *C. trav., art. L. 772-1 s.*

Employeur *[Dr. trav.]*

Personne physique ou morale partie à un contrat de travail conclu avec un sala-

rié. L'employeur exerce un pouvoir de direction et de discipline; il est débiteur de la fourniture de travail et des salaires. Il se distingue du chef d'entreprise qui est une personne physique exerçant en son nom ses prérogatives. La détermination de l'employeur est parfois délicate, lorsqu'une entreprise éclate en plusieurs sociétés : on distingue alors l'employeur de droit (cocontractant) et l'employeur de fait (bénéficiaire direct de la prestation de travail).

📖 *C. trav., art. L. 127-1 s.*

Empoisonnement *[Dr. pén.]*

Fait d'attenter intentionnellement à la vie d'autrui par l'emploi ou l'administration de substances de nature à entraîner la mort.

📖 *C. pén., art 221-5 et 121-3.*

Empreinte génétique *[Dr. pén.]*

Caractéristiques génétiques d'un être vivant, et qui en déterminent l'originalité.

Le fait de procéder à l'étude des caractéristiques génétiques d'une personne à des fins médicales sans avoir obtenu son accord préalable et éclairé est une infraction prévue et réprimée par l'article 226-25 du code pénal.

Emprise *[Dr. adm.]*

Fait pour l'Administration de déposséder un particulier d'un bien immobilier, légalement ou illégalement, à titre temporaire ou définitif, à son profit ou au profit d'un tiers.

L'indemnisation des actes constitutifs d'emprise *irrégulière* relève des seuls tribunaux judiciaires.

Emprisonnement [Dr. pén.]

Peine privative de liberté, de nature correctionnelle, consistant dans l'incarcération du condamné, pendant un temps fixé par le juge dans les limites prévues par la loi.

L'emprisonnement en matière contraventionnelle disparaît en application de l'article 131-12 du NCP.

▌ *C. pén., art. 131-3.*

Encan [Dr. civ.]
➤ *Vente à l'...*

Enchères [Pr. civ. / Dr. pén.]

Offre d'acheter à un certain prix au cours d'une adjudication.

L'article 313-6 du code pénal incrimine le fait de fausser le jeu des enchères dans le cadre d'une adjudication publique.

Enclave [Dr. civ.]

Fonds qui n'a accès à une voie publique que par l'intermédiaire d'un autre fonds qui l'entoure de tous côtés.

▌ *C. civ., art. 682 s.*

[Dr. int. publ.] Territoire ou partie du territoire d'un État encerclé par le territoire d'un autre État. Se dit aussi (enclavé) d'un État sans accès à la mer.

Endossement [Dr. com.]

Mode normal de transmission des effets de commerce au moyen d'une signature apposée au dos du titre, par laquelle le cédant donne l'ordre au débiteur de payer au cessionnaire le montant de l'effet.

▌ *C. mon. fin., art. L. 131-16, L. 134-1, L. 134-2 et C. com., art. L. 511-8 et L. 512-3.*

Une loi du 15 juin 1976 a prévu pour les actes notariés la création de copies exécutoires à ordre.

Enfant [Dr. civ.]

Au sens étroit : descendant au premier degré. Au sens large : toute personne mineure protégée par la loi (enfant abandonné, assisté, délaissé...).
➤ *Filiation.*

[Dr. trav.] En droit du travail est considéré comme un enfant l'adolescent qui n'a pas dépassé l'âge de la fréquentation scolaire (16 ans). Le travail est interdit aux enfants. Toutefois, sous certaines conditions, les enfants de plus de quinze ans peuvent être apprentis. Les enfants peuvent également se livrer pendant les vacances scolaires à des travaux légers; ils peuvent figurer dans les spectacles moyennant une autorisation préfectorale.

▌ *C. trav., art. L. 211-1 s. ; C. rur., art. 983 s.*
➤ *Minorité pénale.*

E

Enfant à charge [Dr. fin.]

En matière de calcul de l'impôt sur le revenu, enfant pouvant être pris en compte, suivant le cas, soit pour la détermination du nombre de parts dans le système du quotient familial, soit pour le bénéfice d'un abattement forfaitaire sur le revenu net imposable. En principe, il s'agit d'enfants légitimes, naturels, adoptifs ou recueillis, même disposant de revenus, âgés de moins de 21 ans au 1er janvier de l'année de perception des revenus imposables.

▌ *CGI, art. 194 s.*

[Séc. soc.] Enfant dont l'allocataire a la charge effective et permanente, c'est-à-dire enfant dont il assure de manière générale le logement, la nourriture et l'éducation. Il n'est pas nécessaire qu'il y ait un lien juridique de parenté entre l'enfant et l'allocataire; il peut donc s'agir d'un enfant naturel non reconnu ou d'un enfant recueilli.

Engagement *[Dr. fin.]*

Acte ou fait juridique dont naît à l'encontre d'une personne publique une obligation qui se résoudra en une charge budgétaire.

L'engagement d'une dépense peut être représenté, par exemple, par le recrutement d'un agent public, ou par la signature d'un marché public.

Engagement à l'essai *[Dr. trav.]*

Phase du contrat de travail préalable à un engagement définitif, susceptible de se terminer à tout moment sans préavis, et qui permet aux parties d'apprécier si l'engagement projeté est bien conforme à leurs convenances respectives.

📘 *C. trav., art. L. 122-4, L. 122-3-2, L. 122-45.*

Engagement d'honneur *[Dr. civ.]*

Engagement dépourvu de valeur obligatoire, marquant simplement la volonté de négocier.

Engagement par volonté unilatérale
[Dr. civ.]

Théorie selon laquelle la volonté d'une seule personne suffit à faire naître une obligation à la charge de cette personne.

➢ *Acte unilatéral.*

Engineering *[Dr. com.]*
➢ *Ingénierie.*

Enquête *[Dr. const.]*
➢ *Commission parlementaire (2°).*

[Pr. civ. / Pr. pén.] Procédure incidente ou principale par laquelle est administrée la preuve par témoins.

📘 *NCPC, art. 199.*

[Dr. int. publ.] Procédure ayant pour but d'établir la réalité des faits qui sont à l'origine d'un conflit international, afin de faciliter le règlement de ce dernier grâce à un examen moins passionné du problème par les parties. (Ne pas confondre avec l'enquête de l'article 34 de la Charte de l'ONU, effectuée par le Conseil de Sécurité pour découvrir si la prolongation d'un différend menace la paix et la sécurité internationales).

Enquête de flagrance *[Pr. pén.]*

Enquête particulière applicable pour les crimes et les délits flagrants punis d'emprisonnement, qui donne à la police judiciaire, en raison de l'actualité de l'infraction, des pouvoirs plus étendus que pour l'enquête préliminaire, afin de rechercher tous renseignements utiles à l'aide de moyens coercitifs.

📘 *C. pr. pén., art. 53 s.*

Enquête de personnalité *[Pr. pén.]*

Enquête de caractère psychologique, familial et social sur la situation d'un inculpé, obligatoire en matière criminelle et facultative en matière de délit.

📘 *C. pr. pén., art. 81.*

Elle peut être également ordonnée par le Procureur de la République, dans le cadre de ses attributions.

📘 *C. pr. pén., art. 41 s.*

Enquête de police *[Pr. pén.]*

Ensemble des opérations d'investigations menées préalablement à la saisine des juridictions compétentes par les officiers et agents de police judiciaire, en vue de constater les infractions à la loi pénale, d'en rassembler les preuves et d'en rechercher les auteurs.

Enquête préliminaire *[Pr. pén.]*
Enquête diligentée d'office ou à la demande du Parquet par la police ou la gendarmerie avant l'ouverture de toute information et permettant au ministère public d'être éclairé sur le bien-fondé d'une poursuite.
▌ *C. pr. pén., art. 75 s.*

Enquête sociale *[Dr. civ.]*
Une telle enquête est souvent ordonnée en matière civile (pour la garde des enfants en cas de procédure de divorce, en matière d'assistance éducative). Elle est confiée le plus souvent à une association spécialisée, pour être effectuée par un éducateur spécialisé ou par une assistante sociale.
▌ *C. civ., art. 287-2 et NCPC, art. 1078 s.*

Enregistrement *[Dr. civ. / Dr. fin.]*
Formalité fiscale, obligatoire ou volontaire, consistant en l'analyse ou la mention d'un acte juridique sur un registre, donnant lieu à la perception de droits par l'État et conférant date certaine aux actes sous seings privés, qui en sont dépourvus.
▌ *C. civ., art. 1328 et CGI, art. 849 et 1929.*

Enregistrement des traités *[Dr. int. publ.]*
Inscription des traités aux archives du secrétariat de l'ONU, imposée aux États membres pour que les traités puissent être invoqués devant les organes de l'ONU (art. 102 de la Charte de l'ONU).

Enrichissement sans cause *[Dr. civ.]*
Enrichissement d'une personne en relation directe avec l'appauvrissement d'une autre, alors que le déséquilibre des patrimoines n'est pas justifié par une raison juridique.
La personne appauvrie peut exercer l'action « de in rem verso ».
▌ *C. civ., art. 1371.*

Enrichissement des tâches *[Dr. trav.]*
Ensemble des procédés permettant de supprimer le travail à la chaîne ou d'en atténuer les effets (changements de postes, accomplissement d'opérations multiples, création d'équipes autonomes chargées de réaliser une tâche).

Enrôlement *[Pr. civ.]*
➤ *Mise au rôle.*

Enseigne *[Dr. com.]*
Signe apposé sur un établissement commercial et le distinguant des autres établissements.

Entente *[Dr. com. / Dr. pén.]*
Action collective ayant pour objet ou pour effet de fausser ou d'entraver le jeu de la concurrence, formalisée dans un accord ou résultant seulement d'une pratique concertée. Les ententes sont en principe interdites en droit interne et communautaire. Toutefois certaines d'entre elles peuvent être justifiées notamment en démontrant la contribution qu'elles apportent au progrès économique.
▌ *C. com., art. L. 420-1.*

Entente interrégionale *[Dr. adm.]*
Institution de coopération pouvant être créée entre des régions limitrophes (de deux à quatre). Elle a la forme juridique

E

d'un établissement public, qui exerce à la place des régions membres les compétences qui lui sont dévolues, et qui assure en outre la cohérence de leurs programmes économiques.

C. gén. coll. territ., art. L. 5621-1.

Entente préalable *[Séc. soc.]*

Accord donné par avance par la caisse de prendre en charge le remboursement de certains soins ou traitements.

CSS, art. R. 322-10.

Entiercement *[Dr. civ. / Dr. com.]*

Remise, aux fins de sûreté, d'un objet mobilier à un tiers qui en assume la garde pour le compte d'autrui. L'application la plus courante de ce mécanisme est le warrantage dans les magasins généraux, ainsi que le séquestre d'une chose litigieuse par autorité de justice.

➢ *Warrant.*

« En tout état de cause » *[Pr. gén.]*

Formule par laquelle le juge écarte par exemple un texte (invoqué par l'une des parties) pour une raison indiscutable, sans avoir ainsi à s'interroger sur d'autres problèmes. peut-être plus délicats à trancher, posés par son application. Par exemple, le juge constate qu'en raison de sa date tel texte n'est pas applicable aux faits de l'espèce, et qu'ainsi le justiciable n'est, « en tout état de cause », pas fondé à s'en prévaloir ; dans ces conditions, il n'aura pas à rechercher s'il y a eu, ou non, violation de ses dispositions.

Entraide *[Dr. rur.]*

Collaboration occasionnelle entre agriculteurs pour l'accomplissement de certains gros travaux (moissons, vendanges). Toutefois, l'entraide peut prendre une forme régulière et permanente (ex. : banques du travail).

C. rur., art. L. 325-1 s.

Entrave *[Dr. pén. / Dr. trav.]*

Délit consistant en un empêchement apporté par l'employeur soit à la libre désignation, soit à l'exercice régulier des fonctions d'un représentant élu du personnel ou d'un délégué syndical.

C. trav., art. L. 481-2, L. 482-1 et L. 483-1.

[Dr. pén.] L'article 223-5 NCP punit le fait d'entraver volontairement l'arrivée de secours destinés à secourir une personne ou à combattre un sinistre présentant un danger pour la sécurité des personnes.

C. pén., art. 223-5 et 431-1 s.

Entre vifs *[Dr. civ.]*

Se dit des actes qui produisent leurs effets durant la vie de leurs auteurs, telle la donation. En latin, *inter vivos.*

➢ *À cause de mort.*

Entrée en vigueur *[Dr. gén.]*

Date à partir de laquelle une loi ou un règlement s'impose au respect de tous.

Entrepôt de douane *[Dr. fin.]*

1° Terme générique recouvrant plusieurs régimes juridiques, désignant l'institution de droit fiscal qui permet à des produits importés d'être stockés ou transformés sans acquitter provisoirement les droits de douane, et à des produits nationaux destinés à être exportés de bénéficier des avantages réservés aux exportations dès leur placement sous ce régime.

2° Locaux où sont entreposées les marchandises bénéficiant des règles ci-dessus.

Entrepreneur *[Dr. civ.]*

Dans le contrat de louage d'ouvrage et d'industrie, ou contrat d'entreprise, partie qui s'engage à exécuter des travaux au profit de l'autre. En droit immobilier, l'entrepreneur est chargé de construire des édifices, à la différence du promoteur qui n'est qu'un intermédiaire.

⬛ *C. civ., art. 1792 s.*

Entreprise *[Dr. civ.]*

➤ *Louage d'ouvrage et d'industrie.*

[Dr. com.] Unité économique qui implique la mise en œuvre de moyens humains et matériels de production ou de distribution des richesses reposant sur une organisation préétablie.

[Dr. trav.] Groupe de travailleurs exerçant une activité commune sous l'autorité d'un même employeur. Plusieurs sociétés juridiquement distinctes peuvent, au regard du droit du travail, constituer une seule entreprise.

Chef d'entreprise : celui qui détient le plus haut degré d'autorité dans l'entreprise. C'est généralement le propriétaire de l'entreprise individuelle et, dans une société, le représentant statutaire.

➤ *Pouvoirs du chef d'entreprise, Responsabilité pénale du chef d'entreprise.*

Entreprise agricole à responsabilité limitée *[Dr. rur.]*

Société civile d'exploitation à objet principalement agricole. Elle peut ne comporter qu'un seul associé; s'il y en a plusieurs, la loi limite leur nombre à 10. Cette société convient aux exploitations de caractère familial. Elle peut comprendre des associés non exploitants, apporteurs de capitaux. La superficie exploitée ne peut dépasser 10 SMI.

⬛ *C. rur., art. 324-1 s.*

➤ *Surface minimum d'installation.*

Entreprise nationalisée
[Dr. adm. / Dr. trav.]

➤ *Nationalisation.*

Entreprises publiques *[Dr. adm.]*

Catégorie d'organismes – dont certains nient la spécificité – qui ont en commun une personnalité juridique distincte de celle de l'État, une activité industrielle ou commerciale, et dont le capital est détenu majoritairement par une personne publique – très généralement l'État – qui possède un pouvoir de contrôle; les systèmes de gestion sont très proches de ceux du secteur privé. Cet ensemble est hétérogène par le statut de ses composants, qui va de l'établissement public à la société de droit privé, et par le fait que, si certaines entreprises publiques gèrent des services publics : EDF, GDF, par exemple, d'autres gèrent des activités de nature purement commerciale, comme la Régie nationale des usines Renault, qui a d'ailleurs été partiellement privatisée en 1994.

Entreprise unipersonnelle à responsabilité limitée *[Dr. civ. / Dr. com.]*

➤ *Société unipersonnelle.*

Enveloppe *[Dr. fin.]*

Montant global des crédits budgétaires destinés à être affectés à un but, ou à un ensemble de buts déterminés (néologisme).

Environnement *[Dr. gén.]*

Mot très souvent employé, dépourvu d'un contenu juridique précis. Le terme fait image pour désigner le milieu naturel, urbain, industriel (parfois aussi économique, social et politique) au sein duquel vivent les hommes. Pour proté-

E

ger ceux-ci contre les nuisances et pollutions engendrées par ce milieu, des réglementations très diversifiées ont vu le jour aux plans national et international (Communauté européenne, notamment) et ont connu un développement foisonnant, encouragées – parfois de façon excessive – par les mouvements écologistes.

➤ *Nuisances, Pollution.*

Envoi en possession *[Dr. civ.]*

Acte par lequel le juge autorise certains légataires universels ou, en cas d'absence, les héritiers présomptifs, à entrer en possession des biens du défunt ou de l'absent. L'État qui recueille une succession en déshérence doit également solliciter l'envoi en possession pour appréhender les biens de ladite succession.

📘 *C. civ., art. 724, 770 et 1008.*

Épargne-Logement *[Dr. fin.]*

Encouragement à la construction, consistant en un mécanisme de crédit différé dans lequel des sommes préalablement épargnées par le futur constructeur lui permettent, après un certain temps, d'obtenir une prime majorant le montant de ses intérêts, ainsi qu'un prêt à un taux privilégié proportionnel à la durée et au montant de l'épargne et consenti par la Caisse d'Épargne ou la Banque ayant collecté l'épargne.

Épave *[Dr. civ.]*

Bien mobilier abandonné par son propriétaire qui demeure inconnu.

📘 *C. civ., art. 717.*

Épuisement des recours internes (régies de l') *[Dr. int. publ.]*

➤ *Recours internes.*

Épuration *[Dr. adm.]*

Après la seconde guerre mondiale, éviction des services publics de ceux de leurs collaborateurs ayant manifesté une sympathie active à l'égard du régime hitlérien ou du gouvernement de Vichy.

Équilibre des droits des parties *[Pr. pén.]*

➤ *Égalité des armes.*

Équilibre (ou balance) des forces *[Dr. int. publ.]*

Principe de politique (dont la consécration remonte au traité de Westphalie, 1648) selon lequel le rapport des forces entre États doit rester stable, grâce à un jeu de bascule qui empêche la prédominance de l'un par le groupement des moyens politiques économiques ou militaires de certains autres.

Équité

L'équité est une réalisation suprême de la justice, allant parfois au-delà de ce que prescrit la loi. « Amour et vérité se rencontrent; justice et paix s'embrassent » Ps. 84-II.

[Dr. int. publ.] Application, pour la solution d'un litige donné, des principes de la justice, afin de combler les lacunes du Droit positif ou d'en corriger l'application lorsqu'elle serait trop rigoureuse. La Cour internationale de justice (art. 38) a la faculté, si les parties sont d'accord, de statuer en équité (*ex aequo et bono*).

[Pr. civ.] Le nouveau Code de procédure civile reconnaît à toute juridiction de l'ordre judiciaire le pouvoir de trancher en équité, lorsqu'il s'agit de droits dont les parties ont la libre disposition et qu'un accord exprès des plaideurs a

délié le juge de l'obligation de statuer en droit.

📖 *NCPC, art. 12, al. 5, 58 et 700.*
➤ *Procès équitable.*

Équivalence *[Dr. trav.]*
➤ *Heures supplémentaires.*

Érasmus *[Dr. int. publ.]*
Programme de bourses de la Communauté européenne qui vise, depuis 1987, à permettre à une part croissante d'étudiants de passer une période d'études dans un autre État membre, période qui doit être prise en compte dans le cursus universitaire de l'étudiant concerné par son Université d'origine (système d'unités de valeur capitalisables et transférables dit ECTS). Connaît un grand succès et s'est ouvert depuis 1991 aux pays de l'AELE et au Liechtenstein. Programme aujourd'hui intégré à Socrates.

« Erga omnes » *[Dr. gén.]*
« À l'égard de tous », expression signifiant qu'un acte, une décision ou un jugement a un effet à l'égard de tous, et non seulement à l'égard des seules personnes directement concernées.
➤ *« Inter partes ».*

Erratum *[Dr. gén.]*
Erreur matérielle dans la reproduction d'un texte, justifiant le redressement par simple rectificatif. Spécialement usité pour les publications au *Journal Officiel.*

Erreur *[Dr. civ.]*
Appréciation inexacte portant sur l'existence ou les qualités d'un fait, ou sur l'existence ou l'interprétation d'une règle de droit.
Alors que l'erreur de fait peut, si elle est grave, entraîner la nullité de l'acte, l'erreur de droit n'est pas généralement prise en considération.

📖 *C. civ., art. 180, 887, 1110, 1376 s. et 2052.*

Erreur de droit *[Dr. pén.]*
Représentation inexacte du contenu de la loi ou ignorance de son existence. L'erreur de droit n'est exclusive de la responsabilité pénale que si elle a été invincible pour le prévenu. L'erreur de droit est admise par le code pénal.
📖 *C. pén., art. 122-3.*

Erreur de fait *[Dr. pén.]*
Représentation inexacte d'un fait matériel ou ignorance de son existence. L'erreur de fait exclut la culpabilité pénale lorsqu'elle intervient à propos d'une infraction intentionnelle et lorsqu'elle porte sur une circonstance essentielle de l'incrimination.

Erreur judiciaire *[Pr. pén. / Pr. civ.]*
Erreur commise par les magistrats, faussant leur décision. Le code de procédure pénale réglemente la procédure de révision suite à une erreur judiciaire. À noter que la loi n° 2000-516 du 15 juin 2000 a introduit la procédure de réexamen d'un dossier pénal suite à une décision rendue par la Cour européenne des droits de l'homme.

Erreur manifeste *[Dr. adm.]*
Théorie jurisprudentielle imaginée par les juridictions administratives pour étendre leur contrôle sur le pouvoir discrétionnaire de l'Administra-

E

E

tion, leur permettant face à ce qu'elles considèrent comme des erreurs particulièrement flagrantes de celle-ci, de contrôler l'appréciation des faits à laquelle elle s'est livrée.

« Error communis facit jus » *[Dr. gén.]*
Une erreur commune fait le droit.
Il est des cas où une croyance commune provoque des conséquences juridiques pourtant contraires au droit. Tel est le cas pour l'héritier apparent.

Escompte *[Dr. com.]*
1° Endossement d'un effet de commerce au profit d'un banquier qui en paie le montant à l'endosseur sous déduction d'une somme représentant les intérêts du montant de l'effet à courir jusqu'à l'échéance.
2° Somme déduite par le banquier du montant de l'effet, correspondant à l'intérêt à courir jusqu'à l'échéance.

Escroquerie *[Dr. pén.]*
Délit réalisé soit par l'usage de faux noms ou de fausses qualités, soit par l'emploi de manœuvres frauduleuses pour persuader de l'existence de fausses entreprises, d'un pouvoir ou d'un crédit imaginaire, ou pour faire naître l'espérance ou la crainte d'un succès, d'un accident ou de tout autre événement chimérique, en vue de se faire remettre ou délivrer, ou tenter de se faire remettre ou délivrer des fonds, des meubles ou des obligations, dispositions, billets, promesses, quittances ou décharges, et de spolier ainsi autrui de la totalité ou d'une partie de sa fortune.
▌ *C. pén., art. 405.*

L'article 313-1 du NCP retient une définition plus synthétique de l'escroquerie sans pour autant en modifier la nature.
▌ *C. pén., art. 313-1.*

Espace aérien *[Dr. int. publ.]*
1° Espace aérien *approprié* : l'espace au-dessus du territoire et des eaux territoriales d'un État, sur lequel ce dernier exerce sa souveraineté.
2° Espace aérien *libre* : l'espace au-dessus de la haute mer et des zones maritimes étatiques autres que la mer territoriale et les eaux intérieures sur lequel les États n'exercent aucune compétence fondée sur la territorialité (mais il existe une réglementation internationale de l'utilisation de l'espace aérien libre).

« Espace économique européen » *[Dr. eur.]*
Traité signé en mai 1992 entre les pays de l'AELE et de la CEE. A pour objectif de créer un marché unique, les pays de l'AELE s'engageant sur l'ensemble de l'acquis communautaire, mais sans être liés par les politiques communes. La Suisse a refusé par référendum de ratifier le traité de Porto et reste donc à l'écart de l'EEE.

Espace extra-atmosphérique *[Dr. int. publ.]*
Espace au-delà de l'espace aérien, dont le régime juridique est fixé pour l'essentiel par un traité de 1967 : insusceptibilité d'appropriation nationale, liberté d'exploration, d'utilisation, démilitarisation. Mais la ligne de démarcation entre espace aérien et espace extra-atmosphérique n'est pas encore précisée par le droit conventionnel.

Espace social européen *[Dr. eur.]*

Dénomination couvrant la politique sociale mise en œuvre par la Communauté européenne. S'est progressivement développé avec la libre circulation des personnes, des programmes communautaires d'action sociale, le Fonds social européen, l'Acte unique européen (article 118 A et B), la Charte européenne des droits sociaux fondamentaux des travailleurs jusqu'aux Traités de Maastricht et d'Amsterdam lesquels intègrent les dispositions relatives à la politique sociale.

Espèce *[Dr. gén.]*

Affaire, cas particulier dont il s'agit. Ainsi dit-on couramment : en l'espèce, les données de l'espèce, les textes applicables à l'espèce, etc.

Espionnage *[Dr. pén.]*

Crime réalisé par une série d'actes accomplis par un étranger et constituant les atteintes les plus graves à la défense nationale, dont le point commun est de mettre en péril l'intégrité du territoire national en facilitant les entreprises de puissances étrangères hostiles ou ennemies. Les mêmes actes accomplis par un Français sont qualifiés de trahison.

📖 *C. pén., art. 411-1 s. Voir aussi art. 410-1.*

Essai *[Dr. trav.]*
➤ *Engagement à l'essai.*

Essai professionnel *[Dr. trav.]*

Technique de recrutement des salariés par laquelle il est demandé aux candidats à un emploi d'exécuter une pièce ou d'effectuer un travail correspondant à la qualification exigée. L'essai professionnel, bien que d'essence contrac-

tuelle, ne s'intègre pas dans un contrat de travail et se distingue en cela de l'engagement à l'essai.

Ester en justice *[Pr. civ.]*

Participer, comme demandeur, défendeur ou intervenant, à l'exercice d'une action judiciaire, à un procès.
➤ *Capacité d'ester en justice.*

« Estoppel » *[Dr. int. publ.]*

Objection péremptoire qui s'oppose à ce qu'un État partie à un procès puisse contredire une position qu'il a prise antérieurement et dans laquelle les tiers avaient placé leur légitime confiance.

Établissement *[Dr. int. priv.]*

On désigne par « établissement » d'un étranger l'installation matérielle de cet étranger sur le territoire national, avec l'intention d'y exercer une activité rémunératrice.

[Dr. trav.] Unité technique de production pouvant coïncider avec l'entreprise ou, au contraire, n'en constituer qu'une fraction.

Comité d'établissement : organisme analogue au comité d'entreprise, dans le cadre de l'établissement.

Établissement de crédit *[Dr. com.]*

Personne morale qui effectue à titre de profession habituelle des opérations de banque.

Les établissements de crédit peuvent aussi effectuer des opérations connexes à leur activité (opérations de change; opérations sur or et métaux précieux; placement, souscription, achat, gestion de valeurs mobilières...). Ils peuvent en outre, dans les conditions définies par le comité de la réglementation bancaire

E

E

prendre et détenir des participations dans des entreprises existantes ou en création.

Établissement fondé en titre *[Dr. adm.]*
Institution ayant apporté longtemps une exception notable au caractère précaire des autorisations de prise d'eau sur le domaine public fluvial. Un véritable droit de propriété, survivance historique fondée sur des titres très anciens, antérieurs à la Révolution de 1789, existait au profit de certains « barreurs de chutes », qui durent être expropriés lors de la nationalisation des producteurs d'électricité à la Libération.

Établissement public *[Dr. adm.]*
Naguère, catégorie juridique du Droit administratif présentant des traits vigoureux d'originalité : l'établissement public était toute entité de Droit public dotée de la personnalité juridique et chargée de la gestion d'une activité de service public dans le cadre limité de sa spécialité.
Aujourd'hui. cette originalité s'est estompée sous l'influence de trois séries de causes :
- des personnes morales de Droit public innomées se sont ajoutées aux établissements publics traditionnels;
- les nationalisations ont provoqué la création d'établissements publics qui ne sont pas chargés de gérer un service public;
- la recherche d'un regroupement des moyens matériels et financiers des communes a entraîné l'apparition d'établissements publics polyvalents dont l'assise est territoriale. très proches par leurs caractères de véritables collectivités locales.

Sous ces réserves, on distingue généralement :
1° *Établissements publics administratifs* : ceux chargés de la gestion d'une activité classique de service public; ils sont régis par les règles du Droit administratif et leur contentieux relève normalement des juridictions administratives.
2° *Établissements publics industriels et commerciaux* : catégorie controversée d'EP gérant, dans des conditions comparables à celles des entreprises privées, des activités de nature industrielle ou commerciale. Leur fonctionnement et leur contentieux empruntent à la fois au Droit public et au Droit privé.
➢ *Décentralisation.*

Établissement public de coopération intercommunale (**EPCI**) *[Dr. adm.]*
Catégorie d'établissements publics regroupant diverses structures juridiques de coopération intercommunale, comme les communautés urbaines, les communautés d'agglomération, les communautés de communes, les syndicats de communes.
▮ *C. gén. coll. territ., art. L. 5211-1 s.*
➢ *Intercommunalité.*

Établissement d'utilité publique
[Dr. adm.]
Personne morale du Droit privé, gérant une activité présentant un intérêt général et dotée à ce titre d'un régime juridique de faveur.

Établissement stable *[Dr. fin.]*
En matière de conventions fiscales internationales, expression désignant une installation fixe d'affaires, comme une succursale, une usine, un chantier d'une certaine durée, par laquelle une

entreprise d'un État A exerce une activité dans un État B. La conséquence de cette qualification est d'attribuer à l'État B l'imposition des profits réalisés par cette installation.

État *[Dr. const. / Dr. int. publ.]*

1° Au point de vue sociologique : espèce particulière de société politique résultant de la fixation sur un territoire déterminé d'une collectivité humaine relativement homogène régie par un pouvoir institutionnalisé comportant le monopole de la contrainte organisée (spécialement le monopole de la force armée).
➢ *Nation.*

2° Au point de vue juridique : personne morale titulaire de la souveraineté.

3° Dans un sens plus étroit et concret : ensemble des organes politiques, des gouvernants, par opposition aux gouvernés (par exemple quand on dit que l'État est envahissant, qu'il faut réformer l'État, etc.).

4° Selon la conception marxiste : appareil d'oppression au service de la classe dominante; en régime capitaliste, instrument de la bourgeoisie en vue de l'exploitation du prolétariat. (Mais l'instauration d'une société sans classes doit entraîner le dépérissement de l'État).

État civil *[Dr. civ.]*

1° Situation de la personne en droit privé, spécialement dans les rapports familiaux, telle qu'elle résulte des éléments pris en considération par le droit en vue de lui accorder des prérogatives juridiques.

2° Service public chargé d'établir et de conserver les actes de l'état civil (acte de naissance, de mariage, de décès).
📖 *C. civ., art. 34 s., 55 s., 63 s., 78 s.*

État dangereux *[Dr. pén.]*
Prédisposition à la délinquance d'un individu dont la situation ne constitue pas toujours une atteinte à l'ordre social.
📖 *C. pén., art. 121-3.*
➢ *Mise en danger.*

État estimatif *[Dr. civ.]*
Inventaire et prisée, article par article, des biens mobiliers faisant l'objet d'un acte juridique, spécialement d'une donation.
📖 *C. civ., art. 948.*

État fédéral *[Dr. const. / Dr. int. publ.]*
État composé de plusieurs collectivités politiques (États fédérés) auxquelles il se superpose.
Il s'agit donc d'un État « à double étage ». La Constitution fédérale répartit les compétences entre l'État fédéral et les États membres (en réservant généralement à l'État fédéral le monopole des affaires étrangères), mais les États membres ont la garantie d'une participation aux décisions fédérales grâce à l'organisation particulière du pouvoir législatif fédéral, qui comporte une chambre des États à côté de la chambre de la population.
➢ *Fédéralisme.*

État-gendarme *[Dr. const.]*
➢ *Libéralisme.*

États généraux *[Dr. const.]*
Assemblée représentative des trois ordres de la société française sous l'Ancien Régime (clergé, noblesse, tiers-état), convoquée épisodiquement par le roi pour donner des avis ou voter des subsides.

E

E

État des inscriptions *[Dr. civ. / Pr. civ.]*
➤ *Conservation des hypothèques, Publicité foncière.*

État des lieux *[Dr. civ.]*
Acte établi avant l'entrée en jouissance d'un local, objet d'un contrat de bail, et destiné à faire la preuve de l'étendue des obligations respectives du bailleur et du locataire quant aux réparations mises à la charge de l'un ou de l'autre.

État de nécessité *[Dr. pén.]*
Fait justificatif qui exclut la responsabilité pénale de celui qui s'est trouvé dans l'obligation d'accomplir un acte infractionnel pour neutraliser un péril.
L'état de nécessité est admis par l'art. 122-7 du NCP.

État des personnes *[Dr. civ.]*
Ensemble des éléments de droit privé caractérisant l'existence juridique et la situation familiale de la personne.
📘 *C. civ., art. 3.*

État-providence *[Dr. const.]*
➤ *Dirigisme.*

État de siège *[Dr. const. / Dr. adm.]*
Régime restrictif des libertés publiques pouvant être appliqué par décret sur tout ou partie du territoire en cas de menace étrangère ou d'insurrection, et caractérisé par l'accroissement du contenu des pouvoirs ordinaires de police, par la possibilité d'un dessaisissement des autorités civiles par les autorités militaires, et par l'élargissement de la compétence des tribunaux militaires.
Selon la Constitution de 1958, l'état de siège est proclamé par le gouverne-

ment, mais sa prorogation au-delà de 12 jours doit être autorisée par le Parlement.
➤ *État d'urgence.*

État unitaire *[Dr. const.]*
État comportant un centre unique d'impulsion politique auquel la population est uniformément soumise sur tout le territoire, les circonscriptions territoriales ne jouissant d'aucune autonomie politique.

État d'urgence *[Dr. adm. / Dr. const.]*
Régime restrictif des libertés publiques pouvant être appliqué par une loi sur tout ou partie du territoire national, caractérisé surtout par l'extension des pouvoirs ordinaires de police des autorités civiles.
➤ *État de siège.*

Éthique biomédicale *[Dr. pén.]*
Ensemble des règles de déontologie qui domine l'activité de la recherche médicale. L'article 511-1 du code pénal érige en crime dont l'auteur est passible de vingt ans de réclusion criminelle le fait de mettre en œuvre une pratique eugénique tendant à la sélection des personnes.

Étranger *[Dr. int. priv. / Dr. int. publ.]*
Aux yeux de la loi française, sont considérés comme étrangers non seulement les individus qui ont une nationalité étrangère, mais également les ressortissants de certains pays, qui ont avec la France des liens étroits (Andorrans, Monégasques), enfin les individus n'ayant aucune nationalité (apatrides).
📘 *C. civ., art. 11.*

Être humain *[Dr. gén.]*

Personne physique (par opposition aux personnes morales), dotée de la personnalité juridique et dont la loi assure la primauté dans l'ordre juridique en interdisant toute atteinte à sa dignité et en garantissant son respect dès le commencement de la vie.

Être moral *[Dr. civ. / Dr. publ.]*
> *Personne morale.*

Étude d'impact *[Dr. adm.]*

Les études préalables à la réalisation d'aménagements ou d'ouvrages qui, par leurs dimensions ou par leurs conséquences sur le milieu naturel, peuvent porter atteinte à celui-ci, doivent comporter l'étude de leurs conséquences prévisibles sur l'environnement.

Étudiants

Personnes qui, après l'obtention du baccalauréat ou d'un titre équivalent, poursuivent des études supérieures dans le cadre d'une Université, d'une Grande École, ou d'une classe préparatoire à celle-ci.

[Séc. soc.] Les étudiants sont assujettis à un régime spécial de Sécurité sociale. Sont étudiants au regard de ce régime, les élèves des établissements d'enseignement supérieur, des écoles techniques supérieures, des grandes écoles et classes préparatoires à ces écoles qui, n'étant ni assurés sociaux, ni ayants droits d'assurés sociaux sont âgés de moins de 26 ans.
CSS, art. L. 381-3.

Eugénisme *[Dr. gén.]*

Pratique tendant à l'organisation de la sélection des personnes. Interdite par la loi, la mise en œuvre d'une pratique eugénique est un crime punissable de vingt ans de réclusion criminelle.
C. pén., art. 511-1.

Sans préjudice des recherches tendant à la prévention et au traitement des maladies génétiques, aucune transformation ne peut être apportée aux caractères génétiques dans le but de modifier la descendance de la personne.

Euratom *[Dr. int. publ.]*
> *Communautés européennes.*

Eureka *[Dr. int. publ.]*

Conçue par la France en 1985 pour servir de pendant à l'initiative de défense stratégique (IDS ou guerre des étoiles) proposée par les États-Unis. Rassemble les pays membres de la CEE et la Commission, les pays de l'AELE, la Turquie et depuis 1992 la Hongrie. Regroupe sur un projet commun de recherche industriels et Administrations. Plus de 500 projets déjà financés.

Euro *[Dr. eur. / Dr. fin. / Dr. pén.]*

Nom de la monnaie unique introduite le 1er janvier 1999, en remplacement des monnaies nationales, dans les États de la Communauté européenne (sauf le Royaume-Uni, le Danemark, la Suède et la Grèce – ce dernier État participant d'ailleurs à l'euro depuis le 1er janvier 2001). Au 1er janvier 2002 les monnaies nationales, qui avaient été provisoirement maintenues à titre de simples subdivisions de l'euro, disparaîtront en raison de l'introduction dans les États des pièces et des billets en euro.

Un euro = un ancien écu.

1 euro = 6,55957 francs.

1 *franc* = 0,15245 euro.

E

E

Voir en matière de détermination du montant des amendes pénales libellées en euro la loi n° 2000-517 du 15 juin 2000.
➢ *Union économique et monétaire.*

Europol *[Pr. pén.]*

Organisme (Office européen de police) créé par la convention de Bruxelles du 26 juillet 1995. Il a pour objectif d'améliorer, dans le cadre de la coopération entre les États membres de l'Union européenne, la lutte contre toute une série d'infractions graves et transfrontalières (voir l'article 2 de la Convention). Ses fonctions sont énumérées à l'article 3 de la même Convention.

Euthanasie *[Dr. pén.]*

Littéralement « bonne mort », celle qui délivre de souffrances intolérables. Fait pour un tiers compatissant de procurer la mort à une personne atteinte d'une maladie très douloureuse et incurable. En droit pénal français, l'euthanasie est un assassinat.

Évasion fiscale *[Dr. fin.]*

Fait de soustraire le maximum de matière imposable à l'application de la loi fiscale en général ou d'un tarif d'impôt particulier, sans transgresser la lettre de la loi – ce qui correspondrait à la fraude fiscale – en mettant systématiquement à profit toutes les possibilités de minorer l'impôt ouvertes soit par ses règles soit par ses lacunes.

Au plan international, elle peut consister par exemple, pour une entreprise, à localiser tout ou partie de ses profits imposables dans des « paradis fiscaux » par la pratique des prix de transfert.

Éviction *[Dr. civ.]*

Perte d'un droit apparent d'une personne sur une chose en raison de l'existence d'un droit d'un tiers sur cette même chose. Le vendeur d'un bien est garant de l'éviction éventuelle de l'acquéreur.
▮ *C. civ., art. 884 s., 1626 s., 1705 et 1725 s.*

Évocation *[Pr. civ.]*

Pouvoir reconnu à la Cour d'appel d'attraire à elle le fond du litige, c'est-à-dire de trancher les points non jugés en première instance, lorsqu'elle se trouve saisie d'un jugement ayant ordonné une mesure d'instruction, d'un jugement ayant mis fin à l'instance sur exception de procédure, d'un contredit de compétence. En toutes circonstances, la Cour doit estimer de bonne justice de donner à l'affaire une solution définitive.
▮ *NCPC, art. 568.*

« Ex aequo et bono » *[Pr. gén.]*

Juger *ex aequo et bono* signifie juger en équité.
▮ *NCPC, art. 12, al. 5.*

Examen contradictoire de l'ensemble de la situation fiscale personnelle *[Dr. fin.]*

Technique de contrôle fiscal du contribuable, visant à vérifier la sincérité de ses déclarations annuelles de revenu global en s'assurant, par une série de recoupements fondés sur l'établissement d'une balance de trésorerie (rapprochement de ses dépenses et de ses recettes), de la cohérence entre ses revenus déclarés et ses mouvements de trésorerie réels.
▮ *CGI, art. L. 12 et L. 47.*
➢ *Vérification approfondie de situation fiscale d'ensemble.*

Examen de personnalité *[Pr. pén.]*

Enquête à caractère médical, psychologique et social sur la personnalité d'un inculpé, obligatoire, au niveau de l'instruction, en matière de crime, et facultative en matière de délit.

📖 *C. pr. pén., art. 41.*

Exception *[Pr. gén.]*

Moyen par lequel le défendeur demande au juge, soit de refuser d'examiner la prétention du demandeur parce que l'instance a été mal engagée (incompétence du tribunal, irrégularité d'un acte de procédure), soit de surseoir à statuer jusqu'à la mise en cause d'un garant, l'expiration du délai accordé à un héritier pour faire inventaire et délibérer. Dirigée contre la procédure, seulement, l'exception ne constitue qu'un obstacle temporaire. Après décision sur l'exception, la procédure reprend son cours devant le même Tribunal ou est recommencée devant lui ou devant un autre.

📖 *NCPC, art. 73.*

➢ *Appel en garantie, Connexité, Incompétence, Litispendance, Nullité, Ordre public.*

Exception d'illégalité *[Dr. adm.]*

Moyen de défense procédural par lequel une partie allègue en cours d'instance l'illégalité de l'acte administratif qui lui est opposé.

En matière d'actes réglementaires, l'invocation de l'illégalité par voie d'exception échappe à toute condition de délai, alors que cette invocation par voie d'action est très généralement enfermée dans un délai de deux mois. Du point de vue de la compétence juridictionnelle, le principe selon lequel « le juge de l'action est juge de l'exception » est souvent tenu en échec par application du principe fondamental de séparation des autorités administratives et judiciaires.

[Dr. pén.] Moyen de défense invoqué par un prévenu, devant une juridiction répressive, tendant à démontrer que l'acte administratif sur lequel est fondée la poursuite n'est pas conforme à une norme qui lui est hiérarchiquement supérieure.

Le juge pénal qui, nonobstant le principe de séparation des pouvoirs, se reconnaît une telle prérogative, devra se borner à rejeter des débats le texte jugé illégal.

La compétence du juge pénal pour examiner l'exception d'illégalité est retenue par l'article 111-5 du NCP.

Exceptions d'irrecevabilité *[Dr. const.]*

Moyen employé par le Gouvernement pour s'opposer à la prise en considération d'une proposition de loi ou d'un amendement contraires à une disposition constitutionnelle. Ex. : Exception d'irrecevabilité soulevée contre une proposition de loi ne rentrant pas dans le domaine législatif (art. 34 de la Constitution de 1958) ou concernant une matière déléguée au Gouvernement (art. 38) ou ayant pour conséquence une diminution des ressources ou un accroissement des charges publiques (art. 40).

Un parlementaire peut également déposer une motion d'irrecevabilité pour les mêmes raisons.

« Exceptio non adimpleti contractus », ou exception d'inexécution *[Dr. civ.]*

Dans un contrat synallagmatique, moyen de défense de l'une des parties qui con-

E

siste à ne pas exécuter son obligation tant que l'autre contractant n'a pas effectué sa prestation.
📖 *C. civ., art. 1131, 1146 et 1728.*

Exception préjudicielle *[Pr. pén.]*
Synonyme de question préjudicielle.

Excès de pouvoir *[Dr. adm.]*
Terme générique désignant indifféremment toutes les formes d'illégalité pouvant vicier un acte administratif. ➢ *Recours pour excès de pouvoir.*
[Pr. civ.] Une juridiction de l'ordre judiciaire commet un excès de pouvoir lorsqu'elle empiète sur les attributions du pouvoir législatif ou du pouvoir exécutif, lorsqu'elle s'arroge des compétences qu'elle n'a pas ou porte atteinte à des principes fondamentaux de la procédure (liberté de la défense).
L'excès de pouvoir est sanctionné par un pourvoi en cassation.

Exclusivité (Clause d') *[Dr. com.]*
Clause d'un contrat par laquelle l'une des parties s'engage à ne pas conclure d'autres accords identiques avec un tiers.
📖 *C. com., art. L. 330-3.*
➢ *Concession commerciale, Contrat de bière, Contrat de licence.*

Excuse *[Dr. pén.]*
Circonstances ou qualités strictement déterminées par la loi, qui obligent le juge à atténuer ou à ne pas prononcer la peine, selon qu'il s'agit d'excuses atténuantes ou absolutoires.
[Dr. civ.] Raison alléguée conduisant, si elle est reconnue légitime, à la décharge d'un devoir civique (tutelle, témoignage), parfois à la dispense d'une exigence légale (comparution personnelle en justice).

Exécuteur testamentaire *[Dr. civ.]*
Personne chargée par le testateur de procéder à l'exécution du testament.
📖 *C. civ., art. 1025 s.*

Exécutif (pouvoir) *[Dr. const.]*
1° Fonction consistant à assurer l'exécution des lois. En fait, il ne s'agit pas d'une exécution passive : la fonction exécutive est devenue une fonction d'impulsion, d'animation et de direction générale de l'État.
2° Organe (ou ensemble d'organes : Chef de l'État, Cabinet ministériel) appelé aussi Gouvernement, qui exerce la fonction exécutive et se différencie de l'assemblée ou Parlement par le nombre restreint de ses membres.
L'exécutif peut être monocratique (confié à un seul homme : roi, dictateur, président de la république en régime présidentiel), collégial (ou parfois réduit à deux hommes égaux, ainsi les consuls romains), directorial (confié à un petit groupe d'hommes : Directoire de la Constitution de l'an III, Conseil Fédéral suisse), dualiste (confié à la fois à un homme : le Chef de l'État, et à un comité le Cabinet ministériel; structure caractéristique de l'exécutif en régime parlementaire).

Exécution forcée *[Pr. pén. / Pr. civ.]*
V. les différentes saisies pour l'exécution de payer une somme d'argent ou satisfaire à une obligation de faire.
➢ *Contrainte par corps.*

Exécution d'office *[Dr. adm.]*
Pouvoir d'assurer l'exécution physique de ses décisions reconnu à l'Administration soit par la loi dans certaines hypothèses, soit par la jurisprudence

administrative, de manière générale, en cas d'urgence ou d'absence de toute autre procédure juridique conduisant au même but.

Exécution provisoire *[Pr. civ.]*

Bénéfice permettant au gagnant d'un procès d'exécuter un jugement dès sa signification, malgré l'effet suspensif du délai des voies de recours ordinaires ou de leur exercice.

De nombreuses décisions sont, en raison de leur nature, exécutoires de droit à titre provisoire : ordonnances de référé ou sur requête, décisions prescrivant des mesures provisoires ou conservatoires, jugements prud'homaux ordonnant la remise de certificats de travail.

📖 *NCPC, art. 514; C. trav., art. R. 516-37.*

Exécution sur minute *[Pr. civ.]*

Exécution qui a lieu, vu l'urgence, sur la seule présentation de la minute (original) de la décision du juge (ainsi ordonnance sur requête, éventuellement ordonnance de référé), sans qu'il soit nécessaire à la partie gagnante de signifier, au préalable, une expédition de la décision revêtue de la formule exécutoire.

📖 *NCPC, art. 495 et 503.*

Exégèse *[Dr. gén.]*

Interprétation et explication des règles de droit, tout particulièrement de celles contenues dans les lois.

L'« École de l'Exégèse » au XIXe siècle reconnaissait à la loi un rôle à peu près exclusif comme source de droit, négligeant la coutume et la jurisprudence.

Exemption de peine *[Dr. pén.]*

Au sens large, hypothèse dans laquelle la déclaration de culpabilité à l'encontre d'un prévenu ne se double pas du prononcé d'une peine. Elle est alors illustrée par la dispense de peine, telle que prévue et aménagée par l'article 132-59 du Code pénal. *Au sens strict*, mesure de clémence destinée à récompenser la dénonciation de certaines infractions (association de malfaiteurs, fausse monnaie, terrorisme...), bénéficiant à toute personne qui, ayant participé à leur préparation, ont averti l'autorité administrative ou judiciaire, et ont permis ainsi d'en éviter la réalisation et d'identifier, le cas échéant, les autres coupables.

E

Exequatur *[Dr. int. priv.]*

Force exécutoire octroyée par l'autorité judiciaire française à une décision rendue par une juridiction étrangère. Désigne également la procédure au terme de laquelle cette force sera, ou non, accordée.

En principe, tout jugement rendu par une juridiction étrangère ne peut être exécuté en France sans exequatur. Il peut toutefois produire certains effets qui ne nécessitent aucune contrainte (ex. : valeur probante).

[Dr. int. publ.] Acte qui reconnaît à un consul étranger sa qualité officielle et l'autorise à exercer ses fonctions.

[Pr. civ.] Ordre d'exécution, donné par l'autorité judiciaire, d'une sentence rendue par une justice privée, ex. : exequatur des sentences arbitrales.

📖 *C. civ., art. 2123; C. org. jud., art. L. 311-11; NCPC, art. 509 et 1477.*

Exercice *[Dr. com.]*

Période de la vie d'une société s'étendant généralement sur une année, à l'issue de laquelle les dirigeants de

E

société établissent et présentent aux associés certains documents comptables (inventaire, compte de résultats, bilan) et rédigent un rapport écrit, afin de renseigner les associés sur la vie de la société et de leur faire part des résultats obtenus au cours de la période écoulée et de leur affectation.

Exercice (Système de l') *[Dr. fin.]*

1° *En matière de comptabilité publique*, système d'imputation des opérations consistant à rattacher au budget d'une année toutes les créances et toutes les dettes de l'État ayant pris juridiquement naissance au cours de celle-ci, quelle que soit l'année durant laquelle elles sont recouvrées ou payées.
➢ *Gestion.*

2° *En matière de fiscalité indirecte*, régime consistant à soumettre le redevable à une surveillance constante de l'Administration et à lui réclamer périodiquement les sommes dues.

Exhérédation *[Dr. civ.]*

Action par laquelle le testateur prive les héritiers de leurs droits successoraux. L'exhérédation ne peut porter sur la réserve héréditaire dont bénéficient certains héritiers proches parents du *de cujus*.
📕 *C. civ., art. 913.*

Exhibition sexuelle *[Dr. pén.]*

Fait de montrer certaines parties du corps se rattachant à l'acte sexuel ou d'effectuer devant d'autres personnes des gestes sexuels. L'exhibition ainsi définie est pénalement sanctionnée lorsqu'elle est imposée à la vue d'autrui dans un lieu accessible aux regards du public. Il s'agit alors d'un délit, mais de caractère non intentionnel, visé à travers le comportement lui-même et les conséquences choquantes qu'il engendre auprès d'autrui.
📕 *C. pén., art. 222-32.*

Exigibilité *[Dr. civ. / Pr. civ.]*
➢ *Créance.*

Expatriation *[Séc. soc.]*

Situation du travailleur exerçant son activité à l'étranger sans pouvoir bénéficier du statut de détaché (➢ Détachement). En vertu du principe de la territorialité des lois, le travailleur expatrié relève du régime local de sécurité sociale. Il peut toutefois, sous certaines conditions adhérer à l'assurance volontaire des travailleurs expatriés.
📕 *CSS, art. L. 762-1 s.*

Expédition *[Dr. civ.]*

Copie d'un acte authentique délivrée par l'officier public dépositaire de l'original.

Expédition de jugement *[Pr. civ.]*

Copie du jugement détenu en minute au greffe, délivrée par le greffier en chef et assortie de la formule exécutoire.
Cette « grosse exécutoire » ne doit pas être confondue avec une simple copie.
📕 *NCPC, art. 502, 1435 s., 1440.*
➢ *Copie certifiée conforme, Copie exécutoire, Grosse.*

Expérimentation sur la personne humaine *[Dr. civ. / Dr. pén.]*

Infraction se traduisant par le fait de pratiquer ou de faire pratiquer sur une personne humaine une recherche biomédicale sans avoir recueilli le consentement libre, éclairé et exprès de l'intéressé.

📖 *C. pén., art. 223-8.*

Expert [Pr. gén.]

Technicien à qui le juge demande de donner son avis sur des faits nécessitant des connaissances techniques et des investigations complexes.

Il est établi, chaque année, une liste nationale dressée par la Cour de cassation et des listes régionales dressées par chaque cour d'appel (V. loi n° 71-498 du 9 juin 1971 et décret n° 74-1184 du 31 décembre 1974).

Expert agréé par le Conseil des ventes volontaires de meubles aux enchères publiques [Dr. civ. / Dr. com.]

Expert auquel peuvent avoir recours les sociétés de ventes volontaires de meubles, les huissiers de justice, les notaires et les commissaires-priseurs judiciaires, en vue d'obtenir des garanties d'évaluation et d'authenticité des biens offerts à la vente, et qui est solidairement responsable avec l'organisateur de la vente pour ce qui relève de son activité.

📖 *C. com., art. L. 321-29 s.*

Expert en diagnostic d'entreprise
[Dr. com. / Pr. civ.]

Spécialiste institué par la loi n° 85-99 du 25 janvier 1985. Son rôle consiste à établir un rapport sur la situation économique, financière et sociale d'une entreprise, aussi bien en cas de règlement amiable, qu'en cas de redressement judiciaire, puis à proposer des mesures de redressement et d'apurement des comptes.

Sa désignation par le Tribunal est facultative. Il est choisi sur une liste nationale ou régionale d'experts.

📖 *C. com., art. 813-1.*

Expert de gestion [Dr. com.]

Expert désigné en justice à la demande d'un ou plusieurs associés représentant au moins le dixième du capital social, du ministère public, du comité d'entreprise, ou de la COB, pour examiner une ou plusieurs opérations de gestion réalisées par une SARL ou une société anonyme et présenter un rapport sur elle(s).

📖 *C. com., art. L. 225-31 et L. 223-37.*

Expertise [Pr. gén.]

Procédure de recours à un technicien consistant à demander à un spécialiste, dans les cas où le recours à des constatations ou à une consultation ne permettrait pas d'obtenir les renseignements nécessaires, d'éclairer le tribunal sur certains aspects du procès nécessitant l'avis d'un homme de l'art.

📖 *NCPC, art. 263.*

Expertise médicale [Séc. soc.]

Procédure d'arbitrage concernant les litiges relatifs à l'appréciation de l'état d'un malade ou d'un accidenté du travail et opposant le médecin traitant et le médecin conseil de la caisse.

Par exception au principe du droit judiciaire français selon lequel l'expertise n'est qu'un élément d'information destiné à éclairer les juges, l'avis de l'expert s'impose ici à tous.

📖 *CSS, art. L. 141-1.*

Exploit d'huissier de justice [Pr. civ.]

Acte rédigé et signifié par un huissier de justice (ex. : sommation, commande-

E

ment, protêt, constat, assignation); en principe, un exploit est établi en double original (sa copie étant remise au destinataire).

Exposé des motifs *[Dr. const.]*

Document, le plus souvent non publié, qui précède le texte d'une loi et marque une déclaration d'intention pouvant servir à l'interprétation du texte.

Expropriation pour cause d'utilité publique *[Dr. adm.]*

Procédure permettant à une personne publique (État, collectivité territoriale, établissement public) de contraindre une personne privée à lui céder un bien immobilier ou des droits réels immobiliers, dans un but d'utilité publique, et moyennant une juste et préalable indemnité. Dans certains cas, elle peut être mise en œuvre au profit de personnes juridiques privées en vue de la réalisation d'un objectif d'utilité publique. Dans tous les cas, la déclaration d'utilité publique doit émaner d'une autorité de l'État.

📖 *C. expr., art. 11-1 s.*

➢ *Arrêté de cessibilité, Droit de réquisition, Juge de l'expropriation, Théorie du bilan.*

Expulsion *[Dr. adm. / Dr. civ. / Dr. int. priv.]*

Ordre donné par le Ministère de l'Intérieur à un étranger de quitter le territoire français. Cet ordre est contenu dans un arrêté d'expulsion.

[Pr. civ.] Action consistant à obliger l'occupant sans titre ou le locataire en fin de bail d'un immeuble, de vider les lieux. son exercice a été modifié par la loi du 9 juillet 1991.

Le créancier doit posséder une décision de justice ou un procès-verbal de conci-

liation. Il faut notifier à l'occupant un commandement.

S'il s'agit d'un local d'habitation, un délai de deux mois doit être respecté (réduit ou supprimé s'il s'agit d'un occupant entré dans les lieux par voie de fait).

Des délais complémentaires peuvent être accordés par le juge des référés ou par le juge de l'exécution.

Il est interdit de procéder à l'expulsion d'un local d'habitation entre le 1er novembre et le 15 mars de chaque année.

📖 *CCH, art. L. 613-1 s.*

Extension d'une convention collective *[Dr. trav.]*

Application d'une convention collective à l'ensemble des entreprises, même non affiliées à l'une des organisations patronales signataires, situées dans son champ professionnel et géographique. L'extension résulte d'un arrêté du Ministre chargé du Travail.

📖 *C. trav., art. L. 133-1 s.*

➢ *Élargissement d'une convention collective.*

Exterritorialité *[Dr. int. publ.]*

Fiction du Droit international qui a été utilisée pour expliquer les immunités qui font échapper certaines personnes ou certaines choses (agents et locaux diplomatiques notamment) à l'autorité de l'État de résidence comme s'ils étaient sur le territoire national. Joue aussi pour les navires avec des droits et obligations variant selon la zone où ils se trouvent.

Extinction de l'instance *[Pr. gén.]*

L'instance prend normalement fin lors du prononcé du jugement.

Elle s'éteint aussi à titre principal par une péremption, un désistement d'instance, ou la caducité de la citation.

Elle peut s'éteindre également par voie de conséquence lorsque la faculté d'action a disparu, ainsi à la suite d'un acquiescement, du décès de l'une des parties lorsque l'action n'est pas transmissible, d'un désistement d'action, d'une transaction.

📗 *NCPC, art. 384 et 385.*

Extorsion *[Dr. pén.]*

Infraction prévue et réprimée par les articles 312-1 et suivants du Code pénal. Acte qui consiste à obtenir par violences, menaces de violences ou contrainte, soit une signature, un engagement, une renonciation, soit la révélation d'un secret, soit la remise de fonds, de valeurs ou d'un bien quelconque. Cette nouvelle incrimination correspond au chantage dans l'ancien Code pénal.

📗 *C. pén., art. 312-1 s.*

Extradition *[Dr. int. publ. / Dr. pén.]*

Procédure d'entraide répressive internationale par laquelle un État, appelé État requis, accepte de livrer un délinquant qui se trouve sur son territoire à un autre État, l'État requérant, pour que ce dernier puisse juger cet individu ou, s'il a déjà été condamné, pour lui faire subir sa peine.

Extrait

Reproduction partielle d'un acte, délivrée par le dépositaire. Ex. : extrait d'un acte de l'état civil.

Extranéité *[Dr. civ.]*

Qualifie la situation des personnes qui ne sont ni parties ni représentées à un acte juridique. L'extranéité admet des degrés, du tiers ordinaire indirectement intéressé (créancier chirographaire) au tiers complètement étranger aux auteurs de l'opération juridique.

[Dr. int. priv.] Élément d'une situation juridique mettant en contact deux ou plusieurs systèmes juridiques nationaux et exigeant le règlement d'un conflit de lois *et/ou* de juridictions (ex. : nationalités différentes dans le droit familial, lieu étranger de situation d'un bien, de réalisation d'un dommage, de conclusion ou d'exécution d'un contrat).

➢ *Condition des étrangers, Conflits de juridiction, Conflits de lois.*

Extrapatrimonial *[Dr. gén.]*

Qui est en dehors du patrimoine, intéressant la personne elle-même et non ses biens, donc incessible et intransmissible : droit à l'honneur, à la dignité, à la présomption d'innocence, au respect de la vie privée, etc.

➢ *Patrimonial.*

Extra petita *[Pr. civ.]*

Expression latine signifiant « en dehors de ce qui a été demandé », caractérisant la décision du juge qui s'est prononcé sur un point dont il n'était pas saisi.

📗 *NCPC, art. 5, 464.*

F

F

Facilités de caisse *[Dr. com.]*

Avances de courte durée (inférieures à un mois généralement) consenties par une banque à son client pour lui permettre de faire face à ses échéances.

« Factoring » *[Dr. com.]*
➢ *Affacturage.*

Facture *[Dr. com.]*

Écrit dressé par un commerçant et constatant les conditions auxquelles il a vendu des marchandises, loué des objets ou assuré un certain service.

Faculté *[Dr. civ.]*

Une faculté est une possibilité d'option en vue d'une situation juridique.

Accordée par la loi ou par la convention elle permet à son bénéficiaire de choisir entre plusieurs partis et de faire naître, ou d'empêcher de naître une situation juridique. Les facultés sont ordinairement conditionnées, ainsi la faculté d'option de l'héritier.

Facultés *[Dr. adm.]*

Éléments essentiels de l'organisation de l'Enseignement supérieur avant la réforme de 1968; les Facultés, qui étaient des établissements publics avaient à leur tête un Conseil et un Doyen élus et étaient groupées en une Université à l'intérieur de chaque Académie. Actuellement, nombre d'Unités de Formation et de Recherche ont adopté le nom de « Faculté », mais cette appellation ne correspond à aucune originalité de leur statut.
➢ *Recteur, Unités d'enseignement et de recherche, Universités.*

Facultés *[Dr. civ.]*

Synonyme de moyens financiers, surtout dans les rapports entre époux.
📖 *C. civ., art. 214 et 1481.*

Faillite personnelle *[Dr. com.]*

En cas d'ouverture d'une procédure de redressement judiciaire ou de liquidation judiciaire, ensemble des déchéances et interdictions qui peuvent frapper les commerçants, les personnes immatriculées au répertoire des métiers, les agriculteurs ou les dirigeants de personnes morales qui se sont rendus coupables d'agissements malhonnêtes ou gravement imprudents.

Ces déchéances et interdictions sont celles qui sont applicables aux personnes en état de faillite au sens donné à ce terme au 1er janvier 1968. Depuis la loi n° 85-98 du 25 janvier 1985 le prononcé de cette sanction est toujours facultatif pour le tribunal qui peut par ailleurs en limiter parfois les effets à l'interdiction de gérer, administrer ou contrôler soit une entreprise commerciale ou artisanale, soit une personne morale.
📖 *C. com., art. L. 625-1 s.*
➢ *Liquidation judiciaire, Redressement judiciaire.*

Fait générateur *[Séc. soc.]*

C'est le paiement des rémunérations qui constitue le fait générateur des cotisations sans qu'il y ait lieu de tenir compte de la période de travail à laquelle elles se rattachent.

📗 *CSS, art. R. 243-6.*

Fait juridique *[Dr. civ.]*

Tout événement susceptible de produire des effets de droit (décès, accident).

➢ *Acte juridique.*

Faits justificatifs *[Dr. pén.]*

Circonstances matérielles ou juridiques dont la réalisation neutralise la responsabilité pénale (ex. : légitime défense, état de nécessité, etc.).

Ils découlent de la volonté expresse ou tacite du législateur.

Faits du procès *[Pr. gén.]*

➢ *Droit et fait.*

Fait du prince *[Dr. adm.]*

Dans le droit des contrats administratifs, expression désignant toute mesure qui, prise par une autorité publique, aboutit à renchérir le coût d'exécution des prestations contractuelles.

Certaines de ces mesures ouvrent droit à ce titre à indemnisation quand elles émanent de l'Administration qui a contracté.

[Dr. civ.] Cas de force majeure consistant dans une prescription de la puissance publique, par exemple une expropriation, une réquisition.

📗 *C. civ., art. 1148 et 1382 s.*

Famille *[Dr. civ.]*

Au sens large ; ensemble des personnes descendant d'un auteur commun et rattachées entre elles par le mariage et la filiation.

Au sens étroit : groupe formé par les parents et leurs descendants, ou même, plus restrictivement encore, par les parents et leurs enfants mineurs.

Fascisme *[Dr. const.]*

Dictature visant à assurer la supériorité d'une race autour d'un chef charismatique (Duce pour Mussolini ou Führer pour Hitler).

Faute *[Dr. adm.]*

1° *Faute du service public* : en matière de responsabilité de l'Administration, expression désignant tout défaut de fonctionnement des services publics de nature à engager la responsabilité pécuniaire de l'Administration à l'égard des administrés.

2° *Faute de service* : en matière de responsabilité de l'agent public, expression désignant toute faute qui, n'ayant pas le caractère de faute personnelle, ne peut engager la responsabilité civile de son auteur que ce soit envers l'Administration ou envers les administrés.

3° *Faute personnelle* : en matière de responsabilité de l'agent public, expression désignant toute faute qui présente au regard de la jurisprudence tant judiciaire qu'administrative des caractères propres à engager la responsabilité pécuniaire de son auteur. Cette notion de faute personnelle s'est dédoublée : on peut distinguer la faute personnelle classique, qui permet aux administrés de rechercher la responsabilité de son auteur devant les tribunaux judiciaires (et à l'Administration de se retourner contre l'agent si elle a dû indemniser la victime en application de la théorie du

F

cumul des responsabilités), et la faute personnelle à coloration disciplinaire, intéressant uniquement les rapports de l'agent et de l'Administration, et qui permet à celle-ci d'obtenir de celui-là réparation du préjudice qu'il a pu lui causer. ➢ *Responsabilité du fait du fonctionnement défectueux de la justice.*

[*Dr. civ.*] Attitude d'une personne qui par négligence, imprudence ou malveillance ne respecte pas ses engagements contractuels (faute contractuelle) ou son devoir de ne causer aucun dommage à autrui (faute civile appelée également faute délictuelle ou quasi-délictuelle). ➢ *Délit civil.*

❚ *C. civ., art. 1146 s. et 1382 s.*

[*Dr. pén.*] Élément moral des délits non intentionnels, consistant :

- soit en une imprudence, négligence ou manquement à une obligation de prudence ou de sécurité prévue par la loi ou le règlement, s'il est établi que l'auteur des faits n'a pas accompli les diligences normales compte tenu, le cas échéant, de la nature de ses missions ou de ses fonctions, de ses compétences ainsi que du pouvoir et des moyens dont il disposait;

- soit en violation manifestement délibérée d'une obligation particulière de prudence ou de sécurité prévue par la loi ou le règlement;

- soit en une faute caractérisée ayant exposé autrui à un risque d'une particulière gravité qui ne pouvait être ignoré.

❚ *C. pén., art. 121-3.*

➢ *Délit non intentionnel.*

[*Dr. trav.*] *Faute grave* : la faute grave du salarié, appréciée par les tribunaux et contrôlée par la Cour de cassation, est, selon cette dernière, un fait ou un ensemble de faits imputables au salarié qui constituent une violation des obligations découlant du contrat de travail ou des relations de travail d'une importance telle qu'elle rend impossible le maintien du salarié pendant la durée du préavis. Elle permet à l'employeur de renvoyer le salarié sans préavis et sans indemnités de licenciement.

❚ *C. trav., art. L. 122-6, L. 122-8 s.*

Faute lourde : la faute lourde est celle qui traduit la volonté du salarié de nuire à l'employeur. Elle emporte les mêmes effets que la faute grave dans le domaine du licenciement et est en outre privative de l'indemnité compensatrice de congés payés. Seule la faute lourde expose un gréviste qui l'aurait commise à un licenciement pour motif disciplinaire. D'après la Cour de cassation, elle est aussi la seule qui mette en jeu la responsabilité pécuniaire du salarié qui s'en est rendu coupable dans l'exécution de ses obligations.

❚ *C. trav., art. L. 223-14, L. 521-1.*

[*Séc. soc.*] *Faute inexcusable* : en matière d'accidents du travail, la faute inexcusable doit s'entendre d'une faute d'une gravité exceptionnelle, dérivant d'un acte ou d'une omission volontaire, de la conscience du danger que devait en avoir son auteur, de l'absence de toute cause justificative. La faute inexcusable de l'employeur ou d'un salarié substitué dans la direction permet à la victime de bénéficier d'une majoration de sa rente et d'avoir droit à des indemnités complémentaires (réparation de ses souffrances physiques et morales, du préjudice esthétique et d'agrément, de la perte ou diminution de ses chances de promotion professionnelles). En cas d'accident mortel, les <u>ayants droit</u> de la victime peuvent demander réparation du préjudice moral.

La faute inexcusable de la victime entraîne la réduction de la rente de la victime ou de ses ayants droits.

📖 *CSS, art. L. 452-1 s. et L. 453-1.*

Faute intentionnelle : en matière d'accidents du travail la faute intentionnelle doit s'entendre d'une faute qui a été commise volontairement dans l'intention délibérée de causer un dommage (coups-blessures au cours d'une rixe, etc.).

L'accident dû à une faute intentionnelle de la victime ne donne droit à aucune prestation au titre de la législation sur les accidents du travail. Toutefois les <u>prestations en nature</u> de l'assurance maladie sont accordées. Si l'accident est dû à la faute intentionnelle de l'employeur ou de l'un de ses préposés, la victime perçoit toutes les prestations normales prévues en cas d'accident du travail et peut, en outre, demander à l'auteur de l'accident des indemnités complémentaires afin d'obtenir la réparation intégrale du préjudice subi, conformément aux règles du droit commun de la responsabilité.

📖 *CSS, art. L. 452-5 s. et L. 453-1.*

Faute contractuelle *[Dr. civ.]*
➢ *Faute.*

Faute délictuelle *[Dr. civ.]*

Par opposition à la faute contractuelle, faute qui se situe en dehors du champ contractuel.

Par opposition à la faute quasi-délictuelle, fait illicite accompli avec l'intention de causer un dommage à autrui.

📖 *C. civ., art. 1382 s.*
➢ *Délit civil.*

Faute quasi-délictuelle *[Dr. civ.]*

Fait illicite volontaire, mais non intentionnel, en ce que la volonté qui y est impliquée ne s'est pas portée sur le résultat dommageable.

📖 *C. civ., art. 1382 s.*
➢ *Délit civil.*

Faux *[Dr. civ. / Pr. civ.]*

Procédure principale ou incidente dirigée contre un acte authentique pour montrer qu'il a été altéré, modifié, complété par de fausses indications, ou même fabriqué. Une procédure analogue peut être utilisée à titre principal ou incident contre un acte sous seing privé ayant déjà été l'objet d'une <u>vérification d'écriture</u> si la partie soutient que l'acte a été matériellement altéré ou falsifié depuis sa vérification.

📖 *C. civ., art. 1319; NCPC, art. 286, 299 s., 303 s.*
➢ *Inscription de faux.*

Faux en écriture *[Dr. pén.]*

Altération frauduleuse de la vérité manifestée dans un écrit public, authentique, privé, de commerce ou de banque susceptible de causer un préjudice à autrui, par l'un des procédés déterminés par la loi. Le législateur incrimine aussi bien le faux matériel (altération physique de l'écrit) que le faux intellectuel (mensonge portant sur la substance ou le contenu de l'acte et qui ne laisse donc aucune trace), la fabrication du faux, comme l'usage du faux.

📖 *C. pén., art. 441-1 s.*

Faux incident *[Pr. civ.]*

Procédure incidente de preuve.

Dirigée contre un acte authentique, elle permet de démontrer qu'il a été altéré,

FAU

modifié, complété par de fausses indications ou même fabriqué.
NCPC, art. 286 et 306 s.

Faux témoignage *[Dr. pén.]*
Infraction de nature correctionnelle ou criminelle, réalisée par un mensonge en justice lors d'une déclaration irrévocable faite sous la foi du serment.
C. pén., art. 361 s.
L'article 434-13 du Code pénal retient la seule qualification correctionnelle de cette infraction dont la définition est reprise sans changement de nature.
C. pén., art. 434-13.

Fédéralisme *[Dr. const. / Dr. int. publ.]*
Mode de groupement structurel des collectivités politiques qui vise à renforcer leur solidarité tout en respectant leur particularisme. Le fédéralisme implique l'autonomie politique des collectivités membres (qui ont une organisation étatique complète) et leur participation à la constitution d'organes communs dotés de compétences plus ou moins étendues selon le degré d'intégration du groupement.
➤ *Confédération, État fédéral.*
1° *Fédéralisme international* : celui qui tend à associer les États dans des communautés plus vastes et se présente ainsi comme un mode d'organisation de la société internationale.
2° *Fédéralisme interne* : celui qui vise à conférer une organisation politique aux cadres intermédiaires d'un État (régions, provinces...) et se présente donc comme un procédé de décentralisation étatique poussée.

Fédération *[Dr. int. publ.]*
Synonyme d'État fédéral.
[Dr. trav.] ➤ *Syndicat professionnel.*

Femmes en couches *[Dr. trav.]*
Le Code du travail désigne ainsi les femmes enceintes ou récemment accouchées auxquelles il accorde certaines mesures de protection.
C. trav., art. L. 122-26, L. 224-1 s.

Fente *[Dr. civ.]*
Partage du patrimoine successoral en deux parties, l'une étant attribuée à la ligne paternelle, l'autre à la ligne maternelle, mais sans considération de l'origine des biens.
C. civ., art. 733.

Fermage *[Dr. civ.]*
➤ *Bail à ferme.*

Ferme *[Dr. adm.]*
Mode de gestion des services publics dans lequel une personne privée (fermier), physique ou morale, traite à forfait avec la collectivité publique qui reçoit une somme fixée à l'avance, le fermier conservant le surplus des recettes qu'il réalise ou supportant les pertes éventuelles. L'affermage est assez peu pratiqué.

Fermeture d'établissement *[Dr. pén.]*
Sanction complémentaire, soit obligatoire, soit facultative, analysée comme une mesure de sûreté, se traduisant par la fermeture temporaire ou définitive d'un établissement industriel, commercial ou civil.
C. pén., art. 131-6.
➤ *Sanctions administratives.*

Fêtes légales *[Dr. gén.]*
➤ *Jours de fêtes légales.*

Feuille d'audience *[Pr. civ.]*
➤ *Registre d'audience.*

Fiançailles *[Dr. civ.]*

Déclaration réciproque d'un homme et d'une femme qui prennent l'engagement moral d'entrer prochainement dans les liens du mariage.

Fichiers *[Dr. adm.]*

Une loi du 6 janvier 1978, a dans le but de garantir la vie privée et les libertés, réglementé la tenue des fichiers publics et privés, informatisés ou non, et organisé un droit d'accès et de rectification au profit des intéressés. Une Commission nationale de l'informatique et des libertés veille au respect de la loi.

Fichier immobilier *[Dr. civ. / Dr. adm.]*

Ensemble des fiches dont chacune correspond à un immeuble figurant au cadastre; il regroupe, pour chaque immeuble, les indications qui font l'objet de la publicité foncière.

Fichier informatique *[Dr. pén.]*

Recueil d'informations nominatives, relatives aux personnes, traité par les procédés informatiques. Même commis par négligence, le fait de procéder ou faire procéder à des traitements d'informations nominatives sans avoir respecté les conditions légales prévues à cet effet est une infraction prévue à l'article 226-16 du code pénal (voir les articles 226-17 et suivants du code pénal pour les autres incriminations).

Fiction *[Dr. gén.]*

Procédé de technique juridique permettant de considérer comme existante une situation manifestement contraire à la réalité (ex. : dans le droit des successions, la fiction de la continuation de la personne du défunt par celle des héritiers); la fiction permet de déduire des conséquences juridiques différentes de celles qui résulteraient de la simple constatation des faits (dans l'exemple précédent, la fiction de « survie » du défunt permet d'éviter tout hiatus dans l'existence du droit de propriété sur les biens faisant partie de la succession).

Fidéicommis *[Dr. civ.]*

Disposition à cause de mort par laquelle le testateur adresse une libéralité à un bénéficiaire apparent en le chargeant de faire parvenir les biens légués à une autre personne.
➢ *Substitution fidéicommissaire.*

Fidéjusseur *[Dr. civ.]*

Terme vieilli désignant la caution.

Fiducie *[Dr. civ.]*

1° Garantie obtenue par un créancier dans un contrat par lequel il est l'acquéreur apparent d'un bien qui lui est transmis par son débiteur, et qui sera restitué à ce dernier lorsque la dette sera éteinte.

2° Contrat, non encore réglementé en droit français, par lequel est organisé le transfert de biens accompagné d'une mission de gestion ou d'administration de ceux-ci; les biens transférés forment un patrimoine séparé du patrimoine personnel du fiduciaire, donc un patrimoine d'affectation. Inspiré du trust des pays de droit anglo-saxon il permettrait de gérer des biens, des sûretés, des libéralités. Un projet de loi est en discussion devant le Parlement pour l'introduire en droit français.

Filiale *[Dr. com.]*

Société dont le capital est possédé pour plus de moitié par une autre, dite société

F

mère, dont elle est juridiquement distincte, mais économiquement et financièrement dépendante.

Ce mot désigne plus fréquemment une société liée par une relation financière à une autre société dont elle dépend.

Le droit fiscal consacre une notion plus large, puisque le régime de faveur des sociétés mères est accordé aux sociétés détenant au moins 10 % du capital d'une autre, et même parfois moins.

C. com., art. L. 233-1.

Filiation *[Dr. civ.]*

Lien juridique entre parents et enfants.

Filiation adoptive *[Dr. civ.]*
➢ *Adoption.*

Filiation adultérine *[Dr. civ.]*

Filiation d'un enfant dont le père ou la mère était, au temps de sa conception, engagé dans les liens du mariage avec une autre personne.

C. civ., art. 334 et 334-7.

Filiation incestueuse *[Dr. civ.]*

Filiation caractérisant un enfant né de relations incestueuses ne pouvant être établie en même temps des deux côtés dans le cas d'inceste absolu (entre ligne directe ou entre frères et sœurs), qui n'admet aucune dispense pour le mariage du père et de la mère.

C. civ., art. 334-10.
➢ *Inceste.*

Filiation légitime *[Dr. civ.]*

Filiation caractérisant les enfants conçus ou nés pendant le mariage de leurs parents.

C. civ., art. 312 s.

Filiation naturelle *[Dr. civ.]*

Filiation caractérisant les enfants nés hors mariage. Elle peut être adultérine ou simple, lorsque les parents n'étaient pas, à l'époque de la conception, engagés dans les liens du mariage.

C. trav., art. 334 s.
➢ *Filiation adultérine.*

Filière *[Dr. com.]*

Titre à ordre, transmissible par endossement, établi en vue du règlement de marchés à termes successifs passés dans une Bourse de marchandises et portant sur les mêmes quantités des mêmes marchandises jusqu'à l'exécution finale du marché.

Filouterie *[Dr. pén.]*

Variété de vol qui consiste à se faire servir tout en sachant ne pas pouvoir ou vouloir régler ce qui est dû.

C. pén., art. 401.

La définition de la filouterie et les hypothèses de son application sont fixées par l'article 313-5 du Code pénal.
➢ *Grivèlerie.*

Fin de non-recevoir ou de non-valoir
[Pr. civ.]

Moyen de défense de nature mixte par lequel le plaideur, sans engager le débat sur le fond, soutient que son adversaire n'a pas d'action et que sa demande est irrecevable (défaut d'intérêt ou de qualité, prescription, forclusion, chose jugée).

Les fins de non-recevoir peuvent être proposées en *tout état de cause*, sans que celui qui les invoque ait à faire la preuve d'un grief.

NCPC, art. 122 s.

Finances locales *[Dr. fin.]*

Terme générique désignant les finances des collectivités locales et de leurs établissements publics.

Fisc *[Dr. fin.]*

Terme désignant l'ensemble des services chargés d'établir et de percevoir les impôts.

Flagrant délit *[Pr. pén.]*

Crime ou délit qui se commet actuellement, ou qui vient de se commettre. L'infraction relève alors de modalités d'enquête particulières (enquête de flagrance), et, s'il s'agit d'un délit, peut donner lieu à comparution immédiate devant le tribunal correctionnel.

C. pr. pén., art. 53 s.

Folle enchère *[Pr. civ.]*

Lors de la vente d'un immeuble, enchère portée par un adjudicataire qui ne fait pas honneur à ses engagements. Si l'adjudicataire ne remplit pas ses obligations, l'immeuble peut être revendu et il est comptable de la différence éventuelle de prix entre la première et la seconde vente aux enchères.

C. pr. civ., art. 733 et 741 a.

Fonction *[Dr. civ.]*

On parle de fonction lorsqu'une personne met son activité au service du public, pour remplir une tâche déterminée, soit directement, soit dans le cadre d'une organisation collective publique ou privée.

La fonction peut être exercée d'une façon indépendante (commerçant, industriel, officier ministériel, avocat, médecin). Elle peut être exercée d'une façon dépendante, sous le couvert d'une organisation collective : ainsi un service public, une association, une société civile ou de commerce. On parle alors de pouvoirs.

➤ *Pouvoir.*

Fonction publique *[Dr. adm.]*

1° *Au sens le plus large*, et d'ailleurs très flou, ensemble du personnel permanent de l'État et des collectivités territoriales, composé de catégories d'agents relevant de régimes juridiques variés. On dit : entrer dans la fonction publique.

2° *Dans une acception plus étroite* généralement retenue par le langage juridique, situation de l'ensemble des agents de l'État et des collectivités territoriales ayant la qualité juridique de fonctionnaires.

Il existe un principe d'unicité de la Fonction publique d'État et de la Fonction publique des collectivités territoriales, permettant théoriquement le passage de l'une à l'autre dans des emplois comparables.

➤ *Grille de la fonction publique.*

Fonctionnaire *[Dr. adm.]*

Notion retenue par différents textes pour en définir le champ d'application et dont le contenu varie de l'un à l'autre. Au regard du Statut général des fonctionnaires, de l'État et des collectivités territoriales, personne nommée dans un emploi permanent et titularisée dans un grade de la hiérarchie.

Fonctionnaires de fait (théorie des) *[Dr. adm.]*

Assouplissement jurisprudentiel des règles de compétence relatives à l'édic-

F

tion des actes administratifs, permettant de considérer comme valables certains actes malgré l'incompétence objective de leur auteur, en se fondant soit sur la nécessaire continuité du fonctionnement des services publics essentiels (même en période de circonstances exceptionnelles), soit sur l'apparence vraisemblable aux yeux du public de leur qualité pour agir.

Fonctionnaire international *[Dr. int. publ.]*
Agent international exerçant d'une façon continue et exclusive des fonctions pour le compte d'une Organisation internationale, et soumis de ce fait à un statut particulier (comportant notamment l'obligation d'indépendance à l'égard de toute autorité autre que l'Organisation).
➤ *Agent international.*

Fond *[Dr. gén.]*
Traditionnellement, dans le droit, le fond s'oppose à la forme lorsqu'il s'agit de créer, de maintenir ou d'éteindre une situation juridique, d'assurer le fonctionnement d'une institution juridique. Le fond concerne les éléments qui représentent le contenu, la matière et la substance du droit ou de la situation juridique envisagés : ainsi le consentement des époux ou de leurs parents dans le mariage, l'objet ou la cause dans le contrat.
[Pr. gén.] Ce qui fait la matière du procès par opposition à la procédure, aux formes procédurales.
Questions de fait ou de droit qui, humainement ou juridiquement, ont rendu le procès inévitable et que le juge doit trancher. Le fond du procès, en ce qui

concerne un litige, peut porter sur une question de fond au sens général du terme (annulation d'un mariage pour défaut de consentement) ou sur une question de forme (absence de publication des bans, de publicité de la cérémonie du mariage).
[Pr. civ.] ➤ *Formalisme, Forme, Nullité d'acte de procédure.*

Fondation *[Dr. civ.]*
Sens large : Affectation permanente de biens à une œuvre d'intérêt général, charitable ou désintéressée.
Sens plus restreint : personne morale créée en vue de réaliser ce but.
▌ *C. civ., art. 910.*

Fondé de pouvoir *[Dr. com.]*
Personne liée à l'entreprise par un contrat de travail, mais ayant les pouvoirs d'un mandataire.

Fonds *[Dr. civ.]*
Terme usuel pouvant désigner un immeuble non bâti, une entreprise commerciale à caractère individuel (fonds de commerce) et plus généralement un capital.
Ce mot n'a aucune portée juridique particulière.

Fonds d'assurance formation *[Dr. trav.]*
Créé par un accord collectif, généralement au niveau de la branche professionnelle, il recueille les cotisations des employeurs soumis à l'obligation de financer la formation professionnelle. Les frais de formation des salariés travaillant dans les entreprises adhérentes sont pris en charge par le fonds.
▌ *C. trav., art. L. 961-8 s, R. 964-2 s.*

Fonds de commerce *[Dr. com.]*

Ensemble des éléments mobiliers corporels (matériel, outillage, marchandises) et incorporels (droit au bail, nom, enseigne) qu'un commerçant ou un industriel groupe et organise en vue de la recherche d'une clientèle, et qui constitue une entité juridique distincte des éléments qui le composent.

Fonds commun *[Dr. adm. / Dr. fin.]*

Institution assez fréquemment utilisée pour établir une solidarité financière entre des services publics ou des collectivités publiques, avec l'espoir, trop souvent déçu, que des excédents de recettes versés au fonds par les services ou les collectivités prospères aideront les finances déficitaires des autres (exemple célèbre ; le fonds commun des réseaux de chemin de fer après la guerre de 1914).

Fonds commun de créances
[Dr. civ. / Dr. com.]

Copropriété dont l'objet exclusif est d'acquérir les créances bancaires et d'émettre, en une seule fois, des parts représentatives desdites créances. Cette patrimonialisation des créances facilite le respect des ratios de répartition des actifs et des passifs imposés aux banques (les créances titrisées sortent du bilan), allège les risques de non-remboursement qui sont assumés par le fonds et permet de passer du marché monétaire au marché financier.
➢ *Titrisation.*

Fonds commun de placement *[Dr. com.]*

Copropriété de valeurs mobilières et de sommes d'argent placées à court terme ou à vue. Le fonds commun de placement n'a pas la personnalité morale et n'est pas régi par les dispositions applicables au contrat de société ou à l'indivision.

Fonds dominant *[Dr. civ.]*

Immeuble bâti ou non bâti au profit duquel est établie une servitude.
▌ *C. civ., art. 697 s.*
➢ *Fonds servant.*

Fonds européen de développement (FED) *[Dr. eur.]*

Alimenté non par le budget des Communautés européennes mais par des contributions directes des États membres, il sert au financement des opérations au profit des pays en voie de développement liés à la Communauté par la convention de Lomé.

Fonds européen de développement économique régional (FEDER) *[Dr. eur.]*

Ligne du budget des Communautés Européennes consacrée à une action visant l'atténuation des disparités de développement entre les régions des États membres. Créé en 1975, le FEDER a vu depuis ses crédits augmenter de façon importante.

Fonds européen d'orientation et de garantie agricole (FEOGA) *[Dr. int. publ.]*

Ligne du budget des Communautés européennes consacrée aux dépenses de la politique agricole commune. Représente environ 40 % du budget des Communautés. Divisé en une section « garantie » (la plus importante) retraçant les dépenses relatives aux organisations communes de marché (interventions et restitutions) et une section « orienta-

F

F

tion » dont l'objectif est l'amélioration des structures agricoles.

Fonds de garantie automobile *[Dr. civ.]*
Institution destinée à indemniser les victimes d'accidents corporels causés par des véhicules automobiles terrestres à moteur, lorsque l'auteur n'est pas identifié ; le fonds intervient également en cas d'accident de chasse, lorsque l'auteur est inconnu ou insolvable.
▌ *C. assur. L. 421-1 s.*

Fonds de garantie des victimes des actes de terrorisme et d'autres infractions
[Pr. civ. / Pr. pén.]
Organisme compétent :
1° pour décider d'une indemnité, et en verser le montant, destinée à réparer les dommages corporels des victimes d'actes de terrorisme commis sur le territoire national et des personnes de nationalité française victimes à l'étranger de ces mêmes actes ;
2° pour verser les indemnités allouées par la commission d'indemnisation des victimes d'infractions.
Doté de la personnalité civile, le fonds est alimenté par un prélèvement sur les contrats d'assurance de biens, et il est subrogé dans les droits que possède la victime contre la personne responsable du dommage.
▌ *C. assur., art. L. 121-1, L. 422-1 s.*

Fonds marins *[Dr. int. publ.]*
Déclarée « patrimoine commun de l'humanité » par l'ONU (résolutions de 1967 et 1970), cette zone, en raison des énormes ressources qu'elle recèle, sera explorée et exploitée sous la conduite d'une Autorité créée par la convention de Montego Bay signée le 10 décembre

1982 à l'issue de la 3e conférence des Nations Unies sur le droit de la mer. L'étendue réelle de ses pouvoirs reste encore problématique et dépendra des conditions de son installation.

Fonds monétaire international
[Dr. int. publ.]
Institution spécialisée des Nations Unies créée en 1945 en vue de favoriser la coopération monétaire internationale et l'expansion du commerce international. Fournit une aide financière aux États membres qui ont des difficultés temporaires de paiements en devises étrangères. Siège : Washington.

Fonds national de l'emploi *[Dr. trav.]*
Ensemble des crédits budgétaires affectés aux diverses actions prévues par la loi du 18 décembre 1963 « pour faciliter aux travailleurs la continuité de leur activité à travers les transformations qu'implique le développement économique » et aux entreprises leur reconversion. Son rôle s'est étendu à l'aide matérielle accordée à certains salariés privés d'emploi.
▌ *C. trav., art. L. 322-5 et R. 322-11.*

Fonds national de solidarité *[Séc. soc.]*
Fonds créé en 1956 pour servir aux personnes âgées indigentes une allocation supplémentaire.
Le Fonds est administré par le ministre de la Sécurité sociale et géré par la Caisse des dépôts et consignations.
▌ *CSS, art. L. 815-2 s.*

Fonds propres *[Dr. com.]*
Les fonds propres regroupent, au passif du bilan, l'ensemble des valeurs qui

permettent à l'entreprise de fonctionner sans endettement externe.
L'essentiel est constitué des capitaux propres, augmentés des avances conditionnées et du produit des titres participatifs.
➢ *Capitaux propres, Titres participatifs.*

Fonds servant *[Dr. civ.]*
Immeuble bâti ou non bâti supportant la charge d'une servitude.
📗 *C. civ., art. 699 s.*
➢ *Fonds dominant.*

Fonds social européen *[Dr. eur.]*
Ligne du budget des Communautés Européennes relative aux dépenses en matière sociale. Le FSE a pour objectif principal la lutte contre le chômage et désormais l'emploi des jeunes. A vu ses crédits augmenter de façon importante depuis quelques années.

Fonds sociaux *[Séc. soc.]*
Fonds d'action sociale alimentés, selon les régimes de Sécurité sociale, à l'aide du prélèvement direct sur les cotisations ou à partir des produits financiers et déterminés à des interventions individuelles (aides personnalisées) ou à des interventions collectives (financement de maisons de cures, d'équipements pour handicapés...).
📗 *CSS, art. R. 251-1.*

Fonds structurels *[Dr. eur.]*
Instruments financiers de l'Union européenne pour faciliter certaines interventions par objectif. Existent le FEDER (Fonds européen pour le développement économique régional) en matière d'aménagement du territoire, le FSE (Fonds social européen) pour la politique sociale et le FEOGA (Fonds européen d'orientation et de garantie agricole) pour la politique agricole commune.
➢ *Fonds social européen.*

Fongibilité *[Dr. civ.]*
Qualité des choses qui sont fongibles et qui peuvent se remplacer indifféremment les unes par les autres.
➢ *Choses fongibles.*

« For » ou « forum » *[Pr. civ.]*
Ce mot désigne un tribunal et par extension, sa compétence.
➢ *Lex fori.*

Force de chose jugée *[Pr. civ., Pr. gén.]*
Caractéristique d'un jugement qui n'est susceptible d'aucun recours suspensif d'exécution ou qui n'en est plus susceptible (les délais étant expirés ou les recours ayant été exercés) et qui, par conséquent, peut être mis à exécution sans attendre.
📗 *NCPC, art. 500, 501.*
➢ *Chose jugée.*

Force exécutoire *[Pr. civ.]*
Effet attaché aux décisions judiciaires, qu'elles soient juridictionnelles ou gracieuses, aux actes des notaires, à certains actes de l'administration, qui permet de pratiquer une saisie contre le débiteur, ou d'expulser un occupant d'un local, en recourant, s'il le faut, à la force publique.
➢ *Formule exécutoire.*

Force majeure *[Dr. civ.]*
Au sens large, tout événement imprévisible et insurmontable empêchant le débiteur d'exécuter son obligation; la force majeure est exonératoire.

F

Au sens étroit, la force majeure s'oppose au cas fortuit; elle est un événement d'origine externe, en ce sens que le fait doit être absolument étranger à la personne du débiteur (force de la nature, fait du prince, fait d'un tiers).

▮ *C. civ., art. 1148 et 1382 s.*

[Dr. pén.] Situation qui s'impose à une personne et qui permet de ce fait d'écarter la responsabilité de cette dernière.
➤ *Contrainte.*

Force probante *[Pr. gén.]*

Efficacité d'un moyen de preuve. Un acte sous seing privé fait foi entre les parties, sauf l'action en vérification d'écriture qui peut aboutir à la constatation judiciaire du fait que le défendeur n'a pas réellement signé le document. L'acte authentique fait foi jusqu'à inscription de faux de sa réalité et des constatations de l'officier public (procédure naguère coûteuse et périlleuse); sa force probante est donc supérieure à celle qui est attachée à l'acte sous seing privé.

▮ *C. civ., art. 1319, 1322, 1323.*
➤ *Faux.*

Force publique *[Dr. adm. / Pr. civ. / Pr. pén.]*

Ensemble des forces (police, armée) qui sont à la disposition du Gouvernement pour maintenir l'ordre, à la disposition des officiers publics pour obtenir le respect de la loi et l'exécution des décisions de justice, ainsi pour exécuter une expulsion ou pour pénétrer dans l'habitation d'un débiteur, objet d'une saisie-vente qui est absent ou refuse l'entrée.

Force d'urgence des Nations-Unies
[Dr. int. publ.]

Force armée internationale créée par cas d'espèce, sur recommandation du Conseil de sécurité ou de l'Assemblée générale, non pour combattre, mais pour s'interposer entre des adversaires et faire ainsi tomber la tension dans une région déterminée. L'envoi d'une force d'urgence sur le territoire d'un État suppose son consentement. Utilisation au Moyen-Orient (1956-1967 et depuis 1973), au Congo (1960-1964), à Chypre (depuis 1964), au Sud-Liban (depuis 1978)…

Les forces d'urgence ne doivent pas être confondues avec la force armée préconstituée prévue par le chapitre 7 de la charte de l'ONU, mais qui n'a pu être créée faute d'accord entre les membres permanents du Conseil de Sécurité. Ne doit pas être confondue avec la force multinationale, aux missions identiques mais système interétatique et extérieur aux Nations-Unies, mise en place au Sinaï et au Liban en 1982.

Forclusion *[Pr. civ.]*
➤ *Déchéance, Relevé de forclusion.*

Foreign court theory *[Dr. int. pr.]*

Formule signifiant que, lorsque le juge statue dans une hypothèse où existe une possibilité de renvoi, il adopte la position qu'aurait prise le juge étranger (double renvoi).

Forfait *[Dr. fin.]*

1° Mode de fixation approché du bénéfice imposable dans la catégorie des bénéfices industriels et commerciaux (BIC), et de la TVA à payer, réservé aux petites entreprises, et procédant d'une discussion entre le redevable et le fisc à partir de certains éléments de fait.

2° Montant de ce bénéfice ou de cette TVA.

Ce système, qui ne concernait plus en 1992 que moins de 20 % des entreprises (contre 86 % en 1970), a disparu en 1999 au profit d'un régime dit des micro-entreprises, les exonérant de la TVA et déterminant leur bénéfice net imposable en appliquant à leurs recettes brutes un abattement pour frais professionnels de 70 % ou de 50 %. Elles peuvent opter pour l'imposition ordinaire d'après les données de leur comptabilité (régime dit du « réel »).
📗 *CGI, art. 50-0.*

Forfait de communauté *[Dr. civ.]*
Clause d'un contrat de mariage par laquelle l'un des époux est autorisé à prendre la totalité de la communauté lors de sa liquidation moyennant versement d'une somme forfaitaire.
📗 *C. civ., art. 1497 s.*

Forfait journalier *[Séc. soc.]*
Somme que paient les malades admis en hospitalisation complète ou en hébergement dans les établissements d'hospitalisation publics ou privés et dans les établissements sociaux.
Des cas d'exonération sont prévus. Le forfait journalier peut être pris en charge par l'aide sociale ou par les mutuelles.
📗 *CSS, art. L. 174-4.*

Forfaiture *[Dr. pén.]*
Crime commis par un fonctionnaire public dans l'exercice de ses fonctions. Cette incrimination n'a pas été conservée par le NCP.

Formalisme *[Dr. priv. / Dr. publ.]*
Principe juridique en vertu duquel une formalité (ex. : la rédaction d'un écrit)

est exigée par la loi pour la validité d'un acte.
➤ *Consensualisme.*
[Pr. civ.] Ensemble de prescriptions dont la loi exige le respect dans le souci de garantir la liberté de la défense et dont l'inobservation conduit à une déchéance ou à une nullité.
Le formalisme est exigé pour les actes du juge (enquête par exemple) et pour les actes de procédure (ainsi dans une assignation mention de la date, du tribunal compétent, de la signature de l'huissier, par exemple...).

Formation en alternance *[Dr. trav.]*
Dispositif permettant aux jeunes de 16 à 25 ans d'acquérir une qualification (contrats de qualification) ou de s'adapter à un emploi (contrats d'adaptation) en alliant une activité sur les lieux de travail à des enseignements généraux et technologiques dans des établissements publics ou privés. L'entreprise bénéficie d'une aide de l'État et les charges sociales sont allégées.
📗 *C. trav., art. L. 980-1 s., L. 981-1 s.*

Formation continue *[Dr. gén. / Dr. trav.]*
Formation postscolaire, destinée à des personnes engagées dans la vie active, qui se réalise par le moyen des congés de formation.
📗 *C. trav., art. L. 900-1 s.*

Formation de jugement *[Pr. gén.]*
Composition d'un tribunal pour rendre une décision juridictionnelle. Pour sa désignation plusieurs appellations sont utilisées ; chambre, section, sous-section, bureau.
➤ *Conseil d'État, Conseil de Prud'hommes, Cour de cassation.*

F

FOR

F

Forme *[Dr. gén.]*

La forme dans le droit s'attache aux manifestations extérieures de la volonté, qu'il s'agisse d'un acte juridique fait par un particulier ou par un administrateur, ou bien d'un jugement émanant d'un organe judiciaire.

La forme poursuit des buts très différents selon les cas, ce qui explique que sa méconnaissance n'engendre pas les mêmes effets :

- protéger une personne (donation) ou un justiciable (formes du procès) – Sanction : la nullité.

- prévenir les tiers (publicité d'une vente d'immeuble) – Sanction : l'inopposabilité.

- assurer la sécurité du commerce (effets de commerce) – Sanction : la dégénérescence de l'acte.

- ménager une preuve – Sanction : impossibilité de prouver autrement.

- acquitter les droits fiscaux (timbrage, enregistrement) – Sanction : amende fiscale.

Dans le droit judiciaire privé, les actes de procédure et les actes des juges sont soumis à certaines conditions de forme.
➢ *Fond, Formalisme.*

Formel-informel *[Dr. gén.]*

Un acte juridique présente un caractère formel, lorsqu'un document en atteste l'existence. Dans le cas contraire, l'acte est dit informel (verbal, implicite, se déduisant d'une attitude par exemple).

Formel, matériel *[Dr. gén.]*

Techniques de classification des actes juridiques.

Les classifications formelles s'attachent à la distinction des différents organes compétents et aux formes ou procédu-

res suivant lesquelles ces actes sont accomplis.

Les classifications matérielles correspondent à des distinctions fondées sur l'analyse du contenu des actes juridiques.

[Dr. int. priv.] Les règles de conflit de lois qui désignent la loi applicable sont qualifiées règles *formelles* ou *indirectes*.

Les règles de droit contenant les dispositions applicables à la situation en cause sont qualifiées règles *matérielles, substantielles, directes.*

Formule exécutoire *[Pr. civ.]*

Formule insérée dans l'expédition d'un acte ou d'un jugement par l'officier public qui le délivre (notaire, greffier en chef) et permettant au bénéficiaire de poursuivre l'exécution, en recourant si cela est nécessaire à la force publique.
📖 *NCPC, art. 502.*
➢ *Force exécutoire.*

[Pr. adm.] Il existe une formule spéciale pour les décisions rendues par les juridictions administratives.

Fortune de mer *[Dr. marit. / Dr. civ.]*

Expression de droit maritime consacrant l'existence d'un patrimoine d'affectation, exception au concept classique de l'unité du patrimoine. Les armateurs de navires peuvent limiter leur responsabilité à l'égard de leurs contractants ou de tiers si les dommages se produisent à bord ou en rapport avec la navigation. Le plafonnement s'inscrit dans les limites définies par la Convention internationale de Londres du 19 novembre 1976 en fonction du jaugeage du bâtiment et de la nature des dommages. Si le total des créances nées d'un même événement dépasse le plafond, le montant des réparations dues par l'armateur est constitué en un fonds de limitation unique affecté exclusivement aux créanciers à qui la limitation de responsabilité est opposable, qui ne pourront prétendre à aucun droit sur les autres biens de l'armateur.

Reviviscence de la distinction de l'ancien droit entre la fortune de mer et la fortune de terre des armateurs.

Loi du 3 janvier 1967 modifiée par la loi du 21 décembre 1984.

➢ *Patrimoine, Patrimoine d'affectation.*

Forum actoris *[Dr. int. priv.]*
Compétence du tribunal du demandeur (situation exceptionnelle).
❚*C. civ., art. 14.*

« **Forum shopping** » *[Dr. int. priv.]*
Stratagème pour échapper à l'application d'une loi et consistant, pour les plaideurs, à porter leur litige devant une juridiction étrangère, qui ne sera pas obligée d'appliquer cette loi.
➢ *Fraude.*

Foyer fiscal *[Dr. fin.]*
Ensemble des personnes établissant légalement une seule déclaration annuelle de leurs revenus. Exemple type pour un couple marié : le mari, la femme et leurs enfants mineurs. Il est composé d'une seule personne dans le cas d'un célibataire sans enfant. Le calcul de l'impôt sur le revenu dû par un foyer fiscal s'effectue selon la technique du quotient familial.
❚*CGI, art. 6.*

Fractionnement de la peine *[Dr. pén.]*
Mesure exceptionnelle d'individualisation judiciaire de la sanction permettant de faire subir une peine prononcée par fractions séparées, lorsqu'il y a des motifs graves d'ordre médical professionnel, familial ou social. Cette possibilité concerne l'amende, l'emprisonnement correctionnel ou de police et les autres peines de même nature non privatives de liberté.

Frais *[Pr. civ.]*
➢ *Dépens.*

Frais d'atelier *[Séc. soc.]*
Frais engagés par le travailleur à domicile et afférents au loyer, au chauffage, à l'éclairage du local de travail, à la force motrice, à l'amortissement normal des moyens de production. L'entreprise a une option : – Ne pas tenir compte de la déduction forfaitaire pour frais d'atelier fixée pour certaines catégories de travailleurs. Dans ce cas, l'assiette des cotisations est constituée par le montant des salaires à l'exclusion de toutes indemnités pour frais d'atelier ou de tout remboursement de frais. – Faire application de la déduction forfaitaire. Dans ce cas, doivent être réintégrés dans l'assiette des cotisations les remboursements de frais réels ou les majorations ou allocations forfaitaires représentatives de frais d'atelier.
❚*CSS, art. L. 242-1.*

Frais professionnels *[Séc. soc.]*
Sommes versées aux salariés pour les couvrir des charges de caractère spécial inhérentes à la fonction ou à l'emploi. Au sens strict, les charges inhérentes sont uniquement celles qui tiennent à la nature de l'emploi ou de la fonction, abstraction faite de tous les éléments qui se rapportent à la situation person-

F

F

nelle de chaque salarié. Les frais professionnels sont déductibles de l'assiette des cotisations de Sécurité sociale.
📖 *CSS, art. L. 242-1.*

Franc *[Dr. fin. / Dr. com.]*

Unité monétaire de la France de sa création par la loi du 28 thermidor an III (15 août 1795) jusqu'à son remplacement par l'euro le 1er janvier 1999 (toutefois, pendant une période transitoire ayant duré jusqu'à début 2002, le franc a subsisté comme simple subdivision non décimale de l'euro, en attendant l'émission et la distribution des pièces et des billets en euros).

En 1958, dans le cadre d'une politique de restauration de l'économie et de la monnaie, une mesure symbolique et psychologique avait été prise, le franc désormais utilisé représentant cent francs antérieurs. Ce franc avait été appelé pendant plusieurs années « nouveau franc » (NF) pour éviter les confusions.

Franc CFA *[Dr. fin. / Dr. com.]*

(CFA : jadis : colonies françaises d'Afrique ; aujourd'hui : Communauté financière africaine).

Unité monétaire commune à une quinzaine d'États africains, naguère Territoires d'Outre-mer français (sauf la Guinée Bissau), formant avec la France (et les Comores) la Zone franc. La parité du franc CFA et de l'euro est fixée par les États membres de la Zone franc. Avant 2002, 1 franc valait 100 francs CFA ; au 1er janvier 2002, 1 euro = 655,957 francs CFA.

Il existe également un franc comorien, obéissant à des règles analogues, et dont la parité au 1er janvier 2002 est : 1 euro = 491,96775 francs comoriens.

Franc CFP *[Dr. fin. / Dr. com.]*

(CFP : jadis : colonies françaises du Pacifique ; aujourd'hui : change franc Pacifique).

Unité monétaire utilisée dans les Territoires d'Outre-mer, qui sont seulement associés à la Communauté européenne et ne font donc pas partie de la zone euro. La France continue d'émettre cette monnaie et en fixe elle-même la parité par rapport à l'euro. Avant 2002, 1 franc valait 18 francs CFP ; au 1er janvier 2002, 1 euro = 119 francs CFP ; et 1 000 francs CFP = 8,38 euros.

En revanche, les départements d'Outre-mer (ainsi que les collectivités territoriales de Mayotte et de Saint Pierre et Miquelon) faisant partie de la Communauté européenne et de l'Union économique et monétaire, l'unité monétaire est l'euro, comme en France métropolitaine.

France Télécom *[Dr. adm.]*

Entreprise nationale de télécommunications dont l'État est l'actionnaire majoritaire. Depuis 1998 elle ne bénéficie plus d'un monopole légal en matière de télécommunications (ex : présence d'autres opérateurs de téléphone à caractère privé), mais outre le rôle propre qu'elle continue de jouer dans ce domaine elle est investie de la mission d'assurer tous les services publics en la matière, et notamment le service public universel des télécommunications, qui doit garantir à tous un service téléphonique de qualité à un prix abordable, ainsi que l'acheminement des appels des numéros d'urgence.
➢ *Service public.*

Franchise *[Dr. com.]*

Dans le droit des assurances, part d'un dommage que l'assuré conserve à sa charge. Elle est absolue lorsqu'elle est supportée par l'assuré, quelle que soit l'importance du dommage; elle est simple, lorsque la fraction du dommage dont elle est l'objet est réparée par l'assureur au-delà d'un certain seuil de préjudice.

Franchise (contrat de –) *[Dr. com.]*
➤ *Franchisage.*

Franchise (d'impôt) *[Dr. fin.]*

Technique d'exonération fiscale consistant à ne pas percevoir un impôt lorsque le montant théoriquement dû n'atteint pas un chiffre minimum.
➤ *Décote.*

Franchisage *[Dr. com.]*

Contrat par lequel le titulaire d'un signe distinctif, généralement déposé à titre de marque (le franchiseur), en concède l'usage à un commerçant indépendant (le franchisé) auprès duquel il assume une fonction de conseil et d'assistance commerciale, moyennant le paiement d'une redevance sur le chiffre d'affaires du franchisé ainsi que son engagement de s'approvisionner en tout ou en partie auprès du franchiseur ou de tiers déterminés et de respecter un certain nombre de normes tant pour l'implantation que pour la gestion du point de vente.
📖 *C. com., art. L. 330-3.*

Franchising *[Dr. com.]*
➤ *Franchisage.*

Francisation *[Dr. marit.]*

Formalité conférant à un bâtiment de mer le droit de naviguer sous pavillon français.

[Dr. civ.] Procédure consistant à donner le caractère linguistique français à un nom ou prénom étranger, par traduction, suppression de consonance ou modification d'orthographe. S'applique non seulement aux étrangers, mais aux nationaux eux-mêmes.

Francophonie *[Dr. gén. / Dr. int. publ.]*

Ensemble formé par les États utilisant totalement ou partiellement la langue française comme langue officielle. Conçu non seulement comme un cadre d'une politique destinée à maintenir un usage aussi étendu que possible du français, mais aussi comme un groupement permettant plus généralement de favoriser le rayonnement des pays francophones dans le monde. A abouti, entre autres réalisations, à la création en 1970 de l'Agence de coopération culturelle et technique (ACCT). A su déboucher sur des sommets réguliers des chefs d'État et de gouvernement (5e sommet à Hanoï en 1997, 6e sommet à Moncton, Canada, en 2000, 7e sommet à Beyrouth au Liban en 2001) et sur la création d'un secrétariat général permanent depuis Hanoï (M. Boutros Ghali nommé secrétaire général).

Fratrie *[Dr. civ.]*

Ensemble des frères et sœurs conçu comme une communauté affective et éducative dont les membres ne doivent pas être séparés, sauf intérêt contraire.
📖 *C. civ., art. 371-5.*

F

F

Fraude *[Dr. gén.]*

Action révélant chez son auteur la volonté de nuire à autrui (conjoint, cocontractant, copartageant, plaideur) ou de tourner certaines prescriptions légales (fraude fiscale). ➢ *Action paulienne, Escroquerie, Prise à partie, Responsabilité du fait du fonctionnement défectueux de la Justice.*

[Dr. int. priv.] Adaptation consciente de moyens licites à des fins contraires à la loi. La fraude à la loi consiste, le plus souvent, à modifier, par des artifices, les circonstances de fait d'après lesquelles est déterminée la règle de conflit. La jurisprudence tient compte de la fraude commise au détriment non seulement de la loi française, mais encore de la loi étrangère.
➢ *Forum Shopping.*

Fraude fiscale *[Dr. fin.]*

Soustraction illégale à la loi fiscale de tout ou partie de la matière imposable qu'elle devrait frapper.
➢ *Évasion fiscale.*

« Fraus omnia corrumpit » *[Dr. civ.]*

Adage latin (la fraude corrompt tout) exprimant que tout acte juridique entaché de fraude peut être l'objet d'une action en nullité.

Freins et contrepoids (Système des) *[Dr. const.]*

En anglais : « Checks and balances ». Système constitutionnel consistant à aménager les rapports entre les pouvoirs publics de manière qu'ils se tiennent mutuellement en équilibre.

Fret *[Dr. marit.]*

Prix du service rendu pour le transport sur un navire de marchandises d'un point à un autre. Ce terme sert aussi à désigner, dans le langage courant, la marchandise transportée. En ce sens, il est passé dans le vocabulaire de tous les modes de transport (routiers, aériens, etc.).

Fréteur *[Dr. marit.]*

Propriétaire d'un navire qui, moyennant le paiement d'une somme appelée fret, s'engage à mettre son bâtiment à la disposition d'une autre personne, l'affréteur, pour le transport de marchandises d'un point à un autre.

Front *[Dr. const.]*

Coalition de partis politiques (ex. : Front populaire).

Frontaliers *[Séc. soc.]*

Travailleurs qui, tout en conservant leur résidence dans la zone frontalière d'un État où ils retournent en principe tous les jours, vont travailler dans la zone frontalière d'un État limitrophe.

Frontière *[Dr. int. publ.]*

Limite du territoire d'un État. Frontière artificielle : celle qui consiste en une ligne idéale (parallèle, ligne entre deux points déterminés).
Frontière naturelle : celle qui est formée par un accident géographique (fleuve, lac, mer, montagne).

« Fructus » *[Dr. civ.]*

Mot latin désignant l'un des attributs du droit de propriété sur une chose, le droit d'en percevoir les fruits, au sens large du terme.
C. civ., art. 544.
➢ *Abusus, Fruits et Usus.*

Fruits *[Dr. civ.]*

Biens produits périodiquement et régulièrement par les choses sans altération de leur substance.

On distingue :

les fruits naturels : qui comprennent les produits spontanés de la terre et le croît des animaux;

les fruits industriels : qui sont des produits obtenus par le travail de l'homme;

les fruits civils : qui sont obtenus grâce à un contrat dont le capital est l'objet, tels les loyers et autres revenus en argent procurés par une chose.

▌ *C. civ., art. 582 s.*
➢ *Produits.*

Frustratoire *[Pr. civ.]*
➢ *Actes frustratoires.*

Fuite (Délit de) *[Dr. pén.]*
➢ *Délit de fuite.*

Fusion *[Dr. com.]*

Opération juridique consistant à regrouper plusieurs sociétés ou entreprises en une seule.

▌ *C. com., art. L. 236-1; C. civ., art. 1844-4.*

Fusion – regroupement de communes
[Dr. adm.]
➢ *Commune.*

F

G

Gage *[Dr. civ. / Dr. Com.]*

1° Contrat par lequel un débiteur remet une chose mobilière à son créancier en garantie du paiement de la dette. Le gage entraîne généralement la dépossession du débiteur.

2° Droit pour le créancier de se faire payer, par préférence aux autres créanciers, par la vente à son profit de la chose remise par le débiteur.

3° La chose remise en garantie.

📘 *C. civ., art. 2073 s.*

Gain journalier de base *[Séc. soc.]*

Salaire servant à calculer les indemnités journalières de maladie et maternité.

📘 *CSS, art. R. 323-4.*

Gain manqué *[Dr. civ.]*

➤ *« Lucrum cessans ».*

Gallodrome *[Dr. pén.]*

Lieu où sont organisés des combats de coqs. La création d'un nouveau gallodrome est prévue et incriminée par l'article 525-1 du code pénal au même titre que les sévices et les actes de cruauté envers un animal domestique, apprivoisé, ou tenu en captivité.

Garantie *[Dr. civ.]*

1° Moyens juridiques permettant de garantir le créancier contre le risque d'insolvabilité du débiteur ; en ce sens, synonyme de sûreté.

2° Obligation mise à la charge d'un contractant destinée à assurer la jouissance paisible de fait et de droit de la chose remise à l'autre partie, alors même que le trouble ne résulte pas de son fait (ex. : garantie par le vendeur des vices cachés de la chose, de l'éviction, etc.).

[Dr. int. publ.] Engagement pris par un ou plusieurs États de répondre de l'exécution des obligations internationales d'un État tiers ou de maintenir une situation juridique donnée.

Garantie (appel en) *[Pr. civ.]*

Action appartenant au plaideur qui a la faculté de se retourner contre un garant. Le garanti, lorsqu'il n'est obligé qu'en tant que détenteur d'un bien (garantie formelle) peut requérir, avec sa mise hors de cause, que le garant lui soit substitué comme partie principale ; il n'en demeure pas moins soumis à l'exécution du jugement prononcé contre le garant, dès l'instant que ce jugement lui a été notifié.

Le garant peut être appelé dans l'instance principale (intervention forcée). Il peut aussi voir sa garantie mise en œuvre dans un procès distinct et ultérieur.

📘 *NCPC, art. 334 s.*

Garantie d'emprunt *[Dr. fin.]*

Engagement par lequel l'État ou une autre personne publique accorde sa caution à un organisme dont il veut faciliter les opérations d'emprunt, en garantissant aux prêteurs le service des intérêts et le remboursement du capital en cas de défaillance de leur débiteur.

Garantie minimale de points *[Séc. soc.]*
Inscription au compte de tout partici-pant du régime de retraite des cadres, d'un nombre minimum de points, en contrepartie de cotisations, et ce même si le salaire versé est inférieur ou dépasse de peu le plafond de sécurité sociale. Ce système a été institué pour tenir compte du fait que le plafond de sécurité sociale progresse plus rapidement que le salaire des cadres.

Garantie de passif *[Dr. com.]*
Clause par laquelle le cédant de droits sociaux s'engage à garantir le cession-naire à hauteur d'une certaine valeur comptable, déterminée par les parties.

Garantie à première demande *[Dr. civ.]*
Cette garantie naît du contrat passé entre le garant, personne physique ou morale, et le bénéficiaire, le créancier, à la demande du débiteur, le donneur d'ordre ; le garant s'engage à verser telle somme d'argent au bénéficiaire à la première réquisition de ce dernier, sans contestation pour quelque motif que ce soit. La garantie à première demande se distingue du cautionnement : elle est autonome, indépendante du contrat de base, qui lie originellement le créancier et son débiteur ; les deux mécanismes ont des objets différents, le garant ne paye pas la dette d'autrui mais la sienne propre ; surtout, c'est l'avantage capital, le garant ne peut invoquer les excep-tions qui appartiennent au débiteur, comme le ferait la caution.
La garantie à première demande, incon-nue naguère, a connu progressivement le succès après 1970 ; elle constitue une sûreté automatique, drastique, qui a, souvent, pour elle la préférence des créanciers.

Garde *[Dr. civ.]*
• *Droit de la famille* :
Prérogative reconnue au titulaire de l'autorité parentale de contraindre ses enfants mineurs à vivre sous son toit et de surveiller leurs activités.
❚ *C. civ., art. 371-2.*
• *Droit des obligations* :
Obligation imposée à un contractant de garder et surveiller une chose (ex. : le dépositaire a une obligation de garde). Pouvoir de contrôle et de direction sur une chose que l'on utilise. Ce pouvoir est une condition d'existence de la res-ponsabilité civile du gardien si la chose est à l'origine d'un dommage.
Certains auteurs, et quelquefois la juris-prudence, distinguent la garde de la *structure* et la garde du *comportement* ; la première porterait sur la matière composant la chose (pouvoir de con-trôle sur les vices de la chose), la seconde sur son fonctionnement du fait de l'uti-lisation. Le gardien du comportement n'est pas nécessairement gardien de la structure.
❚ *C. civ., art. 1384 et 1385.*
➤ *Responsabilité du fait des choses.*

Garde républicaine
➤ *Gendarmerie.*

Garde des Sceaux *[Dr. gén.]*
Synonyme de ministre de la Justice.

G

G

Garde à vue *[Pr. pén.]*

Mesure par laquelle un officier de police judiciaire retient dans les locaux de la police, pendant une durée légalement déterminée, toute personne qui, pour les nécessités de l'enquête, doit rester à la disposition des services de police.

La durée de la garde à vue dépend de la nature de l'infraction; elle est plus longue quand l'infraction constitue un acte de terrorisme.

📖 *C. pr. pén., art. 77 s.*

Gardien *[Dr. civ.]*
➢ *Garde.*
[Pr. civ.] ➢ *Saisie exécution, Scellés.*

Garnissement *[Dr. civ.]*

Garnir de meubles suffisants le local loué afin de répondre du loyer. Le locataire qui ne remplit pas cette obligation s'expose à être expulsé.

GATT (Accord général sur les tarifs douaniers et le commerce) *[Dr. int. publ.]*

Accord conclu à Genève en 1947 en vue d'organiser la coopération internationale en matière commerciale (réduction des tarifs douaniers, élimination des restrictions quantitatives et des mesures discriminatoires, règlement des conflits commerciaux entre États). Des conférences se sont tenues régulièrement dans ce cadre pour négocier de nouveaux avantages commerciaux multilatéraux. Laisse la place en 1995 à l'Organisation mondiale du commerce.

Gemmage *[Dr. rur.]*

Forme de louage par laquelle le propriétaire d'un domaine forestier concède à un preneur (gemmeur) des lots de pins pour en prélever la résine.

Gendarmerie *[Dr. adm.]*

Corps militaire dépendant du ministère de la Défense, aux attributions variées mais plus spécialement orientées vers la police administrative et la police judiciaire.

La gendarmerie est composée de la gendarmerie départementale, implantée de manière stable dans un grand nombre de communes, et de la gendarmerie mobile qui constitue des réserves mobiles pour assurer le maintien de l'ordre sur tout le territoire national. La garde républicaine, intégrée à la gendarmerie, assure – outre des fonctions de prestige – la protection des sites où sont installés les principaux pouvoirs publics (Palais de l'Élysée, Hôtel Matignon, Assemblée nationale, Sénat…).

La gendarmerie, en tant que force militaire, ne peut être mise en mouvement par l'autorité civile compétente que par voie de « réquisition », ce qui lui laisse le choix des moyens à mettre en œuvre.

➢ *Compagnies républicaines de sécurité.*

« Genera non pereunt » *[Dr. civ. / Dr. com.]*

Les choses de genre ne périssent pas.

Lorsqu'on est débiteur d'une chose de genre, on ne peut s'abriter, pour se soustraire à l'exécution, derrière le fait que des objets que l'on voulait livrer, ont péri. On peut toujours se procurer des biens équivalents pour satisfaire à son obligation.

« Generalia specialibus non derogant » *[Dr. gén.]*

Les lois de portée générale ne dérogent pas à celles qui ont un objectif spécial.

➢ *« Specialia generalibus derogant ».*

Génocide *[Dr. int. publ.]*

Infraction consistant à commettre ou à faire commettre l'exécution d'un plan concerté tendant à la destruction totale ou partielle d'un groupe national, ethnique, racial ou religieux ou d'un groupe déterminé à partir de tout autre critère arbitraire.

📖 *C. pén., art. 211-1.*

« Gentlemen's agreement » *[Dr. int. publ.]*

Accord international liant moralement les parties mais dépourvu de force juridique.

Gérance libre *[Dr. com.]*
➤ *Location-gérance.*

Gérance salariée *[Dr. com.]*

Contrat par lequel le propriétaire d'un fonds de commerce, tout en conservant le contrôle et les risques de l'exploitation charge un tiers appelé « gérant salarié » de gérer le fonds, moyennant une rémunération établie lors de la signature du contrat.

Gérant majoritaire *[Dr. com. / Séc. soc.]*

Gérant détenant à lui seul ou avec d'autres gérants plus de la moitié du capital social. Il relève du régime des professions non salariées.

📖 *CSS, art. 632-1.*

Gérant minoritaire ou égalitaire.
[Dr. com. / Séc. soc.]

Gérant de SARL ne détenant pas plus de la moitié du capital social, étant entendu que les parts appartenant en toute propriété ou en usufruit à son conjoint ou à ses enfants mineurs non émancipés sont considérées comme

possédées par lui. Il relève du régime général s'il est rémunéré.

📖 *CSS, art. L. 311-3, 11°.*

Gérant de société *[Dr. com.]*

Personne placée à la tête d'une société de personnes ou d'une SARL pour la diriger, et investie des pouvoirs les plus étendus pour agir au nom de la société, sous réserve des pouvoirs attribués aux autres organes sociaux.

Germains *[Dr. civ.]*

Se dit des enfants ayant les mêmes père et mère.
➤ *Consanguins, Utérins.*

G

Gerrymandering *[Dr. const.]*

Pratique consistant à découper les limites des circonscriptions électorales pour avantager les candidats du pouvoir en place (la dénomination vient d'un Gouverneur du Massachussetts au début du XIXe siècle, E. Gerry).

Gestion (Système de la) *[Dr. fin.]*

En matière de comptabilité publique, système d'imputation des opérations consistant à rattacher au budget d'une année donnée tous les encaissements et les paiements effectués par la personne publique au cours de cette année, quelle que soit l'année durant laquelle sont nées juridiquement les créances et les dettes correspondantes.
➤ *Exercice.*

Gestion d'affaires *[Dr. civ.]*

Fait pour une personne, le gérant, d'accomplir des actes d'administration dans l'intérêt d'un tiers, le géré ou maî-

G

tre de l'affaire, sans que ce dernier l'en ait chargé.

📖 *C. civ., art. 1372 s.*

➤ *Quasi-contrat.*

Gestion déléguée *[Dr. adm.]*

➤ *Délégation de service public.*

Gestion de fait *[Dr. fin.]*

Irrégularité constituée par le maniement direct ou indirect, par toute personne n'ayant pas la qualité de comptable public, de fonds destinés à une personne publique ou extraits irrégulièrement de sa caisse. Son auteur, passible d'une amende pénale, est soumis aux mêmes obligations et responsabilités que les comptables publics.

➤ *Comptable de fait.*

Gestion privée, gestion publique
[Dr. adm.]

Distinction opérée parmi les procédés juridiques utilisés par l'Administration dans la gestion de ses services, longtemps retenue par une partie de la doctrine comme critère de délimitation de la compétence respective des deux ordres de juridiction.

On dit qu'il y a gestion privée lorsque l'Administration use des mêmes voies juridiques que les particuliers, gestion publique quand elle recourt à des procédés propres à la puissance publique. La compétence serait judiciaire dans le premier cas, administrative dans le second.

➤ *Ordre de juridiction.*

« Glasnost » *[Dr. const.]*

Mot utilisé pour qualifier la politique visant à atténuer le caractère secret du fonctionnement du système soviétique,

politique mise en œuvre à l'initiative de M. Gorbatchev.

➤ *Perestroïka.*

Glose *[Dr. gén.]*

Note explicative d'un texte.

Glossateurs *[Hist. dr.]*

École de romanistes fondée au XIIᵉ siècle par Irnerius à Bologne et qui étudia les textes de Justinien d'après la méthode exégétique.

➤ *Post-glossateurs.*

Gouvernement *[Dr. const.]*

1° *Au sens large* : ensemble des organes (individus, comités, assemblées) investis du pouvoir politique (ex. : dans les expressions gouvernement républicain, gouvernement parlementaire, présidentiel).

2° *Au sens étroit* : celui des organes politiques qui est chargé de la fonction exécutive.

➤ *Exécutif.*

Gouvernement de fait *[Dr. const.]*

Gouvernement dépourvu de titre juridique en raison de son origine irrégulière (coup d'État, révolution).

Un gouvernement de fait, qui est dans son principe provisoire, se transforme en gouvernement de droit soit en recourant aux procédures d'investiture conformes à l'idée de légitimité en vigueur, soit en inculquant une nouvelle idée de légitimité, soit par l'effet de la durée qui finit par faire oublier l'irrégularité de sa formation. Sur le plan international, des efforts ont été tentés pour sanctionner par la non-reconnaissance les gouvernements de fait.

➤ *Tobar (doctrine de).*

[Dr. int. publ.] Gouvernement de fait international : nom donné à l'action de certains États (notamment des grandes puissances) lorsqu'ils s'érigent unilatéralement en organe législatif ou exécutif de la société internationale (ex. : Concert européen au XIXe siècle, directoire des grandes puissances pendant et à la fin des deux guerres mondiales).

Grâce *[Dr. const. / Dr. pén.]*

Mesure de clémence, décidée par le chef de l'État usant d'un droit qu'il tient de la Constitution, en vertu de laquelle un condamné est dispensé à sa requête (le recours en grâce) de subir tout ou partie de sa peine ou doit exécuter une sanction plus douce que celle initialement prononcée.

📙 *C. pén., art. 133-7 s.*
➢ *Commutation de peine.*

Grâce amnistiante *[Dr. const. / Dr. pén.]*

Institution hybride de la grâce et de l'amnistie en vertu de laquelle l'amnistie accordée à une catégorie de condamnés est réservée par le législateur aux seuls individus qui auront obtenu un décret de grâce pris par le pouvoir exécutif (Président de la République ou Premier Ministre) dans un délai déterminé.

Gracieuse (Décision) *[Pr. gén.]*
➢ *Décision gracieuse.*

Grade *[Dr. adm.]*

Dans le droit de la fonction publique, titre d'un fonctionnaire lui donnant vocation à occuper un emploi déterminé et le situant à l'intérieur de la hiérarchie administrative.

Graffitis *[Dr. pén.]*

Fait de tracer des inscriptions, signes ou dessins, sans autorisation préalable, sur les façades, véhicules, voies publiques ou mobiliers urbains. C'est une infraction prévue par l'article 322-1 du code pénal et assortie d'une peine d'amende de 25 000 F lorsqu'il n'en résulte qu'un dommage léger.

Gratification *[Dr. trav.]*

Somme d'argent remise par l'employeur au personnel pour marquer sa satisfaction du travail accompli ou à l'occasion d'événements familiaux.
Normalement la gratification est une libéralité ; elle peut exceptionnellement constituer un complément de salaire et en avoir la nature juridique.

G

Gratuité de la justice *[Pr. adm. / Pr. civ.]*

Depuis 1978, a été instaurée devant les juridictions civiles et administratives (non devant les juridictions pénales) la *gratuité de la justice.*
Désormais devant ces juridictions, les plaideurs n'ont plus à supporter une partie importante des anciens frais de justice ; ces frais sont pris en charge par l'État. Ont été supprimés, en particulier : le timbre des actes, l'enregistrement des actes et des jugements, les redevances de greffe (sauf au tribunal de commerce), les frais postaux des secrétariats-greffes.
Mais, en dépit de cette réforme, le recours à la justice n'est pas entièrement gratuit et reste coûteux :
- le plaideur doit, en effet, comme auparavant, acquitter les frais d'actes et de significations faits par des officiers ministériels (huissiers de justice, avoués), les honoraires d'avocats, les frais de

mémoire devant le Conseil d'État et la Cour de cassation, les frais d'enquête et d'expertise. Il peut en être partiellement ou totalement déchargé par l'aide juridique;

- toute requête enregistrée auprès des Tribunaux administratifs, des Cours administratives d'appel et du Conseil d'État supporte un droit de timbre de 100 F;

- en outre le droit d'enregistrement des actes des huissiers de justice accomplis en application des règles de procédure et qui se rattachent directement à une instance ou à l'exécution d'une décision de justice, a été rétabli à compter du 15 janvier 1992, tout au moins lorsque ces actes sont accomplis à la requête d'une personne qui ne bénéficie pas de l'aide juridique totale ou partielle.
➤ *Dépens, Taxe.*

Gré à gré (Marchés de –) *[Dr. adm.]*
Dénomination ancienne des marchés négociés.

Greffes *[Pr. civ. / Pr. pén.]*
➤ *Greffier, Greffier en chef, Secrétariat-greffe.*

Greffier *[Pr. civ. / Pr. pén.]*
Dans la tradition française, le greffier est un officier public et ministériel placé à la tête d'un greffe.
Actuellement seuls les tribunaux de commerce possèdent un greffe dirigé par un greffier titulaire de charge.
À la Cour de cassation, à la cour d'appel, au tribunal de grande instance, au tribunal d'instance, au conseil des prud'hommes, le secrétariat-greffe est dirigé par un greffier en chef qui est un

fonctionnaire (réforme de 1966). Ce greffier en chef est assisté par des greffiers qui sont, eux aussi, des fonctionnaires.
📕 *C. org. jud., art. L. 811-1, L. 821-1, L. 831-1 et R. 811-1 s.*
➤ *Secrétariat-greffe.*

Greffier en chef *[Pr. civ. / Pr. pén.]*
Chef d'un secrétariat-greffe, chargé de la direction des services administratifs et de la gestion financière de la juridiction.
📕 *C. org. jud., art. R. 812-1 s.*

Greffier du tribunal de commerce
[Pr. civ.]
Le greffier du tribunal de commerce est un officier public et ministériel qui exerce, à titre individuel ou dans le cadre d'une société d'exercice libéral, les fonctions de greffier auprès d'un tribunal de commerce.
📕 *C. org. jud., art. L. 821-1 et R. 821-1 s.*

Grève *[Dr. adm. / Dr. trav.]*
Cessation concertée et collective du travail dans le but d'appuyer une revendication professionnelle.
Formellement condamné autrefois par la doctrine et la jurisprudence, le droit de grève des fonctionnaires – sauf interdictions spéciales et limitées – est reconnu depuis la Constitution de 1946.
Grève perlée : ralentissement de la cadence du travail sans qu'il y ait arrêt complet. La grève perlée n'est pas reconnue par la jurisprudence.
Grève politique : grève n'ayant pas un but professionnel, destinée à agir sur la puissance publique.

Grève sauvage : grève déclenchée en dehors d'un mot d'ordre d'un syndicat.

Grève de solidarité : grève faite à l'appui de revendications qui ne sont pas propres aux grévistes.

Grève surprise : grève déclarée sans préavis, ni avertissement.

Grève sur le tas : grève sur les lieux de travail pendant les heures de service.

Grève « thrombose » (ou « bouchon ») : grève limitée à un service, un atelier ou une catégorie professionnelle qui paralyse l'ensemble de l'entreprise.

Grève mixte : grève dont l'objectif ou les caractères sont à la fois professionnels et politiques.

Grève tournante : grève qui affecte successivement divers ateliers ou diverses catégories du personnel de l'entreprise.
◼ *C. trav., art. L. 521-1 s.*

Grevé *[Dr. civ.]*

Entendu strictement, qualifie dans le mécanisme de la substitution, le gratifié qui ne reçoit qu'à charge de conserver et de rendre.

Au sens large, désigne la personne (donataire) ou le bien affecté d'une charge (hypothèque).

Grief *[Pr. civ. / Pr. pén.]*

Préjudice subi par un plaideur du fait de l'irrégularité formelle d'un acte de procédure et lui permettant d'en faire prononcer la nullité.
◼ *NCPC, art. 114.*
➢ *Nullité d'acte de procédure.*

L'existence d'un grief n'est pas exigé pour soulever victorieusement une nullité de fond ou une fin de non-recevoir.
◼ *NCPC, art. 119 et 124.*

Grief (actes faisant) *[Dr. adm.]*

Expression désignant, dans la terminologie du recours pour excès de pouvoir, les actes administratifs de nature à produire par eux-mêmes des effets juridiques et contre lesquels ce recours est ainsi recevable.

Grille (de la fonction publique) *[Dr. adm.]*

Dans la conception théorique de la détermination du montant des traitements des fonctionnaires de l'État et des collectivités locales, l'ensemble de ces agents fait l'objet d'un classement dans une sorte de « grille » où ils sont répartis en fonction de leur grade pour se voir attribuer un « indice » de traitement. La hiérarchie de ceux-ci forme ainsi une « échelle des traitements ». La prolifération des compléments de rémunération, et la création de traitements dits « hors échelle » (ou : « échelles-lettres »), ont dénaturé ce système, et une révision de la grille est engagée depuis 1989, qui pose de très difficiles problèmes budgétaires et sociaux.

Grivèlerie *[Dr. pén.]*

Infraction, encore appelée filouterie d'aliments ou de boissons, qui consiste à se faire servir et à consommer des boissons ou des aliments, en sachant qu'on est dans l'impossibilité absolue de les payer.
◼ *C. pén., art. 401; NCP, art. 313-5.*

Gros ouvrage *[Dr. civ.]*

En matière de construction immobilière, les gros ouvrages sont les éléments porteurs concourant à la stabilité et à la solidité de l'édifice ainsi que les éléments qui assurent le clos, le couvert et l'étanchéité. L'entrepreneur, les architectes et les promoteurs sont responsa-

G

bles pendant 10 ans des vices affectant les gros ouvrages.

Grosse *[Pr. civ.]*

Ancien terme disparu : expédition revêtue de la formule exécutoire d'un acte authentique ou d'un jugement.

📙 *NCPC, art. 1439.*
➤ *Copie exécutoire.*

Groupe parlementaire *[Dr. const.]*

Groupe formé de membres d'une assemblée parlementaire partageant les mêmes opinions politiques (sans qu'il y ait nécessairement coïncidence parfaite avec un parti politique déterminé).

L'inscription à un groupe n'est pas obligatoire; les parlementaires qui ne font partie d'aucun groupe sont dits « non-inscrits ». La formation des groupes parlementaires peut être subordonnée à l'exigence d'un effectif minimum (20 membres à l'Assemblée Nationale, 15 au Sénat).

➤ *Apparentement.*

Groupe de pression *[Dr. publ.]*

Groupement organisé pour influencer les pouvoirs publics dans un sens favorable aux intérêts de ses membres ou à une cause d'intérêt général. On emploie dans le même sens le mot anglais lobby (pluriel lobbies) qui signifie couloir, vestibule, le lobbying étant l'action qui consiste à faire les couloirs des assemblées ou les antichambres des cabinets ministériels. À l'origine, les lobbies étaient des organismes techniques d'exécution au service des groupes de pression, mais aujourd'hui le mot est employé souvent pour désigner le groupe de pression lui-même.

Groupe de sociétés *[Dr. com.]*

Ensemble de sociétés juridiquement indépendantes, mais formant une même unité économique en raison de liens financiers étroits.

Groupement agricole d'exploitation en commun (GAEC) *[Dr. rur.]*

Société civile particulière d'exploitation agricole, dans laquelle les associés conservent leurs avantages individuels mais sont tenus à un certain travail en commun. La constitution d'un GAEC est soumise à l'agrément d'une commission administrative.

📙 *C. rur., art. L. 323-1 s.*

Groupement européen d'intérêt économique *[Dr. com.]*

Étroitement inspiré du GIE du droit français, ce groupement a pour objet le développement de la coopération inter-entreprises au sein du marché commun. L'immatriculation du GEIE dans un État membre lui confère une pleine capacité juridique dans les États de la CEE.

📙 *C. com., art. L. 252-1.*

Groupement foncier agricole (GFA) *[Dr. rur.]*

Société civile ayant pour objet de faciliter la gestion des exploitations dont elle est propriétaire. Les associés sont responsables du passif proportionnellement à leur part dans le capital. Le GFA peut exploiter personnellement ou donner à bail.

📙 *C. rur., art. L. 322-1 s.*

Groupement forestier *[Dr. rur.]*

Société civile ayant pour objet la constitution ou la conservation d'un massif forestier.

📙 *C. rur., art. L. 126-2 s.*

Groupement d'intérêt économique *[Dr. com.]*

Groupement de personnes physiques ou morales, de nature juridique originale, distincte de la société et de l'association, dont l'objet est de faciliter l'exercice de l'activité économique de ses membres par la mise en commun de certains aspects de cette activité : comptoirs de vente, services d'importation ou d'exportation, laboratoire de recherches, etc., le GIE a la personnalité juridique.

📖 *C. com., art. L. 251-1.*

Groupement d'intérêt public *[Dr. adm.]*

Personne morale publique sui generis pouvant être constituée entre des personnes morales de Droit public et (souvent) de droit privé, en vue d'exercer ensemble des activités à but non lucratif dans des secteurs prévus par les textes et aussi divers que, par exemple, la recherche, l'action sanitaire et sociale, voire l'administration locale (gestion en commun d'équipements informatiques, notamment).

Guerre *[Dr. publ.]*

1° Lutte armée entre États, voulue par l'un d'eux au moins, et entreprise en vue d'un intérêt national.

2° Dans un sens plus large :

Guerre civile : conflit armé ayant éclaté au sein d'un État et dépassant, par son extension et sa prolongation, une simple rébellion.

Guerre froide : état de tension politique entre États idéologiquement opposés qui cherchent mutuellement à s'affaiblir, mais sans aller jusqu'à déclencher une guerre mondiale (expression forgée à la fin de la seconde guerre mondiale pour caractériser la rivalité entre le bloc occidental et le bloc communiste).

Guerre juste (ou licite) : guerre dont le but est légitime, ce qui est le cas de la guerre de légitime défense et de la guerre – exécution entreprise par l'ONU.

Guerre psychologique : guerre de propagande, dans laquelle les moyens mis en œuvre visent à saper le moral de l'adversaire (population et armée) et à diminuer ainsi ou même à briser sa volonté de combattre.

Guerre révolutionnaire ou subversive : guerre menée à l'intérieur d'un État, par une partie de la population contre les autorités politiques en place, en vue de conquérir le pouvoir et d'instaurer un ordre politique et social nouveau. Peut donner lieu à des ingérences étrangères et prendre ainsi une dimension internationale.

Guerre totale : guerre engageant toutes les ressources d'un État et s'étendant à toutes les personnes, non-combattants compris.

Guet-apens *[Dr. pén.]*

Fait d'attendre un individu dans un endroit déterminé pendant un certain temps pour lui donner la mort ou exercer sur lui des violences.

➢ *Assassinat.*

Guichet unique *[Séc. soc.]*

Dispositif offrant la possibilité aux employeurs d'effectuer auprès d'un même organisme toutes les démarches liées à l'embauche et à l'emploi de salariés occasionnels.

G

H

H

« **Habeas corpus** » *[Dr. const.]*

(Étymologiquement : que tu aies ton corps ; sous-entendu : *ad subjiciendum*, pour le produire devant le tribunal). Nom d'un des textes les plus célèbres dans l'histoire de la liberté, adopté par le Parlement anglais en 1679.

En vertu de cette loi, toute personne emprisonnée a le droit d'être présentée à un juge pour qu'il statue sur la validité de l'arrestation.

« **Habilis ad nuptias, habilis ad pacta nuptiala** » *[Dr. civ.]*

Celui qui a la capacité pour se marier est également capable de donner son consentement au contrat de mariage qui le concerne.

Habitation (droit d') *[Dr. civ.]*

Droit à l'usage d'une maison reconnu à une personne déterminée, dans la mesure de ses besoins et de ceux de sa famille.
Le droit d'habitation est un droit réel.
📖 *C. civ., art. 625 s.*

Harcèlement moral *[Dr. trav.]*

Le Gouvernement a proposé, dans un projet de loi, une définition du harcèle-ment moral, afin de mieux protéger les conditions de travail du salarié, dans lesquelles celui-ci est subordonné à l'employeur pour l'exécution de sa prestation de travail. Le harcèlement moral serait ainsi les agissements d'un employeur, de son représentant ou de toute autre personne abusant de l'autorité qui lui confèrent ses fonctions, qui ont pour objet ou pour effet de porter atteinte à la dignité d'un salarié et de créer des conditions de travail humiliantes ou dégradantes. De tels agissements sont assimilés par le projet de loi à une faute disciplinaire.

Harcèlement sexuel *[Dr. pén.]*

Infraction consistant à abuser de l'autorité que confère une fonction pour obtenir d'autrui, par ordre, menaces ou contraintes, des faveurs de nature sexuelle.
📖 *NCP, art. 222-33.*

Harmonisation fiscale (CEE) *[Dr. fin.]*

Rapprochement (mais non unification) des systèmes fiscaux des États membres de la CEE, dans la mesure nécessaire au bon fonctionnement du Marché Commun, et notamment à la réalisation des conditions d'une concurrence équilibrée entre les entreprises d'États membres différents. Elle se réalise à l'aide de directives communautaires, dont les États ont l'obligation de transposer le contenu dans leur législation nationale. Principale réalisation : l'harmonisation des TVA nationales.
➢ *Directives.*

Haut conseiller *[Pr. civ. / Pr. pén.]*

Qualification honorifique réservée aux conseillers à la Cour de cassation et aux membres du Conseil supérieur de la magistrature.

Haut Représentant de l'Union européenne *[Dr. eur.]*

Fonction créée par le Traité d'Amsterdam pour représenter l'Union dans le cadre de la politique étrangère et de sécurité commune. Est aussi secrétaire général du Conseil. Nommé par le Conseil européen. M. Xavier Solana (espagnol) nommé fin 1999.

Haute autorité *[Dr. eur.]*

Nom donné par le traité de Paris (CECA) à ce qui deviendra la Commission dans les traités de Rome instituant la CEE et l'EURATOM. Se fond dans la Commission unique résultant du traité de fusion des exécutifs au 1er juillet 1987.

Haute cour de justice *[Dr. const. / Pr. pén.]*

Juridiction politique répressive, composée de parlementaires des deux assemblées et devant laquelle peut être mis en accusation le Président de la République pour haute trahison.
➤ *Cour de justice de la République.*

Haute mer *[Dr. int. publ.]*

Espace marin situé au-delà des juridictions nationales et échappant à la souveraineté des États (principe de la « liberté des mers »).
➤ *Zone économique exclusive.*
Pour l'application de la loi pénale dans l'espace, voir article 113-12 du code pénal.

Haute trahison *[Dr. const. / Dr. pén.]*

Crime pour lequel le Président de la République peut, contrairement au principe de son irresponsabilité, être mis en accusation devant la Haute cour de justice.

La haute trahison n'étant définie par aucun texte, c'est la Haute cour qui juge si les faits pour lesquels le Président est mis en accusation par les Chambres sont constitutifs ou non de haute trahison.

Héberge *[Dr. civ.]*

Sur un mur séparant deux bâtiments contigus de hauteur inégale, ligne formée par la partie supérieure de la construction la moins élevée et jusqu'à laquelle le mur est mitoyen.
🛡 *C. civ., art. 653.*

Heimatlos *[Dr. int. priv.]*
➤ *Apatride.*

Herbe (vente d') *[Dr. rur.]*

Convention entre propriétaire d'un pâturage et preneur, selon laquelle le preneur n'a qu'un droit de jouissance, généralement saisonnier, et ne supporte aucune obligation d'entretien du terrain.
🛡 *C. rur., art. L. 411-1 et L. 411-66.*

Hérédité *[Dr. civ.]*

Ensemble des biens que laisse une personne à son décès.

Héritage *[Dr. civ.]*
1° Synonyme d'hérédité.
2° Synonyme d'immeuble.

Héritier *[Dr. civ.]*
1° *Au sens large* : celui qui succède au défunt par l'effet soit de la loi, soit du testament.

H

2° *Dans un sens plus précis* : celui qui succède au défunt en vertu de la seule loi, par opposition au légataire institué par testament.

3° *Parfois*, ce mot désigne les seuls successibles qui ont la saisine.

Heures complémentaires *[Dr. trav.]*

Dans le contrat de travail à temps partiel, les heures complémentaires sont celles qui peuvent être exigées par l'employeur, sous certaines conditions, au-delà de la durée minimum prévue au contrat. Les heures complémentaires sont rémunérées au taux normal.
C. trav., art. L. 212-4-3.

Heures de délégation *[Dr. trav.]*
➤ *Crédit d'heures.*

Heures légales *[Pr. civ.]*

Heures de la journée pendant lesquelles peuvent et doivent être effectuées les significations et les exécutions d'actes ou de jugements : entre six heures et vingt et une heures sauf au juge à accorder, en cas de nécessité, la faculté d'opérer en dehors des heures légales.
NCPC, art. 664.

Heures supplémentaires *[Dr. trav.]*

Heures de travail effectuées en sus de la durée légale du travail, soit 35 (ou 39) heures par semaine. La possibilité d'effectuer des heures supplémentaires est limitée à 48 heures par semaine et, sur une période quelconque de douze semaines consécutives, à une moyenne de 44 heures par semaine. Le régime des heures supplémentaires peut être partiellement modifié par des accords de modulation prévoyant leur répartition sur l'année. Les heures supplémen-

taires emportent une majoration de la rémunération ou donnent droit à des périodes de repos. Certaines d'entre elles ouvrent droit de surcroît à un repos compensateur.

Compte tenu des temps morts pouvant exister dans l'exercice de certaines activités la réglementation prévoit que, dans certains secteurs, la durée du travail peut dépasser 35 (ou 39) heures par semaine, cette durée n'étant retenue que pour 35 (ou 39) heures de travail effectif et rémunérée sur cette base : on dit qu'il y a équivalence.
C. trav., art. L. 212-5.

Hoirie *[Dr. civ.]*
Mot ancien employé pour succession.

Holding *[Dr. com.]*

Société dont l'objet est de gérer les participations qu'elle détient dans d'autres sociétés, dans le but d'y exercer un contrôle prépondérant. C'est un instrument de la concentration des entreprises.

Homicide *[Dr. pén.]*

Atteinte portée à la vie humaine. Cette atteinte doit avoir pour victime un adulte (comp. : infanticide) sans lien de parenté avec son au-teur (comp. : parricide).

L'homicide ne présente pas la même intensité selon qu'il a été commis par imprudence.
C. pén., art. 319.
ou intentionnellement.
C. pén., art. 295.
L'homicide volontaire est puni par l'article 221-1 du NCP, l'homicide involontaire par l'article 221-6 du NCP.
➤ *Assassinat, Meurtre.*

Homicide et blessures par imprudence
[Dr. pén.]

Délits ou contraventions consistant en une faute inintentionnelle (imprudence, négligence ou inobservation de règlements) qui cause la mort d'une personne ou lui occasionne des blessures.

La mise en danger est assimilée à l'imprudence et à la négligence.

📖 *C. pén., art. 121-3.*

Homologation *[Dr. civ.]*

Procédure par laquelle les tribunaux approuvent un acte et lui confèrent la force exécutoire.

📖 *NCPC, art. 131-12, 832-8 et 1441-4.*

Honoraires *[Pr. civ.]*

Rétribution des services rendus par les membres des professions libérales (médecins, architectes par exemple) et parmi eux de certains auxiliaires de justice dont le montant n'est pas tarifé. C'est le cas de l'avocat pour sa plaidoirie. En revanche, lorsque l'avocat représente et postule, il est soumis à la taxe.

➤ *Taxes.*

[Séc. soc.] Les tarifs des honoraires et frais accessoires sont fixés par des conventions nationales. Les actes effectués sont remboursés sur la base de tarifs conventionnels (➤ Convention). Toutefois, pour les praticiens non conventionnés ou exclus de la convention par la caisse pour violation de celle-ci, le remboursement est effectué sur la base de tarifs d'autorité. ➤ Tarif.

Les conventions nationales prévoient que les praticiens et auxiliaires médicaux conventionnés peuvent demander des dépassements des tarifs conventionnels en cas de circonstances exceptionnelles de temps ou de lieu dues à des exigences particulières du malade (ils indiquent alors DE sur la feuille de soins).

La convention nationale des médecins autorise également ceux-ci à pratiquer des dépassements de tarifs lorsqu'ils bénéficiaient d'un droit permanent à dépassement (DP) ou lorsqu'ils ont fait savoir à la caisse primaire qu'ils entendent pratiquer des tarifs différents des tarifs conventionnels, c'est-à-dire des « honoraires libres ».

Dans le cas où des dépassements de tarif sont autorisés, les assurés ne sont remboursés que sur la base des tarifs conventionnels.

Honorariat *[Dr. adm.]*

Sauf refus ou retrait motivés, tout fonctionnaire de l'État ou des collectivités territoriales admis à la retraite après vingt ans de services accomplis peut se prévaloir de l'honorariat de son grade ou emploi. Cette qualification est purement honorifique, et ne peut (sauf exceptions) être mentionnée à l'occasion d'activités privées lucratives.

➤ *Éméritat.*

Horaire individualisé *[Dr. trav.]*

Modalités de détermination de l'horaire de travail permettant au salarié, en dehors de plages horaires fixes et obligatoires, de choisir son temps de travail de telle sorte qu'au terme de la période de référence (par exemple une semaine ou 15 jours), il ait accompli les heures normalement dues. La variabilité qui ne porte que sur la partie mobile de l'horaire, atténue le caractère collectif de l'horaire de travail. On utilise également les expressions « horaire variable » ou « horaire flexible ».

📖 *C. trav., art. L. 212-4-1, D. 212-4-1 s.*

Hors cadres *[Dr. adm.]*

Position administrative de certains fonctionnaires détachés, dans laquelle ceux-ci cessent de bénéficier de leurs droits à l'avancement et à la retraite dans leur corps d'origine pour être soumis au régime statutaire de l'Administration ou de l'institution auprès de laquelle ils exercent leurs fonctions.

➢ *Corps, Détachement.*

H

Hors de cause *[Pr. civ.]*

Se dit du plaideur qu'une décision libère des liens d'une instance dans laquelle il était impliqué à tort, ou qui a cessé de le concerner.

📖 *NCPC, art. 336.*

Hors du commerce *[Dr. gén.]*

Qui ne peut faire l'objet de contrats, par exemple le corps humain.

📖 *C. civ., art. 1128.*

Hors part *[Dr. civ.]*

Qualifie la libéralité que le gratifié n'a pas à rapporter lors du partage de la succession et qui s'ajoute donc à sa part *ab intestat.*

📖 *C. civ., art. 843.*

➢ *Préciput.*

Hospitalisation d'un aliéné *[Dr. civ.]*

Procédure de placement d'un aliéné dans un établissement de soins, public ou privé; elle remplace la procédure d'internement et peut intervenir d'office sur décision du préfet s'appuyant sur un rapport médical circonstancié, confirmé, dans les vingt-quatre heures de l'admission, par le certificat d'un psychiatre de l'établissement, lorsque l'aliéné compromet l'ordre public ou la sécurité des personnes; en cas de danger imminent les commissaires de police à Paris, les maires et leurs adjoints en province, peuvent ordonner une mesure provisoire à charge d'en référer au préfet dans les vingt-quatre heures. L'hospitalisation peut aussi résulter de la demande d'un tiers (famille, entourage, préfet à titre subsidiaire), à la double condition que la maladie mentale impose des soins immédiats et une surveillance en milieu hospitalier et que le malade soit hors d'état de consentir à son hospitalisation; la demande doit être appuyée par deux certificats médicaux dont l'un peut émaner d'un médecin de l'établissement et être supprimé en cas d'urgence.

Huis-clos *[Pr. gén.]*

Exception au principe de la publicité des débats judiciaires en raison de laquelle une juridiction peut interdire au public l'accès du prétoire par une décision motivée, lorsque l'ordre public ou les bonnes mœurs risquent de souffrir de la publicité.

📖 *NCPC, art. 435; C. pr. pén., art. 306 et 400.*

➢ *Publicité des débats.*

Huissier de justice *[Pr. civ.]*

Officier ministériel et officier public chargé des significations (judiciaires et extrajudiciaires) et de l'exécution forcée des actes publics (jugements et actes notariés) ainsi que du service intérieur des tribunaux (huissier audiencier).

➢ *Sociétés d'exercice libéral.*

Humanité

➤ *Crime contre l'humanité.*

Hypothèque *[Dr. civ.]*

Droit réel accessoire grevant un immeuble et constitué au profit d'un créancier en garantie du paiement de la dette. L'hypothèque n'entraîne pas dessaisissement du propriétaire.

L'hypothèque autorise le créancier non payé à l'échéance à faire saisir et vendre l'immeuble en quelque main qu'il se trouve (droit de suite) et à se payer sur le prix avant les créanciers chirographaires (droit de préférence). Une hypothèque peut être autorisée par le juge à titre conservatoire.

Il existe aussi quelques cas d'hypothèques mobilières (navires, aéronefs).

📖 *C. civ., art. 2114 s.*

➤ *Mesures conservatoires, Sûreté judiciaire.*

H

IDE

Identité *[Dr. civ.]*

Ensemble des composantes grâce auxquelles il est établi qu'une personne est bien celle qui se dit ou que l'on présume telle (nom, prénoms, nationalité, filiation...).
➤ *Carte national d'identité, Contrôle d'identité.*

Identité judiciaire *[Pr. pén.]*

Service et activité de police judiciaire, ayant pour but l'identification des personnes, ainsi que le traitement des traces et indices.

L'utilisation des moyens d'identité judiciaire aux fins d'établir l'identité d'une personne est, depuis 1983, réglementée par la loi.
📗 *C. pr. pén., art. 78-3.*
➤ *Vérification d'identité.*

Illégalité *[Dr. gén.]*

Strictement : caractère de ce qui est contraire à la loi, entendue au sens formel (textes votés par le Parlement).

Dans un sens plus large : méconnaissance du Droit en général ; utilisé abusivement comme synonyme d'illicéité.
➤ *Légalité.*

Illicéité *[Dr. gén.]*

Caractère de ce qui n'est pas permis, de ce qui est contraire à un texte (loi, décret, arrêté), à l'ordre public, aux bonnes mœurs.

[Dr. civ.] Pour les actes juridiques, vice affectant un élément constitutif et justifiant l'annulation ; pour les faits juridiques, violation d'une norme de comportement déclenchant la responsabilité de son auteur.

Immatriculation *[Dr. civ.]*

Action par laquelle une personne ou une chose est inscrite sur un registre par un numéro d'identification. Ce numéro est complété par des mentions faisant état des caractéristiques de la personne ou de la chose immatriculée ; l'immatriculation permet d'organiser une certaine publicité et d'appliquer un statut.

Immatriculation à la Sécurité sociale *[Séc. soc.]*

L'immatriculation est l'opération administrative qui consiste à inscrire officiellement un travailleur sur la liste des assurés sociaux d'une caisse. Cette immatriculation, qui se traduit par l'attribution d'un numéro, est définitive.
📗 *CSS, art. 312-1 s.*

Immeuble *[Dr. civ.]*

Fonds de terre et ce qui y est incorporé, ainsi que les biens mobiliers qui en permettent l'exploitation (immeubles par destination).

Sont également immeubles les droits portant sur les immeubles ci-dessus définis. De la *summa divisio,* « tous les biens sont meubles ou immeubles », il résulte, selon la formule de la jurisprudence, que tout bien qui n'est pas étiqueté immeuble par le code, est meuble.

📗 *C. civ., art. 516 s.*
➤ *Meuble.*

Immobilisation des fruits *[Pr. civ.]*
Effet de la publication d'un commandement de saisie immobilière.
Les fruits sont ajoutés au prix d'adjudication et distribués comme lui aux créanciers hypothécaires et privilégiés.

📗 *C. pr. civ., art. 682 et 685.*

Immobilisation de véhicule *[Dr. pén.]*
Peine pouvant se substituer à un emprisonnement et qui tend à priver le propriétaire d'un véhicule de son utilisation en le lui retirant pendant une durée de 6 mois au plus.
Le nouvel article 131-6 5° du Code pénal écarte l'idée de peine de substitution.

Immobilisation d'un véhicule terrestre à moteur *[Pr. civ.]*
L'huissier de justice, à la demande d'un créancier, muni d'un titre exécutoire, peut immobiliser, en quelque lieu qu'il se trouve, le véhicule terrestre à moteur appartenant au débiteur (art. 58, loi 9 juill. 1991). Cet acte produit les effets d'une saisie.
Dans les huit jours après l'immobilisation, l'huissier de justice signifie au débiteur un commandement. Celui-ci jouit d'un délai d'un mois, pour vendre à l'amiable, le véhicule. Ce délai dépassé, la vente aura lieu aux enchères publiques.

➤ *Saisie d'un véhicule terrestre à moteur.*

Immoral *[Dr. civ.]*
Contraire aux bonnes mœurs et, par conséquent, source de nullité.

📗 *C. civ., art. 6 et 1133.*

Immunité *[Dr. pén.]*
Exception, prévue par la loi, interdisant la condamnation d'une personne qui se trouve dans une situation bien déterminée (ex. : vol entre parents). L'immunité n'est ni un fait justificatif, ni une excuse absolutoire.

📗 *C. pén., art. 380.*
L'article 311-12 du Code pénal est consacré à l'immunité et à ses hypothèses d'application.

Immunités diplomatiques et consulaires
[Dr. int. publ.]
Prérogatives reconnues aux agents diplomatiques et consulaires en vue de favoriser le libre exercice de leurs fonctions : inviolabilité des agents (plus réduite pour les consuls), des locaux et de la correspondance, immunité de juridiction (limitée aux actes de la fonction pour les consuls) et d'exécution, exemptions fiscales.

Immunités d'exécution
[Dr. civ / Pr. civ. / Pr. pén. / Dr. int. priv.]
Privilège qui protège contre toute exécution forcée les bénéficiaires d'une immunité de juridiction.

Immunité de juridiction
[Dr. int. priv. / Pr. pén.]
Privilège dont bénéficient les agents diplomatiques et les souverains étrangers et en vertu duquel ces personnes ne peuvent être déférées aux juridictions de l'État où elles résident, ni en matière pénale ni en matière civile. Les États étrangers

eux-mêmes, en tant que personnes morales, bénéficient du même privilège.

Immunités parlementaires *[Dr. const.]*
Prérogatives qui mettent les parlementaires à l'abri des poursuites judiciaires, en vue d'assurer le libre exercice de leur mandat.
➤ *Inviolabilité parlementaire, Irresponsabilité.*

Immutabilité *[Dr. civ.]*
Qualité de ce qui ne doit pas changer. Avant la loi du 13 juillet 1965, les conventions matrimoniales étaient immuables, les parties ne pouvant les modifier d'un commun accord.

Immutabilité du litige (principes d') *[Pr. civ.]*
Principe destiné à favoriser la loyauté des débats, en vertu duquel les éléments, le cadre d'un litige ne devraient pas être modifiés, dès l'instant que l'instance a été liée.
Cette règle formulée en termes exprès pour écarter les demandes nouvelles en appel, n'empêche pas, s'il y a connexité, la présentation de demandes additionnelles, reconventionnelles, en intervention.
📕 *NCPC, art. 70 et 564.*

Impasse budgétaire *[Dr. fin.]*
Synonyme de découvert de la loi de finances, d'usage fréquent sous la IVᵉ République et devenu rare aujourd'hui.
➤ *Découvert (de la loi de finances).*

« Impeachment » *[Dr. const.]*
Procédure pénale consistant dans la mise en accusation d'un membre de l'Éxécutif par l'une des Chambres du Parlement devant l'autre Chambre érigée en juge. En Grande-Bretagne cette procédure a été à l'origine de la responsabilité politique des ministres devant la Chambre des Communes, celui que menaçait l'impeachment préférant l'esquiver en démissionnant. Aux États-Unis, le Président lui-même peut être mis en accusation par la Chambre des Représentants et jugé par le Sénat (à la majorité des 2/3) en cas de « trahison, concussion ou autre crimes ou délits ».

Impenses *[Dr. civ.]*
Dépenses faites pour la conservation ou l'amélioration ou l'embellissement d'une chose.

« Imperium » *[Pr. gén.]*
Mot latin exprimant une prérogative du juge distincte de la « jurisdictio », ayant un caractère plus administratif que juridictionnel : pouvoir de donner des ordres aux plaideurs et aux tiers, d'accorder des autorisations, des mesures d'instruction, d'organiser le service du tribunal et des audiences, etc. Dans le symbole traditionnel de la Justice, c'est le glaive qui traduit l'imperium, les deux plateaux représentent la jurisdictio. Se rapporte à tout ce qui n'est pas appréciation du *droit* des parties (acte de raisonnement) ; désigne les diverses manifestations du pouvoir de commandement qui est dévolu au juge (acte d'autorité).
➤ *Acte juridictionnel, Décision gracieuse, « Jurisdictio », Mesure d'administration judiciaire.*

Implication *[Dr. civ.]*
Notion qui sert de fondement au droit à indemnisation des victimes d'un acci-

dent de la circulation. Pour que le véhicule soit impliqué et, partant, que son conducteur ou gardien soit tenu à réparation, il n'est pas demandé qu'il ait eu une fonction causale ; il suffit que sa présence ait été objectivement nécessaire à la survenance du dommage. Au plan probatoire, la jurisprudence distingue deux situations : ou bien le véhicule, qu'il soit à l'arrêt ou en mouvement, a été heurté et il y a implication ; ou bien la victime n'a pas eu de contact avec le véhicule et il lui incombe de prouver l'implication.

▌*C. assur., L. 211-1.*

Importations, Exportations *[Dr. fin.]*

Ces mots ne sont mentionnés ici que pour signaler qu'ils ne s'appliquent plus depuis le 1er janvier 1993 (début du Marché intérieur) que dans les échanges entre les États de la Communauté et les pays tiers. Dans les relations entre les États membres, ils sont remplacés respectivement par les expressions : Acquisitions intracommunautaires – Livraisons intracommunautaires.

Impôt *[Dr. fin.]*

Prestation pécuniaire requise autoritairement des assujettis selon leurs facultés contributives par l'État, les collectivités territoriales et certains établissements publics, à titre définitif et sans contrepartie identifiable, en vue de couvrir les charges publiques ou d'intervenir dans le domaine économique et social.

Impôt de répartition : type périmé de prélèvement fiscal, dans lequel le montant d'impôt à percevoir est fixé à l'avance, puis réparti selon divers systèmes entre les contribuables.

Impôt de quotité : type moderne de prélèvement fiscal, dans lequel seule est fixée à l'avance la quotité de matière imposable (revenu, chiffre d'affaires...) que chaque assujetti devra payer, le montant exact de la recette finalement encaissée dépendant alors des aléas économiques affectant le volume de la matière imposable.

Impôt négatif sur le revenu *[Dr. fin.]*

Système de transferts sociaux, proposé notamment aux USA et en Grande-Bretagne, selon lequel les individus, en-deçà d'un certain chiffre de revenus fixés en fonction de leurs charges de famille, non seulement ne seraient pas imposés à l'impôt sur le revenu, mais encore percevraient une aide financière de l'État.

Impôt sur le revenu *[Dr. fin.]*

Impôt unique sur le revenu des personnes physiques, frappant selon un barème progressif l'ensemble des revenus du foyer fiscal, qui regroupe les deux époux et leurs enfants à charge. La prise en compte des charges de famille est assurée soit par le jeu du quotient familial, soit par un abattement forfaitaire sur le revenu net imposable, soit par la déduction (plafonnée) d'une pension alimentaire. Certains revenus bénéficient d'une imposition à un taux proportionnel.

▌*CGI, art. 1 s.*

➤ *Contribution sociale généralisée.*

Impôt sur les sociétés *[Dr. fin.]*

Désignation courante de l'impôt sur les bénéfices des sociétés et autres personnes morales, qui frappe (essentiellement) les profits réalisés par les sociétés de capitaux. Son taux ordinaire est de 33,33 %, mais cet impôt fait l'objet actuellement d'une contribution exceptionnelle. Par le jeu de l'avoir fiscal, sa charge est effacée dans la personne de l'actionnaire individuel pour les bénéfices qui sont distribués.

L'imposition des profits des sociétés de personnes est effectuée directement dans la personne de leurs associés pour la fraction qui leur revient, au titre de l'impôt sur le revenu dû par chacun.

📖 *CGI, art. 205 s., 235 ter Z A, 235 ter Z B.*
➢ *Avoir fiscal, Transparence fiscale.*

Impôt de solidarité sur la fortune
[Dr. fin.]

Impôt annuel sur la patrimoine, frappant la valeur nette de celui-ci selon un barème allant de 0,5 % à 1,8 % (au-delà de 100 millions de francs), dès lors qu'elle excède un seuil (4,7 millions de francs en 1999). Sont notamment exonérés les biens professionnels, les objets d'art et, sous certaines conditions, les parts ou actions de sociétés.

📖 *CGI, art. 885 A s.*

Impôts directs, indirects *[Dr. fin.]*

Distinction dont le principe est difficile à définir rigoureusement, mais dont le droit positif consacre l'existence par les effets qu'il lui attache.

Deux critères principaux sont avancés :
Critère administratif : est direct l'impôt recouvré par les agents naguère appelés percepteurs, généralement par voie de rôle.

Critère économique (dit : de l'incidence) : est direct l'impôt établi directement à la charge de celui qui doit en supporter le prélèvement ; est indirect l'impôt qui, payé par un assujetti, est ensuite réper-

cuté par lui sur un tiers qui est le contribuable effectif.

Imprescriptibilité *[Dr. civ.]*
➢ *Prescription.*

Imprévisibilité *[Dr. civ.]*

Caractère de ce qui échappe à la prévision du bon père de famille. L'imprévisibilité contribue avec l'irrésistibilité et l'extériorité, à définir l'événement de force majeure, d'où découlent l'extinction de l'obligation en matière contractuelle et l'exonération de responsabilité en matière délictuelle.

Imprévision (théorie) *[Dr. adm.]*

Théorie propre au droit administratif, déduite par la jurisprudence administrative de la nécessaire continuité des services publics.

Elle permet au titulaire d'un contrat administratif de demander à l'Administration l'indemnisation partielle du préjudice qu'il subit, au cas où la survenance d'événements imprévisibles et extérieurs aux parties vient bouleverser le prix de revient des prestations.

[Dr. civ.] Théorie en vertu de laquelle le juge doit rétablir l'équilibre d'un contrat dont les conditions d'exécution ont été gravement modifiées au détriment de l'une des parties, à la suite d'événements raisonnablement imprévisibles lors de la conclusion de la convention.

Elle est en principe admise par la jurisprudence administrative, mais rejetée par les tribunaux judiciaires sauf si un texte permet cette révision.

➢ *« Rebus sic stantibus ».*

Impuberté *[Dr. civ.]*

État d'une personne qui n'a pas l'âge requis pour se marier. L'impuberté est un empêchement dirimant sanctionné par la nullité du mariage.

📕 *C. civ., art. 144.*

Imputabilité *[Dr. pén.]*

Aptitude à rendre compte de ses actes. Apanage des seuls êtres humains dont les facultés mentales sont intactes et qui agissent en dehors de toute contrainte. La démence et la contrainte sont des causes de non-imputabilité.

📕 *C. pén., art. 64.*

L'article 121-1 du Code pénal remplace la démence par le trouble psychique ou neuropsychique ayant aboli le discernement d'une personne ou le contrôle de ses actes.

Imputation *[Dr. civ.]*

Détermination en quantité ou en qualité de la portion d'une masse de biens (ou d'une valeur) affectée par une opération juridique qui ne porte que sur une partie. C'est ainsi qu'en cas de paiement partiel d'une dette, la somme remise au créancier s'impute d'abord sur les intérêts, ensuite sur le capital.

Inaliénabilité *[Dr. civ.]*

Qualité de ce qui n'est pas aliénable.

Inaliénabilité du domaine public
[Dr. adm.]

Règle selon laquelle les dépendances du domaine public ne peuvent pas être cédées à des tiers avant d'avoir fait l'objet d'une mesure de déclassement.

📕 *C. dom. Et., art. L. 52.*

Inamovibilité *[Dr. adm.]*

Garantie de leur indépendance reconnue à certains magistrats et fonctionnaires et consistant, non dans l'impossibilité juridique de mettre fin à leurs fonctions, mais dans l'obligation pour l'Administration qui voudrait les exclure du service public, ou les déplacer, de mettre en œuvre des procédures protectrices exorbitantes du droit commun disciplinaire.

Inamovibilité des magistrats
[Pr. adm. / Pr. civ. / Pr. pén.]

Réaffirmée par la Constitution de 1958, l'inamovibilité protège les magistrats du siège contre toute mesure arbitraire de suspension, rétrogradation, déplacement même en avancement, révocation. L'inamovibilité est instituée pour la garantie des plaideurs, en assurant l'indépendance de la magistrature. Les magistrats du parquet ne bénéficient pas de l'inamovibilité. Les magistrats des juridictions administratives ne sont pas inamovibles, à l'exception des magistrats de la Cour des comptes et des Chambres régionales des comptes.

« In bonis » *[Dr. com.]*

(Du latin « dans ses biens ») : se dit du débiteur qui est encore maître de ses biens, par opposition à celui qui serait dessaisi de ses pouvoirs de gestion (pour liquidation judiciaire par exemple).

Incapable *[Dr. civ.]*

Se dit d'une personne frappée d'incapacité.

Incapacité *[Dr. civ.]*

État d'une personne privée par la loi de la jouissance ou de l'exercice de certains droits.

L'incapacité est dite d'*exercice* lorsque la personne qui en est frappée est inapte à mettre en œuvre elle-même ou à exercer seule certains droits dont elle demeure titulaire. L'incapacité est dite de *jouissance* lorsque la personne qui en est frappée est inapte à être titulaire d'un ou plusieurs droits; mais elle ne peut pas être générale.

📖 *C. civ., art. 388 s. et 488 s.*

Incapacités et déchéances *[Dr. pén.]*

Mesures de sûreté, consécutives à des condamnations pénales, ayant pour but d'empêcher que les personnes qui en sont frappées remplissent des fonctions civiques, civiles ou de famille.

Incapacités électorales *[Dr. const.]*

Situations entraînant la perte du droit de vote :

1° *Incapacité intellectuelle* : celle qui frappe les interdits judiciaires.

2° *Incapacité morale ou indignité* : celle qui frappe les individus qui ont subi certaines condamnations.

Incapacité permanente partielle (IPP) *[Dr. civ. / Séc. soc.]*

Élément d'appréciation du dommage corporel subi par une personne et qui correspond à une impossibilité partielle d'exercer une activité professionnelle; elle incluait en outre, jusqu'à la loi n° 73-1200 du 27 décembre 1973, l'indemnisation de la part des préjudices de caractère personnel qui était postérieure à la consolidation des blessures; désormais, ces préjudices font l'objet d'une indemnisation distincte dans leur composante postérieure à cette consolidation.

Incapacité temporaire de travail (ITT) *[Dr. civ. / Séc. soc.]*

État dans lequel se trouve une personne qui, à la suite d'un dommage corporel subi par elle, ne peut plus exercer d'activité professionnelle pendant une période donnée.

Incarcération provisoire *[Pr. pén.]*

Mesure de détention de 4 jours au maximum susceptible d'être prononcée par un juge d'instruction lorsque la chambre d'examen des mises en détention provisoire ne peut être réunie immédiatement ou lorsque la personne mise en examen demande un délai pour préparer sa défense.

📖 *NCPC, art. 145.*

Incessibilité *[Dr. civ.]*
➢ *Cessibilité.*

Inceste *[Dr. civ. / Dr. pén.]*

Rapport charnel entre proches parents ou alliés dont le mariage est prohibé par la loi.

Les relations incestueuses sont réprimées par l'article 224-24, 4ᵉ du code pénal. (V. aussi article 228-28, 2ᵉ du code pénal.)

📖 *C. civ., art. 165 s.*

Incidents du procès *[Pr. civ.]*

Questions soulevées au cours d'une instance déjà ouverte et qui ont pour effet soit de suspendre ou d'arrêter la marche de l'instance (incidents proprement dits) soit de modifier la physionomie de la demande (demandes incidentes).

Les incidents proprement dits sont relatifs à la compétence, à l'administration de la preuve, à la régularité de la procédure, aux exceptions dilatoires.

Les demandes incidentes visent à introduire les demandes nouvelles entre les mêmes parties ou à appeler en cause des personnes jusque-là étrangères au procès.

📕 *NCPC, art. 63 s.*

Incompatibilités *[Dr. const.]*

Interdiction faite au titulaire d'un mandat politique de cumuler celui-ci avec des fonctions qui pourraient en compromettre l'exercice.

Ne pas confondre incompatibilité et inéligibilité : l'incompatibilité ne vicie pas l'élection, mais oblige l'élu à choisir entre le mandat qu'il a sollicité et la fonction incompatible.

[Pr. civ.] Interdiction pour certains auxiliaires de justice, avocats, officiers ministériels, administrateurs judiciaires, mandataires liquidateurs, techniciens, conseils juridiques, d'avoir certaines activités qui porteraient atteinte au bon exercice de la profession. Ainsi, activité salariée ou commerciale pour un avocat.

Incompétence *[Pr. gén.]*

Chez un agent public, défaut de pouvoir, matériellement ou territorialement, qui conduit à l'annulation de l'acte qu'il a posé. Le maire, par exemple, est incompétent au-delà des limites de sa commune.

Défaut d'aptitude d'une juridiction à connaître d'une demande introductive d'instance, d'une question préjudicielle, d'une demande incidente.

➤ *Compétence exclusive.*

Incompétence d'attribution *[Pr. civ.]*

Inaptitude légale d'une juridiction à connaître d'une demande en raison de sa nature ou de la situation des parties. Le moyen peut toujours être soulevé par les parties sous la forme d'une exception d'incompétence, qui doit être motivée, indiquer la juridiction devant laquelle l'affaire devrait être portée et être présentée *in limine litis*.

Quant à la juridiction saisie, elle a la faculté de relever d'office son incompétence, mais dans des cas bien précis. Le juge du premier degré le peut uniquement lorsque la règle violée est d'ordre public ou lorsque le défendeur ne comparaît pas. La Cour de cassation et la cour d'appel ne le peuvent que si l'affaire relève d'une juridiction administrative ou répressive ou échappe à la connaissance de la juridiction française.

📕 *NCPC, art. 75 et 92.*

Incompétence territoriale *[Pr. civ.]*

Inaptitude légale d'une juridiction à connaître d'une affaire tenant à la méconnaissance des critères géographiques de répartition des litiges. En matière gracieuse, le juge peut toujours relever son incompétence territoriale, alors qu'en matière contentieuse ce pouvoir ne lui appartient que dans les procès relatifs à l'état des personnes, dans les cas où la loi attribue compétence exclusive à une autre juridiction, dans les cas où le défendeur ne comparaît pas.

La partie qui conteste la compétence territoriale doit procéder de la même manière que pour le déclinatoire de compétence d'attribution.

📕 *NCPC, art. 75 et 93.*

I

Incorporel *[Dr. civ.]*
➤ *Bien incorporel.*

Incrimination *[Dr. pén.]*
Acte législatif ou réglementaire par lequel est définie une infraction.

Inculpation *[Dr. pén.]*
Acte par lequel le juge d'instruction décide qu'il sera informé contre telle personne nommément désignée.
L'inculpation est remplacée dans les nouvelles dispositions du NCPP par la mise en examen.

Inculpation tardive *[Pr. pén.]*
Faute commise par un juge d'instruction consistant à entendre comme témoin une personne contre laquelle existent des indices graves et concordants de culpabilité, afin de faire échec aux droits de la défense.
🔳 *C. pr. pén., art. 105.*
Cette notion est supprimée, la mise en examen ayant remplacé l'inculpation.

Inculpé *[Pr. pén.]*
Personne soupçonnée d'une infraction pendant la procédure d'instruction. La « personne mise en examen » remplace « l'inculpé ».

Indemnité *[Dr. civ.]*
Somme d'argent destinée à réparer un préjudice, ou à rembourser un débours qui n'est pas à la charge du solvens.
[Dr. trav.] • *Indemnité de clientèle* : indemnité versée par l'employeur au représentant de commerce congédié sans qu'il ait commis de faute, pour rémunérer l'apport, la création ou l'augmentation de la clientèle dus à son activité.
🔳 *C. trav., art. L. 751-9.*

• *Indemnité compensatrice de congés payés* : indemnité due par l'employeur au salarié qui quitte l'entreprise avant d'avoir pris son congé annuel ou sans l'avoir pris complètement.
🔳 *C. trav., art. L. 223-14.*
• *Indemnité de congés payés* : substitut du salaire touché par le salarié pendant son congé annuel. Cette indemnité a la nature juridique du salaire.
🔳 *C. trav., art. L. 223-11.*
• *Indemnité de licenciement* : indemnité versée au salarié congédié sans avoir commis de faute grave, alors qu'il compte une certaine ancienneté dans l'entreprise. L'indemnité est calculée en fonction de cette ancienneté.
🔳 *C. trav., art. L. 122-9 s.*
• *Indemnité compensatrice du délai-congé* : indemnité due pour inobservation du délai-congé (on dit encore indemnité de préavis).
🔳 *C. trav., art. 122-8.*
• *Indemnité de rupture abusive* : dommages et intérêts dus à la victime d'une rupture abusive du contrat de travail.
🔳 *C. trav., art. 122-14-4 s.*
[Séc. soc.] Indemnités journalières : prestations en espèces de l'assurance maladie ou de l'assurance accidents du travail, versées aux travailleurs pendant leur incapacité temporaire de travail en remplacement du salaire.
🔳 *CSS, art. L. 323-1, L. 331-3; L. 431-1.*

Indemnité de caractère personnel
[Dr. civ. / Séc. soc.]
Indemnité destinée à réparer les préjudices de caractère personnel.
🔳 *CSS, art. L. 452-3.*

Indemnité d'éviction *[Dr. com.]*
Indemnité à laquelle peut prétendre le titulaire d'un bail commercial dont le

renouvellement est refusé, sans que le bailleur puisse invoquer un droit de reprise.

Cette indemnité, évaluée par les tribunaux selon les indications du législateur, peut être très élevée et la menace de son versement constitue une forte incitation au renouvellement du bail.

Indemnité parlementaire [Dr. const.]
Somme d'argent allouée aux parlementaires en vue d'assurer le libre accès du Parlement à tous les citoyens et le libre exercice du mandat à tous les élus.

Indemnité de résidence [Dr. adm.]
➤ *Traitement budgétaire.*

Indexation [Dr. civ. / Dr. com.]
Clause d'une convention à exécution successive ou à échéance différée en vertu de laquelle la somme portée sur le titre pourra être modifiée au moment du paiement en fonction d'un indice économique ou monétaire.
📖 *C. mon. fin., art. L. 112-1 s.*
➤ *Clause d'échelle mobile, Échelle mobile des salaires.*
[Dr. fin.] Procédé consistant, pour faciliter le placement d'un emprunt, à garantir le prêteur contre la dépréciation de la monnaie en rattachant le montant des intérêts ou du capital à la valeur d'un bien ou d'un service réputé suivre l'évolution générale des prix.

Indication de paiement [Dr. civ.]
Mention des paiements partiels déjà faits par le débiteur que le créancier inscrit, soit sur le titre de sa créance restée en sa possession, soit sur le double d'un titre ou d'une quittance que possède le débiteur et fait foi contre lui quoique non datée ni signée.

Indication de provenance [Dr. com.]
Terme géographique indiquant le lieu d'origine d'un produit et lié dans l'esprit de la clientèle à une connotation de qualité.

Indice
Chiffre utilisé en économie pour mesurer les variations d'une quantité.
➤ *Indexation.*

Indice de traitement [Dr. adm.]
Le traitement brut du fonctionnaire public est déterminé en multipliant son indice par la valeur du point d'indice. L'échelle des indices numériques est prolongée, pour les plus hautes rémunérations, par des « échelles-lettres ». Il peut être « bonifié », c'est-à-dire augmenté, pour certaines catégories de fonctionnaires.

Indices [Dr. civ. / Pr. gén.]
Ensemble de faits connus à partir desquels on établit, au moyen du raisonnement inductif, l'existence du fait contesté dont la preuve n'est pas directement possible.

Indignité successorale [Dr. civ.]
Déchéance frappant un héritier coupable d'une faute grave prévue limitativement par la loi. Elle entraîne l'exclusion de la succession *ab intestat* de celui envers qui le successible s'est montré indigne.
📖 *C. civ., art. 727 s.*
➤ *Ingratitude.*

Indisponibilité [Dr. civ.]
État d'un bien, d'un droit ou d'une action qui échappe au libre pouvoir de la volonté individuelle par interdiction

I

ou restriction du droit d'en disposer.
Par exemple, la saisie d'un bien fait perdre au propriétaire le droit de l'aliéner, les actions d'état ne peuvent faire l'objet d'une quelconque négociation.

Indivisibilité *[Dr. civ.]*

Se dit principalement des obligations dont l'exécution partielle est impossible en raison soit de la nature de l'objet de l'obligation, soit de la volonté des parties.

📖 *C. civ., art. 1217 s.*

[Pr. pén.] Hypothèse jurisprudentielle de prorogation de compétence tenant à des liens unitaires entre plusieurs infractions, sans recouper précisément les cas plus larges de connexité. Ainsi en est-il des infractions commises dans le même trait de temps, dans le même lieu, sous l'impulsion des mêmes mobiles et procédant de la même cause.

[Pr. civ.] Il y a indivisibilité lorsque la situation juridique, objet du procès intéresse plusieurs personnes, de telle manière que l'on ne puisse la juger sans que la procédure et le jugement retentissent sur tous les intéressés.
Connexité renforcée, l'indivisibilité exerce principalement son influence sur la compétence, sur l'exercice et les effets des voies de recours.

📖 *NCPC, art. 529, 552, 562, 584, 591, 615 et 624.*

Indivision *[Dr. civ.]*

Situation juridique née de la concurrence de droits de même nature exercés sur un même bien ou sur une même masse de biens par des personnes différentes, sans qu'il y ait division matérielle de leurs parts.

📖 *C. civ., art. 815 s.*

Indu *[Dr. civ.]*
➢ *Répétition de l'indu.*

« In dubio pro reo »
Le doute profite à l'accusé.

Inéligibilité *[Dr. const.]*

Situation qui entraîne l'incapacité d'être élu :
1° *Inéligibilité absolue* : situation qui rend inéligible dans toutes les circonscriptions électorales (ex. : certaines condamnations, la fonction de Médiateur).
2° *Inéligibilité relative* : situation qui rend inéligible dans certaines circonscriptions seulement (cas des fonctionnaires d'autorité qui sont inéligibles dans le ressort où ils exercent leurs fonctions).

Inexistence *[Dr. adm.]*

En droit administratif, où le juge n'est pas lié par la règle civiliste « pas de nullité sans texte », l'intérêt principal de cette théorie se manifeste au plan contentieux.
Elle permet notamment en présence d'illégalités particulièrement graves. d'assouplir les règles normales relatives aux délais procéduraux et à la compétence limitée des juges judiciaires pour sanctionner l'illégalité des actes administratifs.

[Dr. civ.] Théorie en vertu de laquelle l'acte juridique auquel il manque un élément essentiel (par exemple le consentement) doit être considéré comme inefficace par toute personne alors même qu'aucun texte ne le proclame, et sans qu'il soit besoin d'une décision de justice pour le constater. ➢ *Nullité.*

[Pr. civ.] La sanction de l'inexistence peut être précieuse en procédure civile, s'agissant d'actes de procédure tellement informels qu'ils ne méritent pas ce qualificatif, ou de prétendus jugements rendus sans forme par une parodie de tribunal. L'inexistence n'est pas prononcée, mais seulement constatée, car il n'y a pas d'apparence de régularité à détruire.

« In extenso » (en entier) *[Dr. gén.]*
Reproduction complète et exacte d'un acte juridique; un extrait est une reproduction incomplète.

« Infans conceptus pro nato habetur quoties de commodis ejus agitur » *[Dr. civ.]*
L'enfant simplement conçu est considéré comme né toutes les fois que cela peut lui apporter un avantage.

Infanticide *[Dr. pén.]*
Meurtre ou assassinat d'un enfant nouveau-né, au cours du délai, imparti pour faire la déclaration de naissance à l'état civil, des trois jours qui suivent l'accouchement. La mère coupable d'infanticide bénéficie d'une atténuation légale de peine.
Le meurtre sur un mineur de quinze ans remplace l'infanticide dans le nouvel article 221-4 du NCP.

Infirmation *[Pr. gén.]*
Annulation totale d'une décision judiciaire par la juridiction du second degré.
➤ *Confirmation, Réformation.*

Inflation *[Dr. fin.]*
Situation de déséquilibre économique et monétaire caractérisée par une hausse continue des prix, qui diminue d'au-

tant le pouvoir d'achat de l'unité monétaire. Est dite « galopante » quand cette hausse est très rapide.
➤ *Stagflation.*

Information *[Pr. pén.]*
➤ *Instruction.*

Informatique juridique *[Dr. gén.]*
Application au droit des techniques modernes permettant de mettre en mémoire et d'utiliser les divers éléments de l'information juridique.
➤ *Banques de données juridiques, Fichiers, Nomenclature juridique, Thésaurus.*

I

« Infra petita » *[Pr. civ.]*
(Du latin : en deçà de la demande). Le tribunal statue « infra petita » lorsqu'il ne répond pas à tous les chefs de demande.
📋 *NCPC, art. 5 et 463.*
➤ *« Ultra petita ».*

Infraction *[Dr. pén.]*
Action ou omission, définie par la loi pénale et punie de certaines peines également fixées strictement par celle-ci.

Infraction complexe *[Dr. pén.]*
Infraction consommée par l'accomplissement de plusieurs opérations matérielles de natures différentes : le type en est l'escroquerie composée de manœuvres frauduleuses et de la remise d'une chose par la victime au coupable.

Infraction continue *[Dr. pén.]*
Infraction caractérisée par le fait que sa consommation peut se prolonger dans le temps par la persistance de la volonté délictueuse de son auteur (ex. : séquestration).

I

Infraction continuée *[Dr. pén.]*

Appellation proposée par la doctrine pour désigner un ensemble de comportements infractionnels de même nature (ex. : vol) commis successivement dans le cadre d'une seule et même entreprise criminelle.

Infraction formelle *[Dr. pén.]*

Par opposition au délit matériel, l'infraction formelle consiste en l'incrimination d'un comportement délictueux indépendamment de son résultat, et qui constituerait seulement un commencement d'exécution si ce résultat matériel était exigé.

Ainsi, l'empoisonnement consiste dans l'administration de substances toxiques indépendamment du décès de la victime.

Infraction d'habitude *[Dr. pén.]*

Infraction consommée par la répétition d'une opération matérielle unique qui n'est pas, isolément, délictueuse (ex. : exercice illégal de la médecine).

Infraction impossible *[Dr. pén.]*

Tentative dont l'échec est dû à l'impossibilité d'atteindre le résultat de l'infraction.

Infraction instantanée *[Dr. pén.]*

Infraction dont la consommation ne peut se prolonger dans le temps.

Infraction intentionnelle *[Dr. pén.]*

Infraction dont l'élément de culpabilité (attitude psychologique répréhensible) ne peut être constitué que par l'intention.

Infraction internationale *[Dr. pén.]*

Agissements contraires aux règles du droit international public (commis par un État au détriment d'un autre État) et réprimés pénalement sur le fondement d'une norme internationale.

On distingue habituellement trois catégories d'infractions internationales : les crimes contre la paix (agissements pouvant déclencher un conflit : guerre d'agression), les crimes de guerre (agissements contraires aux lois et coutumes de la guerre) ; les crimes contre l'humanité.

Infraction militaire *[Dr. pén.]*

Au sens strict, manquements au devoir ou à la discipline militaire prévus par le code de justice militaire et donc inconcevables en dehors de la vie militaire (insoumission – désertion). Plus largement on utilise également cette terminologie pour certaines infractions de droit commun plus sévèrement sanctionnées par le code de justice militaire parce qu'elles prennent dans la vie militaire une gravité particulière (voie de fait envers un supérieur).

Infraction naturelle ou artificielle
[Dr. pén.]

Selon cette distinction, d'ailleurs controversée, le premier type concerne les incriminations pour lesquelles la réprobation émane de la conscience collective et correspond à la violation de principes supérieurs de morale respectés en tous temps et en tous lieux et qu'il serait pratiquement impossible de ne pas sanctionner. Le second type correspond au contraire à des incriminations très librement établies par le législateur pour créer ou modeler un ordre social déterminé en fonction de contingences diverses (économiques par exemple) sans référence précise à une norme morale et donc le plus souvent propres à un système de droit positif.

Infraction obstacle *[Dr. pén.]*

Comportements qui n'engendrent pas en eux-mêmes de trouble pour l'ordre social, mais qui sont, malgré tout, érigés en infraction dans un but de prophylaxie sociale parce qu'ils sont dangereux et constituent les signes avantcoureurs d'une criminalité.

Infraction permanente *[Dr. pén.]*

Infraction instantanée dont les effets se prolongent dans le temps en raison de l'attitude purement passive de son auteur. Ex. : Bigamie, apposition d'une affiche en un lieu interdit.

Infraction politique *[Dr. pén.]*

Selon une conception *objective*, tous agissements qui portent directement atteinte à un intérêt ou à une prérogative de nature politique, telle une atteinte à l'existence ou à l'organisation de l'État, autrement dit lorsque la valeur sociale protégée par la qualification pénale est politique (fonctionnement des pouvoirs constitutionnels par exemple). Selon une conception *subjective*, toute infraction peut être qualifiée de politique dès lors que les mobiles qui l'inspirent menacent les mêmes intérêts et prérogatives. Dans ce dernier cas, on réserve le terme d'infractions complexes à celles qui lésant un intérêt privé sont commises dans un but politique et celui d'infractions connexes aux agissements de droit commun qui se ratta-

chent par un rapport de causalité à un infraction politique.

Infraction praeterintentionnelle *[Dr. pén.]*

Acte délictueux volontaire qui entraîne des conséquences plus graves que celles prévues par son auteur. La peine est alors intermédiaire, sauf exception, entre celle correspondant au résultat recherché et celle attachée au résultat effectivement atteint, (ex. : coups et blessures volontaires ayant entraîné la mort sans intention de la donner)

📖 *C. pén., art. 311.*

L'article 222-7 du NCP traite des violences ayant entraîné la mort sans intention de la donner, les peines étant prévues à l'article 222-8 du NCP.

Infraction purement matérielle *[Dr. pén.]*

Acte délictueux dont l'élément moral ou psychologique n'a pas à être démontré, de sorte que l'établissement de la matérialité des faits vaut en soi culpabilité. Les contraventions sont, pour la plupart, des infractions purement matérielles.

Infraction putative *[Dr. pén.]*

Action ou omission consommée, accomplie dans la croyance, erronée en fait, qu'elle constitue une infraction (ex. : enlèvement sans fraude ni violence d'un majeur de 18 ans, supposé mineur de cet âge).

« In futurum » *[Dr. civ. / Pr civ.]*

« Pour l'avenir ». S'emploie surtout en matière de preuve pour indiquer qu'elle est préconstituée, c'est-à-dire établie par avance, pour servir lors d'un éventuel procès.

La loi permet au juge de prescrire, en dehors de toute contestation actuelle au fond, les mesures d'instruction nécessaires à la conservation ou à l'établissement d'une preuve dont pourrait dépendre la solution d'un litige ultérieur ; on parle par ex. : d'enquête ou d'expertise *in futurum*.

📗 *NCPC, art. 145.*

Ingénierie *[Dr. com.]*

Contrat par lequel l'une des parties, l'ingénieur, s'engage moyennant rémunération à procéder pour le compte d'une autre, le maître de l'ouvrage, à l'élaboration d'un projet détaillé de construction d'une unité industrielle (ingénierie de consultation ou consulting engineering) et parfois à sa réalisation (ingénierie commerciale).

Ingérence *[Dr. pén.]*
➣ *Prise illégale d'intérêt.*

Ingérence (Délit d')
➣ *Prise illégale d'intérêt.*

Ingérence humanitaire *[Dr. int. publ.]*
➣ *Non-ingérence (Principe de...).*

Ingratitude *[Dr. civ.]*

Cause de révocation des libéralités lorsque le gratifié a attenté à la vie du disposant, ou s'est rendu coupable envers lui de sévices, délits ou injures graves, ou refuse de lui verser des aliments.

📗 *C. civ., art. 958 s. et 1046.*
➣ *Indignité.*

Initiative législative *[Dr. const.]*

Droit reconnu aux parlementaires ou au Gouvernement – ou aux deux concurremment – de déposer des propositions de lois (parlementaires) ou des projets de lois (Gouvernement).

Initiative populaire *[Dr. const.]*

Procédé de la démocratie semi-directe permettant au peuple, sous forme d'une pétition comportant un nombre déterminé de signatures, de soumettre à l'Assemblée législative un projet qu'elle est contrainte d'examiner (selon une autre modalité, le projet est directement soumis à la votation populaire).

Injonction *[Dr. adm.]*

Ordre de faire qui serait adressé par un juge à une personne publique.

Le principe de séparation des pouvoirs interdit en principe à tous les tribunaux d'adresser des injonctions à l'Administration, sauf en matière d'astreinte et en cas de voie de fait.

En revanche, le Médiateur de la République peut adresser des injonctions à l'Administration en vue de faire assurer l'exécution d'une décision de justice. Un pouvoir analogue a été donné aux juridictions administratives en février 1995.

[Pr. civ.] Ordre donné par le juge, à la requête d'une partie, à l'autre partie ou, dans certaines conditions à un tiers, de produire en Justice un élément de preuve ou un document. Ce pouvoir est reconnu à tout magistrat. L'exécution de la décision peut être assurée grâce à une astreinte.

Le magistrat de la mise en état, outre ce pouvoir général, peut adresser des injonctions aux avocats (aux avoués devant la cour d'appel) pour provoquer la ponctualité de l'échange des conclusions et de la communication des pièces.

Injonction de faire *[Pr. civ.]*

Procédure permettant d'obtenir du juge des référés une ordonnance prescrivant l'exécution en nature d'une obligation de faire, ainsi la livraison d'une chose, la restitution d'un bien, la fourniture d'un service, dès lors que l'obligation n'est pas sérieusement contestable. Une procédure simplifiée permet d'obtenir du juge d'instance (dans les limites de sa compétence d'attribution), une ordonnance d'injonction de faire. Il doit s'agir d'une obligation née d'un contrat passé entre personnes n'ayant pas toutes contracté en qualité de commerçant.

📖 *NCPC, art. 1425-1 s.*

Injonction de payer *[Pr. civ.]*

Procédure simplifiée à l'extrême permettant de poursuivre le recouvrement des petites créances civiles ou commerciales en obtenant du juge d'instance ou du président du tribunal de commerce la délivrance d'une injonction de payer qui, à défaut d'opposition, devient exécutoire.

📖 *NCPC, art. 1405 s.*

« In judicando » *[Pr. civ.]*

« Dans la manière de juger », quant au fond, non quant à la forme. Se rapporte au mal-jugé, qu'il s'agisse d'une erreur de droit consistant dans la mauvaise interprétation de la loi justiciable à ce titre du pourvoi en cassation, ou d'une erreur de fait ayant sa source dans une appréciation inexacte des données de l'espèce et justifiant l'ouverture de l'appel et du recours en révision.

📖 *NCPC, art. 542, 604.*
➢ *« In procedendo ».*

Injure *[Dr. civ.]*

Offense envers une personne. Entre époux, l'injure n'est plus une cause spé-

cifique de divorce (loi du 11 juillet 1975); elle constitue l'une des fautes éventuellement génératrices du divorce-sanction.

📖 *C. civ., art. 242.*

[Dr. pén.] Expression outrageante, terme de mépris ou invective ne renfermant l'imputation d'aucun fait précis. Dans la mesure où elle n'est pas précédée de provocation, l'injure est un délit lorsqu'elle est publique et une contravention dans le cas contraire.

« In limine litis » *[Pr. civ.]*

Au seuil du procès.

Le seuil du procès est le moment de l'instance où celle-ci va être liée par le dépôt des conclusions au fond des plaideurs.

Inopérant *[Dr. adm.]*
➢ *Moyens inopérants.*

Inopposabilité *[Dr. civ. / Pr. civ.]*

Se dit d'un acte juridique dont la validité n'est pas affectée mais dont les tiers peuvent écarter les effets.

➢ *Nullité, Opposabilité, Tierce-opposition.*

« In pari causa, melior est causa possidentis » *[Dr. civ.]*

Lorsqu'aucun des plaideurs ne peut faire la preuve, la préférence est donnée à celui qui tient en sa possession l'objet en litige.

« In procedendo » *[Pr. civ.]*

« Dans la manière de procéder ». Qualifie les irrégularités de procédure, aussi bien manquement aux formes qu'inobservation des délais, que les parties peuvent dénoncer par voie d'exception ou de fin de non-recevoir et qui consti-

tuent une cause d'appel et de pourvoi en cassation.
➤ *« In judicando ».*

Inquisitoire (Procédure) *[Pr. gén.]*
➤ *Procédure inquisitoire.*

Insaisissabilité *[Dr. civ. / Pr. civ.]*
Caractère de ce qui ne peut être saisi, c'est-à-dire mis sous main de justice, dans l'intérêt d'un particulier, de sa famille ou de l'ordre public. ➤ *Biens insaisissables.*
[Dr. trav.] En raison de son caractère alimentaire, le salaire est partiellement insaisissable.
🔖 *C. trav., art. L. 145-2 s., R. 145-1 s.*

Inscription *[Dr. civ.]*
Formalité par laquelle est obtenue la publicité de certains actes portant sur des immeubles (ex. : inscription hypothécaire) ou sur certains meubles.
🔖 *C. civ., art. 2146 s.*

Inscription au rôle *[Pr. civ.]*
➤ *Répertoire général.*

Inscription de faux *[Pr. civ.]*
Action judiciaire, intentée par voie principale ou incidente, dirigée contre un acte authentique et visant à démontrer qu'il a été altéré, modifié, complété par de fausses indications, ou même fabriqué.
🔖 *NCPC, art. 306 et 314.*
➤ *Faux.*

Inscription maritime *[Dr. marit.]*
Administration chargée de recenser les gens de mer.

Inscription d'office *[Dr. adm.]*
Pouvoir accordé par des textes aux autorités de l'État chargées du contrôle de tutelle ou du contrôle budgétaire d'inscrire elles-mêmes au budget des organismes publics ou des collectivités locales les crédits pour les dépenses obligatoires que l'organe délibérant de ces personnes publiques refuserait de doter de crédits suffisants.

Insinuation *[Dr. civ.]*
Mode de publicité des donations sur un registre tenu au greffe du tribunal, avant la promulgation du Code civil.
De nos jours, la publicité des donations est réalisée par le dépôt de l'acte à la conservation des hypothèques et la transcription d'un extrait sur le fichier immobilier.

« In solidum » *[Dr. civ.]*
➤ *Obligation « in solidum ».*

Insolvabilité *[Dr. pén.]*
Organisée ou aggravée, l'insolvabilité est un délit pouvant peser sur tout débiteur qui, en vue de se soustraire à l'exécution d'une condamnation pécuniaire prononcée par une juridiction répressive ou, en matière délictuelle, quasi-délictuelle ou d'aliments, par une juridiction civile, aura soit augmenté le passif ou diminué l'actif de son patrimoine, soit dissimulé certains de ses biens.
Est également responsable le dirigeant de droit ou de fait d'une personne morale qui, pour organiser ou aggraver l'insolvabilité de celle-ci agit dans les mêmes conditions.
🔖 *C. pén., art. 404-1.*
L'article 314-7 du NCP élargit le domaine d'application de cette incrimination pour la retenir même avant une décision judiciaire.

Inspection des finances *[Dr. fin.]*

Corps supérieur d'inspection, directement rattaché au ministre des Finances, compétent à l'origine pour contrôler tous les comptables publics civils, et dont les attributions ont été étendues à la vérification des opérations administratives des ordonnateurs secondaires et au contrôle de la gestion de tous les organismes assujettis à la tutelle du ministre des Finances ou bénéficiaires de subventions publiques.

En outre, ce corps exerce une influence non négligeable sur les principales activités de l'État en raison du nombre de ses membres qui occupent des postes de direction dans les ministères ou dans des organismes semi-publics.

Inspection du travail *[Dr. trav.]*

Corps de fonctionnaires chargé de contrôler l'application de la législation du travail et de l'emploi.

📘 *C. trav., art. L. 611-1 s., R. 611-1 s.*

Installations classées *[Dr. adm.]*

Installations de toute nature, telles que chantiers, usines, exploitations, pouvant présenter des dangers pour la commodité du voisinage, la sécurité ou la salubrité publique, la protection de l'environnement ou des sites et monuments. Leur création donne lieu à autorisation ou à déclaration, et elles sont soumises à des inspections pour contrôler le respect des règles qui leur sont applicables.

[Dr. rur.] Les nuisances provenant d'une activité professionnelle, notamment agricole, n'ouvrent pas droit à réparation dès lors que l'installation polluante classée est préexistante (théorie de la pré-occupation) et conforme aux autorisations réglementaires d'exercice.

📘 *CCH, art. L. 112-16.*

Instance *[Pr. civ.]*

On entend par instance une suite d'actes de procédure allant de la demande en justice jusqu'au jugement.

Son ouverture fait naître entre les plaideurs un lien juridique particulier : le lien d'instance. Les voies de recours donnent lieu à une instance nouvelle, à l'exception de l'opposition.

Instances *[Dr. gén.]*

Terme sans contenu précis, parfois employé pour désigner un organe (généralement) public, compétent pour connaître d'une affaire; par exemple, on dit dans ce sens : saisir d'une réclamation les instances compétentes.

Instigation *[Dr. pén.]*

Une des modalités de la complicité prévue par l'article 60 du Code pénal. Elle consiste à pousser une personne à commettre une infraction. Elle peut se manifester par la provocation ou par la fourniture d'instructions.

L'instigation est prévue par l'article 121-7 du NCP qui la considère toujours comme une des formes de la complicité.

Institut de développement industriel *[Dr. adm.]*

Institution créée en 1969 avec une forte participation de l'État, mais aujourd'hui purement privée, destinée à drainer des capitaux pour un soutien financier, ou pour prendre des participations, au profit d'entreprises saines, mais momentanément en difficulté. Son rôle a diminué avec le développement des sociétés de capital-risque.

Institut d'émission *[Dr. fin.]*

Synonyme de Banque de France.

Institut national de la propriété industrielle *[Dr. com.]*

Établissement public rattaché au Ministère de l'Industrie, qui a essentiellement pour rôle de délivrer les brevets d'invention, d'en assurer la conservation, de recevoir le dépôt des marques et des dessins et modèles ainsi que d'assurer la publicité des actes juridiques ayant ces droits pour objet.

L'INPI assure également la tenue du Registre du commerce et des sociétés.

📖 *C. propr. intell., art. L. 411-1.*

Institut national du travail, de l'emploi et de la formation professionnelle *[Dr. trav.]*

École chargée de la formation des inspecteurs du travail et de l'emploi; implantée à Marcy l'Étoile, prés de Lyon, elle constitue un service du Ministère chargé du travail.

Institut régional d'administration (IRA) *[Dr. adm.]*

Établissement public chargé de recruter et de former des fonctionnaires de catégorie A chargés de tâches d'administration générale. Il existe un double concours, pour les candidats déjà fonctionnaires et pour les étudiants. La préparation au concours est assurée notamment par des Centres de préparation à l'administration générale (CPAG) rattachés à l'enseignement supérieur, et qui préparent à d'autres concours administratifs.

Institution *[Dr. gén.]*

1° *Au sens courant,* terme d'emploi fréquent pour désigner des réalités assez variées, mais caractérisées par l'idée d'une manifestation créatrice, et organisatrice, de la volonté humaine. On distingue habituellement :

les institutions-organes, qui sont des organismes dont le statut et le fonctionnement sont régis par le Droit comme le Parlement, ou la famille;

les institutions-mécanismes, qui sont des faisceaux de règles régissant une certaine institution-organe ou une situation juridique donnée, tels que le droit de dissolution, le mariage ou la responsabilité civile.

2° *Concept fondamental* de la théorie juridique du Doyen Hauriou, défini comme une organisation sociale, créée par un pouvoir, dont l'autorité et la durée sont fondées sur l'acceptation de l'idée fondamentale qu'elle réalise par la majorité des membres du groupe, et qui repose sur un équilibre de forces ou une séparation de pouvoirs. En assurant une expression ordonnée des intérêts adverses en présence, elle assure un état de paix sociale qui est la contrepartie de la contrainte qu'elle fait peser sur ses membres. L'institution, dans cette perspective correspond à une partie des institutions-organes définies ci-dessus.

Institution contractuelle *[Dr. civ.]*

Encore appelée donation de biens à venir, c'est un contrat par lequel une personne, l'instituant, promet à une autre, l'institué, de lui laisser à sa mort, tout ou partie de sa succession.

C'est un pacte sur succession future, exceptionnellement autorisé par la loi, dans un contrat de mariage ou entre époux.

🛡 *C. civ., art. 1081 s.*
➤ *Pacte sur succession future.*

Institutions financières spécialisées (IFS)
[Dr. fin.]

Catégorie particulière d'établissements de crédit, au contenu hétérogène, auxquels l'État a confié une mission permanente d'intérêt public et qui ne peuvent en principe effectuer des opérations étrangères à celle-ci. Nombre d'IFS ont connu dans les années 1990 une crise grave, en raison de la récession économique antérieure et du déclin de leurs missions lié à la déréglementation bancaire. Exemples d'IFS : le Crédit foncier de France, les Sociétés de développement régional.

Institutions de prévoyance *[Séc. soc.]*

Personnes morales de droit privé ayant une activité économique, sans avoir de caractère commercial, administrée paritairement par des membres adhérents (entreprises) et participants (assurés), constituées sur la base d'une convention ou d'un accord collectif, ou d'un référendum organisé dans le cadre de l'entreprise ou par la réunion d'une assemblée générale constituée de membres adhérents et de membres participants, mettant en œuvre l'ensemble des opérations d'assurance liées à la personne humaine et acceptant ces mêmes opérations en réassurance.

🛡 *CSS, art. L. 931-1 s.*

Institutions de retraite supplémentaire Sécurité sociale *[Séc. soc.]*

Personnes morales de droit privé servant des prestations s'ajoutant à celles du régime de base de sécurité sociale et à celles des régimes de retraite complémentaire obligatoire (ARRCO, AGIRC). Elles sont constituées dans le cadre d'une entreprise, d'un groupe d'entreprises ou d'une branche professionnelle. La constitution de nouvelles institutions de retraite supplémentaire n'est pas possible.

🛡 *CSS, art. L. 941-1 s.*

Institutions spécialisées *[Dr. int. publ.]*

Organisations internationales pourvues d'attributions déterminées dans les domaines économique, social, culturel, sanitaire, technique, et reliées par des accords à l'ONU, qui coordonne leur activité par l'intermédiaire du Conseil économique et social : ex. : UNESCO, OIT, etc.

Institutionnalisation *[Dr. const.]*

Processus par lequel le pouvoir est dissocié des individus qui l'exercent et incorporé dans l'institution étatique.

Instruction *[Pr. gén.]*

Phase de l'instance au cours de laquelle les parties précisent et prouvent leurs prétentions et au cours de laquelle le tribunal réunit les éléments lui permettant de statuer sur elles.

🛡 *NCPC, art. 143 s., 763 s.*

[Pr. pén.] Phase de l'instance pénale constituant une sorte d'avant-procès qui permet d'établir l'existence d'une infraction et de déterminer si les charges relevées à l'encontre des personnes poursuivies sont suffisantes pour qu'une juridiction de jugement soit saisie. Cette phase facultative en matière de délit, obligatoire à deux degrés en matière de crime, est menée d'abord par le juge

d'instruction ensuite éventuellement par la chambre d'accusation.

📖 *C. pr. pén., art. 79 s.*

Instruction (pouvoir d') *[Dr. adm.]*
Terme susceptible de deux acceptions :
1° Pouvoir appartenant au supérieur hiérarchique d'adresser des directives à ses subordonnés.
2° Compétence dévolue à une autorité de préparer et de mettre en état des affaires sur lesquelles le pouvoir de décision appartient à une autre autorité.

« Instrumentum » *[Dr. gén.]*
Écrit authentique ou sous-seing privé contenant la substance de l'acte juridique ou du contrat envisagé par son ou ses auteurs.
➤ *« Negotium ».*

Intégration *[Dr. int. publ.]*
Fusion de certaines compétences étatiques dans un organe superétatique ou supranational.

Intention *[Dr. pén.]*
Conscience éclairée et volonté libre de transgresser les prescriptions de la loi pénale.
📖 *C. pén., art. 121-3.*

Intercommunalité *[Dr. adm.]*
Coopération entre des communes limitrophes ou proches, fondée sur leur libre volonté de réaliser en commun un certain nombre de projets de développement ou d'aménagement, ou de gérer en commun un certain nombre de leurs compétences.
➤ *Communauté urbaine, Communauté d'agglomération, Communauté de communes, Syndicat de communes.*

Interdiction *[Dr. civ.]*
Situation juridique d'une personne qui se trouve privée de la jouissance ou de l'exercice de ses droits, en totalité ou en partie, en vertu de la loi ou d'une décision judiciaire.
L'interdiction légale résulte automatiquement de certaines condamnations pénales.
L'interdiction judiciaire frappait le dément et résultait d'une décision de justice; mais elle a été supprimée par la loi du 3 janvier 1968 et remplacée par la tutelle.

Interdiction de séjour *[Dr. pén.]*
Défense pour un condamné de paraître après l'exécution de sa peine, dans certains lieux fixés par le Gouvernement, et assortie de mesures d'assistance et de surveillance.

Intéressement *[Dr. trav.]*
Ensemble des techniques permettant d'associer les salariés aux résultats de l'entreprise.
📖 *C. trav., art. L. 441-1 s., R. 441-1 s.*

Intérêt *[Dr. civ. / Pr. gén.]*
Somme d'argent représentant le prix de l'usage d'un capital.
Intérêts moratoires : somme d'argent destinée à réparer le préjudice subi par le créancier du fait du retard dans l'exécution par le débiteur de son obligation de se libérer de sa dette.
📖 *C. civ., art. 1153.*
Intérêts compensatoires : somme d'argent destinée à réparer le préjudice subi par une personne du fait de l'inexécution par un contractant de son obligation ou par un tiers de sa dette.
➤ *Dommages et intérêts.*

Intérêt (pour agir) *[Pr. gén.]*

Condition de recevabilité de l'action consistant dans l'avantage que procurerait au demandeur la reconnaissance par le juge de la légitimité de sa prétention. Le défaut d'intérêt d'une partie constitue une fin de non-recevoir que le juge peut soulever d'office.

📘 *NCPC, art. 122.*

Intérêt conventionnel
[Dr. civ. / Dr. com. / Dr. pén.]

Intérêt fixé librement par les parties, à condition que son taux effectif global n'excède pas, de plus du tiers, au moment où il est consenti, le taux effectif moyen pratiqué au cours du trimestre précédent par les établissements de crédit pour des opérations de même nature comportant des risques analogues. Ces taux effectifs moyens sont calculés trimestriellement par la Banque de France en fonction des divers types de crédit.

Le taux excessif, dit usuraire, peut donner lieu à une poursuite pénale.

📘 *C. civ., art. 1907; C. consom., art. L. 313-3.*
➢ *Usure.*

Intérêt légal *[Dr. civ. / Dr. com.]*

Intérêt fixé par décret pour la durée de l'année civile et correspondant « à la moyenne arithmétique des douze dernières moyennes mensuelles des taux de rendement actuariels des adjudications de bons du Trésor à taux fixe à treize semaines ».

Son taux est majoré de cinq points si le débiteur n'a pas exécuté la décision de justice plus de deux mois à partir du jour où elle est devenue exécutoire, fût-ce par provision. Mais le juge de l'exécution peut exonérer le débiteur de tout ou partie de cette augmentation en considération de sa situation.

Intérêts fondamentaux de la nation
[Dr. pén.]

Valeurs sociales protégées contre un certain nombre de crimes et de délits (trahison, espionnage, attentat, complot, atteintes à la défense nationale), représentées par l'indépendance de la nation, l'intégrité du territoire, la sécurité, la forme républicaine des institutions, les moyens de défense et de diplomatie, la sauvegarde de la population en France et à l'étranger, l'équilibre du milieu naturel et de l'environnement, ainsi que les éléments essentiels du potentiel scientifique et économique et du patrimoine culturel.

📘 *C. pén., art. 410-1.*

Dans le nouveau code pénal, les atteintes aux intérêts fondamentaux de la nation se sont substituées aux atteintes à la sûreté de l'État.

Intérim *[Dr. adm. / Dr. const.]*

Temps pendant lequel une fonction est remplie par un autre que le titulaire (ex. : la constitution de 1958 confie l'intérim de la fonction présidentielle au Président du Sénat).

[Dr. trav.] ➢ *Travail temporaire.*

Interlocutoire *[Pr. civ.]*
➢ *Jugement avant dire droit.*

Internationalisation *[Dr. int. publ.]*

Soumission de certains espaces (ville, territoire, fleuve, canal) à un régime d'administration internationale. Ex. : Dantzig, Tanger, La Sarre, le canal de Suez, le Rhin... ont connu ou connaissent un régime d'internationalisation.

INT

Internement *[Dr. civ.]*

Ancienne procédure de placement d'un aliéné dans un établissement public ou privé de soins, par l'autorité administrative, éclairée par un avis médical.
➤ *Hospitalisation d'un aliéné.*

« Inter partes » *[Dr. gén. / Pr. gén.]*

Entre les parties. Expression signifiant que la force obligatoire ou exécutoire d'un contrat ou d'un jugement n'existe qu'entre les parties contractantes ou litigantes.
➤ *« Erga omnes », Partie, Tiers.*

Interpellation *[Dr. const.]*

Demande d'explication adressée par un parlementaire au Gouvernement sur sa politique générale ou sur une question déterminée.

Selon la tradition parlementaire, l'interpellation donne lieu à un débat sanctionné par le vote d'un ordre du jour entraînant la chute du Gouvernement s'il est rédigé en termes défavorables à ce dernier. En France, depuis 1946, l'interpellation n'est plus un procédé de mise en jeu de la responsabilité gouvernementale (sous la Ve République, le Conseil constitutionnel s'est même opposé formellement à son rétablissement).

[Dr. civ.] Désigne la mise en demeure.

Interposition de personnes *[Dr. gén.]*

Situation dans laquelle un acte conclu au bénéfice d'une personne doit profiter en fait à une autre. Ainsi en matière de libéralités adressées à un incapable de recevoir à titre gratuit, l'interposition de personne est, avec le déguisement de l'acte, le procédé habituel de frauder la loi; aussi le code civil a-t-il

édicté une présomption irréfragable d'interposition qui frappe les père et mère, les enfants et l'époux de l'incapable.
📖 *C. civ., art. 911.*

Interprétation d'un jugement *[Pr. civ.]*

En dépit du dessaisissement du juge après le prononcé du jugement, les parties peuvent demander au tribunal l'interprétation de certaines formules du jugement dont le sens n'est pas clair.
📖 *NCPC, art. 461.*

Interprétation (d'une norme juridique) *[Dr. publ.]*

En Droit public, l'interprétation ne consiste pas seulement à dégager le sens exact d'un texte qui serait peu clair, mais aussi à en déterminer la portée, c'est-à-dire le champ d'application temporel, spatial et juridique, ainsi que l'éventuelle supériorité vis-à-vis d'autres normes.

C'est grâce à cette étendue de la notion d'interprétation que la Cour de justice des Communautés européennes a pu poser le principe de la prééminence du Droit communautaire sur les Droits nationaux internes.

Interprétation stricte *[Dr. pén.]*

Principe d'interprétation qui interdit au juge pénal d'élargir un texte d'incrimination afin de sanctionner un fait qui n'a pas été expressément prévu par la loi.
📖 *NCP, art. 111-4.*

Interruption *[Dr. civ. / Dr. pén. / Pr. pén.]*

Incident qui, en matière de prescription, arrête le cours du délai et anéantit rétroactivement le temps déjà accom-

pli, de telle sorte que si, après cet incident, la prescription recommence à courir, il ne sera pas possible de tenir compte du temps déjà écoulé.
➤ *Suspension.*

Interruption illégale de la grossesse
[Dr. pén.]
Délit qui consiste à pratiquer l'expulsion du fœtus en dehors des hypothèses admises par la loi. Le défaut de consentement de l'intéressée est une circonstance aggravante.
▌ *C. pén., art. 223-10 et 223-11.*
L'expulsion d'un fœtus peut par ailleurs être le résultat d'une faute d'imprudence ou de négligence, telle une défaillance d'ordre médical, ce qui soulève la question de savoir si le fœtus peut être la victime d'un homicide involontaire.

Interruption de l'instance *[Pr. civ.]*
Modification de la situation des parties (décès, arrivée à la majorité) ou de leur représentant (cessation des fonctions de l'avocat ou de l'avoué) intervenant avant l'ouverture des débats.
▌ *NCPC, art. 369 s.*
➤ *Ouverture des débats, Reprise d'instance.*

Intervention *[Dr. int. publ.]*
Acte d'ingérence d'un État dans les affaires d'un autre pour le contraindre à agir selon sa volonté.
L'intervention est illicite (principe de non-intervention) sauf quand elle est fondée sur un titre (ex : traité). On peut admettre aussi la licéité de l'intervention d'humanité, entreprise pour protéger la vie de personnes gravement menacées (mais elle a souvent servi d'alibi aux politiques de puissance).

[Pr. civ.] Introduction volontaire ou forcée d'un tiers dans un procès déjà ouvert.
➤ *Demande en intervention, Garantie.*

Interversion de la prescription
[Dr. civ. / Pr. civ.]
Substitution de la prescription trentenaire à une prescription originaire plus courte. En règle générale, si une prescription a été interrompue, c'est une prescription de même nature et de même durée qui recommence à courir à partir de l'événement interruptif. Ce principe est écarté pour les courtes prescriptions (6 mois à 2 ans) fondées sur une présomption de paiement, telles que les créances des hôteliers, des médecins ou des commerçants. Si l'interruption procède d'une reconnaissance écrite et chiffrée de l'obligation par le débiteur ou de sa constatation en justice, la créance peut être réclamée, non pendant le délai de 6 mois à 2 ans, mais pendant le délai de 30 ans : la prescription de droit commun prend le relais de la prescription primitive interrompue. Si la prescription abrégée est ainsi intervertie, c'est que le défaut d'exécution est établi par un titre indiscutable (aveu du débiteur, jugement), ce qui enlève toute raison d'être à la présomption de paiement.
▌ *C. civ., art. 2238 et 2240.*

Interversion de titres *[Dr. civ.]*
Situation du détenteur qui, ne pouvant prescrire en raison de son titre précaire, oppose au propriétaire sa prétention d'avoir un droit de propriété, ou fait état d'un titre apparent le rendant propriétaire; le titre précaire est alors remplacé par un titre nouveau ou par une pré-

I

tention juridique : il y a interversion de titres.
📖 *C. civ., art. 2238 et 2240.*

Intimé *[Pr. civ.]*
Nom donné à celui contre lequel un appel a été formé.
📖 *NCPC, art. 547 s.*
➢ *Appelant.*

Intimité *[Dr. civ.]*
➢ *Atteinte à la vie privée.*

Intitulé d'inventaire *[Dr. civ.]*
Partie liminaire d'un inventaire contenant les noms, professions et demeures des requérants, des comparants et des défaillants, l'identité des commissaires-priseurs et experts et la situation des biens qui vont être décrits et estimés.
📖 *C. pr. civ., art. 943.*

« Intra vires » *[Dr. civ.]*
Expression signifiant qu'une personne (héritier, légataire, associé) n'est tenu de payer des dettes et un passif que dans la mesure de ce qu'il recueille ou possède dans l'actif correspondant (succession, régime matrimonial, société).
📖 *C. civ., art. 870 s.*
➢ *« Ultra vires ».*

Introduction de l'instance *[Pr. civ.]*
L'instance est entamée par une demande initiale émanant normalement du demandeur.
En matière contentieuse, cette demande est formée par assignation ou par requête conjointe. Elle peut l'être parfois par requête unilatérale, par déclaration verbale au secrétariat-greffe. Il est permis aux plaideurs, dans certains cas, de se présenter volontairement devant le juge.

En matière gracieuse, la demande est formée par requête ou par déclaration verbale au secrétariat-greffe.
📖 *NCPC, art. 53 s.*
[Dr. adm.] La procédure devant les juridictions administratives étant une procédure écrite, et le procès administratif se présentant comme un procès fait à un acte administratif et non à l'Administration, l'instance est introduite par le dépôt d'un mémoire dirigé – sauf en matière de travaux publics – contre une décision préalable de l'Administration. Sauf exceptions – nombreuses – le ministère d'un avocat est obligatoire.

« Intuitus pecuniae » *[Dr. civ. / Dr. com.]*
Considération de l'argent.
Expression signifiant que, dans un contrat (ex. : société de capitaux), la considération du capital apportée est plus importante que la qualité de la personne qui l'apporte.
➢ *« Intuitus personae ».*

« Intuitus personae » *[Dr. civ. / Dr. com.]*
Considération de la personne.
L'expression signifie que, dans la conclusion d'un contrat (ex. : travail, société de personnes), les qualités du cocontractant sont surtout prises en considération.
➢ *« Intuitus pecuniae ».*

Invalidité *[Séc. soc.]*
Incapacité de travail permanente de la victime d'un accident du travail. Incapacité de travail de l'assuré social lorsque son état de maladie ne relève plus de l'assurance maladie.
📖 *CSS, art. L. 341-1.*

Inventaire *[Dr. civ.]*
Dénombrement et évaluation des biens d'une personne.

La loi rend obligatoire l'inventaire dans certaines hypothèses : l'inventaire de succession. ➤ *Bénéfice d'inventaire.*

📖 *C. civ., art. 793 s. et 1483.*

[Dr. com.] Document comptable décrivant et estimant les éléments actifs et passifs de l'entreprise. Il permet de récapituler, à la clôture de l'exercice, la situation réelle de l'entreprise. Le commerçant doit établir un inventaire annuellement.

[Pr. civ.] Procès-verbal dressé par un huissier de justice, lors d'une saisie de meubles, décrivant tous les objets et effets placés sous main de justice.

Dans la saisie-vente, l'huissier de justice, après avoir adressé au débiteur un commandement, se rend sur les lieux et dresse un inventaire des objets mobiliers saisissables, inventaire signifié au débiteur ou au tiers chez lequel la saisie a été pratiquée.

➤ *Récolement.*

Inventeur (d'un trésor) *[Dr. civ.]*

Celui, celle, qui découvre un trésor.

📖 *C. civ., art. 716.*

Investiture *[Dr. const.]*

1° Désignation par un parti politique du ou des candidats qu'il présentera aux élections.

2° Sous la IVᵉ République (jusqu'à la réforme constitutionnelle de 1954), vote par lequel l'Assemblée nationale accordait sa confiance au Président du Conseil désigné par le Président de la République et l'autorisait à former le Gouvernement.

Inviolabilité parlementaire *[Dr. const.]*

Privilège qu'ont les parlementaires d'échapper aux poursuites intentées pour des actes étrangers à l'exercice de leur mandat : poursuites pénales pour crimes et délits.

L'inviolabilité n'est jamais absolue : elle ne joue pas en cas de flagrant délit et peut être levée par un vote de l'assemblée à laquelle appartient le parlementaire.

Irrecevabilité *[Pr. gén.]*

Sanction de l'inobservation d'une prescription légale consistant à repousser, sans l'examiner, une demande qui n'a pas été formulée en temps voulu ou qui ne remplit pas les conditions de fond ou de forme exigées (ex. : appel formé hors délai).

➤ *Fin de non-recevoir.*

[Dr. const.] ➤ *Exception d'irrecevabilité.*

Irréfragable *[Dr. civ.]*
➤ *Présomption.*

Irrépétible *[Pr. civ.]*

Se dit des frais de justice non compris dans les dépens et comme tels insusceptible d'être recouvrés par le gagnant, sauf au juge à condamner l'autre partie à lui verser une indemnité au titre de l'équité.

📖 *NCPC, art. 700.*

Irrégularité de fond *[Pr. civ.]*

Vice de procédure n'affectant pas l'acte en lui-même mais tenant à des circonstances extérieures rendant la demande ou la défense irrégulière au fond, par exemple le défaut de capacité d'ester en justice ou le défaut de pouvoir du représentant d'une personne atteinte d'une incapacité d'exercice. À l'opposé du vice de forme, l'irrégularité de fond peut être proposée en tout état de cause et provoque la nullité sans qu'il soit besoin de justifier d'un grief.

📘 *NCPC, art. 117 s.*

Irresponsabilité du chef de l'État
[Dr. const.]

Privilège en vertu duquel le chef de l'État échappe à tout contrôle juridictionnel ou parlementaire pour les actes accomplis dans l'exercice de ses fonctions, sauf cas exceptionnels prévus par la Constitution.

Irresponsabilité parlementaire
[Dr. const.]

Privilège qu'ont les parlementaires d'échapper aux poursuites judiciaires pour les opinions et les votes émis dans l'exercice de leur mandat.

I

quants : exclusion de certaines mentions au casier judiciaire – régime pénitentiaire spécifique.

Jonction d'instances *[Pr. civ.]*

Mesure d'administration judiciaire par laquelle un tribunal (ou un juge de la mise en état ou un juge rapporteur) décide d'instruire et de juger en même temps deux ou plusieurs instances unies par un lien étroit de connexité.

NCPC, art. 367 et 368.
➢ *Disjonction d'instance.*

Jeton de présence *[Dr. com.]*

Somme fixe allouée annuellement aux administrateurs de sociétés anonymes, et de certaines compagnies, en rémunération de leurs fonctions.

C. com., art. L. 225-45.

Jeu *[Dr. civ.]*

Le jeu est un contrat aléatoire par lequel les parties s'engagent réciproquement à assurer un gain à celle qui obtiendra un résultat dépendant d'un événement qu'elles peuvent, au moins partiellement, provoquer (ex. : jeu d'adresse, de hasard).

C. civ., art. 1965 s.
➢ *Loterie, Pari.*

Jeunes adultes délinquants *[Dr. pén.]*

Délinquants de 18 à 25 ans environ pour lesquels un courant de pensée, se fondant sur le fait que la maturation physiologique, psychologique ou sociale, n'est pas achevée à 18 ans, propose d'instaurer un régime de responsabilité proche de celui des mineurs. En droit français, il existe quelques règles spécifiques pour cette catégorie de délin-

Jouissance *[Dr. civ.]*

Utilisation d'une chose dont on perçoit les fruits.
➢ *Fruits, Usage.*

Jouissance légale *[Dr. civ.]*

Usufruit accordé par la loi, sur les biens de l'enfant mineur, à celui des parents qui a la charge de l'administration légale de ces biens; il appartient soit aux deux parents conjointement lorsque l'administration légale est pure et simple, soit à celui des père et mère qui a la charge de cette administration dans les autres cas. Le droit de jouissance légale cesse, sous réserve d'autres causes d'extinction, dès que l'enfant a seize ans accomplis.

C. civ., art. 382 s.

Jouissance à temps partagé *[Dr. civ.]*

Droit personnel d'occupation d'un bien immobilier à usage d'habitation pour une période déterminée ou déterminable de l'année, conféré par un professionnel à la suite d'une offre de contracter strictement réglementée et offrant au consommateur une faculté

J

J

de rétractation dans les dix jours de son acceptation.

▐ *C. consom., art. L. 121-60 s.*

➤ *Société d'attribution d'immeuble en jouissance en temps partagé.*

Journal officiel (JO) *[Dr. adm.]*

Publication gouvernementale dont l'édition « Lois et décrets » assure, par l'insertion qui y est faite, l'information des administrés sur les lois, décrets et arrêtés à portée générale; ces textes entrent en vigueur un jour franc après l'arrivée du JO au chef-lieu d'arrondissement.

➤ *Délai franc.*

Une édition publie aussi le compte rendu des débats à l'Assemblée nationale et au Sénat.

Il existe, en outre, publié par les Communautés européennes, un Journal officiel diffusant les textes et documents de celles-ci à l'intérieur des États-membres.

Journaliste professionnel *[Dr. trav.]*

Celui qui a pour occupation principale, régulière et rétribuée l'exercice de sa profession dans une publication quotidienne ou périodique, ou dans une agence française d'information, et qui en tire le principal des ressources nécessaires à son existence.

▐ *C. trav., art. L. 761-1 s., R. 761-1 s.*

Jours *[Dr. gén.]*

Jours ordinaires du calendrier sans distinction entre les jours ouvrables et les jours fériés.

[Dr. civ.] ➤ *Vues et Jours.*

Jours-amendes *[Dr. pén.]*

Peine d'amende pouvant se substituer à un emprisonnement à titre de peine principale dont l'originalité essentielle réside dans la détermination du montant de la somme à acquitter par le délinquant. Elle est fonction de deux éléments : le nombre de jours-amendes qui tient compte des circonstances de l'infraction avec un maximum de 360, le montant de l'amende journalière fixée par le juge en prenant en considération les ressources et les charges du prévenu avec un maximum de 2 000 F. Le défaut de paiement à l'expiration d'un délai égal au nombre de jours-amendes entraînera un emprisonnement pour une durée égale à la moitié du nombre de jours-amendes impayés. Les articles 131-3 et 131-5 du NCP traitent du jour-amende qui cesse d'être une peine de substitution.

Jours chômés *[Dr. trav.]*

Les jours chômés sont des jours pendant lesquels le travail est suspendu. Hormis les dérogations contenues dans les conventions collectives, les jours fériés ne sont obligatoirement chômés que pour les mineurs qui travaillent dans des établissements industriels autres que les usines à feu continu.

Le 1er mai est pour les salariés des deux sexes une journée chômée et payée.

▐ *C. trav., art. L. 222-1-1 s., R. 222-1.*

Jours fériés

➤ *Jours de fêtes légales.*

Jours de fêtes légales *[Dr. gén.]*

Jours de fêtes civiles ou religieuses. Fixés par la loi, ces jours sont, outre les dimanches, le 1er janvier, le lundi de Pâques, le 1er mai, le 8 mai, le lundi de Pentecôte, le 14 juillet, le 15 août, la Toussaint (1er novembre), le 11 novembre, Noël (25 décembre).

[Dr. trav.] Le code de travail n'interdit pas de façon générale, le travail pendant les jours fériés, sauf le 1er mai. Mais des régimes plus favorables résultent des usages et des conventions collectives.

📖 *C. trav., art. L. 222-1, L. 222-5.*

[Pr. civ.] Il n'est pas permis de signifier ou d'exécuter un acte ou jugement les jours de fêtes légales. Une permission du juge est cependant possible s'il y a péril en la demeure.

📖 *NCPC, art. 508.*

Jour fixe *[Pr. civ.]*
➤ *Assignation, Procédure à jour fixe.*

Jours ouvrables *[Dr. gén.]*
Jours réservés en principe au travail et aux activités professionnelles.

Jours ouvrés *[Dr. trav.]*
Jours effectivement travaillés dans l'entreprise.

Judicature *[Pr. civ.]*
Condition judiciaire, dignité du juge et durée de ses fonctions.

Judiciaire (pouvoir) *[Dr. const. / Pr. gén.]*
1° Fonction consistant à juger, c'est-à-dire à assurer la répression des violations du Droit et à trancher, sur la base du Droit, avec force de vérité légale, les contestations qui s'élèvent à propos de l'existence ou de l'application des règles juridiques.
2° Organes qui exercent la fonction judiciaire : les tribunaux.
➤ *Autorité judiciaire.*

Juge *[Pr. civ.]*
Magistrat de l'ordre judiciaire, professionnel ou non.

Le terme désigne plus spécialement le juge du tribunal d'instance, les juges ou premiers juges du tribunal de grande instance et ceux du tribunal de commerce.

Juge « ad hoc » *[Dr. int. publ.]*
Juge qu'un État, partie à un litige porté devant la Cour Internationale de Justice, peut désigner dans ce litige, lorsque la Cour ne comprend pas un juge de la nationalité dudit État.

Juge aux affaires familiales (JAF)
[Dr. civ. / Pr. civ.]
Juge du tribunal de grande instance délégué aux affaires familiales, à compter du 1er février 1994. À cette date il a été substitué au juge aux affaires matrimoniales, mais avec une compétence élargie, prenant même la compétence du juge des tutelles pour recevoir la déclaration conjointe des parents d'un enfant naturel qui souhaitent substituer le nom du père à celui de la mère ; sur tous les autres points la compétence du juge des enfants et celle du juge des tutelles en matière de protection de la personne et des biens des mineurs ne sont pas modifiés. Plus spécialement chargé « de veiller à la sauvegarde des intérêts des enfants mineurs », il connaît : du divorce et de la séparation de corps; des actions liées à la fixation de l'obligation alimentaire, de la contribution aux charges du mariage et de l'obligation d'entretien, à l'exercice de l'autorité parentale, à la modification du nom de l'enfant naturel et aux prénoms; du désaccord des titulaires de l'autorité parentale sur l'hospitalisation ou la sortie d'un mineur; des recours contre les hospitalisés et leurs débiteurs d'aliments; des mesures de crise prévues à l'article

J

JUG

220-1 du code civil. Cette fonction peut être assurée par la formation collégiale du TGI, par renvoi du juge.

📕 *C. org. jud., art. L. 312-1.*

Juge de l'application des peines (JAP)
[Pr. pén.]

Magistrat du siège du tribunal de grande instance nommé pour 3 années, renouvelable dans ces fonctions, chargé d'aménager l'exécution des sanctions pénales tant lorsqu'elles sont subies en milieu carcéral (détermination des modalités de traitement pénitentiaire : il accorde et révoque les réductions de peine, permissions de sortir, la semi-liberté, etc.) qu'en milieu libre (ex. : contrôle de l'exécution des mesures de sursis avec mise à l'épreuve).

📕 *C. pr. pén., art. 709 s.*

Juge chargé de suivre la procédure
[Pr. civ.]

Magistrat responsable de l'instruction devant le tribunal de grande instance, au cours de la période 1935-1971.

Juge-Commissaire *[Pr. civ.]*

Magistrat désigné pour suivre une procédure déterminée, ainsi une enquête, un redressement judiciaire ou une liquidation judiciaire.

Juge consulaire *[Pr. civ.]*

Nom donné par tradition aux magistrats des tribunaux de commerce.

Juge délégué aux affaires matrimoniales (JAM) *[Dr. civ.]*

Magistrat du tribunal de grande instance qui était responsable, jusqu'au 31 janvier 1994, des procédures de séparation de corps et de divorce. À compter du 1er février 1994 il a été remplacé par le juge aux affaires familiales.

Juge départiteur *[Pr. civ.]*
➤ *Conseil de prud'hommes, Partage des voix.*

Juge des enfants *[Pr. civ. / Pr. pén.]*

Magistrat du tribunal de grande instance dans la ressort duquel siège le tribunal pour enfants, désigné dans ces fonctions pour une durée de 3 ans renouvelable. Véritable spécialiste des problèmes de l'enfance, il a des attributions pénales et civiles. En matière pénale, il a tout à la fois juridiction d'instruction et de jugement pour les infractions commises par les mineurs. En matière civile, il est compétent dans le domaine de l'assistance éducative et plus généralement lorsqu'un mineur doit être protégé et assisté.

📕 *C. org. jud., art. 531-1 s.*

Juge de l'exécution *[Pr. civ.]*

La fonction de ce juge unique a été confiée au président du tribunal de grande instance, celui-ci pouvant déléguer ses pouvoirs soit à un ou à plusieurs juges de sa juridiction, soit à un ou plusieurs juges d'instance.

Ce magistrat a une compétence exclusive pour connaître des difficultés relatives aux titres exécutoires et à toutes les contestations découlant d'une procédure d'exécution forcée, en matière mobilière (saisies), même si elles portent sur le fond du droit. C'est lui aussi qui a qualité pour ordonner certaines mesures conservatoires. Il a le droit d'ordonner une astreinte. Il a la faculté de renvoyer l'affaire à la formation collégiale. En appel, ses décisions seront portées devant une chambre de l'exécution.

En matière de surendettement des ménages, sa compétence a été substituée à celle du juge d'instance.

📗 *C. org. jud., art. L. 311-12 s.*

Juge de l'expropriation *[Pr. civ. / Dr. adm.]*
Juge du tribunal de grande instance chargé de fixer le montant des indemnités d'expropriation, à défaut d'accord amiable entre l'expropriant et l'exproprié.

📗 *C. expr., art. L. 13-1 s. et R. 13-1 s.*

Juge d'instruction *[Pr. gén.]*
Magistrat du siège du tribunal de grande instance désigné dans cette fonction pour trois années renouvelables. Il constitue la juridiction d'instruction du premier degré.

Juge des libertés et de la détention *[Pr. pén.]*
Juge compétent pour ordonner ou prolonger la détention provisoire. Institué par la loi n° 2000-516 du 15 juin 2000, il prononce ces mesures en lieu et place du juge d'instruction jusque-là compétent pour le faire. Saisi par ce dernier, le JLD est un magistrat du siège ayant rang de Président, Premier Vice-Président ou Vice-Président.

📗 *C. pr. pén., art. 137-1.*

Juge des loyers *[Pr. civ.]*
Les difficultés nées d'un contrat de bail d'immeubles sont confiées. indépendamment de la valeur du litige à certaines juridictions.
Le juge de droit commun en matière de bail est le tribunal d'instance. Il connaît plus spécialement des *baux d'habitation* et *à usage professionnel*.

📗 *C. org. jud., art. R. 321-2.*

Baux commerciaux : compétence de principe du président du tribunal de grande

instance, éventuellement celle de ce tribunal ou du tribunal de commerce.
Baux ruraux. ➢ *Tribunal paritaire des baux ruraux.*

Juge de la mise en état (JME) *[Pr. civ.]*
Dans les affaires portées devant les tribunaux de droit commun, un juge de la mise en état ou un conseiller (en appel) est désigné lors de la mise au rôle. Il convoque les parties, exige le dépôt des conclusions dans les délais qu'il fixe lui-même, statue sur certains incidents, veille à la communication des pièces et prononce, lorsque l'affaire est en état une ordonnance de clôture.

📗 *NCPC, art. 762 s. et 910.*

Juge aux ordres *[Pr. civ.]*
Juge du tribunal de grande instance désigné pour présider au déroulement d'une procédure d'ordre.

📗 *C. pr. civ., art. 749.*

Juge de paix *[Pr. civ.]*
Magistrat chargé, avant la création des tribunaux d'instance, de rendre la justice dans le cadre d'une justice de paix (ressort : le canton).

Juge rapporteur *[Pr. civ.]*
Magistrat qui exerce, au sein du tribunal de commerce, les attributions qui sont dévolues au juge de la mise en état devant le tribunal de grande instance et qui est désigné par la formation de jugement, lorsque l'affaire n'est pas mûre pour être jugée.

📗 *NCPC, art. 861 s.*
➢ *Conseiller rapporteur, Rapport 1°.*

Juge des référés *[Pr. civ.]*
Juge ayant le pouvoir de prendre une décision provisoire et ne préjugeant en rien de la solution qui interviendra plus tard sur le fond.

J

Les magistrats investis de ce pouvoir sont : *le premier président de la cour d'appel, le président du tribunal de grande instance* dont la compétence s'étend à toutes les matières où il n'existe pas de procédure particulière des référés; *le juge d'instance; le président du tribunal de commerce; le président du tribunal paritaire des baux ruraux.*

Le *conseil de prud'hommes* a une formation de référé (Dr. adm.) (un employeur, un salarié) avec recours au juge départiteur en cas de partage de voix.

📗 *NCPC, art. 484.*

➢ *Juge départiteur.*

[Dr. adm.] En contentieux administratif sont juges des référés les présidents des tribunaux administratifs et des cours administratives d'appel et les magistrats qu'ils désignent, et au Conseil d'État le président de la section du contentieux et les conseillers d'État qu'il désigne.

📗 *C. just. adm., art. L. 511-2.*

Juge des tutelles *[Pr. civ.]*

Le juge d'instance est chargé d'organiser et de faire fonctionner la tutelle des mineurs ainsi que celle des incapables majeurs et des régimes de protection aménagés en leur faveur (curatelle, sauvegarde de justice).

📗 *C. civ., art. 393; C. org. jud., art. L. 322-1 et L. 322-2.*

Juge unique (Système du) *[Pr. gén.]*

Système opposé à celui de la collégialité dans lequel le juge exerce ses fonctions seul.

📗 *NCPC, art. 801 s.; C. org. jud., art. L. 311-6, L. 311-10 s.; C. just. adm., art. R. 222-13.*

[Dr. adm.] Le système du juge unique, rare en matière de contentieux administratif, connaît pourtant quelques applications, notamment en matière de référé et pour certaines affaires énumérées relevant le plus souvent de la compétence du Tribunal Administratif.

[Pr. civ.] Juge qui exerce ses fonctions seul : le juge d'instance, le juge de la mise en état, le juge des enfants, le juge de l'exécution (ce dernier non encore institué), le juge délégué aux affaires matrimoniales, le président et le premier président statuant en référé, le juge des loyers exercent ainsi leurs pouvoirs juridictionnels ou gracieux.

Le nouveau code de procédure civile, reprenant les dispositions de la loi du 10 juillet 1970, permet de soumettre les affaires civiles relevant d'un tribunal de grande instance (sauf en matière disciplinaire et en matière d'état des personnes) à un juge unique. Mais tout plaideur peut, sans donner de motif, exiger que le procès soit renvoyé devant la formation collégiale du tribunal. Un juge unique peut tenir l'audience d'adjudication en cas de saisie immobilière.

📗 *C. org. jud., art. L. 311-10, R. 312-6.*

[Pr. pén.] Il existe plusieurs juridictions de jugement statuant à juge unique : juge de police – juge des enfants. De plus une loi du 29 décembre 1972 autorise le tribunal correctionnel à siéger avec juge unique pour quatre catégories de délits par décision du Président du tribunal de grande instance. Le juge d'instruction et le juge de l'application des peines exercent également leurs fonctions en qualité de juge unique.

La mise en détention d'une personne mise en examen est décidée, en fonction des nouvelles dispositions de procédure pénale, par la chambre d'examen des mises en détention.

Jugement *[Pr. gén.]*

Terme général pour désigner toute décision prise par un collège de magistrats ou par un magistrat statuant comme juge unique. Désigne plus spécialement les jugements rendus par le tribunal de grande instance, par le tribunal de commerce et par le tribunal administratif.

➤ *Arrêt-Sentence.*

Jugement avant dire droit ou avant faire droit *[Pr. civ.]*

Décision prise au cours de l'instance, soit pour aménager une situation provisoire (jugement provisoire, ainsi : mise sous séquestre d'un bien litigieux, garde des enfants), soit pour organiser l'instruction (jugement préparatoire).

Un tel jugement ne dessaisit pas le juge et n'a pas d'autorité de chose jugée au principal.

▌ *NCPC, art. 482 et 483.*

Jugement constitutif *[Pr. civ.]*

Lorsque le jugement, au lieu de reconnaître simplement une situation juridique antérieure à l'instance, crée une situation juridique nouvelle, il est dit constitutif.

Ses effets partent alors du jour où il a été prononcé. On peut citer le jugement de divorce, d'adoption, le jugement prononçant le redressement ou la liquidation judiciaires de l'entreprise. Ces jugements ont souvent une autorité absolue de chose jugée.

Les décisions gracieuses ont normalement un caractère constitutif.

Jugement contradictoire *[Pr. civ.]*

Jugement rendu à l'issue d'une procédure au cours de laquelle les parties ont comparu et fait valoir leurs moyens de défense. Ce jugement est insusceptible d'opposition.

▌ *NCPC, art. 467.*

➤ *Défaut, Jugement dit contradictoire, Jugement réputé contradictoire, Opposition.*

Jugement déclaratif *[Pr. civ.]*

Le jugement ayant pour objectif de reconnaître, de déclarer quels étaient les droits des parties au moment de l'ouverture du procès, possède un caractère déclaratif.

Il consolide les droits des plaideurs et ses effets remontent logiquement au jour de l'exploit d'ajournement.

Jugement dit contradictoire *[Pr. civ.]*

Jugement rendu soit à la suite d'un défaut de comparution du demandeur, soit à la suite d'un défaut de diligence de l'une ou l'autre des parties, que la loi identifie complètement au jugement contradictoire bien qu'au fond le jugement soit par défaut.

▌ *NCPC, art. 468, al. 1 et 469, al. 1.*

Jugement par défaut *[Pr. civ.]*

Un jugement est qualifié par défaut lorsque le défendeur n'a pas comparu, qu'il n'a pas été assigné ou réassigné à personne, lorsque l'affaire est insusceptible d'appel.

➤ *Jugement réputé contradictoire.*

Contre un jugement rendu par défaut, l'opposition est possible.

▌ *NCPC, art. 473, al. 1 et 476.*

➤ *Relevé de forclusion.*

Jugement définitif *[Pr. civ.]*

➤ *Jugement sur le fond.*

Jugement en dernier ressort *[Pr. civ.]*

Jugement ou arrêt contre lequel aucun appel ne peut être interjeté, seule res-

JUG

tant possible l'introduction de voies de recours extraordinaires (recours en révision ou pourvoi en cassation).

📗 *NCPC, art. 593, 605.*

➤ *Jugement en premier ressort.*

Jugement de donné acte *[Pr. civ.]*

Jugement qui, à la demande d'une ou de plusieurs parties, se borne à faire état d'une constatation, d'une déclaration, telles qu'un accord, une confirmation, une réserve, sans en tirer immédiatement de conséquences juridiques.

➤ *Jugement d'expédient.*

Jugement en premier ressort *[Pr. civ.]*

Jugement contre lequel un appel peut être interjeté. Par exemple, le tribunal d'instance, compétent pour les actions personnelles ou mobilières jusqu'à la valeur de 50 000 F, se prononce en premier ressort lorsque l'intérêt litigieux excède la somme de 25 000 F.

📗 *C. org. jud., art. R. 321-1.*

➤ *Jugement en dernier ressort.*

Jugement étranger *[Dr. int. priv.]*

Jugement rendu au nom d'une souveraineté étrangère. Certains de ses effets – ce dernier terme étant pris dans un sens très général –, comme la valeur probante ou l'effet de titre, sont admis *de plano*.

À l'inverse, le recours à l'exécution forcée est, *en principe*, subordonné à l'exequatur. Enfin, l'autorité de la chose jugée est, selon les catégories de jugements, admise *de plano* (jugements constitutifs et jugements relatifs à l'état et à la capacité des personnes) ou subordonnée à l'exequatur (jugements déclaratifs patrimoniaux).

Jugement d'expédient – Jugement convenu *[Pr. civ.]*

On parle de jugement d'expédient ou de jugement convenu lorsque le juge, après l'avoir constaté, s'approprie l'accord des parties et prononce un véritable jugement comprenant des motifs et un dispositif.

À la différence du contrat judiciaire, il est revêtu de l'autorité de la chose jugée et ne peut être critiqué que par les voies de recours.

➤ *Contrat judiciaire, Jugement de donner acte.*

Jugement gracieux *[Pr. civ.]*

➤ *Décision gracieuse.*

Jugement réputé contradictoire *[Pr. civ.]*

Jugement que la loi traite fictivement comme étant contradictoire malgré le défaut de comparution du défendeur, soit parce que la décision est susceptible d'appel, soit parce que l'assignation a été notifiée à la personne même du défaillant. Ce jugement est inattaquable par l'opposition, mais obéit pour le reste au régime des jugements par défaut (péremption, relevé de forclusion).

📗 *NCPC, art. 473, al. 2.*

Jugement sur le fond *[Pr. civ.]*

Le jugement sur le fond ou jugement définitif, statue en principe sur tout ou partie de la question litigieuse, objet du procès.

Un jugement sur le fond peut trancher aussi l'incident consécutif à une exception ou à une fin de non-recevoir (ainsi nullité d'un acte de procédure).

Un tel jugement dessaisit le juge quand il statue sur le fond du procès; il a

l'autorité de la chose jugée, à la différence du jugement avant dire droit.
📖 *NCPC, art. 480.*

Jugement mixte *[Pr. civ.]*

Jugement qui, tout à la fois dans son dispositif tranche tout ou partie du principal et ordonne une mesure d'instruction ou une mesure provisoire.
📖 *NCPC, art. 544 et 606.*
➢ *Jugement avant-dire droit, Jugement sur le fond.*

Jugement sur pièces *[Pr. gén. / Pr. civ.]*

Jugement rendu sans que l'affaire ait été au préalable plaidée, au seul vu des pièces contenues dans le dossier et des conclusions écrites déposées par les parties. En droit judiciaire privé, la suppression du débat oral, parfaitement licite, ne s'observe guère que devant la Cour de cassation où l'ampleur des mémoires développés de part et d'autre est telle que les plaidoiries deviennent superflues la plupart du temps.

Jugement préparatoire *[Pr. civ.]*
➢ *Jugement avant dire droit.*

Jugement provisoire *[Pr. civ.]*
➢ *Jugement avant dire droit.*

« Jura novit curia »
[Dr. gén. / Dr. intern. priv.]

« La Cour connaît le droit ». Cette maxime ne joue que partiellement lorsqu'est invoquée une loi étrangère. Dans les matières laissant aux parties la libre disposition de leurs droits, c'est au plaideur qui soutient que la loi étrangère débouche sur un autre résultat que la loi française d'en démontrer le contenu. Ailleurs, il incombe au juge français de rechercher la teneur de la loi étrangère que la règle du conflit lui prescrit d'appliquer.

Juridicité *[Dr. gén.]*

Caractère de ce qui est placé sous l'empire du droit, par opposition aux normes de la vie sociale : mœurs, convenances, morale, religion.

Juridiction *[Dr. gén.]*

Dans un sens large, proche de celui du mot anglais similaire, (*jurisdiction*), synonyme un peu vieilli d'autorité, de souveraineté. On dit par exemple qu'une entreprise relève de la juridiction fiscale de tel ou tel État pour signifier que cet État a le pouvoir de l'imposer.
[Pr. gén.] Synonyme de tribunal.
On distingue l'ordre administratif (tribunaux administratifs) et l'ordre judiciaire (tribunaux répressifs, tribunaux civils). On classe également les juridictions d'après leur nature en juridiction de droit commun et juridiction d'exception. Enfin une juridiction doit toujours être située par le degré qu'elle occupe dans la hiérarchie judiciaire.

Juridiction administrative *[Dr. adm.]*

Ensemble des juridictions de l'ordre administratif, normalement soumises au contrôle du Conseil d'État soit par la voie de l'appel, soit par la voie de la cassation.

Juridiction arbitrale
➢ *Amiable compositeur, Arbitrage, Arbitrage international, Arbitre, Clause compromissoire.*

Juridiction d'attribution *[Dr. adm.]*

Termes ordinairement employés en procédure administrative pour désigner ce

J

que le Droit judiciaire privé nomme plus volontiers juridiction d'exception. Depuis 1953, le Conseil d'État n'est plus en premier ressort qu'un juge d'attribution.

Juridiction commerciale *[Pr. civ.]*
➢ *Tribunal de commerce.*

Juridiction de droit commun *[Pr. gén.]*
Tribunal normalement compétent, sauf lorsqu'un texte spécial exclut expressément cette compétence.

[Dr. adm.] Les juridictions administratives de droit commun sont les tribunaux administratifs et les cours administratives d'appel.

[Pr. civ.] Les juridictions de droit commun sont le tribunal de grande instance et la cour d'appel. Elles ont une vocation de principe à tout juger, déduction faite des affaires expressément dévolues aux juridictions d'exception.
➢ *Compétence exclusive, Plénitude de juridiction.*

[Pr. pén.] Les juridictions pénales de droit commun sont le tribunal de police, le tribunal correctionnel, la cour d'appel et la cour d'assises.

Juridiction d'exception *[Pr. gén.]*
Juridiction dont la compétence d'attribution est déterminée par un texte précis.

[Pr. civ.] Les juridictions d'exception ont une simple compétence d'attribution et ne connaissent que des affaires qui leur ont été confiées par un texte précis ; tel est le cas pour les tribunaux de commerce, les conseils de prud'hommes, les juridictions des loyers (juges des loyers, tribunaux paritaires des baux ruraux).

[Pr. pén.] Les juridictions pénales d'exception sont les juridictions pour mi-

neurs, les tribunaux aux armées, les tribunaux territoriaux des forces armées, les tribunaux maritimes commerciaux et la Haute Cour de Justice.

Juridiction gracieuse *[Pr. civ.]*
➢ *Décision gracieuse.*

Juridiction d'instruction, Juridiction de jugement *[Pr. pén.]*
Les juridictions pénales sont réparties en deux catégories : les juridictions d'instruction dont l'intervention n'est pas toujours obligatoire (juge d'instruction, chambre d'accusation) ; les juridictions de jugement (de droit commun et d'exception).

Juridiction judiciaire *[Pr. civ. / Pr. pén.]*
Ensemble des tribunaux de l'ordre judiciaire (tribunaux répressifs, tribunaux civils) soumis au contrôle de la Cour de cassation.
➢ *Ordre judiciaire.*

Juridiction de la libération conditionnelle *[Pr. pén.]*
Formation juridictionnelle régionale instituée par la loi n° 2000-516 du 15 juin 2000, qui est seule compétente selon l'article 730 du code de procédure pénale, sauf les cas prévus à l'alinéa 1er du même texte, pour accorder, ajourner, refuser ou révoquer par décision motivée, les mesures de libération conditionnelle.

Juridiction obligatoire (clause facultative de) *[Dr. int. publ.]*
Clause de l'art. 36, § 2 du Statut de la Cour internationale de Justice prévoyant la faculté pour les États d'accep-

ter d'avance, par une simple déclaration unilatérale, la compétence obligatoire de la Cour pour le règlement de litiges d'ordre juridique.

Juridique

Adjectif révélant que l'expression, la locution employée est relative au droit dans son sens le plus large. Ainsi la théorie juridique se réfère-t-elle à des règles juridiques qui seront appliquées à un complexe de faits, qu'il s'agisse d'une consultation à donner, d'un contrat à rédiger, d'un procès à juger.

Un acte juridique engendre des effets de droit.

➢ *Acte juridique, Fait juridique.*

Le raisonnement juridique permet de préciser sous quelle qualification juridique, une situation de fait doit être appréhendée.

« Juris et de jure » [Dr. civ.]

On dit d'une présomption qu'elle est *juris et de jure* ou irréfragable lorsqu'elle est absolue et ne peut être combattue par une preuve contraire.

▌ *C. civ., art. 1350.*
➢ *« Juris tantum ».*

Jurisconsulte

➢ *Consultation.*

« Jurisdictio » [Pr. gén.]

Expression latine désignant le pouvoir dont est investi le juge de *dire le droit*, en répondant à une situation de fait dont il est saisi, par une déclaration rendue selon les règles légales, la procédure prescrite et les preuves autorisées. L'acte juridictionnel, à l'opposé de l'acte administratif, a pour spécificité le

dessaisissement du juge, l'autorité de la chose jugée et le caractère déclaratif du jugement.

Si, d'ordinaire, l'acte de juridiction met fin à un litige, il n'en est pas toujours ainsi. Dans la juridiction gracieuse, il n'y a pas désaccord – tout au moins actuel –; l'office du juge s'exerce *inter volentes* et la décision prise n'est pas à proprement parler juridictionnelle. L'activité du juge est plus ministérielle que juridictionnelle.

➢ *Acte juridictionnel, Décision gracieuse, « Impérium ».*

Jurisprudence [Dr. gén.]

Dans un sens ancien, la science du Droit.
Dans un sens plus précis et plus moderne, la solution suggérée par un ensemble de décisions suffisamment concordantes rendues par les juridictions sur une question de droit.

« Juris tantum » [Dr. civ.]

On dit qu'une présomption est *juris tantum*, lorsqu'elle peut être combattue par la preuve contraire.

▌ *C. civ., art. 1353.*
➢ *« Juris et de jure ».*

Jury [Pr. pén.]

Élément propre à certaines juridictions, formé de jurés, simples citoyens, appelés, à titre exceptionnel et temporaire, à rendre la justice pénale.

▌ *C. pr. pén., art. 254 s.*

« Jus abutendi, jus fruendi, jus utendi » [Dr. civ.]

Jus abutendi : expression latine désignant le droit du propriétaire d'un bien d'en disposer.

➢ *« Abusus ».*

J

Jus fruendi : expression latine désignant le droit du propriétaire de percevoir les fruits de sa chose.
➢ *« Fructus ».*

Jus utendi : expression latine désignant le droit du propriétaire d'un bien de l'utiliser.
📖 *C. civ., art. 544.*
➢ *« Usus ».*

« Jus civile » *[Dr. int. priv.]*
1° Droit privé propre à chaque peuple, par opposition au jus gentium.
2° Distinction établie par le Droit romain entre les règles applicables aux seuls citoyens romains et celles applicables aux étrangers ou aux peuplades soumises à la domination romaine.

« Jus cogens » *[Dr. int. publ.]*
« Norme impérative du Droit International général, reconnue par la communauté internationale dans son ensemble en tant que norme à laquelle aucune dérogation n'est permise et qui ne peut être modifiée que par une nouvelle norme du Droit International Général ayant le même caractère » (art. 53 de la Convention de Vienne sur le Droit des Traités, du 23 mai 1969).

« Jus gentium » *[Dr. int. priv.]*
Droit des gens, c'est-à-dire ensemble de règles juridiques ayant leur fondement dans la nature des choses, applicables à tous les peuples et non simplement aux sujets d'un État déterminé.
➢ *Droit des gens, « Jus civile ».*

« Jus sanguinis » *[Dr. int. priv.]*
Détermination de la nationalité d'après la filiation de l'individu.

« Jus soli » *[Dr. int. priv.]*
Détermination de la nationalité d'après le lieu de naissance de l'individu.

Juste titre *[Dr. civ.]*
➢ *Titre.*

Justice *[Dr. gén.]*
1° La justice est le juste. Rendre la justice consiste essentiellement à dire ce qui est juste dans l'espèce concrète soumise au tribunal.
La justice est dite *distributive* lorsqu'elle vise à répartir entre les personnes les biens, les droits et les devoirs, les honneurs, en fonction de la valeur, des aptitudes de chacun et de son rôle dans la société.
La justice *commutative* est celle qui prétend veiller à une égalité arithmétique dans les échanges.
2° Le mot justice désigne aussi l'autorité judiciaire, ou l'ensemble des juridictions d'un pays donné.

Justice de paix *[Pr. civ.]*
➢ *Juge de paix.*

Justice politique *[Dr. const.]*
Expression employée pour désigner les juridictions spéciales instituées pour connaître des activités politiques contraires à l'intérêt général de l'État (l'intérêt de la magistrature ordinaire exigeant qu'elle ne soit pas mêlée aux controverses politiques).
➢ *Haute Cour de Justice.*

K

« **Know-How** » *[Dr. com.]*
  ➢ *Savoir-faire.*

LAB

L

Label *[Dr. trav.]*

Marque syndicale protégée, qui atteste qu'un produit a été fabriqué conformément aux conditions de travail prévues par la loi ou la convention collective.

📖 *C. trav., art. L. 413-1 s.*

Label agricole *[Dr. com.]*

Signe attestant qu'une denrée alimentaire ou qu'un produit agricole non alimentaire et non transformé possède un ensemble distinct de qualités et caractéristiques spécifiques préalablement fixées dans un cahier des charges et établissant un niveau de qualité supérieure.

📖 *C. consom., art. L. 115-22.*

Laïcité *[Dr. publ.]*

Principe d'organisation et de fonctionnement des services de l'État et de toutes les autres personnes publiques, selon lequel l'État est non-confessionnel. Toute une série de conséquences en sont tirées. Notamment, il ne doit favoriser ou défavoriser la propagation des croyances ou des règles de vie en société d'aucune religion, spécialement, s'accorde-t-on à penser, dans le cadre de l'enseignement primaire et secondaire.

Pour des raisons historiques, ce principe ne s'applique pas dans les départements d'Alsace-Lorraine avec un contenu aussi large qu'ailleurs.

Laïcité de l'État *[Dr. const.]*

1° Expression signifiant que l'État est par nature un phénomène non religieux (par opposition par exemple à la Cité antique ou à l'État musulman selon la conception stricte du Coran).

2° Expression signifiant que l'État adopte à l'égard des Églises et des religions une attitude sinon d'ignorance, du moins d'impartialité, de neutralité.

Lais et relais *[Dr. adm.]*

Terrains constitués par les apports ou par le retrait de la mer et des cours d'eau.

📖 *C. civ., art. 538, 556, 557.*

Langue *[Dr. int. publ.]*

1° *Langue diplomatique* : langue commune que des États conviennent d'adopter dans leurs relations (rédaction des traités, délibérations dans les organes internationaux) afin d'éviter les inconvénients que présenterait l'emploi par chacun de sa propre langue.

2° *Langue officielle* : langue dans laquelle doivent être rédigés les actes officiels émanant d'une conférence ou d'un organe international.

3° *Langue de travail* : expression désignant dans la pratique des Organisations internationales (ONU notamment) celles des langues officielles qui sont employées dans le travail courant : traduction des discours, procès-verbaux, etc.

4° *Langue nationale* : « La Langue de la République est le français » (Constitution, art. 2).

« La plume est serve, mais la parole est libre » *[Pr. civ. / Pr. pén.]*

Principe en vertu duquel les membres du parquet sont tenus de prendre *par écrit* des réquisitions conformes aux instructions de leurs supérieurs hiérarchiques, mais libres, à l'audience, de développer *oralement* des conclusions différentes reflétant leur propre conviction.

C. pr. pén., art. 33.

« Lata sententia, judex desinit esse judex » *[Pr. civ.]*

Adage latin « La sentence une fois rendue, le juge cesse d'être juge. » En prononçant son jugement sur le fond, le juge épuise ses pouvoirs. Il est dessaisi et ne peut plus revenir, sauf cas exceptionnel, sur ce qu'il a jugé.

NCPC, art. 481.
➤ *Dessaisissement du juge.*

« Lato sensu »

Au sens large : utilisation extensive d'une disposition légale, réglementaire, conventionnelle, ou d'un mot.
➤ *« Stricto sensu ».*

« Lease-back » *[Dr. com.]*

Opération par laquelle le propriétaire d'un immeuble industriel ou commercial le vend à une entreprise de crédit-bail qui lui en confère aussitôt la jouissance par un contrat de crédit-bail. Concevable pour les meubles comme pour les immeubles, le lease-back n'est utilisé en pratique que pour les immeubles. C'est une opération qui permet à l'utilisateur de se procurer des fonds.

« Leasing » *[Dr. com.]*
➤ *Crédit-bail.*

Lecture *[Dr. const.]*

Dans la terminologie parlementaire, discussion d'un projet ou d'une proposition de loi par une assemblée législative.

Légalisation *[Dr. civ.]*

Procédure par laquelle un fonctionnaire public certifie l'authenticité des signatures d'un acte.

CGCT, art. L. 2122-30.

Légalité (principe de) *[Dr. adm.]*

Principe fondamental de l'action administrative, déduit du libéralisme politique, à titre de garantie élémentaire des administrés, et selon lequel l'Administration ne peut agir qu'en conformité avec le Droit, dont la loi écrite n'est qu'un des éléments.

[Dr. fin.] (Légalité de l'impôt). Principe fondamental du Droit fiscal, remontant à la Déclaration des Droits de 1789 et aujourd'hui inscrit à l'art. 34 de la Constitution, selon lequel tout impôt – qu'il soit levé par une collectivité locale ou par l'État – ne peut être créé que par une loi.

[Dr. pén.] Principe exprimé par l'adage latin « nullum crimen, nulla poena sine lege » selon lequel tout acte constituant un crime ou un délit doit être défini avec précision par la loi ainsi que les peines qui lui sont applicables. Pour ce qui est des contraventions, leurs définitions relèvent, depuis la Constitution de 1958, du domaine réglementaire.

L'article 111-2 du NCP est consacré au principe de la légalité.

Légataire *[Dr. civ.]*

Bénéficiaire d'un legs.
➤ *Legs.*

LÉG

L

Légation [Dr. int. publ.]

1° Siège d'une mission diplomatique.

2° Droit de légation : droit pour un État d'envoyer des agents diplomatiques à d'autres États (droit de légation actif) ou d'en recevoir (droit de légation passif).

Législateur [Dr. const.]

Mot employé dans deux sens :

1° *au sens matériel*, désigne tout organe pouvant édicter des règles juridiques générales (normes de droit), que ce soit le Gouvernement ou le Parlement.

2° *au sens formel*, synonyme de Parlement.

➢ *Formel, Matériel.*

Législature [Dr. const.]

1° Durée du mandat d'une assemblée législative.

2° Cette assemblée elle-même.

Législatif (pouvoir) [Dr. const.]

1° Fonction consistant à discuter et voter les lois.

➢ *Loi ordinaire ou parlementaire.*

2° Organe qui exerce la fonction législative : le Parlement.

Légitimation [Dr. civ.]

Bienfait de la loi par lequel un enfant naturel acquiert pour l'avenir la condition d'enfant légitime.

C. civ., art. 329 s.

Légitime défense [Dr. pén.]

Fait justificatif permettant de riposter par la violence à une agression actuelle et injuste dirigée contre les personnes ou les biens.

La légitime défense des biens est consacrée par l'article 122-5 du NCP à l'exclusion de l'homicide volontaire.

Légitimité [Dr. const.]

Qualité d'un pouvoir d'être conforme aux aspirations des gouvernés (notamment sur son origine et sa forme), ce qui lui vaut l'assentiment général et l'obéissance spontanée. La légitimité n'est pas immuable :

Légitimité démocratique : légitimité fondée sur l'investiture populaire des gouvernants (élection).

Légitimité monarchique (ou de droit divin) : légitimité fondée sur l'investiture divine (directe ou providentielle) du Roi.

[Dr. civ.] Qualité d'enfant légitime.

➢ *Filiation légitime.*

Legs [Dr. civ.]

Libéralité contenue dans un testament.

Legs particulier : legs qui porte sur un ou plusieurs biens déterminés ou déterminables.

Legs universel : legs qui donne au bénéficiaire vocation à recueillir l'ensemble de la succession.

Legs à titre universel : legs qui porte sur une quote-part des biens laissés par le testateur à son décès.

Legs « de residuo » : legs fait à une personne à charge pour elle de remettre, à son décès, ce dont elle n'aura pas disposé à telle personne désignée par le testateur. À la différence de la substitution fidéicommissaire, le legs « de residuo » ne comporte pas l'obligation pour le gratifié de conserver le bien.

C. civ., art. 1002 s.

« Le juge de l'action est juge de l'exception » [Pr. gén.]

Principe selon lequel, sous certaines conditions, le juge tant civil que pénal ou administratif, saisi d'une demande principale ou de l'action publique, peut statuer sur tous les moyens de défense évoqués au cours de l'instance et qui, proposés à titre principal, auraient échappé à sa compétence.

■ *NCPC, art. 49; C. pr. pén., art. 384.*
➤ *Défenses à l'action, Demandes incidentes, Exceptions, Fins de non-recevoir.*

Leonardo *[Dr. eur.]*

Nom du programme européen en matière de formation professionnelle. Remplace au 1er janvier 1995 les actions précédentes (Petra, Comett, Force et Eurotecnet). Doté sur 5 ans de 620 millions d'écus.

Lésion *[Dr. civ.]*

Préjudice contemporain de l'accord de volonté résultant de la différence de valeur entre les prestations d'un contrat synallagmatique ou entre les lots attribués à des copartageants.

■ *C. civ., art. 887 s. et 1118.*

Lettre de cadrage *[Dr. fin.]*

Au début de la préparation du projet de loi de finances de l'année suivante, lettre adressée par le Premier Ministre à chacun des ministres « dépensiers », l'informant des priorités gouvernementales dont il devra tenir compte dans ses demandes de crédits.

À la fin des arbitrages budgétaires, les plafonds détaillés des demandes de crédits admises pour chaque ministre lui sont notifiés par une « lettre de plafond ».

Lettre de change *[Dr. com.]*

Titre par lequel une personne appelée *tireur* donne l'ordre à l'un de ses débiteurs appelé *tiré* de payer une certaine somme, à une certaine date, à une troisième personne appelée *bénéficiaire* ou *porteur*, ou à son ordre.

■ *C. mon. fin., art. L. 134-1; C. com., art. L. 511-1 et L. 110-1.*

Lettre de change-relevé *[Dr. com.]*

Procédé selon lequel les lettres de change ne circulent plus entre les banques que sous forme magnétique. Toutefois au moment du paiement, un relevé est adressé au client qui peut ainsi vérifier la régularité des opérations, sans que la banque ait à manipuler les effets. La lettre de change-relevé peut être émise sur papier ou sur bande magnétique. Seule la lettre de change-relevé papier est une véritable lettre de change disposant des garanties du droit cambiaire. En revanche, la lettre de change-relevé bande magnétique ne sert en pratique que comme moyen de recouvrement des créances commerciales.

Lettres de créance *[Dr. int. publ.]*

Document officiel qui accrédite un agent diplomatique et que celui-ci, arrivé dans son poste, remet au Chef de l'État (ou au ministre des Affaires étrangères s'il s'agit d'un chargé d'affaires).

Lettre de crédit *[Dr. com.]*

Lettre adressée par un banquier à un correspondant d'une autre place pour l'inviter à payer une somme d'argent ou à consentir un crédit à l'un de ses clients pendant un certain délai, et jusqu'à concurrence d'une somme déterminée. Cette lettre créée à la demande du client est parfois destinée à être remise par lui à un bénéficiaire dont il est débiteur.

➤ *Accréditif.*

L

LET

L

Lettre d'intention *[Dr. civ. / Dr. com.]*

Document par lequel son souscripteur exprime à un créancier son intention de faire en sorte que le débiteur soit en mesure de remplir ses engagements. Sa portée varie selon les termes utilisés : la promesse peut n'avoir qu'une valeur morale, ou, à l'opposé, constituer un cautionnement ; le plus souvent, elle fait naître une obligation de faire qui est tantôt de moyens, tantôt de résultat. On dit aussi lettre de confort ou de patronage.

Lettre missive *[Dr. civ.]*

Écrit adressé à une personne déterminée, de caractère intime et personnel.

Lettre de plafond *[Dr. fin.]*
➢ *Lettre de cadrage.*

Lettres de provision *[Dr. int. publ.]*

Document officiel délivré au consul par l'État qui le nomme et transmis au Gouvernement de l'État où il doit exercer ses fonctions en vue d'obtenir l'exequatur.
➢ *Exequatur.*

Lettre de rappel *[Dr. fin.]*

En matière de recouvrement des recettes encaissées par les percepteurs, une lettre de rappel doit être envoyée au débiteur qui n'a pas payé dans les délais avant de lui notifier un commandement, qui préludera à une procédure de saisie-exécution.

Lettre recommandée, lettre simple
[Pr. civ.]

La lettre recommandée (avec demande d'avis de réception) est utilisée dans certaines procédures pour citer les plaideurs et notifier les jugements. La lettre sim-

ple est également utilisée dans certains cas, en manière d'instruction.
▮ *NCPC, art. 667, 977 ; C. trav., art. R. 516-9.*
[Dr. adm.] Les décisions des juridictions administratives sont notifiées en général par lettre recommandée avec demande d'avis de réception.

Lettre de voiture *[Dr. com.]*

Écrit formaliste constatant le contrat de transport de marchandises entre l'expéditeur, le transporteur et le destinataire. À la différence du connaissement, elle ne représente pas la marchandise. La lettre de voiture a été aujourd'hui remplacée, dans la plupart des transports, par un simple récépissé des marchandises remises.
▮ *C. com., art. L. 132-8 et L. 132-9 (ex-art. 101, 102).*

Levée d'écrou *[Pr. gén.]*

Constatation officielle de mise en liberté d'un individu détenu. La date et les raisons motivant la libération sont mentionnées sur le registre d'écrou.
▮ *C. pr. pén., art. 724 s.*

« Lex fori » *[Dr. int. priv.]*

Loi nationale du tribunal saisi.
Un tribunal statue *lege fori* s'il applique à un litige, pour résoudre un conflit de lois, ou un conflit de juridictions, la loi de l'État à la souveraineté duquel il est soumis.

« Lex loci » *[Dr. int. priv.]*

Loi locale, c'est-à-dire loi du lieu où s'est produit un fait juridique.

« Lex mercatoria » *[Dr. int. priv.]*

Expression désignant les règles aménagées par les professionnels, en matière de contrats internationaux et suivies spontanément par les milieux d'affaires. Cette loi marchande devient dans une large mesure indépendante des règles étatiques.

« Lex rei sitae » *[Dr. int. priv.]*
Loi de la situation de la chose.
Certains biens sont régis nécessairement par la loi de l'État où ils sont situés, même s'ils appartiennent à des étrangers (ex. : les immeubles).

Lex societatis *[Dr. int. priv.]*
Loi en principe applicable à la constitution, au fonctionnement et à la dissolution d'une société. Cette loi, en droit international privé français, est déterminée par la situation du siège social.
📖 *C. civ., art. 1837.*

Liaison de l'instance *[Pr. civ.]*
L'instance est liée à la première audience à laquelle sont échangées les conclusions. Lorsque l'affaire est liée, les exceptions ne peuvent plus être proposées.

Libéralisme *[Dr. publ.]*
Système selon lequel l'État doit se borner à assumer les fonctions indispensables à la vie en société et abandonner les autres activités à l'initiative privée.
L'État libéral est aussi qualifié d'État-arbitre (puisqu'il n'a pas à s'immiscer dans les rapports entre les individus, mais seulement à veiller au respect des règles du jeu libéral), ou d'État-gendarme (son rôle essentiel étant d'assurer le maintien de l'ordre et la défense nationale).

Libéralité *[Dr. civ.]*
Acte par lequel une personne procure à autrui, ou s'engage à lui procurer un avantage sans contrepartie. ➤ *Donation, Legs.*

[Dr. trav.] <u>Gratification</u> accordée par l'employeur à un salarié en sus de son salaire et qui n'a pas la nature juridique de ce dernier.
📖 *C. civ., art. 893 s.*

Libération d'actions *[Dr. com.]*
Versement de la somme d'argent ou remise des biens représentant la valeur nominale de l'action souscrite.
Pour les sociétés anonymes, les actions de numéraire doivent être libérées d'au moins la moitié lors de la souscription.
📖 *C. com., art. L. 228-27.*

Libération conditionnelle *[Dr. pén.]*

L

Libération conditionnelle *[Dr. pén.]*
Mesure de libération anticipée d'un condamné à une peine privative de liberté, tendant à sa réinsertion et à la prévention de la récidive, s'il manifeste des efforts sérieux de réadaptation sociale.
Lorsque la peine privative de liberté prononcée est d'une durée inférieure ou égale à dix ans, ou que, quelle que soit la peine initialement prononcée, la durée de détention restant à subir est inférieure ou égale à trois ans, la libération conditionnelle est accordée par le juge de l'application des peines. Dans les autres cas, elle est accordée par la juridiction régionale de la libération conditionnelle, qui a été mise en place par la loi n° 2000-516 du 15 juin 2000 renforçant la protection de la présomption d'innocence et les droits des victimes.
📖 *C. pr. pén., art. 729 s.*

Liberté civile *[Dr. civ.]*
La liberté juridique ou civile consiste dans le droit de faire tout ce qui n'est pas défendu par la loi.

Elle se présente comme une prérogative ouvrant à son bénéficiaire, lorsqu'il le désire, un accès inconditionné aux situations juridiques qui se situent dans le cadre de cette liberté. Une liberté est en principe non définie ni causée (susceptible non pas d'abus, mais d'excès); elle est également, en principe, inconditionnée (ainsi se marier ou non, contracter ou non, acquérir ou aliéner, tester, faire concurrence à d'autres commerçants).

Liberté de la défense *[Pr. gén.]*
➢ *Contradictoire (principe du), Défense (Liberté de la).*

Liberté des mers (Principe de la)
[Dr. int. publ.]
➢ *Haute-Mer.*

Libertés publiques *[Dr. publ.]*
Droits de l'homme reconnus, définis et protégés juridiquement. On peut les classer en trois catégories :
1° *Droits individuels*, qui assurent à l'individu une certaine autonomie en face du pouvoir dans les domaines de l'activité physique (sûreté personnelle, liberté d'aller et venir, liberté et inviolabilité du domicile), de l'activité intellectuelle et spirituelle (liberté d'opinion, de conscience), de l'activité économique (droit de propriété, liberté du commerce et de l'industrie).
2° *Droits politiques*, qui permettent à l'individu de participer à l'exercice du pouvoir (droit de vote, éligibilité aux fonctions publiques). Les libertés de la presse, de réunion, d'association, qui débordent certes le domaine politique, peuvent être aussi des « libertés-opposition ».

3° *Droits sociaux et économiques*, qui sont le droit pour l'individu d'exiger de l'État certaines prestations (droit au travail, à l'instruction, à la santé) en même temps que des droits collectifs (droit syndical, droit de grève).
➢ *Droits de l'Homme.*

Liberté subsidiée *[Séc. soc.]*
Régime des organismes mutualistes qui s'autofinancent grâce aux cotisations de leurs membres, mais sont aidés par des subventions de l'État.

Liberté surveillée *[Dr. pén.]*
Mesure de sûreté prise à l'encontre d'un mineur délinquant qui a pour effet de le placer sous la surveillance et le contrôle éducatif d'un délégué, sous l'autorité du juge des enfants. Cette mesure peut être ordonnée à titre d'observation, d'épreuve ou d'éducation. Dans le dernier cas, elle concerne aussi bien les mineurs en liberté que ceux qui sont en internat ou dans un établissement pénitentiaire.

Liberté syndicale *[Dr. trav.]*
La liberté syndicale a de multiples aspects. Sur le plan individuel, c'est le droit des travailleurs de s'affilier au syndicat de leur choix ou de rester en dehors de tout syndicat. C'est encore celui d'exercer une activité syndicale hors de l'entreprise ou dans l'entreprise. Sur le plan collectif, c'est le droit des syndicats de se constituer et de fonctionner librement.
📖 *C. trav., art. L. 411-2, L. 411-5, L. 411-8, L. 412-1.*

Liberté du travail *[Dr. trav.]*
C'est la liberté, ayant valeur de principe constitutionnel et reconnue à toute

personne, d'exercer une activité salariée de son choix et de mettre fin, au besoin, aux relations de travail.

La liberté du travail comporte actuellement de nombreuses restrictions.

Atteinte à la liberté du travail : délit qui consiste en des violences, voies de fait, menaces, manœuvres frauduleuses, dans le but d'obliger des travailleurs à se joindre à un mouvement de grève.

Libre circulation *[Dr. eur.]*

Base même du marché commun construit autour de la libre circulation des marchandises, des personnes et des capitaux.

Libre circulation des travailleurs
[Dr. trav.]

Droit des travailleurs de chacun des pays membres de l'Union Européenne de répondre à tout emploi offert dans un autre pays membre et d'être traités, dans tout pays membre, comme le travailleur national.

Libre pratique *[Dr. eur.]*

Dans la terminologie du Marché commun, sont considérés comme étant en libre pratique dans un État membre les produits originaires d'un État extérieur à la Communauté, mais ayant effectivement supporté les droits de douane (et taxes d'effet équivalent) et respectant les réglementations applicables lors de leur entrée sur le territoire de la CEE. Dès lors assimilés aux produits originaires d'un État membre, ils bénéficient du même régime de libre circulation d'un État membre à un autre.

Licéité *[Dr. gén. / Dr. civ.]*
➤ *Illicéité.*

Licence *[Dr. adm.]*
➤ *Autorisation.*
[Dr. com.] ➤ *Contrat de licence.*

Licenciement *[Dr. trav.]*

Résiliation du contrat de travail à durée indéterminée à l'initiative de l'employeur. Pour licencier, l'employeur doit observer une procédure et il n'a le droit de le faire que pour une cause réelle et sérieuse. La procédure du licenciement varie, suivant qu'il s'agit d'un licenciement individuel ou d'un licenciement pour motif économique.

Licenciement individuel :

Dans un premier sens, licenciement d'un seul salarié, par opposition au licenciement collectif; dans un deuxième sens, licenciement d'un salarié pour un motif normalement lié à sa personne et indépendant de toute cause économique.

Licenciement pour motif économique :

Le législateur donne la définition suivante du licenciement pour motif économique : constitue un licenciement pour motif économique le licenciement effectué par l'employeur pour un ou plusieurs motifs non inhérents à la personne du salarié résultant d'une suppression ou transformation d'un emploi ou d'une modification substantielle du contrat de travail, consécutive notamment à des difficultés économiques ou à des mutations technologiques.

📖 *C. trav., art. L. 321-1.*
➤ *Congédiement.*

Licitation *[Dr. civ. / Pr. civ.]*

Vente aux enchères d'un bien (immeuble ou meuble) dans l'indivision.
📖 *C. civ., art. 827, 1686 s.*

L

Lien d'instance *[Pr. civ.]*

Lien juridique d'origine légale, qui s'institue entre le demandeur et le défendeur, et se superpose au rapport juridique fondamental dont la reconnaissance est demandée en justice.

L'existence de ce lien investit les plaideurs de prérogatives, de droits, de devoirs, de facultés.

Lieu d'établissement *[Dr. com.]*

Terme géographique qui indique l'emplacement d'une entreprise sans connotation de qualité.

Ligne *[Dr. civ.]*

Ensemble des personnes qui descendent d'un auteur commun.

La ligne se subdivise en ligne paternelle et ligne maternelle lorsque la succession échoit à des ascendants ou à des collatéraux.

📖 *C. civ., art. 733.*

Ligne (opérations au-dessus, au-dessous de la) *[Dr. fin.]*

Expression empruntée aux finances britanniques pour désigner les ressources et les charges définitives de la loi de finances (op. au-dessus de la –) et les opérations à caractère temporaire prêts et avances du Trésor essentiellement (op. au-dessous de la –).

Ligue *[Dr. int. publ.]*

Alliance entre villes ou États pour défendre des intérêts communs ou poursuivre une politique concertée (ligue Hanséatique – Ligue d'Augsbourg).

[Dr. const.] En France, nom donné à des formations politiques paramilitaires qui, contestant la démocratie, développent leur action hors du cadre électoral et parlementaire en recourant à la propagande et à l'agitation (nombreuses et actives dans les années 1930 : Croix de Feu, Francisme, etc.).

Ligue arabe *[Dr. int. publ.]*

Organisation internationale créée en 1945 en vue de resserrer les liens entre les États arabes sur les plans politique, économique, social tout en sauvegardant leur indépendance et leur souveraineté.

En fait, de profondes divisions politiques ont souvent contrecarré l'action de la Ligue. Le siège, fixé au Caire, a été transféré à Tunis à la suite de l'accord israélo-égyptien.

Lingua *[Dr. int. publ.]*

Programme de la Communauté européenne pour développer l'enseignement des langues étrangères.

« L'interlocutoire ne lie pas le juge » *[Pr. civ.]*

Adage signifiant que lorsque le juge aborde le fond du procès, il n'est pas lié par les décisions avant dire droit qui ont antérieurement statué sur des mesures d'instruction.

Liquidateur *[Dr. civ. / Dr. com.]*

Personne chargée d'une liquidation.

Liquidation *[Dr. civ. / Dr. com.]*

Ensemble des opérations préliminaires au partage d'une indivision, quelle qu'en soit l'origine (succession, dissolution d'une société).

Elle consiste à payer le passif sur les éléments d'actif, à convertir en argent liquide tout ou partie de ces éléments afin que le partage puisse être effectué. Elle permet de dégager l'actif net et de le conserver jusqu'au partage.

Liquidation *[Dr. com. / Dr. pén.]*

Vente accompagnée ou précédée de publicité et annoncée comme tendant, par une réduction de prix, à l'écoulement accéléré de la totalité ou d'une partie des marchandises d'un établissement commercial, à la suite d'une décision, quelle qu'en soit la cause, de cessation, de suspension saisonnière ou de changement d'activité ou de modification substantielle des conditions d'exploitation. Ces ventes doivent faire l'objet d'une autorisation administrative préalable.

[Dr. fin.] Opération postérieure à l'engagement consistant à calculer le montant exact d'une charge à payer, après avoir éventuellement vérifié la réalité de la prestation qui devait être fournie à la personne publique.

En matière de recettes, la liquidation d'une créance consiste de même dans la détermination du montant de la somme à recevoir.

[Séc. soc.] Opération qui consiste à reconnaître les droits d'un assuré à pension et à la calculer.

Liquidation des dépens *[Pr. civ.]*

Opération destinée à déterminer et à vérifier le montant des dépens dont la répartition entre les plaideurs est fixée par le jugement; la contestation de cette liquidation donne lieu à vérification par le secrétaire de la juridiction et, éventuellement, à une ordonnance de taxe.

📖 *NCPC, art. 701 s.*

➤ *Vérification des dépens.*

Liquidation judiciaire *[Dr. com.]*

Procédure désormais autonome, distincte de celle du redressement judi-

ciaire depuis la loi nº 94-475 du 10 juin 1994 relative à la prévention et au traitement des difficultés des entreprises qui a modifié la loi nº 85-98 du 25 janvier 1985.

La liquidation judiciaire peut être prononcée par le tribunal, sans ouverture d'une période d'observation, toutes les fois que l'entreprise a cessé son activité ou lorsque le redressement est manifestement impossible. Elle entraîne la réalisation de l'actif en vue du règlement du passif.

📖 *C. com., art. L. 620-1, al. 3.*

La liquidation judiciaire est applicable à tout commerçant, à toute personne immatriculée au répertoire des métiers, à tout agriculteur et à toute personne morale de droit privé.

📖 *C. com., art. L. 620-2.*

Liquidité *[Dr. civ. / Pr. civ.]*

On dit d'une créance qu'elle est liquide lorsque son montant est précisément connu, déterminé dans sa quotité, en d'autres termes, chiffré.

L'expression « en liquide » s'applique à un paiement fait en instruments monétaires, billets et pièces, sans user du chèque ou de la carte souvent pour ne pas laisser de trace. Actuellement, le chèque est en principe obligatoire pour toute somme supérieure à 20 000 F.

➤ *Créance.*

Liste bloquée *[Dr. const.]*

Liste de candidats que l'électeur n'a pas le droit de modifier.

Liste électorale *[Dr. const.]*

Répertoire alphabétique officiel, révisé chaque année par une commission administrative, des personnes qui, pos-

L

sédant le droit de vote, exercent celui-ci dans la commune.

Litigants *[Pr. gén.]*
Expression désignant les différentes parties à un procès (demandeur, défendeur, intervenant).
➤ *Colitigants, Litisconsorts.*

Litige *[Pr. gén.]*
On parle de litige lorsqu'une personne ne peut obtenir amiablement la reconnaissance d'une prérogative qu'elle croit avoir et envisage de saisir un tribunal pour lui soumettre sa prétention.
Le terme, bien que très large, est synonyme de procès.

Litisconsorts *[Pr. civ.]*
On appelle litisconsorts des plaideurs qui, dans un procès, se trouvent du même côté de la barre : copropriétaires, codébiteurs, cohéritiers, par exemple. Leurs intérêts peuvent être distincts ou être unis par la solidarité, la connexité ou l'indivisibilité.
📗 *NCPC, art. 323, 324.*
➤ *Colitigants.*

Litispendance *[Pr. civ.]*
Il y a litispendance lorsque le même procès que celui dont le tribunal est saisi, est porté devant une seconde juridiction.
La litispendance est soulevée par un déclinatoire, avant tout débat au fond; ce déclinatoire est présenté au tribunal saisi le second. Il n'en irait autrement que si ce tribunal était inférieur dans la hiérarchie judiciaire à celui qui a été saisi le premier.
📗 *NCPC, art. 100 s.*
➤ *Connexité, Déclinatoire de compétence.*

Livraison *[Dr. civ.]*
➤ *Délivrance.*

Livres de commerce *[Dr. com.]*
➤ *Comptabilité.*

Livre de paie *[Dr. trav.]*
Registre tenu par l'employeur qui reproduisait les mentions des bulletins de paye. L'obligation de tenir un livre de paie a été supprimée par la loi du 13 juin 1998 qui a abrogé l'article L. 143-5 du Code du travail.

Livret de famille *[Dr. civ.]*
Livret délivré par l'officier de l'état civil aux conjoints, lors de la célébration du mariage, et à toute mère célibataire qui déclare la naissance d'un enfant naturel.
Figurent sur ce livret, en particulier, des extraits de l'acte de mariage des parents et de l'acte de naissance de chaque enfant ainsi que des actes de décès des uns et des autres.

« Lobby » *[Dr. const.]*
➤ *Groupe de pression.*

Locataire *[Dr. civ.]*
Dans le contrat de bail, celui qui obtient le droit d'utiliser la chose louée contre le versement d'une somme d'argent appelée loyer. Le locataire est également désigné par le terme « preneur ».
➤ *Bail.*

Location-accession à la propriété immobilière *[Dr. civ.]*
Contrat passé entre un vendeur d'immeuble et une personne (accédant) qui désire avoir la faculté, après une période

de jouissance à titre onéreux, d'acquérir la propriété.

L'accédant doit verser au vendeur le prix de la vente, selon certaines modalités, ainsi qu'une redevance. Celle-ci est la contrepartie de son droit à la jouissance du logement et de son droit de devenir, s'il le désire, propriétaire.
➤ *Location-vente.*

Location-gérance *[Dr. com.]*

Contrat par lequel le propriétaire d'un fonds de commerce, appelé « bailleur » ou « loueur » confie, en vertu d'un contrat de location, l'exploitation de son fonds à une personne appelée « gérant » qui exploite ce fonds en son nom, pour son compte et à ses risques et périls, et qui paie au propriétaire un loyer ou redevance.
📖 *C. com., art. L. 144-1.*

Location-vente *[Dr. civ.]*

Contrat par lequel le propriétaire d'une chose la loue à une personne qui, à l'expiration d'un temps déterminé, a la faculté ou l'obligation de l'acheter.
➤ *Crédit-bail, « Lease-back », Location-accession.*

Lock-out *[Dr. trav.]*

Décision par laquelle un employeur interdit aux salariés l'accès de l'entreprise à l'occasion d'un conflit collectif du travail. En droit français le lock-out est en principe illicite. Il ne peut en aucun cas être une mesure de rétorsion à l'encontre d'une grève. Ce n'est que dans un nombre très limité d'hypothèses que la jurisprudence a admis que le lock-out puisse être justifié, souvent pour des raisons de sécurité au travail.

« Locus regit actum » *[Dr. int. priv.]*

Formule latine, inventée par les postglossateurs, selon laquelle un acte juridique est soumis aux conditions de forme édictées par la législation en vigueur dans le pays où il a été conclu.

Logement de fonction *[Dr. trav.]*

Logement fourni au salarié en vertu du contrat de travail et nécessaire à l'exécution de ses fonctions.

Loi *[Dr. gén.]*

Règle écrite, générale et permanente, élaborée par le Parlement.
Loi impérative : loi qui ne peut être éludée par celui auquel elle s'applique.
Loi supplétive (ou interprétative) : loi qui ne s'impose à un individu qu'à défaut de manifestation de volonté contraire de sa part.
➤ *Acte-règle, Loi ordinaire ou parlementaire.*

Loi d'application immédiate *[Dr. int. priv.]*

Lois dont l'application aux situations internationales est directe et ne passe pas par le mécanisme de la règle de conflit de lois. Certaines de ces lois sont dites de police, parce que leur application immédiate s'avère nécessaire en raison de l'objectif poursuivi par le législateur.
📖 *C. civ., art. 3, al. 1er, 212 s., 311-15, 370-3, al. 3, 375 s. et 2128; C. consom., art. L. 135-1 et L. 333-3-1; C. trav., art. L. 121-1, al. 2, L. 410-1 s., L. 421-1 s., L. 431-1 s. et L. 436-1 s.; C. assur., art. L. 112-3, al. 1er; C. propr. intell., art. L. 311-7.*

Loi d'autonomie *[Dr. int. priv.]*

Règle de conflit de lois désignant la loi à laquelle les parties se sont explicitement ou implicitement référées.

L

LOI

L

Loi-cadre *[Dr. const.]*

Loi qui se borne à poser des principes généraux et laisse au Gouvernement le soin de les développer en utilisant son pouvoir réglementaire.

Loi constitutionnelle *[Dr. const.]*

Loi de révision de la constitution adoptée selon la procédure prévue par cette dernière (Cette expression est aussi employée pour désigner la constitution elle-même).

Loi de financement de la Sécurité sociale *[Dr. fin. / Séc. soc.]*

Créée en 1996 sur l'inspiration des lois de finances cette catégorie de lois, destinée à assurer le contrôle du Parlement sur l'évolution des dépenses de la Sécurité sociale, détermine les conditions générales de son équilibre financier et, compte tenu de ses prévisions de recettes, elle en fixe les objectifs de dépenses. Dépourvues de caractère obligatoire pour l'essentiel de leurs dispositions, ces lois servent néanmoins de fondement à un réseau complexe de règles permettant d'encadrer le montant des dépenses de Sécurité sociale de l'année.

Loi de finances *[Dr. fin.]*

Terme générique désignant les lois qui déterminent la nature, le montant et l'affectation des ressources et des charges de l'État. Outre l'autorisation de percevoir les impôts de l'État et des collectivités, et l'ouverture par grandes masses des crédits budgétaires de l'État, elles ne peuvent contenir que certaines dispositions législatives ordinaires.
➢ *Cavaliers budgétaires.*
Elles sont votées selon une procédure particulière.

Loi de finances de l'année : loi de finances qui prévoit et autorise l'ensemble des ressources et des charges pour la durée de l'année civile.
Loi de finances rectificative : loi de finances pouvant être adoptée en cours d'année pour adapter à l'état des besoins la loi de finances de l'année.
Loi de règlement : catégorie particulière de loi de finances, permettant au Parlement, après la clôture d'une année budgétaire, d'exercer son contrôle sur l'exécution des lois de finances précitées par le Gouvernement, par la comparaison des autorisations contenues dans celles-ci et des opérations réellement exécutées.
➢ *Décrets de répartition.*

Lois fondamentales *[Dr. const.]*

1° *Au singulier ou au pluriel* : expression désignant officiellement la Constitution ou l'ensemble des textes formant la Constitution d'un pays (République Fédérale Allemande, Espagne...).
2° *Lois fondamentales du royaume* : lois généralement coutumières qui, sous l'Ancien Régime, tenaient lieu en quelque sorte de Constitution (règles de transmission de la Couronne, inaliénabilité du domaine royal, etc.). Ces lois visaient l'intérêt exclusif de l'État.

Loi ordinaire *[Dr. const.]*

1° Acte voté par le Parlement selon la procédure législative établie par la Constitution. Cette définition, qui fait appel exclusivement à un critère organique et formel, était traditionnelle en France jusqu'en 1958; elle ouvrait à la loi un domaine illimité.
2° Acte voté par le Parlement selon la procédure législative et dans l'une des

matières que la Constitution lui réserve expressément. Cette définition, qui fait appel à la fois à un critère formel et à un critère matériel, est celle qui découle de la Constitution de 1958 (art. 34).

Loi organique *[Dr. const.]*

Loi votée par le Parlement pour préciser ou compléter les dispositions de la Constitution. La Constitution de 1958 prévoit limitativement les cas de recours aux lois organiques et fait de celles-ci une nouvelle catégorie de lois entre les lois constitutionnelles et les lois ordinaires en les soumettant à des conditions particulières d'adoption et de contrôle (art. 46).

Loi personnelle *[Dr. int. priv.]*
➤ *Statut personnel.*

Loi plus douce *[Dr. pén.]*
➤ *Rétroactivité in mitius.*

Lois de police *[Dr. int. priv.]*
➤ *Lois d'application immédiate.*

Loi de programme *[Dr. fin.]*

En matière de finances de l'État, regroupement en la forme législative de prévisions d'ouverture, par des lois de finances ultérieures, des autorisations de programme nécessaires pour assurer le financement d'un ensemble cohérent de réalisations projetées. Celles-ci correspondent ou à des dépenses d'investissement, ou à des dépenses de fonctionnement très importantes appelées à s'échelonner sur une série d'années (ex. : armements).
➤ *Autorisations de programme, Délibération de programme.*

Loi réelle *[Dr. int. priv.]*
➤ *« Lex rei sitae », Statut réel.*

Loi référendaire *[Dr. const.]*

Loi résultant de l'adoption par référendum d'un projet de loi soumis au peuple par le Président de la République, dans les cas et selon la procédure de l'art. 11 de la Constitution de 1958.

Loi de règlement *[Dr. fin.]*
➤ *Loi de finances.*

Loi uniforme *[Dr. int. priv.]*

On désigne ainsi une législation *contenue dans* une convention internationale et qui réalise, entre les États *ayant ratifié* cette convention, une unification du droit dans les matières visées par le traité, ex. : loi uniforme en matière d'effets de commerce (convention de Genève de 1930).

Loterie *[Dr. civ.]*

Mise en vente par un organisme d'un certain nombre de billets soumis au tirage au sort, lequel détermine ceux des acheteurs qui auront droit à un objet quelconque, appelé lot.

Les loteries publicitaires, au contraire, ne doivent imposer aux participants aucune contrepartie financière ni dépense sous quelque forme que ce soit.
📕 *C. consom., art. L. 121-36.*

La loterie n'est ni un jeu, car elle n'implique aucune intervention active des acheteurs, ni un pari, car elle ne suppose pas une prise de position sur une question donnée.
➤ *Jeu, Pari.*

Lotissement *[Dr. adm.]*

De façon générale, toute division d'une même propriété foncière qui, qu'elle qu'en soit la cause, a pour effet de porter à plus de deux, sur une période de

L

moins de dix ans, le nombre de terrains issus de ladite propriété, en vue de l'implantation de bâtiments. Cette opération est soumise à une réglementation détaillée.

Immeuble divisé en lots. Ce terme désigne plus précisément la division d'un terrain en parcelles, par un organisme public ou privé, en vue de la construction.

Lots *[Dr. civ.]*

Fraction de biens, en nature ou en valeur, revenant à chaque copartageant sur l'ensemble à distribuer.

▌*C. civ., art. 828, 831, 832.*
➢ *Lotissement, Partage.*

Louage *[Dr. civ.]*

Contrat par lequel l'une des parties s'engage soit à faire jouir l'autre d'une chose, soit à lui procurer ses services ou son industrie, temporairement et moyennant un certain prix.

➢ *Louage de choses, Louage d'ouvrage et d'industrie, Louage de services.*

Louage de choses *[Dr. civ.]*

Contrat par lequel l'une des parties s'engage à procurer à l'autre, pendant un certain temps, la jouissance d'une chose, moyennant un certain prix.

▌*C. civ., art. 1713 s.*
➢ *Bail.*

Louage d'ouvrage et d'industrie *[Dr. civ.]*

Contrat par lequel une personne s'engage à exécuter au profit d'une autre et moyennant un certain prix, un travail indépendant.

Ce contrat est aujourd'hui désigné sous le nom de contrat d'entreprise.

▌*C. civ., art. 1792 s.*

Louage de services *[Dr. civ. / Dr. trav.]*

Terminologie ancienne désignant le contrat de travail.

« Lucrum cessans » *[Dr. civ.]*

Manque à gagner.
➢ *« Damnum emergens ».*

M

Maastricht *[Dr. eur.]*

Traité sur l'Union européenne conclu à Maastricht le 7 février 1992. Étape essentielle dans l'achèvement du processus d'intégration économique des Communautés il jette les bases de l'Union européenne. Modifie en ce sens les traités aussi bien sur le plan institutionnel que par des politiques et formes de coopération nouvelles.

➤ *Banque centrale européenne, Politique étrangère et de sécurité commune, Subsidiarité, Union économique et monétaire.*

Ratifié par la France en septembre 1992 par référendum, il est entré en vigueur, le 1er novembre 1993.

Magasin collectif d'indépendants *[Dr. com.]*

Réunion dans une même enceinte, sous une même dénomination, d'un certain nombre de commerçants ou d'artisans désireux d'exploiter leur entreprise selon des règles communes, tout en conservant la propriété de leur fonds. Les magasins collectifs d'indépendants sont régis par une loi du 11 juillet 1972.

📖 *C. com., art. L. 125-1 s.*

Magasins généraux *[Dr. com.]*

Établissements commerciaux agréés et contrôlés par l'administration qui reçoivent en dépôt de la part de commerçants, d'industriels, d'agriculteurs ou d'artisans des marchandises ou des denrées qui sont gardées pour le compte du déposant ou de celui à qui est transmis le titre constatant le dépôt.

📖 *C. com., art. L. 522-1 s.*

Magistrats *[Pr. civ. / Pr. pén.]*

Dans les juridictions de l'ordre judiciaire les magistrats de carrière sont chargés de juger lorsqu'ils sont au siège, et de requérir l'application de la loi quand ils sont au parquet.

M

Recrutés par concours, ils sont placés dans un statut distinct de celui des fonctionnaires et jouissent, lorsqu'ils appartiennent au siège, de l'inamovibilité. Ils siègent dans les tribunaux de droit commun, les tribunaux d'instance et à la Cour de cassation. Dans les tribunaux d'exception siègent des magistrats élus ou nommés, non professionnels. La juridiction est parfois présidée par un magistrat de carrière.

➤ *Commission de Sécurité sociale, Échevinage, Prise à partie, Responsabilité du fait du fonctionnement défectueux de la Justice, Tribunal paritaire des baux ruraux.*

[Pr. adm.] Bien que n'étant pas des magistrats au sens de l'article 34 de la Constitution, les membres des juridictions administratives bénéficient de garanties d'indépendance qui sont, en droit ou en fait, presque aussi étendues que celles des magistrats de l'ordre judiciaire. Certains textes législatifs emploient d'ailleurs le terme de magistrats pour les désigner (Cour des comptes, Cham-

M

bres régionales des comptes, Tribunaux administratifs, Cours administratives d'appel).

Magistrature *[Pr. civ. / Pr. pén.]*

Corps des magistrats exerçant leurs fonctions dans le cadre de l'autorité judiciaire.

Main commune *[Dr. civ.]*

Clause par laquelle les époux conviennent que la communauté sera administrée conjointement ; tout acte de disposition ou d'administration est fait sous la signature du mari et de la femme. Cette clause, depuis la loi du 23 décembre 1985, a été rebaptisée « clause d'administration commune ».

📖 *C. civ., art. 1503 s.*

Main-d'œuvre *[Dr. trav.]*

Ensemble des salariés d'une entreprise, d'une région ou d'un pays.

Mainlevée *[Dr. civ. / Pr. civ.]*

Acte par lequel un particulier ou un juge arrête les effets d'une hypothèque, d'une saisie, d'une opposition.

Mainmorte *[Dr. civ.]*

S'applique aux biens appartenant aux personnes morales qui se trouvent, du fait que leur possesseur a une existence indéfinie, retirés du circuit économique et échappent, notamment, aux règles des mutations par décès : les biens sont dits de mainmorte parce que la main qui les détient (la personne morale) ne meurt pas.

Maintien dans les lieux *[Dr. civ.]*

Droit que la loi reconnaît à certains locataires et sous certaines conditions, de demeurer dans le local loué, à l'expiration du bail, alors même que le bailleur s'y opposerait.

➤ *Reprise (Droit de).*

Maire *[Dr. adm.]*

Autorité communale élue en son sein par le Conseil municipal.

En tant qu'agent de la commune, le maire exécute les délibérations du Conseil municipal et possède des pouvoirs propres d'action ; il est placé alors sous le contrôle de légalité du préfet (ou du sous-préfet en dehors de l'arrondissement chef-lieu du département). En outre, le maire remplit également des fonctions pour le compte de l'État, sous l'autorité hiérarchique d'agents de celui-ci.

Maire d'arrondissement *[Dr. adm.]*

À Paris, Lyon et Marseille il existe des maires d'arrondissement, élus par le conseil d'arrondissement. Ils ont un rôle de consultation sur les équipements publics de leur circonscription, et un pouvoir de gestion pour certaines affaires.

📖 *C. gén. coll. territ., art. L. 2511-25 s.*

Maison d'arrêt *[Dr. pén.]*

Lieu où sont détenus provisoirement les inculpés, prévenus et accusés. La maison d'arrêt se situe auprès de chaque tribunal de grande instance, de chaque cour d'appel et de chaque cour d'assises.

📖 *C. pr. pén., art. 714.*

Maison centrale *[Dr. pén.]*

Les maisons centrales sont des établissements qui reçoivent les condamnés définitifs à une longue peine, selon l'article 717 du Code de procédure pénale à savoir supérieure à 5 années d'empri-sonnement. Il s'agit d'établissements qui comportent une organisation et un régime de sécurité dont les modalités internes permettent néanmoins de pré-server et de développer les possibilités de reclassement des condamnés.

📖 *C. pr. pén., art. 717.*

Maisons de justice et de droit
[Pr. civ. / Pr. pén.]

À l'origine, expérience tentée par plu-sieurs parquets dans le cas d'infraction pénale. Une rencontre est organisée entre la victime et l'auteur de l'infrac-tion, en présence d'une représentant du parquet et d'un membre du barreau. Le but est d'amener la victime et l'auteur de l'infraction à un accord qui mettra fin à une poursuite pénale, peut-être même à un emprisonnement pour un délinquant primaire.

Par la suite, ces antennes de justice ont été institutionnalisées (loi du 18 décem-bre 1998) : placées sous l'autorité des chefs du tribunal de grande instance, elles ont une mission de prévention et de conciliation, tant en matière pénale que civile ; elles concourent à l'accès au droit en informant et en orientant le public.

📖 *C. org. jud., art. 7-12-1-1 s. ; C. pr. pén., art. 41.*
➢ *Conciliation, Médiation.*

Maisons des services publics *[Dr. adm.]*

Lieux dans lesquels sont regroupés, en milieu rural ou urbain, des représen-tants d'administrations de l'État, des collectivités locales, ou des organismes de Sécurité sociale, en vue d'assurer un service de proximité au profit des usa-gers.

Maître d'œuvre *[Dr. adm. / Dr. civ.]*

Personne, entreprise qui est chargée de réaliser un ouvrage ou des travaux immo-biliers pour le compte du maître de l'ouvrage, ou d'en diriger la réalisation. Dans le cas de travail public en régie, maître d'œuvre et maître de l'ouvrage sont confondus.

Maître de l'ouvrage *[Dr. adm.]*

Personne publique ou privée pour le compte de laquelle des travaux ou un ouvrage immobilier sont réalisés.
➢ *Ouvrage public.*

[Dr. civ.] Dans le contrat de louage d'ou-vrage et d'industrie, partie contrac-tante qui obtient, moyennant un prix, les services de l'entrepreneur ou loca-teur.

Maîtrise des armements *[Dr. int. publ.]*

Démarche nouvelle de lutte contre la course aux armements due à l'initiative des deux super-puissances (États-Unis et URSS), et consistant en une régula-tion de l'évolution des armements (notamment nucléaires), de manière à maintenir l'équilibre militaire. Diffé-rence avec le désarmement qui consiste dans la destruction de stocks d'armes existants.

Majeur protégé *[Dr. civ.]*

Majeur qui est victime soit d'une alté-ration de ses facultés mentales due à une maladie, à une infirmité, à la séni-lité, soit d'une altération de ses facultés corporelles empêchant l'expression de la volonté, ou qui fait preuve de prodi-galité, d'intempérance ou d'oisiveté engendrant un préjudice pour lui ou les tiers; pour cette raison, il est soumis à l'un ou l'autre des régimes de protec-

M

tion prévus par la loi : tutelle, curatelle, sauvegarde de justice.

🔖 *C. civ., art. 488, 490.*

➤ *Curatelle, Sauvegarde de justice, Tutelle.*

Majorations de retard *[Séc. soc.]*

Majorations appliquées aux cotisations de Sécurité sociale qui n'ont pas été versées à l'époque prescrite.

Lorsque l'assuré est un salarié, les majorations de retard sont supportées par l'employeur.

🔖 *CSS, art. R. 243-18.*

M

Majorité *[Dr. civ.]*

Age fixé par la loi pour user de ses droits civils ou politiques.

Fixée à 18 ans, la majorité confère, en droit civil, la capacité d'exercice.

🔖 *C. civ., art. 488.*

➤ *Capacité.*

[Dr. com.] ➤ *Assemblée générale.*

[Dr. const.] 1° Pluralité des voix dans une élection.

Majorité absolue : plus de la moitié des voix.

Majorité qualifiée : majorité exigeant des conditions plus difficiles à réunir que la majorité absolue (ex. : majorité des 2/3).

Majorité relative (ou simple) : plus de voix que n'en a obtenues un autre concurrent.

2° Parti ou coalition de partis détenant la majorité des sièges du Parlement et servant d'appui au Gouvernement en régime parlementaire. La majorité est plus ou moins solide selon qu'elle est homogène ou composite.

[Dr. pén.] Age à partir duquel un individu est soumis au droit commun de la responsabilité pénale.

Cet âge est fixé à dix-huit ans.

Majorité qualifiée *[Dr. eur.]*

Le Conseil des ministres statue, sauf disposition expresse des traités prévoyant une décision à l'unanimité, par un vote à la majorité qualifiée. Le vote est effectif seulement depuis le début des années 80; auparavant, suite au compromis de Luxembourg en 1966, il n'y avait pas vote mais recherche systématique du consensus. Le nombre de voix attribué à chaque État est fonction de son importance (10 voix pour l'Allemagne, la France, l'Italie et le Royaume-Uni jusqu'à 2 pour le Luxembourg) et le total des voix nécessaire répond à un savant équilibre entre grands et petits pays. Le Traité de Nice va modifier le nombre des voix et cet équilibre pour tenir compte du prochain élargissement à 27 États membres (29 voix pour les 4 « grands » à 3 voix pour Malte). Nécessité de 258 voix sur 345 exprimant le vote d'une majorité d'États quand la décision est prise sur proposition de la Commission, autrement il faudra 258 voix et au moins les 2/3 des membres; enfin un État peut demander de vérifier que la majorité représente bien au moins 62 % de la population totale de l'Union).

Maladie professionnelle *[Séc. soc.]*

Sont des maladies professionnelles les affections limitativement énumérées à l'article L. 461-2 du code de la sécurité sociale et inscrites dans des tableaux dits de maladies professionnelles. Les tableaux indiquent pour chaque maladie reconnue comme professionnelle le délai de prise en charge, le type de maladie et la liste indicative ou limitative des principaux travaux susceptibles de la provoquer. Peuvent également être reconnues comme maladies professionnelles les maladies déjà désignées dans les tableaux spécifiques pour lesquelles toutes les conditions tenant aux critères techniques de reconnaissance ne sont pas remplies (délai de prise en charge, durée d'exposition...) et les maladies non inscrites sur les tableaux précités dans la mesure où une relation directe avec le travail habituel est établie.

Les maladies professionnelles ouvrent droit aux mêmes réparations qu'un accident du travail.

📗 *CSS, art. 461-1.*

Mal fondé *[Pr. gén.]*

Non-conformité d'une demande en justice aux règles de droit qui lui sont applicables.

➤ *Bien-fondé, Recevabilité.*

Mandat *[Dr. civ.]*

Acte par lequel une personne est chargée d'en représenter une autre pour l'accomplissement d'un ou de plusieurs actes juridiques.

Le mandat est conventionnel lorsqu'il résulte d'un contrat conclu entre le représenté (ou mandant) et le représentant (ou mandataire). Il peut aussi résulter de la loi ou d'un jugement.

📗 *C. civ., art. 1984 s.*

[Pr. pén.] Ordre écrit ou mise en demeure par lequel, ou par laquelle, un magistrat ou une juridiction pénale décide de la comparution ou de la mise en détention d'une personne.

Mandat d'amener *[Pr. pén.]*

Ordre donné à la force publique par le procureur de la République ou un magistrat instructeur, de conduire immédiatement une personne devant lui, soit qu'elle soit soupçonnée d'avoir participé à un crime flagrant, soit qu'elle fasse l'objet d'une inculpation.

📗 *C. pr. pén., art. 122.*

Mandat d'arrêt *[Pr. pén.]*

Ordre donné à la force publique, par un magistrat instructeur ou par une juridiction pénale, de rechercher un inculpé ou un prévenu, et de le conduire à la maison d'arrêt indiquée sur le mandat où il sera reçu et détenu.

📗 *C. pr. pén., art. 122.*

Mandat de comparution *[Pr. pén.]*

Mise en demeure adressée par un magistrat instructeur à un inculpé de se présenter devant lui à la date et à l'heure indiquées par le mandat.

📗 *C. pr. pén., art. 122.*

Mandat de dépôt *[Pr. pén.]*

Ordre donné au surveillant-chef d'une maison d'arrêt, par un magistrat instructeur ou par une juridiction pénale, de recevoir et de détenir un inculpé ou un prévenu.

📗 *C. pr. pén., art. 122.*

Mandat domestique *[Dr. civ.]*

Expression désignant le pouvoir qu'avait la femme mariée, avant la loi du 13 juillet 1965, de représenter son mari pour l'accomplissement des actes nécessaires à la vie du ménage. Ladite loi a attribué aux deux époux le pouvoir autonome de passer les contrats pour l'entretien du ménage ou l'éducation des enfants.

📗 *C. civ., art. 220.*

M

Mandat fictif *[Dr. fin.]*

Mandat de paiement correspondant à une dette inexistante ou autre que celle qu'il mentionne, établi généralement en vue d'alimenter une caisse noire ou de régler irrégulièrement une autre dépense. L'auteur et les bénéficiaires d'un mandat fictif font l'objet d'une déclaration de gestion de fait par la Cour des comptes ou par une Chambre régionale des comptes en cas de découverte de son émission.

Mandat de paiement *[Dr. fin.]*

Pièce établie par un ordonnateur et transmise au comptable assignataire pour que celui-ci paie une dépense publique à un créancier. Ce document, interne à l'Administration, est accompagné d'un titre de règlement (chèque sur le Trésor, ordre de virement) qui permettra au créancier de percevoir son dû.

➢ *Ordonnancement.*

Mandat politique *[Dr. const.]*

Mission que les citoyens (mandants) confient à certains d'entre eux (mandataires) d'exercer le pouvoir en leur nom et pour leur compte. En régime démocratique, le mandat politique procède de l'élection.

1° *Mandat impératif* : conception du mandat politique selon laquelle les élus, tenant leur mandat des électeurs de leur circonscription (Souveraineté populaire), doivent se conformer à leurs directives et peuvent être révoqués par eux.

2° *Mandat représentatif* : conception du mandat politique selon laquelle les élus, tenant leur mandat de la Nation elle-même (Souveraineté nationale), l'exercent en toute indépendance à l'égard de leurs électeurs, dont ils n'ont pas à recevoir d'ordres ou d'instructions et qui ne peuvent les révoquer.

Mandat (territoires sous-) *[Dr. int. publ.]*

Territoires détachés de l'Empire allemand et de l'Empire ottoman à la fin de la première guerre mondiale et confiés à l'administration de puissances chargées, sous le contrôle de la SDN (Commission des mandats), d'accomplir à leur égard la « mission sacrée de civilisation » consistant à assurer le bien-être et le développement de leurs populations.

Le régime des mandats a pris fin par suite soit de l'émancipation de la collectivité sous-mandat (Irak, Syrie, Liban, Transjordanie) ou de son rattachement à un autre État (Palestine partagée entre Jordanie et Israël), soit de la transformation du mandat en tutelle sous le contrôle de l'ONU (anciennes possessions allemandes d'Afrique et du Pacifique), soit de la révocation du mandat par l'ONU (Sud-Ouest Africain).

Mandataire judiciaire à la liquidation des entreprises *[Dr. com. / Pr. civ.]*

Mandataire chargé par décision de justice de représenter les créanciers dans les procédures collectives de redressement judiciaire et de liquidation judiciaire et de procéder éventuellement à la liquidation de l'entreprise. A remplacé le syndic.

📕 *C. com., art. L. 812-1 s.*

Mandatement *[Dr. fin.]*

➢ *Ordonnancement.*

Mandement *[Pr. gén.]*

Ordonnance du juge prescrivant à un plaideur d'accomplir tel ou tel acte, par exemple de mettre en cause un tiers.

Ordonnance prescrivant à un plaideur de présenter telle ou telle pièce, à un tiers de fournir une attestation, écrite ou un témoignage ou de communiquer certains documents nécessaires au jugement du procès.

➢ *Injonction, Intervention, Pièces, Tiers.*

Manquement *[Dr. eur.]*

Recours permettant à la Commission ou à tout État membre de saisir la Cour de justice du non-respect d'un État membre aux obligations qui lui incombent en vertu des traités pour le contraindre à appliquer le droit communautaire.

« Manu militari » *[Dr. gén.]*

Par la main militaire.

Expression signifiant que l'on a recours à la force publique pour l'exécution d'une obligation ou d'un ordre.

Marc le franc *[Dr. civ. / Pr. civ.]*

Dans la procédure de distribution par contribution, paiement des créanciers chirographaires proportionnellement au montant de leurs créances.

❚ *C. civ., art. 2093.*

Marchandage *[Dr. trav.]*

Contrat par lequel une personne, le sous-entrepreneur, marchandeur ou tâcheron, s'engage envers l'entrepreneur principal à faire exécuter un travail par d'autres personnes payées et commandées par elle.

Lorsque l'opération à but lucratif consiste en une fourniture de main-d'œuvre qui a pour effet de causer un préjudice aux salariés ou d'éluder l'application des lois, des règlements ou des conventions collectives, elle est interdite et sanctionnée pénalement.

❚ *C. trav., art. L. 125-1 s., R. 125-1 s.*

Marché sur appel d'offres *[Dr. adm.]*

Mode de droit commun de passation des marchés publics, dans lequel la personne publique choisit l'offre économiquement la plus avantageuse, sur la base de critères objectifs préalablement portés à la connaissance des candidats, et sans négociation avec ceux-ci. Sauf cas dérogatoire, il est obligatoire quand le marché dépasse 130 000 euros HT pour l'État et 200 000 pour les collectivités locales.

Il est dit « ouvert » lorsque tout candidat peut remettre une offre, « restreint » lorsque seuls des candidats sélectionnés peuvent remettre une offre.

❚ *C. marchés publ., art. 26, 33.*

Marché au comptant *[Dr. com.]*

Ensemble des opérations de ventes et d'achats de valeurs mobilières sur un marché boursier, qui s'exécutent immédiatement par le versement de l'argent et la remise des titres, sous réserve du délai nécessaire aux intermédiaires.

Marché d'entreprise de travaux publics (METP) *[Dr. adm.]*

Variété de marché public apparue depuis longtemps dans la jurisprudence administrative, qui connaît aujourd'hui un regain de faveur mais dont les frontières sont encore controversées. Typiquement, le METP est un marché par lequel une personne publique – très souvent une collectivité locale – charge une entreprise de construire ou de réhabiliter à ses frais un ouvrage public

M

M

et d'en assurer l'exploitation pendant une période assez longue. L'entreprise est rémunérée non par une redevance perçue sur les usagers, ce qui distingue le METP de la concession, mais par une rémunération versée par la personne publique et qui est généralement payée par année. Le succès de cette formule s'expliquait surtout par cette possibilité d'obtenir ainsi une sorte de crédit-fournisseur non prévue par les textes. Il pourrait fortement décliner en raison d'un arrêt du Conseil d'État (8 février 1999) qui a jugé que les METP sont des marchés soumis au Code des marchés publics, notamment quant à leurs modes de passation et à l'interdiction de toute forme de paiement différé.

Marché à forfait *[Dr. civ.]*

Dans le contrat de louage d'ouvrage et d'industrie, convention conclue entre le maître de l'ouvrage et l'entrepreneur, en vertu de laquelle le prix est fixé de façon définitive pour l'ensemble de l'ouvrage.

Marché Commun *[Dr. int. publ.]*
➢ *Communautés Européennes.*

Marché à règlement mensuel *[Dr. com.]*

Ensemble des opérations de vente et d'achat de valeurs mobilières sur un marché boursier pour un prix déterminé au moment de la conclusion de l'opération, mais dont l'exécution n'intervient qu'à une date ultérieure, dite date de liquidation. Ce marché s'est en 1983, substitué au marché à terme.

Marché intérieur *[Dr. eur.]*

Espace constitué du territoire des États membres dans lequel la libre circulation est assurée.

Marché réglementé *[Dr. com.]*

Lieu où se négocient, après autorisation du ministre chargé de l'Économie et des Finances, des instruments financiers tels qu'actions ou autres titres de capital ou de créance.

Marchés d'intérêt national *[Dr. adm.]*

Marchés de gros destinés à alléger les circuits de distribution en diminuant le nombre des intermédiaires entre le producteur et le consommateur.

Ils sont gérés par des organismes comprenant des collectivités territoriales de leur ressort; leur efficacité économique est sauvegardée grâce à la reconnaissance d'une situation de monopole à l'intérieur d'une aire dite « périmètre de protection ».

Les nécessités des transports conduisent à les créer auprès de centres de communications ferroviaires, ce qui les fait parfois appeler : marchés-gares.

Marchés sur mise en concurrence simplifiée *[Dr. adm.]*

Mode de passation des marchés publics, utilisable seulement en-dessous d'un montant fixé par décret (130 000 euros HT pour l'État, 200 000 pour les collectivités locales), dans lequel la personne publique choisit le titulaire du marché à la suite de négociations avec plusieurs candidats, après publicité et mise en concurrence préalable.

C. marchés publ., art. 32.

Marchés négociés *[Dr. adm.]*

(Dénomination officielle : procédure négociée).

Mode dérogatoire de passation des marchés publics, utilisable seulement dans des cas énumérés, dans lequel la personne publique choisit son cocontractant après consultation de candidats et négociation des conditions du marché avec un ou plusieurs d'entre eux. Selon les cas ils peuvent être dispensés de publicité et de mise en concurrence.

📗 *C. marchés publ., art. 34.*

Marchés publics *[Dr. adm.]*

Contrats écrits conclus par l'État, les collectivités locales et leurs établissements publics administratifs avec des personnes publiques ou privées en vue de la réalisation de travaux ou de la fourniture de biens ou de services. Ils sont assujettis à des règles précises de forme et de fond, en vue d'assurer le respect des principes de liberté d'accès à la commande publique, d'égalité de traitement des candidats et de transparence des procédures.

📗 *C. marchés publ., art. 1.*

Mariage *[Dr. civ.]*

Union stable de l'homme et de la femme résultant d'une déclaration reçue en forme solennelle par l'officier d'état civil qui a reçu auparavant les consentements des futurs, en vue de la création d'une famille et d'une aide mutuelle dans la traversée de l'existence.

Ce terme désigne également l'acte juridique créateur de l'union.

📗 *C. civ., art. 144 s.*

Mariage putatif *[Dr. civ.]*

Mariage nul, mais qui, en raison de la bonne foi de l'un au moins des époux, est réputé valable pour le passé à l'égard de cet époux. À l'égard des enfants, le mariage nul est toujours putatif, même si les deux époux sont de mauvaise foi. Les effets de la nullité ne se produisent donc que pour l'avenir.

📗 *C. civ., art. 201 et 202.*

Marque d'appel *[Dr. com.]*

➤ *Prix d'appel.*

Marques de fabrique, de commerce et de services *[Dr. com.]*

Signe susceptible de représentation graphique servant à distinguer les produits ou services d'une personne physique ou morale de ceux des concurrents.

📗 *C. propr. intell., art. L. 711-1.*

Marque syndicale *[Dr. trav.]*

Un syndicat peut avoir un label ou une marque destinés à certifier l'origine d'un produit fabriqué ou vendu sous son contrôle. Les syndicats ouvriers ont parfois tiré de ce droit celui de négocier et de conclure des accords tendant à obliger l'employeur à n'embaucher que les adhérents du syndicat propriétaire de la marque ou du label; un tel accord est nul comme portant atteinte à la liberté syndicale.

📗 *C. trav., art. L. 413-1 s., L. 481-3.*

➤ *Clause de sécurité syndicale.*

Masse *[Dr. civ. / Dr. com.]*

Au sens large, expression qui désigne le passif d'une part, l'actif d'autre part, lors d'une liquidation d'une indivision ou d'une entreprise.

La masse des obligataires est constituée par l'ensemble des porteurs d'obligations d'une même émission.

La masse des porteurs de parts de fondateurs désigne l'ensemble des porteurs de parts d'une société de capitaux.

📗 *C. com., art. L. 228-46.*

Matériel

➤ *Formel.*

M

M

Maternité *[Dr. civ.]*

Lien juridique existant entre la mère et son enfant.
➢ *Filiation, Paternité.*

Matière *[Pr. gén.]*

Désigne d'abord le *genre du litige*, l'ensemble des affaires comprises dans un même contentieux et correspondant à une branche déterminée du droit (matière civile, commerciale, sociale, prud'homale). Ainsi comprise, la matière constitue un des critères de répartition des compétences entre les différentes juridictions.

Est également utilisée pour exprimer la *nature de la juridiction* exercée et de la procédure qui en découle. En ce sens on oppose la matière contentieuse à la matière gracieuse.

Plus étroitement, la matière évoque *l'objet de la contestation* (matière du procès) qui représente le fond par opposition à la procédure qui serait forme.
➢ *Fond, Forme.*

Matière mixte *[Pr. civ.]*
➢ *Action mixte.*

Matrice
➢ *Cadastre.*

Mauvaise foi *[Dr. gén.]*

Comportement incorrect qui participe, à des degrés divers, de l'insincérité, de l'infidélité, voire de la déloyauté. Conduit toujours à un régime de défaveur qui se marque, selon les cas, par l'aggravation de la responsabilité. la perte d'un bénéfice ou l'amoindrissement d'un droit (ex. : à l'inverse du possesseur de bonne foi qui fait les fruits siens, le pos-

sesseur de mauvaise foi doit les restituer en intégralité).

Maxime

Proposition d'origine généralement ancienne, servant de règle juridique ou de mode d'interprétation du droit (ex. : « cessante ratione legis, cessat ejus dispositio »).
➢ *Adage.*

Médecin conventionné *[Séc. soc.]*

Médecin relevant de l'accord national conclu entre les caisses nationales d'assurance maladie des différents régimes de Sécurité sociale et les organisations les plus représentatives des médecins.

Les honoraires du médecin conventionné sont remboursés à l'assuré par les caisses dans les conditions prévues à la convention nationale. Ils peuvent être conformes au tarif conventionnel ou, depuis la convention de 1980, le dépasser, si le médecin a fait choix, dans les délais, du dépassement de tarif. Ce choix entraîne pour lui la perte des avantages sociaux maladie et vieillesse financés en partie par les caisses, dont jouissent les médecins qui ne dépassent pas les tarifs.

Médecine de caisse *[Séc. soc.]*

Type d'organisation de la médecine dans lequel le paiement du médecin est effectué par les caisses de Sécurité sociale, ce système étant susceptible d'aménagements très divers.

Médecine libérale *[Séc. soc.]*

La médecine libérale est celle dont l'organisation repose sur les principes fondamentaux suivants :

- libre choix du médecin par le malade,
- liberté de prescription du médecin,
- secret professionnel,
- paiement direct des honoraires par le malade,
- liberté d'installation du médecin.

Ces principes sont reconnus par le code de la Sécurité sociale.

Médecine du travail *[Dr. trav.]*

Institution destinée à exercer une surveillance sur la santé des travailleurs dans l'entreprise et dont le rôle est uniquement préventif.

C. trav., art. L. 241-1 s., R. 241-1 s.

Médiateur *[Dr. priv.]*

Le recours à un médiateur est prévu dans certains domaines du droit privé (droit du travail, droit de l'assurance-construction).

[Pr. civ.] Tierce personne désignée par le juge saisi d'un litige, avec l'accord des parties, en vue de trouver une solution au conflit qui les oppose. Le médiateur doit satisfaire à certaines conditions d'honorabilité, d'indépendance et de compétence relatives tant à la nature du litige qu'à la pratique de la médiation ; il est rémunéré par les parties à la manière d'un expert.

Si la médiation réussit, l'accord peut être homologué par le juge ; il a alors la même force exécutoire qu'un jugement.

NCPC, art. 131-1 s.

[Dr. pén.] Selon l'art. 41 C. pr. pén. (loi du 4 janv. 1993), le procureur de la République peut, préalablement à sa décision sur l'action publique et avec l'accord des parties, décider de recourir à une médiation s'il lui apparaît qu'une telle mesure est susceptible d'assurer la réparation du dommage causé à la victime, de mettre fin au trouble résultant de l'infraction et de contribuer au reclassement de l'auteur de l'infraction.

➢ *Conciliateur, Maisons de justice.*

Médiateur de la République
[Dr. const. / Dr. adm.]

Autorité indépendante instituée en 1973 à l'exemple de l'Ombudsman, le Médiateur est chargé, face à une Administration considérée comme de plus en plus bureaucratique et complexe, de simplifier et d'humaniser la protection des administrés, sans se substituer aux tribunaux. Nommé pour six ans, il reçoit les réclamations des administrés relatives à leurs relations avec les services de l'État et des collectivités publiques, transmises obligatoirement par un parlementaire. Il peut aussi être saisi par les assemblées parlementaires, par un parlementaire, ainsi que par un de ses homologues étrangers ou par le Médiateur européen. Il dispose de délégués sur l'ensemble du territoire.

Il peut faire une recommandation (règlement en équité d'une difficulté, proposition de modification de certains textes), et enjoindre à l'Administration de se conformer à une décision de justice demeurée inexécutée. Il établit un rapport annuel d'activité, et il peut rendre une affaire publique dans un rapport spécial.

Médiation *[Dr. int. publ.]*

Mode de règlement politique des conflits internationaux consistant dans l'interposition d'une tierce-puissance qui ne se borne pas à persuader les parties de s'entendre (comme dans les bons offices), mais leur propose une solution.

M

M

[Dr. pén.] Procédure décidée par le Procureur de la République avant le déclenchement de l'action publique et tendant à assurer la réparation du dommage subi par la victime, à mettre fin au trouble né de l'infraction et à contribuer au reclassement de l'auteur de cette dernière. L'aboutissement de la médiation aboutit à une sorte de pardon judiciaire (art. 41 NCPP).
➢ *Médiateur (Dr. pén.).*

[Dr. trav.] Procédure de règlement des différends collectifs de travail, qui consiste à demander l'avis d'un tiers qualifié, le médiateur. Celui-ci formule une recommandation qui lie les parties qui l'ont acceptée. ➢ *Arbitrage, Conciliation, Ombudsman.*
📗 *C. trav., art. L. 524-1 s.*

[Pr. civ.] Instituée par la loi n° 95-125 du 8 février 1995, la médiation permet à un juge de désigner une tierce personne, avec l'accord des parties, pour les entendre et rechercher avec elles une solution aux fins de conciliation, ses honoraires étant à la charge des parties (différence avec la conciliation).
📗 *NCPC, art. 131-1 s.*

Membre de la famille *[Séc. soc.]*
Conjoint, ascendant et, à partir de 18 ans, le descendant, frère, sœur ou allié au même degré du chef d'exploitation ou de son conjoint, à condition qu'il vive sur l'exploitation agricole et participe à sa mise en valeur bien que n'étant ni salarié, ni associé d'exploitation.

Mémoire *[Dr. adm.]*
1° *Mémoire introductif* : requête déposée devant une juridiction administrative par le requérant ou son conseil, pouvant

exposer de manière seulement succincte les moyens invoqués, et présentant les conclusions du demandeur.
2° *Mémoire ampliatif* : mémoire pouvant faire suite au précédent pour développer les moyens qui seraient trop sommairement exposés dans le mémoire introductif. Devant les juridictions administratives, la procédure se déroule sous forme d'échanges de mémoires (procédure écrite).

[Pr. civ.] Document écrit contenant l'exposé des prétentions d'un plaideur.
L'échange de mémoires est une des caractéristiques de la procédure devant la Cour de cassation.
📗 *NCPC, art. 978, 982.*

Memorandum *[Dr. int. publ.]*
Rapport, éventuellement confidentiel, sur une question donnée, comprenant souvent en conclusion injonctions ou propositions, adressé par un État à un autre État ou par un organe à un autre organe d'une organisation internationale.

Menaces *[Dr. pén.]*
Exercice d'une intimidation ou d'une pression ayant pour objet une atteinte aux personnes ou aux biens.
📗 *C. pén. art. 257-2 et 305.*
Les menaces sont définies et sanctionnées par les articles 222-17 et 222-18 du NCP.

Ménage de fait *[Dr. civ.]*
➢ *Concubinage.*

Mensualisation *[Dr. fin.]*
En matière d'impôt sur le revenu, succédané du système de retenue à la source dans lequel le contribuable opte pour le

prélèvement d'office mensuel, sur un compte bancaire, postal ou de caisse d'épargne, de sommes à valoir sur son impôt de l'année. Il n'est alors plus soumis à l'obligation de payer des « tiers provisionnels ». La mensualisation est étendue à d'autres impôts directs (taxe d'habitation, taxes foncières bâtie et non bâtie).

[Dr. trav.] On désigne sous le nom de mensualisation diverses mesures adoptées par voie de négociation collective et par voie légale qui tendent au rapprochement du statut de l'ouvrier manuel, payé à l'heure, et du statut de l'employé payé au mois. Ces mesures peuvent aller de la généralisation du paiement mensuel du salaire à l'extension des avantages sociaux, jusqu'ici réservés au personnel mensuel et tels que : paiement des jours fériés, garantie du salaire en cas de maladie, attribution d'importantes indemnités de licenciement, etc.
📙 *C. trav., art. 143-2.*

Mention au dossier *[Pr. civ.]*
Indication portée par écrit sur le dossier de l'affaire tenu par le secrétariat-greffe. Elle permet de formaliser certaines décisions prises au cours de l'instruction.
📙 *NCPC, art. 727.*
➤ *Dossier.*

Mention en marge *[Dr. gén.]*
Annotation placée en marge d'un acte, aux fins d'adjonction, de rectification ou de mise à jour. C'est de cette façon que l'acte de naissance se trouve, éventuellement complété par l'indication du mariage ou de la reconnaissance d'enfant naturel, définitivement actualisé par l'inscription du décès.

Mentions informatives *[Dr. civ. / Dr. com.]*
Précisions qui doivent figurer dans le document contractuel en vue de renseigner le partenaire sur les prestations offertes et les protections accordées par la loi. La méconnaissance de ce formalisme impératif est sanctionnée, généralement, par la nullité du contrat.

Menus ouvrages *[Dr. civ.]*
En matière de construction immobilière, les menus ouvrages sont les éléments autres que les gros ouvrages façonnés et installés par l'entrepreneur, spécialement les canalisations ou les huisseries. La responsabilité de l'entrepreneur, en cas de vices cachés, est encourue pendant deux ans à dater de la réception des travaux.

M

Mercuriale *[Dr. civ. / Dr. com.]*
État périodique du prix courant de certaines denrées, utilisé par les tribunaux pour déterminer le montant du préjudice subi en cas de perte ou de détérioration.

Mer territoriale *[Dr. int. publ.]*
Bande maritime qui suit le tracé de la côte et fixée depuis la Convention de Montego Bay du 10 décembre 1982 à 12 milles. L'État côtier exerce sur cette zone sa souveraineté sous réserve du libre passage inoffensif des navires étrangers.
➤ *Passage inoffensif, Plateau continental, Zone contiguë.*

Message *[Dr. const.]*
Acte par lequel le Président de la République communique avec les assemblées parlementaires.

MES

À la différence du Président des États-Unis, le Président de la République Française ne va pas au Parlement lire lui-même son message; il le fait lire.

Mesure d'administration judiciaire
[Pr. gén.]

Acte relatif au fonctionnement d'une juridiction (règlement des audiences et du rôle des affaires, délégation et roulement des magistrats, désignation des juges de la mise en état ou des magistrats appelés à statuer comme juge unique, etc.). Aucun recours n'est ouvert contre un tel acte (sauf pourvoi en cassation pour excès de pouvoir).

📖 *NCPC, art. 537, 817 s., 963 s.*
➤ *Acte juridictionnel, Décision gracieuse.*

Mesure d'ordre intérieur *[Dr. adm.]*

En contentieux administratif, catégorie juridique en voie de régression dont l'existence s'explique surtout par la crainte d'un encombrement des juridictions, et qui regroupe des décisions administratives mineures dont le juge administratif se refuse à connaître en raison du peu d'importance du préjudice causé aux administrés.

Ex. : décision de l'Administration universitaire d'inscrire un étudiant dans tel groupe de travaux dirigés plutôt que dans tel autre.

Mesures conservatoires *[Pr. civ.]*

La loi du 9 juillet 1991 a institué des règles nouvelles en matière de mesures conservatoires, en distinguant les saisies conservatoires et les sûretés judiciaires.

Le recours à l'une ou l'autre de ces procédures suppose que celui qui possède une créance *paraissant* fondée en son principe obtienne une autorisation du juge de l'exécution (en matière commerciale du président du tribunal de commerce).

Cette autorisation n'est pas exigée dans plusieurs hypothèses, notamment lorsque la créance est constatée par un titre exécutoire, parce qu'alors la créance est certaine.

On entend, également, par mesures conservatoires les mesures que prescrit le juge des référés, soit pour prévenir un dommage imminent, soit pour faire cesser un trouble manifestement illicite.

📖 *NCPC, art. 809, 849, 873; C. trav., art. R. 516-31.*

Mesures d'exécution sur les véhicules terrestres à moteur *[Pr. civ.]*

Lorsque le débiteur est propriétaire d'un véhicule terrestre à moteur (automobile par exemple), l'huissier de justice choisi par le créancier peut effectuer une déclaration à la Préfecture dans laquelle le véhicule a été immatriculé. Cette déclaration, notifiée au débiteur, opérera la saisie.

S'il est à craindre que le débiteur fasse disparaître le véhicule, l'huissier a la faculté de procéder à l'immobilisation du véhicule, en quelque lieu qu'il se trouve. Sa réalisation sera ensuite exécutée.

➤ *Immobilisation des véhicules terrestres à moteur.*

Mesures d'instruction *[Pr. gén.]*

Procédures ordonnées à la demande des parties ou d'office par le juge et tendant à établir la réalité et l'exactitude des faits sur lesquels porte une difficulté juridique ou un litige.

[Pr. civ.] Les mesures d'instruction dans le procès civil peuvent être ordonnées en tout état de cause, parfois même en conciliation ou au cours du délibéré; elles ont un caractère incident.

Elles peuvent aussi être ordonnées en dehors de tout procès, par voie principale (requête ou référé), toutes les fois qu'il existe un motif légitime de conserver ou d'établir la preuve de faits dont peut dépendre la solution d'un litige éventuel (enquête, expertise à futur en particulier).

📘 *NCPC, art. 143 s.*

Mesures nouvelles *[Dr. fin.]*
➤ *Services votés.*

Mesures préparatoires *[Dr. adm.]*
En contentieux administratif, catégorie juridique regroupant les actes de l'Administration dont le juge administratif se refuse à connaître parce qu'ils se bornent à préparer une décision sans être, par eux-mêmes, des actes faisant grief.
➤ *Grief.*

Mesures provisoires *[Pr. civ.]*
Décisions prises par le juge, souvent le juge des référés, pour la durée d'un procès (ainsi pension *ad litem*, mise sous séquestre d'un objet, garde des enfants).
📘 *C. civ., art. 253 s.*

Mesures de sûreté *[Dr. pén.]*
Sanctions à caractère préventif et dépourvues de but rétributif et de caractère afflictif et infamant, fondées sur la constatation d'un état dangereux. Les mesures de sûreté peuvent consister en une neutralisation, un traitement thérapeutique, un traitement rééducatif.

Métayage *[Dr. civ.]*
Contrat en vertu duquel le propriétaire d'un domaine rural, le loue temporairement à une autre personne, appelée métayer, qui l'exploite moyennant partage des fruits et des pertes.
Ce contrat est encore appelé bail à colonat partiaire.
📘 *C. rur., art. L. 417-1 s.*
➤ *Bail à ferme.*

Méthode de Grenoble *[Dr. civ.]*
Procédé de construction d'appartements en copropriété caractérisé par l'existence d'une indivision entre les accédants pendant toute la période nécessaire à l'édification. Toute décision ne peut être prise qu'à l'unanimité.
➤ *Méthode de Paris.*

Méthode de Paris *[Dr. civ.]*
Procédé de construction d'appartements en copropriété caractérisé par la création d'une société chargée de mener à bien les travaux. Le gérant peut traiter seul au nom de la société.
➤ *Méthode de Grenoble.*

Métropole *[Dr. gén.]*
Historiquement parlant, ce mot désigne d'abord la ville où siège un dignitaire ecclésiastique de rang particulièrement élevé (normalement l'archevêque). À l'époque de l'histoire appelée histoire moderne et contemporaine, ce mot devient celui du langage courant et du style juridique pour désigner le territoire auquel sont rattachées les dépendances dites coloniales ou d'outre-mer (➤ Département et Territoire d'outre-mer). En dernier lieu, le mot prend place dans l'expression de métropole d'équi-

M

libre, retrouvant presque son sens originaire de ville, mais appuyé sur la recherche systématique et planifiée des groupements de plusieurs larges agglomérations humaines, avec structuration à grande échelle d'urbanismes de types variés, de zones industrielles, de voies de communications nouvelles. Il s'agit alors de tenter, dans la régionalisation, de compenser l'hypertrophie de la capitale et de lutter contre l'appauvrissement et la désertion de régions entières. Les considérations économiques et humaines locales (population, richesse du sous-sol, voies d'accès, situation dans un ensemble de dimension encore plus vaste) jouent un rôle déterminant en matière de choix dans l'aménagement.

Meuble *[Dr. civ.]*

Le terme désigne deux catégories de biens :

• *Les biens corporels* « qui peuvent se transporter d'un lieu à un autre, soit qu'ils se meuvent par eux-mêmes, comme les animaux, soit qu'ils ne puissent changer de place que par l'effet d'une force étrangère, comme les choses inanimées ». Ce sont les meubles par nature.

C. civ., art. 528.

• *Les biens incorporels*, qui sont des droits portant sur une chose mobilière par nature (droit réel, droit personnel, action en justice) ou des droits détachés de tout support matériel mais que la loi considère arbitrairement comme des meubles (parts sociales, droits intellectuels...). Ce sont les meubles par détermination de la loi.

C. civ., art. 527 s.
➢ *Immeuble.*

Meubles meublants *[Dr. civ.]*

Meubles destinés à l'usage (tables, sièges, lits...) et à l'ornement (tapisseries, glaces) d'un appartement ou d'un local.

C. civ., art. 534.

Meurtre *[Dr. pén.]*

Homicide intentionnel.
➢ *Assassinat.*

Micro-entreprises (Régime des...)
[Dr. fin.]
➢ *Forfait.*

Micro-État *[Dr. int. publ.]*

État à territoire exigu et très peu peuplé. L'admission de très nombreux micro-États à l'ONU à la suite de la décolonisation soulève des problèmes délicats sur lesquels le Secrétaire Général a attiré l'attention, les États en question n'étant pas toujours en mesure de faire face aux obligations prévues par la Charte des Nations Unies.

Mines *[Dr. adm. / Dr. civ.]*

Gisements de substances minérales ou fossiles que, en raison de leur valeur, la loi a déclarés distincts du sol quant au régime de propriété.

La liste limitative se trouve dans le Code minier. Y figurent les hydrocarbures liquides et gazeux, l'apparition sur cette liste de ces derniers ayant entraîné les plus grandes modifications à l'ensemble des régimes juridiques des mines.

C. minier, art. 1.
➢ *Pétrole.*

Minières *[Dr. adm. / Dr. civ.]*

Catégorie de gisements aujourd'hui supprimée par la loi, comprenant essentiellement les minières de fer, qui figurent aujourd'hui dans la catégorie des mines, et les tourbières, qui figurent aujourd'hui dans la catégorie des carrières.

Minimum garanti *[Séc. soc.]*

Minimum servant de référence à de nombreuses allocations, indemnités ou plafonds : évaluation des avantages en nature pour le calcul des cotisations sociales, calcul de la prise en charge par l'employeur des frais réels de repas, calcul de l'allocation spécifique versée par l'État en cas de chômage partiel.

C. trav., art. L. 141-2.

Minimum vieillesse *[Séc. soc.]*

Niveau minimum de ressources dont doit disposer toute personne âgée de plus de 65 ans, de nationalité française résidant en France.

La Sécurité sociale verse des allocations pour porter les ressources de toutes les personnes âgées au niveau du minimum vieillesse.

Ministère *[Dr. const.]*

1° Ensemble des membres composant le Cabinet ministériel ou Gouvernement (ex. : ministère Fabius).

2° Groupe de services publics placés sous l'autorité d'un ministre (ex. : ministère des affaires étrangères, de la justice, de l'agriculture, etc.). Chaque ministère est composé d'une administration centrale et de services extérieurs situés dans diverses circonscriptions.

Ministère public *[Pr. civ. / Pr. pén.]*

Ensemble des magistrats de carrière qui sont chargés, devant certaines juridictions, de requérir l'application de la loi et de veiller aux intérêts généraux de la société.

Indépendants des juges du siège, les magistrats du parquet sont hiérarchisés et ne bénéficient pas de l'inamovibilité.

En matière civile, le ministère public peut être partie principale ou partie jointe. En matière pénale, il est toujours partie principale.

NCPC, art. 421 s. ; C. pr. pén., art. 31 s.

Ministre *[Dr. const.]*

Membre du ministère ou Gouvernement.

1° *Ministre à portefeuille* : ministre chargé d'un département ministériel, c'est-à-dire de la gestion des services de l'État correspondant à un domaine d'action.

2° *Ministre délégué* : ministre ayant reçu délégation du Premier Ministre ou d'un ministre pour gérer sous son autorité, mais avec l'ensemble des pouvoirs reconnus à un ministre, un domaine déterminé de sa compétence.

3° *Ministre d'État* : traditionnellement ministre sans portefeuille, nommé seulement pour des raisons de dosage politique. Sous la Ve République, les ministres d'État ont été au contraire chargés d'un département ministériel et se différencient seulement des autres ministres par le titre – plus prestigieux – et le protocole. Ils viennent en tête des ministres.

Ministre-juge *[Dr. adm.]*

Conception, périmée depuis la fin du siècle dernier, selon laquelle, en matière de contentieux administratif, chaque ministre représentait pour son département une juridiction de première instance, qui devait ainsi être saisie préala-

M

blement à tout recours porté devant le Conseil d'État. On parlait alors de justice retenue.

Minorité *[Dr. civ.]*
État de celui qui n'a pas encore atteint la majorité légale.
📗 *C. civ., art. 488.*
➢ *Majorité.*
[Dr. com.] ➢ *Assemblée générale, Expert de minorité.*

Minorité pénale *[Dr. pén.]*
État de l'auteur d'une infraction qui n'a pas encore atteint 18 ans. Le régime de responsabilité est alors variable selon son âge soit le mineur a moins de 13 ans, auquel cas il n'est justiciable que de mesures d'assistance et d'éducation. soit il a entre 13 et 18 ans, et il peut être condamné à une peine, mais avec le bénéfice éventuel de l'excuse atténuante de minorité, qui est obligatoire de 13 à 16 ans, facultative de 16 à 18 ans.

Minorités (protection des) *[Dr. int. publ.]*
Régime de protection de populations distinctes de la majorité nationale au point de vue ethnique, linguistique, religieux.
Principale application : traités imposés sous garantie internationale (SDN) par les Puissances victorieuses à certains États (Pologne, Tchécoslovaquie, etc.) après la première guerre mondiale.

Minute *[Dr. civ. / Pr. civ.]*
Original d'un acte rédigé par un officier public, ou d'un jugement conservé au greffe, et revêtu de la signature du président et du secrétaire-greffier.
Les minutes ne sortent pas de l'étude du notaire ou du greffe. Il en est délivré des copies exécutoires (appelées aussi expédition ou grosse exécutoire), ou de simples copies certifiées conformes.
📗 *C. civ., art. 1335.*
➢ *Exécution sur minute.*

Mise en accusation *[Pr. pén.]*
Décision de renvoi d'un inculpé devant la Cour d'Assises, relevant de la compétence de la Chambre d'accusation.

Mise en cause *[Pr. civ.]*
Demande en intervention forcée émanant soit du demandeur, soit du défendeur et dirigée contre un tiers dans le but de lui rendre opposable le jugement à intervenir ou d'obtenir une condamnation contre lui. Elle peut parfois être provoquée d'office par le juge du premier ou du second degré.
📗 *NCPC, art. 66 et 331.*
➢ *Intervention, Tierce opposition.*
[Pr. pén.] Personne visée par la plainte de la victime d'une infraction pénale ou par un témoin et contre laquelle il existe des indices rendant vraisemblable qu'elle ait pu participer à la commission de l'infraction dont est saisi un juge d'instruction. Selon l'article 113-2 C. pr. pén. (loi n° 2000-516 du 15 juin 2000) cette personne est entendue comme témoin assisté.

Mise en danger *[Dr. pén.]*
Violation délibérée d'une obligation de sécurité ou de prudence imposée par la loi ou les règlements; elle est assimilée à l'imprudence et à la négligence.
📗 *NCP art. 121-3.*

Mise en délibéré *[Pr. gén.]*
➢ *Délibéré.*

Mise en demeure *[Dr. adm.]*

Injonction adressée par une autorité administrative, dans les cas prévus par les textes, pour ordonner à un particulier ou à une collectivité publique de prendre une mesure obligatoire ou de mettre fin à un comportement illégal.

[Dr. civ. / Pr. civ.] Acte par lequel un créancier demande à son débiteur d'exécuter son obligation. Elle a pour effet principal de faire courir les dommages et intérêts moratoires.

En droit commun, la mise en demeure est faite par exploit d'huissier.

Elle peut aussi résulter d'un autre acte équivalent, telle une lettre missive lorsqu'il ressort de ses termes une interpellation suffisante.

📖 *C. civ., art. 1139.*

[Dr. trav.] Injonction adressée par l'inspecteur du travail à un employeur de faire cesser une infraction à la réglementation du travail constatée dans son établissement.

📖 *C. trav., art. L. 231-4 s.*

[Dr. fin.] En matière de recettes encaissées par les comptables de la Direction Générale des impôts (impôts indirects pour l'essentiel), une mise en demeure doit être notifiée au débiteur n'ayant pas acquitté dans les délais les sommes portées sur l'avis de mise en recouvrement qu'il a reçu, avant qu'une saisie-exécution soit engagée. Elle tient lieu du commandement prévu par le Code de procédure civile.

[Séc. soc.] Injonction des unions de recouvrement (URSSAF) adressée au débiteur afin qu'il régularise sa situation quant aux cotisations dues. Cette mise en demeure précède l'action en recouvrement. Elle peut être remplacée par un avertissement.

📖 *CSS, art. L. 244-2.*

Mise en état *[Pr. civ.]*

Une affaire est en état, lorsque, l'instruction ayant été effectuée, elle est prête à venir à l'audience pour être plaidée.

Dans la procédure dite « de mise en état », laquelle n'intervient que pour les affaires complexes exigeant une préparation poussée, l'instruction est contrôlée et déclarée close par un juge ou par un conseiller de la mise en état.

📖 *NCPC, art. 762 s. et 910 s.*

➣ *Conseiller de la mise en état, Juge de la mise en état.*

Mise en examen *[Pr. pén.]*

Remplaçant l'inculpation, elle concerne toute personne contre laquelle il existe des indices graves et concordants de participation à des faits susceptibles de constituer une infraction. Elle empêche l'audition de ladite personne comme témoin.

📖 *C. pr. pén., art. 80-1 s.*

Mise à l'index *[Dr. trav.]*

Interdiction faite à une personne d'exercer son activité professionnelle en faisant appel à d'autres personnes, appartenant ou non à la même profession, pour qu'elles fassent pression sur la personne visée et cessent avec elles toutes relations professionnelles.

Mise en péril des mineurs *[Dr. pén.]*

Expression générique du nouveau Code pénal regroupant une série d'incriminations destinées à sanctionner des comportements qui ont pour dénominateur commun de mettre en danger des mineurs, soit physiquement, soit moralement (privation de soins et d'aliments, abandon d'enfant, provoca-

M

M

tions à commettre des crimes ou des délits, corruption de mineurs, exploitation de l'image pornographique d'un mineur, atteinte sexuelle sur la personne d'un mineur).

📖 *C. pén., art. 227-15 s.*

Mise à pied *[Dr. trav.]*

Suspension du contrat de travail de brève durée, décidée par l'employeur soit à titre de sanction (mise à pied disciplinaire), soit pour des raisons économiques (mise à pied économique). Sauf si elle autorise l'attribution effective d'indemnités de chômage partiel, la mise à pied économique requiert le consentement du salarié faute de quoi elle équivaut à un licenciement.

Mise à pied conservatoire : mise à pied d'un salarié qui a commis une faute, dans l'attente d'une sanction définitive. Le représentant du personnel qui a commis une faute grave peut être mis à pied durant la procédure destinée à obtenir l'autorisation administrative de licencier.

📖 *C. trav., art. L. 122-41, L. 425-1, L. 412-18, L. 436-1.*

Mise à prix *[Pr. civ.]*

Fixation du prix à partir duquel les enchères seront portées.

📖 *C. pr. civ., art. 688 et 696.*
➤ *Adjudication.*

Mise au rôle *[Pr. civ.]*

Acte par lequel l'avocat du demandeur saisit le tribunal de grande instance en remettant au greffe une copie de l'assignation. Devant la cour d'appel, l'avoué de l'appelant remet au greffe une demande d'inscription au rôle.

📖 *NCPC, art. 757, 905.*

Mission diplomatique *[Dr. int. publ.]*

Ensemble des agents diplomatiques assurant la représentation d'un État auprès d'un autre État (Chef de mission, conseillers, secrétaires des affaires étrangères, personnel administratif et technique).

Mission de service public *[Dr. adm.]*
➤ *Service public.*

Mitage *[Dr. adm.]*

Expression imagée souvent employée en Droit de l'environnement, avec une connotation péjorative, pour désigner l'invasion d'une zone protégée par un habitat d'abord dispersé, donnant au tissu naturel de cette zone un aspect « mité » et portant une atteinte, notamment esthétique, à l'environnement.

Mi-temps thérapeutique *[Séc. soc.]*

Reprise d'un travail à temps partiel lorsque cette reprise est reconnue comme étant de nature à favoriser l'amélioration de l'état de santé de l'assuré tout en lui conservant en partie ou en totalité le bénéfice des indemnités journalières de l'assurance maladie.

📖 *CSS, art. L. 323-3.*

Mitigation des peines *[Dr. pén.]*

Mesure légale tendant à substituer une peine plus douce à la peine ordinaire attachée à l'infraction commise en faveur de certaines catégories de délinquants, pour tenir compte de la faiblesse physique résultant de leur âge ou de leur sexe.

Mitoyenneté *[Dr. civ.]*

État d'un bien sur lequel deux voisins ont un droit de copropriété et qui sépare des immeubles, nus ou construits, contigus.

📖 *C. civ., art. 653 s.*

Mobiles *[Dr. civ.]*
➤ *Cause.*

[Dr. pén.] Motivation subjective déterminant le délinquant à enfreindre la loi. Le principe en droit pénal est celui de l'indifférence des mobiles sous réserve de la possibilité pour le juge d'en tenir compte dans la détermination de la sanction pour l'octroi de circonstances atténuantes.

« Mobilia sequuntur personam »
[Dr. int. priv.]

Règle, inventée par les glossateurs et restée en vigueur, selon laquelle les biens mobiliers suivent la personne de leur propriétaire. Par exemple, en matière de succession, les meubles sont soumis à la loi du domicile du défunt.

Mobilière (contribution) *[Dr. fin.]*

Impôt direct local remplacé en 1974 par la taxe d'habitation.

Mobilisation de créance *[Dr. com.]*

Opération par laquelle un créancier retrouve auprès d'un organisme (organisme mobilisateur) la disponibilité de fonds avancés.

Plusieurs techniques sont utilisables parmi lesquelles l'escompte des effets de commerce.

Mobilité *[Dr. trav.]*

Caractéristique d'une situation de l'emploi qui conduit, selon des procédures diverses, les salariés à subir, dans l'entreprise ou hors d'elle, des mutations géographiques ou professionnelles.
➤ *Clause de mobilité.*

Modalité *[Dr. civ.]*

Particularité qui n'est pas de l'essence de l'obligation mais qui en affecte l'existence, l'exigibilité, la durée (condition et terme) ou qui agence la multiplicité de ses objets (caractère alternatif ou facultatif de l'obligation) ou la pluralité des ses sujets (solidarité, indivisibilité).

C. civ., art. 1168 s.

Modes de scrutin *[Dr. const.]*

Modalités d'une élection. Peuvent être très divers (majoritaire ou proportionnel, mixtes, uninominal ou de liste, à un ou plusieurs tours) et ont un effet direct sur le résultat.

Modèles
➤ *Dessins et modèles.*

Modulation *[Dr. trav.]*

Système permettant de répartir les heures de travail sur l'année. La durée légale de travail est transposée forfaitairement par le législateur à 1 600 heures par an, représentant une durée hebdomadaire moyenne de 35 heures sur un an. La mise en place de la modulation, qui déroge aux dispositions de droit commun relatives aux heures supplémentaires, résulte d'une convention ou d'un accord collectif étendu ou d'un accord d'entreprise ou d'établissement.

C. trav., art. L. 212-1 et L. 212-8.

Monarchie *[Dr. const.]*

Régime politique où un seul gouverne, par droit d'hérédité, mais d'après des lois fixes.

1° *Monarchie absolue* : celle où le monarque n'est soumis à aucun contrôle positif (il n'y a en dehors de lui que des organes consultatifs), ex. : Monarchie française de l'Ancien Régime de 1515 à 1789.

M

2° *Monarchie limitée (ou constitution-nelle)* : celle où le monarque a consenti à se limiter en établissant une Constitution et en acceptant l'existence à côté de lui d'autres organes subordonnés mais efficients (notamment une assemblée élue) (ex. : Monarchie française sous la Restauration, 1814-1830).

Monisme *[Dr. int. publ.]*

Conception doctrinale selon laquelle Droit interne et Droit international sont des manifestations d'un même ordre juridique.

Le monisme avec primat du Droit interne aboutit à ruiner le caractère obligatoire du Droit international, qui se réduit à un Droit public externe, que tout État peut unilatéralement modifier. Le monisme avec primat du Droit international est seul à correspondre à l'état actuel du Droit positif.

➢ *Dualisme.*

Monnaie *[Dr. civ.]*

Instrument légal assurant l'exécution des obligations de sommes d'argent et servant d'étalon de valeur pour l'estimation des biens n'ayant pas d'expression pécuniaire.

La monnaie est *métallique* lorsqu'elle est constituée par des métaux précieux. On parle de monnaie *divisionnaire* lorsque des pièces de faible valeur sont fabriquées avec des métaux variés.

La monnaie *fiduciaire* consiste en billets dont la valeur est déterminée impérativement par l'État.

📘 *C. civ., art. 1243 ; C. mon. fin., art. L. 121-1 s.*

➢ *Billet de banque, Cours forcé, Cours légal, Euro.*

La monnaie *scripturale* n'est pas matérialisée; elle est représentée par le solde des comptes de dépôts bancaires dont on peut disposer par voie de chèques ou de virements.

Monnaie *électronique* : expression désignant la quantité de monnaie scripturale chargée dans la « puce » d'une carte de paiement, ou dans la mémoire d'un ordinateur, et que son possesseur peut utiliser comme moyen de paiement auprès des entreprises acceptant ce mode de règlement.

📘 *C. mon. fin., art. L. 132-1.*

➢ *Cours légal.*

Monocamérisme ou monocaméralisme *[Dr. const.]*

Système d'organisation du Parlement consistant dans l'institution d'une chambre unique.

Monocratie *[Dr. const.]*

(Du grec *monos,* seul, et *cratos,* gouvernement). Nom générique des régimes politiques où le pouvoir appartient à un seul.

Monoparental *[Dr. civ.]*

Synonyme, parfois, d'unilinéaire visant l'enfant qui n'est légalement rattaché qu'à son père ou à sa mère et n'a, par conséquent, d'ascendants que dans une seule ligne, paternelle ou maternelle. Le plus souvent qualifie la famille dans laquelle l'enfant, aurait-il une double ascendance, vit avec un seul de ses parents.

Monopole de droit *[Dr. adm.]*

1° Privilège d'exploitation exclusive concédé à une entreprise publique ou privée par une loi formelle. Une des plus lourdes atteintes imaginables à la liberté du commerce et de l'industrie.

2° Tous les monopoles ne sont pas d'ordre industriel et commercial. Il en est de purement administratif, comme la collation des grades universitaires par les établissements d'enseignement d'État.

Monopole de fait *[Dr. adm. / Dr. com.]*
Situation économique dans laquelle toute concurrence est éliminée, soit naturellement par la puissance irrésistible d'une entreprise sur le marché, soit conditionnellement par l'intervention de la police qui, pour des raisons d'ordre public, refuse toutes les facilités qu'elle peut donner sur le domaine public à toute entreprise autre que celle de son choix.

Monopoles fiscaux *[Dr. fin.]*
Monopoles d'État portant sur la production ou le commerce de certains produits de large consommation, comme le tabac, créés pour permettre au budget de bénéficier des « surprix » pratiqués par les services du monopole.

Monroe (doctrine de) *[Dr. int. publ.]*
Doctrine, formulée par le Président des États-Unis Monroe, en 1823, qui repousse toute ingérence des Puissances européennes sur le continent américain, en contrepartie du désintéressement des États-Unis touchant les affaires européennes. Simple règle de conduite politique américaine, périmée d'ailleurs en ce qui concerne l'isolationnisme.

Monuments historiques et sites *[Dr. adm.]*
Sont soumis à une procédure de classement qui permet leur conservation dans le patrimoine national. leur maintien en la forme et l'état au moment de ce classement, et interdit, fût-ce de la part du propriétaire, toute modification non autorisée (surveillance du Ministère des Affaires Culturelles).

Moratoire *[Dr. civ. / Pr. civ.]*
Délai qui suspend les poursuites contre tous les débiteurs ou contre certaines catégories seulement, et que la loi accorde lorsque les circonstances générales (une guerre par exemple) rendent difficile ou impossible le paiement des obligations.

M

Mort *[Dr. civ.]*
Cessation de la vie dont le constat, préalablement à tout prélèvement d'organes à des fins thérapeutiques ou scientifiques, doit être fait selon des critères aujourd'hui imposés par la loi : « *si la personne présente un arrêt cardiaque et respiratoire persistant, le constat de la mort ne peut être établi que si les trois critères cliniques suivants sont simultanément présents : 1°) Absence totale de conscience et d'activité motrice spontanée; 2°) Abolition de tous les réflexes du tronc cérébral; 3°) Absence totale de ventilation spontanée* ». Le constat de la mort peut aussi être établi pour une personne dont le décès est constaté cliniquement mais qui est assistée par ventilation mécanique et conserve une fonction hémodynamique, après vérification de l'absence de ventilation par une épreuve dite d'hypercapnie et après attestation du caractère irréversible de la destruction encéphalique à l'aide d'examens médicaux décrits pour le Code de la santé publique (art. R. 671-7-2, al. 2).

M

La mort entraîne la disparition de la personnalité juridique.

📘 *C. sant. publ., art. R. 671-7-1 s.*

Mort (Peine de) *[Dr. pén.]*

Abolie par la loi du 9 octobre 1981, la peine de mort était une peine principale, criminelle, afflictive et infamante; la seule peine corporelle que nos lois connaissaient; elle s'exécutait par décapitation, en droit commun, et par fusillade, en matière politique.

Motifs *[Dr. civ.]*

➢ *Cause.*

[Pr. civ.] Soutien rationnel de l'argumentation développée par les plaideurs dans les conclusions, et par les magistrats dans les jugements et arrêts.

Le défaut ou la contradiction de motifs constitue un cas de pourvoi en cassation.

📘 *NCPC, art. 455.*
➢ *Dispositif.*

Motion *[Dr. const.]*

➢ *Résolution.*

Motion de censure *[Dr. const.]*

➢ *Censure.*

Motivation (des actes administratifs) *[Dr. adm.]*

Obligation instituée à la charge des diverses Administrations et de la Sécurité sociale, en vue de garantir les droits des intéressés, d'informer ceux-ci des motifs de droit et de fait ayant fondé certaines catégories de décisions individuelles défavorables qui les concernent.

Les décisions soumises à motivation et qui ne sont pas prises à la demande de leur destinataire ne peuvent pas intervenir avant que celui-ci ait été mis à même de présenter des observations écrites ou orales.

Moyens *[Pr. gén.]*

Les moyens sont le soutien nécessaire de la demande et de la défense. Ce sont eux qui forment le fondement de la cause. À l'appui de leurs prétentions, les parties faire valoir des moyens de fait et de droit, dont les divisions sont appelées des « branches ».

Un moyen nouveau peut être présenté à tout moment en première instance ou en appel, mais non pour la première fois en cassation. Seuls peuvent être invoqués à ce stade des arguments nouveaux. Il n'en va autrement que lorsqu'il s'agit d'un moyen de pur droit ou d'un moyen d'ordre public. Un moyen d'ordre public peut même être soulevé d'office par le juge à toute hauteur de la procédure, y compris au stade du recours en cassation.

📘 *NCPC, art. 16, 56, 71, 73, 563, 619, 753.*

Moyens inopérants *[Dr. adm.]*

Dans la terminologie de la procédure administrative, moyens insusceptibles d'être retenus par le juge, comme ne pouvant par leur nature être invoqués pour soutenir des conclusions. Par exemple, on ne peut plaider le détournement de pouvoir pour critiquer une décision que l'Administration aurait juridiquement l'obligation de prendre. Il est parfois délicat de les distinguer des moyens irrecevables, mais la portée de cette distinction est pratiquement des plus réduites.

Multinationale *[Dr. int. publ. / Dr. com. / Dr. int. priv.]*

Entreprise, firme, société dépassant le cadre national, soit qu'elle exerce des activités (production, prestation de services) dans plusieurs pays, soit qu'elle dispose de capitaux de caractère plurinational, soit que sa direction soit assurée par un état-major composé de personnes de différentes nationalités, ces diverses caractéristiques pouvant être cumulées.

Multipartisme *[Dr. const.]*

Système où plusieurs partis politiques se disputent le pouvoir, ce qui oblige généralement à former des gouvernements de coalition plus ou moins stables.

Multipropriété *[Dr. civ.]*

➢ *Société d'attribution d'immeuble en temps partagé.*

Municipalité *[Dr. adm.]*

Ensemble formé par le maire et ses adjoints.

Mutation *[Dr. civ. / Dr. com.]*

Transfert d'un bien d'un patrimoine dans un autre (mutation à titre particulier) ou substitution d'une personne à une autre à la tête d'un patrimoine (mutation à titre universel).

[Dr. trav.] Modification de la situation d'un salarié résultant de son affectation à un autre poste ou à une autre fonction, ou dans un autre service ou établissement de la même entreprise. Quand la mutation constitue une modification du contrat de travail, elle ne peut être décidée et mise en œuvre qu'après que l'employeur a obtenu l'accord du salarié, même, en droit positif, lorsqu'elle est envisagée à la suite d'un comportement du salarié considéré par l'employeur comme fautif.

Mutation domaniale *[Dr. adm.]*

Faculté reconnue par la jurisprudence au profit de l'État de faire affecter aux besoins de ses services publics des dépendances du domaine public d'autres collectivités de Droit public qui, en conservant la propriété, ne pourront prétendre qu'à une indemnité fondée par la jurisprudence sur la théorie des dommages de travaux publics.

Mutualité *[Dr. soc.]*

Mouvement social d'importance considérable prenant pour base juridique le système de l'association, avec :
1° utilisation constante du principe de solidarité et d'entraide, traduit dans la collecte des cotisations ;
2° recherche désintéressée de la prévoyance et de l'assurance au profit des adhérents. On ne peut garder ici de cet immense sujet que ces deux idées : lointainement issues des corporations et des compagnonnages du Moyen Age, les mutuelles sont devenues souvent des organes d'équilibre et de complément de la Sécurité sociale (1946), et assurent à leurs adhérents des prestations complémentaires.

Mutualité sociale agricole *[Séc. soc.]*

Ensemble des organismes (caisses nationales et caisses départementales) qui sont chargés de la protection des travailleurs de l'agriculture (salariés et exploitants) contre les risques sociaux.
C. rur., art. 1001 s.

« Mutuum » *[Dr. civ.]*

Contrat en vertu duquel une personne, le prêteur, remet à une autre, l'emprunteur, pour qu'elle s'en serve, une chose fongible et consomptible, à charge pour elle d'en restituer une semblable. Ce contrat est aussi appelé prêt de consommation.

📖 *C. civ., art. 1892 s.*
➢ *Prêt.*

« **Mutuus dissensus** » *[Dr. civ.]*

Dissentiment mutuel. Termes latins marquant la nécessité d'une volonté réciproque pour rompre le rapport d'obligation.

📖 *C. civ., art. 1134, al. 2.*

M

N

Naissance *[Dr. civ.]*

Instant qui marque la sortie de l'enfant du sein maternel.

La naissance est la condition de l'acquisition de la capacité juridique qui remonte, dans ses effets, au jour de la conception.

▌*C. civ., art. 55, 56, 93 et 341-1.*

Nantissement *[Dr. civ.]*

Contrat par lequel un débiteur remet une chose mobilière ou immobilière à son créancier pour la garantie de sa dette.

Le nantissement d'une chose mobilière s'appelle gage.

Le nantissement d'une chose immobilière s'appelle antichrèse.

▌*C. civ., art. 2071 s.*

[Dr. com.] Forme de gage sans dépossession du débiteur utilisée en droit commercial (nantissement du fonds de commerce, du matériel et de l'outillage, des véhicules automobiles).

Le nantissement constitue en fait une hypothèque mobilière.

[Pr. civ. / Dr. com.] Le nantissement du fonds de commerce peut être autorisé par le juge à titre conservatoire.

➢ *Mesures conservatoires, Sûretés judiciaires.*

Nation *[Dr. const.]*

Groupement d'hommes ayant entre eux des affinités tenant à des éléments communs à la fois objectifs (race, langue, religion, mode de vie) et subjectifs (souvenirs communs, sentiment de parenté spirituelle, désir de vivre ensemble) qui les unissent et les distinguent des hommes appartenant aux autres groupements nationaux.

L'intensité de ces liens de solidarité nationale a conduit à la formation de l'État-nation ; forme d'État dont la pratique montre qu'il assure seul une continuité véritable (*cf.* les problèmes de l'ex-URSS ou de l'ex-Yougoslavie, ou encore la réunification allemande).

Nationalisation *[Dr. adm.]*

Expropriation législative des propriétaires ou actionnaires de firmes industrielles ou commerciales sous l'impulsion de considérations diverses, avec transfert du pouvoir de direction à des organes généralement censés représenter la collectivité nationale, et, pour la doctrine dominante, attribution de leur patrimoine à l'État.

➢ *Privatisation.*

Nationalisme *[Dr. const. / Dr. int. publ.]*

1° Doctrine selon laquelle la nation a le droit de pratiquer une politique dictée par la seule considération de sa puissance et de sa grandeur (politique motivée par la volonté de domination, l'esprit de revanche ou la peur de dangers extérieurs).

2° Doctrine et action politique des individus qui cherchent à réaliser l'indépendance de leur nation en la libérant. de la domination étrangère.

NAT

Nationalité
[Dr. civ. / Dr. int. priv. / Dr. int. publ.]

Lien juridique et politique qui rattache une personne, physique ou morale, à un État.

📖 *C. civ., art. 17 s.*

Nationalités (principe des)
[Dr. int. publ.]

Principe selon lequel toute nation a le droit de se constituer en État indépendant. Principe appliqué au XIXᵉ siècle (Belgique, 1830 ; Italie, 1859) et surtout par les traités de paix de 1919-1920 pour la constitution des États d'Europe centrale.

Naturalisation *[Dr. int. priv. / Dr. int. publ.]*

Acquisition volontaire d'une nationalité, qui emporte généralement l'abandon de la nationalité d'origine.

En France, la naturalisation est accordée par l'autorité administrative, d'une manière discrétionnaire, aux individus qui l'ont sollicitée et remplissent certaines conditions.

📖 *C. civ., art. 21-15 s.*

Nature de juridiction *[Pr. civ.]*

La nature d'une juridiction précise si elle est un tribunal de droit commun ou un tribunal d'exception.

Navette *[Dr. const.]*

Va et vient d'un projet ou d'une proposition de loi d'une assemblée à l'autre en régime bicaméral, tant que subsiste entre elles un désaccord sur le texte en discussion.

La navette peut être illimitée (ex. : sous la IIIᵉ République), mais la tendance des constitutions récentes est de prévoir la possibilité d'y mettre un terme par un vote de l'assemblée élue au suffrage universel direct, soit sur l'initiative de celle-ci (ex. : Constitution de 1946 après la révision de 1954), soit sur celle du Gouvernement (ex. : Constitution de 1958, art. 45).

Navire *[Dr. marit.]*

Bâtiment destiné à la navigation maritime.

➢ *Bateau.*

Nécessité *[Dr. civ.]*

Caractère de ce dont on a absolument besoin.

État de nécessité : situation dans laquelle se trouve une personne qui, pour éviter un grave péril, cause à autrui un dommage de moindre importance.

[Dr. adm.] En considération de la nécessité (associée le plus souvent à l'urgence), des tolérances sont apportées par la jurisprudence, particulièrement administrative, dans la rigueur des règles de compétence et de forme en faveur de nombreux actes publics indispensables (ex. : état civil, redevances fiscales, réquisitions).

[Pr. civ.] Circonstance de fait permettant au juge d'ordonner l'exécution provisoire d'un jugement, d'autoriser soit une signification, soit une exécution en dehors des heures légales et des jours ouvrables, de procéder non contradictoirement en prescrivant une mesure à l'insu de la partie adverse. Le plus souvent, la mesure paraîtra nécessaire par suite de l'urgence et du péril en la demeure.

📖 *NCPC, art. 515, 664, 812, 851.*

« Négligence-clause » *[Dr. marit.]*

Clause par laquelle l'armateur exclut toute responsabilité de la part de ses préposés.

Négociation *[Dr. int. publ.]*

Discussion en vue d'aboutir à un accord.

Négociation collective *[Dr. trav.]*

Ensemble des discussions entre les représentants des employeurs ou des organisations professionnelles d'une part, et des syndicats de salariés d'autre part, en vue de conclure une convention collective. La négociation est soumise à un formalisme particulier, lorsque la convention est susceptible d'être étendue. Le niveau de la négociation peut être national, régional ou local.

C. trav., art. L. 132-1 s., L. 132-11, L. 132-27 s.

« Negotium » *[Dr. gén.]*

Dans un acte juridique ou dans un contrat, le « negotium » (le mot veut dire « affaire ») concerne la question de fond que vise cet acte ou ce contrat, par opposition à la forme qui traduit la volonté de l'auteur de l'acte ou des contractants.

➢ *« Instrumentum ».*

« Nemo auditur propriam turpitudinem allegans » *[Dr. civ. / Pr. civ.]*

Personne n'est entendu (par un juge) lorsqu'il allègue sa propre turpitude.

Adage employé pour refuser éventuellement la restitution des prestations après le prononcé de la nullité d'une convention contraire à la morale et aux bonnes mœurs.

« Nemo censetur ignorare legem » *[Dr. gén.]*

Personne n'est censé ignorer la loi. Adage interdisant à quiconque de se retrancher derrière son ignorance du droit pour échapper à ses obligations.

« Nemo dat quod non habet » *[Dr. civ. / Dr. com.]*

Personne ne peut transférer la propriété d'une chose qui ne lui appartient pas.

« Nemo judex in re sua » *[Pr. gén.]*

« Nul n'est juge en sa propre cause. » Cet adage, qui est destiné à garantir l'impartialité des décisions de justice, explique les incompatibilités et les incapacités dont les magistrats sont frappés, notamment l'incompatibilité de la fonction juridictionnelle avec l'exercice de toute autre activité publique, civile ou salariée et l'impossibilité pour un juge d'appartenir au même tribunal que son conjoint, parent ou allié.

« Nemo liberalis nisi liberatus » *[Dr. civ.]*

Une personne qui a des dettes ne doit pas faire de libéralités.

C. civ., art. 809.

« Nemo plus juris ad alium transferre potest quam ipse habet » *[Dr. civ.]*

Une personne ne peut transférer à autrui plus de droits qu'elle n'en a elle-même.

C. civ., art. 2182, al. 2.

Neutralisation *[Dr. int. publ.]*

Régime juridique conventionnel applicable à une partie du territoire d'un État et qui consiste en l'interdiction de toute manifestation de puissance militaire dans ce secteur (ex. : archipel norvégien du Spitzberg, archipel finlandais des îles d'Aland).

Neutralisme *[Dr. int. publ.]*

Position politique de certains États qui consistait dans un refus de s'affilier à l'un des « blocs » antagonistes, occidental ou communiste. Avec l'effondrement de l'Union soviétique et des régimes communistes de l'Europe de l'Est, le neutralisme a perdu beaucoup de son intérêt.

N

Neutralité *[Dr. int. publ.]*

1° Neutralité occasionnelle : situation des États non belligérants pendant une guerre déterminée (ex. : Irlande au cours de la Seconde Guerre mondiale).

2° Neutralité permanente : statut des États qui sont tenus par traité de ne jamais entreprendre de guerre offensive (ex. : Suisse (1815), Autriche (1955)).

Nice *[Dr. eur.]*

Dernière révision des traités constitutifs de l'Union européenne adoptée par le Conseil européen le 11 décembre 2000, le traité de Nice – signé le 26 février 2001 et en cours de ratification – a d'abord pour objectif d'adapter les institutions aux prochains élargissements. Résultat d'un compromis difficile, il détermine la composition de la Commission, établit une nouvelle pondération des voix au Conseil, décide du nombre de députés européens dans une Union élargie, renforce – même si cela reste limité – le champ du vote à la majorité qualifiée au Conseil ou les possibilités d'usage de la coopération renforcée. Prévoit déjà une nouvelle conférence intergouvernementale dès 2004 pour clarifier la répartition des compétences entre l'Union, les États et les collectivités régionales (Länder allemands en particulier), conférence qui pourrait être l'occasion d'adopter une Constitution européenne.

Noblesse *[Dr. civ.]*

Dans l'Ancien Droit, élément de l'état des personnes qui, après collation par l'autorité royale d'un titre transmissible, bénéficiaient de certains privilèges. Par extension, ensemble des personnes bénéficiant de cet état. La noblesse n'est plus une « classe privilégiée » depuis la loi du 4 août 1789.

Nom *[Dr. civ.]*

Nom : vocable servant à désigner une personne.

Nom patronymique (ou nom de famille) : élément du nom qui, attribué en raison de la filiation, est porté par les membres d'une même famille.

⬛ *C. civ., art. 57.*

➤ *Prénom.*

Nomades *[Dr. civ.]*

Personnes qui, en raison de leur mode de vie, n'ont pas de résidence stable. La loi leur impose le rattachement à une localité qui tient lieu de domicile.

Nom commercial *[Dr. com.]*

Dénomination sous laquelle une personne physique ou morale exploite son fonds de commerce et dont il constitue un élément.

Nomenclature des actes professionnels ou cotation des actes médicaux *[Séc. soc.]*

Pour chiffrer la valeur d'un acte, on se réfère à une cotation indiquée dans une

NON

nomenclature. C'est grâce à cette nomenclature que le praticien peut codifier les actes qu'il effectue afin de déterminer le montant de ses honoraires et celui de leur remboursement par la sécurité sociale. La nomenclature prévoit deux éléments de codification : la lettre clé et le coefficient. Il existe 20 lettres clés représentant 20 types d'actes différents. À chacune d'elles correspond une valeur pécuniaire. Complément de la lettre clé, le coefficient indique l'importance de l'acte réalisé, compte tenu de sa difficulté technique et de son coût : le coefficient est mentionné à la suite de la lettre clé.

Nomenclature juridique *[Dr. gén.]*

Une nomenclature juridique est l'ensemble des rubriques ou mots clés permettant, dans les répertoires, recueils, tables des matières, fichiers des bibliothèques, d'effectuer le recensement et l'exposé des diverses sources d'information juridique.

Une informatique juridique et judiciaire suppose l'élaboration de nomenclatures.

Nominalisme monétaire *[Dr. priv.]*

Principe en vertu duquel le débiteur ne doit jamais que la somme numérique énoncée au contrat, dans les espèces ayant cours au moment du paiement; les fluctuations de valeur de la monnaie sont donc juridiquement indifférentes, et la dévaluation profite au débiteur; en droit, un franc est toujours égal à un franc.

⬛ *C. civ., art. 1895; C. mon. fin., art. L. 112-1, al. 1.*

➢ *Indexation.*

Non-alignement *[Dr. int. publ.]*
➢ *Neutralisme.*

Non-assistance à personne en danger *[Dr. pén.]*
➢ *Omission de porter secours.*

« Non bis in idem » *[Dr. pén.]*

Formule latine qui exprime le principe selon lequel une personne déjà jugée pour un fait délictueux, ne peut être poursuivie à nouveau pour le même fait.

Nonce *[Dr. int. publ.]*

Ambassadeur du Saint-Siège.

Non-cumul des peines *[Dr. pén.]*

Principe en vertu duquel un individu, convaincu de plusieurs crimes ou délits, non séparés par une condamnation définitive, ne peut se voir infliger que la seule peine afférente à l'infraction la plus grave. Ce principe, étant limité aux peines de même nature, le délinquant peut se voir imposer toutes celles encourues, pour chacune des infractions, dès lors qu'elles sont différentes.

⬛ *C. pén., art. 132-3.*

Non-écrit *[Dr. civ.]*

1° Vise, par opposition aux clauses formelles, les clauses sous-entendues qui n'en ont pas moins un caractère obligatoire quoique non exprimées (par ex. obligation implicite de sécurité).

2° Dans l'expression « réputé non écrit », s'applique à une clause illicite dont la nullité ne retentit pas sur le sort du contrat qui la contient.

➢ *Clause abusive.*

Non-imputabilité (causes de...) *[Dr. pén.]*
➢ *Imputabilité.*

N

N

Non-ingérence (principe de)
[Dr. int. publ.]

Principe, déduit du principe de souveraineté de l'État et reconnu par la Cour Internationale de Justice comme règle fondamentale du droit international public, selon lequel un État ne peut intervenir dans les affaires intérieures d'un autre État. Aujourd'hui, sa portée réelle tend à être limitée par l'émergence, puis le développement, d'un autre principe selon lequel la communauté internationale (voire un certain nombre seulement d'États) pourrait intervenir sur le territoire d'un État dans un but humanitaire (droit ou devoir d'«ingérence humanitaire ») ou pour y faire respecter les droits fondamentaux de la personne humaine. Cette intervention pose des problèmes juridiques et politiques complexes.

Non inscrit *[Dr. const.]*
➢ *Groupe parlementaire.*

Non-lieu *[Pr. pén.]*

Décision par laquelle une juridiction d'instruction, se fondant sur un motif de droit ou une insuffisance des charges, ne donne aucune suite à l'action publique.

📗 *C. pr. pén., art. 177, al. 1ᵉʳ, 212, al. 1ᵉʳ.*

Non-représentation d'enfant *[Dr. pén.]*

Infraction consistant dans le fait de refuser indûment de représenter un enfant mineur à la personne qui a le droit de le réclamer, notamment parce qu'elle se fonde sur une décision de justice.

📗 *C. pén., art. 227-5.*

Non-rétroactivité *[Dr. gén.]*

Principe en vertu duquel une norme juridique nouvelle ne peut remettre en cause les situations anciennes nées de l'application de la règle antérieure.

Nord-Sud *[Dr. int publ.]*
➢ *Dialogue Nord-Sud.*

Norme *[Dr. gén.]*

Terme synonyme de règle de droit, de règle juridique, générale et impersonnelle.

Notaire *[Dr. civ.]*

Officier public et officier ministériel chargé de conférer l'authenticité aux actes instrumentaires et de conseiller les particuliers.

La profession de notaire peut être exercée à titre individuel, dans le cadre d'une société d'exercice libéral, d'association. Un notaire peut exercer sa profession en qualité de salarié.

Note en délibéré *[Pr. civ. / Dr. adm.]*

Note que remet au tribunal un plaideur au cours du délibéré.

Une telle note, qui doit être communiquée à l'adversaire, ne peut modifier ni la cause ni l'objet de la demande, ni les moyens sur lesquels elle est fondée. Cette pratique est critiquable; cependant, en contentieux administratif, elle permet aux justiciables d'exercer une sorte de droit de réplique à l'égard des conclusions du Commissaire du Gouvernement.

📗 *NCPC, art. 445.*

Notes d'audience *[Dr. pén.]*

Transcription écrite par le greffier d'un tribunal répressif, du déroulement des débats : déclarations des témoins, réponses du prévenu... Le document signé par son auteur est visé par le Président.

📗 *C. pr. pén., art. 453.*

Notification *[Dr. adm.]*

Mode de publicité employé normalement en matière d'actes individuels et consistant à informer personnellement l'intéressé de la mesure en cause.
➢ *Publication.*

[Pr. civ.] Formalité par laquelle un acte extrajudiciaire, un acte judiciaire ou un jugement est porté à la connaissance des intéressés.

La notification peut, selon les cas, être effectuée par un huissier de justice (on parle alors de signification) ou par la voie postale. Cette seconde voie n'est utilisée que quand elle est autorisée par un texte, les parties restant alors libres de lui préférer une signification.
📙 *NCPC, art. 651.*

Notification entre avocats ou avoués
[Pr. civ.]

Entre avocats et entre avoués, la notification d'un acte peut être faite soit par un huissier audiencier (signification d'acte du Palais), soit par remise directe de l'avocat ou de l'avoué à son confrère.
📙 *NCPC, art. 671 s.*
➢ *Visa.*

Notoriété *[Dr. civ.]*

Caractère de ce qui est connu du plus grand nombre.
➢ *Acte de notoriété.*

Novation *[Dr. civ.]*

Convention par laquelle une obligation est éteinte et remplacée par une obligation nouvelle.
📙 *C. civ., art. 1271 s.*

Nue-propriété *[Dr. civ.]*

Droit réel principal, démembrement du droit de propriété, qui donne à son titulaire le droit de disposer de la chose, mais ne lui confère ni l'usage, ni la jouissance, lesquels sont les prérogatives de l'usufruitier sur cette même chose.
📙 *C. civ., art. 578 s.*
➢ *Propriété, Usufruit.*

Nuisances *[Dr. gén.]*

Par ce néologisme, on désigne les troubles de plus en plus grands qui portent atteinte à la vie collective du fait des moyens modernes de l'industrie et de ses conséquences sur la société. Nuisances physiques (ex. : les fumées, le bruit, surtout auprès des aérodromes). Nuisances intellectuelles (ex. : l'abus de publicité, le « matraquage » musical). Nuisances « catastrophiques » (ex. : les accidents redoutables par automobiles individuelles et « poids lourds » chargés de matière explosives et inflammables lancés à grande vitesse).
➢ *Pollution.*

Nuit *[Dr. trav.]*
➢ *Travail de nuit.*

« Nul ne plaide par procureur... » *[Pr. civ.]*

Règle de forme imposant au mandataire judiciaire de révéler, dans toutes les pièces de procédure, le nom de son mandant.

Nullité *[Dr. civ.]*

Sanction prononcée par le juge et consistant dans la disparition rétroactive de l'acte juridique qui ne remplit pas les conditions requises pour sa formation.

La nullité est absolue lorsque les conditions imposées par la loi sont essentielles et tendent à protéger l'intérêt général, ou l'ordre public, ou les bonnes mœurs.

N

NUL

La nullité est dite relative lorsqu'elle sanctionne une règle destinée à protéger une partie de l'acte (ex. : nullité pour incapacité).

Les régimes respectifs des nullités absolue et relative sont différents.

Nullité virtuelle : nullité qui peut être prononcée alors qu'aucun texte ne la prévoit expressément.

Nullité textuelle : nullité qui ne peut être prononcée que si un texte la prévoit de façon formelle (ex. : les nullités de mariage).

█ *C. civ., art. 1108 et 1304.*
➣ *Inexistence, Inopposabilité, Rescision, Résiliation, Résolution.*

Nullité d'acte de procédure *[Pr. civ.]*

Sanction d'irrégularité commise dans la rédaction ou dans la signification d'un acte de procédure (exception de nullité).

Les conditions d'exercice de la nullité ne sont pas les mêmes selon qu'il s'agit d'un vice de forme ou d'une irrégularité de fond.

█ *NCPC, art. 112 à 121.*

Nullité des jugements *[Pr. civ.]*

Il est interdit d'introduire une action en nullité contre un acte de juridiction. Le plaideur qui estime que la procédure a été irrégulière ou que le tribunal a mal jugé ne peut attaquer le jugement ou l'arrêt que par les voies de recours classiques. Les décisions gracieuses peuvent être l'objet d'une action en nullité principale ou d'un appel, ainsi les ordonnances sur requête.

█ *NCPC, art. 460.*
➣ *Inexistence.*

« Nullum crimen, nulla poena sine lege » *[Dr. pén.]*

Formule latine qui exprime le principe fondamental de la légalité des délits et des peines. « Il n'y a pas de crime, il n'y a pas de peine sans loi. »

Numéraire *[Dr. civ. / Dr. com. / Dr. trav.]*

S'applique au paiement en billets de banque et pièces métalliques par opposition au paiement par chèque, par virement ou par carte. Le recours au numéraire n'est permis qu'à hauteur d'une certaine somme variable selon la nature de la créance à régler.

█ *C. mon. fin., art. L. 112-6 s.*

Numéro d'immatriculation (NIR) *[Séc. soc.]*

Numéro d'identification au répertoire de l'INSEE attribué à tout assuré immatriculé qui se compose de 13 chiffres, divisés en 6 blocs :

- le sexe : un chiffre (1 pour les hommes, 2 pour les femmes);
- l'année de naissance : deux chiffres (les deux derniers du millésme);
- le mois de naissance : deux chiffres;
- le numéro du département de naissance : deux chiffres;
- le numéro de commune de naissance : trois chiffres (selon la codification du répertoire des communes);
- le rang d'inscription sur la liste des naissances de la commune : trois chiffres.

Le numéro de 13 chiffres est parfois suivi de 2 chiffres qui constituent une « clé » de contrôle.

O

« Obiter dictum »

Expression de la procédure anglaise, dont la doctrine, sur le continent, fait parfois usage. L'*obiter dictum* qualifie l'argument qui n'entre pas dans la ratio decidendi, qui n'est pas invoqué pour faire la décision. S'applique à un raisonnement dénué de force obligatoire, de nature à éclairer l'espèce et à guider le juge.

Objecteur de conscience
[Dr. adm. / Dr. pén.]

Citoyen qui refusait, par respect d'une règle morale, de porter les armes pour accomplir ses obligations militaires, mais sans se soustraire à la justice de son pays (différence avec l'insoumission ou la désertion). Certains États (dont la France) ont admis l'objection de conscience, en accordant aux objecteurs un statut spécial les dispensant du service armé, remplacé par l'affectation à des tâches civiles. Le problème juridique de l'objection de conscience cesse de se poser en France avec la suspension de l'appel sous les drapeaux.
➢ *Service national.*

Objet *[Dr. civ.]*

L'objet du contrat désigne l'opération juridique que les parties ont voulu effectuer (ex. : une vente, un prêt, un contrat de travail).

L'objet de l'obligation désigne la prestation ou la chose que chacune des parties s'est engagée à fournir (le prix pour l'acheteur, la chose pour le vendeur, par exemple). L'objet doit être certain, possible, licite et moral.

[Pr. civ.] La demande en justice vise un objet déterminé, dont la nature définit, le plus souvent celle de l'action.

La notion d'objet intervient aussi lorsque, pour savoir s'il y a ou non chose jugée, on confronte une décision déjà rendue et une nouvelle demande en justice.
◼ *NCPC, art. 4; C. civ., art. 1351.*

Objet social *[Dr. com.]*

Activités qu'une société, une association se propose d'exercer. L'objet social est défini par ses statuts.
◼ *C. civ., art. 1835.*

Obligataire *[Dr. com.]*
➢ *Obligation.*

Obligation *[Dr. civ.]*

Au sens large, lien de droit entre deux ou plusieurs personnes en vertu duquel l'une des parties, le créancier, peut contraindre l'autre, le débiteur, à exécuter une prestation (donner, faire ou ne pas faire).
➢ *Prestation.*

Dans un sens restreint, synonyme de dette (l'obligation est la face négative de la créance). ➢ *Créance, Dette, Droit personnel, Obligation à la dette.*
◼ *C. civ., art. 1101 s.*

O

[Dr. com.] Titre négociable émis par une société de capitaux qui emprunte un capital important, généralement à long terme et divise sa dette en un grand nombre de coupures.

Chaque obligataire se trouve dans la situation d'un prêteur, titulaire d'une créance productive d'un intérêt.

L'obligation s'oppose à l'action en ce qu'elle assure généralement un revenu fixe indépendant des résultats de l'exercice et ne confère pas à son titulaire le droit de participer à la gestion de la société sauf à être consulté dans certains cas exceptionnels (modification de l'objet ou de la forme de la société, fusion ou scission).

📗 *C. com., art. L. 228-38 s.*

Obligation alimentaire *[Dr. civ.]*

Obligation mise à la charge d'une personne en vue de fournir des secours, principalement en argent, exceptionnellement en nature, à un proche parent ou allié qui se trouve dans le besoin.

📗 *C. civ., art. 205 s.*

Obligation alternative *[Dr. civ.]*

Une obligation est alternative lorsque deux prestations étant soumises au rapport de droit, le débiteur peut n'en exécuter qu'une seule.

➤ *Obligation facultative.*

Obligations assimilables du Trésor
[Dr. fin.]

Obligations d'une durée pouvant aller jusqu'à 30 ans, émises par le Trésor public depuis 1985 et qui représentent avec certains Bons du Trésor les principaux instruments d'emprunt de l'État en vue de la couverture de ses besoins de trésorerie. Elles sont émises mensuellement, sous forme de séries successives rattachées (d'où leur nom) à une série antérieure dont elles ont les mêmes caractéristiques sauf le prix, ce qui en facilite la gestion par l'État.

➤ *Bons du Trésor.*

Obligation civile *[Dr. civ.]*

Obligation dont l'inexécution est sanctionnée par le droit.

Obligation conditionnelle *[Dr. civ.]*

Obligation dépendant d'un événement futur et incertain, soit que la condition suspende l'obligation jusqu'à ce que l'événement arrive, soit qu'elle la résilie selon que l'événement arrivera ou n'arrivera pas.

📗 *C. civ., art. 1168.*

Obligation de conseil *[Dr. civ. / Dr. com.]*

Obligation pesant sur le contractant professionnel d'éclairer le client non initié sur l'opportunité de passer la convention, de s'abstenir ou de faire tel autre choix. Le garagiste, par exemple, doit suggérer un échange standard et non effectuer d'autorité des réparations coûteuses excédant la valeur du véhicule.

En jurisprudence, l'obligation de conseil est très rarement distinguée de l'obligation d'information (ou devoir de renseignement), laquelle, exclusive de tout avis, consiste à instruire le partenaire, objectivement et complètement, sur l'objet du contrat, afin qu'il puisse décider en connaissance de cause.

Obligations conjointes *[Dr. civ.]*

Obligations qui se divisent de plein droit entre les créanciers ou les débiteurs, de telle sorte que chaque créancier ne peut exiger que sa part ou que chaque débiteur ne peut être poursuivi que pour sa part de dette.

Obligations conjonctives *[Dr. civ.]*
Obligations contraignant le débiteur à exécuter plusieurs prestations pour être libéré.

Obligations convertibles *[Dr. com.]*
Obligations susceptibles d'être échangées par la société émettrice contre des actions de ladite société, à la demande de l'obligataire, soit à tout moment, soit lors d'une période d'option déterminée.
📖 *C. com., art. L. 225-161.*

Obligation déterminée *[Dr. civ.]*
➤ *Obligation de résultat.*

Obligation à la dette *[Dr. civ.]*
Obligation de se soumettre à la poursuite du créancier et d'acquitter l'intégralité de la dette, quitte à agir, par la voie récursoire, à l'encontre du véritable débiteur ou du co-obligé.
➤ *Contribution à la dette.*

Obligation de discrétion professionnelle *[Dr. adm.]*
➤ *Documents administratifs (accès aux...).*

Obligations échangeables *[Dr. com.]*
Obligations susceptibles d'être, à la demande de l'obligataire, échangées contre des actions de la société émettrice par un tiers, dit tiers souscripteur, qui aura souscrit globalement au moment de l'émission des obligations à une augmentation de capital simultanée, destinée à assurer l'échange.

Ce tiers souscripteur doit être une banque ou un établissement financier.
📖 *C. com., art. L. 225-168.*

Obligation facultative *[Dr. civ.]*
Obligation ayant un objet unique, le débiteur pouvant toutefois se libérer en effectuant une autre prestation.
➤ *Obligation alternative.*

Obligation indivisible *[Dr. civ.]*
Obligation qui, en raison des caractères naturels ou conventionnels de son objet, est insusceptible de division entre les créanciers ou les débiteurs.

Obligation d'information
[Dr. civ. / Dr. com.]
➤ *Obligation de conseil.*

Obligation « in solidum » *[Dr. civ.]*
Obligations de plusieurs personnes tenues chacune pour le tout envers le créancier, alors qu'il n'existe entre elles aucun lien de représentation. L'obligation *in solidum* créée par la jurisprudence, a permis en particulier à la victime d'un dommage d'obtenir réparation de l'intégralité du préjudice en poursuivant l'un quelconque des coauteurs; sous cet aspect elle constitue une garantie de solvabilité.
➤ *Obligation solidaire.*

Obligation de moyens *[Dr. civ.]*
Obligation en vertu de laquelle le débiteur n'est pas tenu d'un résultat précis. Ainsi le médecin s'engage seulement à tout mettre en œuvre pour obtenir la guérison du malade sans garantir cette dernière. Le créancier d'une telle obligation ne peut mettre en jeu la responsabilité de son débiteur que s'il prouve

O

OBL

que ce dernier a commis une faute, n'a pas utilisé tous les moyens promis.
➤ *Obligation de résultat.*

Obligation naturelle *[Dr. civ.]*
Obligation dont l'inexécution n'est pas juridiquement sanctionnée et ne contraint qu'en conscience ; son exécution spontanée vaut paiement et n'est pas susceptible de répétition.
▮ *C. civ., art. 1235, al. 2.*

Obligation « propter rem » *[Dr. civ.]*
➤ *Obligation réelle.*

Obligation de prudence et de diligence *[Dr. civ.]*
➤ *Obligation de moyens.*

Obligation réelle *[Dr. civ.]*
Obligation pesant sur un débiteur qui est tenu seulement en tant que détenteur d'une chose déterminée.
Le débiteur est quitte par l'abandon de la chose.
▮ *C. civ., art. 656, 699, 2168, 2172.*

Obligation de réserve *[Dr. adm. / Pr. gén.]*
Une obligation de réserve pèse sur les fonctionnaires et sur les magistrats (V. *pour ces derniers art. 43 et 79 Ord. n° 58-1270 du 22 déc. 1958*). Elle impose à celui qui y est soumis, tant dans l'exercice qu'en dehors de ses fonctions, un devoir particulier de loyalisme à l'égard de l'État et des autorités publiques, l'interdiction de toute parole, de tout écrit, de toute attitude qui se révélerait incompatible avec la fonction. Cette obligation doit être respectée même dans l'exercice d'un mandat syndical. Le manquement à l'obligation de réserve est apprécié en fonction

du poste occupé par le fonctionnaire ou le magistrat, du caractère et de la forme donnés à la manifestation critiquée.

Obligation de résultat *[Dr. civ.]*
Obligation en vertu de laquelle le débiteur est tenu d'un résultat précis. Ainsi le transporteur de personnes s'engage envers le voyageur à le déplacer d'un endroit à un autre. L'existence d'une telle obligation permet au créancier de mettre en jeu la responsabilité de son débiteur par la simple constatation que le résultat promis n'a pas été atteint, sans avoir à prouver une faute.
➤ *Obligation de moyens.*

Obligation de sécurité *[Dr. civ.]*
Obligation introduite par la jurisprudence dans certains types de contrat et par laquelle le débiteur est tenu d'assurer, outre la prestation principale, objet du contrat, la sécurité du créancier. Ainsi dans le contrat de transport de personnes, le transporteur doit non seulement déplacer le voyageur d'un endroit à un autre, mais encore faire en sorte qu'il soit sain et sauf à l'arrivée. L'obligation de sécurité peut être une obligation de moyens ou une obligation de résultat.

Obligation solidaire *[Dr. civ.]*
L'obligation est solidaire lorsque, dans les rapports avec le créancier commun, chaque débiteur est tenu de payer l'intégralité de la dette.
▮ *C. civ., art. 1200.*
➤ *Solidarité.*

Observateur *[Dr. int. publ.]*
1° Personne désignée par un État et admise à ce titre à assister aux travaux

384

d'un organe international, mais sans droit de vote ni qualité pour souscrire un engagement.

2° Agent chargé par une Organisation internationale de suivre sur place le déroulement d'une opération (ex. : une consultation populaire) ou l'évolution d'une situation.

3° Forme de participation limitée aux travaux d'une organisation internationale. Utilisée par l'ONU et les institutions spécialisées pour permettre la participation d'entités non étatiques (mouvements de libération nationale) ou d'autres organisations internationales intergouvernementales (régionales) et non gouvernementales.

Obtention végétale *[Dr. com.]*

Nouvelle espèce végétale créée par l'homme, susceptible d'une protection par un certificat d'obtention végétale.

📘 *C. propr. intell., art. L. 623-1.*

Occupation *[Dr. civ.]*

Mode d'acquisition de la propriété par la prise de possession d'une chose n'appartenant à personne.

➢ *« Res nullius ».*

[Dr. int. publ.] Établissement par un État de son autorité sur un territoire, et notamment mode d'acquisition d'un territoire sans maître.

L'Acte de Berlin de 1885 exige que l'occupation soit effective et notifiée aux autres États.

Occupation des locaux *[Dr. trav.]*

Fait, pour des ouvriers en grève, de demeurer sur les lieux du travail. L'occupation des locaux est une atteinte au droit de propriété et peut entraver la liberté du travail; l'employeur peut

obtenir, en référé, l'expulsion des occupants.

Occupation temporaire *[Dr. adm.]*

Prérogative permettant à l'exécutant de travaux publics de pénétrer sur des terrains privés pour en extraire des matériaux ou pour y entreposer du matériel ou des déblais. Cette occupation, limitée à cinq ans, procède d'une autorisation préfectorale et donne lieu à indemnité.

L'occupation temporaire irrégulière d'une propriété constituerait juridiquement une voie de fait ou une emprise irrégulière.

O

Octroi *[Dr. adm. / Dr. fin.]*

Droit qui frappait certaines denrées à leur entrée sur le territoire de villes spécialement autorisées à le percevoir. Administration qui percevait ce droit.

[Dr. const.] Mode autocratique d'établissement des Constitutions par décision unilatérale du Chef de l'État, qui consent à réglementer l'exercice de son pouvoir (ex. : Charte de 1814 octroyée par Louis XVIII).

Œuvres sociales *[Dr. trav.]*

➢ *Activités sociales et culturelles.*

Offense *[Dr. const. / Dr. pén.]*

Délit spécial que constituent, lorsqu'ils concernent le Chef de l'État, des manques d'égards qui resteraient impunis s'ils concernaient une autre personne.

Office *[Dr. adm.]*

Terme qui a connu dans l'entre-deux guerres une grande fortune, et qui était appliqué à l'origine à des établissements publics à caractère industriel.

O

Aujourd'hui, le mot a perdu sa spécificité et entre dans l'appellation d'une série d'organismes disparates généralement constitués sous la forme d'établissements publics industriels et commerciaux.

Office (Mesures prises d'...) *[Pr. gén.]*

Une décision, une mesure est prise d'office par une juridiction, par un magistrat. par un représentant du Ministère public, lorsque cette autorité, usant de son pouvoir d'initiative, peut le faire sans être sollicitée par une demande préalable des parties, soit en vertu d'une disposition légale ou réglementaire (ainsi ordonner une mesure d'instruction, déclarer caduque une assignation, soulever une incompétence, un moyen de droit pur), soit en vertu des pouvoirs propres de cette autorité (ainsi requérir ou relever une nullité d'ordre public). Le pouvoir d'initiative du juge se développe dans la mesure où la nouvelle procédure civile présente un caractère plus inquisitoire que naguère.

Office du juge *[Pr. civ.]*

L'office du juge définit quel est son rôle dans la direction du procès civil, quels sont ses pouvoirs et leurs limites.

Les réformes récentes, en particulier celle de la procédure de « mise en état des causes », visent à accroître le rôle du juge dans l'instance.

Office des migrations internationales
[Dr. int. priv. / Dr. trav.]

Organisme public chargé de contrôler l'immigration en France des travailleurs étrangers. A remplacé l'Office national d'immigration.

Officialité *[Dr. canonique.]*

Tribunal ecclésiastique, présidé par l'official, délégué par l'évêque.

Officier de l'état civil *[Dr. civ.]*

Officier public chargé dans chaque commune de la tenue et de la conservation des actes de l'état civil.

C'est le maire qui est, en principe, officier de l'état civil; il est placé à ce titre sous le contrôle de l'autorité judiciaire.

📖 *CGCT, art. L. 2122-32.*

➢ *Acte de l'état civil.*

Officier ministériel *[Pr. civ.]*

Personne titulaire d'un office qui lui est conféré à vie par l'autorité publique et pour lequel il a le droit de présenter un successeur. L'officier ministériel jouit d'un monopole : ainsi les avoués; certains jouissant du droit de faire des actes publics (officiers publics); ainsi les notaires, les greffiers des tribunaux de commerce, les huissiers de justice, les commissaires priseurs. Le terme de *charge* est aussi employé pour désigner un office ministériel.

➢ *Société d'exercice libéral.*

Offices publics d'aménagement et de construction (OPAC) *[Dr. adm.]*

Établissements publics à caractère industriel et commercial, créés en 1971, ayant compétence pour réaliser toutes opérations d'urbanisme ainsi que des constructions répondant ou non aux normes des habitations à loyer modéré. Les Offices publics d'HLM peuvent être transformés en OPAC.

Officiers (et agents) de police judiciaire
[Pr. pén.]

Ensemble des fonctionnaires, placés sous l'autorité du parquet et le contrôle de la chambre d'accusation, ayant pour mission d'accomplir les opérations ressortissant à l'enquête de police, à l'enquête de flagrance (➤ Flagrant délit) et d'effectuer les délégations des magistrats instructeurs (➤ Commissions rogatoires, Mandats). Les OPJ ont plénitude de pouvoirs; les APJ se bornent à les seconder.

C. pr. pén., art. 16, 20 et 21.

Officier public *[Dr. civ. / Pr. civ.]*
Qualité conférée aux personnes qui ont le pouvoir d'authentifier des actes (ex. : le maire en tant qu'officier de l'état civil, le notaire, le commissaire-priseur).

C. gén. coll. territ., art. 2122-32.
➤ *Acte authentique, Officier ministériel.*

Offre *[Dr. civ.]*
Fait par lequel une personne propose à un tiers la conclusion d'une convention.

C. consom., art. L. 311-8 s., L. 312-7 s.

Offre de concours *[Dr. adm.]*
Contrat administratif par lequel un particulier, ou une personne publique, s'engage à contribuer aux frais de réalisation d'un travail devant être exécuté par une autre personne publique.

Offre publique d'achat (OPA). Offre publique d'échange (OPE) *[Dr. com.]*
Procédures tendant à assurer un traitement égal de tous les actionnaires lors de la prise ou du renforcement du contrôle de la société par un tiers (personne morale très généralement). Elle consiste pour ce tiers à faire savoir aux actionnaires qu'il est disposé à acquérir leurs titres à un prix déterminé (OPA)

ou à les échanger contre d'autres actions ou obligations (OPE).

Offre publique de retrait *[Dr. com.]*
Opération par laquelle une société cotée ou inscrite au marché hors cote peut, à certaines conditions, être contrainte de procéder à l'achat des titres minoritaires.

Dans certains cas, cette société peut contraindre les actionnaires minoritaires à céder leurs actions; on parle alors de retrait obligatoire.

Offres réelles *[Dr. civ.]*
Procédure par laquelle le débiteur d'une somme d'argent ou d'un corps certain offre au créancier, par l'intermédiaire d'un officier public, le paiement de sa dette; en cas de refus du créancier de recevoir ce paiement, le débiteur procédera à la consignation, ce qui aura pour effet de le libérer valablement.

C. civ., art. 1257 s. ; NCPC, art. 1426 s.

« Off shore » (permis) *[Dr. int. publ.]*
Permis qu'un État peut accorder, sur les espaces maritimes relevant de sa juridiction, afin de permettre la recherche et l'exploitation du pétrole.

Oisiveté *[Dr. civ.]*
État d'une personne n'exerçant aucune profession, justiciable d'un placement en curatelle lorsque son inactivité l'expose à tomber dans le besoin ou compromet l'exécution des ses obligations familiales.

C. civ., art. 488, al. 2 et 508-1.

Oligarchie *[Dr. const.]*
Régime politique où le pouvoir appartient à un nombre restreint d'individus,

notamment à une classe (aristocratie) ou aux plus riches (ploutocratie).

« Ombudsman » *[Dr. const.]*

Terme suédois, désignant une personnalité indépendante, chargée dans certains pays (pays scandinaves, Grande-Bretagne...) d'examiner les plaintes formulées par les citoyens contre les autorités administratives, et d'intervenir, s'il y a lieu, auprès du gouvernement.
➣ *Médiateur de la République.*

Omission de porter secours *[Dr. pén.]*

Infraction réalisée par le fait de s'abstenir volontairement de porter, à une personne en péril, l'assistance dont elle a besoin et qu'il est possible de lui prêter sans risque pour soi-même ni pour les tiers soit par son action personnelle soit en provoquant un secours.
📌 *C. pén., art. 223-6, al. 2.*

« Onus probandi incumbit actori » *[Dr. civ. / Pr. civ.]*

La charge de la preuve incombe à celui qui allègue tel ou tel fait juridique ou matériel.
📌 *C. civ., art. 1315 ; NCPC, art. 9.*

OPEP *[Dr. int. publ.]*

Organisation des pays exportateurs de pétrole, créée en 1960. *Siège* : Vienne. *Pays membres* : Arabie Saoudite, Émirats Arabes Unis, Koweït, Qatar, Irak, Iran, Indonésie, Libye, Algérie, Gabon, Nigeria, Venezuela, Équateur.

Opérations de banque *[Dr. com.]*

Les opérations de banque comprennent la réception des fonds du public, les opérations de crédit, ainsi que la mise à la disposition de la clientèle ou la gestion de moyens de paiement.

Opérations de maintien de la paix *[Dr. int. publ.]*

Opérations sans caractère coercitif décidées par le Conseil de Sécurité ou l'Assemblée Générale des Nations Unies en vue d'exercer une influence modératrice sur des éléments antagonistes. Consistent dans l'envoi de missions d'observations chargées de contrôler une situation (respect d'une frontière, d'un cessez-le-feu...) ou de troupes armées internationales ayant pour mission seulement de s'interposer entre les adversaires.
➣ *Force d'urgence des Nations Unies.*
Ces opérations supposent le consentement des États sur le territoire desquels elles se déroulent.

Opportunité des poursuites *[Pr. pén.]*

Principe procédural en vertu duquel liberté est reconnue aux magistrats du Ministère public de ne pas déclencher de poursuites pour un fait *présentant* toutes les caractéristiques d'une infraction. Ce principe, qui s'oppose à celui de la légalité des poursuites, peut être mis en échec par une plainte avec constitution de partie civile de la victime de l'infraction.
📌 *C. pr. pén., art. 40.*

Opposabilité *[Dr. civ. / Pr. civ.]*

Rayonnement d'un acte ou d'un jugement à l'égard de ceux qui n'ont été ni parties ni représentés : ainsi chaque locataire d'un immeuble doit respecter la situation des autres locataires.
La prétendue autorité absolue de certains jugement n'est autre que l'opposabilité de tous les jugements aux tiers,

opposabilité qui n'exclut pas que le jugement ne produise ses effets qu'entre les parties (autorité relative).

📖 *C. civ., art. 29-5, 311-10, 1351.*

Opposition *[Dr. const.]*

Le ou les partis qui s'opposent à l'équipe au pouvoir en exerçant une fonction de surveillance et de critique, en informant l'opinion, voire en préparant une équipe gouvernementale de rechange.

[Pr. civ. / Pr. adm.] Voie de recours ordinaire, de droit commun et de rétractation ouverte au plaideur contre lequel a été rendue une décision par défaut, lui permettant de saisir le tribunal qui a déjà statué, en lui demandant de juger à nouveau l'affaire.

L'opposition n'existe pas pour les décisions rendues par les juridictions de Sécurité sociale, les tribunaux paritaires de baux ruraux et les tribunaux administratifs.

Elle est exclue contre certaines décisions : ordonnances de référé rendues en premier ressort, ordonnances du juge de la mise en état, sentences arbitrales.

📖 *NCPC, art. 490, 572, 776, 1481.*
➢ *Injonction de payer, Jugement par défaut, Relevé de forclusion.*

Opposition à mariage *[Dr. civ.]*

Droit reconnu à certaines personnes de faire défense à l'officier de l'état civil de célébrer le mariage projeté.

Soumis à certaines conditions de forme et de fond (motivation), variable selon son auteur, l'opposition peut être levée par une procédure menée devant le tribunal de grande instance ou par la main-levée donnée volontairement par l'opposant.

📖 *C. civ., art. 172 s.*

Option *[Dr. civ.]*

Faculté ouverte par la loi ou la volonté, permettant à une personne de choisir entre plusieurs partis.

Option de nationalité *[Dr. int. priv.]*

Faculté offerte par le code de la nationalité de répudier, de renoncer à répudier, de décliner ou de réclamer la nationalité française.

📖 *C. civ., art. 17-12, 18-1, 19-4, 20-2 s., 22-3, 23 s. et 32-4.*

[Dr. int. publ.] Droit reconnu aux habitants d'un territoire à céder de choisir individuellement, dans un délai déterminé, entre la nationalité de l'État cédant et celle de l'État cessionnaire.

Option zéro *[Dr. int. publ.]*

Démantèlement des missiles nucléaires d'une portée de 1 000 à 5 000 km. L'opinion « double zéro » signifierait le démantèlement parallèle des missiles à plus courte portée (500 à 1 000 km). Enjeu des négociations sur le désarmement entamées à la suite des propositions de M. Gorbatchev.

Ordinal *[Pr. civ.]*

Qui a trait à un ordre professionnel. Le Conseil de l'ordre des avocats est la juridiction *ordinale* exerçant la fonction disciplinaire vis-à-vis des membres d'un barreau.

« Ordinatoria litis » *[Dr. int. priv.]*

Règles de procédure proprement dite, par opposition aux règles de fond.
➢ *« Decisoria litis ».*

Ordonnance *[Dr. const.]*

1° Acte fait par le Gouvernement, avec l'autorisation du Parlement, dans les

ORD

matières qui sont du domaine de la loi (art. 38 de la Constit. de 1958). Le pouvoir de faire des ordonnances est limité dans sa durée et dans son objet. Avant sa ratification par le Parlement, l'ordonnance a valeur de règlement ; après sa ratification, elle prend valeur de loi.

➤ *Décret-loi.*

2° Autres ordonnances :

Celles par lesquelles le Gouvernement peut mettre en vigueur son projet de budget lorsque le Parlement ne s'est pas prononcé dans les 70 jours (art. 47).

Celles prises en vertu d'une habilitation donnée par une loi référendaire, intervenue dans l'un des cas prévus par l'art. 11.

[Pr. civ. / Pr. pén.] Décision rendue par le chef d'une juridiction (ainsi ordonnance sur requête ou en référé du président du tribunal de grande instance ou du premier président de la cour d'appel). La même qualification est donnée aux décisions rendues par les magistrats chargés de l'instruction (ainsi juge de la mise en état, juge d'instruction). Il est important de savoir si une telle ordonnance est un acte d'administration judiciaire ou un acte juridictionnel.

▮ *NCPC, art. 484, 493, 775 s., 956, 958.*

Ordonnance de clôture *[Pr. civ.]*

Ordonnance qui devant les tribunaux de droit commun et en matière civile, constate l'achèvement de l'instruction et renvoie l'affaire devant la formation de jugement pour être plaidée.

▮ *NCPC, art. 782.*

[Pr. pén.] Ordonnance par laquelle le juge d'instruction règle en toute liberté l'information qu'il a ouverte. Elle peut être : de renvoi devant le tribunal de police ou correctionnel selon que le magistrat estime qu'il s'agit d'une contravention ou d'un délit ; de mise en accusation devant la cour d'assises si le fait a le caractère d'un crime ; de non-lieu si aucune suite ne peut être donnée à l'action publique.

▮ *C. pr. pén., art. 177, 178, 179, 181.*

Ordonnance d'injonction de faire
[Pr. civ.]

➤ *Injonction de faire.*

Ordonnance d'injonction de payer
[Pr. civ.]

➤ *Injonction de payer.*

Ordonnance pénale *[Dr. pén.]*

Procédure simplifiée de jugement des contraventions sans comparution de la personne poursuivie. Pour cette mesure, d'application assez générale, le juge statue par voie d'ordonnance en qualifiant les faits et en fixant le montant de l'amende. Le prévenu qui n'accepte pas cette solution dispose alors de 30 jours pour faire opposition, ce qui aura pour effet de renvoyer l'affaire à l'audience du tribunal de police.

▮ *C. pr. pén., art. 524 s., R. 42 s.*

Ordonnance de taxe *[Pr. civ.]*

Ordonnance rendue par le président d'une juridiction lorsque des contestations surgissent relativement à la liquidation des dépens.

▮ *NCPC, art. 709.*

➤ *Vérification des dépens.*

Ordonnancement *[Dr. fin.]*

Acte administratif donnant, conformément aux résultats de la liquidation, l'ordre au comptable public de payer la dette de la personne publique.

Certaines dépenses peuvent être payées sans avoir été au préalable ordonnancées. Lorsque l'ordonnancement émane non d'un ordonnateur principal de l'État (ministre), mais d'un ordonnateur secondaire de celui-ci ou de l'ordonnateur d'une collectivité territoriale, ou d'un établissement public, cet acte prend le nom de mandatement.

Ordonnancement juridique (ou ordre juridique) *[Dr. priv. / Dr. publ.]*

« État social existant à un moment donné d'après les règles de droit s'imposant aux hommes du groupement social considéré et les situations juridiques qui s'y rattachent » (Léon Duguit, Droit constitutionnel, t. II, 2ᵉ éd., p. 220).
➢ *Acte juridique.*

Ordonnateurs *[Dr. fin.]*

Catégorie d'agents publics de l'État, des collectivités territoriales et des établissements publics, seuls compétents pour prescrire l'exécution des recettes et des dépenses publiques. À cet effet ils ont seuls qualité : en matière de recettes, pour constater et liquider les créances de ces personnes publiques et pour émettre les ordres de recette correspondants (que l'Administration peut rendre exécutoires elle-même); en matière de dépenses, pour engager celles-ci et, le cas échéant, les liquider et les ordonnancer.

Les ordonnateurs sont incompétents pour procéder au maniement des deniers publics, réservé aux comptables publics, mais il peut être créé dans leurs services des régies d'avances ou de recettes.
➢ *Engagement, Liquidation, Ordonnancement.*

Ordre *[Pr. civ.]*

La procédure d'ordre est suivie lorsqu'il faut distribuer à des créanciers hypothécaires ou privilégiés le prix de vente d'un immeuble (vente amiable ou sur adjudication), en déterminant l'ordre à observer en tenant compte de leur rang respectif.
▮ *C. pr. civ., art. 750 s.*

Ordre administratif et judiciaire
[Pr. civ.]
➢ *Juridiction, Juridiction administrative, Juridiction judiciaire.*

Ordre des avocats *[Pr. civ.]*

Organisation corporative réunissant obligatoirement tous les avocats attachés à un même barreau.
➢ *Avocat, Conseil de l'Ordre, Ordre professionnel.*

Ordre des héritiers *[Dr. civ.]*

Catégories (au nombre de quatre) dans lesquelles sont classés les héritiers présomptifs d'une personne. Hiérarchisés (descendants; ascendants et collatéraux privilégiés; ascendants ordinaires; collatéraux ordinaires), les ordres sont exclusifs les uns des autres, sous réserve du jeu d'autres règles telles que la fente et la représentation. Par exemple, les ascendants n'héritent que si le défunt n'a pas laissé de descendants.
▮ *C. civ., art. 731 s.*

Ordre du jour *[Dr. civ. / Dr. com.]*

Ensemble de questions inscrites au programme de la séance d'une Assemblée d'association ou de société.

[Dr. const.] Ensemble des questions inscrites au programme de la séance d'une assemblée.

O

Selon l'art. 48 de la Constitution, l'ordre du jour comporte, par priorité et dans l'ordre fixé par le Gouvernement, la discussion des projets de loi déposés par le Gouvernement et des propositions de loi acceptées par lui.
➢ *Conférence des Présidents.*

Ordre de juridictions *[Pr. gén.]*

Au sens traditionnel, ensemble de tribunaux placés sous le contrôle de cassation d'une même juridiction supérieure. Dans ce sens, on distingue un ordre judiciaire (civil ou pénal), couronné par la Cour de cassation, et un ordre administratif, couronné par le Conseil d'État; si un plaideur commet une erreur sur l'ordre de juridiction compétent pour connaître du litige, l'incompétence est d'ordre public.

Les conflits entre ces deux ordres sont tranchés par le Tribunal des conflits.

Le développement du rôle du Conseil Constitutionnel pourrait conduire à s'interroger sur l'émergence d'un ordre constitutionnel, représenté par celui-ci.

[Dr. publ.] Au sens de l'article 34 de la Constitution attribuant compétence au Parlement pour la création de nouveaux ordres de juridiction, tel qu'interprété par le Conseil Constitutionnel, catégorie de juridictions (éventuellement réduites à une seule), suffisamment originales par la composition ou la compétence pour se distinguer des autres tribunaux. Dans ce sens, le Conseil constitutionnel a décidé (1977) que la Cour de Cassation constituait un ordre de juridiction.
➢ *Ordre public.*

Ordre juridique *[Dr. gén.]*

Les règles juridiques sont regroupées en secteurs ou ordres qui comportent en leur sein l'ensemble des principes et de la réglementation répondant à une idée juridique et sociale. Par exemple, le droit privé, le droit public, le droit interne, le droit international, sont des ordres juridiques.

Ordre de la loi *[Dr. pén.]*

Fait justificatif qui exclut la responsabilité pénale de celui qui devient l'agent d'exécution de la loi. Le texte du nouveau code pénal consacrant une jurisprudence qui acceptait une permission, fût-elle implicite de la loi, justifie expressément la simple autorisation comme l'ordre, qu'ils résultent d'une disposition législative ou réglementaire.
⬛ *C. pén., art. 122-4, al. 1ᵉʳ.*
➢ *Commandement de l'autorité légitime.*

Ordre professionnel
[Dr. adm. / Dr. civ. / Pr. civ.]

Groupement professionnel ayant la personnalité juridique, auquel sont obligatoirement affiliés les membres de certaines professions libérales (ex. : avocats, médecins) et investi de fonctions administratives (notamment, inscription au tableau professionnel, nécessaire pour exercer) et juridictionnelles (en matière disciplinaire).
➢ *Poursuite disciplinaire, Pouvoir disciplinaire.*

Ordre public *[Dr. gén.]*

Vaste conception d'ensemble de la vie en commun sur le plan politique et administratif. Son contenu varie évidemment du tout au tout selon les régimes. À l'ordre public s'opposent, d'un point de vue dialectique, les libertés individuelles dites publiques et spécialement la liberté de se déplacer, l'inviolabilité du domicile, la liberté de pensée, la liberté d'exprimer sa pensée. L'un des points les plus délicats est celui de l'affrontement de l'ordre public et de la morale.

[Dr. civ.] Caractère des règles juridiques qui s'imposent pour des raisons de moralité ou de sécurité impératives dans les rapports sociaux.

Les parties ne peuvent déroger aux dispositions d'ordre public.

▮ *C. civ., art. 6.*

[Dr. int. priv.] Notion particulariste d'un État ayant pour effet de *rejeter* toute règle *ou décision* étrangère qui entraînerait la naissance d'une situation contraire aux principes fondamentaux du droit national.

En matière de conflit de lois, le juge français peut s'abriter derrière l'ordre public pour écarter une loi étrangère normalement applicable, lorsque son application porterait atteinte aux règles constituant les fondements politiques, juridiques, économiques et sociaux de la société française.

[Pr. gén.] Lorsqu'une règle de procédure est d'ordre public, sa violation peut être invoquée par les deux plaideurs, être relevée d'office par le ministère public et par le tribunal saisi.

Un moyen d'ordre public peut être présenté pour la première fois devant la Cour de cassation ou le Conseil d'État.

▮ *NCPC, art. 16, 92, 120, 125, 423.*

Ordre public social *[Dr. trav.]*

Caractère s'attachant à la plupart des règles légales ou réglementaires de droit du travail et en vertu duquel les stipulations conventionnelles ou contractuelles qui seraient contraires, dans un sens défavorable aux salariés, au contenu des règles étatiques sont privées d'effet. En assurant une application des dispositions légales ou réglementaires face à des clauses moins favorables aux salariés, il fixe par là des seuils qui garantissent un minimum de protection juridique et sociale, d'où sa désignation comme un ordre public de protection. Celui-ci ne s'oppose pas en revanche à une dérogation conventionnelle ou contractuelle dans un sens plus favorable aux salariés.

➤ *Principe de faveur.*

Ordres (les trois) *[Dr. const.]*
➤ *États Généraux.*

Organe subsidiaire *[Dr. int. publ.]*

Organe créé par un organe principal d'une Organisation internationale comme nécessaire à l'exercice de ses fonctions (Ex. : tribunal administratif de l'ONU, forces d'urgence de l'ONU).

Organisation pour l'alimentation et l'agriculture (sigle anglais **FAO**)
[Dr. int. publ.]

Institution spécialisée des Nations unies créée en 1945.

S'efforce d'aider les pays à améliorer en quantité et en qualité leurs ressources alimentaires. *Siège* : Rome.

Organisation de l'aviation civile internationale *[Dr. int. publ.]*

Institution spécialisée des Nations unies créée en 1947 en vue d'accroître la Sécurité et l'efficacité dans le domaine des transports aériens internationaux. *Siège* : Montréal.

Organisation de coopération et de développement économique *[Dr. int. publ.]*

Organisation internationale substituée en 1961 à l'Organisation de coopéra-

O

tion économique européenne (OECE). Groupant les pays les plus industrialisés du monde (Europe Occidentale, États-Unis, Canada, Japon, Australie, Nouvelle-Zélande), l'OCDE leur permet de confronter leurs politiques économiques et monétaires et de coordonner leurs politiques d'aide aux pays en voie de développement. *Siège* : Paris.

Organisation des États américains
[Dr. int. publ.]
Organisation internationale résultant de la transformation de l'Union panaméricaine par la Charte de Bogota (1948). Comprend la plupart des États d'Amérique (le Canada n'en a jamais fait partie, Cuba en a été exclu en 1962). *Siège* : Washington.

Organisation européenne de coopération économique *[Dr. int. publ.]*
Organisation internationale créée en 1947 pour coordonner les plans nationaux d'utilisation de l'aide américaine (Plan Marshall) et développer la coopération économique entre les États membres.
Transformée en 1961 en Organisation de Coopération et de Développement Économique (OCDE). *Siège* : Paris.

Organisation frauduleuse de l'insolvabilité *[Dr. pén.]*
➢ *Insolvabilité.*

Organisation intergouvernementale consultative de la navigation maritime (sigle anglais **IMCO**) *[Dr. int. publ.]*
Institution spécialisée des Nations unies, créée en 1959, dont la mission est de favoriser la collaboration entre les Gouvernements dans les questions

techniques intéressant la navigation maritime. *Siège* : Londres.

Organisation internationale *[Dr. int. publ.]*
Groupement permanent d'États doté d'organes destinés à exprimer, sur des matières d'intérêt commun, une volonté distincte de celle des États membres.
Dans la terminologie de l'ONU, les organisations internationales sont désignées sous le nom d'Organisations intergouvernementales, par opposition aux organisations non gouvernementales.
1° *Organisation interétatique* : Organisation disposant seulement de pouvoirs de coordination ou de coopération.
2° *Organisation politique* : Organisation pourvue de compétences générales (ex. : ONU).
3° *Organisation régionale* : Organisation dont le champ d'application est limité à des États liés par une solidarité géographique (ex. : Conseil de l'Europe).
4° *Organisation superétatique ou supranationale* : Organisation pourvue de pouvoirs réels de décision non seulement à l'égard des États membres mais aussi à l'égard des ressortissants de ces États (ex. : Communautés européennes).
5° *Organisation technique* : Organisation spécialisée dans une activité donnée (ex. : UNESCO, OIT...).
6° *Organisation universelle* : Organisation ayant vocation à réunir tous les États (ex. : ONU, UNESCO...).

Organisation internationale du travail (OIT) *[Dr. int. publ. / Dr. soc.]*
Institution internationale créée par le Traité de Versailles en 1919 pour améliorer les conditions de vie et de travail dans le monde. Actuellement, institu-

tion spécialisée des Nations unies. *Siège* : Genève.

Organisation météorologique mondiale
[Dr. int. publ.]

Institution spécialisée des Nations unies, créée en 1947, dont la mission est de développer les services de prévision météorologique grâce à la coopération internationale. *Siège* : Genève.

Organisation mondiale du commerce
[Dr. int. publ.]

Organisation née le 1er janvier 1995 et résultant des accords de Marrakech du 15 avril 1994. Succède au GATT. A pour mission de veiller à la loyauté des échanges commerciaux et dispose à cet effet de véritables pouvoirs concernant le règlement des différents commerciaux entre les États membres.

Organisation mondiale de la santé
[Dr. int. publ.]

Institution spécialisée des Nations unies créée en 1948 en vue d'assurer la coopération internationale pour l'amélioration de la santé. *Siège* : Genève.

Organisation des Nations unies
[Dr. int. publ.]

Organisation internationale à vocation universelle, qui a pris en 1945 le relais de la Société des Nations, et dont les buts sont : le maintien de la paix et de la sécurité internationales (règlement pacifique des conflits, répression des actes d'agression), le développement entre les nations des relations amicales fondées sur le respect du principe de l'égalité des droits des peuples et de leur droit à disposer d'eux-mêmes, la réalisation de la coopération internationale

dans tous les domaines (économique, social, culturel, humanitaire) et la protection des droits de l'homme.

> *Assemblée générale, Conseil de sécurité, Conseil de tutelle, Conseil économique et social, Cour internationale de justice, Secrétariat.*

Organisation non gouvernementale
[Dr. int. publ.]

Selon l'art. 71 de la Charte de l'ONU, groupement de personnes privées poursuivant, par-dessus les frontières étatiques, la satisfaction d'intérêts ou d'idéaux communs et susceptible d'être consulté par l'ONU et les Institutions spécialisées (ex. : Croix-Rouge, Fédération Syndicale Mondiale, Chambre de commerce Internationale...).

Organisation supranationale
[Dr. int. publ.]
> *Organisation internationale.*

Organisation du Traité de l'Asie du Sud-Est (OTASE) *[Dr. int. publ.]*

Organisation de défense collective créée par le Traité de Manille du 8 septembre 1954 entre l'Australie, la France, la Nouvelle-Zélande, le Pakistan, les Philippines, la Thaïlande, le Royaume-Uni et les États-Unis.

Dissoute en 1977. Ne comportait pas de commandement unifié, à la différence de l'OTAN. *Siège* : Bangkok.

Organisation du Traité de l'Atlantique-Nord *[Dr. int. publ.]*

Organisation internationale créée en 1951 par la convention d'Ottawa pour donner toute sa force au pacte régional d'assistance mutuelle dit Pacte Atlantique signé à Washington en avril 1949.

O

L'OTAN dispose de contingents militaires nationaux placés sous un commandement unifié (a pris en charge l'opération contre la Serbie en mars 1999). 19 États membres (États-Unis, Canada, Benelux, France, Danemark, Allemagne, Italie, Portugal, Norvège, Islande, Royaume-Uni, Espagne, Grèce, Turquie et depuis 1999 Pologne, Hongrie et République tchèque). Retrait en 1966 de la France (qui reste liée par le Pacte Atlantique) mais qui a renoué avec l'Organisation depuis décembre 1995. *Siège* : Bruxelles.

Organisation de l'unité africaine
[Dr. int. publ.]
Organisation internationale créée en 1963 en vue de renforcer l'unité du continent africain, d'intensifier la coopération entre les États membres et d'éliminer le colonialisme sous toutes ses formes. *Siège* : Addis-Abeba.

Organisme conventionné *[Séc. soc.]*
Organisme qui perçoit les cotisations des travailleurs non salariés non agricoles et leur verse les prestations. Il peut s'agir d'une mutuelle ou d'une compagnie d'assurance ayant conclu une convention avec la caisse mutuelle régionale.

Orientation professionnelle *[Dr. trav.]*
Techniques ayant pour but de conseiller l'individu dans le choix d'un métier ou d'une profession.

Original *[Dr. civ. / Pr. civ.]*
Synonyme de minute. Désigne le document primitif (acte ou jugement) par opposition aux reproductions (copie, extrait, photocopie). Les exploits des

huissiers de justice sont faits en double original.
> *C. civ., art. 1325.*

Orléanisme *[Dr. const.]*
➤ *Régime parlementaire.*

ORSEC (plan) *[Dr. adm.]*
Plan d'Organisation des Secours, consistant en un schéma général des secours en matériel et personnel pouvant être mis en œuvre de manière coordonnée par l'Administration en cas d'événements calamiteux divers, mais de quelque envergure.

Otage *[Dr. pén.]*
➤ *Prise d'otages.*

Outrage *[Dr. pén.]*
Expression menaçante, diffamatoire ou injurieuse, propre à diminuer l'autorité morale de la personne investie d'une des fonctions de caractère public désignée par la loi.
> *C. pén., art. 433-5 et 434-24.*

Outrage aux bonnes mœurs *[Dr. pén.]*
Infraction qui, aux termes du Code pénal de 1810, réprimait écrits, dessins, discours et d'une manière plus générale tous moyens d'expression ou de reproduction de la pensée lorsqu'ils pouvaient constituer une propagande en faveur de l'immoralité, notion évidemment variable selon les temps et les lieux. Avec le nouveau Code pénal seules les atteintes portées à la moralité d'un mineur sont sanctionnées. L'incrimination est cependant plus large puisqu'elle vise la fabrication, le trans-

port, la diffusion, par quelque moyen que ce soit et quel qu'en soit le support, non seulement des messages pornographiques mais aussi violents ou de nature à porter atteinte à la dignité humaine. Le fait de faire commerce d'un message est également réprimé. (*art. 227-34*).

Ouverture *[Pr. civ.]*

Terme précisant les cas dans lesquels est accordé le pouvoir d'exercer une action (divorce, filiation naturelle par exemple) ou un recours. ➢ *Pourvoi en cassation, Recours en révision.*

📕 *C. civ., art. 229; NCPC, art. 595.*

[Dr. civ. / Dr. com.] L'expression est également utilisée en droit civil et en droit commercial, marquant le point de départ d'une opération juridique (ainsi règlement d'une succession, procédure de redressement ou de liquidation judiciaires).

Ouverture de crédit *[Dr. com.]*

Convention expresse par laquelle un banquier s'engage à mettre certaines sommes à la disposition de son client pendant une période déterminée.

Ouverture des débats *[Pr. civ.]*

L'ouverture des débats se produit à l'audience des plaidoiries, au moment où la parole est donnée à l'avocat du demandeur.

📕 *NCPC, art. 440.*

Ouvrage public *[Dr. adm.]*

Qualification extensive permettant d'appliquer des règles de droit public protectrices des particuliers et du bien en cause, appliquée à des immeubles affectés à la satisfaction de besoins d'intérêt général et qui, dans la majorité des cas, constituent des dépendances du domaine public des personnes publiques, généralement tirant leur origine de la réalisation d'un travail public.

Ouvrier *[Dr. trav.]*

Salarié qui concourt directement à la production. – *Ouvrier qualifié* : celui qui possède une formation acquise par l'apprentissage, l'enseignement professionnel ou une longue pratique; on dit aussi ouvrier professionnel (OP).

➢ *Employé.*

Oyant *[Dr. priv.]*

➢ *Reddition de compte.*

P

Pacage *[Dr. civ.]*

Servitude discontinue permettant de faire paître ses animaux sur le fonds d'autrui.

📘 *C. civ., art. 688.*

« Pacta sunt servanda »
[Dr. gén. / Dr. int. publ.]

Locution latine affirmant le principe selon lequel les traités et, plus généralement les contrats doivent être respectés par les parties qui les ont conclus.

📘 *C. civ., art. 1134.*
➢ *Réserve.*

Pacte *[Dr. civ.]*

Accord de volontés.

[Dr. const.] Procédé monarchique d'établissement de la Constitution par accord entre une assemblée qui la propose et le roi qui l'accepte (ex. : la Charte de 1830 résulte d'un pacte entre la Chambre des Députés et le futur Louis-Philippe).

[Dr. int. publ.] Terme synonyme de traité.
➢ *Traité.*

Pacte civil de solidarité (PACS)
[Dr. civ. / Dr. gén.]

Dénomination donnée à l'accord conclu entre deux personnes de sexe diffé-rent ou de même sexe, en vue d'organiser leur vie en commun. Ce pacte engendre un devoir d'aide mutuelle et matérielle et crée une solidarité des partenaires pour le paiement des dettes ménagères. Il produit de multiples conséquences : imposition commune des revenus à partir du troisième anniversaire de l'enregistrement du pacte, allègement des droits de mutation à titre gratuit au bout de deux ans de liaison, attribution de la qualité d'ayant droit pour les assurances maladie et maternité, transmissibilité du bail d'habitation, application du régime de l'indivision aux biens acquis à titre onéreux postérieurement à l'union... La déclaration conjointe des partenaires est enregistrée au greffe du tribunal d'instance dans le ressort duquel ils fixent leur résidence. Il peut y être mis fin d'un commun accord ou par volonté unilatérale.

📘 *C. civ., art. 506-1, 515-1 s.; CGI, art. 6, 777 bis, 780, 885-A, 885 W, 1723 ter OB; CSS, art. L. 161-14.*
➢ *Union civile.*

Pacte commissoire *[Dr. civ. / Pr. civ.]*

1° Convention qui prévoit que la résolution du contrat sera encourue de plein droit en cas d'inexécution totale ou partielle.

📘 *C. civ., art. 1656.*

2° Clause par laquelle un créancier gagiste ou hypothécaire obtient de son débiteur qu'il deviendra propriétaire de la chose gagée ou hypothéquée en cas de non-paiement. L'interdiction de cette clause expressément prévue pour le gage et l'antichrèse est controversée en doctrine pour l'hypothèque, la jurisprudence tendant à en admettre la validité. L'interdiction est cantonnée aux conventions passées lors de la constitution de la sûreté.

📖 *C. civ., art. 2078 et 2088.*
➤ *Voie parée.*

Pacte de famille *[Dr. civ.]*

Accord conclu par les père et mère relativement aux modalités de l'exercice de l'autorité parentale, à l'éducation de l'enfant mineur ou à son placement sous l'autorité d'un tiers.

📖 *C. civ., art. 376-1.*

Le terme est, parfois, utilisé pour désigner le contrat de mariage parce que sa signature réunit souvent les deux familles et qu'il est l'occasion de donations aux futurs époux.

Pactes internationaux des droits de l'homme *[Dr. int. publ.]*

Traités, l'un relatif aux droits civils et politiques, l'autre aux droits économiques et sociaux, adoptés par l'ONU en 1966 (et entrés en vigueur en 1976) en vue de mettre en œuvre les dispositions de la Déclaration Universelle des Droits de l'Homme.

Pacte de préférence *[Dr. civ.]*

Convention par laquelle le propriétaire d'un bien, pour le cas où il le vendrait, le réserve au bénéficiaire de la clause, de préférence à toute autre personne, pour un prix déterminé ou déterminable.

Pacte de « quota litis » *[Pr. civ.]*

Pacte entre un avocat et son client fixant par avance les honoraires à un pourcentage de la somme qu'accordera le tribunal au client. Ce pacte est frappé de nullité d'ordre public. En revanche, est licite la convention qui, outre la rémunération des prestations effectuées, prévoit la fixation d'un honoraire complémentaire en fonction du résultat obtenu ou du service rendu, à condition qu'elle soit intervenue dès l'origine.

Pacte de stabilité et de croissance *[Dr. eur.]*

Ensemble de dispositions représentées par une résolution du Conseil européen et par deux règlements du Conseil de juin et juillet 1997 par lesquelles, notamment, les États membres de la Communauté européenne s'engagent, conformément aux dispositions du Traité de CE relatives à l'Union économique et monétaire, à respecter l'objectif à moyen terme d'une situation budgétaire globale (État, collectivités locales, régimes sociaux) proche de l'équilibre ou excédentaire, et à prendre éventuellement les mesures correctrices nécessaires demandées par le Conseil.

Pacte sur succession future *[Dr. civ.]*

Contrat dont l'objet est une succession non encore ouverte.

Ces pactes sont en principe prohibés par la loi.

📖 *C. civ., art. 791, 1130, 1600.*
➤ *Institution contractuelle.*

Pacte tontinier *[Dr. civ.]*
➤ *Tontine.*

Pacte de Varsovie *[Dr. int. publ.]*

Traité d'amitié, de coopération et d'assistance mutuelle, signé le 14 mai 1955, qui institue entre les États de l'Europe de l'Est (communistes) un système de défense calqué sur celui de l'OTAN. Disparaît en 1991.

P

Paiement *[Dr. civ.]*

Exécution volontaire d'une obligation, quel qu'en soit l'objet.

📘 *C. civ., art. 1235 s.*

Paiement de l'indu *[Dr. civ.]*

➤ *Répétition de l'indu.*

Panachage *[Dr. const.]*

Faculté pour l'électeur de composer lui-même sa liste en prenant des candidats sur plusieurs des listes en présence.

Panonceau *[Dr. priv.]*

Double écusson à l'effigie de la République placé au-dessus de la porte d'entrée de l'immeuble où se trouve l'étude d'officiers ministériels : notaires, huissiers, commissaires-priseurs.

Papiers domestiques *[Dr. civ.]*

Tous documents privés, même non signés, conservés par les familles et susceptibles de constituer, de façon exceptionnelle, un moyen de preuve des situations qu'ils relatent.

📘 *C. civ., art. 1331.*

« Paradis fiscaux » *[Dr. fin.]*

États qui, en général pour attirer les capitaux étrangers, ont une fiscalité sensiblement plus favorable que celle du reste du monde, alliée souvent à des mesures connexes. On y trouve d'ordinaire un faible niveau d'imposition, l'absence d'informations fiscales vis-à-vis de l'extérieur, un contrôle des changes inexistant ou très faible et la pratique du secret bancaire.

➤ *Évasion fiscale, Prix de transfert.*

Parafiscalité *[Dr. fin.]*

➤ *Taxes parafiscales.*

Parallélisme des formes

[Dr. adm. / Dr. const.]

Principe d'application générale en droit public, selon lequel une décision prise par une autorité, dans des formes déterminées, ne peut normalement être anéantie par elle qu'en respectant les mêmes formes.

Paraphe *[Dr. int. publ.]*

Signature abrégée d'un traité (simples initiales des négociateurs) qui intervient pour des motifs divers, soit que les négociateurs n'aient pas encore reçu les pleins pouvoirs pour signer, soit qu'on veuille réserver la signature à des personnalités de premier plan au cours d'une cérémonie solennelle.

[Dr. civ. / Dr. com. / Pr. civ.] Signature abrégée (initiales) apposée sur les différents feuillets d'un acte pour éviter toute fraude (substitution ou remplacement) et approuvant toutes les corrections, ratures, surcharges figurant dans le texte. Les livres, registres et répertoires des officiers de l'état civil, des conservateurs des hypothèques, des notaires, etc. sont paraphés par le juge du tribunal d'instance en vue de garantir l'exacte chronologie des opérations.

📘 *C. org. jud., art. R. 323-2.*

Parasitisme *[Dr. com.]*

Fait pour un commerçant de chercher à profiter, sans créer nécessairement la confusion, de la réputation d'un concurrent ou des investissements réalisés par celui-ci.

De tels agissements peuvent être poursuivis soit au titre de la concurrence déloyale, soit par application du régime général de la responsabilité civile.

📘 *C. civ., art. 1382.*

Parcs naturels *[Dr. adm.]*

Forme moderne de la protection des sites et monuments. Cette institution est apparue dans les années 1960 en relation avec la découverte de l'importance pour l'homme de la protection de son environnement naturel, menacé par les nuisances et pollutions de toutes sortes.

Juridiquement, cette institution connaît deux formes :

1° *Parcs nationaux* : la sauvegarde rigoureuse de la faune, de la flore et du paysage l'emporte nettement dans les textes sur les considérations économiques.

2° *Parcs naturels régionaux* : leur inspiration différente entraîne la disparition de cet ordre de priorité. Si l'idée de protection de la nature n'est pas absente des textes, ceux-ci visent aussi largement à animer certains secteurs ruraux, et surtout à ménager à proximité des Métropoles des espaces où le citadin puisse se détendre en retrouvant la nature.

Parenté *[Dr. civ.]*

Lien unissant les personnes par le sang. La parenté est directe lorsque les personnes descendent les unes des autres. Elle est collatérale lorsque les individus descendent d'un auteur commun.

C. civ., art. 735 s.

Parents *[Dr. civ.]*

Au sens large, personnes unies par un lien de parenté.

Au sens restreint, synonyme de père et mère.

Parère *[Dr. com. / Pr. civ.]*

Attestation délivrée par une autorité compétente (chambre de commerce, organisme professionnel, syndicat, etc.) pour faire la preuve d'un usage professionnel.

Pari *[Dr. civ.]*

Contrat par lequel les personnes, qui sont en désaccord sur un sujet quelconque, conviennent que le parieur dont l'opinion sera reconnue exacte recevra des autres une somme d'argent ou telle autre prestation.

À la différence du jeu, le pari n'implique aucune participation des parties à l'événement pris en considération. Le gain escompté dépend uniquement de la vérification d'un fait : fait déjà accompli mais inconnu des parieurs, fait futur étranger à leur action.

C. civ., art. 1965 et 1967.

Paris (Ville de) *[Dr. adm.]*

Le territoire de la ville de Paris est l'assiette géographique de deux collectivités territoriales distinctes : la commune de Paris et le département de Paris. Depuis 1977 chacune est en principe soumise au droit commun des collectivités de même nature, avec toutefois un certain nombre de particularités. Notamment, le Conseil de Paris – présidé par le maire – exerce également les attributions dévolues dans les autres départements au Conseil général ; la représentation de l'État dans ce département – comme dans certains autres – est assurée par un Préfet assisté d'un Préfet délégué pour la police.

C. gén. coll. territ., art. L. 2511-1, L. 2512-1, L. 3411-1.

Parlement *[Dr. const.]*

1° Sous l'Ancien Régime, cour souveraine de justice investie de certaines pré-

P

P

rogatives politiques : chargés d'enregistrer les édits et ordonnances royaux, les parlements pouvaient refuser cet enregistrement et formuler à cette occasion des remontrances, d'où leur attitude souvent frondeuse à l'égard du roi.

2° Assemblée délibérante ayant pour fonction de voter les lois et de contrôler le Gouvernement.

➤ *Bicamérisme, Monocamérisme.*

Parlement européen *[Dr. eur.]*

Organe commun aux trois Communautés européennes, dénommé « Assemblée européenne » par les traités initiaux mais qui se proclame « Parlement européen » dès 1962, appellation définitivement reconnue par l'Acte unique européen. Il est composé jusqu'en 1979 de délégués des parlements nationaux et, depuis cette date, de représentants des peuples élus au suffrage universel direct (626 actuellement, 738 dans une Union européenne à 27).

Il participe de façon de plus en plus décisive au pouvoir législatif; longtemps doté d'un simple pouvoir consultatif, l'Acte unique introduit pour l'adoption de certains règlements et directives la procédure de coopération ou l'avis conforme (conclusion des accords avec les pays tiers et adhésion de nouveaux États). Le traité de Maastricht a étendu le champ des compétences où jouent la procédure de coopération et l'avis conforme, mais – surtout – il créé la procédure de codécision devenue depuis le Traité d'Amsterdam la procédure de droit commun avec un Conseil ne pouvant plus imposer sa position.

Le Parlement européen dispose également de pouvoirs budgétaires qu'il a su

exploiter. Enfin, le Parlement européen participe à la nomination du Président et des membres de la Commission, commission à l'encontre de laquelle il peut voter une motion de censure.

Parlementarisme *[Dr. const.]*

Parlementarisme rationalisé : régime parlementaire réglementé de manière à pallier les inconvénients (instabilité gouvernementale notamment) résultant de l'absence d'une majorité cohérente (octroi de prérogatives au Gouvernement dans la procédure législative, réglementation de la mise en jeu de la responsabilité gouvernementale, délai de réflexion, majorité qualifiée, désignation concomitante du nouveau chef du Gouvernement, etc.) (ex. : Constitution française de 1958, de la RFA).

➤ *Régime parlementaire.*

Parquet *[Pr. civ. / Pr. pén.]*

Nom donné au ministère public attaché à une juridiction de l'ordre judiciaire.

➤ *Ministère public.*

Parricide *[Dr. pén.]*

Meurtre des pères ou mères légitimes, naturels ou adoptifs ou de tout autre ascendant légitime.

📖 *C. pén., art. 221-4 (2ᵉ).*

Part (le) *[Dr. civ.]*

Vieux mot désignant, dans quelques expressions, l'enfant nouveau-né. Ainsi, il y aurait *confusion de part*, c'est-à-dire incertitude sur la paternité d'un enfant, si l'on admettait la polyandrie ou si une femme se remariait précipitamment après la dissolution d'un premier mariage. *La suppression de part* désigne la suppression d'enfant et se trouve réalisée, le plus souvent, par inhumation clandestine d'un enfant né vivant, mais décédé peu après sa naissance, de mort naturelle ou violente. Quant à la *supposition de part*, elle consiste dans l'attribution de la maternité d'un enfant à une femme qui n'en a pas accouché.

C. civ., art. 228 et 322-1; C. pén., art. 227-13.

Part bénéficiaire *[Dr. com.]*
➢ *Part de fondateur.*

Part de fondateur *[Dr. com.]*

Titre négociable émis par les sociétés par actions, destiné à faire participer certaines personnes aux bénéfices réalisés par la société en contrepartie des services rendus généralement lors de la constitution de la société ou d'une augmentation de capital.

L'émission de parts de fondateur a été interdite pour l'avenir par la loi du 24 juillet 1966.

C. com., art. L. 225-244.

Part sociale *[Dr. com.]*

Droit que l'associé reçoit en contrepartie de son apport. Ce droit représente une fraction du capital social et détermine les prérogatives de l'associé.

Part virile *[Dr. civ.]*

Synonyme de par tête, employé en matière délictuelle pour déterminer la contribution de chacun des coauteurs à la dette d'indemnisation. Le partage se fait par parts viriles lorsque tous les responsables ont été condamnés sur le fondement de la responsabilité objective de l'article 1384 al. 1er du Code civil.

C. civ., art. 873.

Partage *[Dr. civ.]*

Opération qui met fin à une indivision, en substituant aux droits indivis sur l'ensemble des biens une pluralité de droits privatifs sur des biens déterminés.

C. civ., art. 815 s.
➢ *Lot.*

Partage d'ascendant *[Dr. civ.]*

Acte par lequel un ascendant procède lui-même au partage de ses biens entre tous ses descendants, soit par donation (donation-partage), soit par testament (testament-partage).

C. civ., art. 1075 s.

Partage conjonctif *[Dr. civ.]*

Acte par lequel les père et mère procèdent ensemble au partage de tous leurs biens entre tous leurs descendants.

Le partage conjonctif ne peut être réalisé que par donation-partage.

C. civ., art. 968.

Partage des voix *[Pr. civ.]*

Désigne l'hypothèse où aucune majorité ne se dégage au cours d'un délibéré.

C. trav., art. L. 515-3.
➢ *Conseil de prud'hommes.*

Parti dominant *[Dr. const.]*

Parti principal de gouvernement coexistant avec d'autres partis qui sont hors d'état de le concurrencer sérieusement. Tantôt ce système donne une apparence de pluralisme à un régime de parti unique (par exemple : dans certaines démocraties populaires où le parti communiste tolérait quelques organisations politiques mineures, ou dans de nombreux pays sous-développés), tantôt il tempère le multipartisme (ex. : parti

P

P

social-démocrate au pouvoir en Suède de 1932 à 1976).

Le rôle dominant officiellement attribué au Parti communiste dans les démocraties populaires a été aboli dans celles qui ont connu les mouvements de démocratisation de 1989.

Parti politique *[Dr. const.]*

Groupement d'hommes qui partagent les mêmes idées sur l'organisation et la gestion de la société et qui cherchent à les faire triompher en accédant au pouvoir.

1° *Parti de cadres* : parti composé surtout de notables, c'est-à-dire de personnes influentes sur le plan électoral (ex. : parti radical).

2° *Parti de masses* : parti cherchant à encadrer d'une manière permanente le plus grand nombre possible d'adhérents (ex. : parti communiste).

3° *Parti rigide* : parti assurant un encadrement rigoureux des élus, astreints notamment à la discipline de vote au Parlement.

4° *Parti souple* : parti faiblement structuré, dont les élus ne sont pas astreints à la discipline de vote.

Parti unique *[Dr. const.]*

Parti seul admis et détenant la réalité du pouvoir. Système en vigueur dans les régimes fascistes, les régimes communistes et les régimes autoritaires de nombreux pays du Tiers-Monde.

Participant *[Séc. soc.]*

Personne qui, dans les régimes complémentaires, va bénéficier des droits acquis du fait de sa propre activité.

Participation *[Dr. gén.]*

Principe d'aménagement du fonctionnement des institutions politiques et administratives ainsi que de la gestion des entreprises privées, et qui consiste à associer au processus de prise des décisions les intéressés (citoyens, administrés, salariés) ou leurs représentants.

[Dr. com.] ➤ *Société en participation.*

[Dr. trav.] En droit du travail, la participation peut s'entendre de deux façons : ce peut être la participation du personnel à la marche de l'entreprise ou la participation du personnel aux profits de l'entreprise.

➤ *Actionnariat, Cogestion, Comité d'entreprise, Intéressement, Participation aux fruits de l'expansion.*

Participation aux fruits de l'expansion : on désigne sous cette expression les mécanismes mis en place par l'ordonnance du 16 août 1967 pour assurer aux salariés une part des profits réalisés par leur entreprise en période d'expansion économique. La participation aux fruits de l'expansion est obligatoire dans les entreprises de plus de cent personnes. L'ordonnance du 21 octobre 1986 utilise l'expression « participation aux résultats de l'entreprise ».

Réserve spéciale de participation : somme inscrite au passif du bilan d'une entreprise après clôture de l'exercice et qui représente les sommes destinées aux salariés au titre de la participation.

C. trav., art. L. 442-1 s., R. 442-1 s.

Participation aux acquêts *[Dr. civ.]*

Régime matrimonial conventionnel qui tient à la fois d'un régime séparatiste et d'un régime communautaire. Pendant le mariage tout se passe comme si les époux étaient mariés sous un régime de séparation de biens; à la dissolution chacun des époux a droit à une somme égale à la moitié des acquêts réalisés par l'autre, acquêts dont la valeur est égale à la différence entre le patrimoine final et le patrimoine originaire.

📖 *C. civ., art. 1569 s.*

Participation criminelle *[Dr. pén.]*
➤ *Complicité.*

Partie *[Dr. civ.]*
Personne physique ou morale qui participe à un acte juridique, à une convention, par opposition aux tiers (le vendeur et l'acheteur sont parties au contrat de vente par ex.).

📖 *C. civ., art. 1351.*
➤ *Tiers.*

[Pr. gén.] Personne physique ou morale, privée ou publique, engagée dans une instance judiciaire.

Une partie possède une position procédurale ou « qualité processuelle » (demandeur, défendeur, intervenant, appelant, intimé) qui entraîne de nombreuses conséquences et ne doit pas être confondue avec la qualité en laquelle elle aborde le procès (propriétaire, locataire, créancier, débiteur, garant, caution, etc.).

📖 *NCPC, art. 1 s.*
➤ *Colitigants, Litigants, Litisconsorts.*

Partie civile *[Pr. pén.]*
Nom donné à la victime d'une infraction lorsqu'elle exerce les droits qui lui sont reconnus en cette qualité devant les juridictions répressives (mise en mouvement de l'action publique, action civile en réparation).

Parties communes *[Dr. civ.]*
Dans le droit de la copropriété, parties d'un immeuble bâti (en particulier le sol, les parcs, les voies d'accès, le gros œuvre des bâtiments, les escaliers, ascenseurs...) qui ne font pas l'objet de jouissance privative.

Partie jointe *[Pr. civ.]*
Position qu'occupe le ministère public lorsqu'il intervient, dans un procès où il n'est ni demandeur ni défendeur, pour présenter ses observations sur l'application de la loi. Son intervention suppose une affaire dont il a communication, que celle-ci procède de son initiative, qu'elle soit imposée par la loi ou décidée par le juge saisi.

📖 *NCPC, art. 424.*

Partie principale *[Pr. civ.]*
Mode d'action du ministère public quand il se présente, dans un procès civil, en qualité de demandeur ou de défendeur. La loi lui fait obligation d'agir dans les cas qu'elle spécifie; en dehors de ces cas, elle le laisse juge de l'opportunité de se porter partie principale pour la défense de l'ordre public.

📖 *NCPC, art. 422 et 423.*

Parties privatives *[Dr. civ.]*
Dans le droit de la copropriété, parties de l'immeuble bâti (tout spécialement les appartements), qui font l'objet d'une jouissance exclusive de chaque copropriétaire attributaire.

« Pas d'intérêt, pas d'action » *[Pr. gén.]*
Adage selon lequel une action en justice n'est pas recevable si son auteur ne justifie pas de son intérêt à l'engager.

📖 *NCPC, art. 31.*
➤ *Intérêt pour agir.*

Pas-de-porte *[Dr. com.]*
Somme d'argent, de montant très variable, versée soit par le locataire d'un bail commercial au propriétaire lors de la conclusion du contrat de bail, soit par

P

le cessionnaire d'un bail commercial au précèdent locataire lors de la cession du bail par celui-ci.

Passage inoffensif (régie du libre)
[Dr. int. publ.]

Règle coutumière du droit international, reprise par la Convention de Genève de 1958 (art. 14-1), selon laquelle l'État riverain ne peut interdire l'accès de sa mer territoriale aux navires étrangers, à conditions qu'ils ne portent pas atteinte à la sécurité, à l'ordre public et aux intérêts fiscaux de cet État.

Passeport *[Dr. int. publ.]*

Document d'identité délivré par l'État et destiné en particulier à permettre à son titulaire de voyager à l'étranger.
➢ *Visa.*

Passif *[Dr. com.]*

Dans son sens général, le passif est formé de l'ensemble des dettes d'une entreprise, commerciale ou non.

Dans son acception comptable, il désigne la partie du bilan qui regroupe les dettes de l'entreprise envers les tiers, le capital investi par les entrepreneurs ainsi que les réserves et certaines provisions, et le résultat (positif ou négatif de l'exercice). Le total du passif est, de ce fait, toujours égal au total de l'actif.

Patentes (contribution des) *[Dr. fin.]*

Impôt direct local remplacé depuis 1976 par la taxe professionnelle.

« Pater is est quem nuptiae demonstrant » *[Dr. civ.]*

Le mari de la mère est présumé être le père de l'enfant (littéralement « le père est celui que les noces démontrent »).
📕 *C. civ., art. 312.*

Paternité *[Dr. civ.]*

Lien juridique existant entre le père et son enfant.
➢ *Filiation, Maternité.*

Patrimoine *[Dr. civ.]*

Ensemble des biens et des obligations d'une personne, envisagé comme une universalité de droit, c'est-à-dire comme une masse mouvante dont l'actif et le passif ne peuvent être dissociés.
📕 *C. civ., art. 2092.*

Patrimoines d'affectation (Théorie des...)
[Dr. priv. / Dr. fin.]

Théorie selon laquelle, contrairement à la théorie classique d'Aubry et Rau, le patrimoine n'est pas lié à l'idée de personne, ne constitue pas « l'universalité juridique de tous les objets extérieurs sur lesquels une personne a pu ou pourra avoir des droits à exercer », mais correspond à l'affectation d'une masse de biens à un but, ce but pouvant être soit la conservation des biens, soit leur liquidation soit leur administration. L'intérêt de cette théorie est d'admettre qu'une même personne puisse avoir plusieurs patrimoines différenciés par la diversité de leurs affectations.

Cette théorie connaît des applications importantes en matière d'assiette de l'impôt (*1er sens*) sur le revenu des entreprises individuelles, et de fiducie.
➢ *Affectation, Destination.*

« Patrimoine commun de l'humanité »
[Dr. int. publ.]

Formule d'internationalisation de certains espaces justifiée par l'intérêt global qu'ils présentent pour toute l'humanité. Utilisée pour les fonds marins l'espace extra-atmosphérique (traité de

27 janvier 1967), ou même l'Antarctique (traité du 1ᵉʳ décembre 1959). Cherche à éviter toute appropriation nationale.

Patrimonial *[Dr. gén.]*
Caractérise ce qui est appréciable en argent comme faisant partie du patrimoine conçu comme une masse de biens et qui, par conséquent, est susceptible de cession et de transmission.
➤ *Extrapatrimonial.*

Patronyme *[Dr. civ.]*
Nom de famille.
🛡 *C. civ., art. 61.*

Paulienne (action) *[Dr. civ.]*
Action par laquelle un créancier, agissant en son nom personnel, attaque les actes faits par son débiteur en fraude de ses droits.
🛡 *C. civ., art. 1167.*
➤ *Oblique (action).*

Pavillon *[Dr. int. publ.]*
Indique la nationalité d'un navire, qui relève en principe de la compétence exclusive de l'État du pavillon (principe comportant des exceptions ou limitations). ➤ Francisation. Pavillon de complaisance : pavillon libéralement accordé par certains petits États (Libéria, Panama...), présentant des avantages pour les armateurs (charges fiscales et sociales moins lourdes), mais ne consacrant pas un lien substantiel entre le navire et l'État (lequel ne dispose pas des moyens propres à exercer un contrôle effectif sur sa flotte de commerce considérable).

Pays *[Dr. adm.]*
Fractions du territoire reconnues par l'État – qui en publie la liste – comme présentant une cohésion géographique, culturelle, économique ou sociale. Pour tenir compte de la communauté d'intérêts qu'ils représentent, les collectivités locales (communes, départements) dont ils relèvent définissent pour les pays un projet de développement, et l'État tient compte de leur existence pour l'organisation de ses services.

Pays (ou États) en voie de développement *[Dr. const. / Dr. int. publ.]*
Expression plus volontiers utilisée aujourd'hui que celle de pays (ou États) sous-développés, mais désignant la même réalité. Ces pays, malgré la diversité de leurs situations individuelles, se caractérisent par l'étendue et l'importance de leurs déficiences :
- faiblesse du revenu national;
- insuffisance des ressources alimentaires ;
- insuffisance de l'équipement sanitaire, de l'équipement culturel et de la scolarisation;
- sous-industrialisation.
Le problème de l'aide des États industrialisés à ces pays n'a pu jusqu'ici faire l'objet d'une solution satisfaisante malgré sa gravité pour l'équilibre mondial des décennies à venir, en raison des antagonismes d'intérêts entre États « riches » et « nations prolétaires », et des dissensions à l'intérieur des deux groupes. Les principales difficultés communes des États en voie de développement sont actuellement représentées par l'accumulation écrasante des emprunts contractés et par l'instabilité des cours des produits de base (agricoles ou minéraux) qui sont leur principale ressource.
➤ *Aide aux Pays en voie de développement, Tiers Monde.*

P

Péage [Dr. adm.]

Droit perçu, pour l'usage d'un ouvrage public par les particuliers, au profit de la personne publique ou du concessionnaire qui, ayant construit l'ouvrage, est chargé de la gestion.

Pécule [Dr. pén.]

Partie de la rémunération du travail d'un délinquant détenu qui lui est remise au moment de sa libération.

📖 *C. pr. pén., art. D 113.*

Peines [Dr. pén.]

Sanctions infligées aux délinquants en rétribution des infractions qu'ils commettent.

■ *Peines principales* : sanctions obligatoirement attachées par le législateur à une incrimination. Les peines principales sont criminelles, correctionnelles ou de police :

• *Peines criminelles* : pour les personnes physiques le code pénal supprimant toutes distinctions entre peines afflictives et infamantes, ne conserve que la réclusion criminelle et la détention criminelle. Elles peuvent être à perpétuité, de 30 ans, 20 ans, 15 ans au plus, mais ne peuvent être inférieures à 10 ans.

📖 *C. pén., art. 131-1.*

Pour les personnes morales, outre l'amende systématiquement encourue et fixée au quintuple de celle applicable aux personnes physiques pour la même infraction, le législateur énumère différentes peines qui doivent être prévues dans le texte d'incrimination : dissolution, interdiction d'exercer, placement sous surveillance, fermeture d'établissement, exclusion des marchés publics, etc.

📖 *C. pén., art. 131-39.*

• *Peines correctionnelles* : pour les personnes physiques, l'emprisonnement de 10 ans, 7 ans, 5 ans, 3 ans, 1 an, 6 mois au plus ; l'amende égale ou supérieure à 25 000 francs, le jour-amende, le travail d'intérêt général, les peines privatives ou restrictives de droit prévues à l'art. 131-6 (suspension de permis de conduire, confiscation, interdiction de porter une arme, etc.), les peines complémentaires prévues à l'art. 131-10. Néanmoins en l'état actuel des textes, seules les deux premières (emprisonnement et amende) permettent de qualifier une infraction et sont appelées « peines de référence » par certains auteurs.

📖 *C. pén., art. 131-3.*

Pour les personnes morales, les peines correctionnelles sont les mêmes que les peines criminelles.

📖 *C. pén., art. 131-37 et 131-38.*

• *Peines de police* : pour les personnes physiques la peine d'amende fixée à 250 francs pour les contraventions de 1re classe, 1 000 francs pour la 2e classe, 3 000 francs pour la 3e classe, 5 000 francs pour la 4e classe, 10 000 francs, montant porté à 20 000 francs en cas de récidive, pour la 5e classe et les peines privatives ou restrictives de droit prévues à l'art. 131-14 (suspension de permis de conduire, confiscation d'une arme, interdiction d'émettre des chèques, etc., pour les seules contraventions de 5e classe).

📖 *C. pén., art. 131-12.*

Pour les personnes morales, l'amende dont le taux est porté au quintuple de celui prévu pour les personnes physiques et les peines privatives ou restrictives de droit prévues à l'art. 131-42, (interdiction d'émettre des chèques, confiscation).

📖 *C. pén., art. 131-40.*

• *Peines accessoires* : sanctions découlant de plein droit d'une peine principale. Le code pénal posant le principe qu'aucune peine ne peut être appliquée si une juridiction ne l'a pas expressément prononcée, la notion de peine accessoire paraissait devoir disparaître. Ce principe ne s'applique cependant rigoureusement que pour les seules infractions prévues par le code pénal. Pour les infractions relevant d'un autre texte, il n'est obligatoire que pour les peines applicables aux mineurs et, pour les majeurs, uniquement pour l'interdiction des droits civiques, civils et de famille.

🗎 *C. pén., art. 132-17.*

• *Peines complémentaires* : sanctions qui s'ajoutent ou peuvent s'ajouter à la peine principale selon qu'elles sont obligatoires ou facultatives pour le juge.

🗎 *C. pén., art. 131-10.*

• *Peines politiques* : sanctions criminelles propres à certaines infractions réputées de ce fait politiques. On les oppose aux peines de droit commun. Aujourd'hui, la seule peine politique spécifique est la détention criminelle à perpétuité ou à temps.

🗎 *C. pén., art. 131-1.*

• *Peines de substitution.*

➤ *Substituts à l'emprisonnement.*

Peines alternatives (système des)
[Dr. pén.]

Principe selon lequel le juge pénal peut substituer à la peine d'emprisonnement prévue pour un délit une mesure privative ou restrictive de droits ou un travail d'intérêt général. Cette solution est également applicable pour l'amende qu'elle soit correctionnelle ou contraventionnelle.

🗎 *C. pén., art. 131-5, 6, 8 et 14.*

➤ *Substituts à l'emprisonnement.*

Peines incompressibles *[Dr. pén.]*

Peines perpétuelles réelles, applicables pour quelques infractions d'homicide aggravé (meurtres d'enfants par exemple) qui résultent d'une décision d'une cour d'assises précisant qu'aucune mesure conduisant à une libération anticipée ne pourra être accordée au condamné. La situation de ce dernier pourra néanmoins être réexaminée après 30 ans.

🗎 *C. pén., art. 221-4.*

Peine justifiée *[Pr. pén.]*

Théorie selon laquelle la Cour de cassation rejette le pourvoi formé pour erreur de droit contre une décision juridictionnelle, au motif que la peine prononcée est la même que celle portée par la loi qui s'applique à l'infraction.

🗎 *C. pr. pén., art. 598.*

Pénalité par référence *[Dr. pén.]*

Système de détermination de la sanction au terme duquel la peine applicable à une infraction précise est fixée par un texte différent de celui qui prévoit l'incrimination.

Pénalité libératoire *[Dr. com.]*

Système mis en place par la loi n° 91-1382 du 30 décembre 1991 consistant pour l'émetteur d'un chèque sans provision à verser au Trésor Public une somme d'argent (sous forme d'achat de timbres fiscaux mis à la disposition des établissements bancaires) afin de compléter la régularisation de sa situation pour mettre un terme à l'interdiction bancaire dont il est frappé.

🗎 *C. mon. fin., art. L. 131-73 2° et L. 131-75 s.*

Pénologie *[Dr. pén.]*

Au sens générique de ce terme, partie du droit pénal général qui traite des

P

règles applicables aux sanctions répressives. Plus précisément, on parle de la science des peines (science pénitentiaire) dont l'objet, en étudiant les mesures d'exécution des sanctions, est de déterminer les solutions pénales les plus efficaces, permettant ainsi d'orienter la politique criminelle.

« Penitus extranei » *[Dr. civ.]*

(Du latin : tout à fait étrangers). Expression par laquelle on désigne les tiers, c'est-à-dire les personnes demeurées étrangères à une convention.
➢ *Tiers.*

Pension *[Séc. soc.]*

Allocation régulière versée au titre de l'assurance vieillesse ou de l'assurance invalidité.
📖 *CSS, art. L. 351-1.*

Pension alimentaire *[Dr. civ.]*

Somme d'argent versée périodiquement pour faire vivre une personne dans le besoin, en exécution d'une obligation alimentaire.
📖 *C. civ., art. 205 s.*
➢ *Recouvrement des pensions alimentaires.*

Pension d'invalidité de veuve ou de veuf *[Séc. soc.]*

Pension accordée au conjoint survivant de l'assuré qui est lui-même atteint d'une invalidité de nature à lui ouvrir droit à pension d'invalidité, mais qui n'a pas de droits propres. Il doit être âgé de moins de 55 ans car sinon il touche la pension de vieillesse de veuf ou de veuve.
📖 *CSS, art. L. 342-1.*

Pension de réversion *[Séc. soc.]*

Pension versée au conjoint survivant d'une personne qui avait acquis de son vivant des droits à une retraite ou à un avantage de l'assurance vieillesse.

Pension (de titres) *[Dr. com.]*

Opération consistant, pour une personne morale, un fonds commun de placement ou un fonds commun de créances, à céder à un autre de ces organismes des titres moyennant un prix convenu, puis à en opérer la rétrocession.

Pension vieillesse de veuve ou de veuf *[Séc. soc.]*

Pension qui se substitue automatiquement à 55 ans à la pension d'invalidité de veuve ou de veuf obtenue avant cet âge par le conjoint survivant atteint d'une incapacité permanente de travail.

Percepteur *[Dr. fin.]*

Autrefois, comptable public gérant une Perception. Bien que le titre n'existe plus aujourd'hui, la langue courante continue souvent de nommer ainsi le comptable du Trésor chargé de recouvrer les impôts directs (impôt sur le revenu et impôt sur les sociétés, principalement) et une grande variété de produits non fiscaux, ainsi que de payer de nombreuses dépenses publiques.
Dans les communes rurales, il était également le comptable des communes de sa circonscription.
➢ *Recettes des impôts, Trésorerie.*

Perception *[Dr. fin.]*
➢ *Trésorerie.*

Péremption *[Dr. civ.]*

Anéantissement, du fait de l'écoulement d'un délai déterminé, de certains actes, sans retentissement sur le droit qui les justifie. Ainsi l'inscription hypothécaire se périme au bout d'un certain délai, en ce sens que le créancier perd le bénéfice de la date de l'inscription primitive qui fixait le rang en cas de concours avec d'autres créanciers hypothécaires, mais il conserve tout de même son hypothèque après l'expiration du délai.

📕 *C. civ., art. 2154-1.*

Péremption de l'instance *[Pr. civ.]*

Extinction du lien d'instance prononcée, à la demande de l'adversaire, quand le demandeur a laissé passer un délai de deux ans sans poursuivre la procédure. La péremption n'empêche pas de renouveler la demande, si la prescription n'est pas déjà accomplie.

📕 *NCPC, art. 386.*

Péremption du jugement *[Pr. civ.]*

Péremption atteignant les jugements rendus par défaut ou réputés contradictoires, en matière civile, lorsqu'ils ne sont pas signifiés dans les six mois de leur prononcé.

📕 *NCPC, art. 478.*

« Perestroïka » *[Dr. const.]*

Mot utilisé pour qualifier l'ensemble de la politique de réformes du système soviétique mise en œuvre à l'initiative de M. Gorbatchev.

➢ *Glasnost.*

Péril en la demeure *[Pr. civ.]*

➢ *Nécessité.*

Périodes assimilées *[Séc. soc.]*

Dans le droit de la Sécurité sociale, certaines prestations ne sont accordées que si l'assuré justifie des conditions de durée de travail, de cotisations ou d'immatriculation. C'est la raison pour laquelle la législation assimile à des périodes d'activité des périodes d'inactivité professionnelle involontaire, comme le chômage, la maladie ou l'accident du travail. Elles sont qualifiées de périodes assimilées.

Période d'observation *[Dr. com.]*

Période ouverte par le jugement de redressement judiciaire au cours de laquelle l'administrateur judiciaire prépare un bilan économique et social ainsi qu'un projet de plan de redressement de l'entreprise en difficulté. La durée de la période d'observation varie selon la taille de l'entreprise.

📕 *C. com., art. L. 621-6.*

Période de sûreté *[Dr. pén.]*

Mesure d'exécution des peines privatives de liberté non assorties du sursis, selon laquelle le condamné ne peut bénéficier pendant une période variable, des dispositions concernant la suspension ou le fractionnement de la peine, le placement à l'extérieur, les permissions de sortir et la libération conditionnelle. Elle est obligatoire pour certaines infractions lorsque la peine prononcée est égale ou supérieure à 10 ans; d'une durée égale à la moitié de la peine ou de 18 ans en cas de peine perpétuelle, elle peut être portée aux 2/3 de la peine ou à 22 ans, voire exceptionnellement à 30 ans pour quelques infractions; elle est facultative dans les autres cas lorsque la peine prononcée est

P

PÉR

P

supérieure à 5 ans; sa durée ne peut excéder les 2/3 de la peine ou 22 ans en cas de peine perpétuelle.

📖 *C. pén., art. 132-23.*

Période suspecte *[Dr. com.]*

Période qui s'étend de la cessation des paiements au jugement prononçant le redressement judiciaire. En fixant la date de la cessation des paiements, le juge détermine la durée de la période suspecte qui ne saurait excéder 18 mois, ce délai pouvant être porté à 24 mois dans certains cas exceptionnels.

Depuis la loi n° 85-98 du 25 janvier 1985 certains actes accomplis par le débiteur au cours de cette période sont frappés de nullité.

Permis de conduire *[Dr. pén.]*

• *Suspension* : sanction consistant en une interdiction provisoire de conduire, prononcée, soit par le préfet à titre de mesure administrative contre un conducteur responsable d'infractions graves aux règles de la circulation routière, soit par le tribunal correctionnel ou de police à titre de peine complémentaire facultative sanctionnant certaines infractions routières ou non. Cette sanction peut également être prononcée à titre de substitut à une courte peine d'emprisonnement.

📖 *C. pén., art. 131-6 et 14.*

• *Retrait* : annulation du permis de conduire prononcée à titre de sanction par le tribunal.

• *Perte de validité* : effet de la réduction de plein droit du nombre de points affectant le permis de conduire à la suite de certaines infractions, lorsque ce nombre devient nul.

Permis de construire *[Dr. adm.]*

Autorisation préalable à la généralité des constructions et travaux connexes, qui a pour but de vérifier que l'édifice respectera les règles d'urbanisme et de construction en vigueur.

📖 *C. urb., art. L. 421-1 s.*

Après l'achèvement des travaux, le contrôle des énonciations du permis de construire se matérialise dans la délivrance éventuelle d'un certificat de conformité.

📖 *C. urb., art. L. 460-2.*

Permission de sortir *[Dr. pén.]*

Autorisation accordée à un détenu, sous certaines conditions, de s'absenter d'un établissement pénitentiaire, pendant un temps déterminé qui s'impute sur la durée de la peine en cours d'exécution, pour lui permettre de préparer sa réinsertion professionnelle ou sociale, pour maintenir ses liens familiaux ou pour accomplir une obligation exigeant sa présence.

📖 *C. pr. pén., art. D. 142 s.*

Permission de voirie *[Dr. adm.]*

Acte administratif unilatéral autorisant une occupation privative – et donc anormale d'une portion de la voirie par un particulier, moyennant une redevance. Cette permission, précaire, est révocable sans indemnité.

➤ *Concession de voirie.*

Perquisition *[Pr. pén.]*

Recherche policière ou judiciaire d'éléments de preuve d'une infraction. Strictement réglementée elle peut être réalisée au domicile de toute personne ou en tout autre lieu où pourraient s

412

trouver des objets dont la découverte serait utile à la manifestation de la vérité.

📖 *C. pr. pén., art. 76, 92 et 94.*

« Persona grata » *[Dr. int. publ.]*

Expression latine signifiant « personne agréée », employée pour désigner l'agent diplomatique qui jouit de la confiance du Gouvernement auprès duquel il est ou doit être accrédité. La désignation comme « persona non grata » équivaut au refus de l'agrément ou à l'invitation au rappel de l'agent diplomatique.

➤ *Agrément.*

Personnalisation du pouvoir *[Dr. const.]*

Phénomène d'identification du pouvoir, par les gouvernés, à un gouvernant déterminé.

Ne pas confondre pouvoir personnalisé et pouvoir personnel : celui-ci n'est autre chose que l'omnipotence d'un gouvernant dont l'action ne connaît pas de limites, alors que le pouvoir personnalisé peut s'exercer dans le respect des règles constitutionnelles (ex. : Adenauer en Allemagne).

Personnalité internationale *[Dr. int. publ.]*

Capacité d'être titulaire de droits et de devoirs internationaux. Les Organisations internationales sont, comme les États, des personnes internationales, mais leur capacité juridique est moins complète que celle des États : c'est une capacité fonctionnelle, qui dépend des buts et fonctions de l'Organisation.

Personnalité des lois *[Dr. int. priv.]*

Système juridique selon lequel plusieurs lois sont susceptibles d'être appliquées sur un même territoire, en raison de la coexistence de groupes ethniques différents : le rattachement de la personne au groupe ethnique entraîne application à l'individu de la loi qui régit ce groupe.

Personnalité des peines *[Dr. pén.]*

Principe selon lequel une peine ne peut frapper une personne autre que celle à qui les faits peuvent être reprochés soit comme auteur, soit comme complice.

📖 *C. pén., art. 121-1.*

Personnalité juridique *[Dr. civ.]*

Qualité d'une personne juridique.

Personne *[Dr. gén.]*

À défaut de précision explicite ou résultant du contexte, terme pouvant désigner aussi bien une personne morale qu'une personne physique.

Personne juridique *[Dr. civ.]*

Être titulaire de droits et d'obligations, et qui de ce fait a un rôle dans l'activité juridique.

On dit également : sujet de droits. Tous les êtres humains sont des personnes juridiques.

➤ *Corps humain, être humain.*

Personne mise en examen *[Dr. pén.]*

➤ *Mise en examen.*

Personne morale *[Dr. civ. / Dr. publ.]*

Groupement de personnes ou de biens ayant la personnalité juridique, et étant par conséquent, titulaire de droits et d'obligations.

📖 *C. civ., art. 1842.*

Personne publique *[Dr. adm.]*

Terme générique désignant une collectivité publique : État, collectivité locale, établissement public.

P

P

Personne vulnérable *[Dr. pén.]*

Circonstance aggravante de nombreuses infractions, tenant au fait que la victime, en raison de son âge, d'une maladie, d'une infirmité, d'une déficience physique ou psychique, d'un état de grossesse, mérite une protection particulière dès lors que cette situation est apparente ou connue de l'auteur des faits.

Perte d'une chance *[Dr. civ.]*

Préjudice résultant de la disparition, due au fait d'un tiers, de la probabilité d'un événement favorable et donnant lieu à une réparation partielle, mesurée sur la valeur de la chance perdue déterminée par un calcul de probabilités.

Perte de la chose due *[Dr. civ.]*
➤ *« Res perit domino ».*

« Petita » *[Pr. gén.]*
➤ *« Infra petita », « Ultra petita ».*

Pertinence *[Pr. civ.]*

Adéquation des moyens à l'objet du litige. S'entend, essentiellement, de la pertinence de l'allégation *des faits* qui doit tomber directement sur l'espèce et de la pertinence de la *preuve* qui doit conduire à une démonstration appropriée. La pertinence est, dans les deux cas, souverainement appréciée par le juge. Mais la reconnaissance de la pertinence d'une allégation ou d'une preuve n'enlève pas au juge sa liberté de décision.
📖 *NCPC, art. 6, 9, 222.*
➤ *Demandeur.*

Pétition *[Dr. const.]*

Recours gracieux que les citoyens peuvent adresser par écrit aux Assemblées parlementaires pour dénoncer un abus de l'administration, préconiser une modification législative, etc. Procédé aujourd'hui peu utilisé.

Pétition d'hérédité *[Dr. civ.]*

Action en justice accordée à l'héritier pour faire reconnaître son titre.

Pétitoire *[Pr. civ.]*
➤ *Action pétitoire.*

Phare *[Dr. int. publ.]*

Programme des Communautés européennes pour l'assistance et la reconstruction économique des pays d'Europe centrale et orientale.

Pièces *[Pr. gén.]*

Documents utilisés par les plaideurs à l'appui de leurs prétentions ou de leurs dénégations et qu'ils doivent respectivement se communiquer en vue d'une discussion contradictoire. Ces documents qui peuvent avoir une origine officielle ou privée, contiennent le plus souvent des écrits, des éléments de compte, des représentations figuratives (plan, modèle, etc.). ➤ *Communication de pièces, Compulsoire, Documents.*
📖 *NCPC, art. 15, 56, 132 s.*
[Pr. civ.] À la requête d'une partie, le juge peut ordonner à un tiers de fournir certains documents nécessaires à la connaissance de faits litigeux.
📖 *NCPC, art. 138.*
➤ *Tiers.*

Pièces à conviction *[Pr. pén.]*

Tout objet produit devant une juridiction répressive et qui a pour objectif d'attester de la matérialité d'une infraction. Elles sont le plus souvent obtenues dans le cadre d'une visite domiciliaire ou d'une perquisition suivie d'une saisie.

Pigiste *[Dr. trav.]*

Journaliste professionnel, collaborateur occasionnel d'une entreprise d'information. Libre de son temps, de la nature de ses articles, il n'est pas placé à ce titre dans un rapport de subordination avec l'entreprise bénéficiaire de ses services; il est rémunéré à la pige, c'est-à-dire à l'article. Toutefois la loi du 4 juillet 1974 et les conventions collectives rapprochent le pigiste du journaliste salarié.

Piquet de grève *[Dr. trav.]*

Rassemblement de grévistes, généralement à l'entrée de l'entreprise où se déroule le conflit collectif. S'il s'agit pour les grévistes d'informer leurs camarades et de les inviter à se joindre au mouvement, le piquet, sous cet aspect, est licite; s'il s'agit au contraire de faire obstacle à l'exercice de la liberté du travail, il est irrégulier.

Pirate *[Dr. int. publ. / Dr. pén.]*

Hors-la-loi qui, au contraire du corsaire, n'avait pas de lettre de marque et se livrait, pour son propre compte, à des actions de pillages sur mer.

Piraterie *[Dr. pén.]*

Crime consistant, pour toute personne se trouvant à bord d'un aéronef en vol, d'un navire en mer ou de tout autre moyen de transport collectif, à s'en emparer ou à en exercer le contrôle par violence ou menace de violence.
📗 *C. pén., art. 224-6.*
➤ *Détournement d'aéronef ou de navire.*

Placement *[Dr. trav.]*

Rapprochement de l'offre et de la demande d'emploi. Le placement public jouit en principe d'un monopole.
➤ *Agence nationale de l'emploi, Bureau de placement.*
[Pr. civ.] ➤ *Mise au rôle.*

Placement sous surveillance électronique *[Dr. pén.]*

Modalité d'exécution des courtes peines privatives de liberté conduisant à obliger un condamné en dehors des périodes préalablement définies par le juge, à ne pas quitter son domicile ou tout autre lieu qui lui a été désigné. Le contrôle à distance de cette mesure est effectué par les fonctionnaires de l'administration pénitentiaire au moyen d'un procédé électronique impliquant, outre la mise en place de moyens techniques (récepteur, ligne téléphonique, ordinateur central), l'obligation pour le condamné de porter un émetteur, sous forme d'un bracelet par exemple, afin de s'assurer de la présence permanente du détenu à son domicile. Toute soustraction volontaire à cette mesure, notamment par neutralisation du procédé constitue une évasion.
📗 *C. pr. pén., art. 723-7 à 723-14 et C. pén., art. 434-29-2ᵉ et 4ᵉ.*

Placement sous surveillance judiciaire *[Dr. pén.]*

Peine applicable aux personnes morales dont l'objectif est de contrôler le comportement de l'être moral sanctionné afin d'éviter toute récidive. Cette mesure entraîne la désignation d'un mandataire de justice chargé d'une mission dont il devra rendre compte tous les 6 mois.
📗 *C. pén., art. 131-39-3ᵉ.*

P

Placet *[Pr. civ.]*

Anciennement acte remis au greffe par l'avoué du demandeur pour l'enrôlement d'une affaire civile. On se contente aujourd'hui de la remise au secrétariat-greffe d'une copie de l'assignation.

📖 *NCPC, art. 757.*

Plafond *[Séc. soc.]*

Dans le droit de la Sécurité sociale, les rémunérations perçues par les salariés ne doivent être prises en compte pour le calcul des cotisations que jusqu'à concurrence d'un certain montant appelé plafond. Toutefois, désormais, certaines cotisations sont déplafonnées et portent sur la totalité des salaires.

📖 *CSS, art. D. 242-16.*

Plafond légal de densité (PLD) *[Dr. adm.]*

Limite de densité de construction pouvant être instituée par tout établissement public de coopération intercommunale (ou par un conseil municipal), exprimée sous la forme d'un rapport entre la surface de plancher d'une construction et la surface du terrain où elle sera implantée. Au-delà, l'exercice du droit de construire est considéré comme n'étant plus attaché à la propriété du sol, mais comme appartenant à la collectivité, qui peut autoriser (ou non) le dépassement du plafond. Dans ce cas, avant la loi du 13 décembre 2000, une redevance pour dépassement du PLD était exigée du bénéficiaire du permis de construire (à titre transitoire, elle est en principe maintenue pour des raisons budgétaires là où elle existait).

📖 *C. urb., art. L. 112-2.*

➢ *Coefficient d'occupation des sols.*

Plaidoirie *[Pr. gén.]*

Exposé verbal, à l'audience, des prétentions et arguments des parties. Devant les tribunaux de droit commun, les avocats jouissent du monopole de la plaidoirie.

Dans certaines procédures, les avocats peuvent accepter de déposer leurs dossiers sans plaider, après avoir donné de brèves explications orales (procédure devant le tribunal de grande instance, devant le tribunal de commerce). L'évolution de la procédure civile tend à réduire le rôle de la plaidoirie.

📖 *NCPC, art. 440.*

[Pr. adm.] Devant les juridictions administratives en raison du caractère écrit de leur procédure, les plaidoiries ont moins d'importance que devant les tribunaux judiciaires. Au Conseil d'État, seuls les avocats aux Conseils peuvent présenter des observations orales, à la différence des tribunaux administratifs où les parties peuvent présenter elles-mêmes leurs observations.

Plainte *[Pr. pén.]*

Acte par lequel la partie lésée par une infraction porte celle-ci à la connaissance du Procureur de la République, directement ou par l'intermédiaire d'une autre autorité.

📖 *C. pr. pén., art. 40.*

Plainte avec constitution de partie civile *[Pr. pén.]*

Acte par lequel la partie lésée par un crime ou un délit met l'action publique en mouvement devant le juge d'instruction et, le cas échéant, exerce l'action civile.

📖 *C. pr. pén., art. 85 s.*

Plan (de développement économique, social et culturel) *[Dr. adm.]*

Après la seconde guerre mondiale, dans le cadre d'une économie alors largement fermée, la France a lancé une série de Plans, non autoritaires, en vue de planifier la reconstruction, puis le développement économique, social et culturel du pays.

Le Xe plan couvrait la période 1989-1992; comme ceux qui l'avaient précédé depuis les années 1975, il était beaucoup moins précis que les premiers. Le XIe Plan n'a jamais été voté par le Parlement; cette situation s'explique en partie par la lourdeur de la procédure législative applicable et, essentiellement, par la difficulté de définir plusieurs années à l'avance l'évolution de l'économie française dans un système d'économies nationales totalement ouvertes les unes sur les autres (mondialisation).

Plan d'épargne d'entreprise *[Dr. trav.]*

Système d'épargne collective ouvrant aux salariés de l'entreprise la faculté de participer, avec l'aide de celle-ci, à la constitution d'un portefeuille de valeurs mobilières. L'apport des salariés peut résulter des versements au titre de la participation aux fruits de l'expansion; le complément patronal est appelé abondement.

📕 *C. trav., art. L. 443-1 s., R. 443-1 s.*

Plan Fouchet *[Dr. eur.]*

Nom donné à l'initiative prise par De Gaulle en 1960 pour établir une union politique européenne sur une base confédérale. Le projet de traité élaboré par une commission d'experts présidée par M. Fouchet (projet présenté en novembre 1961) est abandonné en 1962 faute d'accord.

Plans locaux d'urbanisme *[Dr. adm.]*

Documents de planification stratégique de l'espace communal, établis à l'échelle d'une ou plusieurs communes, qui déterminent l'affectation des sols par zones (constructibles, non constructibles), les voies de circulation à conserver ou à créer, les paysages et l'environnement à préserver, les règles concernant les constructions autorisées et notamment la densité de construction admise (coefficients d'occupation des sols).

Ils succèdent aux anciens plans d'occupation des sols, dont l'objet était essentiellement limité à la définition de celle-ci. Ils doivent être compatibles avec les autres documents de planification de l'espace, notamment avec le schéma de cohérence territoriale dans l'aire duquel ils s'inscrivent. Les *permis de construire* délivrés doivent en respecter les dispositions.

📕 *C. urb., art. L. 123-1 s.*

Plan d'occupation des sols (POS) *[Dr. adm.]*

➤ *Plans locaux d'urbanisme.*

Plan de redressement *[Dr. com.]*

Plan établi au cours de la période d'observation ouverte par le jugement de redressement judiciaire en vue de la continuation ou de la cession, partielle ou totale, de l'entreprise en difficulté. Ce plan est établi par l'administrateur judiciaire s'il en a été nommé un par le tribunal lui-même.

[Dr. civ.] Plan approuvé par le débiteur et les principaux créanciers en vue de

P

faciliter la résorption du passif du débiteur surendetté et comportant des mesures de report ou de rééchelonnement des paiements des dettes, de réduction ou de suppression du taux d'intérêt, de substitution de garantie, etc.

C. consom., art. L. 331-6 et R. 331-7 s.

Plan Schuman *[Dr. eur.]*

Déclaration de Robert Schuman, alors ministre français des Affaires étrangères, proposant, à l'initiative de Jean Monnet, le 9 mai 1950, une mise en commun des ressources de charbon et d'acier de la France et de l'Allemagne dans une organisation ouverte aux autres pays d'Europe. Donne naissance à la CECA et est considérée comme le point de départ du processus de construction européenne.

Plan social *[Dr. trav.]*

Ensemble des mesures prises par l'entreprise à l'occasion d'un licenciement collectif pour motif économique, et destinées à éviter des licenciements et à faciliter le reclassement du personnel licencié. Ce plan est soumis au Comité d'entreprise et au Directeur Départemental du Travail.

C. trav., art. L. 321-4-1.

Planche à billets *[Dr. fin.]*

« Faire fonctionner la planche à billets » : expression familière, qui était utilisée naguère pour désigner une création excessive de monnaie par la Banque de France, en vue notamment d'aider le Trésor Public à financer le découvert de la loi de finances.

Aujourd'hui, les concours directs ou indirects de la Banque de France à l'État sont interdits.

Planification *[Dr. publ.]*

Procédé de régulation de l'économie qui se propose d'assurer selon une progression croissante, la satisfaction des besoins du pays par une utilisation optimale de ses ressources, au moyen de documents prospectifs appelés Plans. Ceux-ci recensent, pour une période pluriannuelle, les moyens et les besoins, et ils s'efforcent d'arbitrer entre ceux-ci en tenant compte de ceux-là, en définissant un certain nombre d'objectifs.

À la différence des Plans des États socialistes, les Plans français ont toujours été dépourvus de force contraignante, ce qui a nécessité la mise en place de techniques très diverses d'incitation ou de dissuasion, tendant à peser sur les taux de profits d'une économie très largement capitaliste pour intéresser les entreprises à la réalisation des objectifs du plan. Cette planification économique nationale s'accompagne de Plans économiques régionaux. En outre, l'aménagement du territoire donne lieu également à une mise en œuvre planifiée, articulée avec le Plan national.

Plateau continental *[Dr. int. publ.]*

Prolongement submergé du territoire sur lequel l'État côtier exerce des droits souverains pour l'exploitation des ressources. La convention de Montego Bay du 10 décembre 1982 fixe sa limite à 200 milles et reconnaît même le maintien des droits acquis au-delà des 200 milles jusqu'à 350 milles ou 100 milles de l'isobathe des 2 500 mètres.

Plébiscite *[Dr. const.]*

Déviation du référendum consistant en ce que les électeurs sont moins appelés à se prononcer sur un texte qu'à témoigner leur confiance à l'homme d'État qui le leur soumet (ex. : plébiscites napoléoniens).

[Dr. int. publ.] Consultation collective des habitants d'un territoire à céder pour savoir s'ils acceptent ou non l'annexion (on emploie aussi le mot référendum).

Plein contentieux (recours de) *[Dr. adm.]*
Synonyme de pleine juridiction.
➤ *Recours.*

Plein emploi *[Dr. trav.]*
➤ *Emploi.*

Pleine juridiction *[Dr. adm.]*
➤ *Plein contentieux.*

Pleins pouvoirs (loi de) *[Dr. const.]*
Expression employée pour désigner la loi par laquelle le Parlement habilite le Gouvernement à prendre, pour une durée déterminée, des actes réglementaires dans des matières relevant normalement de la compétence législative.
➤ *Décret-Loi.*

Plénière fiscale *[Dr. fin.]*
Avant 1992, formation particulière de jugement du Conseil d'État en matière fiscale, constituée par la réunion des trois sous-sections spécialisées en contentieux fiscal, présidée par le Président adjoint de la Section du contentieux spécialisé en matière fiscale. Cette formation était un échelon intermédiaire entre les sous-sections réunies et la Section du contentieux, qui connaissait d'affaires fiscales posant des questions de principe.

Plénipotentiaire *[Dr. int. publ.]*
Personne habilitée, en vertu des pleins pouvoirs dont elle est munie, à représenter un Gouvernement dans une négociation ou pour l'accomplissement d'une mission. Ministre plénipotentiaire de la 2ᵉ classe.
➤ *Rang diplomatique.*

Plénitude de juridiction *[Pr. civ.]*
Qualité appartenant parmi les juridictions de droit commun en matière civile, à la seule cour d'appel. Elle lui permet de connaître en appel les affaires qui ont été portées au premier degré, devant un tribunal qui n'était pas compétent. La cour d'appel purge le vice d'incompétence.
📘 *NCPC, art. 79.*

[Pr. pén.] Au sens large, principe de procédure selon lequel les juridictions de jugement en matière répressive sont compétentes pour statuer sur toutes les exceptions soulevées en défense par le prévenu ou l'accusé, sauf les exceptions préjudicielles légalement définies.
📘 *C. pr. pén., art. 387.*
Au sens strict, compétence inconditionnelle de la cour d'assises pour juger les personnes renvoyées devant elle qu'elle statue en premier ressort ou en appel.
📘 *C. pr. pén., art. 231 et 594.*

Ploutocratie *[Dr. const.]*
Régime où le pouvoir politique appartient aux plus riches (ex. : ploutocratie censitaire de la Restauration et de la Monarchie de Juillet).

Plumitif *[Pr. civ.]*
➤ *Registre d'audience.*

P

Plus-value *[Dr. fin.]*

Accroissement de la valeur réelle ou monétaire d'un bien intervenu entre le début et la fin d'une période. La plus-value, qui est par nature un gain en capital, est néanmoins de plus en plus largement taxée par le fisc au titre de l'imposition des revenus.

Point *[Séc. soc.]*

Élément servant de calcul aux retraites complémentaires qui s'obtient en divisant le montant des cotisations par le salaire de référence.

Police *[Dr. adm.]*

Police *administrative* : ensemble des moyens juridiques et matériels ayant pour but d'assurer le maintien de la tranquillité, de la sécurité et de la salubrité publiques.

[Pr. pén.] Police *judiciaire* : fonctionnaires de la police nationale, de la gendarmerie et certaines autres personnes nommément désignées ayant pour mission de constater les infractions, d'en établir la preuve, d'en identifier les auteurs et d'exécuter, une fois l'information ouverte, les délégations des juridictions d'instruction.

📖 *C. pr. pén., art. 12 s.*

Cette expression est également utilisée dans deux autres sens. D'une part pour désigner les actes de recherche et de constatation des infractions. D'autre part, pour désigner un service précis de la police nationale chargé de la lutte contre la grande criminalité (la PJ).

Police d'assurance *[Dr. civ. / Dr. com.]*

Document signé par l'assureur et par le souscripteur et qui constate l'existence et le contenu du contrat d'assurance.

📖 *C. assur., art. L. 112-3, R. 112-1.*

Politique *[Dr. const.]*

1° Science du gouvernement des États.

2° Manière de gouverner (ex. : politique libérale, autoritaire, réactionnaire...).

3° Ensemble des affaires publiques (ex. : politique intérieure, politique extérieure...).

Politique agricole commune (PAC) *[Dr. eur.]*

Encore la seule véritable politique commune établie dans le cadre des Communautés européennes. La PAC a été essentiellement construite sur des mécanismes touchant aux prix des produits (prix uniques élevés, prix garantis et prix protégés). Son coût élevé, après différentes mesures limitant la hausse des prix et introduisant des quotas de production, a conduit à une première réforme en 1992 dont les objectifs sont une réduction significative des prix agricoles et une maîtrise de la production compensée par des aides diverses versées aux agriculteurs. En 1999, un nouvel accord semble permettre de sauvegarder les grands principes de la PAC tout en diminuant encore son coût.

Politique contractuelle *[Dr. trav.]*

Technique mise en place progressivement dans les entreprises publiques, qui permet de favoriser la concertation relativement aux salaires, et aux conditions de travail, malgré le caractère réglementaire du statut du personnel. Ces accords, dont la nature juridique est discutée, se rapprochent des conventions collectives.

Politique étrangère et de sécurité commune (PESC) *[Dr. eur.]*

Prévue par le Traité de Maastricht. Institutionnalisation de la coopération

P

politique européenne et approfondissement par le fait de prévoir l'adoption d'actions communes dans les domaines relevant de la politique étrangère et de la sécurité, la sécurité incluant « la définition à terme d'une politique de défense commune ». Le Traité d'Amsterdam introduit des dispositions renforçant les mécanismes établis par le Traité de Maastricht.

Pollicitation *[Dr. civ.]*
➤ *Offre.*

Pollution *[Dr. gén.]*
Effet sur la terre, les eaux, l'atmosphère, des déversements de déchets, de produits résiduaires solides, liquides ou gazeux. et de l'utilisation systématique de substances chimiques qui, au-delà d'une limite de quantité vite atteinte, détruisent la fertilité des sols après l'avoir exaltée; effet enfin du déséquilibre de la vie naturelle par l'anéantissement de certaines classes de vie (oiseaux, insectes, arbres et plantes), incapables de résister à l'excès des stérilisations et des déjections industrielles.
➤ *Environnement, Nuisances.*

Polyarchie *[Dr. const.]*
Système politique caractérisé par une pluralité de centres autonomes de décision, le pouvoir n'étant pas détenu par une élite ou une classe déterminée, mais réparti entre des groupes concurrents contraints à la négociation et au compromis.

Pondération *[Dr. int. publ.]*
Système qui tend à donner aux États, au sein d'une Organisation internationale, une place proportionnelle à leur importance de fait (pondération de la représentation ou du vote).

Pont *[Dr. trav.]*
Jour ouvrable exceptionnellement chômé parce que situé entre deux jours fériés chômés. Les conventions collectives ou les accords d'établissement prévoient fréquemment la rémunération ou la récupération des heures non travaillées.
📖 *C. trav., art. L. 212-2-2.*
➤ *Jour chômé.*

Portable (créance) *[Dr. civ.]*
Caractère d'une créance que le débiteur doit spontanément acquitter au domicile du créancier ou dans le lieu fixé par la convention.
📖 *C. civ., art. 1247, al. 2.*
➤ *Quérable (créance).*

Port autonome *[Dr. adm.]*
Établissement public chargé avec le soutien financier de l'État de la gestion (constructions, entretien, utilisation des ouvrages et des outillages) de certains ports (Paris, Strasbourg, Bordeaux, le Havre, Marseille...). Les Chambres de commerce jouent un rôle très important dans ce système.

Port franc *[Dr. fin.]*
➤ *Zone franche.*

Portefeuille *[Dr. const.]*
Département ministériel. Ministre sans portefeuille : ministre qui fait partie du Gouvernement sans être à la tête d'un département ministériel.

Porte-fort *[Dr. civ.]*
➤ *Promesse de porte-fort.*

P

Porte ouverte *[Dr. int. publ.]*

Régime lié à l'expansion coloniale européenne et consistant dans l'obligation imposée à certains États d'assurer la liberté de concurrence économique (absence de discrimination) aux ressortissants de tous les pays. Régime (aujourd'hui disparu) appliqué en Chine, au Maroc, au Congo belge.

Position dominante *[Dr. com. / Dr. pén.]*

Position d'une entreprise ou d'un groupe d'entreprises sur un marché déterminé qui, compte tenu notamment des potentialités de concurrence, se trouve dans la situation d'agir sans tenir notablement compte des concurrents.

En droit français, comme en droit communautaire, ce n'est pas la position dominante en elle-même qui est condamnable, mais le comportement nocif des entreprises qui la détiennent.

C. com., art. L. 420-2.
➢ *Abus de domination.*

Positivisme juridique *[Dr. gén.]*

Le positivisme juridique est une doctrine qui ne reconnaît de valeur qu'aux règles du droit positif. De tendance étatique ou sociologique, il rejette toute métaphysique et toute idée de droit naturel.

Possession *[Dr. civ.]*

Maîtrise de fait exercée sur une chose corporelle et correspondant, dans l'intention du possesseur, à l'exercice d'un droit réel. S'oppose à la détention, laquelle implique la reconnaissance du droit d'autrui, bien qu'elle soit identique à la possession dans sa manifestation extérieure (fermier par exemple).

C. civ., art. 2228 s.
➢ *Animus, Corpus, Détention.*

Possession d'état *[Dr. civ.]*

Apparence d'un état donné (dans le droit de la famille).

Elle se compose de 3 éléments, désignés par des mots latins :

Nomen : la personne porte le nom correspondant a l'état dont elle a la possession ;

Tractatus : la personne est considérée par son entourage (sa famille) comme ayant l'état mis en cause ;

Fama : la personne a la réputation aux yeux du public d'avoir l'état dont apparence est donnée.

C. civ., art. 30-2 et 311-1 s.

Possessoire *[Pr. civ.]*
➢ *Action possessoire.*

Post-date *[Dr. civ. / Dr. com.]*

Erreur ou fraude consistant à donner à un écrit juridique une date postérieure à celle de sa signature.
➢ *Antidate.*

Post-glossateurs *[Hist. dr.]*

École de romanistes qui a succédé, au XIVᵉ siècle, en Italie du Nord, à l'École des Glossateurs.
➢ *Glossateurs.*

« Post nuptias » *[Dr. civ.]*

(Du latin : après le mariage).

Postulation *[Pr. civ.]*

La postulation consiste pour l'avoca ou pour l'avoué (en appel), mandatair d'un client, à faire pour lui les actes d procédure que nécessite le procès et à favoriser le déroulement de l'instance.

NCPC, art. 411.

Potestatif *[Dr. civ.]*

Se dit, par opposition à fortuit, de ce qui dépend de la volonté humaine, non du hasard.

📖 *C. civ., art. 1174.*

Pourboire *[Dr. trav.]*

Somme d'argent remise par un tiers, client de l'employeur, au salarié, à l'occasion de l'accomplissement de ses fonctions. Le pourboire tend à devenir un élément du salaire.

📖 *C. trav., art. L. 147-1 s.*

Poursuite *[Pr. pén.]*

Ensemble des actes accomplis par le ministère public, certaines administrations ou la victime d'une infraction, dans le but de saisir les juridictions répressives compétentes et d'aboutir à la condamnation du coupable.

Poursuites (Actes de) *[Dr. fin.]*

En matière de recouvrement forcé des impôts, termes utilisés comme simples synonymes de voies d'exécution. « Engager des poursuites contre un contribuable en retard de paiement. »

Poursuite disciplinaire
[Dr. adm. / Pr. civ. / Pr. pén.]

Action exercée contre un fonctionnaire, un magistrat ou un membre d'une profession libérale réglementée, en cas de manquement aux règles de la déontologie.

Une poursuite disciplinaire peut aussi être la conséquence d'une infraction pénale ordinaire mettant en cause l'honorabilité et la moralité de celui qui en est l'auteur.

➤ *Pouvoir disciplinaire.*

Pourvoi en cassation *[Pr. civ. / Pr. pén.]*

Recours contre une décision en dernier ressort porté devant la Cour de cassation et fondé sur la violation de la loi, l'excès de pouvoir, l'incompétence, l'inobservation des formes, le manque de base légale, la contrariété de jugements ou la perte de fondement juridique.

📖 *NCPC, art. 604; C. pr. pén., art. 567 s.*

[Dr. adm.] Recours contre une décision rendue en dernier ressort par une juridiction administrative. Il est porté devant le Conseil d'État ou exceptionnellement, devant une juridiction spécialisée (cas des litiges en matière de pensions militaires d'invalidité) qui n'en est d'ailleurs qu'une émanation.

Il peut être fondé sur l'un des quatre cas d'ouverture du recours pour excès de pouvoir à l'exception du détournement de pouvoir.

Pourvoi incident *[Pr. civ.]*

Pourvoi émanant de la partie défenderesse au pourvoi principal. Doit être présenté dans le délai de deux mois reconnu au défendeur pour déposer son mémoire en défense. Obéit aux mêmes règles que l'appel incident.

📖 *NCPC, art. 614 et 1010.*

Pourvoi dans l'intérêt de la loi *[Pr. gén.]*

Pourvoi formé, de sa propre initiative, par le Procureur général de la Cour de cassation (ou par le Ministre compétent en contentieux administratif) contre une décision définitive, non attaquée par les parties, alors qu'elle lui semble contraire aux lois et règlements en vigueur ou aux formes de procéder; si le pourvoi aboutit, la cassation laisse subsister la décision attaquée entre les

P

parties et n'a d'effet que pour l'avenir, pour des situations identiques.
📖 *NCPC, art. 618-1.*

Pourvoi sur ordre du ministre de la Justice *[Dr. gén.]*
Formé par le Procureur général de la Cour de cassation sur ordre du Garde des Sceaux, contre un acte de procédure civile entaché d'excès de pouvoir ou contre un acte du procès pénal, il produit ses effets à l'égard des parties dans le premier cas, mais ne peut nuire au condamné dans le second cas.
📖 *C. pr. pén., art. 620.*

Pourvoi provoqué *[Pr. civ.]*
Pourvoi incident formé dans le délai de deux mois reconnu au défendeur pour déposer son mémoire en défense et émanant d'une partie contre laquelle n'avait pas été formé le pourvoi. Obéit aux mêmes règles que l'appel provoqué.
📖 *NCPC, art. 614 et 1010.*

Pourvoi en révision *[Pr. pén.]*
➤ *Révision.*

Pouvoir *[Dr. civ.]*
Le pouvoir est une prérogative permettant à une personne de gouverner une autre personne publique ou privée (mandats politiques, autorité parentale, tutelle) ou de gérer les biens d'une autre personne pour le compte de celle-ci (dirigeants de sociétés, représentation légale, judiciaire ou contractuelle).
➤ *Fonction.*
[Pr. civ.] Aptitude à agir en justice au nom et pour le compte soit d'une personne morale, soit d'une personne

atteinte d'une incapacité d'exercice. Ainsi, il est permis au tuteur d'introduire sans autorisation une action relative aux droits patrimoniaux d'un mineur.
📖 *C. civ., art. 464.*
À côté du pouvoir *ad agendum* qui confère l'initiative et la direction de l'instance, il existe un pouvoir *ad litem* par lequel une personne confie à un auxiliaire de justice le soin de la représenter et de l'assister dans une procédure à laquelle elle est partie.
📖 *NCPC, art. 411 s.*

Pouvoirs du chef d'entreprise *[Dr. trav.]*
Le droit du travail reconnaît trois pouvoirs au chef d'entreprise : le pouvoir réglementaire, le pouvoir disciplinaire et le pouvoir de direction. Le pouvoir réglementaire consiste à établir le règlement intérieur de l'entreprise, le pouvoir disciplinaire à sanctionner les fautes commises par le salarié dans l'exécution de sa prestation de travail, le pouvoir de direction à prendre les mesures nécessaires à la bonne marche de l'entreprise, dans les limites définies par la législation en vigueur, les conventions collectives, le règlement intérieur et les stipulations du contrat de travail.
📖 *C. trav., art. L. 122-33 s., 122-40 s.*

Pouvoir constituant *[Dr. const.]*
Pouvoir qualifié pour établir ou modifier la constitution.
1° Pouvoir constituant originaire : celui qui s'exerce d'une manière inconditionnée pour doter d'une constitution un État qui n'en a pas (nouvel État) ou n'en a plus (après une révolution).
2° Pouvoir constituant dérivé (ou institué) celui qui s'applique à la révision

d'une constitution déjà en vigueur, selon les règles posées par celle-ci.

Pouvoir disciplinaire *[Dr. adm / Pr. gén.]*
Pouvoir plus ou moins étendu d'infliger des sanctions reconnu à certaines autorités administratives à l'égard, soit d'agents hiérarchiquement subordonnés, soit d'autorités décentralisées, soit de collaborateurs ou d'usagers des services publics.

On citera comme exemple le régime applicable aux fonctionnaires et aux magistrats.

• *Fonctionnaires* : le pouvoir disciplinaire appartient en principe à l'autorité investie du pouvoir de nomination, après avis d'un conseil de discipline paritaire (représentants du personnel et de l'Administration de l'État ou des collectivités locales). Les sanctions, pour les fonctionnaires de l'État, sont l'avertissement, le blâme, la radiation du tableau d'avancement, l'exclusion de fonctions pour quinze jours, le déplacement d'office, la rétrogradation, l'exclusion de fonctions de six mois à deux ans, la mise à la retraite d'office, la révocation.

• *Magistrat du siège* : action disciplinaire portée devant le Conseil Supérieur de la Magistrature présidé par le Premier Président de la Cour de cassation : réprimande avec inscription au dossier, déplacement d'office, retrait de certaines fonctions, abaissement d'échelon, rétrogradation, mise à la retraite d'office, révocation sans pension.

• *Magistrats du parquet* : pouvoir disciplinaire appartenant au garde des Sceaux qui doit demander l'avis de la formation du Conseil supérieur de la

magistrature compétente pour les magistrats du parquet et que préside le Procureur général près la Cour de cassation. Les sanctions sont les mêmes que pour les magistrats du siège.

Un régime disciplinaire assez strict existe aussi pour les professions libérales et les officiers ministériels. On citera comme exemple les sanctions applicables aux avocats et aux officiers ministériels.

[Dr. trav.] *Entreprise* : la loi du 4 août 1982 a organisé la mise en œuvre et le contrôle du pouvoir disciplinaire du chef d'entreprise; un *droit* disciplinaire s'est substitué à l'ancien *pouvoir* disciplinaire.

C. trav., art. L. 122-40 s.

Pouvoir discrétionnaire, lié *[Dr. adm.]*
Classification opérée parmi les pouvoirs de l'Administration par référence à la plus ou moins grande liberté qui lui est reconnue d'apprécier l'opportunité de la mesure à prendre.

La compétence de l'Administration est « liée » si la réunion des conditions légales l'oblige à prendre l'acte. Elle est « discrétionnaire » si cette réunion l'autorise seulement à agir, sans que le contrôle du juge soit d'ailleurs exclu des éléments de légalité de l'acte autres que l'adéquation de celui-ci aux circonstances de fait.

➤ *Directive.*

Pouvoirs exceptionnels *[Dr. const.]*
Pouvoirs renforcés reconnus au Président de la République par la constitution de 1958 (art. 16) en cas de circonstances particulièrement graves. Ils répondent à cette idée que l'état de nécessité commande et justifie un droit

P

P

constitutionnel d'exception. Le Président de la République est seul juge du recours à l'art. 16 et de sa durée d'application. Il prend, sans contreseing ministériel, « les mesures exigées par les circonstances ». Mais il ne peut dissoudre l'Assemblée Nationale ni réviser la Constitution.

Pouvoir hiérarchique *[Dr. adm.]*

Pouvoir appartenant au supérieur sur les actes de ses subordonnés, qui comprend traditionnellement un pouvoir d'instruction (*premier sens*), un pouvoir de réformation (annulation ou correction) et un pouvoir de substitution d'action, mais dont l'étendue réelle n'est pas uniforme dans toutes les hypothèses.

Pouvoirs implicites *[Dr. int. publ.]*

Compétences qui, sans être expressément énoncées dans l'acte constitutif d'une Organisation Internationale, doivent être cependant reconnues à celle-ci comme lui ayant été tacitement conférées en tant qu'elles sont nécessaires pour lui permettre d'exercer effectivement ses fonctions.

Pouvoir individualisé *[Dr. const.]*

Pouvoir identifié à son détenteur et disparaissant avec lui.

Ce type de pouvoir correspond à un stade d'évolution sociale antérieur à la formation de l'État.

Pouvoir institutionnalisé *[Dr. const.]*

Pouvoir dissocié de la personne des gouvernants et transféré à des institutions juridiques stables et permanentes dont les gouvernants ne sont que les agents provisoires.

Le pouvoir de l'État est de ce type.

Pouvoir lié
➤ *Pouvoir discrétionnaire.*

Pouvoir politique *[Dr. const.]*

Pouvoir qui s'exerce dans le cadre d'une société politique.

Pouvoirs publics *[Dr. const. / Dr. adm.]*

Termes souvent employés, bien qu'au contenu juridique assez imprécis, pour désigner les organes de l'État, et même parfois ceux des collectivités locales. Dans ce sens, on parle aussi d'autorités publiques, encore que ces mots paraissent avoir un contenu encore plus extensif.

Pouvoir réglementaire
[Dr. const. / Dr. adm.]

Pouvoir d'édicter des règlements.

Pratiques anticoncurrentielles
[Dr. com. / Dr. pén.]
➤ *Abus de domination, Entente.*

Pratiques discriminatoires *[Dr. com.]*

Fait de pratiquer, à l'égard d'un partenaire économique, des prix et plus généralement des conditions de fourniture ou de services différents de ceux pratiqués à l'égard d'autres clients sans pouvoir justifier ces différences de traitement. Ces discriminations engagent la responsabilité civile de ceux qui les consentent ou les obtiennent.
🗎 *C. com., art. L. 442-6.*

Pratiques restrictives de concurrence
[Dr. com. / Dr. pén.]

Comportements érigés en infractions pénales ou constitutifs seulement d'une faute civile, présumés de façon irréfragable restreindre la concurrence, et pour cette raison interdits indépendamment de leur impact réel sur le marché. Elles s'opposent aux pratiques anticoncurrentielles qui ne sont sanctionnées que dans la mesure où elles ont eu pour objet ou pour effet de fausser la concurrence.

📘 *C. com., art. L. 442-1 s.*
➤ *Pratiques discriminatoires, Prix imposé, Vente avec primes.*

Préalable
➤ *Privilège du préalable, Question préalable.*

Préambule *[Dr. const.]*
➤ *Déclaration des droits.*
[Dr. int. publ.] Partie préliminaire d'un traité, précédant le dispositif, et contenant notamment l'énumération des parties contractantes, l'exposé des motifs et l'objet du traité.

Préavis
➤ *Délai-congé.*

Préavis de grève *[Dr. trav.]*
Délai de prévenance entre la décision de faire grève et la cessation du travail. Le préavis de grève est obligatoire dans les services publics.

📘 *C. trav., art. L. 521-3.*

Précatif *[Dr. civ.]*
Qui a valeur de prière, donc dépourvu de caractère contraignant.
➤ *Vœu.*

Préciput *[Dr. civ.]*
Droit reconnu à certaines personnes de prélever, avant tout partage, une somme d'argent ou certains biens de la masse à partager.

📘 *C. civ., art. 843, 1515 s.*

Précarité *[Dr. civ.]*
Ce qui caractérise la détention exercée par une personne sur une chose corporelle lorsque cette emprise matérielle est exercée sans l'intention de se comporter comme le titulaire du droit réel qui légitimerait les actes accomplis.

📘 *C. civ., art. 2236, 2283.*
➤ *Détention.*

Précarité de l'emploi *[Dr. trav.]*
Par cette expression est visée la situation des salariés qui ne travaillent pas de façon continue ou dont les contrats de travail sont de courte durée (travail à temps partiel, travail occasionnel, contrats à durée déterminée, intérim...).

Précaution (Principe de –)
[Dr. adm. / Dr. gén.]
Principe, issu du droit de l'environnement, selon lequel « l'absence de certitudes, compte tenu des connaissances scientifiques et techniques du moment, ne doit pas retarder l'adoption de mesures effectives et proportionnées visant à prévenir un risque de dommages graves et irréversibles à l'environnement à un coût économiquement acceptable ». Il a accédé au rang de règle obligatoire, mais sa nature juridique exacte et sa portée sont encore incertaines.
Dans une conception plus large il représente un principe d'orientation des décisions publiques, spécialement en matière de santé humaine, animale ou végétale, selon lequel l'absence de certitudes scientifiques sur la réalité d'un risque ne doit pas empêcher de prendre des mesures de prévention raisonnables en vue d'en prévenir la réalisation, comme l'interdiction d'importer certains produits suspectés d'être

P

porteurs d'un risque (organismes génétiquement modifiés, par exemple). Beaucoup de partenaires commerciaux de l'Union européenne, et l'Organisation mondiale du commerce, s'opposent à cette conception dans laquelle ils voient un moyen de protectionnisme commercial déguisé.

🛡 *C. rur., art. L. 200-1; C. env., art. L. 110-1.*

Précompte *[Dr. trav.]*

Retenue opérée par l'employeur sur le salaire afin de payer les cotisations salariales de Sécurité sociale.

➤ *Salaire brut.*

Précompte *[Dr. fin.]*

Appelé parfois précompte mobilier; impôt dû dans certains cas par les sociétés soumises à l'impôt sur les sociétés lors de la distribution de dividendes ouvrant droit à l'avoir fiscal, en vue de compenser pour l'État la charge de celui-ci.

🛡 *CGI, art. 223 sexies.*
➤ *Avoir fiscal.*

Préemption (Droit de) *[Dr. adm.]*

Droit reconnu dans certains cas à l'Administration, et à certains organismes de droit privé accomplissant une mission de service public, d'acquérir la propriété d'un bien lors de son aliénation par préférence à tout autre acheteur.

🛡 *C. urb., art. L. 210-1 s. (droit de préemption urbain).*
➤ *Société d'Aménagement foncier et d'Établissement rural (SAFER).*

Préférences généralisées *[Dr. int. publ.]*

Mises en place par la CNUCED et développées dans les années 1970. Consistent en des avantages douaniers accordés sans réciprocité par les pays industriali

sés au profit des exportations des pays en voie de développement.

Préfet *[Dr. adm.]*

Dépositaire unique de l'autorité de l'État dans le département, le Préfet occupe un emploi soumis à la décision discrétionnaire du Gouvernement. Parmi ses nombreuses fonctions, il représente le Premier Ministre et chacun des Ministres, il a la haute main sur l'ensemble des services déconcentrés de l'État dans le département, sauf dans quelques cas, il assure le contrôle administratif des collectivités territoriales du département.

Préfet de région *[Dr. adm.]*

Préfet en fonction au chef-lieu de la région. Outre les attributions de tout préfet, il représente l'État dans la Région, il exerce le contrôle administratif sur celle-ci, et il a la haute main sur les services déconcentrés de l'État dont les compétences excèdent celles d'un département. Il dispose de compétences particulières en matière de développement régional et d'aménagement du territoire, dans l'exercice desquelles il est assisté à titre consultatif par la conférence administrative régionale.

Préjudice *[Dr. civ. / Séc. soc.]*

Dommage matériel (perte d'un bien d'une situation professionnelle...) ou moral (souffrance, atteinte à la considération, au respect de la vie privée) subi par une personne par le fait d'un tiers.

Préjudice d'agrément *[Dr. civ. / Séc. soc.]*

Autrefois défini comme le préjudice résultant de la privation de satisfaction d'ordre sportif, artistique, social ou mondain, à l'exclusion de la simple atteinte portée aux activités découlant de la vie *ordinaire*, laquelle était indemnisée au titre de l'incapacité permanente. Depuis la loi n° 73-1200 du 27 décembre 1973, le préjudice d'agrément s'entend plus largement de la diminution des plaisirs de la vie causée notamment par l'impossibilité ou la difficulté de se livrer à certaines activités *normales* d'agrément, qu'il y ait incapacité permanente ou simplement temporaire.

▌*CSS, art. L. 452-3.*
➢ *Préjudices de caractère personnel.*

Préjudice de (sans -)
➢ *Sans préjudice de.*

Préjudices de caractère personnel
[Dr. civ. / Séc. soc.]

Expression qui recouvre le préjudice résultant de souffrances physiques ou morales (➢ « Pretium doloris »), le préjudice d'agrément et le préjudice esthétique.

Depuis la loi n° 73-1200 du 27 décembre 1973, l'action récursoire des caisses de Sécurité sociale en cas d'accident causé à un assuré social par un tiers, ne peut plus s'exercer sur la part d'indemnité, de caractère personnel, correspondant à ces divers préjudices qui doivent, par conséquent, faire l'objet d'une évaluation séparée, distincte notamment de l'indemnisation de l'incapacité permanente partielle.

▌*CSS, art. L. 376-1, L. 452-3.*

Préjudice esthétique *[Dr. civ. / Séc. soc.]*
Préjudice tenant à la persistance d'une disgrâce physique chez la victime d'un

accident (cicatrices, déformations, mutilations, etc.).
➢ *Préjudices de caractère personnel.*

Préjudice au principal *[Pr. civ.]*
Il y a préjudice au principal lorsque la juridiction saisie aborde le fond du droit. Les ordonnances de référés ne pouvaient pas, naguère, préjudicier au principal. La formule a disparu : le nouveau Code de procédure civile fait seulement allusion aux « mesures qui ne se heurtent à aucune contestation sérieuse ».

▌*NCPC, art. 484, 808, 872, 956.*

P

Prélèvement *[Dr. civ.]*
Opération par laquelle une personne prend dans une masse de biens indivis certains biens avant tout partage, en contrepartie de ce qui lui est dû sur la masse.

▌*C. civ., art. 830, 1470.*

Prélèvements agricoles *[Dr. eur.]*
Élément de la politique agricole commune de la CEE, destiné à inciter les négociants de produits entrant dans le champ d'application de celle-ci à s'approvisionner en priorité auprès des producteurs européens, tout en maintenant artificiellement leurs prix au-dessus des cours mondiaux.
Techniquement, les prélèvements peuvent être comparés à des droits de douane constamment mobiles, qui varient en fonction d'éléments de calcul quotidiennement notifiés par les autorités européennes de Bruxelles. Ils sont perçus par la Direction Générale des Douanes et Droits Indirects à des taux plus ou moins élevés selon que les importations proviennent respectivement de pays

PRÉ

P

extracommunautaires ou d'État membres du Marché Commun, et sont ensuite versés au budget des Communautés.

Prélèvement CECA *[Dr. eur.]*

Impôt perçu par la CECA sur les entreprises charbonnières et sidérurgiques des États membres.

Prélèvement libératoire *[Dr. fin.]*

Impôt à taux forfaitaire retenu à la source et se substituant, sur option du contribuable, à l'impôt progressif sur le revenu pour réaliser une imposition atténuée de certains revenus (intérêts des placements à revenu fixe tels que les obligations).

📗 *CGI, art. 125 A.*

Préméditation *[Dr. pén.]*

Circonstance aggravante de certains crimes ou délits résultant du dessein mûri et réfléchi d'accomplir l'infraction. Elle implique non seulement l'antériorité de l'intention, mais encore sa persistance jusqu'à la réalisation de l'acte.

📗 *C. pén., art. 132-72.*

Premier Ministre *[Dr. const.]*

Nom donné dans certains États (France, Grande-Bretagne) au chef du Gouvernement.

Autres appellations : Président du Conseil (IIIᵉ et IVᵉ République), Chancelier (République fédérale allemande). Longtemps « primus inter pares », le Premier Ministre est aujourd'hui doté de pouvoirs propres.

Premier président, président de chambre, président, vice-président
[Pr. civ. / Pr. pén.]

Le premier président est le magistrat placé à la tête de la Cour de cassation ou d'une cour d'appel. Les chambres de ces juridictions ont à leur tête un président de chambre.

À la tête du tribunal de grande instance est placé un président du tribunal; les chambres sont présidées par des premiers vice-présidents et par des vice-présidents.

📗 *C. org. jud., art. L. 121-1, L. 212-1, R. 311-16 s.*

Preneur *[Dr. civ.]*
➢ *Locataire.*

Prénom *[Dr. civ.]*

Vocable servant à distinguer les membres d'une même famille ou les individus portant un patronyme identique.

Les prénoms sont choisis librement par les père et mère, sous réserve du contrôle du juge aux affaires familiales qui peut estimer que le choix n'est pas conforme à l'intérêt de l'enfant ou méconnaît le droit des tiers à voir protéger leur patronyme.

📗 *C. civ., art. 57 et 60.*
➢ *Nom.*

Préposé *[Dr. civ.]*

Personne qui agit sous la direction d'une autre appelée commettant.

📗 *C. civ., art. 1384, al. 5.*
➢ *Commettant.*

Préretraite *[Dr. trav.]*

Situation d'un salarié proche de l'âge de la retraite qui, en raison de difficultés économiques de l'entreprise, est privé d'emploi mais perçoit un revenu de substitution, jusqu'à l'âge de la retraite financé par l'État, l'entreprise et le salarié lui-même. La préretraite suppose une convention entre l'entreprise et le fonds national de l'emploi.

📗 *C. trav., art. L. 322-4.*

Prérogatives et charges *[Dr. civ.]*

Dans toute situation juridique, qu'elle soit subjective ou objective, il existe une certaine combinaison de prérogatives et de charges.

Les prérogatives l'emportent normalement sur les charges lorsque la situation juridique a un caractère subjectif. En revanche, dans les situations juridiques objectives, les charges l'emportent sur les prérogatives.

Prescription de l'action publique
[Dr. pén.]

Principe selon lequel l'écoulement d'un délai (10 ans pour les crimes, 3 ans pour les délits, 1 an pour les contraventions) entraîne l'extinction de l'action publique et rend de ce fait toute poursuite impossible.

📖 *C. pr. pén., art. 7, 8 et 9.*

Prescription civile *[Dr. civ.]*

Consolidation d'une situation juridique par l'écoulement d'un délai.

La prescription est acquisitive lorsque l'écoulement du délai a pour effet de faire acquérir un droit réel à celui qui en fait l'exerce. Elle est extinctive lorsqu'elle fait perdre un droit réel ou un droit personnel du fait de l'inaction prolongée du titulaire du droit.

📖 *C. civ., art. 2219.*
➢ *Interversion de la prescription.*

Prescription de la peine *[Dr. pén.]*

Principe selon lequel toute peine, lorsque celle-ci n'a pas été mise à exécution dans un certain délai fixé par la loi à 20 ans pour les crimes, 5 ans pour les délits et 2 ans pour les contraventions, ne peut plus être subie.

Le délai commence à courir le jour où la condamnation devient définitive. Il peut être suspendu (peine avec sursis par exemple) ou interrompu (mesure d'exécution).

📖 *C. pén., art. 133-2, 3 et 4.*

Prescription quadriennale *[Dr. fin.]*

Prescription libératoire propre à la majeure partie des personnes publiques, acquise par l'écoulement d'un délai de quatre années partant du premier jour de l'année suivant celle de la naissance de la dette.

Préséance *[Dr. int. publ.]*
➢ *Rang diplomatique.*

Présents d'usage *[Dr. civ.]*

Cadeaux faits à l'occasion d'événements importants de la vie (mariage, anniversaire, etc.) mais qui ne doivent pas apparaître comme excessifs par rapport à la situation de fortune de l'auteur de la libéralité. Ainsi définis les présents d'usage échappent aux règles des donations notamment à la révocabilité des donations entre époux et au rapport à fin d'égalité entre les héritiers.

📖 *C. civ., art. 852.*

Président du conseil d'administration
[Dr. com.]

Personne physique élue par le conseil d'administration d'une société anonyme parmi ses membres. Le président est chargé d'assumer sous sa responsabilité, mais dans les limites qui lui sont fixées par la loi et par l'objet social, la direction générale de la société, avec l'assistance facultative d'un ou de deux directeurs généraux.

Président directeur général *[Dr. com.]*
➢ *Président du conseil d'administration.*

P

PRÉ

Président de la République *[Dr. const.]*

Titre du Chef de l'État dans une République.

Présidentialisme *[Dr. const.]*

Contrefaçon du régime présidentiel consistant dans l'hégémonie du Président (parfois proche de la dictature) et l'abaissement corrélatif du Parlement, ce qui a pour effet de rompre l'équilibre des pouvoirs. Régime de nombreux États sud-américains et africains.

Présidium *[Dr. const.]*

Organe original de l'ex-régime soviétique, élu par le Soviet Suprême, et faisant fonction à la fois de Chef d'État à structure collégiale et d'organe de suppléance du Soviet Suprême dans l'intervalle de ses sessions.

N'a jamais su affirmer une autorité par rapport aux secrétaires généraux du parti.

Présomption *[Dr. civ.]*

Mode de raisonnement juridique en vertu duquel, de l'établissement d'un fait on induit un autre fait qui n'est pas prouvé. La présomption est dite de l'homme (ou du juge) lorsque le magistrat tient lui-même et en toute liberté ce raisonnement par induction.

La présomption est légale lorsque le législateur tire lui-même d'un fait établi un autre fait dont la preuve n'est pas apportée. La présomption légale est simple lorsqu'elle peut être combattue par la preuve du contraire. Lorsque la présomption ne peut être renversée, elle est dite irréfragable ou absolue.

C. civ., art. 1350 s.

Les présomptions simples sont dites également *juris tantum*, les présomp-

tions irréfragables sont désignées parfois par l'expression latine *juris et de jure*.

➢ *Preuves.*

Présomption d'imputabilité *[Séc. soc.]*

Principe selon lequel, en matière d'accident de travail, l'accident est lié au travail et la lésion est liée à l'accident. Il s'agit d'une présomption simple susceptible de la preuve contraire.

CSS, art. L. 411-1.

Présomption d'innocence *[Pr. pén.]*

Principe selon lequel, en matière pénale, toute personne poursuivie est considérée comme innocente des faits qui lui sont reprochés, tant qu'elle n'a pas été déclarée coupable par la juridiction compétente. Inscrite dans la Déclaration des droits de l'homme et du citoyen et ayant à ce titre valeur constitutionnelle, cette présomption a notamment pour effet de faire bénéficier du doute la personne concernée. Ce principe jusqu'alors affirmé dans le code civil qui en organisait la protection judiciaire est aujourd'hui solennellement exprimé dans un article placé en exergue du code de procédure pénale.

C. civ., art. 9-1; C. pr. pén., art. Prél. III.

Prestataire de services d'investissement *[Dr. com.]*

Créés par la loi du 2 juillet 1996, les prestataires de services d'investissement sont seuls habilités à fournir les services d'investissement portant sur les instruments financiers (titres de capital et titres de créance notamment) et en particulier la réception, la transmission et l'exécution d'ordres pour le compte de tiers.

Les prestataires de services d'investissement se substituent ainsi aux anciennes Sociétés de Bourse.

Prestation(s) *[Dr. civ.]*

Ce qui est dû par le débiteur d'une <u>obligation</u>.

➤ *Créance, Dette.*

[Séc. soc.] On distingue les prestations en nature qui consistent en un remboursement total ou partiel des frais chirurgicaux, médicaux, pharmaceutiques, d'appareillages et d'analyses, des prestations en espèces qui compensent la perte de salaire résultant de l'incapacité de travail : indemnités journalières en cas d'incapacité temporaire, rente ou pension en cas d'incapacité permanente. On distingue également les prestations contributives qui sont accordées en contrepartie des cotisations (par exemple les pensions de vieillesse) des prestations non contributives qui sont accordées à des personnes qui n'ont pas ou ont insuffisamment cotisé (par exemple, l'<u>allocation aux vieux travailleurs salariés</u>).

Prestation compensatoire *[Dr. civ.]*

Attribution d'un capital ou d'une rente destinée à supprimer la disparité que la rupture du mariage crée dans les conditions de vie respectives des époux divorcés. Elle ne peut exister que dans le cadre du divorce par consentement mutuel ou pour faute et, dans cette dernière hypothèse, ne peut jamais être accordée à l'époux aux torts exclusifs de qui le divorce a été prononcé.

📕 *C. civ., art. 270 s.; NCPC, art. 1076-1 et 1080-1.*

Prêt *[Dr. civ.]*

Contrat par lequel l'une des parties, le prêteur, met à la disposition de l'autre, l'emprunteur, une chose pour son usage, à charge de restitution.

Le prêt de consommation est dit « <u>mutuum</u> ».

Le prêt à usage est appelé « <u>commodat</u> ».

📕 *C. civ., art. 1874.*

Prête-nom *[Dr. civ.]*

Personne qui fait figurer son nom dans un contrat comme si elle agissait pour son propre compte, alors qu'en réalité elle n'intervient que comme mandataire d'une autre, sans que le cocontractant ait connaissance de cette interposition.

➤ *Simulation.*

Prétentions nouvelles *[Pr. civ.]*

Prétentions non soumises aux premiers juges et irrecevables devant la Cour d'appel parce que contraires au caractère réformateur de l'appel, à moins qu'il ne s'agisse d'opposer la compensation, de faire écarter les prétentions adverses ou de faire juger les questions nées de l'intervention d'un tiers ou de la survenance d'un fait.

📕 *NCPC, art. 564.*

Prétentions des plaideurs *[Pr. civ.]*

Questions de fait et de droit que les plaideurs soumettent au juge et qui sont fixées, pour le demandeur par l'acte introductif d'instance, pour le défendeur par les conclusions en défense (exceptions, fins de non-recevoir, dénégations).

Formant l'objet du litige, elles délimitent l'étendue de la saisine du juge, ce qui entraîne l'obligation pour la juridiction du premier degré de se prononcer sur tout ce qui est demandé et seulement sur ce qui est demandé et l'interdiction

P

PRE

pour la juridiction du second degré de statuer sur des demandes nouvelles.

▌*NCPC, art. 4 et 5.*
➢ *Demande nouvelle, Objet, « Petita ».*

Pretium doloris *[Dr. civ. / Séc. soc.]*

Littéralement, le « prix de la douleur », qu'une circulaire du Ministre de la Justice du 15 septembre 1977 recommande d'appeler « l'indemnisation des souffrances » et qui correspond aux dommages et intérêts accordés par les tribunaux au titre de réparation des souffrances physiques ou morales éprouvées par la victime d'un accident ou d'un acte criminel, ou par ses proches parents.

L'indemnité qui tend à réparer le préjudice résultant de telles souffrances causées par un tiers à un assuré social, constitue, depuis la loi n° 73-1200 du 27 décembre 1973, l'une des composantes de « l'indemnité de caractère personnel », créée par cette loi. Elle devra réparer non seulement les souffrances antérieures à la consolidation, des blessures, mais aussi celles postérieures à cette consolidation, alors que jusqu'à l'entrée en vigueur de la loi précitée, celles-ci étaient indemnisées au titre de l'incapacité permanente partielle.

▌*CSS, art. L. 452-3.*

Prétorien(ne) (jurisprudence) *[Dr. gén.]*

Se dit, par référence aux pouvoirs étendus du magistrat romain appelé préteur, d'une jurisprudence dont la solution n'est pas fondée sur une règle législative ou réglementaire préexistante, mais sur l'application par le juge d'une norme qu'il a, plus ou moins largement, dégagée lui-même. Elle manifeste le pouvoir créateur de droit de la jurisprudence. Le droit de la responsabilité de l'Administration, par exemple, résulte d'une jurisprudence largement prétorienne.

Preuve *[Pr. gén. / Dr. civ.]*

Dans un sens large, établissement de la réalité d'un fait ou de l'existence d'un acte juridique. Dans un sens plus restreint, procédé utilisé à cette fin.

Lorsque les moyens de preuve sont préalablement déterminés et imposés par la loi, la preuve est dite légale. Dans le cas contraire, elle est dite libre.

▌*C. civ., art. 1315 s.*

Preuve (procédures de) *[Pr. gén.]*

Les plaideurs, pour l'établissement des faits du procès, recourent à des procédures d'instruction particulières : vérification d'écritures, inscription de faux, enquête, expertise, comparution personnelle, serment, vérifications personnelles du juge, présomptions.

▌*NCPC, art. 132 s.*

Preuve littérale *[Dr. civ.]*

Preuve par écrit résultant d'une suite de lettres, de caractères, de chiffres ou de tous autres signes ou symboles dotés d'une signification intelligible, quels que soient leur support et leurs modalités de transmission.

▌*C. civ., art. 1316.*
➢ *Écrit et écrit électronique.*

Prévention *[Dr. trav. / Séc. soc.]*

Ensemble des mesures réglementaires ou techniques tendant à éviter les accidents et les maladies.

Prévenu *[Pr. pén.]*

Personne contre laquelle est exercée l'action publique devant les juridictions de jugement en matière correctionnelle et contraventionnelle.

Prévoyance *[Séc. soc.]*

Faculté offerte aux entreprises de faire bénéficier les salariés d'un régime de garantie destiné à assurer notamment la couverture complémentaire des risques maladie invalidité et décès. Cette garantie peut se faire dans le cadre d'une institution de prévoyance, d'une mutuelle ou d'un organisme d'assurance.

📖 *CSS, art. L. 931-1.*

Primaires (primaries) *[Dr. const.]*

Pré-élections officiellement organisées dans certains États des États-Unis en vue de permettre aux électeurs de procéder eux-mêmes à la désignation des candidats aux élections proprement dites (procédé qui tend à démocratiser le choix des candidats en réduisant l'influence des comités de partis).

Primauté *[Dr. eur.]*

Principe selon lequel s'il y a conflit entre le droit communautaire et le droit national, le premier l'emporte sur le second.

Prime *[Dr. ass.]*

Somme versée par l'assuré en échange de la prise en charge par l'assureur d'un risque prévu au contrat.

📖 *C. assur., art. L. 112-4.*
   [Dr. com.] ➢ Vente à prime.

Primes *[Dr. trav.]*

Sommes versées par l'employeur au salarié en sus du salaire normal, soit à titre de remboursement de frais, soit pour encourager la productivité, tenir compte

de certaines difficultés particulières du travail, ou récompenser l'ancienneté.

Prime d'émission *[Dr. com.]*

Somme exigée des souscripteurs à une augmentation de capital, en plus de la valeur nominale de l'action. Cette somme destinée à atténuer la perte subie par les titres du fait de l'augmentation de capital s'analyse en un supplément d'apport.

Le montant total des primes d'émission est comptabilisé à un poste spécial : la réserve des primes d'émission.

P

Prime pour l'emploi *[Dr. soc. / Dr. fin.]*

Incitation financière au retour des personnes sans emploi à une activité professionnelle et à leur maintien dans un emploi, attribuée aux personnes ayant exercé l'année précédente une activité professionnelle salariée ou non salariée, à temps plein ou à temps partiel, et dont les revenus d'activité sont compris entre un minimum (pour s'assurer de la réalité de cette activité) et un maximum dépendant de leur situation familiale. Cette aide s'apparente dans sa technique au système de l'impôt négatif sur le revenu : toute personne estimant y avoir droit porte sur sa déclaration annuelle de revenus le montant de ses revenus d'activité ; si elle n'est pas imposable l'Administration lui verse automatiquement le montant de la prime, si elle est imposable la prime s'impute sur son impôt sur le revenu, le solde éventuel lui étant automatiquement versé.

Primes de panier *[Séc. soc.]*

Avantages en espèces accordés aux salariés contraints de prendre une collation

P

ou un repas supplémentaire en raison des conditions particulières de travail ou de leur horaire. Ces sommes versées à titre de remboursement de frais professionnels n'ont pas le caractère de salaire et sont exonérées de charges sociales dans certaines limites.

📗 *CSS, arrêté du 26 mai 1975, art. 2.*

Principal *[Pr. civ.]*

Dans une acception étroite, désigne, d'une part, le capital dont il est demandé paiement, d'autre part, les intérêts échus au moment de l'introduction de l'instance. L'évaluation de la demande sert (souvent) à déterminer la compétence et à fixer le taux du ressort.

Dans une acception plus large, le principal, s'entend de l'objet du litige tel qu'il est déterminé par les prétentions respectives des parties. Il vise le fond du procès, la question de droit substantiel, par opposition aux exceptions de procédure, aux incidents de preuve, aux mesures provisoires. C'est en ce sens que l'on dit, par exemple, que les jugements avant dire droit n'ont pas au principal l'autorité de la chose jugée.

📗 *NCPC, art. 4, 480, 484.*

Principe dispositif *[Pr. gén.]*

Au sens étroit, signifie que les parties en cause délimitant souverainement la sphère litigieuse et que le juge ne peut pas se prononcer sur des questions dont il n'est pas saisi. Au sens large, exprime l'idée que l'instance est à la disposition des plaideurs qui ont la maîtrise de son déclenchement, de son étendue, de son déroulement et de sa terminaison.

📗 *NCPC, art. 5 et 7.*

Principe de faveur *[Dr. trav.]*

Principe en vertu duquel, lorsque deux règles de droit de source distincte (convention collective de branche et accord collectif d'entreprise par exemple) portant sur le même objet ou ayant la même cause sont applicables à la relation de travail salariée (exécution du contrat de travail, licenciement,…) ou aux rapports professionnels (représentation du personnel, des syndicats,…), il convient de faire application de la règle la plus favorable aux salariés. Le principe de faveur a été reconnu comme un principe général du droit du travail par le Conseil d'État et comme un principe fondamental par la Chambre sociale de la Cour de cassation. Pilier sur lequel repose l'ordre public social, sa mise en œuvre peut s'avérer délicate. L'identification des règles qui entrent en concurrence n'est pas toujours évidente et l'appréciation à porter (en termes de plus ou moins favorables aux salariés) à l'issue de la comparaison est parfois malaisée.

📗 *C. trav., art. L. 132-4, L. 135-2.*
➢ *Ordre public social.*

Principes fondamentaux reconnus par les lois de la République *[Dr. gén.]*
➢ *Principes de valeur constitutionnelle.*

Principes généraux du droit
[Dr. adm. / Dr. civ. / Pr. civ.]

Principale source non écrite du Droit administratif, représentée par des règles de droit obligatoires pour l'Administration et dont l'existence est affirmée de manière prétorienne par le juge.

Leur respect s'impose à toutes les autorités administratives, même dans les matières où le Gouvernement est investi par la Constitution d'un pouvoir réglementaire autonome non subordonné à la loi. Les principes généraux du droit jouent également un rôle important en droit privé, spécialement en droit civil et en procédure civile.

[Dr. pén. / Pr. pén.] Sources non écrites du droit criminel dégagées par la Cour de cassation et le Conseil constitutionnel. Déclarées fondamentales par ces juridictions, elles éclairent, complètent ou renforcent certains droits ou libertés implicitement ou explicitement retenus dans les textes en vigueur. S'imposant tant au législateur qu'au juge ces principes assurent en procédure pénale une meilleure protection des droits de la défense.

[Dr. int. publ.] Source du Droit international constituée par des principes juridiques non écrits mais de portée générale et quasi universelle, les uns communs aux ordres juridiques des États civilisés et transposés dans les relations internationales (autorité de la chose jugée, respect des droits acquis, réparation du dommage causé, etc.), les autres nés dans l'ordre international lui-même (respect de l'indépendance des États, primauté du traité sur la loi, etc.).
➤ *Principes de valeur constitutionnelle.*

Principe de précaution
[Dr. adm. / Dr. gén.]
➤ *Précaution.*

Principe de sécurité juridique
[Dr. adm. / Dr. gén.]
➤ *Sécurité juridique.*

Principe de subsidiarité *[Dr. eur.]*
Introduit dans le Traité de Maastricht, pour chercher à définir le jeu du partage des compétences entre les États membres et la Communauté, et pour répondre à la critique d'extension indéfinie du champ d'action communautaire. La Communauté intervient seulement « si et dans la mesure où les objectifs de l'action envisagée ne peuvent pas être réalisés de manière suffisante par les États membres et peuvent donc, en raison des dimensions ou des effets de l'action envisagée, être mieux réalisés au niveau communautaire ». Le Traité d'Amsterdam ajoute un protocole important sur l'application des principes de subsidiarité et de proportionnalité.

Principes de valeur constitutionnelle
[Dr. const.]
Principes généraux qui, bien que n'étant pas explicitement énoncés dans les textes de valeur constitutionnelle, sont reconnus par le Conseil constitutionnel comme s'imposant au législateur avec la même force qu'eux. Si le plus grand nombre découlent plus ou moins directement de ces textes, certains – les principes fondamentaux reconnus par les lois de la République » – ont été dégagés par une jurisprudence largement prétorienne du Conseil constitutionnel. Parmi les principes de valeur constitutionnelle – dont l'affirmation est une source importante d'extension du « bloc de constitutionnalité » – on peut citer à titre d'exemples l'indépendance de la juridiction administrative, l'indépendance des professeurs d'Université ou l'égalité des justiciables devant la justice.
➤ *Principes généraux du droit.*

« Prior tempore potior jure » *[Dr. civ.]*
Celui qui est le premier dans le temps, en droit l'emporte.

La priorité entre des créanciers munis d'une garantie sujette à publicité est réglée par l'ordre des publications.
📖 *C. civ., art. 2134.*

Priorité d'embauchage *[Dr. trav.]*

Protection instituée par la loi en faveur de certains travailleurs jugés dignes d'intérêt (invalides de guerre, leurs veuves, leurs orphelins, travailleurs handicapés) et qui consiste à imposer aux employeurs l'emploi d'un certain pourcentage de ces salariés sous peine du paiement d'une taxe improprement qualifiée de « redevance ».
📖 *C. trav., art. L. 323-1 s.*

Prise (droit de) *[Dr. int. publ.]*

Droit pour un belligérant de saisir les navires de commerce ennemis et leur cargaison en vue de faire prononcer leur confiscation par sa juridiction des prises.

Prise illégale d'intérêts
[Dr. pén. / Dr. adm.]

Naguère dénommée ingérence. Fait, pour une personne dépositaire de l'autorité publique (fonctionnaire, par exemple) ou investie d'un mandat électif public (conseiller municipal, par exemple) ou chargée d'une mission de service public, de prendre ou de conserver un intérêt quelconque dans une activité, voire dans une seule opération, sur laquelle elle dispose du fait de sa fonction d'un pouvoir personnel ou partagé de surveillance ou de décision, ou qu'elle a la charge de gérer ou de payer. Ce serait le cas, par exemple, d'un entrepreneur membre d'une municipalité et auquel serait attribué un marché de travaux publics de sa commune. Pour des raisons pratiques, quelques dérogations limitées sont prévues pour les communes de moins de 3 500 habitants.

En outre, les fonctionnaires quittant leurs fonctions ne peuvent prendre un intérêt pendant un délai de cinq ans dans une entreprise avec laquelle ils ont eu un lien durant celles-ci.

La transgression de ces dispositions constitue un délit passible d'emprisonnement et d'amende.

Par ailleurs, en matière communale, sont illégales les délibérations du conseil municipal auxquelles auraient pris part l'un de ses membres intéressé à une affaire délibérée, si sa participation a exercé une influence déterminante sur le vote intervenu.
📖 *C. pén., art. 432-12 et 13; C. adm., art. L. 2131-11.*

Prise à partie *[Pr. civ. / Pr. pén.]*

Procédure aménagée par l'ancien Code de procédure civile. Elle permettait, en cas de déni de justice, de dol, de concussion ou de faute lourde professionnelle d'agir en responsabilité civile contre un magistrat de l'ordre judiciaire. Les textes la concernant ont été abrogés, mais demeurent provisoirement applicables aux magistrats non professionnels des juridictions de l'ordre judiciaire (par exemple, les membres des tribunaux de commerce et des conseils de prud'hommes).
📖 *C. pr. civ., art. 505, 948.*
➤ *Faute (Dr. Adm.), Responsabilité du fait d'un fonctionnement défectueux de la justice.*

Prisée *[Dr. civ. / Pr. civ.]*

Estimation de la valeur d'objets mobiliers compris dans une liquidation, un partage ou une vente aux enchères.

📖 *C. civ., art. 825, 948.*

Prise d'otage *[Dr. pén.]*

Arrestation, séquestration ou détention d'une personne dans le but de :

1° préparer ou faciliter la commission d'un crime ou d'un délit, ou

2° favoriser la fuite ou assurer l'impunité des auteurs ou complices, ou

3° répondre de l'exécution d'un ordre ou d'une condition (ex. : rançon).

La prise d'otage est une circonstance aggravante de l'arrestation illégale et de la séquestration de personnes.

📖 *C. pén., art. 224-4.*

Prisons *[Dr. pén.]*

Terme générique qui, dans le langage courant, désigne les établissements dans lesquels sont subies les mesures privatives de liberté. On distingue les maisons d'arrêt, les maisons centrales, les centres de détention et les centres spécialisés.

Privatisation *[Dr. adm.]*

Néologisme susceptible de deux acceptions :

1° Action de confier au secteur privé des activités jusque-là gérées en régie directe par une personne morale de droit public.

➤ *Délégation de service public.*

2° Action de transférer au secteur privé le capital d'entreprises appartenant à la puissance publique, et qui, très souvent avaient fait l'objet auparavant d'une nationalisation.

➤ *Caisse d'amortissement de la dette publique.*

Privilège *[Dr. civ.]*

Droit que la loi reconnaît à un créancier, en raison de la qualité de la créance, d'être préféré aux autres créanciers sur l'ensemble des biens de son débiteur ou sur certains d'entre eux seulement.

📖 *C. civ., art. 2095 s.*

Privilège du préalable *[Dr. adm.]*

Droit conféré législativement à l'Administration dans de nombreuses matières, de prendre des décisions exécutoires par elles-mêmes, c'est-à-dire sans que l'Administration ait à respecter la règle du droit privé selon laquelle nul ne se décerne un titre à soi-même.

Privilège du premier saisissant *[Pr. civ.]*

À la différence de l'ancienne saisie-arrêt, le premier créancier qui intente une saisie-attribution possède un privilège pour être payé le premier sur les fonds soumis à cette procédure et qui se trouvent entre les mains du tiers-saisi.

Privilège du salarié *[Dr. trav.]*

Garantie de paiement des salaires et de certaines indemnités accordée au salarié lorsque l'entreprise est en état de cessation de paiement.

Le privilège général couvre les six derniers mois de travail effectif; le superprivilège, qui prime toutes les autres créances, garantit le paiement des sommes dues pour les 60 derniers jours de travail, ou les 90 derniers jours s'agissant des représentants de commerce, dans la limite d'un plafond. La garantie de paiement est renforcée par l'assurance garantie des salaires.

📖 *C. trav., art. L. 143-6 s.*

P

Prix *[Dr. civ.]*

Somme d'argent due par l'acquéreur d'un bien au vendeur; le langage moderne désigne bien souvent par ce terme toute somme due en échange d'un service (ne parle-t-on pas de la « vente » des services ?).

📘 *C. civ., art. 1583; C. consom., art. L. 113-1, L. 410-2.*

Prix d'appel *[Dr. com.]*

Procédé consistant, pour un distributeur, à mener une action publicitaire intense sur un produit de marque, pour lequel il adopte un niveau de marge très bas et dont il dispose en faible quantité; puis à inciter les clients, attirés par cette publicité, à acheter un produit substituable à celui sur lequel elle a porté.

Prix imposé *[Dr. com. / Dr. pén.]*

Délit correctionnel consistant dans le fait d'imposer, directement ou indirectement, un caractère minimal au prix de revente d'un produit ou à celui d'une prestation de service.

📘 *C. com., art. L. 442-5.*

Prix prédateurs *[Dr. com.]*

Fait d'offrir ou de pratiquer, à l'égard des consommateurs, des prix de vente abusivement bas par rapport au coût de production de transformation et de commercialisation.

Prix de transfert *[Dr. fin.]*

Mécanisme d'évasion fiscale des groupes de sociétés, destiné à faire apparaître la plus grande partie des bénéfices du groupe dans un État à fiscalité modérée. Dans ce but, les prix des prestations de service et des ventes facturées aux établissements situés dans des États à forte pression fiscale sont artificiellement majorés, diminuant leurs bénéfices au profit de ceux de la firme ayant procédé à la facturation.

➢ *Évasion fiscale, Paradis fiscaux.*

Probation *[Dr. pén. / Pr. pén.]*

➢ *Ajournement du prononcé de la peine, Sursis avec mise à l'épreuve.*

Procédure *[Pr. gén.]*

Ensemble des formalités qui doivent être suivies pour soumettre une prétention à un juge.

Procédure accusatoire *[Pr. gén.]*

Procédure menée dans certains droits archaïques devant des hommes libres, et présentant un caractère *oral*, *public* et *contradictoire*, les preuves étant *légales* et *formelles*.

Si, à la suite d'une longue évolution, ce type de procédure a été conservé par certains systèmes juridiques (par ex.: Angleterre), dans le droit français contemporain, une procédure est dite accusatoire, lorsque le rôle principal dans le déclenchement et dans la conduite de l'instance, dans la recherche des preuves, est réservé aux parties.

Ce trait se retrouve spécialement, bien qu'avec des nuances, dans le procès civil, dans la phase de jugement du procès pénal.

➢ *Procédure inquisitoire.*

Procédure administrative *[Dr. adm.]*

Procédure suivie devant les juridictions administratives, régie par des règles spécifiques caractérisées par l'importance des éléments écrits par rapport aux éléments oraux ainsi que par ses traits inquisitoires.

➤ *Procédure inquisitoire.*

Procédure d'alerte *[Dr. com.]*

Elle permet au commissaire aux comptes qui relève un fait de nature à compromettre la continuité de l'exploitation, de demander des explications aux dirigeants de l'entreprise. Le comité d'entreprise dispose d'un droit identique lorsqu'il constate des faits de nature à affecter de manière préoccupante la situation économique de l'entreprise.

➤ *Droit d'alerte.*

Procédure civile *[Pr. civ.]*

Procédure suivie, en matière civile, commerciale rurale et sociale devant les juridictions de l'ordre judiciaire.

Procédure de codécision *[Dr. eur.]*

Mécanisme introduit par le Traité de Maastricht pour, dans certaines matières, donner au Parlement européen, par un jeu compliqué de trois lectures successives, une sorte de pouvoir partagé avec le Conseil et un droit de veto dans l'adoption des actes communautaires visés.

➤ *Procédure de coopération.*

Procédure contradictoire *[Pr. civ.]*

Procédure dans laquelle les parties comparaissent en personne ou par mandataire selon les modalités propres à la juridiction devant laquelle la demande est portée.

📗 *NCPC, art. 467.*

Procédure de coopération *[Dr. eur.]*

Mécanisme introduit par l'Acte unique européen pour, dans certaines matières,

donner au Parlement européen un pouvoir autre que consultatif dans l'adoption des actes communautaires, essentiellement par l'institution de deux lectures avant que le Conseil ne puisse décider. Étendu par le traité de Maastricht.

➤ *Procédure de co-décision.*

Procédure par défaut *[Pr. civ.]*

Procédure menée contre un défendeur qui n'a pas comparu et n'a été ni assigné ni réassigné à personne, l'affaire étant jugée en premier et dernier ressort (appel exclu).

📗 *NCPC, art. 471 s.*

[Pr. pén.] Procédure applicable devant le tribunal correctionnel ou le tribunal de police lorsque la citation à comparaître n'a pas été délivrée à la personne du prévenu et qu'il est établi que ce dernier n'en a pas eu connaissance ou, qu'étant cité à personne, un individu fournit une excuse, reconnue valable par la juridiction, pour ne pas se présenter. L'opposition n'est possible que dans ces deux seuls cas.

📗 *C. pr. pén., art. 487, 544.*

Procédure générale

Ensemble de principes généraux dominant toutes les procédures civiles, pénales, administratives et disciplinaires (par exemple : respect de la liberté de la défense).

➤ *Procédure administrative, Procédure civile, Procédure pénale.*

Procédure inquisitoire *[Pr. gén.]*

Apparue historiquement à un moment où le pouvoir était capable d'imposer aux plaideurs le recours à des auxiliaires qualifiés et à une justice rendue par des magistrats professionnels, la procé-

P

P

dure inquisitoire était *écrite, secrète* et *non contradictoire*, le juge obéissant à son *intime conviction*.

Dans le droit français contemporain, la procédure est dite inquisitoire lorsque le juge exerce un rôle prépondérant dans la conduite de l'instance et dans la recherche des preuves : phase d'instruction du procès pénal, procédure administrative.

En fait, des compromis ont été trouvés entre procédure accusatoire et procédure inquisitoire, le caractère contradictoire étant toujours la garantie nécessaire de la liberté de la défense.

➤ *Contradictoire (Principe du...), Direction du procès, Mise en état, Office du juge, Procédure accusatoire.*

Procédure à jour fixe *[Pr. civ.]*

Procédure particulièrement rapide qui permet au demandeur d'assigner le défendeur directement à l'audience des plaidoiries, lorsqu'il y a urgence à éviter le cheminement habituel de l'instance.

Fonctionne devant le tribunal de grande instance et devant la cour d'appel.

Le président du tribunal de grande instance, saisi en référé, peut d'office, autoriser une assignation à jour fixe, afin de gagner du temps.

📙 *NCPC, art. 788, 917.*

Procédure ordinaire *[Pr. civ.]*

Procédure généralement suivie devant le tribunal de grande instance et devant la cour d'appel.

Procédure en matière contentieuse *[Pr. civ.]*

Procédure suivie par une juridiction lorsqu'elle doit répondre par un acte juridictionnel à la question posée.

Il en existe plusieurs types, selon les circonstances de l'affaire et la nature de la juridiction saisie. Le plus souvent elle se décompose, schématiquement, en quelques grandes phases : liaison de l'instance, orientation de la procédure, mise en état, débats oraux.

📙 *NCPC, art. 750 s., 899 s.*
➤ *Acte juridictionnel.*

Procédure en matière gracieuse *[Pr. civ.]*

Procédure suivie par une juridiction saisie d'une difficulté non contentieuse, mais dont le règlement suppose l'intervention d'un magistrat usant de son pouvoir d'« imperium ». Elle se caractérise d'une part, par la simplicité des formes de la demande (il suffit d'une déclaration de la partie au secrétariat de la juridiction), d'autre part, par la nécessité, devant le tribunal de grande instance et devant la cour d'appel, de communiquer l'affaire au Ministère Public et de désigner un magistrat rapporteur chargé de l'instruire.

📙 *NCPC, art. 797 s., 950 s.*
➤ *Décision gracieuse.*

Procédures négociées (marchés publics) *[Dr. adm.]*
➤ *Marchés négociés.*

Procédure pénale *[Pr. pén.]*

Ensemble des règles qui définissent la manière de procéder pour la constatation des infractions, l'instruction préparatoire, la poursuite et le jugement des délinquants.

Procédure sommaire *[Pr. civ.]*

Procédure simplifiée suivie naguère devant les tribunaux de droit commun dans des cas exceptionnels. Remplacée par une procédure à jour fixe.

[Séc. soc.] Procédure permettant au Trésorier Payeur Général d'assurer le recouvrement de sommes dues par l'employeur ou le travailleur indépendant au profit des organismes de sécurité sociale. Procédure peu utilisée.

📖 *CSS, art. L. 133-1.*

Procès *[Pr. adm. / Pr. civ. / Pr. pén.]*
Difficulté de fait ou de droit soumise à l'examen d'un juge ou d'un arbitre.
➢ *Litige.*

Procès équitable *[Pr. gén.]*
Le droit à un procès équitable constitue aujourd'hui la pierre angulaire des procédures juridictionnelles. Il faut l'entendre comme le droit à un procès équilibré entre toutes les parties (*equus* = équilibre) dont les principales manifestations, dans la jurisprudence de la Cour européenne des droits de l'homme, sont : le droit à un recours effectif devant un tribunal; le droit à un tribunal indépendant et impartial; le droit à un procès public, respectant l'égalité des armes et conduisant à un jugement rendu dans un délai raisonnable; le droit à l'exécution effective de la décision obtenue.
Pacte inter. droits civils et politiques, art. 14. – Convention européenne des droit de l'homme, art. 6, § 1.

Procès-verbal *[Pr. civ.]*
Acte de procédure établi par un officier public et relatant des constatations ou des dépositions (procès-verbal d'enquête, de saisie par exemple). Cet acte a un caractère authentique.

📖 *NCPC, art. 130, 182, 194, 219.*

[Pr. pén.] Acte par lequel une autorité habilitée pour ce faire, reçoit les plaintes ou dénonciations verbales, constate

directement une infraction ou consigne le résultat des opérations effectuées en vue de rassembler des preuves.
En principe les procès-verbaux ont valeur de simple renseignement; néanmoins quelques-uns d'entre eux, rédigés par certains agents publics et constatant des infractions, font foi jusqu'à preuve contraire, d'autres jusqu'à inscription de faux.

📖 *C. pén., art. 429 s., 537.*

Procréation médicalement assistée
[Dr. civ.]
Elle s'entend des pratiques chimiques et biologiques permettant la conception *in vitro*, le transfert d'embryons et l'insémination artificielle, ainsi que de toute technique d'effet équivalent permettant la procréation en dehors du processus naturel.
L'assistance médicale à la procréation n'est admise par la loi que comme un remède à une infertilité pathologique médicalement établie.

📖 *C. santé publ., art. L. 152-1 s; C. civ., art. 16-7, 311-20; NCPC, art. 1157-2, 1157-3.*

Procuration *[Dr. civ. / Pr. civ.]*
Pouvoir qu'une personne donne à une autre d'agir en son nom. Mot utilisé aussi pour désigner l'acte qui confère ce pouvoir.

📖 *NCPC, art. 416.*

Procureur général *[Pr. civ. / Pr. pén.]*
Magistrat placé à la tête du ministère public. À la Cour de cassation, il est assisté d'un premier avocat général, d'avocats généraux. À la cour d'appel, il est assisté d'avocats généraux et de substituts généraux.

📖 *C. org. jud., art. L. 121-1 et R. 132-1, L. 213-4 et R. 213-21 s.*

PRO

Procureur de la République
[Pr. civ. / Pr. pén.]

Magistrat placé à la tête du ministère public prés le tribunal de grande instance. Il est parfois assisté d'un procureur adjoint et presque toujours d'un ou de plusieurs premiers substituts et substituts.

📖 *C. org. jud., art. L. 311-14 et R. 311-34 s.*

Prodigue *[Dr. civ.]*

Personne qui se livre habituellement à des dépenses déraisonnables entamant son capital. Les prodigues peuvent bénéficier d'un régime de protection appelé curatelle.

📖 *C. civ., art. 488 et 508-1.*

Production des créances *[Dr. com.]*
➢ *Admission des créances, Déclaration des créances, Contribution, Ordre.*

[Pr. civ.] Dans les procédures d'ordre et de contribution, chaque créancier doit demander à figurer dans l'ordre ou la contribution. Sa demande ou production précise le montant de la créance, la sûreté ou le privilège qui la garantit.

Production de pièces *[Pr. gén.]*
➢ *Pièces.*

Produit brut (Règle du) *[Dr. fin.]*

Règle de comptabilité publique exigeant, par application du principe budgétaire d'universalité, que soient comptabilisés distinctement les recettes et les frais entraînés par leur perception, ce qui permet une meilleure information. Le système contraire (produit net) conduirait à ne présenter au Parlement que le solde de ces deux masses.

Produit intérieur brut (PIB) *[Dr. gén.]*

Total des « valeurs ajoutées » de l'ensemble des branches de production de biens et de services d'un pays, y compris les services fournis à titre gratuit, notamment par les Administrations publiques. Son montant, qui permet de mesurer et de comparer la valeur des biens et services produits globalement par chaque État, s'est élevé en France, en 2000, à environ 9 100 milliards de francs (environ 1 400 milliards d'euros).

Produits *[Dr. gén.]*

Au sens strict, biens qui résultent de l'exploitation non régulière d'une chose et qui altèrent la substance de celle-ci. – *Au sens large*, tout ce qu'une chose peut produire, tant les produits au sens strict que les produits qui n'altèrent pas la substance de la chose et que l'on appelle des fruits.

📖 *C. civ., art. 590 s.*

Produits défectueux *[Dr. civ.]*

Biens meubles n'offrant pas la sécurité à laquelle on peut légitimement s'attendre et dont le défaut, lorsqu'il provoque un dommage à la personne ou aux biens, déclenche la responsabilité de plein droit du producteur, du fabricant, du distributeur, du vendeur ou du loueur à l'égard de quiconque.

📖 *C. civ., art. 1386-1 s.*

Profession unique *[Pr. civ.]*

Lors de la réforme des barreaux, en 1971, on avait envisagé la fusion de la profession d'avocat et de celle de conseil juridique. Cette fusion était destinée à supprimer le clivage excessif existant entre le judiciaire et le juridique.

Cette opération a paru indispensable au moment où l'ouverture des frontières de l'Europe va provoquer des influences sur un exercice plus large des professions juridiques.

C'est la raison pour laquelle la fusion des professions d'avocat et de conseil juridique a été réalisée par la loi n° 90-1259 du 31 décembre 1990, à la date du 1er janvier 1992.

Profil médical [Séc. soc.]

Tableaux statistiques codés, établis trimestriellement par les caisses de Sécurité sociale, et faisant apparaître, pour chaque médecin du ressort de la caisse, le nombre et la nature des actes médicaux réalisés, le coût et la nature des prescriptions ordonnancées.

Programme de stabilité [Dr. fin.]
➤ Stabilité (Programme de).

Projet de loi [Dr. const.]

Texte de loi en préparation dont l'initiative émane du Gouvernement.
➤ Proposition de loi.

Promesse de mariage [Dr. civ.]

Assurance que donne une personne à une autre de l'épouser. Si la promesse est réciproque, il s'agit de fiançailles.

Promesse de porte-fort [Dr. civ.]

Engagement pris par une personne d'obtenir d'un tiers l'exécution d'une obligation résultant d'un acte auquel elle n'est pas partie.
📖 C. civ., art. 1120.

Promesse « post mortem » [Dr. civ.]

Clause par laquelle les parties à une convention décident que les obligations qu'elles créent ne seront exécutées qu'au jour du décès de l'une d'elles.

Promesse de vente [Dr. civ.]

Avant-contrat par lequel une personne s'engage à vendre un bien à des conditions qui sont acceptées par le bénéficiaire.
📖 C. civ., art. 1589.

Promotion immobilière (contrat de...) [Dr. civ.]

Contrat consistant en un mandat d'intérêt commun par lequel un « promoteur immobilier » s'engage envers le maître d'un ouvrage à faire procéder, pour un prix convenu et par des contrats de louage d'ouvrage, à la réalisation d'un programme de construction d'un ou de plusieurs immeubles.

Le promoteur s'oblige également à procéder ou à faire procéder à tout ou partie des opérations juridiques, administratives et financières nécessaires à la réalisation du contrat.
📖 C. civ., art. 1831-1; CCH, art. L. 221-1, R. 222-1 S.
➤ Vente d'immeubles à construire.

Promotion sociale [Dr. trav.]

Accession d'un travailleur en cours d'emploi à une qualification supérieure ou à une situation indépendante (promotion individuelle) ou formation collective des responsables syndicaux et représentants du personnel (promotion collective).

Promulgation [Dr. const.]

Acte par lequel le Chef de l'État constate officiellement l'existence de la loi et la rend exécutoire.

Selon la Constitution de 1958, la loi doit être promulguée dans les 15 jours

P

PRO

qui suivent sa transmission au Gouvernement, sauf usage par le Président de la République de son droit de demander une nouvelle délibération de la loi ou recours en inconstitutionnalité devant le Conseil constitutionnel.

Promoteur immobilier *[Dr. civ.]*

Le promoteur est un intermédiaire, le plus souvent professionnel, qui réalise des constructions collectives ou individuelles au profit d'accédants qui en deviendront propriétaires.

Intermédiaire, le promoteur se charge du plan de financement, des rapports avec l'autorité publique et les corps de métiers. Il effectue toutes les opérations et formalités juridiques, financières et administratives devant assurer l'accession à la propriété. À cette fin, un contrat de promotion immobilière est conclu avec l'accédant.

Le promoteur est garant de l'exécution des obligations mises à la charge des personnes avec lesquelles il a traité au nom du maître de l'ouvrage ainsi que des vices cachés.

📙 *C. civ., art. 1831-2 s.; CCH, art. L. 222-1 s.*

Prononcé du jugement
[Pr. civ. / Pr. pén.]

Lecture, en principe à l'audience publique du tribunal, du dispositif du jugement.

📙 *NCPC, art. 451.*

Pronunciamiento *[Dr. const.]*
➤ *Coup d'État.*

Proposition de loi *[Dr. const.]*

Texte de loi en préparation dont l'initiative émane d'un parlementaire.
➤ *Projet de loi.*

Propres (Biens) *[Dr. civ.]*
➤ *Biens propres.*

Propriété *[Dr. civ.]*
➤ *Droit de propriété.*

Propriété commerciale *[Dr. com.]*

Droit pour le commerçant locataire du local dans lequel il exploite son fonds de commerce d'obtenir du bailleur le renouvellement de son bail lorsque celui-ci arrive à expiration, ou en cas de refus injustifié, d'obtenir à certaines conditions une indemnité d'éviction représentant le préjudice causé par la privation des locaux.

Propriété industrielle *[Dr. com.]*

La propriété industrielle est constituée par l'ensemble des droits protégeant, par la reconnaissance d'un monopole temporaire d'exploitation, certaines créations nouvelles et certains signes distinctifs.

Les créations de caractère technique peuvent faire l'objet d'un brevet d'invention; les créations de caractère ornemental sont l'objet du dépôt d'un dessin ou d'un modèle.

Les signes distinctifs sont constitués essentiellement de la marque, du nom commercial, de l'enseigne, et de l'appellation d'origine.

Propriété intellectuelle

Ensemble composé, d'une part, des droits de propriété industrielle et, d'autre part, du droit d'auteur.

Propriété littéraire et artistique *[Dr. civ.]*

Ensemble des droits pécuniaires et moraux dont est titulaire un écrivain ou un artiste sur son œuvre.

📙 *C. propr. intell., art. L. 111-1 s.*

Propriété spacio-temporelle *[Dr. civ.]*
➤ *Multipropriété.*

« Propter rem » *[Dr. civ. / Pr. civ.]*
« À cause de la chose. » Qualifie la situation de la personne qui n'est pas personnellement obligée, mais qui répond néanmoins de la dette parce qu'elle détient un bien sur lequel le créancier dispose d'un droit de suite. Tel est le cas de l'acquéreur d'un immeuble hypothéqué qui est exposé aux poursuites du créancier hypothécaire à qui pourtant il ne doit rien; seulement, comme il s'agit d'une obligation *propter rem*, l'acquéreur n'est pas redevable sur son patrimoine propre et se libère suffisamment en faisant abandon de l'immeuble grévé d'hypothèque.
📕 *C. civ., art. 2168, 2172.*
➤ *Délaissement.*

Prorata (Règle du) *[Séc. soc.]*
Lorsque des travailleurs sont employés simultanément et régulièrement par plusieurs employeurs et reçoivent une rémunération totale supérieure au plafond de sécurité sociale, la part de cotisations « plafonnées » incombant à chaque employeur est déterminée au prorata des rémunérations effectivement versées dans la limite du plafond. La cotisation « déplafonnée » est acquittée par chaque employeur sur la totalité des rémunérations qu'il a versées.
📕 *CSS, art. L. 242-3.*

« Prorata temporis » *[Dr. civ.]*
(Du latin : à proportion du temps).

Prorogation de juridiction *[Pr. civ.]*
On parle de prorogation de juridiction lorsqu'un procès est porté devant une juridiction qui ne devrait normalement pas en connaître au point de vue de la compétence d'attribution ou de la compétence territoriale.
📕 *NCPC, art. 41 et 48.*

Protection diplomatique *[Dr. int. publ.]*
Protection que l'État peut assurer à ses nationaux lorsqu'ils ont été lésés par des actes contraires au Droit international commis par un État étranger et qu'ils n'ont pu obtenir réparation par les voies de Droit interne de cet État.
L'État qui exerce la protection diplomatique endosse la réclamation de son ressortissant et se substitue complètement à lui dans le débat contentieux qui devient un débat entre États.
➤ *Recours internes.*

Protection fonctionnelle *[Dr. int. publ.]*
Protection assurée par une Organisation internationale à ses agents (ou à leurs ayants droits) victimes d'un dommage causé par un État en violation du Droit International.

Protection juridictionnelle provisoire *[Dr. gén.]*
Dans les textes émanant de la Communauté Européenne ou du Conseil de l'Europe, et dans les arrêts de leurs juridictions, expression souvent employée pour désigner le sursis à exécution des textes que peuvent accorder les tribunaux.

Protectorat *[Dr. int. publ.]*
Rapport juridique conventionnel entre deux États, dans lequel l'État protégé abandonne à l'État protecteur, en échange de l'engagement pris par ce dernier de le défendre, le droit de gérer ses affaires

P

PRO

extérieures et d'intervenir dans son administration.

Institution liée à l'expansion coloniale, le protectorat a disparu avec l'accession des États protégés à l'indépendance.

Protêt *[Dr. com.]*

Acte authentique dressé par un huissier ou par un notaire à la demande du porteur d'un effet de commerce pour constater officiellement :

soit le non-paiement à l'échéance de l'effet (c'est le « protêt faute de paiement »);

soit le refus d'acceptation d'une traite par le tiré (c'est le « protêt faute d'acceptation »).

> *C. mon. fin., art. L. 131-61, L. 134-1, L. 134-2 et C. com., art. L. 511-52 et L. 512-3.*

L'établissement du protêt est indispensable à la conservation des recours cambiaires par le porteur de l'effet de commerce.

➤ *Certificat de non-paiement.*

Protêt exécutoire *[Dr. com.]*
➤ *Certificat de non-paiement.*

Protocole *[Dr. int. publ.]*

1° Cérémonial diplomatique.

2° Procès-verbal d'une conférence diplomatique.

3° Terme synonyme d'accord entre États, de traité, et employé plus spécialement pour désigner un accord qui complète un accord précédent.

Provision *[Dr. com.]*

Créance de somme d'argent que possède le tireur contre le tiré d'un effet de commerce.

[Pr. gén.] Sommes accordées par le juge du fond ou par le juge des référés – en

attendant le jugement définitif – lorsque l'existence de l'obligation n'est pas sérieusement contestable, mais qu'il est impossible d'en déterminer actuellement le montant exact (dommages et intérêts en matière de responsabilité, paiement des salaires en cas de licenciement).

> *NCPC, art. 809.*

Sommes demandées par un époux à l'autre pour faire face aux frais du procès qui les oppose.

> *C. civ., art. 255.*
➤ *Provision « ad litem ».*

Sommes qu'une partie dépose au greffe ou entre les mains de son mandataire (avocat, avoué) et qui est à valoir sur les frais et les honoraires de l'auxiliaire de justice (avocat, expert...).

Provision (par) *[Pr. gén.]*

Se dit principalement de ce qui n'est pas définitif et peut être rapporté ou modifié. Ainsi de l'exécution forcée d'une décision que le gagnant poursuit malgré la trêve qu'impose l'effet suspensif du délai et de l'exercice des voies de recours ordinaires; ainsi de la liquidation, à titre provisoire, des astreintes que le juge des référés a prononcées. La condamnation est sujette à révision en plus ou en moins.

> *NCPC, art. 514 s.*
➤ *Provision.*

Provision « ad litem » *[Dr. civ. / Pr. civ.]*

Somme d'argent versée par un époux à son conjoint (le plus souvent par le mari à sa femme) lors d'un procès qui les oppose (divorce, séparation de corps ou nullité) pour qu'il puisse faire face aux frais de l'instance.

La provision s'impute sur la masse des biens à partager.

> *C. civ., art. 255.*

Provisions (en matière de sociétés)
[Dr. com.]

Les provisions permettent de constater comptablement la dépréciation d'un bien et les risques et charges qui ne se sont pas encore réalisés, mais que les circonstances rendent probables.

Les provisions pour dépréciation enregistrent la perte de valeur des éléments d'actif non amortissables (terrain, fonds de commerce) et apparaissent à l'actif du bilan, sous la valeur d'acquisition du bien correspondant dont elles sont déduites.

Les provisions pour risques et charges (supplément d'impôt, litiges en cours) ne peuvent, au contraire, être rattachés à un élément particulier de l'actif et sont donc inscrites à un poste de passif du bilan.

Provocation *[Dr. pén.]*

Fait consistant à inciter autrui à commettre une infraction. Elle peut être réalisée par don, promesse, menace, ordre, abus d'autorité et de pouvoirs. Elle est dans certains cas érigée en infraction autonome (à la rébellion – à l'espionnage – de mineurs – au suicide, etc); dans les autres cas elle constitue un acte de complicité.

📗 *C. pén., art. 121-7, al. 2.*

Proxénétisme *[Dr. pén.]*

Activité délictueuse de celui ou de celle qui, de quelque manière que ce soit, contraint une personne à se prostituer, favorise ou tire profit de la prostitution d'autrui. De nombreux faits, pouvant directement ou indirectement faciliter la prostitution, sont assimilés par le législateur à l'infraction de proxénétisme.

📗 *C. pén., art. 225-5 s.*

Prud'hommes *[Dr. trav. / Pr. civ.]*
➤ *Conseil de prud'hommes.*

Pseudonyme *[Dr. civ.]*

Vocable de fantaisie qu'une personne utilise pour se désigner dans l'exercice d'une activité, généralement littéraire ou artistique.

📗 *C. propr. intell., art. L. 113-6 et L. 123-3.*
➤ *Surnom.*

Publication *[Dr. adm.]*

Mode de publicité employé normalement en matière d'actes réglementaires, et consistant à diffuser la connaissance de l'acte en cause au moyen de modes de communication de masse, en particulier par l'insertion dans un recueil officiel de textes (pour l'État, le Journal officiel).

[Pr. civ.] ➤ *Notification.*

Publication du commandement *[Pr. civ.]*

Dans la procédure de saisie immobilière, c'est en publiant le commandement à la Conservation des hypothèques, que le saisissant opère la saisie.

📗 *C. pr. civ., art. 673.*

Publication des condamnations *[Dr. pén.]*

Sanction autonome s'ajoutant à la peine proprement dite et prévue par certains textes. Elle prend la forme d'un affichage, ou d'une insertion dans la presse. Elle peut être prononcée comme peine de substitution.

Publication de mariage *[Dr. civ.]*
➤ *Bans.*

Publication des traités *[Dr. int. publ.]*

Insertion d'un traité au Journal Officiel afin de le rendre opposable aux individus.

➤ *Enregistrement.*

P

PUB

Publicité d'actes juridiques
[Dr. civ. / Dr. com.]

Utilisation de procédés divers (affichage, annonces dans des journaux spécialisés ou non, tenue de registres) afin d'assurer la sécurité des transactions et la justice par l'égalité de tous en présence d'une situation donnée. La publicité est sanctionnée par le législateur.

Publicité des débats *[Pr. gén.]*

La publicité des débats est conçue comme une garantie de la liberté de la défense et un moyen de contrôle sur la manière dont la justice est rendue. Elle implique que le public ait accès à la salle d'audience. La règle est écartée lorsqu'elle paraît incompatible avec la discrétion que requièrent certaines affaires (familiales notamment) ou susceptibles de compromettre la sérénité des débats. La loi parfois en décide ainsi : c'est le cas des affaires portées devant la chambre du conseil; parfois, c'est le tribunal qui prononce, pour des motifs d'opportunité, le huis clos. Lors de poursuites disciplinaires, l'intéressé peut exiger que les débats le concernant soient publics.

NCPC, art. 22, 433 s.

Publicité foncière *[Dr. civ.]*

Technique ayant pour but de porter à la connaissance des tiers, et par là même de leur rendre opposables, certains actes juridiques portant sur des immeubles. Avant 1955, la loi employait le mot de transcription.

➢ *Conservation des hypothèques.*

Publicité des jugements *[Pr. civ.]*
➢ *Prononcé du jugement.*

Toute personne peut obtenir du greffe, sauf de rares exceptions, la copie de tout jugement, même si la décision ne la concerne pas.

Publicité de la justice *[Pr. gén.]*
➢ *Publicité des débats, Publicité des jugements.*

Puissance paternelle *[Dr. civ.]*

Ensemble des prérogatives des parents sur la personne et les biens de leurs enfants mineurs.

Cette notion a été remplacée depuis la loi du 4 juin 1970 par celle d'autorité parentale.

C. civ., art. 371 s.

Puissance publique *[Dr. adm.]*

1° *La puissance publique* : terme flou, désignant dans son sens le plus général l'ensemble des personnes publiques.

Le recours à cette terminologie procède des conceptions les plus anciennes en matière d'État, qui voient en celui-ci non une organisation de services publics voués à la satisfaction des besoins généraux de la collectivité, mais une entité supérieure par essence aux individus et possédant un pouvoir de souveraineté sur ceux-ci.

2° *Activités de puissance publique* : analyse des procédés juridiques de fonctionnement de l'État, en vue notamment de découvrir un critère de répartition des compétences entre les deux ordres de juridictions, et qui a fait historiquement l'objet de deux interprétations :

Dans la conception du XIXe siècle, activités de l'État dans lesquelles celui-ci agit unilatéralement par voie de prescriptions ou de prohibitions. Cette conception est liée à celle d'un État principalement réduit aux services publics régaliens;

Aujourd'hui, les défenseurs de cette notion mettent l'accent, par ces termes, beaucoup moins sur l'idée de commandement que sur celle d'un mode possible d'exécution des services publics – qui se sont multipliés et diversifiés – dans des conditions exorbitantes de celles que régit le droit privé, ce qui justifie l'application du droit administratif à ces situations.

Pupille *[Dr. civ.]*

Enfant placé sous le régime de la tutelle. Se dit également des enfants placés sous le contrôle des services de l'Aide sociale à l'enfance (pupilles de l'État soumis à une tutelle administrative).

Les pupilles de la nation sont les orphelins de guerre.

📖 *C. civ., art. 394, 457; C. santé publ., art. 60; C. pens. mil., art. L. 461 s.; C. action sociale et des familles, art. L. 224-1 s.*

Pur et simple *[Dr. civ.]*

1° Se dit d'une obligation qui n'est affectée d'aucune modalité, n'étant ni conditionnelle, ni à terme, ni solidaire.

2° En matière de succession, qualifie l'acceptation de l'héritier donnée sans réserve (du bénéfice d'inventaire), d'où résulte la charge indéfinie du passif héréditaire.

📖 *C. civ., art. 774.*
➤ *Acceptation de succession sous bénéfice d'inventaire.*

Purge *[Dr. civ.]*

Procédure par laquelle le tiers acquéreur d'un immeuble hypothéqué offre aux créanciers hypothécaires de leur verser le montant du prix d'acquisition ou de la valeur de l'immeuble, s'il l'a acquis à titre gratuit, ce qui aura pour effet de libérer l'ensemble des hypothèques qui le grèvent.

📖 *C. civ., art. 2181 s.*

Purge de la contumace *[Pr. pén.]*
➤ *Contumace.*

Putsch *[Dr. const.]*
➤ *Coup d'État.*

Q

« Quae temporalia sunt ad agendum perpetua sunt ad excipiendum »
[Dr. civ. / Pr. civ.]

Lorsqu'une action en nullité ne peut plus être intentée parce qu'elle a été éteinte par l'écoulement du délai de la prescription, son bénéficiaire peut s'abriter derrière une exception qui, elle, est perpétuelle.

Qualification

Opération de l'intelligence consistant à rattacher un acte, un fait, une situation juridique à un groupe déjà existant (concept juridique, catégorie, institution).

[Dr. civ.] Opération intellectuelle consistant à préciser la nature juridique d'une institution. Ex. : déterminer si un acte juridique est à titre gratuit ou à titre onéreux.

[Dr. int. priv.] En droit international privé, la qualification consiste à déterminer la nature juridique d'une situation de fait ou d'une question de droit, afin de pouvoir la rattacher à une catégorie typique, ce qui permettra de déterminer la loi qui lui est applicable.

Ex. : rechercher si l'acte notarié est une condition de forme ou de fond du testament.

[Dr. pén.] Définition ou identification du fait infractionnel par le législateur ou par le juge.

La qualification légale est l'acte par lequel le législateur définit les incriminations.

La qualification judiciaire est l'acte par lequel le juge vérifie la concordance des faits matériels commis au texte d'incrimination susceptible de s'appliquer.

[Pr. civ.] Classement des faits du procès dans les cadres juridiques correspondants. La qualification formant la jonction entre le fait et le droit est presque toujours l'objet d'un contrôle de la part de la Cour de cassation.

Il entre dans la mission du juge de vérifier, de redresser au besoin, les qualifications proposées par les plaideurs.

Il n'en va autrement que si les parties, dans la mesure où elles ont la libre disposition de leurs droits, décident de limiter le débat dans le cadre des points de droit et des qualifications qu'elles ont choisies.

📖 *NCPC, art. 12.*

Qualité pour agir *[Pr. gén.]*

En règle générale, le pouvoir d'agir n'ayant pas été réservé par la loi à certaines personnes, appartient à tout intéressé, c'est-à-dire à tous ceux qui peuvent justifier d'un intérêt direct et personnel. La qualité se confond alors avec l'intérêt.

Au contraire, lorsque la loi a attribué le monopole de l'action à certains, seules les personnes qu'elle désigne ont qualité pour agir. Ainsi la recherche de paternité naturelle n'appartient qu'à l'enfant et, pendant sa minorité, la mère a, seule, qualité pour l'exercer. Toute autre personne, y aurait-elle intérêt, serait sans droit pour l'introduire.

 NCPC, art. 31.

Qualités du jugement *[Pr. civ.]*

Partie d'un jugement civil rédigée naguère par l'avoué du gagnant et contenant les noms des parties, la qualité en laquelle elles avaient figuré dans l'instance et leurs conclusions. – Depuis 1958, ces renseignements sont insérés dans le jugement par le magistrat rédacteur.

 NCPC, art. 455.

Qualité substantielle *[Dr. civ.]*

Caractéristique d'une chose objet d'un contrat, qui a été prise en considération par les parties contractantes, de telle sorte qu'en l'absence de cet élément, l'accord de volonté n'aurait pu se réaliser. L'erreur sur une qualité substantielle est sanctionnée par la nullité du contrat.

 C. civ., art. 1110.

« Quantum » (Montant) *[Dr. civ. / Pr. civ.]*

Mot servant à l'appréciation de dommages et intérêts (responsabilité civile) ou d'une part contributive (ex. : contribution d'un époux aux charges du ménage).

Quasi-contrat *[Dr. civ.]*

Fait licite et volontaire d'où découlent des obligations soumises à un régime s'apparentant à celui des contrats à la charge de son auteur et d'un tiers, non lié entre eux par une convention.

 C. civ., art. 1371.
➤ *Gestion d'affaires.*

Quasi-délit *[Dr. civ.]*

Fait de l'homme illicite mais commis sans intention de nuire, qui cause un dommage à autrui et oblige son auteur à le réparer.

 C. civ., art. 1383.
➤ *Délit civil, Responsabilité.*

Quasi-usufruit *[Dr. civ.]*

Usufruit portant sur une chose consomptible.

 C. civ., art. 587.

Quérable (Créance) *[Dr. civ.]*

Caractère d'une créance dont le créancier doit aller réclamer l'exécution au domicile du débiteur.

 C. civ., art. 1247, al. 3.
➤ *Portable (créance).*

Q

Questeur *[Dr. const.]*

Membre du bureau d'une assemblée parlementaire chargé des problèmes d'administration intérieure de l'assemblée (personnel, locaux, matériel).

Question *[Dr. const.]*

Procédure permettant à un parlementaire d'interroger les membres du Gouvernement : un des moyens classiques du contrôle parlementaire.

1° *Questions au Gouvernement* : procédure instituée en 1994 (en remplacement de celle des « questions d'actualité ») pour revaloriser le système des questions orales. Chaque groupe parlementaire se partage en fonction de sa représentativité une durée globale de prés de deux heures. Procédure prévue au Sénat au rythme d'une fois par mois (3ᵉ jeudi de chaque mois) alors qu'elle reste hebdomadaire à l'Assemblée nationale (mercredi après-midi). L'exercice reste décevant au plan du contrôle parlementaire et relève davantage du spectacle politique.

Q

2° *Question écrite* : question publiée au *Journal Officiel*, de même que la réponse du ministre qui doit en principe intervenir dans un délai d'un mois.

3° *Question orale avec débat* : question donnant lieu à un débat général ouvert à tous les orateurs inscrits.

4° *Question orale sans débat* : question donnant lieu à un simple dialogue rapide entre l'auteur de la question et le ministre concerné.

Question de confiance *[Dr. const.]*

Procédure par laquelle le Gouvernement engage lui-même sa responsabilité devant le Parlement, en lui demandant d'approuver l'ensemble ou un point déterminé de sa politique, faute de quoi il démissionnera.

La question de confiance est un moyen de pression du Gouvernement sur le Parlement, les députés pouvant hésiter à assumer la responsabilité d'une crise ministérielle. En régime parlementaire rationalisé, la question de confiance est réglementée. Ex. : Constitution de 1958, art. 49, al. 1 (question de confiance sur le programme ou sur une déclaration de politique générale), art. 49, al. 3 (question de confiance sur un texte).

Question préalable *[Dr. const.]*

Question posée par un membre d'une assemblée délibérante et tendant à faire décider qu'il n'y a pas lieu de délibérer sur le sujet inscrit à l'ordre du jour de l'assemblée.

[Dr. intern. priv.] En matière de conflit de lois, une question est dite préalable lorsque son examen commande la solution de la question principale. Ainsi,

avant de rechercher si un enfant adoptif vient à la succession de l'adoptant, il convient de vérifier la régularité de l'adoption. La doctrine est partagée sur le point de savoir si la question préalable doit, comme la question principale, être résolue par application du système de conflits de lois du juge saisi.

[Pr. gén.] Question que le juge doit examiner pour vérifier si certaines des conditions requises pour l'existence de la question principale sont réunies; ainsi l'action en réclamation d'une succession (question principale) suppose que la qualité d'héritier (question préalable) appartient bien au demandeur. Procéduralement, la question préalable est de la compétence du juge saisi de la question principale, à la différence de la question préjudicielle.

Question principale *[Pr. gén.]*

Dans une instance, la question principale est celle qui porte sur l'objet même de la prétention soumise au juge.

🔖 *NCPC, art. 4.*
➤ *Question préalable, Question préjudicielle.*

Question préjudicielle *[Pr. gén.]*

La question préjudicielle est celle qui oblige le tribunal à surseoir à statuer jusqu'à ce qu'elle ait été soumise à la juridiction compétente qui rendra à son sujet un acte de juridiction.

🔖 *NCPC, art. 49.*
➤ *Question préalable.*

« Qui auctor est se non obligat » *[Dr. civ.]*

Celui qui donne son autorisation à un acte juridique n'est point obligé par cet acte.

Quirataire *[Dr. marit.]*
Propriétaire d'une part dans un navire acheté en copropriété.

Quittance *[Dr. civ.]*
Acte écrit et remis au débiteur par lequel le créancier reconnaît avoir reçu le montant de sa créance.
📖 *C. civ., art. 1250, 2°, 1255, 1256, 1908.*

Quitus *[Dr. civ.]*
Acte qui arrête un compte et qui atteste que la gestion de celui qui le tenait est exacte et régulière. L'approbation du compte n'emporte pas, en règle générale, décharge de responsabilité.
📖 *C. civ., art. 473.*
[Dr. com.] Acte par lequel la gestion d'une personne est approuvée.
En matière de société, les mandataires des associés doivent recevoir leur quitus à l'expiration de chaque exercice social (il en va de même dans une association).
[Dr. fin.] Arrêt rendu par la Cour des comptes (ou jugement rendu par une Chambre régionale des comptes) constatant que les comptes présentés par un comptable public cessant ses fonctions sont réguliers et lui permettent d'obtenir la levée des sûretés qu'il avait constituées à son entrée en fonctions.

Quorum *[Dr. civ. / Dr. com.]*
Nombre de participants nécessaire pour qu'une assemblée (d'une association ou d'une société, par exemple) puisse valablement délibérer.
[Dr. const. / Dr. int. publ.] Nombre de membres dont la présence est nécessaire pour qu'une assemblée, une commission, une conférence, puisse valablement siéger.

Quota agricole *[Dr. rur. / Dr. com.]*
Mesure de contingentement de la production subie en vertu d'une norme communautaire d'application collective. Le quota ne doit pas être confondu avec le droit à prime, aide individuelle sollicitée à titre compensatoire aux restrictions internes ou communautaires.

Quotient électoral *[Dr. const.]*
Dans la représentation proportionnelle, nombre de voix qui donne à une liste autant de sièges qu'il est contenu de fois dans le nombre de suffrages recueillis par elle.
Le quotient électoral est, soit déterminé par circonscription (en divisant le nombre total des suffrages exprimés par le nombre de sièges à pourvoir), soit uniforme pour tout le territoire (nombre fixé à l'avance, ou obtenu en divisant le nombre total des suffrages exprimés dans le pays par le nombre total des sièges à pourvoir).

Quotient familial *[Dr. fin.]*
Technique d'allégement de la progressivité de l'impôt sur le revenu, destinée à prendre en compte l'importance des charges de famille du contribuable. Le barème progressif de l'impôt est appliqué non au revenu global du foyer fiscal, mais au résultat de la division de ce revenu par un nombre de « parts » dépendant du nombre de personnes de ce foyer. De façon générale, chacun des époux compte pour une part, les deux premiers enfants à charge pour une demi-part et les suivants pour une part. Le montant de l'impôt correspondant à une part est ensuite multiplié par le nombre de parts.
📖 *CGI, art. 193 s.*

Q

Quotité disponible *[Dr. civ.]*

Portion du patrimoine d'une personne dont elle peut disposer librement par donation ou testament, en présence d'héritiers réservataires (ascendants ou descendants). Déterminée par la loi elle varie en fonction de la qualité et du nombre des héritiers réservataires.

📖 *C. civ., art. 845, 913 s., 1094-1.*

➢ *Réserve.*

Q

R

autres et conduisant à une véritable ségrégation en fonction de l'appartenance à une race. Aujourd'hui plusieurs de ces faits sont pénalement incriminés (injures, discriminations, diffamation, provocation).

Racket *[Dr. pén.]*
➤ *Extorsions.*

Racolage *[Dr. pén.]*
Infraction résultant du fait, pour une personne se livrant à la prostitution, d'aborder, ou plus généralement d'attirer vers elle, un client potentiel, quel que soit le moyen utilisé, dès lors qu'il présente un caractère de publicité.
📕 *C. pén., art. R. 625-8.*

Radiation *[Pr. civ.]*
Sanction disciplinaire.
➤ *Poursuite disciplinaire.*

Radiation (des hypothèques) *[Dr. civ.]*
Éxécution par le conservateur des hypothèques d'un acte ou d'un jugement de mainlevée d'une hypothèque et qui se réalise par une mention en marge de l'inscription.
📕 *C. civ., art. 2157; C. pr. civ., art. 751, 769, 777.*

Radiation du rôle *[Pr. civ.]*
Mesure d'administration judiciaire prononçant la suppression de l'affaire du rang des affaires en cours, à titre de sanction du défaut de diligence des parties, et entraînant la suspension de l'instance. L'affaire est rétablie sur justification de l'accomplissement des diligences dont le défaut avait provoqué la radiation.
📕 *NCPC, art. 381, 383, 781.*
➤ *Retrait du rôle.*

Rabat d'arrêt *[Pr. civ.]*
Procédure introduite par une requête et permettant de rapporter un arrêt rendu par la Cour de cassation, à la suite d'une erreur de procédure non imputable à la partie.

Rachat *[Dr. com.]*
Dans un contrat d'assurance sur la vie, versement par l'assureur d'une somme d'argent, dite valeur de rachat, à la demande de l'assuré; l'obligation de l'assureur, qui était conditionnelle ou à terme (décès de l'assuré), est alors transformée en une obligation à échéance immédiate.

Rachat de cotisations *[Séc. soc.]*
Possibilité offerte à certaines catégories professionnelles de procéder à des versements rétroactifs de cotisations pour les périodes où ils avaient été exclus du bénéfice de l'assurance vieillesse.
📕 *CSS, art. L. 351-14.*

Racisme (Actes de ...) *[Dr. pén.]*
Comportements fondés, consciemment ou non, sur la théorie selon laquelle il y a supériorité de certaines races sur les

R

Raison sociale *[Dr. com.]*

Nom attribué à une société dans laquelle les associés ou certains d'entre eux, sont personnellement tenus du passif social; il est exclusivement composé du nom de ces associés, ou de celui de certains d'entre eux.

Seules les sociétés civiles professionnelles ont aujourd'hui une raison sociale.

Rang diplomatique *[Dr. int. publ.]*

Ordre de préséance entre agents diplomatiques accrédités auprès d'un État.

1re classe : ambassadeurs et nonces; 2e classe : envoyés, ministres et internonces ; 3e classe : chargés d'affaires (accrédités auprès d'un ministre des Affaires étrangères). À l'intérieur de chaque classe, la préséance est déterminée par l'ancienneté, c'est-à-dire par la date de remise des lettres de créance (Convention de Vienne de 1961).

Rappel à l'ordre *[Dr. const.]*

Sanction disciplinaire applicable à un parlementaire dans les conditions prévues par le règlement intérieur de l'assemblée.

Rapport *[Pr. civ.]*

1° Exposé par écrit des éléments de fait et de droit du procès que le juge de la mise en état présente à l'audience avant les plaidoiries, dans les cas où le président de la chambre a estimé que l'affaire le requérait.

▮ *NCPC, art. 440, 785.*

2° Document fourni par un expert à l'issue de sa mission, par lequel il rend compte de son activité et donne son avis sur les questions techniques qui ont été soumises à son examen.

▮ *NCPC, art. 282.*

[Pr. adm.] Devant les tribunaux administratifs et le Conseil d'État, présentation orale des éléments de fait et de droit du litige par le magistrat chargé de l'instruction, avant les plaidoiries éventuelles. À la différence du Commissaire du gouvernement, qui propose après celles-ci dans ses conclusions la solution de droit à donner au litige, le juge-rapporteur n'a pas à émettre d'opinion, car il fait partie de la formation de jugement.

Rapport des dettes *[Dr. civ.]*

Opération par laquelle l'héritier, débiteur du défunt ou d'un cohéritier, impute ses dettes sur le lot qu'il est appelé à recevoir; cela revient également à permettre aux autres cohéritiers de prélever, sur la masse, des biens ayant une valeur égale au montant de leurs créances.

▮ *C. civ., art. 829.*
➢ *Rapport des dons et des legs.*

Rapport des dons et des legs à fin d'égalité *[Dr. civ.]*

Opération par laquelle l'héritier qui a reçu du testateur des biens qui lui ont été donnés ou légués dans les limites de la quotité disponible est astreint à les remettre dans la masse partageable, soit en nature, soit en valeur, afin de rétablir l'égalité entre les copartageants. Mais, comme le disposant a toute liberté pour l'attribution de la quotité disponible, il convient d'interpréter sa volonté que la loi présume de la manière suivante :

- les donations sont censées faites en avancement d'hoirie, donc rapportables, sauf intention contraire;

- les legs sont censés faits par préciput et hors part et ne sont donc sujets au rapport qu'en présence d'une volonté clairement exprimée.

C. civ., art. 843.
➤ *Préciput, Rapport des dettes.*

Rapport à succession *[Dr. civ.]*
Rapport des dons et des legs à fin de réduction *[Dr. civ.]*
Mécanisme tendant à faire rentrer dans la masse partageable les biens donnés ou légués au-delà de la quotité disponible, afin d'assurer la reconstitution de la réserve.

C. civ., art. 844.

Rapporteur *[Dr. const.]*
Personne chargée de faire, à l'intention d'une assemblée, le compte rendu des travaux et l'exposé des conclusions d'une commission.

[Pr. adm. / Pr. civ.] ➤ *Rapport.*
Rapporteur général : membre de la commission des finances chargé des rapports sur les lois de finances.

Ratification *[Dr. civ.]*
Approbation par l'intéressé – qui s'en approprie les conséquences – de ce qui a été fait ou promis en son nom par un tiers démuni de pouvoir. Dans le mandat, par exemple, les actes accomplis par le mandataire au-delà de ses pouvoirs deviennent opposables au mandat par la ratification.

C. civ., art. 1120, 1198.

Ratification des traités *[Dr. int. publ.]*
Approbation d'un traité par les organes internes compétents pour engager internationalement l'État (le plus souvent le Chef de l'État, avec parfois l'autorisation du Parlement : ex. : art. 53 de la Constitution de 1958).
La ratification, qui est discrétionnaire, doit être communiquée aux cocontractants : échange (traités bilatéraux) ou dépôt (traités multilatéraux) des ratifications.

Ratio *[Dr. com.]*
Rapport mathématique établi par certains organismes supérieurs du crédit entre les différents postes du bilan d'une banque – que celle-ci ne doit pas dépasser – dans un but de saine gestion des fonds qu'elle possède, pour la sécurité des déposants.
On appelle « ratio de liquidité » le rapport fixé entre les avoirs disponibles de la banque et ses dettes exigibles. On parle également de « ratio de sécurité » ou « de solvabilité ».

« Ratio decidendi » *[Pr. gén.]*
« Raison de la décision » (juridictionnelle). Expression désignant les motifs décisifs qui ont déterminé la décision du juge.
➤ *Obiter dictum.*

« Ratio legis » *[Dr. gén.]*
Formule latine que l'on peut traduire par « la raison d'être de la loi ». Plus précisément elle désigne la volonté déclarée ou présumée du législateur qui édicte ou modifie une norme. Cette connaissance de la pensée du législateur permet d'interpréter les textes lorsqu'ils sont obscurs ou incomplets.

Rationalisation des choix budgétaires (RCB) *[Dr. fin.]*
Méthode moderne d'aide à la décision, visant à l'optimisation des dépenses publiques par un appel systématique

R

aux méthodes objectives et notamment à l'instrument mathématique; elle tend, par des analyses du type coûts-avantages, à soumettre au vote des instances budgétaires des alternatives exprimées en termes quantifiés.

Réduit à ses éléments essentiels, ce système comporte la détermination des objectifs à long terme, la présentation des procédés les plus efficients pour les atteindre, et – pour ceux d'entre eux qui ont un caractère financier – leur traduction sous forme de crédits budgétaires à demander dans la prochaine loi de finances.

Inspirée du Planning, Programming, Budgeting System américain (PPBS), cette méthode d'évaluation des crédits à inscrire dans la loi de finances n'a pas, dans l'ensemble, répondu aux espoirs mis en elle dans les années 1970, et elle est aujourd'hui très largement abandonnée.

« Ratione personae, ratione materiae, ratione loci »*[Pr. civ.]*

En raison de la personne; en raison de la matière; en raison du lieu.

➤ *Compétence.*

Rattachement*[Dr. int. priv.]*

Recherche d'un élément qui permet de rattacher une question de droit à un ordre juridique national donné.

Rayon des douanes*[Dr. fin.]*

Zone frontalière où s'exerce une surveillance douanière renforcée, s'étendant, au-delà des lignes de base de la mer territoriale, jusqu'à douze milles marins et, en deçà des frontières maritimes et terrestres, sur une profondeur de soixante kilomètres.

Le reste du territoire peut faire dans son ensemble l'objet d'investigation du service des douanes.

📕 *C. douanes, art. 44.*

Réassurance*[Dr. com.]*

Contrat par lequel un assureur obtient la prise en charge par un autre assureur – dit réassureur – de tout ou partie des risques qu'il supporte à l'égard de ses assurés. La réassurance ne modifie en rien les contrats d'assurance primitifs.

Rebellion*[Dr. pén.]*

Fait d'opposer une résistance violente à une personne dépositaire de l'autorité publique ou chargée d'une mission de service public lorsqu'elle agit dans l'exercice de ses fonctions, pour l'exécution des lois, les ordres de l'autorité publique, les décisions ou mandats de justice.

📕 *C. pén., art. 433-6.*

« Rebus sic stantibus » (clause)
[Dr. int. publ.]

Étymologiquement : les choses restant en l'état).

Clause qui serait sous-entendue dans tout traité, selon laquelle le changement des circonstances existant lors de la conclusion de ce traité entraînerait sa caducité.

Thèse dangereuse pour la force obligatoire des traités et donc peu admissible. L'inadaptation d'un traité, qui le rend difficilement applicable, doit seulement inciter les parties à le réviser d'un commun accord. ➤ *Révision des traités.*

[Dr. priv. / Dr. publ.] Cette thèse a été également soutenue en ce qui concerne les contrats en droit public et en droit privé

Elle n'a jamais été considérée comme exprimant une règle de portée générale.
➤ *Imprévision.*

Recel *[Dr. civ.]*

Fraude consistant à détourner un objet de la communauté, ou un effet de la succession, en vue de se l'approprier et de frustrer les autres ayants droit (conjoint ou cohéritiers) de la part devant leur revenir dans les choses diverties ou dissimulées. Le recel est un délit civil entraînant pour le receleur privation de tout droit dans les biens recélés.

🔲 *C. civ., art. 792, 1477.*

[Dr. pén.] Crime ou délit consistant à dissimuler, détenir, transmettre directement ou indirectement une chose en sachant qu'elle provient d'un crime ou d'un délit, à bénéficier en connaissance de cause du produit d'un crime ou d'un délit ou encore à soustraire à la justice des personnes responsables d'infractions.

🔲 *C. pén., art. 321-1 s., 434-6.*

Récépissé *[Dr. com.]*

Écrit par lequel on reconnaît avoir reçu des sommes, des pièces, des marchandises ou d'autres objets en communication ou en dépôt.

🔲 *C. com., art. L. 522-24 s.*

Récépissé-warrant *[Dr. com.]*

La transmission par endossement du récépissé-warrant transfère la propriété de la marchandise.

Si le warrant est endossé seul, il y a création d'un effet de commerce avec constitution d'un gage sur les marchandises.

🔲 *C. com., art. L. 522-28 s.*

Réceptice *[Dr. civ.]*

Qualifie l'acte unilatéral qui n'a d'existence juridique que par la notification qui en est faite à son destinataire; ainsi du congé donné par le bailleur, de la mise en demeure du débiteur, du licenciement du salarié.

Réception *[Dr. civ.]*

Acte unilatéral par lequel le maître d'ouvrage approuve, dans le cadre d'un contrat d'entreprise, les travaux effectués par l'entrepreneur.

🔲 *C. civ., art. 1792-6.*

Recette des impôts *[Dr. fin.]*

Service chargé du recouvrement des principaux impôts indirects (tels que la TVA et les droits d'enregistrement), ainsi que de certains impôts directs (souvent des retenues à la source) non recouvrés par les Percepteurs. Cependant, depuis 1993, les contributions indirectes anciennes (accises) sont recouvrées par les services des Douanes. Les recettes des impôts se divisent en recettes de centre, et en recettes divisionnaires chargées en outre de certaines tâches supplémentaires, comptables et administratives.

Recevabilité *[Pr. gén.]*

Caractère d'une demande en justice rendant possible son examen au fond par la juridiction saisie.

🔲 *NCPC, art. 122 s.*

➤ *Bien-fondé, Chose jugée, Délai, Fond, Intérêt, Qualité (pour agir).*

Receveur des finances *[Dr. fin.]*

Comptable supérieur du Trésor, placé sous l'autorité du trésorier-payeur général, en fonctions au chef-lieu des

R

REC

arrondissements autres que celui du chef-lieu du département.

Recherche biomédicale *[Dr. civ.]*
Nom donné aux essais et expérimentations pratiqués sur l'être humain en vue du développement des connaissances biologiques ou médicales et qui ne peuvent être organisés que sous de strictes conditions sanctionnées pénalement.
 C. santé publ., art. L. 209-1 s.

Recherche de maternité naturelle *[Dr. civ.]*
Action tendant à établir la filiation naturelle maternelle d'un enfant. La recherche de la maternité est admise sous réserve que la mère, lors de l'accouchement, n'ait pas demandé que le secret de son admission et de son identité soit préservé.
 C. civ., art. 341 et 341-1.

Recherche de paternité naturelle *[Dr. civ.]*
Action tendant à établir la filiation naturelle paternelle d'un enfant. La preuve de la paternité hors mariage ne peut être rapportée que s'il existe des présomptions ou indices graves.
 C. civ., art. 340 s.
➤ *Filiation naturelle, Action d'état.*

Rechute *[Séc. soc.]*
Récidive subite et naturelle de l'affection précédente survenant sans intervention d'une cause extérieure.
 CSS, art. L. 443-2.

Récidive *[Dr. pén.]*
Cause d'aggravation de la peine résultant pour un délinquant de la commission d'une seconde infraction dans les conditions précisées par la loi, après avoir été condamné définitivement pour une première infraction. La récidive est dite générale ou spéciale selon qu'elle existe pour deux infractions différentes ou seulement pour deux infractions semblables; elle est dite perpétuelle ou temporaire selon qu'elle existe quel que soit le délai qui sépare les deux infractions, ou seulement si la seconde infraction est commise dans un certain délai qui court à compter de l'expiration de la première peine.
 C. pén., art. 133-8 s.

Réciprocité *[Dr. int. priv.]*
Condition à laquelle peut être soumise la reconnaissance conventionnelle de certains droits au profit des étrangers en France, ces droits ne leur étant accordés que si les mêmes droits sont aussi accordés aux Français dans l'État étranger.
 C. civ., art. 11.

Réclusion criminelle *[Dr. pén.]*
Peine criminelle de droit commun, perpétuelle ou temporaire de trente, vingt, quinze ans au plus, dont l'objet est la privation de liberté du condamné.
 C. pén., art. 131-1.

Récolement *[Pr. civ.]*
Dans le cas de vente forcée des meubles corporels objets d'une saisie-vente le récolement est l'opération destinée à vérifier que la liste des meubles qui vont être vendus est conforme à celle qui a été dressée au moment de la saisie. L'article 113 du décret du 31 juillet 1992 a remplacé le mot recolement par celui de vérification. Le même mot se retrouve dans l'article 227 du décret

dans le cas de conversion d'une saisie conservatoire en saisie-vente.

Recommandation *[Dr. int. publ.]*

Résolution d'un organe international, dépourvue en principe de force obligatoire pour les États membres.

[Dr. civ.] Conseil donné par un organe délibératif à qui détient le pouvoir d'édicter la norme pour l'inviter à prendre telle décision. Par exemple, la Commission des clauses abusives recommande au ministre chargé de la consommation la suppression ou la modification des clauses des modèles de convention qui présentent un caractère abusif.

📖 *C. consom., art. L. 132-4.*

[Pr. civ.] Suggestions adressées aux parties par le conciliateur ou le médiateur en vue de favoriser le rapprochement de leur point de vue et d'obtenir une solution amiable à leur conflit.

Récompense *[Dr. civ.]*

Indemnité due, lors de la liquidation de la communauté, par l'époux à cette communauté, lorsque, au détriment de celle-ci, le patrimoine personnel s'est enrichi, due par la communauté à l'époux, lorsque les biens propres de celui-ci ont servi à augmenter la masse commune.

📖 *C. civ., art. 1468 s.*

Réconciliation *[Dr. civ.]*

Fait, pour l'époux demandeur en divorce ou en séparation de corps, de pardonner les fautes de son conjoint et de reprendre la vie commune; la réconciliation interrompt la procédure. Lorsque la séparation de corps est prononcée, la réconciliation est encore possible et le mariage retrouve alors ses pleins effets.

📖 *C. civ., art. 244, 305.*

Reconduction *[Dr. priv.]*

➤ *Tacite reconduction.*

Reconduite à la frontière *[Dr. adm.]*

En matière de police des étrangers, procédure administrative permettant au préfet, dans des cas énumérés, d'expulser de France un étranger s'y trouvant en situation irrégulière. Cette mesure est soumise au contrôle des Tribunaux Administratifs.

➤ *Refoulement, Rétention.*

Reconnaissance *[Dr. int. publ.]*

Acte unilatéral et discrétionnaire par lequel un État prend position sur une situation ou un fait qui s'est produit en dehors de lui et dont il est disposé à tenir compte.

1° *Reconnaissance de belligérance* : reconnaissance d'un Gouvernement insurgé tenant une partie du territoire national, ce qui a pour effet de transformer la lutte interne en lutte internationale avec notamment application des lois de la guerre dans les rapports entre le Gouvernement légal et celui des insurgés, et soumission des États tiers aux obligations de la neutralité.

2° *Reconnaissance de facto* : reconnaissance comportant une nuance de prudence et de réticence, et marquant la volonté de l'État qui y procède de ne pas s'engager complètement (espèce de stage précédant la reconnaissance de jure. La différence étant diplomatique, non juridique).

3° *Reconnaissance de Gouvernement* : reconnaissance à laquelle procèdent les États tiers en cas de changement révolutionnaire de gouvernement dans un État (coup d'État, révolution...).

R

R

4° *Reconnaissance de jure* : reconnaissance normale, c'est-à-dire définitive et plénière.
➤ *Reconnaissance de facto.*

5° *Reconnaissance de nation* : reconnaissance appliquée par les Alliés, pendant la première guerre mondiale, aux comités nationaux polonais et tchécoslovaque formés en France pour lutter contre l'Allemagne (il s'agissait de favoriser la création des États polonais et tchécoslovaque).

6° *Reconnaissance d'État* : acte par lequel un État atteste que l'existence d'un État tiers est certaine et manifeste en conséquence sa volonté de le considérer comme membre de la société internationale. Principal effet : l'établissement de relations diplomatiques.

Reconnaissance de dette *[Dr. priv.]*
Acte par lequel une personne reconnaît unilatéralement devoir une certaine somme ou quantité à une autre personne; sa validité est subordonnée à la mention, de la main même de celui qui s'engage, de la somme ou quantité en toutes lettres et en chiffres.
▌ *C. civ., art. 1326.*
➤ *Bon pour.*

Reconnaissance d'enfant naturel
[Dr. civ.]
Déclaration contenue dans un acte authentique par laquelle une personne affirme être le père ou la mère d'un enfant.
Cette déclaration unilatérale vaut établissement de la filiation naturelle.
▌ *C. civ., art. 334-8, 335.*

Reconnaissance d'écriture *[Pr. civ.]*
➤ *Vérification d'écriture.*

Reconstitution de carrière *[Séc. soc.]*
Validation des périodes durant lesquelles le participant a exercé des fonctions relevant d'un régime et qui aurait dû cotiser si le régime avait existé à l'époque.

Recours *[Dr. adm.]*
1° *Recours administratifs* : par opposition aux recours juridictionnels portés devant des tribunaux, recours portés devant l'administration elle-même en vue de faire annuler l'un de ses actes prétendu illégal ou de demander une réparation pécuniaire. Ils se divisent en recours gracieux, adressés à l'autorité même dont émane la mesure critiquée, et en recours hiérarchiques, portés devant un supérieur de cette autorité.

2° *Recours pour de pouvoir* : recours juridictionnel dirigé, en vue de les faire annuler pour cause d'illégalité, contre des actes unilatéraux émanant soit d'une autorité administrative, soit d'un organisme privé agissant dans le cadre d'une mission de service public. On distingue traditionnellement quatre « cas d'ouverture » de ce recours : l'incompétence de l'auteur de l'acte, le vice de forme affectant des formalités substantielles, le détournement de pouvoir, la « violation de la loi » comprise comme une illégalité relative aux motifs ou à l'objet même de l'acte.

3° *Recours de pleine juridiction* : recours juridictionnel par lequel un requérant peut demander au juge, en invoquant tous moyens pertinents, de constater l'existence à son profit d'une créance contre l'État ou une autre collectivité publique, et (ou) d'annuler ou de réformer un acte administratif n'entrant pas dans le champ d'application

du recours pour excès de pouvoir (ex. : contentieux fiscal, contentieux des contrats administratifs ou de la responsabilité des personnes publiques).
[Pr. civ.] ➤ *Voies de recours.*

Recours en appréciation de légalité
[Dr. adm.]

Recours ouvert sans condition de délai devant les juridictions administratives en vue de faire constater l'éventuelle illégalité d'un texte administratif. La juridiction saisie ne pourra pas l'annuler, mais seulement en constater l'invalidité ce qui d'ailleurs en empêchera l'application. Il ne s'agit pas d'un recours autonome, mais de la conséquence de la mise en cause par un plaideur de la légalité d'un texte administratif devant un juge judiciaire qui, incompétent pour l'apprécier, a renvoyé le plaideur à saisir le juge administratif.

Recours en cassation *[Pr. civ. / Pr. pén.]*
➤ *Pourvoi en cassation.*

Recours internes (épuisement des)
[Dr. int. publ.]

Principe selon lequel l'action internationale en responsabilité ne peut être exercée qu'en l'absence de voies de droit internes ou qu'après l'échec de l'action préalablement intentée par le particulier réclamant devant l'autorité locale.

Recours en interprétation *[Dr. adm.]*

Recours – d'usage assez peu fréquent – permettant de saisir la juridiction administrative pour qu'elle interprète un acte administratif dont certaines dispositions sont obscures. Pour être recevable, il suppose l'existence d'un litige « né

et actuel » impliquant cet acte, et la compétence du juge administratif pour connaître du fond de ce litige.
[Pr. civ.] ➤ *Interprétation d'un jugement, Question préjudicielle.*

Recours parallèle (exception) *[Dr. adm.]*
Fin de non-recevoir, aujourd'hui de portée limitée, opposable au recours pour excès de pouvoir quand le requérant dispose d'un autre recours juridictionnel, aboutissant à une décision d'effet équivalent à celui du recours pour excès de pouvoir.

Recours en révision *[Pr. civ.]*

R

Voie de recours extraordinaire et de rétractation par laquelle on revient devant les juges qui ont déjà statué en les priant de modifier leur décision que l'on prétend avoir été rendue par erreur. Ce recours n'est possible que dans quatre cas (fraude de la partie gagnante, rétention ou falsification de pièces décisives, attestations, témoignages, serments mensongers), et suppose une décision passée en force de chose jugée. Sur un recours en révision, le juge est saisi du fait et du droit.
📖 *NCPC, art. 593 s.*

Recouvrement amiable des créances
[Pr. civ.]

Opération extra-judiciaire tendant au paiement d'une dette d'argent que réclame un tiers pour le compte du créancier.

Recouvrement de l'impôt *[Dr. fin.]*

Pour les comptables publics, agir – au besoin par toutes les voies d'exécution – pour percevoir l'impôt (le verbe est recouvrer).

R

Recouvrement des pensions alimentaires *[Dr. civ. / Pr. civ.]*

Le recouvrement des pensions alimentaires se heurte trop souvent à des obstacles difficiles à franchir (refus de paiement, changement de domicile du débiteur). Aussi, des procédures spéciales ont-elles été instituées : paiement direct, recouvrement public par les agents du Trésor, interventions des Caisses d'allocations familiales.

➤ *Aliments, Pension alimentaire.*

Recteur *[Dr. adm.]*

Haut fonctionnaire nommé, en Conseil des Ministres, à la tête d'une Académie. Le Recteur, qui porte le titre de Chancelier des Universités, exerce à l'égard de celles-ci un pouvoir de tutelle.

Reçu *[Dr. civ.]*
➤ *Quittance.*

Reçu pour solde de tout compte *[Dr. trav.]*

Au moment où cesse le travail, reçu signé par le salarié lors du règlement du salaire et impliquant de sa part renonciation à toute réclamation ultérieure.

Pour éviter les abus, le législateur décide que le reçu peut être dénoncé dans les deux mois; d'autre part, la jurisprudence restreint sa portée aux seuls éléments du salaire envisagés au moment du règlement.

▮ *C. trav., art. L. 122-17, R. 122-5 s.*

Reculement *[Dr. adm.]*

Servitude créée à la charge des terrains bâtis ou clos du fait de l'alignement, lorsque celui-ci se traduit par un élargissement de la voie publique, servitude qui interdit de procéder sur ces immeubles à des travaux pouvant en prolonger la durée.

Cette servitude a été créée dans l'intérêt financier des collectivités publiques, qui n'auront ainsi à payer que la valeur du terrain nu lors de l'entrée effective dans leur domaine public de la portion d'immeuble frappée de reculement.

▮ *C. voirie rout., art. 112-5 et 6.*

Récupération *[Dr. trav.]*

Possibilité pour l'employeur, dans un nombre limité d'hypothèses énoncées par la loi d'arrêt collectif de travail, d'exiger des salariés de travailler, au cours des semaines suivantes, dans la limite des heures légales qui ont été perdues du fait de l'interruption momentanée d'activité. Les heures de récupération sont rémunérées au taux des heures normales.

▮ *C. trav., art. L. 212-2, L. 212-2-2, D. 212-1 s.*

Récusation *[Pr. gén.]*

Procédure par laquelle le plaideur demande que tel magistrat s'abstienne de siéger, parce qu'il a des raisons de suspecter sa partialité à son égard. La récusation peut entraîner le renvoi de l'affaire devant une autre juridiction.

▮ *NCPC, art. 341.*

On peut récuser également un arbitre et un expert. ➤ *Abstention.*

[Pr. pén.] Droit appartenant au ministère public et à l'accusé de refuser à un juré le droit de siéger en Cour d'assises.

▮ *C. pr. pén., art. 297 s.*

Reddition de compte *[Dr. priv.]*

Procédure consistant pour celui qui a géré les intérêts d'autrui (le rendant), à présenter à celui auquel il est dû (l'oyant), l'état détaillé de ce qu'il a reçu ou dépensé, dans le but d'arriver à la fixation du reliquat (le débet).

📖 *C. civ., art. 469, 803, 813, 1031, 1993.*

Redevance *[Dr. com.]*
➤ *Contrat de licence.*

Rédhibitoire *[Dr. civ.]*
➤ *Action rédhibitoire, Vice rédhibitoire.*

Redressement judiciaire
[Dr. civ. / Dr. com.]

1° Procédure mise en place par la loi n° 85-98 du 25 janvier 1985 elle-même modifiée par la loi n° 94-475 du 10 juin 1994 relative à la prévention et au traitement des difficultés des entreprises. Le redressement judiciaire est applicable à tout commerçant, à toute personne immatriculée au répertoire des métiers, à tout agriculteur et à toute personne morale de droit privé qui est dans l'impossibilité de faire face au passif exigible avec son actif disponible.

📖 *C. com., art. L. 620-2.*

Il peut aboutir soit à la continuation de l'entreprise, soit à sa cession, soit à sa liquidation, mais, depuis la loi du 10 juin 1994, la *liquidation judiciaire* n'est plus forcément une phase particulière de la procédure de redressement judiciaire, comme elle l'était sous l'empire de la loi du 25 janvier 1985 précitée.

2° Une procédure collective de redressement judiciaire civil des difficultés financières des personnes physiques qui se trouvent en état de surendettement a été intégrée dans le Code de la consommation (article L. 331-1 à L. 333-3-1 et L. 333-7). On parle désormais de plan

conventionnel de redressement élaboré par la commission de surendettement des particuliers.

Réduction pour cause d'excès *[Dr. civ.]*

Action par laquelle une personne placée sous un régime de protection (notamment le majeur sous sauvegarde de justice ou en curatelle) demande en justice de ramener à de justes limites un acte excessif par rapport à sa fortune.

📖 *C. civ., art. 491-2 et 510-3.*

Réduction des libéralités excessives *[Dr. civ.]*

Action par laquelle un héritier réservataire fait rentrer dans la masse successorale un bien dont le défunt avait disposé par libéralité, alors qu'il dépassait la quotité disponible.

📖 *C. civ., art. 920 s.*

Réduction de peine *[Dr. pén.]*

Mesure permettant de raccourcir la durée de la peine temporaire, privative de liberté prononcée contre un condamné en cas de bonne conduite.

La décision est prise discrétionnairement par le juge de l'application des peines après avis de la commission de l'application des peines.

Après un an de détention une réduction supplémentaire peut être accordée aux condamnés qui manifestent des efforts sérieux de réadaptation sociale, notamment en passant avec succès un examen scolaire, universitaire ou professionnel traduisant l'acquisition de connaissances nouvelles ou en justifiant de progrès réels dans le cadre d'un enseignement ou d'une formation ou en s'efforçant d'indemniser leurs victimes. Cette

R

R

mesure peut être rapportée en cas de mauvaise conduite.

📗 *C. pr. pén., art. 721 et 721-1.*

Réel (Régime d'imposition dit du...)
[Dr. fin.]
➤ *Forfait.*

Réescompte *[Dr. com.]*

Opération juridique par laquelle un banquier fait escompter par un autre banquier, ou par la Banque de France, un effet de commerce qu'il a lui-même acquis par la voie de l'escompte.

Réévaluation des bilans *[Dr. com.]*

Modification de la valeur attribuée aux éléments actifs et passifs de l'inventaire et du bilan de l'entreprise, rendant compte des variations de valeur de ces éléments et des effets de la dépréciation monétaire.

Réfaction *[Dr. com.]*

Réduction sur le prix de marchandises accordée par le juge lorsque la quantité ou la qualité des choses livrées n'est pas conforme à celle qui avait été convenue lors du contrat.

[Dr. fin.] En matière fiscale, synonyme d'abattement, de réduction opérée sur l'assiette d'un impôt, qui ne portera ainsi que sur une somme réduite. Le résultat est le même que si l'on avait diminué directement le taux de l'impôt.

Réfection *[Dr. civ.]*

Confection d'un nouvel acte instrumentaire de même contenu que le précédent, mais purgé de ses vices. À l'opposé de la confirmation, la réfection opère sans

rétroactivité : l'acte refait n'a d'existence juridique que du jour de sa réfection.

Référé *[Pr. civ.]*

Procédure contradictoire grâce à laquelle une partie peut, dans certains cas, obtenir d'un magistrat unique une décision rapide qui ne se heurte à aucune contestation sérieuse ou que justifie l'existence d'un différend.

📗 *NCPC, art. 808, 848, 872, 893, 956; C. trav., art. R. 516-30.*

Le juge des référés peut, même en présence d'une contestation sérieuse, autoriser des mesures conservatoires ou ordonner des remises en état, afin de prévenir un dommage imminent ou de faire cesser un trouble manifestement contraire à la loi.

Lorsque l'existence de l'obligation n'est pas sérieusement contestable, le juge des référés peut accorder au créancier une provision. Il peut prononcer des condamnations à des astreintes et aux dépens.

Le juge des référés peut ordonner l'exécution en nature d'une obligation, même s'il s'agit d'une obligation de faire, dès lors que l'obligation n'est pas sérieusement contestable. ➤ *Injonction de faire.*

📗 *NCPC, art. 809, 849, 873, 894; C. trav., art. R. 516-31.*

Dans certaines procédures, il est dit que la procédure suivie sera en la forme des référés. Il s'agit d'un simple emprunt formel, le juge ayant alors le droit d'examiner le fond du débat. ➤ *Juge des référés.*

[Dr. adm.] Référé-suspension. Procédure permettant au juge des référés administratif, en cas d'urgence, quand une décision administrative fait l'objet d'un recours en annulation ou en réforma-

tion, d'en suspendre l'exécution quand il est invoqué contre elle un moyen propre à créer un doute sérieux quant à sa légalité.

📖 *C. just. adm., art. L. 521-1.*

➤ *Sursis à exécution.*

Référé-liberté. Procédure permettant au juge des référés administratif, en cas d'urgence, d'ordonner les mesures nécessaires à la sauvegarde d'une liberté fondamentale à laquelle une collectivité publique (ou un organisme chargé d'une mission de service public) aurait porté une atteinte grave et manifestement illégale dans l'exercice d'un de ses pouvoirs. Cette atteinte peut être représentée aussi bien par un simple comportement que par une décision juridique.

📖 *C. just. adm., art. L. 521-2.*

Référé-conservatoire. Procédure permettant au juge des référés administratif, en cas d'urgence, d'ordonner toute mesure utile sans faire obstacle à l'exécution d'une décision administrative. Exemple : ordonner la cessation de travaux présentant des risques graves et immédiats pour un élément du domaine public limitrophe.

📖 *C. just. adm., art. L. 521-3.*

Référé-provision. Procédure permettant au juge des référés administratif d'accorder à un créancier de l'Administration une provision, même si une instance n'a pas encore été engagée sur le fond de l'affaire, lorsque l'existence de l'obligation n'est pas sérieusement contestable.

📖 *C. just. adm., art. R. 541-1.*

Référé-constatation. Procédure permettant au juge des référés administratif de désigner un expert pour constater sans délai des faits susceptibles de donner lieu à un litige devant la juridiction.

📖 *C. just. adm., art. R. 531-1.*

Référé-instruction. Procédure permettant au juge des référés administratif d'ordonner toute mesure utile d'expertise ou d'instruction. Exemple : demande du propriétaire d'un immeuble riverain d'une voie publique de constater l'état de cet immeuble s'il estime que des travaux publics effectués à proximité risquent de l'endommager.

📖 *C. just. adm., art. R. 532-1.*

Référé-précontractuel. Procédure permettant de saisir le président du Tribunal administratif en cas de violation des obligations de publicité et de mise en concurrence applicables à la passation des marchés publics et des délégations de service public. Le magistrat peut ordonner à l'auteur du manquement de se conformer à ses obligations, et décider pour cela la suspension de la signature de l'acte ou l'annulation de certaines de ses clauses.

📖 *C. just. adm., art. L. 551-1.*

Référé de la Cour des comptes *[Dr. fin.]*

Communication adressée par la Cour des comptes à un ministre, pour appeler solennellement son attention sur des irrégularités d'une certaine importance commises par ses services, et découvertes par la Cour dans l'exercice de ses fonctions administratives de contrôle sur les ordonnateurs.

Référé fiscal *[Dr. fin.]*

En matière de recouvrement de l'impôt, procédure permettant au contribuable qui a formé une réclamation relative à l'assiette de l'impôt assortie d'une demande de sursis de paiement de faire apprécier, par un juge du Tribunal administratif, que les garanties qu'il a offertes en sûreté de sa dette, et

R

qui ont été refusées par le comptable, répondaient en réalité aux conditions fixées par les textes.

📖 *LPF, art. L. 277, L. 279 et L. 279 A.*

Référé-liberté *[Dr. pén.]*

Procédure permettant à une personne, mise en examen et faisant l'objet d'un placement en détention provisoire, d'obtenir d'un magistrat (Président de la Chambre de l'instruction en principe) le sursis à exécution de la décision jusqu'à ce que la Chambre de l'instruction ait statué sur l'appel au fond nécessairement interjeté par ailleurs.

📖 *C. pr. pén., art. 187-1.*
➤ *Référé, Dr. adm.*

Référendum *[Dr. const.]*

Procédé de la démocratie semi-directe par lequel le peuple collabore à l'élaboration de la loi, qui ne devient parfaite qu'avec son consentement.

1° *Référendum constituant* : celui qui porte sur l'adoption ou la révision d'une Constitution.
➤ *Référendum législatif.*

2° *Référendum de consultation* : celui qui porte à titre d'enquête sur le principe d'une mesure envisagée, afin de tenir lieu de directive pour les gouvernants.
➤ *Référendum de ratification.*

3° *Référendum de ratification* : celui qui porte sur un texte complet, qui n'acquerra valeur juridique qu'après l'approbation populaire.
➤ *Référendum de consultation.*

4° *Référendum facultatif* : celui auquel il est procédé à la demande des gouvernants ou sur pétition d'un certain nombre de citoyens.
➤ *Référendum obligatoire.*

5° *Référendum législatif* : celui qui s'applique à une loi ordinaire.
➤ *Référendum Constituant.*

6° *Référendum obligatoire* : celui que la Constitution impose dans certains cas.
➤ *Référendum facultatif.*
[Dr. int. publ.] ➤ *Plébiscite.*

Réformation *[Pr. civ.]*

Infirmation partielle ou totale d'une décision judiciaire par la juridiction du second degré.

📖 *NCPC, art. 542.*
➤ *Confirmation, Infirmation.*

« Reformatio in pejus » *[Pr. pén.]*

Principe de procédure pénale selon lequel la cour d'appel ne peut, sur le seul appel du prévenu, du civilement responsable, de la partie civile ou de l'assureur de l'une de ces personnes aggraver le sort de l'appelant. Cette règle a été étendue au pourvoi en cassation par la jurisprudence.

📖 *C. pr. pén., art. 515, al. 2.*

Refoulement *[Dr. adm.]*

En matière de police des étrangers, refus d'entrée en France opposé à un étranger se présentant à la frontière ou sur un aéroport et ne remplissant pas les conditions légales pour pénétrer sur le territoire. Cette décision administrative est susceptible de recours devant le juge administratif.
➤ *Zone d'attente.*

Réfugié *[Dr. int. priv. et publ.]*

Personne qui, craignant d'être persécutée du fait de sa race, de sa religion, de son appartenance à un certain groupe social ou de ses opinions politiques, se trouve hors du pays dont elle a la natio-

nalité et ne peut ou ne veut pas se réclamer de la protection de ce pays.
➤ *Convention de Genève du 28 juill. 1951 pour la réglementation.*

Refus du dépôt *[Dr. civ.]*

Fait pour le conservateur des hypothèques de repousser intégralement le dossier qui concerne une formalité dont la publicité est requise, lorsqu'il constate, après un examen sommaire et immédiat de ce dossier, qu'il existe des irrégularités ou des manquements très graves. Après régularisation, la publication ne prendra rang qu'à la date du nouveau dépôt.
➤ *Rejet de la formalité.*

Refus de vente *[Dr. com. / Dr. pén.]*

Fait pour un professionnel, et en particulier un commerçant, de refuser de satisfaire la demande de produit ou de prestation de service d'un client. Si cette demande est formulée par un consommateur, le refus de vente peut constituer une infraction pénale.
▌*C. consom., art. L. 122-1 et R. 121-13 2°.*
Lorsque la demande émane d'un professionnel le refus de vente n'est plus sanctionné que par l'application des règles du droit commun en matière de responsabilité civile ou de pratiques anticoncurrentielles.
▌*C. civ., art. 1382; C. com., art. L. 420-1 et L. 420-2.*

Régence *[Dr. const.]*

Dans un régime monarchique on confie le pouvoir à la mère d'un roi trop jeune pour gouverner, ou à un conseil, Jusqu'à la majorité du souverain.

Régie *[Dr. adm.]*

Terme susceptible d'acceptions différentes :

1° *Exécution en régie* : expression désignant l'exécution d'une activité par les services propres de la personne publique considérée.

2° *Régies industrielles et commerciales* : l'exploitation d'activités industrielles ou commerciales peut être organisée par l'État ou les collectivités territoriales sous la forme de régies qui peuvent être de deux sortes : il peut s'agir de simples services de ces collectivités, (V. *le sens précédent*); il peut s'agir d'organismes dotés de la personnalité juridique et qui sont alors, malgré leur nom, des établissements publics. La pratique administrative les appelle souvent régies personnalisées.

3° *Régie intéressée* : malgré le nom de régie, mode de gestion d'un service public par une personne privée, qui ne supporte pas les pertes éventuelles du service et qui est rémunérée par la collectivité publique sous la forme d'une participation au chiffre d'affaires ou aux bénéfices, la collectivité bénéficiant du reste des bénéfices.

Régie d'avances, de recettes *[Dr. fin.]*

Assouplissement à l'exclusivité de compétence des comptables publics en matière de maniement des deniers publics, dans lequel des agents dépendant d'un ordonnateur sont habilités à effectuer certaines opérations de dépenses (régie d'avances) ou de recettes (régie de recettes) pour le compte et sous le contrôle d'un comptable public.

Régimes additifs *[Séc. soc.]*

Régimes dans lesquels l'entreprise garantit un niveau de retraite exprimé soit en valeur relative par rapport au dernier salaire, soit en valeur absolue,

R

indépendant de l'évolution des autres régimes. À l'opposé d'un régime « différentiel » l'engagement de l'entreprise dépend uniquement de l'ancienneté et de la rémunération du salarié concerné.
➤ *Régime à prestations définies.*

Régime communautaire *[Dr. civ.]*
➤ *Communauté.*

Régimes complémentaires *[Séc. soc.]*
Régimes de retraite et de prévoyance accordant des prestations qui viennent s'ajouter à celles accordées par les régimes de base. Il existe des régimes complémentaires pour les salariés cadres et non cadres, de l'industrie et du commerce qui relèvent du régime général, des régimes complémentaires pour les salariés agricoles, des régimes complémentaires pour les professions non salariées non agricoles.
📖 *CSS, art. L. 921-1.*

Régime conventionnel *[Dr. const.]*
Régime politique dans lequel l'exécutif procède de l'assemblée qui le tient en sujétion sans qu'il puisse la dissoudre ni même menacer de démissionner (ex. : Constitution de 1793 et Gouvernement de la Convention de 1792 à 1795; les régimes soviétique et suisse, théoriquement conformes au schéma du régime conventionnel, s'en écartent en fait par leur fonctionnement).

Régimes différentiels *[Séc. soc.]*
Régimes dans lesquels l'entreprise garantit un niveau global de prestation de retraite, tous régimes confondus. Le régime est « différentiel » car il vient combler la différence pouvant exister entre le taux global de retraite garantie et les

prestations qui résultent des autres régimes.
La garantie de retraite peut être exprimée en pourcentage du dernier salaire ou en valeur absolue. Ces régimes sont communément appelés « régimes chapeau » sans doute parce qu'ils viennent coiffer la construction d'ensemble constituée par les autres régimes de retraite.
➤ *Régimes à prestations définies.*

Régime dotal *[Dr. civ.]*
Régime matrimonial de type séparatiste, caractérisé par l'existence de deux masses de biens appartenant à la femme, l'une composée de biens dotaux, qui est administrée par le mari mais est inaliénable, l'autre composée de biens paraphernaux, qui est administrée par la femme et est aliénable.
Ce régime est prohibé pour l'avenir par la loi du 13 juillet 1965.

Régime matrimonial *[Dr. civ.]*
Statut qui gouverne les intérêts pécuniaires des époux, dans leurs rapports entre eux, et dans leurs rapports avec les tiers et dont l'objet est de régler le sort des biens actifs et passifs des époux pendant le mariage et à sa dissolution.
📖 *C. civ., art. 1387 s.*

Régime parlementaire *[Dr. const.]*
Régime de collaboration équilibrée des pouvoirs, où le Gouvernement et le Parlement ont des domaines d'action communs (ex. : initiative des lois) et des moyens d'action réciproques, le Parlement pouvant mettre en jeu la responsabilité politique du Gouvernement (le Chef de l'État étant, lui, irresponsable) et le Gouvernement prononcer la dissolution du Parlement.

1° *Régime parlementaire dualiste (ou orléaniste)* : du fait de son fonctionnement en France sous la Monarchie de Juillet avec la branche des Orléans) : variété de régime parlementaire caractérisé par le rôle actif joué par le Chef de l'État et la double responsabilité du Gouvernement, à la fois devant le Chef de l'État et devant le Parlement. Transition historique entre la Monarchie limitée et le régime parlementaire moniste.

2° *Régime parlementaire moniste* : celui dans lequel le Gouvernement n'est plus responsable que devant le seul Parlement par suite de l'effacement du Chef de l'État.

➢ *Parlementarisme.*

Régime politique *[Dr. const.]*

Mode de Gouvernement d'un État.

Le régime politique résulte de la combinaison de multiples éléments, les uns juridiques (cadre constitutionnel, qui forme le régime politique au sens étroit de l'expression), les autres extra-juridiques (système de partis, personnalisation du pouvoir, idéologie, etc.).

Régime présidentiel *[Dr. const.]*

Régime où l'équilibre des pouvoirs est obtenu par leur séparation (à la fois organique et fonctionnelle) : le pouvoir exécutif est détenu en totalité par un Président élu par le peuple et irresponsable devant le Parlement qui, de son côté, ne peut être dissous par le Président.

Régimes de retraite à cotisations définies *[Séc. soc.]*

Contrats dans le cadre desquels le montant de la retraite dépend des cotisa-

tions versées et capitalisées dans le compte de chaque salarié.

Régimes de retraite à prestations définies *[Séc. soc.]*

Contrats destinés à garantir à une catégorie de salariés un pourcentage convenu de leur rémunération de fin de carrière ou un niveau de retraite déterminé. Souvent appelés régimes de « retraite chapeau ».

Régime séparatiste *[Dr. civ.]*
➢ *Séparation de biens.*

Région *[Dr. adm.]*

Fraction du territoire qui représente à la fois :

- une collectivité territoriale décentralisée, intermédiaire entre le département et l'État, disposant des seules compétences énoncées par la loi. Bien qu'importantes, elles sont principalement circonscrites aux secteurs économique, sanitaire, social et culturel, et généralement limitées aux équipements;

- l'aire géographique de compétence du Préfet de région.

Il existe 22 régions en métropole; chacun des 4 départements d'Outre-Mer constitue également une région.

📕 *C. gén. coll. territ., art. L. 4111-1.*
➢ *Conférence administrative régionale, Conseil économique et social régional, Préfet de région.*

Régionalisation (du budget de l'État) *[Dr. adm.]*

Présentation des crédits budgétaires d'investissement selon une ventilation par Région

R

R

Registre d'audience *[Pr. civ.]*

Registre tenu dans chaque chambre devant les tribunaux de droit commun et d'exception. Signé par le président et par le greffier après chaque audience, il relate tout ce qui s'est passé à une audience déterminée.

📘 *NCPC, art. 728.*

➢ *Dossier, Mention au dossier.*

Registre du commerce (et des sociétés)
[Dr. com.]

Registre tenu par le greffier du tribunal de commerce, ou du tribunal de grande instance ayant compétence commerciale, permettant de dénombrer les commerçants, les sociétés et les groupements d'intérêt économique installés dans le ressort de ce tribunal.

Chaque personne assujettie reçoit un numéro. Un registre national centralise à Paris tous les renseignements existant dans les registres locaux.

📘 *C. com., art. L. 123-1.*

Registre des dépôts *[Dr. civ.]*

Registre chronologique qui est tenu dans chaque conservation des hypothèques et sur lequel sont inscrites, au jour le jour, par ordre numérique et selon des règles minutieusement prévues par le législateur, toutes les remises de documents déposés.

Registre national des brevets *[Dr. com.]*

Tenu par l'Institut national de la propriété industrielle, le Registre national des brevets répertorie les brevets délivrés et assure la publication des actes transmettant ou modifiant les droits qui y sont attachés.

📘 *C. propr. intell., art. L. 613-9.*

Registre national des dessins et modèles
[Dr. com.]

Tenu par l'Institut national de la propriété industrielle, le Registre national des dessins et modèles répertorie les dessins et modèles déposés et assure la publication des actes transmettant ou modifiant les droits qui y sont attachés.

📘 *C. propr. intell., art. L. 512-4.*

Registre national des marques
[Dr. com.]

Tenu par l'Institut national de la propriété industrielle, le Registre national des marques répertorie les marques enregistrées et assure la publication des actes transmettant ou modifiant les droits qui y sont attachés.

📘 *C. propr. intell., art. L. 714-7.*

Registre du rôle *[Pr. civ.]*
➢ *Répertoire général.*

Règle de conflit de lois *[Dr. int. priv.]*
➢ *Conflit de lois.*

Règle de droit ou règle juridique
[Dr. gén.]

Règle de conduite dans les rapports sociaux, générale, abstraite et obligatoire, dont la sanction est assurée par la puissance publique.

Règle proportionnelle *[Dr. ass.]*

- *De capitaux* : règle dont l'application aux seules assurances de dommages conduit à réduire l'indemnité de sinistre accordée à l'assuré pour sanctionner l'insuffisance des capitaux assurés par rapport aux capitaux existants.

- *De prime* : règle applicable aux assurances de dommages et aux assurances de personnes et dont l'application conduit à réduire l'indemnité de sinistre en proportion du taux des primes qui auraient été dues si les risques avaient été complètement et exactement déclarés. Elle suppose la bonne foi de l'assuré dans l'omission ou les inexactitudes de la déclaration du risque.

Règlement *[Dr. const.]*

Acte de portée générale et impersonnelle édicté par les autorités exécutives compétentes. La Constitution de 1958 confie le pouvoir réglementaire général au Premier Ministre : art. 21; mais le Chef de l'État signe les décrets que la Constitution réserve à sa compétence et ceux qui ont été délibérés en conseil des ministres.

➢ *Acte-règle, Décret.*

1° *Règlement d'application* : règlement destiné à assurer l'exécution d'une loi. Il s'appuie sur une loi et ne peut l'enfreindre.

2° *Règlement autonome* : règlement pris spontanément et à titre exclusif dans les matières autres que celles réservées à la loi. Il est donc directement subordonné à la constitution et aux principes généraux du Droit, mais non à la loi. En restreignant le domaine de la loi, la Constitution de 1958 a considérablement étendu celui du règlement autonome, jusque-là limité à la police et à l'organisation des services publics.

[Dr. eur.] Dans le droit communautaire, acte de portée générale, obligatoire dans tous ses éléments et directement applicable dans tout État membre (dans la CECA : « décision générale »).

➢ *Communautés européennes.*

Règlement d'administration publique
[Dr. adm. / Dr. const.]

Décret pris sur l'invitation du législateur après consultation de l'Assemblée Générale du Conseil d'État, en vue de pourvoir à l'exécution d'une loi.

Jadis catégorie particulièrement majestueuse de règlement, le RAP avait perdu sa spécificité juridique; il a été supprimé en 1980 et est désormais remplacé par le décret en Conseil d'État, qui avait pris une importance croissante.

Règlement amiable *[Dr. com.]*

Procédure instituée par la loi n° 84-148 du 1er mars 1984 qui a été modifiée par la loi n° 94-475 du 10 juin 1994 relative à la prévention et au traitement des difficultés des entreprises.

Elle tend à obtenir un accord entre le débiteur et ses créanciers, avec l'aide d'un conciliateur, sur des délais de paiement et des remises de dettes, afin de favoriser le fonctionnement de l'entreprise. La loi du 10 juin 1994 a considérablement accru le rôle du juge puisque le président du tribunal peut désormais, à la demande du conciliateur, ordonner une suspension provisoire des poursuites des créanciers et homologuer l'accord conclu entre le débiteur et les créanciers.

📖 *C. com., art. L. 611-3 et L. 611-4.*

Depuis la loi n° 88-1202 du 30 décembre 1988, le règlement amiable est applicable à toutes les personnes physiques ou morales de droit privé exerçant une activité agricole.

Depuis la loi n° 89-1010 du 31 décembre 1989, il est institué une procédure de règlement amiable pour régler, par l'élaboration d'un plan conventionnel approuvé par le débiteur et ses principaux créanciers, la situation de surendettement des personnes physiques.

R

Règlement d'atelier *[Dr. trav.]*
➤ *Règlement intérieur [Dr. trav.].*

Règlement de copropriété *[Dr. civ.]*
➤ *Copropriété.*

Règlement intérieur *[Dr. const.]*
Résolution par laquelle une assemblée fixe les règles de son organisation interne et de son fonctionnement.

[Dr. trav.] Document écrit, émanant du chef d'entreprise, qui contient exclusivement les mesures d'application de la réglementation en matière d'hygiène et de sécurité, les règles générales et permanentes relatives à la discipline et notamment la nature et l'échelle des sanctions, les dispositions relatives aux droits de la défense des salariés susceptibles d'être sanctionnés, les dispositions relatives à l'abus d'autorité en matière sexuelle.

📖 *C. trav., art. L. 122-33 s., R. 122-12 s.*

Règlement de juges *[Pr. civ.]*
Procédure par laquelle, lorsque deux juridictions étaient saisies de la même affaire ou de deux affaires connexes, on pouvait régler le conflit de compétence. La procédure du règlement de juge modifiée en 1958 et en 1960, a disparu en 1972. Des règles contenues dans le nouveau Code de procédure civile s'appliquent en matière de connexité et de litispendance.

[Pr. pén.] Procédure par laquelle une juridiction supérieure, la chambre criminelle de la cour de cassation en principe, détermine en cas de conflit de compétence celle des juridictions qui est exclusivement compétente pour connaître d'un litige.

📖 *C. pr. pén., art. 657 s.*

Règlement pacifique des conflits *[Dr. int. publ.]*
Règlement des conflits internationaux par des procédés exclusifs de tout recours à la force.

1° *Règlement arbitral* : mode de règlement juridique consistant dans le recours des parties à des juges de leur choix chargés de régler le conflit par une décision obligatoire.

2° *Règlement judiciaire* : mode de règlement juridique consistant dans le recours des parties à un tribunal préconstitué statuant par une décision obligatoire.

3° *Règlement juridique* : règlement d'un conflit entre États, sur la base du Droit, par une décision arbitrale ou judiciaire obligatoire pour les parties. (V. *1° et 2°*).

4° *Règlement politique* : règlement d'un conflit entre États au moyen de procédures diplomatiques ou politiques qui visent, sans aboutir à une décision obligatoire pour les parties, à concilier leurs intérêts opposés.

➤ *Bons offices, Conciliation, Enquête, Médiation, Négociation.*

Regroupement familial *[Dr. adm.]*
Droit reconnu sous certaines conditions légales à un étranger séjournant légalement en France depuis un temps déterminé d'y être rejoint par son conjoint et ses enfants mineurs, afin de lui permettre de mener une vie familiale normale (en accord avec l'art. 8 de la Convention européenne des Droits de l'Homme).

Régulation *[Dr. gén.]*
Action de régler un phénomène pour le maîtriser dans le temps, par exemple dans le domaine économique.
➤ *Autorités administratives indépendantes.*

Régulation budgétaire *[Dr. fin.]*

Technique de gestion des crédits budgétaires, de l'État, consistant à moduler les dépenses en cours d'année, soit à des fins budgétaires (pour ne pas accroître excessivement le découvert), soit à des fins économiques pour tenir compte de l'état de la conjoncture. Elle peut s'opérer *a priori*, en bloquant des crédits dès le début de l'exercice budgétaire pour les débloquer ultérieurement, soit en cours d'exercice, par un simple échelonnement de la consommation des crédits ouverts.

Régularisation
[Dr. civ. / Dr. com. / Pr. civ.]

Mise en conformité d'un acte juridique ou d'un acte de procédure avec les prescriptions légales, opérant validation de l'acte originairement entaché de nullité.
📕 *NCPC, art. 115, 121; C. civ., art. 1844-11.*

[Séc. soc.] Opération qui consiste à calculer la différence éventuelle entre le montant des cotisations dues pour l'année et le montant de celles qui ont été versées à chaque échéance au cours de l'année de référence.
📕 *CSS, art. 43-10 s.*

Réhabilitation *[Dr. com.]*

Institution permettant de relever un débiteur, qui a été déclaré en état de cessation des paiements, des déchéances découlant d'une faillite personnelle ou de l'interdiction de diriger, gérer, administrer une entreprise commerciale; cette réhabilitation peut être de droit ou facultative.

[Dr. pén.] Institution qui permet de faire disparaître une condamnation pénale ainsi que ses conséquences. La réhabilitation peut être légale c'est-à-dire

acquise de plein droit après l'écoulement d'un certain délai ou judiciaire c'est-à-dire accordée par une juridiction.
📕 *C. pén., art. 133-12.*

Réintégrande *[Dr. civ. / Pr. civ.]*

Action possessoire accordée au possesseur ou au détenteur victime d'une voie de fait accompagnée ou non de violence.
📕 *NCPC, art. 1264.*
➢ *Complainte, Dénonciation de nouvel œuvre.*

Réintégration *[Dr. trav.]*

Au sens strict, restitution de son emploi à un salarié qui avait juridiquement cessé de l'occuper; c'est ainsi que, sous certaines conditions, le salarié dont le contrat a été rompu du fait de ses obligations militaires peut être réintégré dans l'entreprise.

Au sens large, restitution de son emploi à un salarié dont le licenciement est déclaré nul (ex. : réintégration d'un représentant du personnel licencié sans autorisation administrative, réintégration d'un salarié gréviste licencié alors qu'il n'a pas commis de faute lourde).
📕 *C. trav., art. L. 412-19, L. 425-3, L. 436-3.*

Rejet de la formalité *[Dr. civ. / Pr. civ.]*

Fait pour le conservateur des hypothèques de ne pas insérer dans le registre des formalités un document dont le dépôt avait été accepté mais dont le conservateur constate, postérieurement à ce dépôt, qu'il contient une irrégularité. Si une régularisation intervient dans le délai d'un mois qui suit la notification de l'irrégularité à celui qui avait déposé le dossier, la publication produit effet à la date du dépôt initial.
➢ *Refus du dépôt.*

R

R

Relais *[Dr. civ.]*
> *Lais.*

Relation de serment *[Pr. civ.]*
Acte par lequel le plaideur à qui a été déféré le serment refuse de le prêter, et intervertissant les rôles, demande à son adversaire de jurer que le fait allégué par lui est bien exact.
📗 *C. civ., art. 1361 s.; NCPC, art. 319.*
> *Délation de serment.*

Relations diplomatiques *[Dr. int. publ.]*
Rapports officiels que deux États établissent entre eux et qu'ils entretiennent par l'intermédiaire de missions permanentes.
> *Mission diplomatique.*

Relativité *[Dr. priv.]*
> *Chose jugée, Effet relatif des contrats.*

Relativité des traités *[Dr. int. publ.]*
Principe selon lequel les traités ne produisent effet qu'entre les parties contractantes et ne peuvent nuire ni profiter aux tiers.
Principe que la pratique internationale s'est efforcée d'assouplir, un traité pouvant énoncer des règles générales utiles à la société internationale tout entière.
> *Adhésion, Clause de la Nation la plus favorisée, Traité-loi.*

Relaxe *[Pr. pén.]*
Décision d'une juridiction répressive autre que la Cour d'assises, déclarant non coupable le prévenu traduit devant elle.

Relevé de forclusion *[Pr. civ.]*
Lorsqu'un jugement est réputé contradictoire ou rendu par défaut, le défendeur peut être relevé dans certaines conditions de la forclusion qui l'atteint,

par suite de l'expiration du délai d'appel ou d'opposition, lorsqu'il n'a pas eu connaissance de la décision ou qu'il s'est trouvé dans l'impossibilité d'agir dans le délai de la voie de recours.
📗 *NCPC, art. 540 et 541.*

Relèvement *[Dr. pén.]*
Possibilité reconnue au juge de neutraliser tout ou partie des interdictions, déchéances, incapacités ou mesures de publication rattachées à la condamnation. Le relèvement peut être demandé avant le jugement ou après celui-ci.
📗 *C. pén., art. 132-21, al. 2; C. pr. pén., art. 702-1 et 703.*

Remembrement *[Dr. rur.]*
Mode d'aménagement foncier par redistribution, échange et regroupement des parcelles. La politique de remembrement est placée sous l'égide d'une commission départementale.
📗 *C. rur., art. 123-1.*

Réméré *[Dr. civ.]*
Clause d'un contrat de vente, par laquelle le vendeur se réserve le droit de racheter la chose dans un délai maximum de cinq ans, en remboursant à l'acquéreur le prix et les frais.
📗 *C. civ., art. 1659.*

Remise de cause *[Pr. pén.]*
Décision judiciaire au terme de laquelle une affaire est renvoyée à une audience ultérieure.
📗 *C. pr. pén., art. 461.*

Remise de dettes *[Dr. civ.]*
Acte par lequel un créancier accorde une réduction totale ou partielle de la dette à son débiteur.
📗 *C. civ., art. 1282 s.*

Dénommée remise de débet lorsque le créancier est une personne publique.

Remise de peine *[Dr. pén.]*
➢ *Grâce.*

Remisier *[Dr. com.]*
Commerçant qui reçoit de ses clients des ordres de bourse, les transmet à un prestataire de services et en surveille l'exécution, moyennant une rémunération de la part du donneur d'ordre et une « remise », c'est-à-dire un pourcentage sur le montant du courtage.

Rémission *[Dr. intern. priv.]*
Renvoi à la loi du for ; transmission au second degré.

Rémunération mensuelle minimum *[Dr. trav.]*
Tout salarié embauché à temps complet a droit à une rémunération qui, en cas de chômage partiel, ne peut être inférieure au produit du SMIC horaire par le nombre d'heures correspondant à la durée légale du travail pour le mois considéré.
▌ *C. trav., art. L. 141-10 s., R. 141-3 s.*

Remploi *[Dr. civ.]*
Achat d'un bien avec des capitaux provenant de la vente d'un autre bien.
▌ *C. civ., art. 455, 1434 s., 1541.*
➢ *Emploi.*

Rendant *[Dr. priv.]*
➢ *Reddition de compte.*

Rendez-vous judiciaire *[Pr. pén.]*
➢ *Convocation par procès-verbal.*

Renonciation *[Dr. civ.]*
Acte par lequel une personne renonce à un droit, spécialement à un droit portant sur un bien (ex. : renonciation à une succession).
▌ *C. civ., art. 784 s.*

Rénovation urbaine *[Dr. adm.]*
Opération complexe d'urbanisme tendant à moderniser et à remodeler les quartiers urbains anciens insalubres, ou ne répondant plus aux normes actuelles d'occupation des sols. La conduite de ces opérations de démolition, de mise en état des sols et de construction peut être confiée à des organismes variés, qui, dans la pratique, sont souvent des sociétés locales d'économie mixte.
Afin d'éviter l'éloignement systématique des anciens propriétaires et commerçants, il doit leur être proposé de conserver des droits sur les immeubles nouveaux, moyennant la cession amiable de ceux qu'ils occupaient ; en fait, la rénovation urbaine a généralement provoqué, jusqu'ici, une profonde transformation de la structure sociale de la population qu'elle a affectée.

Rente *[Dr. civ.]*
Arrérages versés au crédirentier par le débirentier en échange d'un capital reçu. La rente est viagère, lorsque l'obligation de verser les arrérages cesse à la mort du crédit-rentier ou d'une tierce personne ; elle est perpétuelle lorsque le débit-rentier ne peut se libérer qu'en remboursant le capital.
▌ *C. civ., art. 1910 s., 1978 s.*

Rente *[Séc. soc.]*
Allocation régulière versée au titre de la législation sur les accidents du travail.
▌ *CSS, art. L. 434-2 s.*

R

R

Rente sur l'État *[Dr. fin.]*

Synonyme d'emprunt du Trésor à moyen ou long terme.

➤ *Dette publique.*

Renvoi *[Dr. int. priv.]*

Lorsque, en matière de conflits de lois, la loi étrangère désignée par la règle du conflit du for décline sa compétence et déclare applicable une autre loi, soit celle du for (renvoi au premier degré) soit une loi tierce (renvoi au deuxième degré), on parle de renvoi de la loi initialement désignée à celle finalement déclarée applicable.

[Dr. int. publ.] Renvoi préjudiciel décidé par une juridiction nationale saisissant la Cour de Justice des Communautés Européennes d'une demande d'interprétation des traités ou d'appréciation de validité et d'interprétation des actes de droits dérivé. Très nombreux, ces renvois sont à la base de l'idée selon laquelle la Cour de Justice tend à devenir une sorte de Cour Suprême.

[Pr. civ.] Décision par laquelle un tribunal désigne une autre juridiction pour connaître d'une affaire.

Renvoi après cassation : lorsque la Cour de cassation casse un jugement ou un arrêt, elle renvoie devant une juridiction du même ordre, de même nature, de même degré.

▌ *NCPC, art. 626.*

Renvoi en matière de compétence, de litispendance ou de connexité : la cour d'appel, dans certaines hypothèses, et parfois même le juge du premier degré, renvoie l'affaire devant la juridiction qu'il estime compétente.

▌ *NCPC, art. 86, 97, 101, 104.*

Renvois divers : Dans la procédure ordinaire devant les tribunaux de droit commun, le président, à l'audience de fixation, décide si l'affaire sera simplement renvoyée à l'audience ou fera l'objet d'une instruction par l'intermédiaire du magistrat de la mise en état.

▌ *NCPC, art. 760.*

Le juge des référés, le juge unique peuvent décider de renvoyer la difficulté qui leur est soumise à la formation collégiale de leur juridiction.

▌ *NCPC, art. 487; C. org. jud., art. L. 311-10.*

Un plaideur peut, dans certains cas (suspicion légitime, sûreté publique, cause de récusation contre plusieurs juges), demander le renvoi du procès devant une autre juridiction que celle qui est saisie.

▌ *NCPC, art. 356, 364, 365.*

Réouverture des débats *[Pr. civ.]*

Mesure rapportant la mise en délibéré et appelant l'affaire à une nouvelle audience en vue d'un débat complémentaire, que le Président est libre de prescrire en fonction des circonstances de la cause, mais qu'il doit ordonner lorsque les parties n'ont pas été à même de s'expliquer contradictoirement sur les éclaircissements de droit ou de fait qui leur avaient été demandés.

▌ *NCPC, art. 444, al. 1.*

Répartition *[Séc. soc.]*

Système consistant à utiliser, chaque année, les contributions des participants en activité pour verser des allocations aux personnes à la retraite. Dans ce système, les cotisations des actifs financent les pensions des inactifs.

➤ *Capitalisation.*

Repentir actif *[Dr. pén.]*

Fait pour un délinquant, qui a consommé une infraction, d'en réparer, dans la mesure du possible, les conséquences dommageables. Cette réparation est sans incidence sur la responsabilité pénale de l'auteur, ce dernier pouvant seulement espérer que la peine prononcée sera réduite.

Repentis *[Dr. pén.]*

Terme générique désignant un délinquant qui, collaborant avec les autorités administratives ou judiciaires, permet d'éviter une activité criminelle ou d'en réduire les conséquences. Cette solution valable pour certaines infractions seulement (ex. : terrorisme, trafic de stupéfiants) conduit à une exemption ou à une diminution de peine.

C. pén., art. 422-2, par exemple.

Répertoire civil *[Dr. civ.]*

Registre, tenu par le greffier du tribunal de grande instance, où sont consignés l'ensemble des extraits des demandes, actes et jugements affectant les pouvoirs des personnes majeures, à la suite de changements survenus dans leur capacité ou dans leur régime matrimonial (mise en tutelle, retrait de pouvoirs entre époux, rejet d'une demande de séparation de biens, etc.).

Ce mode de publicité, destiné à informer les tiers, est complété par un système de mentions en marge de l'acte de naissance comportant une référence numérique audit répertoire.

Répertoire général *[Pr. civ.]*

Registre unique tenu au secrétariat-greffe des tribunaux de droit commun et d'exception, sur lequel sont inscrites à leur date, avec un numéro d'arrivée, toutes les affaires introduites devant la juridiction concernée, ainsi que la nature et la date des décisions intervenues.

NCPC, art. 726.

Répertoire des Métiers *[Dr. com.]*
➤ *Artisan.*

Répétition de l'indu *[Dr. civ.]*

Remboursement de ce qui a été payé sans cause.

C. civ., art. 1235, 1376 s.

Réplique *[Dr. adm.]*

Dans la procédure administrative, qui est écrite et se déroule sous forme d'échange de mémoires, la personne publique en cause répond à la requête introductive d'instance par un mémoire en défense (par des « observations » s'il s'agit d'un ministre pour l'État), auquel répond le requérant par un mémoire en réplique puis, au stade suivant, éventuellement, par un mémoire en duplique.

[Pr. civ.] Conclusions du demandeur ou plaidoirie de son avocat présentées en réponse aux conclusions du défendeur ou à la plaidoirie de son avocat.

Report en bourse *[Dr. com.]*

Procédé utilisé sur le marché à terme consistant à remettre à une liquidation ultérieure la réalisation d'une opération de bourse.

Repos compensateur *[Dr. trav.]*

Repos obligatoire, payé comme temps de travail, accordé aux travailleurs qui ont accompli un certain nombre d'heures supplémentaires.

C. trav., art. L. 212-5, L. 212-5-1, L. 212-8 s.

Repos hebdomadaire *[Dr. trav.]*

Repos d'au moins 24 heures consécutives qui doit être accordé chaque semaine à tout salarié. Le repos hebdomadaire est donné en principe le dimanche. C'est le repos dominical.

📘 *C. trav., art. L. 221-1 s., R. 221-1 s.*

Représailles *[Dr. int. publ.]*

Mesures de contrainte illicites prises par un État pour répondre à des actes également illicites commis à son préjudice par un autre État, et obtenir ainsi la cessation et la réparation du dommage (ex. : internement des étrangers, saisie de leurs biens, etc.)

Représentant de commerce *[Dr. trav.]*

Intermédiaire travaillant de façon permanente pour une ou plusieurs personnes, pour le compte desquelles il se charge de solliciter la clientèle, de préparer ou conclure des ventes, sans s'engager personnellement.

📘 *C. trav., art. L. 751-1 s., R. 751-1 s.*
➢ *Indemnité de clientèle.*

Représentants du personnel *[Dr. trav.]*

Expression qui désigne les représentants élus des salariés dans l'entreprise (délégués du personnel, membres des comités d'entreprise). Les délégués syndicaux, qui sont juridiquement les représentants des syndicats dans l'entreprise, sont parfois qualifiés abusivement de représentants du personnel.

📘 *C. trav., art. L. 421-1 s., L. 431-1 s.*

Représentant syndical *[Dr. trav.]*

Au sens strict, et par opposition au délégué syndical, membre d'un syndicat représentatif et désigné par lui en

vue de siéger au Comité d'entreprise ou d'établissement avec voix consultative.

📘 *C. trav., art. L. 433-1.*

Représentation *[Dr. civ.]*

1° Procédé juridique par lequel une personne, appelée représentant, agit au nom et pour le compte d'une autre personne, appelée représenté. Les effets de l'acte passé par le représentant se produisent directement sur la tête du représenté. La représentation peut être légale (tuteur représentant le mineur), conventionnelle (mandat) ou judiciaire (autorisation accordée à un époux d'agir au nom de l'autre).

📘 *C. civ., art. 1998.*

2° Fiction de la loi dont l'effet est de permettre aux descendants d'une personne, qui aurait hérité du « de cujus », si elle avait survécu, de prendre la place de cette personne dans la succession.

📘 *C. civ., art. 739 s.*

Représentation conjointe (action en)
➢ *Action en représentation conjointe.*

Représentation des intérêts *[Dr. const.]*

Système consistant à assurer la représentation des groupes, comme complément ou à la place de la représentation des individus. Trois modalités possibles : assemblée simplement consultative (ex. : Conseil économique et social de la Constitution de 1958), chambre économique et sociale intégrée au parlement (ex. : Yougoslavie chambre corporative unique.

Représentation en justice des plaideurs
[Pr. civ.]

La représentation en justice des plaideurs est, sauf devant le tribunal de commerce, strictement réglementée, une situation privilégiée étant faite, devant les tribunaux d'exception, à l'avocat près le tribunal de grande instance.

📗 *NCPC, art. 853.*

Devant les tribunaux de droit commun, les parties ne peuvent comparaître en personne; elles doivent se faire représenter par un avocat en première instance, par un avoué devant la cour d'appel.

📗 *NCPC, art. 751, 828, 884, 899; C. trav., art. R. 516-5.*

Représentation proportionnelle
[Dr. const.]

Mode de scrutin qui répartit les sièges entre les listes au prorata du nombre de voix qu'elles ont recueillies.

1° *Représentation proportionnelle approchée* : celle qui répartit les restes à l'intérieur des circonscriptions, ce qui entraîne, pour les listes, des voix non représentées dans toutes les circonscriptions où elles ont été en compétition.

2° *Représentation proportionnelle intégrale* : celle qui opère la répartition des restes au plan national, de sorte que chaque liste a, pour l'ensemble du pays, un nombre de voix non représentées négligeable (inférieur au quotient électoral).

Représentativité des syndicats *[Dr. trav.]*
➣ *Syndicats représentatifs.*

Reprise (droit de) *[Dr. civ. / Dr. com.]*

Droit accordé au bailleur, dans certains cas, de reprendre son local à l'expiration du bail, malgré le droit du locataire au maintien dans les lieux ou au renouvellement du bail.

[Dr. fin.] Droit que possède le fisc pendant un certain délai (« délai de reprise ») de réparer les erreurs ou les omissions qu'il a constatées dans l'assiette ou la liquidation de l'impôt.

Reprise des débats *[Pr. civ.]*

Recommencement de l'audience de jugement rendue nécessaire par le changement survenu dans la composition de la juridiction; les débats sont repris dans leur intégralité, alors que les débats réouverts se limitent en général à quelques explications complémentaires ou éclaircissements nouveaux.

📗 *NCPC, art. 444, al. 2.*

Reprise d'instance *[Pr. civ.]*

Remise en marche d'une instance interrompue, soit amiablement par acte d'avocat, soit sur citation en justice de la partie adverse.

➣ *Interruption.*

Reprises *[Dr. civ.]*

Opération effectuée pendant la liquidation de la communauté, par laquelle chaque époux reprend, avant le partage des biens communs, ses biens propres qui se retrouvent en nature lors de la dissolution.

📗 *C. civ., art. 1467.*

Reproche *[Pr. civ.]*

Allégation de certains faits de nature à rendre suspecte la déposition d'un témoin. Les textes sur le reproche d'un témoin ont été abrogés en 1958.

République *[Dr. const.]*

Régime politique où le pouvoir est chose publique *(res publica)*, ce qui impli-

RÉP

R

que que ses détenteurs l'exercent non en vertu d'un droit propre (droit divin, hérédité), mais en vertu d'un mandat conféré par le corps social. Ainsi définie, la République s'oppose à la Monarchie ou Royauté, mais elle ne se confond pas avec la Démocratie : une Monarchie peut être démocratique (ex. : Grande-Bretagne), une République peut ne pas l'être (ex. : Grèce « des colonels » et Républiques populaires) ; en fait, les mots République et Démocratie sont souvent employés indifféremment.

République Française *[Dr. const.]*

Ensemble constitué par la France métropolitaine, les départements d'Outre-Mer et les territoires d'Outre-Mer.

Requalification *[Pr. civ.]*

Opération consistant pour le juge à restituer leur exacte qualification aux faits et actes litigieux sans s'arrêter à la dénomination que les parties en auraient proposée. Ce devoir de requalifier est écarté lorsque les parties, en vertu d'un accord exprès et pour les droits dont elles ont la libre disposition, ont lié le juge par les qualifications et points de droit auxquels elles entendent limiter le débat.

📖 *NCPC, art. 12.*

Requérant *[Dr. adm.]*

Dans la procédure contentieuse administrative, qui est écrite, terme général désignant l'auteur de la requête introductive d'instance, c'est-à-dire le demandeur à l'instance.

Requête *[Pr. civ.]*

Demande écrite adressée directement à un magistrat, sans mise en cause d'un adversaire, dans les cas où la situation à

régler est *urgente et où la nécessité commande qu'il soit procédé non contradictoirement.* Il y est répondu par une ordonnance de caractère provisoire, exécutoire sur minute et susceptible de rétractation.

📖 *NCPC, art. 493 s.*

Requête civile *[Pr. civ.]*

Voie de recours extraordinaire, naguère ouverte dans onze cas, remplacée par le recours en révision.

➤ *Recours en révision.*

Requête conjointe *[Pr. civ.]*

Mode d'introduction de l'instance contentieuse autorisé en toutes matières, devant le tribunal de grande instance, la cour d'appel, le tribunal d'instance, le tribunal de commerce. Elle consiste en la remise au secrétariat-greffe d'un document signé par les avocats des deux parties, dans lequel se trouvent exposées les prétentions respectives, les points (de fait et de droit) litigieux ainsi que les moyens invoqués, et qui porte énumération des pièces produites par chacun des requérants.

Cette requête entraîne la saisie de la juridiction et vaut conclusions.

📖 *NCPC, art. 57.*

Réquisition *[Dr. adm.]*

Procédé permettant à l'Administration, moyennant indemnisation, de contraindre les particuliers à lui accorder leurs services, l'usage de meubles ou d'immeubles, la propriété de meubles, dans des hypothèses énumérées par les textes mais dont le nombre est allé croissant.

[Dr. trav.] Ordre de reprendre le travail donné par les autorités administratives

aux travailleurs en grève, lorsque l'ordre public paraît menacé.

Réquisitions *[Pr. civ. / Pr. pén.]*

Conclusions présentées par le représentant du ministère public devant toutes les catégories de juridictions de l'ordre judiciaire, lorsqu'une affaire lui est communiquée ou qu'il estime qu'il a le devoir de faire connaître son avis.

📖 *NCPC, art. 424 s, 431.*

Réquisition de paiement *[Dr. fin.]*

Droit accordé aux ordonnateurs de surmonter le refus de paiement du comptable dont la responsabilité est alors dégagée, lors du contrôle par celui-ci de la régularité des dépenses publiques à payer. Il est écarté dans certains cas où l'irrégularité apparaît manifeste. L'ordonnateur engage par la réquisition la responsabilité prévue par les textes qui le concernent.

Réquisitoire *[Pr. pén.]*

Introductif : pièce de la procédure écrite par laquelle le Ministère Public saisit le juge d'instruction écartant par là la citation directe.

📖 *C. pr. pén., art. 80 et 82.*

Définitif : pièce de la procédure écrite par laquelle le Ministère Public décide, à la fin de l'instruction, de la suite qu'il entend donner au dossier. Devant les juridictions de jugement, le réquisitoire est présenté oralement.

📖 *C. pr. pén., art. 175.*

Supplétif : réquisitoire complémentaire pris en général à la demande du magistrat instructeur, lui permettant d'informer sur des faits non visés dans le réqui-

sitoire introductif et découverts en cours d'instruction.

📖 *C. pr. pén., art. 80 et 82, al. 1er.*

« Res » *[Dr. civ.]*

Mot latin signifiant chose.

« Res derelictae » *[Dr. civ.]*

Choses abandonnées par leur propriétaire et susceptibles d'être acquises par un tiers par occupation.

« Res inter alios acta, alliis nec prodesse, nec nocere potest » *[Dr. civ.]*

Ce qui a été fait entre certaines personnes ne nuit ni ne profite aux autres.
Ainsi, un contrat passe entre deux personnes ne rend pas des tiers débiteurs ou créanciers. C'est le principe de la relativité des contrats.

📖 *C. civ., art. 1165.*

« Res inter alios judicata, alliis prodesse, nec nocere potest » *[Pr. gén.]*

Chose jugée entre d'autres. Manière de dire que les décisions de justice n'ont d'effet qu'entre les parties et qu'elles sont sans existence vis-à-vis des tiers qui peuvent faire valoir l'inopposabilité des jugements rendus en dehors d'eux, soit de façon défensive, en invoquant la fin de non-recevoir tirée de la relativité de la chose jugée, soit de façon offensive en introduisant le recours de la tierce opposition.

📖 *C. civ., art. 1351; NCPC, art. 122, 583.*
➢ *Chose jugée, Opposabilité, Tierce-opposition.*

« Res judicata pro veritate habetur » *[Pr. civ.]*

La chose jugée est tenue pour vérité.

📖 *C. civ., art. 1350, 3° et 1351; C. pr. pén., art. 6, al. 1.*

R

« **Res mobilis, res vilis** »

Chose mobilière, chose sans valeur. Adage que le développement moderne de la fortune mobilière a singulièrement contredit.

« **Res nullius** » *[Dr. civ.]*

Choses qui n'appartiennent à personne.
📖 *C. civ., art. 539, 713 s.*

« **Res perit creditori** » *[Dr. civ.]*

La perte de la chose est supportée par le créancier de la livraison; cette règle est exceptionnelle.
➢ *Risque, 2° Théorie des risques.*

« **Res perit debitori** » *[Dr. civ.]*

Les risques de perte de la chose sont supportés par le débiteur de la livraison.
📖 *C. civ., art. 1722, 1788, 1790.*
➢ *Risque, 2° Théorie des risques.*

« **Res perit domino** » *[Dr. civ.]*

Lorsqu'une chose périt, c'est en principe son propriétaire qui supporte cette perte.
📖 *C. civ., art. 1138.*

Réseau ferré de France *[Dr. adm.]*

Établissement public à caractère industriel et commercial, né en 1997 de la réorganisation de la Société nationale des chemins de fer (SNCF) appelée par le droit communautaire, auquel a été transférée la propriété des voies ferrées et d'immeubles annexes en vue de les gérer. La SNCF – dotée du même statut juridique – n'est désormais chargée que d'exploiter les moyens de transport utilisant ces infrastructures, sous réserve d'ailleurs du droit d'accès futur des transporteurs ferroviaires des autres États membres de la Communauté européenne.

Rescindant, Rescisoire *[Pr. civ.]*

Termes désignant les deux phases successives de l'ancienne requête civile : la première concernait la recevabilité et l'admission de la requête; au cours de la seconde, l'affaire était à nouveau examinée et jugée.

Rescision *[Dr. civ.]*

Terme désignant la destruction, par décision judiciaire, d'un acte lésionnaire.
📖 *C. civ., art. 887, 1674.*

Réserve *[Dr. civ.]*

Portion du patrimoine d'une personne dont elle ne peut pas disposer par donation ou testament en présence d'héritiers réservataires (ascendants et descendants).
📖 *C. civ., art. 913 s.*
➢ *Quotité disponible.*

[Dr. int. publ.] Déclaration par laquelle un État partie à un traité multilatéral exclut de son engagement certaines dispositions de ce traité ou précise le sens qu'il leur attribue.

Réserve (Obligation de)
➢ *Obligation de réserve.*

Réserves *[Dr. com.]*

Prélèvements effectués sur les bénéfices réalisés par une société avant qu'ils ne soient distribués aux associés, dans un but de prévoyance. Les réserves permettront de faire face plus tard à certains risques, ou de faciliter l'extension de l'affaire.

Ces prélèvement, qui figurent au passif du bilan, sont obligatoirement prévus par la loi dans les sociétés anonymes et les SARL (« réserves légales »); ils peuvent être prévus par les statuts (« réserves statutaires ») ou décidés librement par les associés en assemblées ordinaires (« réserves facultatives ou libres »).

Réserve de propriété *[Dr. com.]*
➤ *Clause de réserve de propriété.*

Résidence *[Dr. civ.]*

Lieu où se trouve en fait une personne. On oppose la résidence au domicile qui est le lieu où elle est située en droit.
🔰 *C. civ., art. 108-1, 215, 255, 287.*
➤ *Demeure, Domicile.*

Résidence forcée
➤ *Assignation à résidence.*

Résident *[Dr. int. publ.]*

Individu habitant durablement dans un État autre que celui dont il a la nationalité, qualité reconnue par la délivrance d'une carte et répondant à un régime juridique précis déterminé par le pays d'accueil.

[Dr. fin.] Résident fiscal : en droit fiscal international, personne physique ou morale considérée, en vertu de la loi interne ou de conventions internationales, comme ayant son domicile fiscal dans le pays, et ainsi soumise à la fiscalité générale de celui-ci (à la différence des « non-résidents »).

Résiliation *[Dr. civ.]*

Suppression pour l'avenir d'un contrat successif, en raison de l'inexécution par l'une des parties de ses obligations.
➤ *Résolution.*

Résolution *[Dr. civ.]*

Sanction consistant dans l'effacement rétroactif des obligations nées d'un contrat synallagmatique, lorsque l'une des parties n'exécute pas ses prestations.

Comme la nullité, la résolution a un effet rétroactif, mais à la différence de la première elle sanctionne un défaut d'exécution et non pas un vice existant lors de la formation du contrat.
🔰 *C. civ., art. 1184.*
➤ *Résiliation.*

Résolution ou motion
[Dr. const. / Dr. int. publ.]

Texte voté par un organe délibérant (assemblée parlementaire, organe international) et qui a trait à son fonctionnement intérieur ou exprime son opinion ou sa volonté sur un point déterminé.

La résolution votée par une assemblée parlementaire se distingue de la loi en ce qu'elle ne comporte pas d'intervention de l'autre assemblée en régime bicaméral et n'est pas soumise à promulgation.

Responsabilité *[Dr. civ.]*

Obligation de réparer le préjudice résultant soit de l'inexécution d'un contrat (responsabilité contractuelle) soit de la violation du devoir général de ne causer aucun dommage à autrui par son fait personnel, ou du fait des choses dont on a la garde, ou du fait des personnes dont on répond (responsabilité du fait d'autrui) ; lorsque la responsabilité n'est pas contractuelle, elle est dite délictuelle ou quasi délictuelle.
🔰 *C. civ., art. 1147, 1382 s.*
➤ *Délit, Quasi-délit.*

Responsabilité des agents publics
[Dr. adm. / Pr. gén.]

L'agent public est pécuniairement responsable des dommages qu'il a causés

R

aux administrés ou à l'Administration en cas de <u>faute personnelle</u>, il ne l'est pas s'il a commis une <u>faute de service</u>.

Responsabilité collective *[Dr. pén.]*
Règles d'incrimination qui seraient applicables à une personne en raison de son appartenance à un groupe pour les agissements délictueux de ce groupe. Le principe de la personnalité des peines exclut la responsabilité collective.
▌ *C. pén., art. 121-1.*

Responsabilité du fait d'autrui
[Dr. civ.]
➢ *Responsabilité.*

Responsabilité du fait des choses
[Dr. civ.]
➢ *Responsabilité, Garde.*

Responsabilité du fait du fonctionnement défectueux de la justice
[Dr. adm. / Pr. civ. / Pr. pén.]
L'État est tenu de réparer les dommages causés à un plaideur par le fonctionnement défectueux de la justice civile ou pénale (faute de service). Mais sa responsabilité n'est engagée que dans la mesure où un magistrat ou une juridiction collégiale a commis une faute lourde ou un déni de justice. Une faute légère n'entraînerait pas une responsabilité de l'État.
Mais lorsqu'une faute personnelle se rattachant au service a été commise par un magistrat, l'État peut exercer contre lui une action récursoire (portée devant une des chambres civiles de la Cour de cassation).
▌ *C. org. jud., art. L. 781-1.*
➢ *Déni de justice, Détention provisoire, Prise à partie.*

Responsabilité du fait des produits défectueux *[Dr. civ.]*
➢ *Produits défectueux.*

Responsabilité pénale *[Dr. pén.]*
Obligation de répondre de ses actes délictueux en subissant une sanction pénale dans les conditions et selon les formes prescrites par la loi. Plus spécialement, cette expression est utilisée à propos de certaines personnes en raison d'une qualité qui leur est propre (ex. : responsabilité pénale de l'instigateur).

Responsabilité pénale pour autrui
[Dr. pén.]
Obligation pour une personne de répondre devant les juridictions répressives des actes délictueux d'autrui. Le principe de la personnalité des peines exclut en droit français ce type de responsabilité.
▌ *C. pén., art. 121-1.*

Responsabilité pénale du chef d'entreprise *[Dr. pén. / Dr. trav.]*
Règles d'incrimination applicables au chef d'entreprise en raison de sa qualité.
En droit du travail, outre la responsabilité pénale de droit commun, le chef d'entreprise supporte la responsabilité des infractions aux règles d'hygiène et de sécurité commises dans l'entreprise si elles sont dues à sa faute personnelle. Il ne peut s'en exonérer qu'en démontrant qu'elles se sont produites dans des services dont il avait délégué la direction à des gérants ou préposés investis par lui et pourvus de la compétence et de l'autorité nécessaires pour veiller efficacement à l'application de la loi.
▌ *C. trav., art. L 263-2.*

Par ailleurs, en cas d'accident du travail dû à l'inobservation des règles d'hygiène et de sécurité, le tribunal peut mettre à la charge de l'employeur tout ou partie des amendes prononcées contre le préposé coupable d'homicide ou de blessures involontaires.

🔖 *C. trav., art. L. 263-2, L. 263-2-1.*

Responsabilité politique *[Dr. const.]*

Obligation pour le titulaire d'un mandat politique de répondre de son exercice (actes, paroles, écrits) devant celui ou ceux de qui il le tient.

Responsabilité politique du Gouvernement devant le Parlement : obligation pour le Gouvernement, en régime parlementaire, de jouir de la confiance du Parlement qui, en la lui refusant, le contraint à démissionner.

➤ *Motion de censure, Question de confiance.*

Responsabilité de la puissance publique *[Dr. adm.]*

Les personnes morales de droit public peuvent voir leur responsabilité engagée à l'égard des particuliers ou d'autres collectivités publiques soit pour faute, soit sans faute (responsabilité dite pour risque). Cette seconde cause de responsabilité est souvent rattachée à l'idée d'égalité des citoyens devant les charges publiques.

Dans l'exercice de ses fonctions législative et juridictionnelle, l'État bénéficie en jurisprudence d'une assez large irresponsabilité.

Ressort *[Pr. gén.]*

Le ressort précise l'étendue de la compétence d'une juridiction, soit au point de vue géographique, soit en ce qui concerne la valeur du litige.

On parle de ressort, également, pour préciser dans quelle condition une voie de recours peut être formée. Une décision peut être en premier ressort, en premier et dernier ressort, en dernier ressort.

🔖 *NCPC, art. 34 ; C. org. jud., art. L. 443-1, R. 311-2, R. 321-1 s. ; C. trav., art. R. 517-3.*
➤ *Jugement en dernier ressort, en premier ressort.*

Circonscription territoriale à l'intérieur de laquelle peut instrumenter un officier ministériel (notaire, huissier de justice par exemple), peut postuler le représentant d'un plaideur (avocat, avoué près de la cour d'appel).

Ressortissant *[Dr. int. priv. et publ.]*

Individu lié à un État dont il n'a pas, cependant, la nationalité (ex. : les sujets de certains États africains ont été, jusqu'au jour de l'accession de ces États à une complète autonomie, des ressortissants français).

En pratique, il est fait souvent confusion des termes « national » et « ressortissant », ce dernier mot ayant un sens beaucoup plus large.

« Ressources propres » *[Dr. eur.]*

Appellation désignant, depuis la réforme de 1970 qui a conféré à la CEE l'autonomie de ses ressources en mettant fin au système traditionnel des contributions acquittées par chaque État membre, l'ensemble des recettes propres dont elle dispose, essentiellement représentées par les prélèvements agricoles, une « cotisation sucre », les droits de douane sur les importations en provenance d'États tiers, et une fraction de la

R

TVA perçue dans chaque État membre dans la limite de 1,4 % des recettes TVA perçues dans les États membres.

Une nouvelle ressource (la « quatrième ressource ») a été créée en 1988 et est fondée sur le PNB. Chaque pays membre contribue en fonction de son PNB. Le plafond de l'ensemble des ressources propres a été fixé à 1,27 % du PNB en 1999 (1,20 % en 1993 soit un budget passant de 66,5 milliards d'écus à environ 81).

La CECA perçoit depuis l'origine un impôt levé sur les entreprises sidérurgiques et minières (« prélèvement CECA »).

Restes *[Dr. const.]*

Dans la représentation proportionnelle, sièges non répartis au quotient électoral, et voix non représentées correspondant à ces sièges.

Diverses méthodes permettent d'utiliser les restes dans le cadre des circonscriptions électorales (systèmes de la plus forte moyenne et des plus forts restes) ou dans le cadre national.

« Restitutio in integrum » (restitution en entier) *[Dr. civ. / Pr. civ.]*

Conséquence normale de l'annulation d'un contrat (quand la restitution est possible), de la réparation en nature d'un dommage, de la réintégration d'un salarié congédié irrégulièrement.

📖 *C. civ., art. 555, al. 2 ; C. trav., art. L. 412-19, L. 425-3, L. 436-3.*

Restitutions *[Pr. pén.]*

Au sens strict, remise à leurs propriétaires d'objets volés, détournés ou saisis comme pièces à conviction. Au sens large, mesures tendant à rétablir la situation

antérieure à une infraction ou à faire cesser un état délictueux.

📖 *C. pr. pén., art. 99, 373, 478, 543.*

Rétablissement *[Pr. civ.]*

Rétablir une pièce de procédure consiste à la replacer dans le dépôt d'où elle avait été extraite. Par exemple, en cas d'inscription de faux, le tribunal décide si l'acte dont il constate la falsification sera à nouveau placé au rang des minutes du notaire (rétablissement), ou au contraire conservé dans les archives du secrétariat de la juridiction.

📖 *NCPC, art. 310.*

Rétablir une affaire, c'est réitérer son enregistrement au greffe du tribunal, nouvel enregistrement rendu nécessaire par la radiation de la demande du rôle des affaires en cours pour défaut de diligence des parties.

📖 *NCPC, art. 383.*

Rétention *[Dr. civ.]*

Droit accordé par la loi à un créancier de garder un objet appartenant à son débiteur, bien qu'il ne l'ait pas reçu par un contrat de nantissement, jusqu'au paiement de ce qui lui est dû.

📖 *C. civ., art. 571, 1948.*

[Dr. adm.] Dans le cadre d'une procédure de reconduite à la frontière, possibilité donnée à l'Administration de placer pendant une durée limitée l'étranger en cause, s'il ne peut être immédiatement expulsé, dans des locaux surveillés, mais qui ne peuvent relever de l'Administration pénitentiaire.

Retenue à la source *[Dr. fin.]*

Technique de perception de l'impôt sur le revenu, consistant à obliger le débiteur d'une somme qui est imposable chez le contribuable (salaire, intérêts, dividendes par exemple) à opérer sur celle-ci une retenue qu'il versera lui-même au fisc. Généralement, cette retenue représente un acompte qui s'impute (sous le nom souvent de crédit d'impôt) sur l'impôt global dont le contribuable sera redevable au titre de cette année. Parfois, la somme retenue libère définitivement le contribuable, on parle alors de « prélèvement libératoire ».

Réticence *[Dr. civ.]*
Silence gardé volontairement par une personne sur un point qu'elle devrait révéler. Dans certaines circonstances la réticence émanant d'un cocontractant est constitutive de dol.

Retirement *[Dr. civ.]*
Nom donné, dans les ventes mobilières, à l'obligation qui pèse sur l'acheteur de prendre livraison de la chose vendue.
📘 *C. civ., art. 1657.*

Rétorsion *[Dr. int. publ.]*
Moyen de contrainte consistant dans le fait pour un État de répondre par un usage rigoureux de son droit à des actes eux-mêmes licites mais inamicaux, commis à son égard par un autre État (ex. : expulsion réciproque d'agents diplomatiques ou limitation de leur déplacement dans un rayon déterminé).

Retour (Droit de) *[Dr. civ.]*
Droit en vertu duquel une chose, transmise à titre gratuit à une personne, retourne par voie successorale à celui qui l'avait transmise, ou à ses descendants.
Lorsque la donation prévoit, par une clause, le retour du bien au donateur, le retour est conventionnel ; il est légal s'il résulte du seul effet de la loi (c'est un cas de succession anormale).
📘 *C. civ., art. 368-1, 951.*

Rétraction *[Dr. civ. / Dr. com.]*
➤ *Droit de repentir.*

Retrait *[Dr. adm.]*
Mise à néant d'un acte administratif unilatéral par son auteur. Du point de vue du régime juridique applicable, il convient de distinguer :
- le retrait proprement dit, dont la portée est rétroactive ;
- l'abrogation, dont les effets ne se produisent que du jour de son intervention.
[Dr. civ.] Faculté accordée à une personne de se substituer à une autre et de s'approprier le bénéfice d'une opération lorsqu'elle a été conclue.
Se distingue de la préemption, laquelle s'exerce avant la passation du contrat et permet à un tiers de prendre la place du candidat acquéreur.
➤ *Préemption,* ainsi que les trois mots suivants.
[Dr. trav.] ➤ *Droit de retrait.*

Retrait d'indivision *[Dr. civ.]*
Faculté reconnue à la femme mariée de se substituer à son mari, lorsque celui-ci acquiert pour lui-même une part indivise d'un immeuble dont elle était copropriétaire.
Le retrait d'indivision a été supprimé pour l'avenir par la loi du 13 juillet 1965.

Retrait litigieux *[Dr. civ.]*
Faculté accordée par la loi au débiteur d'une créance contestée de se substituer à l'acquéreur, lorsque le créancier cède son droit.
📘 *C. civ., art. 1699 s.*

R

Retrait obligatoire *[Dr. com.]*
➢ *Offre publique de retrait.*

Retrait du rôle *[Pr. civ.]*
Suppression de l'affaire du rang des affaires en cours ordonnée lorsque toutes les parties en font la demande écrite et motivée. Le rétablissement de l'affaire est possible à la demande de l'une des parties.
📗 *NCPC, art. 382 et 383.*
➢ *Radiation du rôle.*

Retrait successoral *[Dr. civ.]*
Faculté reconnue par la loi aux cohéritiers de se substituer à l'acquéreur, lorsque l'un d'eux cède sa part indivise à un tiers non successible du défunt.
Ce retrait a été remplacé par le droit de préemption qui appartient à tout indivisaire en cas de cession des droits indivis à une personne étrangère à l'indivision.
📗 *C. civ., art. 815-14.*

Retraite *[Dr. trav.]*
Situation d'un ancien salarié qui, en raison de son âge, n'est plus en activité. Le législateur distingue la « mise à la retraite » qui résulte de la décision de l'employeur, et le « départ à la retraite » qui résulte de la volonté du salarié; ces deux modes de rupture du contrat de travail ne se confondent ni avec le licenciement ni avec la démission. La clause conventionnelle (dite : clause guillotine) prévoyant une cessation automatique des relations de travail le jour où le salarié atteint un certain âge est nulle.
📗 *C. trav., art. L. 122-14-12 s.*

Retraite complémentaire *[Séc. soc.]*
Retraite conventionnelle s'ajoutant à la retraite légale de l'assurance vieillesse du régime général en vertu de *l'adhésion obligatoire* des salariés du régime général et du régime agricole à un régime complémentaire de retraite.
Au sens large, toute retraite d'origine conventionnelle s'ajoutant aux prestations légales d'assurance vieillesse.

Retraite progressive *[Séc. soc.]*
Possibilité donnée à des assurés qui remplissent les conditions pour bénéficier d'une retraite à taux plein soit 40 années d'assurance de continuer à exercer une activité réduite et de percevoir une fraction de la pension de base qui leur est acquise.
📗 *CSS, art. L. 351-15.*

Retranchement (par) *[Pr. civ.]*
Désigne la cassation partielle d'une décision non suivie de renvoi devant les juges du fond. La légalité est rétablie du seul fait de la suppression, dans la décision attaquée, de la seule disposition illégale. Ainsi, la Cour de cassation procède par voie de retranchement lorsqu'elle annule le chef du dispositif d'un jugement condamnant une partie aux frais, alors que la matière litigieuse est de celles où la loi a établi la gratuité (sécurité sociale).

Rétroactivité *[Dr. civ.]*
Caractère d'un acte juridique qui produit des effets dans le passé (ainsi rétroactivité d'un jugement, d'une condition résolutoire).
📗 *C. civ., art. 1179.*

Rétroactivité de la loi *[Dr. gén.]*
Une loi nouvelle est rétroactive lorsqu'elle régit la validité et les effets passés des situations juridiques nées avant

sa promulgation. En principe la loi n'est pas rétroactive. Mais cette règle ne lie pas le législateur qui peut déclarer rétroactive une loi nouvelle, sauf si celle-ci inflige des peines ou des sanctions.

📖 *C. civ., art. 2 ; C. pén., art. 112-1 s.*
➢ *Effet immédiat de la loi, Non-rétroactivité.*

Rétroactivité « in mitius » *[Dr. pén.]*

Application d'une loi pénale plus douce à des faits commis *avant* sa promulgation et non définitivement jugés.

📖 *C. pén., art. 112-1, al. 3.*
➢ *Non-rétroactivité.*

« Reus in excipiendo fit actor » *[Pr. civ.]*

Si le défendeur soulève une exception, il devient pour son exception, comme un demandeur, soumis à la charge de la preuve.

📖 *C. civ., art. 1315, al. 2 ; NCPC, art. 9.*

Revendication *[Dr. civ.]*

Action en justice accordée à tout propriétaire pour faire reconnaître son titre.

📖 *C. civ., art. 2102, 4°, 2279 et 2280.*

Revenu minimum d'insertion *[Séc. soc.]*

Allocation destinée à garantir à chacun un seuil de ressources minimales.

Révision *[Dr. const.]*

➢ *Loi constitutionnelle.*

[Dr. priv. / Dr. adm.] Procédé de technique juridique par lequel un acte (loi, contrat...) est modifié dans sa forme ou plus fréquemment dans son contenu. En principe, la révision ne peut intervenir que dans les formes qui ont été nécessaires pour son établissement; c'est ainsi qu'une convention ne peut être révisée que par l'accord des parties; exception-

nellement, le juge a le pouvoir de réviser les contrats sur demande unilatérale (ex. : bail commercial). ➢ *Imprévision.*

[Pr. pén.] Procédure particulière permettant de passer outre au caractère définitif d'une décision de condamnation afin de faire rejuger l'affaire, notamment lorsque vient à se produire ou à se révéler un fait nouveau ou un élément inconnu de la juridiction au jour du procès, de nature à faire naître un doute sur la culpabilité du condamné.

📖 *C. pr. pén., art. 622 s.*
[Pr. civ.] ➢ *Recours en révision.*

Révision des traités *[Dr. int. publ.]*

Modification des dispositions d'un traité en vue de l'adapter à des conditions nouvelles. Le Pacte de la SDN (art. 19) prévoyait que l'Assemblée pouvait inviter les États membres à « procéder à un nouvel examen des traités devenus inapplicables » (sorte de soupape de sûreté). Au contraire, la Charte de l'ONU n'aborde pas le problème de la révision des traités.

Révocation *[Dr. adm.]*

Terme susceptible de deux acceptions :
1° Licenciement d'un agent public pour raison disciplinaire.
2° Mise à néant d'un acte administratif par son auteur, synonyme tantôt de retrait, tantôt d'abrogation.

[Dr. civ.] Suppression d'un acte par effet de la loi ou par décision ou à la demande d'une partie, en raison de l'indignité du bénéficiaire.

Ce terme désigne également le fait, pour une personne, de retirer les pouvoirs accordés à une autre.

📖 *C. civ., art. 953, 1035, 1096, 1134, al. 2, 2003.*

R

Révocation populaire *[Dr. const.]*

Procédé de la démocratie semi-directe permettant au peuple de mettre fin à un mandat électif, avant le terme légal. La révocation peut être individuelle (ex. : le *recall* en vigueur dans certains États des États-Unis) ou collective (dissolution populaire d'une assemblée en vigueur dans quelques cantons suisses).

Révolution *[Dr. const.]*

Soulèvement populaire contre le régime établi.

R

Rigidité constitutionnelle *[Dr. const.]*

Expression employée pour signifier qu'une Constitution ne peut être modifiée que selon une procédure spéciale, différente de la procédure des lois ordinaires. En conséquence, la Constitution dite rigide a une valeur juridique supérieure à celle des lois ordinaires.
➤ *Constitution.*

Risque *[Dr. adm.]*
➤ *Responsabilité de la puissance publique.*

[Dr. civ.] 1° *Théorie du risque* (Droit de la responsabilité).

Système fondant la responsabilité civile sur le fait que celui qui tire un avantage matériel ou moral d'une activité doit en supporter les conséquences dommageables pour les tiers; cette théorie rejette la faute comme condition de la responsabilité civile.

2° *Théorie des risques* (Droit des contrats). Lorsque, dans un contrat synallagmatique, l'une des parties est exonérée en raison d'un événement de force majeure qui l'a empêchée de fournir sa prestation, la théorie des risques permet de désigner celui des contractants qui supportera les conséquences de l'inexécution; en règle générale, le débiteur exonéré ne peut recevoir la contrepartie de ce qu'il n'a pu accomplir : le débiteur supporte les risques.
➤ *« Res perit debitori ».*

[Dr. civ. / Dr. com.] Événement éventuel, incertain, dont la réalisation ne dépend pas exclusivement de la volonté des parties et pouvant causer un dommage.

[Séc. soc.] Événement susceptible de supprimer ou de diminuer la capacité de gain d'un assuré social (maladie, invalidité, vieillesse), ou encore d'augmenter ses charges (maternité) et dont les conséquences sont palliées par la sécurité sociale.

Risque de développement *[Dr. civ.]*

Cause d'exonération de la responsabilité du fait des produits défectueux résidant dans cette circonstance que, au moment où le produit a été mis en circulation, l'état des connaissances scientifiques et techniques n'a pas permis de déceler l'existence du défaut.
▮ *C. civ., art. 1386-11 et 1386-12.*

Risque professionnel *[Dr. trav.]*

Risque inhérent à l'exercice d'une profession. Le risque professionnel a été le fondement de la réparation des accidents du travail par l'employeur, avant l'institution de la Sécurité sociale.

Riverain d'une voie publique *[Dr. adm.]*

Occupant d'un immeuble limitrophe d'une voix publique, qui bénéficie à ce titre de droits particuliers sur le domaine public terrestre.
➤ *Aisance de voirie.*

Riveraineté (droit de) *[Dr. civ.]*

Ensemble de prérogatives appartenant au riverain d'un cours d'eau non domanial : droit de se servir de l'eau pour irriguer ses terres, propriété de la moitié du lit, droit de prendre dans cette partie du lit tous les produits naturels et d'en extraire de la vase, du sable et des pierres, droit de pêche, etc.

📖 *C. civ., art. 644 ; C. rur., art. 97 s.*

Rôle *[Dr. fin.]*

Répertoire des contribuables assujettis pour une année donnée à des impôts directs, avec indication de leur imposition individuelle, établi par l'Administration des Contributions Directes et transmis aux comptables publics percepteurs de ces impôts, pour valoir titre exécutoire à l'encontre des redevables.

Un nombre croissant d'impôts directs est aujourd'hui perçu sans émission préalable de rôle, par liquidation et versement spontanés des assujettis.

[Pr. civ.] ➤ *Mise au rôle, Répertoire général.*

Royalties *[Dr. com.]*

➤ *Contrat de licence.*

Rupture du contrat de travail *[Dr. trav.]*

Cessation du contrat de travail en dehors du cas de cessation par l'arrivée du terme.

- *Rupture abusive* : faisant application de la théorie de l'abus du droit, la jurisprudence a qualifié de ruptures abusives, les ruptures du contrat de travail à durée indéterminée inspirées par des motifs blâmables (intention de nuire, légèreté blâmable) ou contrevenant aux dispositions légales ou conventionnelles particulières à certains licenciements. Elle a ainsi apporté un frein à la liberté de rupture des contrats à durée indéterminée. La loi du 13 juillet 1973, d'une part en décidant que le licenciement individuel du salarié lié par contrat de travail à durée indéterminée doit avoir une cause réelle et sérieuse et respecter une procédure, et, d'autre part, en assortissant ces obligations de sanctions précises, a restreint le champ d'application de la rupture abusive. L'abus du droit trouve encore application en cas de rupture du fait du salarié, et dans les quelques cas où la rupture du fait de l'employeur échappe aux dispositions de la loi du 13 juillet 1973.

📖 *C. trav., art. L. 122-13, L. 122-14-5.*

R

S

S

Sabotage *[Dr. pén.]*

Infraction résultant du fait de détruire, détériorer ou détourner des documents, matériels, constructions, équipements, installations, dispositifs techniques ou systèmes de traitement automatique des données, lorsqu'un tel fait est de nature à porter atteinte aux intérêts fondamentaux de la Nation.

📖 *C. pén., art. 411-9.*

Sachant *[Pr. civ.]*

Personne bien informée que le technicien commis par le juge peut entendre au cours de ses investigations, en dehors des formes prescrites pour l'enquête.

📖 *NCPC, art. 242.*

Saint-Siège *[Dr. int. publ.]*

Gouvernement central de l'Église catholique, dont le siège est à la Cité du Vatican.

Saisie *[Pr. civ. / Dr. civ. / Dr. com.]*

Voie d'exécution forcée par laquelle un créancier fait mettre sous main de jus-tice les biens de son débiteur, en vue de les faire vendre aux enchères publiques et de se payer sur le prix. La saisie peut n'être que conservatoire.

➢ *Saisie conservatoire.*

Saisie-appréhension *[Pr. civ.]*

Forme nouvelle de saisie (art. 56, loi 9 juill. 1991, art. 140 à 154, décr. 31 juill. 1992). Elle permet à un créancier bénéficiant d'une *obligation de faire* (livrer ou restituer un meuble corporel), de l'appréhender entre les mains du débiteur de l'obligation, ou même entre celles d'un tiers qui détient l'objet (qui sera parfois gagé).

Si le créancier est muni d'un titre exécutoire, l'huissier adressera au débiteur un commandement lui accordant un délai de huit jours pour exécuter spontanément. S'il ne le fait pas, l'huissier appréhende l'objet pour le remettre au créancier.

Si le créancier ne possède pas de titre exécutoire, il demande au juge de l'exécution du domicile du débiteur de lui remettre une injonction de livrer ou de restituer l'objet de la saisie dans le délai de quinze jours ; à l'expiration de ce délai, l'appréhension sera effectuée par l'huissier.

Saisie-arrêt *[Pr. civ.]*

Voie d'exécution existant avant la réforme des saisies (loi n° 91-650 du 9 juillet 1991, décret n° 92-755 du 31 juillet 1992). Par une saisie-arrêt, le créancier bloquait entre les mains d'un tiers (le tiers-saisi) les sommes dues et même les meubles corporels appartenant à son débiteur, en vue de se faire payer sur ces sommes ou sur le prix des objets mobiliers.

L'acte de saisie ne procurait au créancier aucun privilège sur les sommes ou sur les biens saisis.

La saisie-arrêt a été remplacée par la saisie-attribution, pour les sommes d'argent, par la saisie-vente et la saisie-appréhension pour les meubles corporels détenus par un tiers.

Des règles nouvelles existent pour la saisie des rémunérations du travail et pour la saisie effectuée par un époux contre son conjoint, pour le recouvrement des pensions alimentaires, des amendes et de certaines condamnations pénales, à caractère pécuniaire, pour la saisie pratiquée entre les mains d'une personne morale de droit public.
➤ *Créance.*

Saisie-attribution *[Pr. civ.]*

Forme nouvelle de la saisie-arrêt instituée par la loi du 9 juillet 1991 et le décr. 31 juillet 1992 qui simplifient la procédure et accroissent son efficacité.

Elle ne peut porter que sur la saisie de *sommes d'argent* entre les mains d'un *tiers.*

Pratiquée par le porteur d'un titre exécutoire, recourant à un huissier de justice elle vaut *attribution* au profit du créancier du montant de sa créance et de ses accessoires qui sont entre les mains du tiers (art. 42 à 47 de la loi).

Des règles spéciales précisent le montant du solde saisissable, lorsque la saisie est pratiquée entre les mains d'un établissement habilité à tenir des comptes de dépôts, ainsi une banque (art. 47 de la loi).

Saisie d'aéronef *[Pr. civ.]*

Procédure qui, après notification d'un commandement de payer et établissement d'un procès-verbal de saisie, conduit à la vente de l'aéronef à l'audience des criées du tribunal de grande instance.

▮ *C. aviation civ., art. R. 123-2 s.*

Une saisie conservatoire est également possible lorsque le propriétaire de l'aéronef n'est pas domicilié en France ou que l'aéronef est de nationalité étrangère. Toutefois, les aéronefs (français ou étrangers) affectés à un service d'État ou à des transports publics ne peuvent faire l'objet d'une ordonnance de saisie conservatoire que pour paiement de leur prix d'acquisition ou des sommes dues en vertu de contrats de formation ou de maintenance liés à leur exploitation.

▮ *C. aviation civ., art. L. 123-2 et R. 123-9.*

Saisie de biens placés dans un coffre-fort de banque *[Pr. civ.]*

Les articles 226 s. du décret du 31 juillet 1992 comblent une lacune des textes anciens. Ils prévoient que le débiteur qui possède un coffre-fort dans une banque peut être l'objet de trois procédures distinctes :

- Une *saisie-vente* peut être signifiée au tiers chez lequel se trouve le coffre. Un commandement est alors adressé à la banque, suivi de l'ouverture du coffre, en présence du débiteur ou de son préposé. Ce débiteur peut proposer une vente amiable des titres et objets saisis, ainsi que des ventes partielles et successives.

- Le créancier peut aussi déclencher une saisie-appréhension, aux fins de remise de tels ou tels objets situés dans le coffre.

- Enfin, une saisie simplement conservatoire est également possible.
➤ *Saisie conservatoire.*

Saisie-brandon *[Pr. civ.]*

Saisie des fruits et récoltes. Remplacée par la saisie des récoltes sur pieds.

Saisie conservatoire *[Pr. civ.]*

Une saisie conservatoire est une procédure dont l'objectif est de placer sous main de justice des biens du débiteur, afin que celui-ci n'en dispose pas ou ne les fasse pas disparaître.

Certaines étaient très anciennes (ainsi la saisie foraine, la saisie-gagerie, la saisie conservatoire commerciale). Une loi du 12 novembre 1955 avait institué une saisie conservatoire générale, mais sans faire disparaître les procédures traditionnelles.

La loi du 9 juillet 1991 et son décret d'application du 31 juillet 1992 ont fait disparaître les saisies conservatoires spéciales et ont posé des règles ayant une portée générale, ainsi que des dispositions de portée plus étroite.

➢ *Saisie de biens placés dans un coffre fort, Saisie conservatoire de droit commun, Saisie des droits incorporels, Saisie de navire, Saisie-revendication.*

Saisie conservatoire de droit commun *[Pr. civ.]*

Cette procédure tend uniquement à provoquer l'indisponibilité de certains biens mobiliers du débiteur. Elle ne peut porter que sur des biens *meubles* (meubles corporels ou créances) de ce débiteur (L. 9 juill. 1991, art. 67 s., Décr. 31 juill. 1992, art. 220 s.).

Si le créancier ne possède pas de titre exécutoire, il est obligé d'obtenir une autorisation du juge de l'exécution. La saisie peut également être effectuée entre les mains d'un tiers.

Trois éventualités doivent être distinguées :

- La créance du saisissant consiste en une *somme d'argent* (cette saisie ne peut pas concerner une obligation de faire). La procédure rend les biens indisponibles.

- La procédure peut porter aussi sur des *meubles corporels*; elle sera éventuellement convertie en saisie-vente si le créancier obtient le titre exécutoire qui lui faisait défaut.

- La saisie peut également porter sur des *créances se trouvant entre les mains d'un tiers*; elle les rendra indisponibles et entraînera attribution immédiate au créancier des sommes consignées, avec privilège du créancier gagiste. Un acte de conversion sera alors signifié au tiers, lorsque le créancier aura obtenu un titre exécutoire et opérera alors comme dans le cas d'une saisie-appréhension.

Saisie-contrefaçon *[Dr. com. / Pr. civ.]*

Procédure destinée à faire la preuve d'une contrefaçon. Elle se présente sous deux aspects : la saisie réelle de l'objet contrefaisant ou la saisie-description qui décrit l'objet ou le procédé contrefaisants.

⬛ *C. propr. intell., art. L. 332-1, L. 615-5 et R. 615-1.*

Saisie des droits incorporels *[Pr. civ.]*

La loi du 9 juillet 1991 (art. 59) innove en précisant dans quelles conditions peuvent être saisies et réalisées en faveur du créancier, les droits incorporels appartenant au débiteur, tels que titres nominatifs ou au porteur, parts de sociétés se trouvant entre les mains du mandataire ou de l'intermédiaire agréé pour la gestion d'un portefeuille de titres.

La vente des différents types de parts sociales et de valeurs mobilières est aménagée par le décret du 31 juillet 1992 (art. 185 s.). Des dispositions spéciales prévoient aussi la *saisie conservatoire* des droits d'associés et des valeurs mobilières, avec l'autorisation du juge de l'exécution.
➤ *Mesures conservatoires, Sûretés judiciaires.*

Saisie-exécution *[Pr. civ.]*
Ancienne saisie des meubles corporels se trouvant entre les mains du débiteur, qui exigeait la possession d'un titre exécutoire. Elle est remplacée par la saisie-vente.

Saisie foraine *[Pr. civ.]*
Saisie conservatoire pratiquée naguère, avec l'autorisation du juge, sur les meubles qu'un débiteur de passage apporte avec lui (voyageur débiteur d'un hôtelier, d'un garagiste). Elle a été remplacée par la saisie conservatoire de droit commun.

Saisie-gagerie *[Pr. civ.]*
Saisie conservatoire pratiquée naguère par le bailleur et portant sur les meubles garnissant les lieux loués et pouvant être pratiquée sans autorisation préalable du juge, après un commandement et même sans aucun délai (mais alors avec la permission du juge). Cette saisie a été remplacée par la saisie conservatoire de droit commun.

Saisie immobilière *[Pr. civ.]*
Saisie pratiquée par un créancier muni d'un titre exécutoire sur un immeuble de son débiteur. Elle peut être poursuivie contre un tiers détenteur lorsque le créancier bénéficie d'une hypothèque ou d'un privilège.
📖 *C. pr. civ., art. 673 s.*

Saisies mobilières *[Pr. civ.]*
Saisies pratiquées sur un objet mobilier, sur une créance ou sur une valeur mobilière. Elle peut n'avoir qu'un caractère conservatoire ou viser à la vente forcée des biens saisis.
La refonte des textes de l'ancien Code de procédure civile par la loi du 9 juillet 1991 et le décr. du 31 juillet 1992 s'est accompagnée d'un renouvellement important du vocabulaire et des règles applicables aux nouvelles procédures de saisie. La saisie-exécution est devenue la saisie-vente. la saisie-arrêt la saisie-attribution. Les saisies conservatoires spéciales (saisie foraine, saisie-gagerie) ont disparu et ont été remplacées par des saisies conservatoires mieux adaptées et complétées par la saisie-appréhension.

Saisie de navire *[Dr. marit. / Pr. civ.]*
Procédure spéciale pour saisir conservatoirement ou provoquer la vente forcée d'un navire.

Saisie des récoltes sur pieds *[Dr. civ.]*
Saisie des fruits naturels et industriels, non encore récoltés (Décr. 31 juill. 1992, art. 134 s.), par conséquent immeubles par nature, mais à propos desquels on anticipe sur leur séparation de la terre et auxquels on applique les règles de la saisie mobilière (saisie-vente). Cette procédure a remplacé la saisie-brandon.

S

Saisie des rémunérations du travail dues par un employeur *[Dr. trav. / Pr. civ.]*

La loi du 9 juillet 1991 a maintenu dans le Code du travail les règles concernant la saisie des rémunérations du travail.

📖 *C. trav. art. L. 145-1 à 145-13.*

Une portion du salaire reste totalement insaisissable; elle correspond au revenu minimum d'insertion.

Les salaires et leurs accessoires ne peuvent être saisis que dans les limites de tranches correspondant à l'importance du salaire (tranches dont le taux est précisé chaque année en fonction de certains indices).

Une procédure spéciale se déroule devant le juge d'instance (et non pas le juge de l'exécution), précédée d'une tentative de conciliation.

Toute saisie simplement conservatoire est interdite.

Saisie-revendication *[Pr. civ.]*

Procédure conservatoire remplaçant les dispositions antérieures (art. 155 à 163 du décret du 31 juill. 1992).

Elle permet à celui qui est fondé à requérir la *délivrance* ou la *restitution* d'un meuble corporel de rendre celui-ci indisponible en attendant sa remise à celui qui la réclame.

La procédure suppose que le demandeur possède un titre exécutoire; à son défaut, une autorisation sera sollicitée au juge, par requête.

Il peut être procédé à cette saisie en tout lieu et entre les mains de tout détenteur du meuble, une autorisation judiciaire spéciale étant exigée lorsque le meuble est situé dans le local d'habitation d'un tiers.

Il sera procédé, après règlement éventuel d'incidents à l'appréhension du bien devenu indisponible suivant les règles nouvelles des saisies conservatoires (art. 221 à 223 du décret).

➤ *Saisie-appréhension.*

Saisie des véhicules terrestres à moteur *[Pr. civ.]*

Mesure d'exécution consistant soit à rendre le véhicule indisponible juridiquement par une déclaration à la préfecture qui ne peut plus délivrer un nouveau certificat d'immatriculation, soit à empêcher son utilisation matérielle au moyen d'un dispositif approprié en vue de prévenir son détournement (L. 9 juill. 1991, art. 57 et 58; Décr. 31 juill. 1992, art. 164 à 177).

Saisie-vente *[Pr. civ.]*

Forme de saisie des *meubles corporels*. Elle remplace la saisie-exécution contre le débiteur et la saisie-arrêt d'objets corporels entre les mains d'un tiers, même ceux situés dans sa propre habitation (L. 9 juill. 1991, art. 67 s.; Décr. 31 juill. 1992, art. 220 s.).

• Saisie contre le *débiteur*. Elle suppose que le créancier possède un titre exécutoire. Elle débute par un commandement notifié au débiteur par un huissier de justice. Cet acte contient injonction du débiteur de communiquer les nom et adresse de son employeur et éventuellement des précisions sur le compte bancaire qu'il possède, afin de préserver le cadre de vie du débiteur et de sa famille.

Le débiteur peut obtenir la faculté de vendre à l'amiable les meubles saisissables qu'il possède. À défaut d'un accord à ce sujet, on procède à une vente publique aux enchères.

• Saisie de meubles se trouvant entre les mains d'un *tiers* et spécialement dans son habitation. La saisie doit être autorisée par le juge de l'exécution.

Saisine [Dr. civ.]

Prérogative reconnue à l'héritier de se mettre en possession des biens successoraux et d'exercer les droits du défunt, sans qu'il ait besoin de solliciter une autorisation préalable.

📖 *C. civ., art. 724, 1004, 1006, 1026.*

[Pr. civ.] Formalité par laquelle un plaideur porte son différend devant une juridiction afin que celle-ci examine la recevabilité et le caractère fondé de ses prétentions. La saisine est normalement provoquée par le dépôt au secrétariat-greffe d'une copie de la citation (assignation) ou d'une requête conjointe. La présentation volontaire des adversaires devant le juge emporte parfois saisine de celui-ci.

📖 *NCPC, art. 757, 791, 795, 838, 857, 860, 885; C. trav., art. R. 516-8.*

[Dr. adm.] La saisine du juge administratif est réalisée par le dépôt au secrétariat-greffe de la requête introductive d'instance.

Saisine directe [Pr. pén.]

Modalité de saisine du tribunal correctionnel par le procureur de la République, réservée aux affaires simples permettant de juger le prévenu dans un délai rapide.

Créée par la loi du 2 février 1981, elle a été remplacée par la comparution immédiate.

Saisine pour avis de la Cour de cassation

➤ *Cour de cassation, Saisine pour avis.*

Saisissable [Pr. civ.]

S'applique aux biens susceptibles d'être valablement saisis. Sauf exception, les saisies peuvent porter sur tous les biens appartenant au débiteur alors même qu'ils seraient détenus par des tiers, ainsi que sur les créances conditionnelles, à terme ou à exécution successive à condition que le créancier saisissant respecte les modalités propres à ces obligations.

➤ *Biens saisissables, Insaisissabilité.*

Salaire [Dr. trav.]

Prestation versée par l'employeur au salarié en contrepartie de son travail.

📖 *C. trav., art. L. 140-1 s., R. 140-1 s.*

Salaire de base : partie généralement fixe du salaire déterminée par le contrat ou la convention collective, plus rarement par la loi (SMIC). Souvent s'ajoutent au salaire de base des compléments tels les primes et les gratifications.

Salaire différé : salaire fictif de l'enfant d'un exploitant agricole qui a travaillé à l'exploitation sans être rémunéré, lui valant indemnisation lors du décès de l'ascendant.

📖 *C. rur., art. 321-13.*

Salaire indirect : substituts du salaire touchés en cas d'inactivité.

Salaire au rendement : salaire proportionnel à la production réalisée soit individuellement, soit en équipe.

Salaire au temps : salaire proportionnel à la durée du travail, indépendant d'une production quantitativement déterminée.

[Séc. soc.] *Salaire brut* : salaire avant déduction des cotisations salariales de sécurité sociale.

Salaire journalier de base : salaires et gains servant à déterminer le montant des indemnités journalières et des rentes d'accident du travail.

Salaire net : salaire après déduction des cotisations salariales de sécurité sociale.

S

Salaire de base : salaire servant de base de calcul à certaines prestations : indemnités journalières d'assurance maladie ou maternité, rente accident de travail, pension d'invalidité ou de vieillesse.

Salaire différé *[Dr. civ.]*
➢ *Salaire.*

Salaire minimum de croissance (SMIC) *[Dr. trav.]*

Salaire horaire minimal institué par la loi du 2 janvier 1970 en remplacement du salaire minimum interprofessionnel garanti « pour assurer aux salariés dont les rémunérations sont les plus faibles la garantie de leur pouvoir d'achat et une participation au développement économique ».

Le salaire minimum de croissance est indexé sur le niveau général des prix à la consommation et fait l'objet d'une révision annuelle pour tenir compte des conditions économiques.

📖 *C. trav., art. L. 141-1 s., R. 141-1 s., D. 141-1 s.*

Salaire minimum interprofessionnel garanti (SMIG) *[Dr. trav.]*

Salaire horaire minimal commun à toutes les professions, institué en 1950 au moment de la remise en vigueur du régime de la liberté des salaires. Le SMIG était censé correspondre aux besoins élémentaires du travailleur.

Il a été remplacé en 1970 par le « salaire minimum de croissance ».

Salaire de référence *[Séc. soc.]*

Montant de la cotisation qui donne droit, au cours d'une année à l'acquisition d'un point de retraite (prix d'achat du point).

Le salaire de référence est fixé chaque année par le conseil d'administration de chaque régime complémentaire en fonction de l'évolution des salaires moyens de l'ensemble des cotisants à ce régime.

SALT (Stratégic Arms Limitation Talks) *[Dr. int. publ.]*

Négociations bilatérales entre les États-Unis et l'URSS sur la limitation des armements nucléaires stratégiques, ayant déjà abouti à une série d'accords à partir de 1972.

Sanctions administratives *[Dr. adm.]*

Véritables punitions infligées par l'administration active dont le nombre va se multipliant. Le cas le plus connu est celui des sanctions dans le cadre des fraudes fiscales, où joue souvent le pouvoir de « composer ».

Sanction des lois *[Dr. const.]*

Dans les monarchies constitutionnelles, acte par lequel le Roi participe à l'œuvre législative, sa volonté étant aussi indispensable à la formation de la loi que celle du Parlement.
➢ *Promulgation.*

Sans préjudice de *[Dr. gén.]*

Formule souvent employée dans des textes ou dans des conventions (*1er sens*), signifiant : sans faire obstacle à, par exemple, une disposition X applicable sans préjudice de la disposition Y signifie que les deux dispositions sont cumulativement applicables à l'espèce en cause.

Sauvegarde de justice *[Dr. civ.]*

Régime de protection applicable aux majeurs atteints d'une altération temporaire de leurs facultés mentales ou corporelles, et conservant aux intéressés l'exercice de leurs droits, mais justifiant la rescision pour lésion, ou la réduction pour excès, des actes qu'ils ont passés et des engagements qu'ils ont contractés.

📗 *C. civ., art. 491, 491-2.*

Savoir faire *[Dr. com.]*

Connaissances dont l'objet concerne la fabrication des produits, la commercialisation des produits ou services ainsi que le financement des entreprises qui s'y consacrent, fruit de la recherche ou de l'expérience, non protégées par brevet, non immédiatement accessibles au public et transmissibles par contrat.

Sceau *[Dr. gén.]*

Cachet officiel détenu par un représentant de la puissance publique et dont l'empreinte sert à authentifier un acte ou à sceller un objet.

➢ *Scellés.*

Scellés *[Pr. civ.]*

Bande de papier ou d'étoffe fixée par un cachet de cire marqué d'un sceau par le greffier en chef du tribunal d'instance, afin d'empêcher provisoirement l'ouverture d'un appartement, d'une pièce ou d'un meuble.

📗 *NCPC, art. 1304 s.*

Schémas de cohérence territoriale *[Dr. adm.]*

Documents de planification stratégique établis à l'échelle d'une agglomération par un établissement public de coopération intercommunale, qui définissent le projet global d'aménagement et de développement durable de l'espace sur lequel elle s'étend, et qui déterminent et met-

tent en cohérence les politiques d'urbanisme, d'habitat, d'équipements commerciaux ainsi que de déplacement des personnes et des biens dans cette aire.

Soumis à une révision décennale, ils succèdent aux anciens schémas directeurs, limités pour l'essentiel à l'utilisation des sols. Celle-ci est actuellement déterminée par les plans locaux d'urbanisme.

📗 *C. urb., art. L. 122-1 s.*

Schéma directeur (SD) *[Dr. adm.]*

➢ *Schémas de cohérence territoriale.*

Schéma directeur d'aménagement et d'urbanisme (SDAU) *[Dr. adm.]*

Dénomination avant la loi du 7 janvier 1983, du schéma directeur.

Schéma directeur départemental *[Dr. rur.]*

Document servant de base au contrôle des structures agricoles et à l'orientation de la politique foncière.

📗 *C. rur., art. L. 312-1.*

Scission *[Dr. com.]*

Disparition d'une société par transmission de la totalité de son patrimoine social à des sociétés nouvelles ou préexistantes (« fusion-scission »), moyennant attribution aux associés de la société scindée de parts ou actions des sociétés issues de la scission.

📗 *C. com., art. L. 236-1; C. civ., art. 1844-4.*

Scrutin *[Dr. adm. / Dr. const.]*

Ensemble des opérations de vote.

1° *Mode de scrutin* : modalités selon lesquelles est aménagé l'exercice du vote ou suffrage, et particulièrement modalités de calcul des résultats électoraux.

S

2° *Scrutin de liste* : celui dans lequel l'électeur est appelé à voter, dans chaque circonscription, pour plusieurs candidats groupés par listes constituées par affinités politiques.

3° *Scrutin majoritaire* : celui dans lequel est déclaré élu le candidat ou la liste qui a obtenu la majorité des voix;

scrutin majoritaire à un tour : est immédiatement élu le candidat (ou la liste) arrivé en tête;

scrutin majoritaire à deux tours : est élu le candidat (ou la liste) qui a obtenu la majorité absolue au premier tour ou, à défaut, la majorité relative au second tour.

4° *Scrutin plurinominal* : celui dans lequel l'électeur est appelé à voter, dans chaque circonscription, pour plusieurs candidats. On confond souvent scrutin plurinominal et scrutin de liste, mais si le scrutin de liste est nécessairement plurinominal, en revanche le scrutin plurinominal n'est pas à proprement parler un scrutin de liste dans le cas où les candidats, se présentant isolément, les électeurs composent eux-mêmes leurs bulletins comme ils l'entendent.

5° *Scrutin uninominal* : celui dans lequel l'électeur est appelé à voter pour un seul candidat dans chaque circonscription.
➢ *Majorité.*

Séance *[Dr. const. / Dr. int. publ.]*
Réunion d'une assemblée pendant une session.

Second original *[Pr. civ.]*
Second exemplaire d'un acte établi en double original ayant même valeur que le premier.
➢ *Double (Formalité du).*

Secours *[Dr. civ.]*
Obligation mise à la charge d'un époux de verser des subsides à son conjoint; le devoir de secours, qui prend la forme d'une dette de somme d'argent, est plus restreint par son contenu que le devoir d'assistance.
📖 *C. civ., art. 207-1, 212, 255, 281.*

Secret de fabrique *[Dr. trav.]*
Procédé de fabrication qui n'est pas connu de tous. Sa divulgation par un salarié de l'entreprise est un délit.
📖 *C. trav., art. L. 152-7.*

Secret professionnel *[Dr. pén.]*
Obligation dont le respect est sanctionné par la loi pénale, imposant à certains professionnels de taire les confidences recueillies au cours de l'exercice de leur profession.
📖 *C. pén., art. 226-13.*
➢ *Obligation de discrétion professionnelle.*

Secrétaire d'État *[Dr. const.]*
Membre du gouvernement venant après les ministres dans la hiérarchie ministérielle. Assiste un ministre auquel il est rattaché ou assure la gestion autonome de certains services (il fait alors fonction de ministre sans en avoir le titre). Les secrétaires d'État ne participent plus au Conseil des Ministres depuis 1969, sauf pour les questions relevant de leurs attributions.

Secrétariat *[Dr. int. publ.]*
Organe administratif permanent d'une Organisation internationale, composé de fonctionnaires internationaux indépendants de leur État d'origine, et chargé de préparer et de mettre en œuvre les décisions des organes délibérants (Cepen-

dant le Secrétaire Général des Nations unies joue aussi un rôle politique).

Secrétariat général du Gouvernement
[Dr. const.]

Organisme administratif placé auprès du Premier Ministre pour l'aider dans la direction de l'ensemble de l'activité gouvernementale (centralisation de l'action du Gouvernement dans l'élaboration des lois et des règlements, secrétariat du Conseil des Ministres et des autres conseils, direction des services de documentation).

Secrétariat-greffe *[Pr. civ. / Pr. pén.]*

Un secrétariat-greffe comprend l'ensemble des services administratifs du siège et du parquet. Il est dirigé par un greffier en chef, assisté de greffiers.

On trouve un secrétariat-greffe auprès de la Cour de cassation, de la Cour d'appel, du tribunal de grande instance, du tribunal d'instance. Un secrétariat-greffe a été institué auprès du Conseil des prud'hommes.

Le chef et les membres d'un secrétariat-greffe possèdent la qualité de fonctionnaire.

Ils assistent les magistrats à l'audience, dressent les actes du greffe. Le greffier en chef est dépositaire des minutes et archives. Il délivre expédition des jugements.

Le greffier en chef du tribunal de commerce est encore un officier ministériel. Le secrétariat-greffe du tribunal de grande instance conserve le double des registres de l'état civil. Il tient aussi le répertoire civil.

📘 *C. org. jud., art. L. et R. 811-1 s.; NCPC, art. 726 s., 821 s., 966 s.; C. trav., art. R. 512-1 s.*

[Dr. adm.] Chaque Tribunal administratif comporte un secrétariat-greffe, avec un bureau central au siège de chaque tribunal, et, pour la commodité des justiciables, un bureau annexe à la préfecture de chacun des autres départements de son ressort.

Secteur *[Dr. int. publ.]*

Procédé de répartition des terres polaires selon lequel l'État possédant un littoral sur l'Océan glacial arctique est souverain des régions comprises dans un triangle ayant pour base ce littoral, pour sommet le Pôle Nord et pour côté les méridiens passant par les extrémités Est et Ouest de ce littoral.

Section *[Pr. gén.]*

Division intérieure de certaines juridictions.

📘 *C. just. adm., art. L. 122-1, R. 221-6; C. org. jud., art. L. 441-2; C. trav., art. L. 512-2 s.*

➢ *Conseil d'État, Conseil des prud'hommes, Tribunal paritaire des baux ruraux.*

Section de commune *[Dr. adm.]*

Partie d'une commune possédant, souvent pour des raisons historiques, un patrimoine distinct de celui de la commune.

En vue de sa gestion, la section de commune est dotée d'une personnalité juridique propre.

📘 *C. gén. coll. territ., art. L. 2411-1.*

Sections locales *[Séc. soc.]*

Organismes chargés d'effectuer pour le compte d'une caisse primaire la constitution des dossiers des assurés. Ils liquident les prestations et en effectuent le paiement.

Section syndicale d'entreprise *[Dr. trav.]*

Dans l'entreprise, antenne d'un syndicat représentatif. La reconnaissance par la loi du 27 décembre 1968 de la section syndicale marque l'entrée du syndicat dans l'entreprise. Aucune condition de forme particulière n'est exigée pour créer une section qui a un pouvoir d'information auprès des salariés et peut, sous certaines conditions, disposer d'un local et organiser des réunions dans l'établissement.

📖 *C. trav., art. L. 412-6 s.*

S

Sécurité juridique (Principe de)
[Dr. adm. / Dr. gén.]

Principe selon lequel les justiciables – entreprises et particuliers – doivent pouvoir compter sur une stabilité minimale des règles de droit et des situations juridiques. Il en découle un certain nombre de règles de droit positif, comme la non-rétroactivité des règlements, ou le principe de confiance légitime.

En droit français, à la différence du droit communautaire, le principe de sécurité juridique n'emporte pas, par lui-même, de conséquences sur la validité des textes nouveaux (conséquence du principe de la mutabilité des règlements).

Sécurité sociale *[Séc. soc.]*

Ensemble des régimes assurant la protection de l'ensemble de la population contre les différents risques sociaux : maladie – maternité – invalidité – vieillesse – décès – accidents du travail et maladies professionnelles – charges familiales.

La Sécurité sociale est composée des régimes de base obligatoires : régime général dont relèvent les travailleurs dépendants, régime agricole dont relèvent les exploitants et salariés agricoles, régime des professions non salariées non agricoles dont relèvent les professions industrielles – commerciales artisanales – libérales – des régimes spéciaux : marins – fonctionnaires – SNCF, des régimes annexes : étudiants, des régimes facultatifs : assurance volontaire, des régimes complémentaires.

Sécurité syndicale *[Dr. trav.]*
➤ *Clause de sécurité syndicale.*

Séduction *[Dr. civ.]*

Attitude d'un homme ayant conduit une femme à se donner à lui.

Lorsque la séduction résulte de manœuvres fautives, ou lorsqu'elle est accompagnée d'une promesse de mariage, elle est source de responsabilité et sert d'indice grave rendant recevable l'action en recherche de paternité.

Semi-liberté *[Dr. pén.]*

Régime d'exécution des peines privatives de liberté, permettant au condamné d'exercer à l'extérieur de l'établissement pénitentiaire, une activité professionnelle, de suivre un enseignement, une formation professionnelle, un stage, de subir un traitement médical, tout autre temps disponible étant nécessairement passé à l'intérieur de la prison. Elle peut être décidée par la juridiction de jugement si la peine prononcée est inférieure à un an ou par le juge de l'application des peines ultérieurement.

📖 *C. pén., art. 132-25 s.; C. pr. pén., art. 723-1.*

Sénat *[Dr. const.]*

Nom de la seconde chambre du Parlement.

En France, depuis la IIIe République, le Sénat est élu au suffrage indirect et assure la représentation des collectivités territoriales. Le Sénat de la Ve République participe au pouvoir législatif (mais s'il est en désaccord avec l'Assemblée Nationale le Gouvernement peut donner le dernier mot à cette dernière) et possède des pouvoirs de contrôle (questions, enquêtes), mais sans pouvoir mettre en jeu la responsabilité politique du Gouvernement. En revanche, il ne peut être dissous.

➤ *Assemblée Nationale.*

Sentence *[Pr. civ.]*

Nom donné aux jugements rendus par les tribunaux d'instance et par les conseils de prud'hommes, ainsi que par les arbitres.

➤ *Aphorisme.*

Sentence arbitrale *[Pr. civ.]*

Nom donné à la décision rendue par un arbitre ou un tribunal arbitral.

▌ *NCPC, art. 1470.*

Séparation de biens *[Dr. civ.]*

Régime matrimonial caractérisé par l'absence de biens communs aux deux époux. La séparation de biens est soit conventionnelle, stipulée dans le contrat de mariage, soit judiciaire, résultant d'une décision judiciaire intervenant lorsque le désordre des affaires d'un époux, sa mauvaise administration ou son inconduite met en péril les intérêts de l'autre conjoint.

▌ *C. civ., art. 1443, 1536 s.*

Séparation de corps *[Dr. civ.]*

Simple relâchement du lien conjugal, consistant essentiellement dans la dispense du devoir de cohabitation; la séparation de corps est prononcée par un jugement et résulte des mêmes causes que le divorce.

▌ *C. civ., art. 296 s.*

Séparation de fait *[Dr. civ.]*

Situation de deux époux qui vivent séparément sans y avoir été autorisés par un jugement de divorce ou de séparation de corps.

La séparation de fait n'est plus désormais illicite.

▌ *C. civ., art. 237, 262-1, 1442.*

Séparation des patrimoines *[Dr. civ.]*

Faveur qui permet aux créanciers de la succession, en cas d'acceptation pure et simple de celle-ci, de se faire payer, par préférence aux créanciers personnels de l'héritier, sur les biens successoraux.

▌ *C. civ., art. 878 s. et 2111.*

➤ *Bénéfice d'inventaire.*

Séparation des pouvoirs *[Dr. const.]*

Principe qui tend à prévenir les abus du pouvoir en confiant l'exercice de celui-ci non à un organe unique, mais à plusieurs organes, chargés chacun d'une fonction différente et en mesure de se faire mutuellement contrepoids. Principe formulé par Locke et surtout par Montesquieu (Esprit des lois, Livre XI chap. 6), à qui l'on fait remonter la distinction classique des pouvoirs législatif, exécutif et judiciaire. La séparation des pouvoirs peut être rigide (indépendance des pouvoirs caractéristiques du régime présidentiel) ou souple (collaboration des pouvoirs caractéristique du régime parlementaire).

[Pr. civ.] Principe affirmé au moment de la Révolution et interdisant à l'autorité judiciaire de s'ingérer dans les domaines du législatif et de l'administratif, et lui reconnaissant en retour une indépendance à l'égard des pouvoirs politiques.

Septennat *[Dr. const.]*

Durée du mandat (7 ans) du Président de la République en France sous les IIIᵉ, IVᵉ et Vᵉ Républiques.

S

Sépulture (Violation ou profanation de) *[Dr. pén.]*

Délit constitué par tout acte matériel visant le lieu où est déposé le corps d'un défunt (pierre tombale, cercueil, ensemble des ornements funéraires placés sur les tombes) et qui objectivement est de nature à porter atteinte au respect dû aux morts.

L'atteinte à l'intégrité du cadavre ainsi que celle concernant les monuments édifiés à la mémoire des morts sont, aujourd'hui, également réprimées.

📖 *C. pén., art. 225-17.*

Séquestre *[Pr. civ. / Dr. civ.]*

Personne désignée par justice ou par des particuliers pour assurer la conservation d'un bien qui est l'objet d'un procès ou d'une voie d'exécution.

📖 *C. civ., art. 1955 s.*
➤ *Administrateur séquestre.*

Serment *[Pr. civ. / Dr. civ.]*

Procédure d'instruction par laquelle une partie demande à l'autre d'affirmer, en prêtant serment à la barre du tribunal, la véracité de ses affirmations.

Le serment est indivisible. On distingue : le serment *décisoire* déféré par une partie à l'autre et dont la prestation ou le refus termine la contestation.

Le serment *supplétoire*, laissé à la discrétion du juge, n'a pas pour effet de lier celui-ci lorsqu'il a été déféré ou refusé.

📖 *C. civ., art. 1357 s.; NCPC, art. 317 s.*
➤ *Témoin.*

Serment promissoire *[Pr. civ.]*

Engagement solennel, donné selon les formes et devant l'autorité qualifiée, de remplir au mieux sa mission (magistrats, experts, jurés, garde-chasse...) ou de révéler, en toute objectivité, ce que l'on sait des circonstances de la cause (témoins). L'avocat, par exemple, jure « d'exercer la défense et le conseil avec dignité, conscience, indépendance et humanité », le témoin de dire la verité...

À la différence du serment probatoire, le serment promissoire émane d'un tiers et non d'une partie au procès.

📖 *NCPC, art. 211; C. org. jud., art. R. 323-1.*

Serpent *[Dr. eur.]*

A servi de base d'essai au système monétaire européen. Créé en 1972 pour limiter les fluctuations des monnaies européennes après la décision américaine de mettre fin à la convertibilité du dollar en or. A connu de nombreuses difficultés de mise en œuvre.

Services déconcentrés de l'État *[Dr. adm.]*

Expression désignant, par opposition aux services centraux constituant les Ministères, les services fonctionnant en dehors de ceux-ci et notamment sur toute l'étendue du territoire. Numériquement les plus importants, ils sont chargés en pratique de la majeure partie des tâches relevant de chaque Ministère. Autrefois dénommés : Services extérieurs.

Services extérieurs *[Dr. adm.]*
Ancienne dénomination des Services déconcentrés de l'État.

Service fait (règle du) *[Dr. fin.]*
Règle de la comptabilité publique interdisant aux personnes publiques de procéder à un paiement avant exécution de la prestation correspondante, sauf exceptions prévues par les textes.
➤ *Trentième indivisible.*

Service national *[Dr. adm.]*
Sujétion imposée aux citoyens français de sexe masculin et dont le service militaire actif, concourant à la défense de la Nation, était la forme la plus connue (avec le service de coopération technique au profit des départements et territoires d'Outre Mer et des États en voie de développement). Le choix d'un système d'armée professionnelle a conduit à suspendre l'appel sous les drapeaux pour les Français nés après le 31 décembre 1978; il pourrait être rétabli à tout moment par voie législative.

Service public *[Dr. adm.]*
Une des notions-clés du Droit administratif français, ce concept est largement ignoré ailleurs dans l'Union Européenne, où l'idée de reconnaître des « services publics européens » suscite des controverses parfois passionnelles.
1° *Au sens matériel*, toute activité destinée à satisfaire à un besoin d'intérêt général et qui, en tant que telle, doit être assurée ou contrôlée par l'Admi-

nistration, parce que la satisfaction continue de ce besoin ne peut être garantie que par elle. Objet de nombreuses controverses doctrinales, cette notion n'en est pas moins pour la jurisprudence, aujourd'hui encore, l'un des éléments servant à définir le champ d'application du droit administratif.
2° *Au sens formel*, ces termes désignent un ensemble organisé de moyens matériels et humains mis en œuvre par l'État ou une autre collectivité publique, en vue de l'exécution de ses tâches. Dans cette acception, les termes de service public sont synonymes d'Administration au sens formel.
Mission de service public : notion dégagée par la jurisprudence du Conseil d'État dans la première moitié du siècle, mais d'appellation beaucoup plus récente, et dont on trouve des manifestations aussi bien, par exemple, en matière de travaux publics, de fonction publique, que de contrats administratifs ou d'actes unilatéraux. Cette qualification est décernée de manière prétorienne par le juge à des activités présentant un caractère d'intérêt général, assumées même par des organismes privés ou des particuliers. Le juge veut élargir le champ d'application du droit et du contentieux administratifs à ceux des aspects de l'organisation et du fonctionnement de cette activité qu'il estime techniquement inopportun de soumettre aux règles du droit privé.

Services sociaux *[Dr. trav. / Séc. soc.]*
Tous services relevant d'organismes publics ou privés, qui, à titre principal ou accessoire, exercent une activité sociale auprès des individus, des familles ou des collectivités, par l'intermédiaire

S

des assistants, assistantes ou auxiliaires de service social.

Service universel *[Dr. eur.]*

Exigences auxquelles doivent répondre certaines activités d'intérêt général quel que soit leur mode de gestion dans chaque pays membre, gestion sous la forme des services publics « à la française » ou par une entreprise relevant du secteur concurrenciel.

Services votés *[Dr. fin.]*

Dans le projet de loi de finances, partie des demandes de crédits qui représente le minimum de dotations que le Gouvernement juge indispensable pour poursuivre l'exécution des services publics dans les conditions approuvées l'année précédente par le Parlement.

Les services votés, qui constituent les quatre cinquièmes du montant du budget général, sont ainsi adoptés selon une procédure accélérée.

L'autre partie des demandes de crédits, qui correspond à des décisions nouvelles entraînant augmentation (ou diminution, éventuellement) des services votés porte le nom de mesures nouvelles.

Servitudes *[Dr. adm.]*

De nombreuses obligations grevant les propriétés privées au profit du domaine public ou dans un but d'intérêt général sont appelées sommairement servitudes administratives.

[Dr. civ.] Charge imposée à un immeuble, bâti ou non bâti (le <u>fonds servant</u>), au profit d'un autre immeuble appartenant à un propriétaire distinct (le <u>fonds dominant</u>). Elle est apparente lorsqu'un signe extérieur la révèle. Elle est continue lorsqu'elle s'exerce sans l'intervention de l'homme. Elle est personnelle

lorsqu'elle existe au profit d'une personne déterminée. Elle est réelle lorsqu'elle s'exerce au profit de tout propriétaire du fonds dominant. Elle est dite de « cour commune » lorsqu'il s'agit d'une interdiction de bâtir ou de dépasser une certaine hauteur en construisant, imposée par l'administration sur un terrain voisin d'un autre fonds pour lequel le permis de construire a été demandé. La servitude de cour commune est contrôlée par le juge judiciaire.

C. civ., art. 637, 686, 688, 689; C. urb., art. L. 451-1 s.

Servitudes prédiales *[Dr. civ.]*

Expression synonyme de servitudes réelles et qui est utilisée pour mieux les distinguer des anciennes servitudes féodales et par opposition aux servitudes personnelles; celles-ci étant désignées habituellement par leurs noms particuliers d'usufruit et d'usage, l'utilisation du qualificatif « prédiales » se fait de plus en plus rare.

Session *[Dr. const. / Dr. int. publ.]*

Période de l'année pendant laquelle une assemblée est en droit de siéger.

Dans l'intervalle des sessions ordinaires, une assemblée peut se réunir en session extraordinaire, dans les conditions fixées par les textes. Ne pas confondre session et <u>séance</u>.

[Pr. civ. / Pr. pén.] Période pendant laquelle siègent certaines juridictions non permanentes : cour d'assises – tribunal paritaire des baux ruraux.

C. pr. pén., art. 236.

Sévices *[Dr. civ.]*

Mauvais traitements physiques exercés sur quelqu'un. Entre époux, les sévices constituent l'une des fautes justifiant un éventuel <u>divorce</u> (divorce-sanction).

📖 *C. civ., art. 242, 955.*

Siège *[Pr. gén.]*

Le siège d'une juridiction est le lieu où elle fonctionne et tient ses audiences.

📖 *C. org. jud., art. R. 121-1, R. 212-1; C. just. adm., art. R. 221-3, R. 221-7.*

Les <u>magistrats</u> du siège, par opposition à ceux du parquet, sont les magistrats qui reçoivent la mission de juger.

Siège social *[Dr. com.]*

Lieu précisé dans les statuts d'une société, qui constitue son domicile et qui détermine, le plus souvent, sa nationalité.

📖 *C. civ., art. 1837.*

Signature *[Dr. priv.]*

Paraphe manuscrit ou, lorsqu'elle est électronique, usage d'un procédé fiable d'identification garantissant son lien avec l'acte auquel elle s'attache. Elle constitue une condition de validité d'un acte juridique en identifiant celui qui l'appose, en manifestant son consentement aux obligations qui en découlent et en conférant l'authenticité à l'acte quand elle est apposée par un officier public.

📖 *C. civ., art. 1316-4, al. 1.*

➢ *Signature électronique.*

Signature électronique *[Dr. civ. / Dr. com.]*

À l'opposé de la signature manuscrite qui est réalisée par l'apposition du patronyme, éventuellement du prénom, sur un support tangible (papier, toile), la signature électronique « consiste en l'usage d'un procédé fiable d'identification garantissant son lien

avec l'acte auquel elle s'attache ». Il s'agit d'un code personnel comprenant des lettres, chiffres ou logos installé sur une carte à puce qu'il suffit à l'internaute d'insérer dans un lecteur connecté à un ordinateur pour opérer signature.

La fiabilité du procédé doit être attestée par une autorité de certification.

📖 *C. civ., art. 1316-4.*

Signature des traités *[Dr. int. publ.]*

Formalité qui constate l'accord intervenu au terme de la négociation sur le texte d'un traité, mais qui, sauf exceptions, ne lie pas normalement l'État.

➢ *Accord en forme simplifiée, Ratification.*

Signification *[Pr. civ.]*

Formalité par laquelle un plaideur porte à la connaissance de son adversaire un acte de procédure (assignation, conclusions) ou un jugement. Elle est toujours effectuée par un huissier de justice.

📖 *NCPC, art. 651.*

➢ *Notifications.*

Silence de l'Administration *[Dr. adm.]*

➢ *Décision implicite de rejet, Décision implicite d'acceptation.*

Simulation *[Dr. civ.]*

Accord entre contractants tendant à faire croire à l'existence d'une convention (acte apparent ou simulé) ne correspondant pas à leur volonté véritable, exprimée par un autre acte, celui-ci secret, dénommé contre-lettre. Si la simulation porte sur l'existence même de l'acte apparent, elle rend le contrat fictif; si elle sert à en maquiller la nature juridique, il y a un déguisement; si elle

S

a pour objet d'en déplacer les effets, elle réalise une interposition de personne.
📖 *C. civ., art. 1321.*
➤ *Contre-lettre.*

Simulation d'enfant *[Dr. pén.]*

Infraction qui consiste, pour une femme qui n'a pas accouché, à se faire néanmoins reconnaître comme la mère d'un enfant. La dissimulation de sa maternité par la mère biologique est également incriminée.
📖 *C. pén. art. 227-13.*
Ces deux comportements, complémentaires dans la plupart des cas, étaient réprimés dans le code pénal de 1810 sous la qualification de supposition d'enfant.
➤ *Atteintes à la filiation.*

« Sine die » *[Dr. gén.]*

Sans fixer de jour. La locution, qui exprime l'indétermination temporelle, est surtout employée dans la langue diplomatique pour qualifier l'ajournement d'une conférence à une date qui n'est pas précisée, et dans le langage du Palais lorsque, la juridiction ne statuant pas sur le siège, le jugement est renvoyé à plus tard, sans que soit précisé le jour où il sera prononcé, contrairement aux prescriptions du nouveau Code de procédure civile.

Sionisme *[Dr. const.]*

Mouvement visant à la constitution en Palestine d'un État juif.

Sirene (système informatique pour le répertoire des entreprises et des établissements) *[Séc. soc.]*

Système qui permet l'attribution à chaque entreprise ou établissement d'un numéro d'immatriculation.
➤ *Siret.*

Siret *[Séc. soc.]*

Numéro comportant 14 chiffres se décomposant en un numéro d'identification de la personne (physique ou morale) qui gère l'entreprise (dit numéro SIRENE) et en un numéro d'identification de l'établissement (dit numéro interne de classement NIC). Le numéro SIRENE comporte 9 chiffres : les 8 premiers sont pris par l'INSEE dans une série unique au plan national, allant de 0 à 99 999 999 ; le 9ᵉ chiffre est une clé de contrôle. Le NIC comprend 5 chiffres. Les 4 premiers sont pris dans une série unique propre à l'entreprise pouvant aller de 0 à 9999 ; le 5ᵉ chiffre est une clé de contrôle. Si l'entreprise ne comprend qu'un seul établissement le NIC est 00001. Chaque établissement d'une même entreprise a donc un numéro SIRET différent.

Situation juridique *[École civiliste]*

On oppose souvent le *droit objectif* et les *droits subjectifs*. Il est plus juste d'opposer *la règle de droit,* générale et abstraite et les *situations juridiques* individuelles et concrètes.
On parle de situation juridique pour exprimer la situation dans laquelle se trouve une personne vis-à-vis des autres sujets de droit, sur le fondement des règles de droit.
Ainsi, un fait (accident, mort), un état (époux, enfant), un acte juridique (vente, donation), favorisent la naissance d'un faisceau de droits et de devoirs, de prérogatives et de charges au profit ou à l'encontre de la personne.
Parmi les situations juridiques, certaines sont *subjectives* (Roubier).
➤ *Prérogatives et charges, Situation juridique objective, Situation juridique subjective.*

Situations juridiques objectives
[École civiliste]

Une situation juridique possède un caractère objectif toutes les fois qu'elle confère à ceux qui en sont investis davantage de devoirs que de droits; ainsi en va-t-il pour la situation résultant d'un mariage, d'une filiation, d'une incapacité (tutelle, curatelle).

Ces situations sont plus fréquentes en droit public et en droit pénal qu'en droit privé civil ou commercial.

[École publiciste] Dans l'analyse du Doyen Duguit : situations juridiques procédant directement de la norme juridique légale ou réglementaire, soit immédiatement, soit après intervention d'un acte-condition. Ces situations juridiques sont générales quant à leurs titulaires et permanentes. On les rencontre aussi bien en Droit public (situation de l'électeur par exemple), qu'en Droit privé (situation d'époux par exemple).

Situations juridiques subjectives
[École civiliste]

Les situations juridiques subjectives sont des situations d'où découlent pour leurs bénéficiaires des prérogatives qui sont à leur avantage et auxquels ils peuvent en principe renoncer.

Ces situations sont établies soit par un acte volontaire (un contrat par exemple), soit par la loi (ainsi l'usufruit légal, le droit de l'héritier).

Les situations subjectives correspondent aux droits réels, aux droits de créance, aux droits d'entreprise et de clientèle, aux droits universels portant sur l'exemple d'un patrimoine, à certains droits extrapatrimoniaux, tels que le droit de réponse ou le droit moral sur une œuvre.

Les droits de la personnalité ne sont pas des droits subjectifs.

[École publiciste] Dans l'analyse du Doyen Dugit : situations juridiques procédant d'un acte à portée individuelle, qui peut être aussi bien un acte unilatéral qu'un contrat. Elles sont spéciales quant à leurs titulaires, et en règle générale, temporaires : après exécution des devoirs ou des droits qu'elles renferment, elles disparaissent (ex. : bénéficiaire d'un permis de construire).

Sociétaire *[Dr. civ.]*
Membre d'une association.
➤ *Associé.*

Société *[Dr. civ. / Dr. com.]*

Acte juridique par lequel deux ou plusieurs personnes décident de mettre en commun des biens ou leur industrie (activité, compétence...) dans le but de partager les bénéfices, les économies ou les pertes qui pourront en résulter. Exceptionnellement, la création d'une société peut être le fait d'une seule personne.
➤ *Société unipersonnelle.*

Ce mot désigne aussi la personne morale créée par ce contrat et dont le patrimoine est constitué par les biens apportés par chaque associé.

◗ *C. civ., art. 1832 s.; C. com., art. L. 210-1 s.*

Société d'acquêts *[Dr. civ.]*

Clause parfois incluse dans un régime de séparation de biens et dont l'effet est de créer une masse commune administrée par le mari, composée des économies réalisées par les époux et partagée entre eux à la dissolution du régime.

S

SOC

Société par actions *[Dr. com.]*
➤ *Société commerciale de capitaux ou par actions.*

Société par actions simplifiée
[Dr. com.]
Société par actions susceptible d'être constituée par une ou plusieurs personnes. L'originalité de la SAS réside dans l'extrême liberté d'organisation octroyée aux associés : c'est une société-contrat qui confère à ce groupement la nature d'une société de personnes.
La SAS ne peut pas faire appel public à l'épargne.
📘 *C. com., art. L. 227-1 s.*

Société d'aménagement foncier et d'établissement rural (SAFER) *[Dr. rur.]*
Société d'économie mixte pouvant être créée en vue d'améliorer les structures agraires et de faciliter l'exploitation agricole du sol au moyen de l'acquisition de terres, éventuellement par voie de préemption, destinées à être rétrocédées à des agriculteurs après aménagement éventuel.
📘 *C. rur., art. L. 141-1 s., R. 141-1.*

Société anonyme *[Dr. com.]*
Société commerciale dont le capital est constitué, par voie de souscription d'actions et dont les associés ne sont responsables du paiement des dettes sociales qu'à concurrence de leurs apports.
La société anonyme est une société par actions et une société de capitaux.
📘 *C. com., art. L. 224-1 s.*

Société d'attribution d'immeuble en jouissance en temps partagé *[Dr. civ.]*
Société permettant aux membres d'une société immobilière d'avoir une jouis-

sance exclusive et successive sur un appartement pour une période limitée de l'année.

Société à capital variable *[Dr. com.]*
Société dont le capital n'est pas intangible. La variabilité du capital permet l'admission de nouveaux associés et la souscription de nouveaux apports, le retrait d'associés et la reprise de leurs apports.
➤ *Capital social.*

Société civile *[Dr. civ. / Dr. com.]*
Société dont l'objet constitue une activité non commerciale et qui n'a pas adopté la forme anonyme, à responsabilité limitée, en nom collectif ou en commandite.
La société civile peut être seulement une société de moyens.
📘 *C. civ., art. 1845 s.*
➤ *Société civile professionnelle.*

Société civile professionnelle
[Dr. civ. / Dr. com. / Pr. civ.]
Depuis 1966, l'activité de certaines professions libérales peut être exercée dans le cadre de sociétés civiles professionnelles dont les parts sont cessibles sous certaines conditions. Dans cette forme de société, les associés répondent de façon illimitée et solidaire des dettes sociales. Ainsi, pour les avocats et pour les officiers publics ou ministériels :
- pour les avocats, V. décret du 20 juillet 1992.
- Pour les offices publics ou ministériels, la société peut, soit regrouper plusieurs professionnels, soit être titulaire de l'office.

Société en commandite par actions
[Dr. com.]

Société de capitaux comprenant deux catégories d'associés : les commandités, considérés comme des associés en nom collectif, et les commanditaires, dont la situation peut être assimilée à celle des actionnaires de société anonyme.

📖 *C. com., art. L. 226-1 s.*
➢ *Actionnaire.*

Société en commandite simple
[Dr. com.]

Société de personnes composée de deux groupes d'associés : les commandités, assimilables à des associés en nom collectif (commerçants, personnellement et solidairement responsables de tout le passif social); les commanditaires, qui ne sont pas commerçants et ne sont responsables que dans la limite de leurs apports, et dont les parts sociales sont rarement cessibles et transmissibles, en raison de l'*intuitus personae*.

📖 *C. com., art. L. 222-1 s.*

Société commerciale de capitaux ou par actions *[Dr. com.]*

Société constituée en considération des capitaux apportés, dans laquelle les parts d'associés appelées actions sont négociables et peuvent être librement transmises entre vifs et à cause de mort. Les actionnaires ne sont tenus du passif social que jusqu'à concurrence de leurs apports (ex. : la société anonyme et la société en commandite par actions).

Société commerciale de personnes ou par intérêt *[Dr. com.]*

Société constituée « *intuitu personae* » c'est-à-dire en considération de la personne des associés, dans laquelle la part de chaque associé appelée part d'intérêt est en principe personnelle à l'associé et n'est pas cessible entre vifs ou ne l'est que dans certaines conditions (ex. : société en nom collectif, société en commandite simple).

Société coopérative *[Dr. com.]*

Société civile ou commerciale dont les associés ont la qualité de salarié ou de client de cette société.

Société coopérative ouvrière de production *[Dr. trav.]*
➢ *Coopérative ouvrière de production.*

Société créée de fait *[Dr. com.]*

Société résultant du comportement de personnes qui ont participé ensemble à une œuvre économique commune dont elles ont partagé les profits et supporté les pertes, et se sont en définitive conduites comme des associés sans en avoir pleine conscience.

📖 *C. civ., art. 1873.*
➢ *Société de fait.*

Société de développement régional
[Dr. adm.]

Institutions de crédits créées sous la forme de sociétés anonymes, en vue de pallier l'insuffisance de l'apport des capitaux privés ou bancaires dans le financement d'entreprises régionales n'ayant pas une dimension suffisante pour accéder efficacement au marché financier.

Ces sociétés collectent des fonds au moyen d'emprunts garantis par l'État, utilisés pour des prêts, des participations et l'octroi de garanties aux emprunts lancés par les entreprises.

Conçue originairement comme complémentaire du Fonds de développement économique et social, leur activité a tendu vers un fonctionnement assez proche de celui des banques traditionnelles.

Société d'économie mixte (SEM)
[Dr. adm.]

Société fondée sous un statut commercial et soumise aux règles du droit des affaires, mais associant dans des proportions très variables des capitaux d'origine publique toujours majoritaires (État, collectivités locales, établissements publics) et d'origine privée, et dont l'activité diffère profondément des unes aux autres.

Dans le secteur local, où elles servent souvent à réaliser des opérations d'aménagement de l'espace ou de construction immobilière, des dérives de l'institution ont été constatées, les SEM ayant parfois été utilisées pour faire délibérément échapper ces opérations aux règles – protectrices de l'intérêt public – de la comptabilité publique et des marchés publics, ce qui a provoqué une réaction du législateur (loi du 29 janvier 1993).

Société entre époux *[Dr. civ. / Dr. com.]*

Société comprenant parmi ses associés deux conjoints. La société entre époux fut longtemps réglementée en raison des dangers qu'elle comporte; cette réglementation restrictive a aujourd'hui disparu.

📕 *C. civ., art. 1832-1 et 1832-2.*

Société d'exercice libéral (SEL)
[Dr. civ. / Dr. com. / Pr. civ.]

La loi du 31 décembre 1990 a autorisé la création de sociétés d'exercice libéral

pour les professions soumises à un statut législatif ou réglementaire dont le titre est protégé (ainsi celles d'avocat, d'officier public ou ministériel, de médecin, d'architecte).

Ces sociétés groupent en principe des membres d'une même profession, mais il est possible qu'une telle société réunisse des membres de professions libérales distinctes, mais appartenant à la même famille (activités juridiques, par exemple ou médicales).

Ces sociétés peuvent être de deux types différents :

1° sociétés d'exercice libéral inspirées de certaines formes de *sociétés commerciales*. Il en existe trois catégories : sociétés à responsabilité limitée (SELARL), sociétés à forme anonyme (SELAFA), sociétés en comandite par actions (SELCA). Des précautions sont prises pour conserver, sur le plan financier, la maîtrise des professionnels (conditions spécifiques de détention du capital et de cession des droits d'associés) et pour que la nature de la société soit mentionnée dans tous les écrits qui émanent de ses membres.

2° Sociétés *inspirées du droit civil* : la société en participation.

Société de fait *[Dr. civ. / Dr. com.]*

Une société de fait est une société qui a fonctionné en dépit d'une cause de nullité qui menaçait son existence.

On emploie également cette expression, mais à tort, lorsque deux ou plusieurs personnes, sans avoir fondé entre elles une société, se comportent en fait comme des associés : il s'agit en réalité d'une société créée de fait.

📕 *C. civ., art. 1873.*

Société financière *[Dr. com.]*

<u>Établissement de crédit</u> qui ne peut recevoir de manière générale du public des fonds à vue ou à moins de deux ans de terme.

Une société financière ne peut effectuer que les <u>opérations de banque</u> résultant soit de la décision d'agrément qui la concerne, soit des dispositions législatives ou réglementaires qui lui sont propres.

Société financière internationale
[Dr. int. publ.]

Institution spécialisée des Nations unies (filiale de la BIRD), créée en 1956 en vue de contribuer au développement économique en investissant des fonds sans garantie gouvernementale dans des entreprises privées de régions sous-développées. *Siège* : Washington.

Société d'intérêt collectif agricole (SICA) *[Dr. civ.]*

Société agricole, qui peut prendre une forme commerciale ou civile, ayant pour objet soit de créer ou de gérer des installations, soit d'assurer des services dans l'intérêt d'une région rurale.

📱 *C. rur., art. L. 531-1.*

Société interprofessionnelle de compensation des valeurs mobilières (SICO-VAM) *[Dr. com.]*

Organisme créé par un décret du 4 août 1949, modifié en 1964, pour le dépôt, facultatif à l'origine, des actions au porteur et des titres étrangers.

Inscrits dans un compte courant les titres au porteur perdaient leur individualité et devenaient des choses fongibles. Ce régime a été étendu à toutes les valeurs mobilières au porteur. Tout établisse-

ment affilié à la SICOVAM (banque, établissement financier) qui reçoit en dépôt des valeurs mobilières au porteur d'un client, doit les remettre à son compte courant d'actions auprès de la SICOVAM, sauf indication contraire de la part du déposant.

➤ *Dématérialisation des valeurs mobilières.*

Société d'investissement *[Dr. com.]*

Société dont l'objet est de gérer un portefeuille de valeurs mobilières, composé de titres émanant de multiples sociétés, en respectant le principe de division des risques. Elle peut être constituée à capital variable (SICAV).

Société mixte d'intérêt agricole (SMIA) *[Dr. civ.]*

Société agricole, de forme commerciale, cherchant à associer des intérêts agricoles et commerciaux, et ayant pour objet la transformation et la commercialisation des produits.

📱 *C. rur., art. L. 541-1 s.*

Société des Nations *[Dr. int. publ.]*

Organisation internationale à vocation universelle créée à la fin de la guerre de 1914-18 en vue d'assurer la sécurité collective (limitation du recours à la guerre, désarmement, règlement pacifique des conflits, sanctions en cas d'agression). Dissoute en 1946.

Société en nom collectif *[Dr. com.]*

Société constituée entre deux ou plusieurs personnes ayant la qualité de commerçantes, tenues personnellement et solidairement de toutes les dettes sociales et auxquelles sont attribuées des

S

parts d'intérêts qui ne peuvent être cédées qu'avec le consentement de tous les associés.

La société en nom est une société commerciale par la forme.

📖 *C. com., art. L. 221-1 s.*

Société en participation
[Dr. civ. / Dr. com. / pr. civ.]

La société en participation est un mode de collaboration économique par création d'une société sans personnalité morale, non soumise à publicité et pouvant demeurer occulte.

La loi du 31 décembre 1990 a autorisé cette forme pour les sociétés d'exercice libéral. Mais, dans ce domaine particulier, la société doit avoir une dénomination et être publiée.

📖 *C. civ., art. 1871 à 1872-2.*

Société à participation ouvrière
[Dr. trav.]

Variante de société anonyme dans laquelle les salariés sont associés à la fois aux bénéfices et à la gestion de l'entreprise; les salariés reçoivent des actions et sont regroupés en une coopérative; ils participent par leurs représentants au Conseil d'Administration de la Société, mais ils ne sont pas majoritaires, à la différence des coopératives ouvrières de production. Prévue par une loi de 1917, modifiée depuis, cette forme de société ne s'est pas développée.

Société politique *[Dr. const.]*

Société recouvrant les autres groupes sociaux (familles, entreprises, etc.) et dans laquelle le destin des hommes est envisagé globalement.

Les sociétés politiques ont revêtu diverses formes (cité, seigneurie, empire...).

Aujourd'hui la forme dominante est l'État-Nation.

Société à responsabilité limitée (SARL)
[Dr. com.]

Société commerciale dans laquelle la responsabilité pécuniaire des associés est limitée au montant de leurs apports.

Ceux-ci son représentés par des parts sociales qui ne sont pas négociables et ne sont cessibles qu'à certaines conditions.

Société unipersonnelle
[Dr. civ. / Dr. com.]

Une société peut parfois résulter de la volonté d'une seule personne : tel est le cas de l'entreprise unipersonnelle à responsabilité limitée (EURL) et de l'entreprise agricole à responsabilité limitée (EARL).

📖 *C. civ., art. 1832, al. 2 et 1844-5.*

Société de ventes volontaires de meubles aux enchères publiques *[Pr. civ.]*

Société de forme commerciale devant être agréée par le Conseil des ventes volontaires de meubles aux enchères publiques, ayant pour objet exclusif l'estimation de biens mobiliers, l'organisation et la réalisation de ventes volontaires aux enchères publiques des meubles d'occasion vendus au détail ou par lot, mais pouvant proposer au vendeur de procéder à une vente de gré à gré lorsque le bien n'a pas trouvé d'acquéreur lors de l'adjudication. Elle agit comme mandataire du propriétaire du bien et n'est pas habilitée à acheter ou à vendre directement ou indirectement pour son propre compte des biens meubles proposés à la vente aux enchères publiques.

📖 *C. com., art. L. 321-4 s.*
➤ *Commissaire-priseur.*

Socrates *[Dr. eur.]*

Nom du programme européen en matière d'éducation favorisant la coopération, les échanges et la mobilité entre établissements, enseignants et jeunes. Remplace le programme Érasmus au 1er janvier 1995, doté de 760 millions d'écus sur 5 ans.

Soins palliatifs *[Dr. civ.]*

Soins actifs et continus pratiqués par une équipe interdisciplinaire en institution ou à domicile et qui visent à soulager la douleur, à apaiser la souffrance psychique, à sauvegarder la dignité de la personne malade et à soutenir son entourage.

⬛ *C. santé publ., art. L. 1er B.*

Soit-communiqué (ordonnance de) *[Pr. pén.]*

Acte par lequel le juge d'instruction transfère le dossier d'une affaire au procureur de la République, afin d'obtenir de lui ses réquisitions.

⬛ *C. pr. pén., art. 86 et 175.*

Soldes *[Dr. com.]*

Ventes accompagnées ou précédées de publicité et annoncées comme tendant, par une réduction de prix, à l'écoulement accéléré de marchandises en stock. Ces ventes ne peuvent être réalisées qu'au cours d'une période déterminée par le Préfet, deux fois par an pendant une durée de six semaines.

⬛ *C. com., art. L. 310-3.*

Solennel (acte) *[Dr. civ.]*

Acte juridique qui n'est valable que si la manifestation de volonté est accompagnée de l'accomplissement de certaines formalités exigées par la loi.

Solidarité *[Dr. civ.]*

On distingue la solidarité active et la solidarité passive.

Il y a *solidarité active* lorsque l'un quelconque des créanciers d'un même débiteur peut exiger de ce dernier le paiement de la totalité de la dette, sans avoir reçu mandat des autres.

⬛ *C. civ., art. 1197.*

Il y a *solidarité passive* lorsque le créancier peut exiger de l'un quelconque de ses débiteurs le paiement de la totalité de sa créance, sauf le recours entre les débiteurs.

⬛ *C. civ., art. 220, 1200 s.*

[Pr. civ.] En cas de solidarité entre plusieurs parties, l'appel formé par l'une d'elles, dans les délais, conserve le droit d'appel des autres; mais celles-ci doivent se joindre à l'instance.

L'appel dirigé contre un codébiteur solidaire, dans les délais, réserve à l'appelant la faculté d'amener à l'instance les autres codébiteurs.

La Cour peut ordonner d'office la mise en cause de tous les cointéressés.

⬛ *NCPC, art. 552.*

Solidarité ministérielle *[Dr. const.]*

Principe du régime parlementaire qui veut que, les décisions importantes étant délibérées en commun par les ministres, chacun d'eux supporte la responsabilité des décisions arrêtées par le Gouvernement (même s'il les a combattues) et ne peut l'éluder qu'en démissionnant.

Solidarité pénale *[Dr. pén.]*

Règle selon laquelle les participants à une infraction (crime délit-contravention de cinquième classe) sont tenus de plein droit, chacun pour la totalité, des

S

S

conséquences civiles (dommages-intérêts, restitutions) de leurs agissements délictueux. Les amendes pénales restent personnelles.

Néanmoins, la juridiction répressive peut par décision spécialement motivée décider qu'il y aura solidarité pour les amendes lorsque le prévenu s'est entouré de coauteurs ou de complices insolvables.

📖 *C. pr. pén., art. 375-2, 480-1 et 543.*

Solvabilité *[Dr. civ.]*
➢ *Insolvabilité.*

« Solvens » *[Dr. civ.]*
Celui qui effectue le paiement d'une obligation.
➢ *Accipiens.*

Sommation *[Pr. civ.]*
Acte d'huissier enjoignant à un débiteur de payer ce qu'il doit ou d'accomplir l'acte auquel il s'est obligé, mais ne reposant pas sur un titre exécutoire.

Somme isolée *[Séc. soc.]*
Toute rémunération autre que la rémunération habituelle qui est versée au bénéficiaire du régime de retraite des cadres le jour de son départ de l'entreprise ou postérieurement.

Sondage *[Dr. const.]*
Enquête d'opinion permettant au moyen d'un échantillon représentatif de connaître la position des citoyens sur telle question ou telle personnalité. Les sondages deviennent si fréquents qu'ils exercent une influence très forte sur les décisions des gouvernants (république des sondages ?) reconstituant les conditions d'une permanente Agora.

Souche *[Dr. civ.]*
Auteur commun à plusieurs personnes dans le droit des successions; en cas de représentation (– Dr. civ. – *2ᵉ sens*), les représentants d'un même héritier précédé qui constitue la souche, recueillent collectivement sa part.
📖 *C. civ., art. 743.*

Soulte *[Dr. civ.]*
Somme d'argent que doit verser un copartageant ou un échangiste aux autres parties, lorsque les lots ou les biens échangés sont inégaux en valeur.
📖 *C. civ., art. 832 s. et 1407.*

Sources du droit *[Dr. gén.]*
Terme générique, souvent employé, désignant l'ensemble des règles juridiques applicables dans un État à un moment donné. Dans nos pays de droit écrit, les principales sont des textes, tels que les traités internationaux, les constitutions, les lois, les règlements; mais d'autres, telles que la coutume, les principes généraux du droit consacrés par la jurisprudence – parfois inspirée par la doctrine des auteurs – jouent un rôle plus ou moins grand selon la matière.

Souscription *[Dr. com.]*
Acte juridique de nature controversée par lequel une personne s'engage à faire partie d'une société par actions en apportant une somme en principe égale au montant nominal de son titre.

Sous-location *[Dr. civ.]*
Contrat par lequel le locataire d'un immeuble le donne à bail à un tiers appelé sous-locataire; le premier preneur est dit locataire principal.

Sous-ordre *[Pr. civ.]*

Procédure par laquelle les créanciers d'une personne bénéficiaire d'une collocation dans un ordre, se partagent le montant de cette somme.

📘 *C. pr. civ., art. 775.*

Sous-préfet *[Dr. adm.]*

Fonctionnaire d'État en fonction dans chaque arrondissement (*sens n° 1*) autre que celui du chef-lieu du département, le sous-préfet exerce sous l'autorité du préfet dont il peut recevoir des délégations de signature – un rôle de coordination de l'action des services déconcentrés de l'État, en même temps qu'il joue à l'égard des communes un double rôle de conseil et de contrôle administratif.

Soustraction de mineurs *[Dr. pén.]*

Infraction consistant dans le fait de soustraire un enfant mineur des mains de ceux qui exercent l'autorité parentale ou auxquels il a été confié ou chez qui il a sa résidence habituelle. Le fait est moins sévèrement réprimé lorsqu'il est réalisé par un ascendant légitime, naturel ou adoptif.

📘 *C. pén., art. 227-7 et 8.*

Sous-traitance *[Dr. com.]*

Opération par laquelle un entrepreneur (donneur d'ordre) recourt à un tiers (sous-traitant) pour réaliser, sur ses ordres et spécifications, tout ou partie des biens, objets ou marchandises qu'il doit fournir ou vendre à ses propres clients.

[Dr. trav.] Technique de production ou de fourniture de services par laquelle une entreprise principale conclut un contrat avec un sous-entrepreneur ou sous-traitant, qui s'engage à effectuer tout ou partie de la prestation avec une main-d'œuvre qu'il recrute. Afin d'éviter certains abus au préjudice des salariés, le Code du Travail réglemente la sous-traitance et parfois la sanctionne par assimilation au marchandage.

Souvenirs de famille *[Dr. civ.]*

Objets divers (décorations, portraits, armes, manuscrits, bijoux) dont la valeur est essentiellement morale et qui font partie d'une sorte de copropriété indivise familiale. Ils échappent aux règles de dévolution successorale, n'étant confiés à l'un des parents qu'à titre de dépôt, non de propriété; ils doivent être exceptés de l'aliénation du mobilier que le juge des tutelles peut autoriser en cas de besoin; ils sont déclarés insaisissables; et, dans les rapports entre époux, leur remise n'est faite qu'à titre de prêt à usage, obligeant à restitution à la famille en cas de divorce.

📘 *C. civ., art. 490-2, al. 3.*

Souveraineté de l'État
[Dr. const. / Dr. int. publ.]

1° *Sens initial* : caractère suprême du pouvoir étatique.

2° *Sens dérivé* : le pouvoir étatique lui-même, pouvoir de droit (en raison de son institutionnalisation) originaire (c'est-à-dire ne dérivant d'aucun autre pouvoir) et suprême (en ce sens qu'il n'a pas d'égal dans l'ordre interne ni de supérieur dans l'ordre international, où il n'est limité que par ses propres engagements et par le Droit international). La doctrine classique, aujourd'hui contestée, fait de la souveraineté le critère de l'État.

S

S

Souveraineté nationale *[Dr. const.]*

Souveraineté dont le titulaire est la Nation, entité collective indivisible et donc distincte des individus qui la composent. Conception consacrée par la Révolution de 1789 dans le but de restreindre le rôle des citoyens, mal préparés à la vie politique : ne détenant comme tels aucune parcelle de la souveraineté, ils n'ont aucun droit propre à participer à son exercice (possibilité d'établir le suffrage restreint, condamnation du mandat impératif).

➢ *Électorat, Mandat politique.*

Souveraineté populaire *[Dr. const.]*

Souveraineté dont le titulaire est le peuple considéré comme la totalité concrète des citoyens, qui en détiennent chacun une fraction. Conception formulée par J.-J. Rousseau dans le Contrat social, et dont les conséquences sont le suffrage-droit (nécessairement universel) et la démocratie directe (l'élection de députés n'étant qu'un pis-aller qui doit être corrigé par l'admission du mandat impératif et le recours aux procédés de la démocratie semi-directe).

➢ *Électorat, Mandat politique.*

Soviet *[Dr. const.]*

Terme russe pour désigner une assemblée.

Speaker *[Dr. const.]*

Nom donné au Président de la Chambre des Communes en Grande-Bretagne et au Président de la Chambre des Représentants aux États Unis.

« Specialia generalibus derogant »
[Dr. gén.]

Les lois spéciales dérogent aux lois qui ont une portée générale.

➢ *« Generalia specialibus non derogant ».*

Spécialité (principe de) *[Dr. adm.]*

Principe selon lequel les personnes publiques autres que l'État n'ont vocation à prendre en charge que les activités en vue desquelles elles ont été créées. Ce principe est interprété souplement pour les collectivités locales, et beaucoup plus étroitement pour les établissements publics, d'ailleurs qualifiés parfois de « personnes morales spéciales ».

« Spoliatus ante omnia restituendus »
[Dr. civ. / Pr. civ.]

Celui qui a été spolié, dépouillé, doit, avant tout, être remis en possession.

📖 *NCPC, art. 1264.*

Sponsor *[Dr. priv.]*

➢ *Sponsorisme.*

Sponsorisme ou sponsoring *[Dr. priv.]*

Contrat par lequel un industriel – le *sponsor* – finance une activité principalement sportive mais aussi culturelle, artistique ou scientifique en échange d'une prestation publicitaire accomplie par le *sponsoré* pour le compte de sa marque. Le financement peut revêtir différentes modalités (fourniture de matériel, versements forfaitaires ou périodiques...) comme la publicité différentes formes (outre le port de la marque sur tous les équipements, participation aux actions de promotion à la radio-télévision, à telle ou telle épreuve ou manifestation correspondant à l'activité...) Le sponsorisme à l'étymologie latine (*sponsor* = caution, garant) est une technique de publicité importée des USA, qui se distingue du mécénat et du simple patronage.

Stabilité (Programme de) *[Dr. fin.]*

Programme, couvrant une période de trois ans, que chaque État de la Communauté Européenne ayant accédé à l'usage de l'euro doit présenter en début d'année à la Commission européenne pour exposer, dans le cadre de ses projections économiques nationales, la stratégie qu'il se propose de suivre en matière de finances publiques globales (État, collectivités locales, régimes sociaux) pour respecter les objectifs du Pacte de stabilité et de croissance communautaire.

Si le contenu de ce programme, ou son exécution, s'éloigne des exigences du Pacte, le Conseil (des Communautés) peut adresser à l'État des avis ou des recommandations pour que celui-ci prenne des mesures correctrices.

Stage *[Dr. trav.]*

Période pendant laquelle une personne est accueillie en entreprise en vue de compléter sa formation professionnelle. Le stagiaire n'est pas, en tant que tel, titulaire d'un contrat de travail. L'Éducation Nationale, par le contenu de certains diplômes, favorise la conclusion des stages en entreprise.

Stagflation *[Dr. fin.]*

Situation de déséquilibre économique et monétaire dans laquelle l'inflation s'accompagne d'une stagnation économique (faiblesse, voire baisse, de la production et de l'emploi).

Standards juridiques *[Dr. gén.]*

Termes difficiles à définir avec précision, désignant la référence faite dans certains textes à une conduite jugée correcte au regard de ce qui est communément admis dans le groupe social; (ex. : la bonne foi, le bon père de famille, les règles de l'art dans l'exécution d'un travail). Leur caractère flou confère de la souplesse à l'application de ces textes, en laissant aux juges une assez grande liberté d'appréciation dans les affaires qui leur sont soumises.

Staries *[Dr. marit.]*

Nombre de jours stipulés dans la convention passée entre un fréteur et un affréteur pour le chargement et le déchargement de marchandises, au-delà desquels l'affréteur devra verser au fréteur une indemnité par jour de retard : les « surestaries ».

« Statu quo » *[Dr. gén.]*

Raccourci de *in statu quo ante* (dans l'état où les choses étaient auparavant), utilisé pour désigner soit le maintien de la situation actuelle, soit le rétablissement de la situation préexistante.

Statuts *[Dr. civ. / Dr. com.]*

Acte constitutif d'une société ou d'une association rédigé par écrit comportant un certain nombre de mentions obligatoires qui posent les objectifs ainsi que les règles de fonctionnement de la société ou de l'association.

⬛ *C. civ., art. 1835.*

Statut consultatif *[Dr. int. publ.]*

Statut conféré par une Organisation Intergouvernementale (ONU et Institutions spécialisées notamment) à une Organisation Non Gouvernementale qu'elle veut associer à titre consultatif à ses travaux.

S

Statut (fonction publique) *[Dr. adm.]*

Dans le droit de la <u>fonction publique</u>, ensemble des règles définissant les droits et obligations de l'ensemble des <u>fonctionnaires</u> (sous certaines exceptions) ou de certaines catégories d'entre eux. On distingue essentiellement un statut général et des statuts particuliers, ceux-ci pouvant contenir des dispositions dérogatoires à celui-là.

Statut personnel *[Dr. int. priv.]*

Ensemble des règles juridiques concernant l'état et la capacité des personnes.
C. civ., art. 3, al. 3.

Statut réel *[Dr. int. priv.]*

Ensemble de règles juridiques régissant la condition des biens.
C. civ., art. 3, al. 2.

Stellionat *[Dr. civ.]*

Fraude consistant à vendre un immeuble dont on n'est plus propriétaire, ou à l'hypothéquer une seconde fois à l'insu du créancier précédent, ou encore à le présenter comme libre d'hypothèque alors qu'il en est grevé. Ce délit civil a perdu tout intérêt depuis l'instauration d'une publicité obligatoire pour les aliénations immobilières et les constitutions d'hypothèque.

Stimson (doctrine de) *[Dr. int. publ.]*

Du nom de son promoteur, Secrétaire d'État des États-Unis. Doctrine préconisant la non-reconnaissance des situations de fait établies contrairement au Droit International. Formulée en 1932 lors de la création du Mandchoukouo par le Japon au cours de la guerre sino-japonaise et approuvée par la SDN, la doctrine Stimson s'est dans l'ensemble soldée par un échec.

Stipulation *[Dr. priv.]*

Expression de la volonté énoncée dans une convention. Le législateur dispose et les parties stipulent.

Stipulation « post mortem »
➢ *Promesse post mortem.*

Stipulation pour autrui *[Dr. civ.]*

Contrat par lequel une personne, appelée stipulant, obtient d'une autre, le promettant, qu'elle exécute une prestation au profit d'une troisième appelée tiers bénéficiaire.
C. civ., art. 1121.

« Stricto sensu »

Au sens étroit.
Utilisation stricte et littérale d'une disposition légale, réglementaire, conventionnelle ou d'un mot.
➢ *« Lato sensu ».*

Stupéfiants (Trafic et usage de) *[Dr. pén.]*

Infractions résultant de différentes activités relatives à des substances ou plantes classées comme stupéfiants.
C. santé publ., art. L. 5131-1 à 5131-9.
Sont ainsi réprimés et qualifies crimes la direction ou l'organisation de groupements ayant pour objet le trafic, la production ou la fabrication illicites des stupéfiants, l'importation ou l'exportation illicites en bande organisée; qualifiés délits : l'importation, l'exportation, le transport, la détention, l'offre, la cession, l'acquisition ou l'emploi illicites, la facilitation de l'usage illicite, la provocation de mineur à l'usage illicite, l'obtention ou la délivrance de

mêmes produits par des ordonnances fictives, le blanchiment par tout moyen du produit du trafic, la provocation à l'usage ou au trafic de stupéfiant, la cession ou l'offre pour la consommation personnelle, l'usage aux fins de toxicomanie. Cette dernière infraction obéit à un régime de poursuite particulier destiné à favoriser cures de désintoxication et surveillances médicales et ainsi à échapper à toute sanction.

C. pén., art. 222-34 s. ; C. santé publ., art. L. 3421-1.

Subordination *[Dr. trav.]*

Critère déterminant du contrat de travail, en même temps qu'elle en constitue un des effets les plus remarquables, la subordination est caractérisée par un travail sous l'autorité d'un employeur qui a le pouvoir de donner des ordres et des directives, d'en contrôler d'exécution et de sanctionner les manquements de son subordonné. En droit positif, le travail au sein d'un service organisé a été reconnu comme un indice possible de la subordination lorsque l'employeur détermine unilatéralement les conditions d'exécution du travail. Constituant une catégorie juridique, la subordination se distingue de la dépendance économique qui repose sur une autre analyse des relations interpersonnelles.

Subornation de témoin
[Dr. civ. / Pr. pén.]

Actions diverses exercées sur autrui, au cours d'une procédure ou en vue d'une demande ou défense en justice, pour le déterminer, soit à faire ou délivrer une déposition une déclaration ou une attes-

tation mensongère, soit à s'abstenir d'une telle activité. La subornation est une infraction pénale qu'elle soit ou non suivie d'effet.

C. pén., art. 434-15.

Subrogation *[Dr. civ.]*

Opération qui substitue une personne ou une chose à une autre (subrogation personnelle et subrogation réelle), le sujet ou l'objet obéissant au même régime juridique que l'élément qu'il remplace.

C. civ., art. 855, al. 2, 1249 s., 1406, al. 2, 1434 et 1435 ; C. assur., art. L. 121-12 et L. 121-13.

Subrogation des poursuites *[Pr. civ.]*

Procédure permettant, en cas de saisie-vente ou de saisie immobilière au créancier qui a saisi après le premier saisissant, d'obtenir de remplacer ce dernier lorsqu'il est négligent, afin de mener à sa place, l'opération commencée.

C. pr. civ., art. 721 et 724.

Subrogé tuteur *[Dr. civ.]*

Personne chargée de la surveillance, et éventuellement de la suppléance du tuteur.

C. civ., art. 420.

Subsides *[Dr. civ.]*
➤ *Action à fins de...*

Subsidiarité *[Dr. eur.]*
➤ *Principe de subsidiarité.*

Substituts à l'emprisonnement
[Dr. pén.]

Mesures que le législateur met à la disposition du juge qui peut les prononcer en remplacement de la peine principale

S

S

d'emprisonnement (par exemple : retrait ou suspension du permis de conduire, retrait du permis de chasse, travail d'intérêt général).

📖 *C. pén., art. 131-5 s.*
➤ *Peines alternatives.*

Substitut général – Substitut *[Pr. civ.]*
➤ *Procureur général, Procureur de la République.*

Substitution d'enfant *[Dr. pén.]*
Infraction qui résulte du remplacement physique d'un enfant né d'une femme par celui né d'une autre femme.

📖 *C. pén., art. 227-13.*
➤ *Atteintes à la filiation.*

Substitution fidéicommissaire *[Dr. civ.]*
Disposition par laquelle l'auteur d'une libéralité impose à la personne gratifiée (le grevé), l'obligation de conserver sa vie durant les biens donnés ou légués, afin de les transmettre à sa mort à une seconde personne nommément désignée (l'appelé). Elle est en principe prohibée.

📖 *C. civ., art. 896.*
La substitution vulgaire, au contraire, n'implique pas deux libéralités devant produire successivement leur effet. Elle n'est qu'une institution en sous-ordre permettant au second légataire, en cas de défaillance du légataire gratifié en première ligne, de recueillir le bénéfice du legs. Cette substitution est valable.
➤ *Fideicommis.*

Substitution (pouvoir de) *[Dr. adm.]*
Pouvoir conféré aux autorités hiérarchiques ou de tutelle de prendre certaines mesures à la place et pour le compte

des autorités qui leur sont soumises, et qui en demeurent responsables.

Substitution de motif *[Pr. civ.]*
La Cour de cassation a la faculté pour justifier une décision attaquée devant elle, de substituer à un motif erroné un motif de droit pur. Mais ce motif substitué doit avoir été implicitement invoqué, en raison de la manière dont les prétentions des parties ont été exposées en fait et en droit.
➤ *Moyen de droit pur.*

Successeur *[Dr. civ.]*
Personne appelée à une succession ouverte, que ce soit à titre d'héritier ou à titre de légataire.

Successible *[Dr. civ.]*
Aptitude à recueillir une succession (être parent au degré successible).

📖 *C. civ., art. 755, al. 3.*

Succession *[Dr. civ.]*
Dans un premier sens, transmission des biens d'une personne décédée. Dans un deuxième sens, le patrimoine transmis.
La succession *ab intestat* est celle qui est réglée par la loi en l'absence de testament, voire même contre la volonté du défunt.

📖 *C. civ., art. 723 s.*
La succession *testamentaire* est celle qui est dévolue selon la volonté du défunt, volonté exprimée dans un testament.

📖 *C. civ., art. 967 s.*
La succession *anomale* est celle dans laquelle certains biens du défunt sont dévolus en fonction de leur origine, contrairement à la règle de l'unité de la succession.

📖 *C. civ., art. 368-1.*

Succession d'États *[Dr. int. publ.]*

1° Substitution d'un État à un autre sur un territoire à la suite d'une annexion ou de la création d'un État Nouveau.

2° Substitution d'un État dans les droits et obligation de l'autre résultant de cette situation.

Succombance *[Pr. civ.]*

Fait d'avoir perdu son procès, d'où découle, en principe, la condamnation du succombant aux dépens.

📖 *NCPC, art. 696.*

Succursale *[Dr. com.]*

Établissement commercial créé par une entreprise ou une société, qui jouit d'une certaine autonomie par rapport à l'entreprise ou à la société créatrice, sans en être juridiquement distinct.

Suffrage *[Dr. const.]*

➢ *Vote.*

1° *Suffrage censitaire* : suffrage subordonné à des conditions de fortunes.

2° *Suffrage direct* : celui par lequel les citoyens élisent eux-mêmes, sans intermédiaires, leurs représentants.

➢ *Suffrage indirect.*

3° *Suffrage égal* : celui qui confère à chaque électeur le même pouvoir électoral : un homme, une voix.

➢ *Suffrage plural.*

4° *Suffrage indirect* : celui qui comporte deux ou plusieurs degrés d'élection, les citoyens élisants certains d'entre eux qui éliront eux-mêmes les représentants.

5° *Suffrage individuel* : celui qui appartient au citoyen en tant que tel, et non en tant que membre d'un groupe.

➢ *Suffrage social.*

6° *Suffrage familial* : système de vote qui accorde au chef de famille un nombre de voix correspondant à l'importance de cette dernière.

7° *Suffrage multiple* : celui qui permet aux électeurs remplissant certaines conditions de voter dans plusieurs circonscriptions lors d'une même consultation (en vigueur en Grande-Bretagne jusqu'en 1951).

8° *Suffrage plural* : celui qui confère une ou plusieurs voix supplémentaires aux électeurs qui ont un intérêt spécial dans les affaires de l'État (diplômés, propriétaires, chefs de famille, etc.).

➢ *Suffrage égal.*

9° *Suffrage restreint* : celui qui n'est reconnu qu'à certains citoyens sélectionnés au moyen de divers critères (fortune, race, etc.).

➢ *Suffrage universel.*

10° *Suffrage social* : celui qui appartient au citoyen en tant que membre d'un groupe économique ou social.

➢ *Suffrage individuel.*

11° *Suffrage universel* : celui qui est reconnu à tous les citoyens, sous les seules conditions d'usage concernant l'attachement à la chose publique (âge, nationalité, capacité, mentale..)

➢ *Suffrage restreint.*

Suffrages exprimés *[Dr. const.]*

Votes valablement émis. Leur nombre est égal au nombre des votants moins les bulletins blancs et nuls.

« Sui generis » **(de son propre genre)** *[Dr. gén.]*

Qualification d'une situation juridique dont la nature singulière empêche de la classer dans une catégorie déjà connue.

S

S

Sujet de droit *[Dr. civ.]*
➤ *Personne juridique.*

« Summum jus, summa injuria »
Poussé jusqu'au bout, le droit peut entraîner les injustices les plus graves.

Superficie (droit) *[Dr. civ.]*
➤ *Droit de superficie.*

« Superficies solo cedit » *[Dr. civ.]*
La surface cède au sol : tout ce qui s'incorpore à un immeuble (végétaux, bâtiments) est censé en faire partie et appartient au propriétaire.
C. civ., art. 551 s.

Suppléance *[Pr. civ. / Pr. pén.]*
Remplacement provisoire d'un magistrat, d'un officier public ou ministériel.
• *Magistrats* : certains magistrats sont, pendant deux ans, placés auprès des chefs de la Cour d'appel (siège et parquet), pour pourvoir au remplacement temporaire des magistrats bénéficiant d'un congé normal ou spécial, ou encore d'un stage de formation.
Remplacement d'un magistrat empêché de participer à une audience (si aucun magistrat ne peut le suppléer). On fait appel au plus ancien des avocats présents à l'audience, à la cour d'appel, au plus ancien des avocats, à défaut au plus ancien des avoués à la cour.
C. org. jud., art. L. 213-2 et L. 311-9.
• *Officier public ou ministériel* : Le remplacement temporaire d'un officier public ou ministériel est réglé par des textes spéciaux (empêchement découlant d'un cas de force majeure, absence volontaire de courte durée).
Les huissiers de justice peuvent se suppléer entre eux dans leur ressort territorial et être suppléés, pour certains actes, par des clercs assermentés.

Suppléant *[Dr. const.]*
Personne élue en même temps qu'un parlementaire qu'elle est appelée à remplacer dans certains cas de vacance du siège : décès, désignation du parlementaire comme membre du Gouvernement ou du Conseil Constitutionnel, prolongation au-delà de six mois d'une mission temporaire confiée par le Gouvernement.

Supplément d'information *[Pr. pén.]*
Mesure par laquelle est ordonné, par une juridiction répressive autre que la juridiction d'instruction du premier degré (juge d'instruction), tout acte d'investigation complémentaire jugé utile à la manifestation de la vérité.
C. pr. pén., art. 201, 283 s.

Supposition d'enfant *[Dr. pén.]*
➤ *Simulation d'enfant.*

Supranationalité *[Dr. int. publ.]*
➤ *Communauté européenne, Organisation internationale.*

Suppression de part *[Dr. pén.]*
➤ *Part.*

Surenchère *[Pr. civ.]*
Incident de la saisie immobilière. Après une adjudication, toute personne peut, dans les dix jours, former une surenchère qui oblige à procéder à une seconde adjudication.
C. pr. civ., art. 708 s.

Surendettement *[Dr. civ.]*
Qualification législative nouvelle d'une situation caractérisée, pour les person-

nes physiques, par l'impossibilité manifeste pour le débiteur de bonne foi, de faire face à l'ensemble de ses dettes non professionnelles exigibles et à échoir. Elle entraîne l'ouverture d'une procédure devant les commissions départementales de surendettement des particuliers, sous le contrôle du juge de l'exécution.

📕 *C. consom. art. L. 331-1 s.*
➤ *Redressement judiciaire.*

Surestaries *[Dr. marit.]*

Indemnité due par l'affréteur au fréteur pour chacun des jours dépassant les « staries », lors du chargement ou du déchargement des marchandises.

Sûreté *[Dr. adm.]*

Une des directions du Ministère de l'Intérieur, chargée de l'information et de la surveillance policière.

[Dr. civ.] Garantie accordée au créancier pour le recouvrement de sa créance.

- *Sûreté personnelle* : la garantie résulte de l'engagement d'une autre personne au côté du débiteur.
➤ *Caution.*

- *Sûreté réelle* : la sûreté est réelle lorsque certains biens du débiteur garantissant le paiement, de sorte que, en cas de défaillance, le produit de la vente de ces biens est remis au créancier par préférence aux créanciers chirographaires.
➤ *Gage, Hypothèque, Nantissement, Privilège.*

[Dr. const.] L'un des droits naturels et imprescriptibles de l'homme énumérés dans les déclarations des Droits de la Révolution française.

Sûreté publique *[Pr. civ.]*

Le renvoi d'un procès devant une autre juridiction que celle qui est normalement compétente peut être demandée lorsqu'on craint que le procès ne soit localement la cause ou le prétexte de troubles publics.

📕 *NCPC, art. 365.*

Sûretés judiciaires *[Dr. com. / Pr. civ.]*

Mesures conservatoires pouvant, avec l'autorisation du juge, porter sur un immeuble, un fonds de commerce, des actions, des parts sociales ou des valeurs mobilières.

Le créancier doit être possesseur d'un titre exécutoire.

L'opposabilité de la mesure est réalisée par une publicité.

Les biens, objets de la sûreté judiciaire demeurent aliénables, le créancier étant alors payé sur le prix de vente.

➤ *Hypothèque, Nantissement, Saisie des droits incorporels.*

Surface minimum d'installation (SMI) *[Séc. soc.]*

Exploitation viable permettant d'occuper et de faire vivre normalement le chef d'exploitation et son conjoint consacrant l'essentiel de leur activité à leur exploitation, en leur procurant des revenus annuels voisins de 2 fois le SMIC, calculé pour chacun sur la base de 2080 heures de travail dans l'année. Les chefs d'exploitation ou d'entreprise agricoles relèvent du régime agricole lorsqu'ils dirigent une exploitation ou une entreprise dont l'importance est au moins égale ou équivalente à la demi-SMI définie dans chaque département ou partie de département.

📕 *CSS, art. 1003-7-1.*

Surnom *[Dr. civ.]*

Vocable de fantaisie donné à une personne par un tiers; encore appelé sobriquet.

➤ *Pseudonyme.*

S

S

Surnuméraire *[Dr. civ.]*

En surnombre. Dans le cadre de l'assistance médicale à la procréation, les deux membres du couple ayant pu décider que sera tentée la fécondation d'un nombre d'ovocytes rendant nécessaire la conservation d'embryons dans l'intention de réaliser leur demande parentale dans un délai de cinq ans, passé ce délai il existe, généralement, des embryons surnuméraires qui peuvent donner lieu à des expérimentations ou être accueillis par un autre couple, du consentement exprès des donneurs. À défaut, on s'interroge sur le sort à réserver à ces embryons inutilisés.

📘 *C. santé publ., art. L. 152-3, L. 152-4, L. 152-8.*

Sursis *[Dr. adm.]*

Mesure que peuvent prononcer les juridictions administratives pour retarder jusqu'à la décision au fond l'exécution d'un acte administratif attaqué devant elles, quand cette exécution aurait des conséquences difficilement réparables. Le Conseil d'État et les Cours administratives d'appel peuvent sous la même condition ordonner en outre le sursis à l'exécution des jugements qui leur sont déférés. Les décisions de toutes les juridictions administratives montrent qu'elles n'usent de ce pouvoir qu'avec beaucoup de circonspection.

Sursis assorti de l'obligation d'accomplir un travail d'intérêt général *[Dr. pén.]*

Nouvelle forme de sursis à l'exécution d'une peine, fonctionnant sur le modèle du sursis probatoire, l'exécution d'un travail général au profit d'une collectivité publique ou d'une association, dans les conditions du droit commun de cette institution constituant l'obligation essentielle du condamné.

📘 *C. pén., art. 132-54 s.*
➢ *Travail d'intérêt général.*

Sursis à exécution (d'un jugement ou d'un arrêt) *[Dr. adm.]*

Procédure permettant à une Cour administrative d'Appel et au Conseil d'État d'ordonner que soit différée l'exécution de la décision juridictionnelle frappée d'appel ou de cassation, lorsque certaines conditions sont remplies.

📘 *C. just. adm., R. 811-15 s., R. 821-5 s.*
➢ *Référé-suspension.*

Sursis à statuer *[Pr. gén.]*

Décision du juge opérant suspension provisoire du cours de l'instance. Par exemple, si un incident de faux est soulevé devant une juridiction autre que le tribunal de grande instance ou la Cour d'appel, il est sursis à statuer jusqu'au jugement sur le faux.

Le sursis à statuer ne dessaisit pas la juridiction ; il peut être révoqué ou réduit dans sa durée.

📘 *NCPC, art. 378 s.*

Sursis avec mise à l'épreuve *[Dr. pén.]*

Mesure de suspension, totale ou partielle, de l'exécution d'une peine d'emprisonnement de cinq ans au plus, combinée avec certaines obligations consistant pour le condamné à respecter diverses contraintes (contrôle, obligations particulières) tout en pouvant obtenir certaines aides destinées à favoriser son reclassement social. Le bénéfice de ce sursis est susceptible de révocation, tant en cas de nouvelles condamnations à certaines peines pendant le délai d'épreuve, qu'en cas de non-respect des obligations imposées.

📙 *C. pén., art. 132-40 s.*

Sursis simple *[Dr. pén.]*

Mesure de suspension, totale ou partielle, de l'exécution d'une peine pouvant être décidée par le juge à l'égard de délinquants n'ayant pas fait l'objet de certaines mesures répressives dans les cinq ans ayant précédé les faits et dont le bénéfice est soumis à révocation en cas de nouvelles condamnations à certaines peines dans le même délai. Initialement appliqué à l'emprisonnement et à l'amende ce système est aujourd'hui étendu d'une part, à la plupart des peines privatives ou restrictives de droit à l'exception des sanctions à caractère réel, d'autre part, à certaines peines prononcées contre les personnes morales.

📙 *C. pén., art. 132-29 s.*

Suscription *[Dr. civ.]*

Dans les actes juridiques, partie de l'acte où la personne qui l'a rédigé indique son nom, ses titres et qualités.

📙 *C. civ., art. 976.*

Suspect *[Pr. pén.]*

Terme générique désignant une personne soupçonnée d'avoir participé à la commission d'une infraction et qui n'est pas encore poursuivie. Lorsqu'il existe des indices de cette participation, le suspect peut être placé en garde à vue.

📙 *C. pr. pén., art. préliminaire, art. 63 et 77.*

Suspensif *[Dr. civ.]*

Qui reporte à une date ultérieure l'exigibilité de l'obligation (terme suspen-sif) ou qui subordonne la naissance de l'obligation à un événement futur et incertain (condition suspensive).

➢ *Condition, Terme.*

[Pr. civ.] Caractéristique des voies de recours ordinaires (appel, opposition) dont le délai ou l'exercice fait obstacle à l'exécution du jugement rendu.

📙 *NCPC, art. 539.*

Suspension *[Dr. civ. / Pr. pén.]*

Incident qui, en matière de prescription, arrête le cours du délai sans anéantir rétroactivement le temps déjà accompli, de telle sorte que si, après cet incident, la prescription recommence à courir, il sera possible de tenir compte du temps déjà écoulé. ➢ *Interruption.*

📙 *C. civ., art. 2251 s.*

[Dr. trav.] Interruption momentanée des effets du contrat de travail, sans qu'il y ait rupture. La grève, la maladie de courte durée, la maternité, les périodes militaires, les congés, suspendent le contrat de travail.

[Pr. civ. / Pr. pén.] Sanction disciplinaire.

➢ *Poursuite disciplinaire.*

Suspension de l'exécution des peines
[Dr. pén.]

Mesure exceptionnelle d'individualisation judiciaire de la sanction permettant de différer l'exécution d'une peine correctionnelle ou de police lorsqu'il y a des motifs graves d'ordre médical, professionnel, familial ou social.

📙 *C. pr. pén., art. 708 et 720-1.*

Suspension de l'instance *[Pr. civ.]*

Obstacle momentané à la poursuite de l'instance ayant sa source dans le jeu d'une exception (d'incompétence ou de nullité, par exemple) ou dans l'exis-

S

tence d'une question préjudicielle. Une fois l'incident réglé, la procédure peut être continuée sans formalités particulières. L'instance peut aussi être suspendue par une décision de sursis à statuer.

📖 *NCPC, art. 108, 377 s.*
➣ *Sursis à statuer.*

Suspension des poursuites individuelles
[Dr. com.]

Conséquence de la procédure de redressement judiciaire qui interdit aux créanciers de procéder à des poursuites individuelles contre le débiteur.

Suspension provisoire des poursuites
[Dr. civ. / Dr. com.]

Mesure pouvant être prise par le président du tribunal (de commerce ou de grande instance) à la demande exclusive du conciliateur, dans le cadre du règlement amiable de droit commun depuis la loi n° 94-475 du 10 juin 1994. Une mesure semblable avait déjà été prévue par la loi n° 88-1202 du 30 décembre 1988 (art. 26) en matière de règlement amiable de l'exploitation agricole. Elle existe aussi dans la procédure devant les commissions de surendettement des particuliers.

📖 *C. consom., art. L. 331-5.*

Suspension (pouvoir de) *[Dr. adm.]*

Pouvoir accordé à des autorités administratives soit de différer temporairement l'exécution d'un acte juridique pris par une autre autorité, soit de priver provisoirement de leurs fonctions certains agents ou autorités.

Suspicion légitime *[Pr. civ.]*

Un plaideur qui a des motifs sérieux de penser que ses juges ne sont pas en situation de se prononcer avec impartialité, en raison de leurs tendances ou de leurs intérêts, peut demander que l'affaire soit renvoyée devant une autre juridiction. ➣ *Renvoi.*

📖 *NCPC, art. 356.*

[Pr. pén.] Le doute concernant l'impartialité des juges peut également concerner une juridiction pénale d'instruction ou de jugement. Le dessaisissement de la juridiction, sollicité soit par les parties soit par le ministère public, ne peut être décidé que par la chambre criminelle de la Cour de cassation.

📖 *C. pr. pén., art. 662.*

Suivi socio-judiciaire *[Dr. pén.]*

Mesure de sûreté fonctionnant comme une peine complémentaire qui peut être prononcée contre les auteurs d'agressions sexuelles précisément énumérées et concernant principalement les mineurs. Elle entraîne l'obligation pour les condamnés de se soumettre, pendant une durée maximum de 20 ans pour les crimes et de 10 ans pour les délits, à des obligations de surveillance et d'assistance destinées à prévenir la récidive. Ces mesures, dont l'inobservation est sanctionnée d'une peine d'emprisonnement, dont la durée est fixée dans la décision de condamnation, sont celles prévues pour le sursis avec mise à l'épreuve auxquelles peuvent s'ajouter certaines obligations spécifiques. Une injonction de soins peut être décidée sur la base d'une expertise médicale établissant que l'individu peut faire l'objet d'un traitement. Son prononcé implique le consentement du condamné.

📖 *C. pén., art. 131-36-1 à 131-36-8.*

Synallagmatique *[Dr. civ.]*

Se dit d'un contrat qui fait naître à la charge des parties des prestations réciproques.

📕 *C. civ., art. 1102.*

Syndic de copropriété *[Dr. civ.]*

Dans le droit de la copropriété des immeubles bâtis, mandataire du syndicat de copropriétaires chargé d'exécuter ses décisions, de le représenter dans tous les actes civils, et de façon générale d'administrer l'immeuble.

Syndic de faillite *[Dr. com. / Pr. civ.]*

Auxiliaire de justice qui, dans les anciennes procédures de règlement judiciaire et de liquidation des biens (actuellement remplacées par les procédures de redressement et de liquidation judiciaire des entreprises), était chargé de représenter les créanciers, d'assister ou de représenter le débiteur.

La profession de syndic a été supprimée par la loi n° 85-99 du 25 janvier 1985 qui a institué deux nouveaux auxiliaires de justice : l'administrateur judiciaire et le mandataire judiciaire à la liquidation des entreprises chargés d'intervenir au cours de la procédure de redressement judiciaire et de liquidation judiciaire. Leurs fonctions sont en principe exclusives l'une de l'autre.

Syndicat de communes *[Dr. adm.]*

Établissement public pouvant être créé par les communes pour gérer en commun une (syndicat intercommunal à vocation unique : SIVU) ou plusieurs (syndicat intercommunal à vocation multiple : SIVOM) tâches de leur compétence.

Cette forme, la plus ancienne de coopération intercommunale a connu, et connaît encore, des applications nombreuses et fructueuses. Elle a notamment permis en milieu rural le développement des adductions d'eau et d'électricité.

📕 *C. gén. coll. territ., art. L. 5212-1 s.*
➤ *Intercommunalité.*

Syndicat de copropriétaires *[Dr. civ.]*

Organisme collectif ayant la personnalité civile et chargé de la conservation de l'immeuble, de sa défense, et de l'administration des parties communes.

➤ *Copropriété.*

Syndicat de fonctionnaires *[Dr. adm.]*

Groupement de même nature, dans les faits, que les syndicats professionnels, dont la légalité fut longtemps contestée en droit administratif (accordée depuis la loi du 19 octobre 1946). Certains fonctionnaires n'ont pas le droit syndical, et non plus le droit de grève.

➤ *Associations.*

Syndicat professionnel
[Dr. civ. / Dr. trav.]

Groupement constitué par des personnes exerçant une même profession, ou des professions connexes ou similaires, pour l'étude et la défense des droits ainsi que des intérêts matériels et moraux, tant collectifs qu'individuels des personnes visées par les statuts. Le syndicat jouit de la personnalité civile.

📕 *C. trav., art. 411-1 s.*

• *Fédération de syndicats* : groupement de syndicats représentant le même métier ou la même branche d'industrie. *Union de syndicats* : groupement des syndicats d'un même lieu (union locale, union départementale).

📕 *C. trav., art. L. 411-1 s.*

S

S

• *Syndicat représentatif* : syndicat répondant à certains critères légaux qui garantissent son importance et son influence, et jouissant de prérogatives exorbitantes du droit commun syndical.

📕 *C. trav., art. L. 133-2, L. 412-4, L. 423-2, L. 433-2.*

• *Syndicat majoritaire* : le ou les syndicats qui ont recueilli les voix de plus de la moitié des électeurs inscrits lors des dernières élections professionnelles. Ils peuvent, dans certains cas, s'opposer à l'entrée en vigueur d'une convention ou d'un accord d'entreprise (ou d'un avenant) qu'ils n'ont pas signé.

La loi du 19 janvier 2000, relative à la réduction négociée du temps de travail, a introduit en son article 19, V, une nouvelle conception de la majorité. Une des conditions prévues pour qu'un accord de réduction du temps de travail ouvre droit à un allègement des cotisations sociales est d'être signé par une ou des organisations syndicales représentatives dans l'entreprise ayant recueilli la majorité des suffrages exprimés lors des dernières élections au comité d'entreprise ou, à défaut, des délégués du personnel.

📕 *C. trav., art. L. 132-7, L. 132-26.*

Système européen des banques centrales (SEBC) *[Dr. fin.]*

Ensemble formé par la Banque centrale européenne (BCE) et les banques centrales des pays de l'Union européenne qui ont adopté l'euro comme monnaie commune. Il est entré en vigueur le 1er janvier 1999.

Système monétaire européen (SME) *[Dr. eur.]*

Mis en place en mars 1979, il a été une étape essentielle dans la voie de l'établissement d'une union monétaire entre les États membres des Communautés Européennes. Cherche à stabiliser les relations de change entre les monnaies et prévoit pour ce faire divers mécanismes d'intervention. Engage les pays participants à certaines obligations. A longtemps souffert de la faiblesse de certaines monnaies comme de l'absence de la Livre Sterling. A été l'objet d'une relance en 1989 dans l'optique de la réalisation de l'Union monétaire, ce qui permettra l'entrée dans le SME des monnaies des pays membres encore à l'écart. Malgré certains soubresauts monétaires, a pu préparer la mise en place de l'Union monétaire.

T

tions. Supprimés par la loi du 31 décembre 1975.

« Tantum appellatum quantum judicatum » *[Pr. civ.]*

Il ne peut être appelé que dans la mesure où il a été jugé. L'acte d'appel ne peut pas porter sur des points qui n'ont pas été soumis aux premiers juges.

📕 *NCPC, art. 564.*

« Tantum devolutum quantum appellatum » *[Pr. civ.]*

L'effet dévolutif de l'appel ne se produit que dans la mesure de l'acte d'appel.

📕 *NCPC, art. 562.*

« Tarde venientibus ossa » *[Dr. civ.]*

À ceux qui ne sont pas vigilants, il ne reste que les os. Il faut être vigilant pour conserver ses droits (*jura vigilantibus, tarde...*).

Tarif *[Dr. adm.]*

Disposition réglementaire fixant le montant de la redevance payée par le particulier usager d'un service public.

[Dr. fin.] Barème de calcul de l'impôt.

Tarif douanier commun *[Dr. eur.]*

Distingue l'union douanière de la zone de libre échange car non seulement il y a suppression des droits de douane entre les États membres mais des droits communs (le tarif douanier commun) sont appliqués aux marchandises en provenance des pays tiers, perçus lors de l'entrée dans la Communauté et constituent une ressource propre du budget européen.

Tarif de frais et dépens *[Pr. civ.]*
➤ *Dépens, Taxes.*

Tableau de l'ordre *[Pr. civ.]*
➤ *Barreau, Ordre.*

Tacite reconduction *[Dr. civ.]*

Renouvellement d'un contrat entre les parties à l'arrivée du terme, sans qu'il soit besoin d'un écrit ou de paroles expresses, du seul fait de la poursuite ou du maintien des relations contractuelles préexistantes.

📕 *C. civ., art. 1738; C. assur., art. L. 113-15.*

Tags *[Dr. pén.]*

Nom donné à une forme particulière de dégradation réprimée par la loi pénale consistant à tracer, sans autorisation préalable, des inscriptions ou dessins (on parle aussi de graffitis) sur les façades, les véhicules, les voies publiques ou le mobilier urbain, entraînant ainsi un dommage pour ces biens.

📕 *C. pén., art. 322-1, al. 2.*

Tantièmes *[Dr. com.]*

Somme variable prélevée sur les bénéfices nets réalisés par une société et allouée aux administrateurs de sociétés anonymes en rémunération de leurs fonc-

TAR

T

Tarification collective *[Séc. soc.]*

Mode de tarification des accidents du travail applicable aux entreprises occupant habituellement moins de 10 salariés. Le taux varie selon le risque afférent à l'activité exercée (taux collectif).
CSS, art. D. 242-6-6.

Tarification individuelle *[Séc. soc.]*

Mode de tarification des accidents du travail applicable aux entreprises occupant au moins 200 salaries. Le taux se calcule à partir de la valeur du risque professionnel propre à l'entreprise ou l'établissement.
CSS, art. D. 242-6-7.

Tarification mixte *[Séc. soc.]*

Mode de tarification des accidents du travail applicable aux entreprises occupant entre 10 et 199 salariés. Le taux se calcule en additionnant une fraction du taux collectif (➤ Tarification collective) et une fraction du taux net propre à l'établissement (➤ Tarification individuelle).
CSS, art. D. 242-6-9.

Tarifs *[Séc. soc.]*

1° *Tarif d'autorité* : pour les praticiens non conventionnés (➤ Médecins), les tarifs servant de base au remboursement des honoraires sont fixés par arrêtés interministériels. Les tarifs de remboursement des frais d'hospitalisation dans les établissements privés non conventionnés sont fixés par la caisse de sécurité sociale. Ces tarifs sont inférieurs aux prix pratiqués, ce qui entraîne pour l'associé un remboursement relativement faible par rapport à sa dépense réelle.

2° *Tarifs conventionnels* : les tarifs des honoraires et frais accessoires dus aux médecins, chirurgiens-dentistes, sages-femmes, auxiliaires médicaux et biologistes sont fixés par des conventions. Toutefois, pour les praticiens non conventionnés, les tarifs servant de base aux remboursements sont les tarifs d'autorité.

Les tarifs d'hospitalisation dans les établissements privés peuvent être également fixés par des conventions entre les caisses de Sécurité sociale et ces établissements. À défaut de convention le tarif de remboursement est fixé d'autorité par la caisse de Sécurité sociale.

3° *Tarifs de responsabilité* : les tarifs de responsabilité des caisses de Sécurité sociale sont ceux qui servent de base au remboursement des frais de santé exposés par les assurés. Ces tarifs peuvent être des tarifs conventionnels ou des tarifs d'autorité.

Taux *[Dr. civ. / Dr. com. / Dr. fin.]*

Montant de l'intérêt produit par une somme de cent francs au cours d'une année (taux d'intérêt).
C. civ., art. 1907.

Prix d'une valeur mobilière (ex. : taux de la rente) ou d'une monnaie étrangère (taux de change).

Taux d'appel *[Séc. soc.]*

Cotisation supplémentaire dans les régimes complémentaires qui permet d'assurer l'équilibre financier du régime et qui ne donne pas lieu à attribution de points. ➤ Point.

Taux de compétence *[Pr. civ.]*

Chiffre, fondé sur le montant de l'intérêt litigieux, au-delà duquel une juridiction cesse d'être compétente. Ex. : l tribunal d'instance est incompétent, en matiére personnelle, au-delà de 50 000 F.

🔲 *C. org. jud., art. R. 321-1.*
➤ *Taux de ressort.*

Taux contractuel Sécurité sociale
[Séc. soc.]
Taux des cotisations sur lequel sont calculés les droits dans les régimes de retraite complémentaires. ➤ *Taux d'appel.*

Taux effectif global (TEG) *[Dr. civ.]*
Taux incluant, outre les intérêts proprement dits, les frais, commissions ou rémunérations de toute nature, directs ou indirects, y compris ceux destinés à des intermédiaires intervenus dans l'octroi du prêt. Ce taux assorti des charges est le seul auquel on se réfère pour apprécier s'il y a dépassement du seuil usuraire.

🔲 *C. consom., art. L. 313-1.*
➤ *Usure.*

Taux de l'impôt *[Dr. fin.]*
Pourcentage à appliquer à la base d'imposition (base de calcul) pour trouver le montant de l'impôt dû au fisc.

Taux de ressort *[Pr. civ.]*
Chiffre, fondé sur le montant de l'intérêt litigieux, en deçà duquel la voie de l'appel est fermée. Exemple : le conseil de prud'hommes est compétent en dernier ressort jusqu'à la valeur de 23 500 F;

🔲 *C. trav., art. 517-3 et D. 517-1; C. org. jud., art. R. 321-1.*
➤ *Taux de compétence.*
Si la demande est indéterminée, le jugement est, sauf disposition contraire, susceptible d'appel.

🔲 *NCPC, art. 40.*
[Pr. gén.] ➤ *Ressort.*

Taxation d'office *[Dr. fin.]*
Droit de l'Administration fiscale, dans les cas où le redevable n'a pas déposé dans les délais la déclaration de ses revenus, de son chiffre d'affaires ou d'une autre base d'imposition, d'en évaluer unilatéralement le montant à partir des informations dont elle dispose et d'établir l'imposition correspondante. Elle est prévue également dans des cas où le redevable n'a pas répondu à certaines demandes d'informations du fisc.

🔲 *LPF, art. 65 s.*
[Séc. soc.] Fixation du montant des cotisations lorsque la comptabilité de l'employeur ne permet pas d'établir le montant exact des salaires devant donner lieu au calcul des cotisations. Ce forfait est établi compte tenu des conventions collectives ou, à défaut, des salaires pratiqués dans la profession ou la région considérée. La durée de l'emploi est déterminée d'après les déclarations des intéressés ou par tout autre moyen de preuve.

🔲 *CSS, art. R. 242-5.*

Taxation provisionnelle *[Séc. soc.]*
Fixation à titre provisionnel du montant des cotisations en fonction des précédents versements lorsque l'employeur n'a pas versé les cotisations dans les délais prescrits, ni fourni les éléments permettant de calculer celles-ci.

🔲 *CSS, art. R. 242-5.*

Taxes *[Dr. fin.]*
Qualification donnée aux perceptions opérées par une collectivité publique à l'occasion de la fourniture à l'administré d'une contrepartie individualisable, à la différence de l'impôt qui couvre globalement l'ensemble des charges occasionnées par le fonctionnement des services

T

publics. Suivant leurs caractères, les taxes peuvent présenter un caractère fiscal (elles ne peuvent alors être créées que par une loi) ou administratif.

L'intitulé des diverses perceptions opérées par les collectivités publiques ne donne pas d'indication décisive sur leur nature juridique (la taxe sur la valeur ajoutée est un impôt, et non une taxe).

[Pr. civ.] Les différents actes accomplis par un officier ministériel ou par un avocat pour le compte d'un plaideur sont tarifés.

Pour chaque profession, un texte fournit, par type d'acte, la tarification. Le juge vérifie l'état des frais dressé par l'avocat ou par l'avoué (en appel).

📖 *NCPC, art. 695, 708.*

En matière d'enquête, la taxe désigne l'indemnité à laquelle peut prétendre le témoin.

➢ *Honoraires.*

Taxe d'effet équivalent *[Dr. eur.]*

Vise à compléter la suppression des droits de douane entre les États membres en prohibant toutes mesures qui auraient les mêmes effets.

Taxes sur le chiffre d'affaires *[Dr. fin.]*

Appellation générique désignant, dans son sens large, un ensemble d'impôts indirects – voire de taxes parafiscales – présentant le double caractère commun d'être calculés en pourcentage du prix des produits et des services vendus par l'entreprise (chiffre d'affaires) et d'être répercutés sur leur consommateur. La TVA en est le plus important.

Employé au singulier, le terme est parfois employé dans les milieux d'affaires comme synonyme de la TVA elle-même.

➢ *Taxe sur la valeur ajoutée.*

Taxes sur les contrats de prévoyance *[Séc. soc.]*

Taxes perçues sur les contributions des employeurs et des organismes de représentation collective du personnel destinées à financer des prestations de prévoyance complémentaire à celles versées par les régimes de base.

Taxes foncières *[Dr. fin.]*

Impôts directs locaux perçus au profit des collectivités territoriales selon des taux qu'elles déterminent. La taxe foncière sur les propriétés bâties et la taxe foncière sur les propriétés non bâties, établies en fonction de leur valeur locative estimée, sont dues par le propriétaire des biens.

📖 *CGI, art. 1380 s.*

Taxe d'habitation *[Dr. fin.]*

Impôt direct perçu, depuis 1974, au profit des collectivités territoriales, sur toute personne non indigente disposant à un titre quelconque de locaux d'habitations meublés. Son montant est établi en fonction de leur valeur locative estimée, selon des taux variant de commune à commune.

📖 *CGI, art. 1407 s.*

➢ *Mobilière.*

Taxes parafiscales *[Dr. fin.]*

Prélèvements obligatoires perçus dans un intérêt économique ou social au profit d'une personne de droit public ou privé autre que l'État, les collectivités territoriales et leurs établissements publics administratifs.

La liste en est annuellement donnée par un état annexé à la loi de finances, qui ne mentionne pas la parafiscalité sociale (Sécurité sociale, Allocations familiales), pourtant la plus importante par son volume, mais qui obéit à des règles particulières. Les taxes parafiscales proprement dites, créées par décret, ont un régime juridique qui les rapproche de la fiscalité, notamment en ce qui concerne la nécessité d'une autorisation parlementaire pour permettre la prolongation de leur perception au-delà du 31 décembre.

axe professionnelle *[Dr. fin.]*

Impôt direct perçu, au profit des collectivités territoriales, sur les personnes physiques ou morales exerçant une profession industrielle, commerciale, libérale ou artisanale. Son assiette est normalement représentée pour chaque assujetti par la somme de la valeur locative des locaux professionnels et d'une fraction des salaires versés.

📖 *CGI, art. 1447 s.*
➢ *Patente.*

axe professionnelle unique *[Dr. fin.]*

Pour égaliser la charge de taxe professionnelle supportée par les entreprises situées dans les communes d'une même communauté urbaine, ou d'une même communauté de communes ou d'une même communauté d'agglomération, ainsi que pour assurer l'essentiel de leur financement, ces établissements publics de coopération intercommunale peuvent (communautés de communes, communautés urbaines créées avant 1999) ou doivent (communautés urbaines créées après 1999, communautés d'agglomération) percevoir la taxe professionnelle à la place de leurs communes membres.

La taxe professionnelle unique est alors perçue à un taux uniforme sur tout leur territoire; cette uniformisation est réalisée progressivement sur une période maximale de 12 ans.

Tous les groupements à TPU peuvent décider en outre de percevoir la taxe d'habitation et les taxes foncières concurremment avec les communes et le département.

📖 *CGI, art. 1609 nonies C.*

Taxe sur la valeur ajoutée (TVA) *[Dr. fin.]*

Impôt indirect général sur la dépense inclus dans les prix, frappant selon des taux différenciés toutes les ventes de biens et toutes les prestations de services – sauf exonérations légales. Grâce au mécanisme de la déduction de la TVA ayant grevé en amont les différents éléments du prix de revient de ces biens et services, la TVA ne grève en réalité que la valeur monétaire ajoutée à chaque stade de leur production. Perçue dans tous les États membres de la Communauté Économique Européenne (Marché Commun), la TVA représente également pour celle-ci l'une de ses « ressources propres ».

📖 *CGI, art. 256-0 s.*

Technicien *[Pr. civ.]*

Simple particulier (indépendant ou présenté par une personne morale) chargé par un juge ou par un tribunal de procéder à des constatations, de donner une consultation ou de fournir un avis technique dans le cadre d'une expertise lorsque l'analyse des faits du procès requiert le recours aux connaissances d'un spécialiste.

📖 *NCPC, art. 232.*
➢ *Constatations, Consultation, Expertise.*

Technique juridique *[Dr. gén.]*

Ensemble des moyens juridiques (formulation de la règle, application par les praticiens) permettant la réalisation du droit dans un but déterminé.

Technocratie *[Dr. const.]*

Régime où les techniciens et fonctionnaires supplantent en fait ou en droit les hommes politiques dans l'exercice du pouvoir.

Télé-achat *[Dr. civ.]*
➢ *Vente à distance.*

Télépaiement *[Dr. civ. / Dr. com.]*

Paiement par télécommunication, comme celui réalisé par l'introduction de sa carte bancaire dans un terminal après avoir frappé son numéro de code confidentiel.

Témoignage *[Pr. gén.]*

Acte par lequel une personne atteste l'existence d'un fait dont elle a eu personnellement connaissance.

Témoin *[Pr. civ. / Pr. pén.]*

Simple particulier invité à déposer, dans le cadre d'une enquête, sur les faits dont il a eu personnellement connaissance, après avoir prêté serment de dire la vérité.

Les personnes frappées d'une incapacité de témoigner peuvent cependant être entendues mais sans prestation de serment.

Les témoins doivent faire connaître s'il y a lieu, leur lien de parenté ou d'alliance avec les parties, de subordination à leur égard, de collaboration ou de communauté d'intérêts avec elles.

📙 *NCPC, art. 205, 210.*

Témoin assisté

Personne mise en cause à l'ouverture d'une instruction ou pendant celle-ci par le procureur de la République, la victime, le témoin ou le juge d'instruction lui-même et qu'il n'est pas possible ou qu'il n'apparaît pas opportun de mettre en examen.

Ce statut est obligatoirement applicable à la personne nommément désignée dans un réquisitoire introductif et lorsque la demande en est faite pour toute personne nommément visée dans une plainte ou mise en cause par une victime. Il peut être accordé par le juge d'instruction à la personne mise en cause par un témoin ou contre laquelle il existe des indices rendant vraisemblable sa participation comme auteur ou complice à la commission d'une infraction.

Ce statut est intermédiaire entre celui du mis en examen et celui du témoin (assistance d'un avocat et absence de prestation de serment mais obligation de déposer et impossibilité d'une détention provisoire ou d'un contrôle judiciaire par exemple).

La situation de témoin assisté peut aujourd'hui être considérée comme le droit commun pour une personne mise en cause dans le cadre d'une instruction. En effet, le magistrat instructeur ne pourra décider d'une mise en examen que s'il estime ne pas pouvoir recourir à la solution du témoin assisté.

📙 *C. pr. pén., art. 113-1 s., art. 80-1.*
➢ *Mis en examen, Mis en cause.*

Temps de travail *[Dr. trav.]*
➢ *Durée du travail.*

Tempus *[Dr. eur.]*

Programme de la Communauté européenne destiné à promouvoir des échanges d'étudiants et d'enseignants, comm

T

une politique plus générale de coopération universitaire, avec les établissements d'enseignement supérieur des pays d'Europe centrale et orientale.

Tenants *[Dr. civ.]*
Terres qui bordent un fonds sur ses grands côtés, par opposition aux aboutissants.

Tènement *[Dr. civ.]*
Ensemble de terres d'un seul tenant, par opposition à des parcelles isolées.

Tentative *[Dr. pén.]*
Activité tendant à la perpétration d'une infraction caractérisée par un commencement d'exécution et non suspendue par un désistement volontaire.
▌ *C. pén., art. 121-5.*

Terme *[Dr. civ.]*
Modalité d'un acte juridique faisant dépendre l'exécution ou l'extinction d'un droit d'un événement futur dont la réalisation est certaine. ➤ *Condition.*
▌ *C. civ., art. 1185 s.*
Terme de grâce : synonyme de délai de grâce.

Territoire non autonome *[Dr. int. publ.]*
Territoire dont la population ne s'administre pas encore complètement elle-même et à l'égard duquel la Puissance administrante a des obligations définies par le Chapitre XI de la Charte de l'ONU.

Territoire d'Outre-Mer (TOM) *[Dr. adm.]*
Catégorie de collectivités territoriales de la République française créée en 1946. Les TOM originaires représentaient l'ensemble des colonies françaises – et notamment africaines et malgache – de la IIIᵉ République à l'exception des départements algériens et des Départements d'Outre-Mer. Aujourd'hui, tous les grands TOM sont devenus des États indépendants. Seuls ont conservé leur statut de TOM : les Terres Australes et Antarctiques, la Nouvelle-Calédonie, la Polynésie française, Wallis et Futuna. Mayotte, et St Pierre et Miquelon, ont un statut particulier, dérivé de celui des TOM. Le Droit applicable dans les TOM provient de deux sources :

- un droit d'origine métropolitaine ; mais tous les textes adoptés par le Parlement et le Gouvernement ne s'y appliquent que sur mention expresse (système de la spécialité législative), sauf pour ceux, assez nombreux, qui sont applicables de plein droit ;

- un droit élaboré par les organes décentralisés du TOM ; chacun d'eux voit son autonomie réglée par le statut qui le régit.

Terrorisme *[Dr. pén.]*
Ensemble d'infractions limitativement énumérées dans le Code pénal, qualifiées ainsi, lorsqu'elles sont en relation avec une entreprise individuelle ou collective ayant pour but de troubler gravement l'ordre public par l'intimidation et la terreur. L'effet essentiel de cette qualification est, d'une part, d'augmenter d'un degré dans l'échelle des peines les sanctions privatives de liberté encourues, d'autre part, de soumettre ces infractions à des règles de procédure particulières.
▌ *C. pén., art. 421-1 ; C. pr. pén., art. 706-16 s.*

T

Terrorisme écologique *[Dr. pén.]*

Fait d'introduire dans l'atmosphère, le sol, le sous-sol ou les eaux une substance de nature à nuire à l'homme ou aux animaux lorsque cette action est en relation avec une entreprise individuelle ou collective ayant pour but de troubler gravement l'ordre public par l'intimidation ou la terreur.

C. pén., art. 421-2.

Testament *[Dr. civ.]*

Acte juridique unilatéral par lequel une personne, le testateur, exprime ses dernières volontés et dispose de ses biens pour le temps qui suivra sa mort.

Le testament *authentique* est celui qui est reçu par deux notaires ou un notaire et deux témoins.

C. civ., art. 971 s.

Le testament *mystique* ou secret est celui qui est écrit par le testateur ou un tiers, signé par le testateur, présenté clos et scellé à un notaire qui dresse un acte de suscription en présence de deux témoins.

C. civ., art. 976.

Le testament *olographe* est celui qui est entièrement écrit, daté et signé de la main du testateur.

C. civ., art. 970.

Le testament est dit *conjonctif* ou conjoint lorsque deux ou plusieurs personnes testent dans le même acte, au profit d'un tiers ou réciproquement les unes au profit des autres. Cette forme est prohibée par la loi.

C. civ., art. 968.

Testament-partage *[Dr. civ.]*

Testament par lequel un père ou une mère de famille ou un autre ascendant partage entre ses descendants les biens qu'il laissera à son décès, en composant comme il l'entend les lots de chacun sous la seule condition de ne pas porter atteinte à la réserve héréditaire.

C. civ., art. 1075.

Tête (par) *[Dr. civ.]*

Genre de partage dans lequel tous les héritiers prennent des parts égales, parce qu'ils viennent à la succession de leur chef. S'oppose au partage par souche qui ne permet aux représentants d'un successible précédé que de prétendre ensemble à la part de celui-ci, constituant une seule unité de compte quel que soit leur nombre.

C. civ., art. 745, 746, 753.

Thalweg *[Dr. int. publ.]*

Délimitation d'une frontière entre deux États par recours à la ligne médiane de plus grande profondeur d'un cours d'eau.

Thesaurus *[Dr. gén.]*

Dictionnaire destiné à faciliter la recherche en informatique juridique et contenant, pour chaque mot clé de la nomenclature, les expressions apparentées par similitude, synonymie ou analogie.

Ticket modérateur *[Séc. soc.]*

Fraction des frais médicaux – pharmaceutiques – chirurgicaux qui reste à la charge de l'assuré. Le ticket modérateur est supprimé dans certains cas maternité, accident du travail par exemple. Il peut être pris en charge par des mutuelles.

CSS, art. L. 322-2 s.

Ticket-restaurant *[Dr. trav.]*

➤ *Titre-restaurant.*

Tierce opposition *[Pr. gén.]*

Voie de recours extraordinaire, de rétractation ou de réformation, ouverte aux personnes qui n'ont été ni parties ni représentées dans une instance et leur permettant d'attaquer une décision qui leur fait grief et de faire déclarer qu'elle leur est inopposable.

📖 *NCPC, art. 582 s.; C. just. adm., art. R. 832-1 s.*

➢ *Chose jugée, Mise en cause, Opposabilité.*

Tierce personne *[Séc. soc.]*

Personne assistant un invalide incapable d'accomplir seul les actes de la vie courante. Le recours nécessaire à l'assistance d'une tierce personne est une cause de majoration de la pension d'invalidité ou de vieillesse.

📖 *CSS, art. L. 341-4.*

Tiers *[Dr. civ.]*

Personne étrangère à un acte juridique.

📖 *C. civ., art. 1165.*

[Pr. civ.] Une personne est un tiers par rapport à un procès lorsqu'elle n'est ni demanderesse ni défenderesse. Un tiers peut cependant être introduit dans l'instance par la voie de l'intervention.

📖 *NCPC, art. 331.*

Un tiers peut être sollicité aussi, sur requête d'une partie, de fournir une attestation écrite ou un témoignage ou de communiquer des documents nécessaires à la connaissance des faits litigieux, à la condition qu'il n'existe pas d'empêchement légitime.

📖 *NCPC, art. 138, 199.*

Tiers arbitre *[Pr. civ.]*

Arbitre nommé naguère en cas de partage des voix entre les arbitres en nombre pair pour faire prévaloir l'une des opinions. A disparu dans la nouvelle procédure, le tribunal arbitral étant obligatoirement composé d'arbitres en nombre impair.

📖 *NCPC, art. 1453.*

Tiers détenteur *[Dr. civ.]*

Acquéreur ou donataire d'un immeuble grevé d'une hypothèque ou d'un privilège, non personnellement obligé à la dette, mais tenu comme détenteur ou de payer tous les intérêts et capitaux exigibles quel que soit leur montant, ou de délaisser l'immeuble sans aucune réserve, à moins de procéder à la purge qui limite le droit de poursuite des créanciers hypothécaires au prix payé ou à la valeur de l'immeuble.

📖 *C. civ., art. 2 167 s.*

[Dr. fin.] ➢ *Avis à tiers-détenteur.*

Tiers-Monde *[Dr. int. publ.]*

Néologisme désignant l'ensemble des États en voie de développement, souvent issus du mouvement de décolonisation consécutif à la seconde guerre mondiale, et représentant environ les deux tiers de la population mondiale.

Le tiers-monde, dont les représentants occupent par leur nombre une place importante à l'ONU, a affirmé dans sa plus grande part son individualité par rapport aux blocs américain et soviétique.

➢ *Neutralisme, Pays ou États en Voie de développement.*

Tiers payant *[Séc. soc.]*

Paiement direct par la caisse de Sécurité sociale des sommes dues par l'assuré. Le système du tiers payant est utilisé pour la réparation des accidents du travail.

📖 *CSS, art. L. 432-1.*

T

Tiers-payeur *[Dr. civ.]*

Désigne les organismes sociaux, les collectivités publiques ou les personnes privées qui ont versé des prestations à la victime d'un accident corporel et qui disposent d'une action récursoire contre le responsable, en vue d'obtenir la restitution de leurs débours sur la part d'indemnité qui répare l'atteinte à l'intégrité physique.

« Tiers provisionnels » *[Dr. fin.]*

Appellation courante des deux acomptes que doivent verser en cours d'année les assujettis à l'impôt sur le revenu imposés l'année précédente pour un certain montant et dont chacun représente le tiers de cet impôt. Ces acomptes s'imputent sur l'impôt sur le revenu dû pour l'année en cours.

➤ *Mensualisation.*

Timbre (Droits de) *[Dr. fin.]*

Catégorie d'impôts extrêmement hétérogènes auxquels il n'est pas possible de découvrir un dénominateur commun, l'ancienne caractéristique, représentée par le fait matériel que l'impôt donnait lieu à délivrance d'une vignette ou d'une feuille de papier, ou à l'apposition d'une empreinte, ayant disparu avec le paiement sur états.

Quand l'impôt du timbre est perçu à l'occasion d'un acte juridique et de l'écrit qui le constate, il ne confère pas date certaine à cet acte, à la différence de l'enregistrement; de plus, sauf exception législative, l'omission du timbre entraîne des pénalités mais n'est pas une cause de nullité de l'acte.

Le timbre de dimension, perçu sur les actes juridiques énumérés par la loi, peut être payé de diverses manières (emploi de papier timbré, visa pour timbre, machine à timbrer, paiement sur états par exemple).

« Time-charter » *[Dr. marit.]*

Reprise d'un navire, pour un certain temps, à un affréteur qui l'exploitera lui-même.

Tiré *[Dr. com.]*

Personne contre qui est émise une lettre de change ou un chèque.

▮ *C. mon. fin., art. L. 131-2 et L. 134-1 et C. com., art. L. 511-1.*

Tireur *[Dr. com.]*

Personne, qui émet une lettre de change ou un chèque.

▮ *C. mon. fin., art. L. 131-2 et L. 134-1 et C. com., art. L. 511-1.*

Titre *[Dr. civ.]*

Écrit constatant un acte juridique. On dit également « instrumentum ».

Titres de créances négociables *[Dr. com.]*

Titres émis au gré de l'émetteur, négociables sur un marché réglementé, qui représentent chacun un droit de créance pour une durée déterminée; ils sont stipulés au porteur et inscrits en compte chez un intermédiaire habilité.

Titres exécutoires
[Dr. civ. / Pr. gén. / Dr. fin.]

Titres permettant de recourir à l'exécution forcée.

La liste de ces titres est contenue dans l'article 3 de la loi du 9 juillet 1991. Elle comprend :

1° Les décisions des juridictions de l'ordre judiciaire ou de l'ordre administratif ainsi que les transactions soumi ses au président du tribunal de grande instance lorsqu'elles ont force exécutoire;

2° Les actes et les jugements étrangers ainsi que les sentences arbitrales déclarées exécutoires;

3° Les extraits de procès-verbaux de conciliation signés par le juge et les parties;

4° Les actes notariés revêtus de la formule exécutoire;

5° Le titre délivré par l'huissier en cas de non-paiement d'un chèque;

6° Les décisions auxquelles la loi attache les effets d'un jugement, ainsi que les titres délivrés par les personnes morales de droit public qualifiés de tels par la loi. Aux termes de l'article 98 de la loi n° 92-1476 du 31 décembre 1992, « constituent des titres exécutoires les arrêtés, états, rôles, avis de mise en recouvrement, titres de perception ou de recettes que l'État, les collectivités territoriales ou les établissements publics dotés d'un comptable public délivrent pour le recouvrement des recettes de toute nature » leur revenant.

Titre d'identité républicain *[Dr. int. priv.]*
Titre d'identité et de voyage accordé, sur présentation du livret de famille, à tout mineur né en France de parents étrangers titulaires d'un titre de séjour.

Titre (juste) *[Dr. civ.]*
Acte juridique qui n'a pu transférer la propriété d'un immeuble parce que n'émanant pas du véritable propriétaire.
➤ *Titre putatif.*
Le juste titre permet l'usucapion abrégée.
📗 *C. civ., art. 2265.*

Titre médecin *[Séc. soc.]*
Titre de paiement utilisé par les assurés pour le règlement de certains actes de chirurgie, de biologie ou de radiologie qui les dispense de faire l'avance des frais.

Titre nobiliaire *[Dr. civ.]*
Distinction conférant la noblesse et attribuée par un souverain.
➤ *Noblesse.*

Titre nominatif *[Dr. com.]*
Titre qui mentionne le nom de son titulaire, et dont la négociation s'effectue par la formalité dite du transfert sur les registres de la société.

Titre participatif *[Dr. com.]*
Titre négociable à revenu variable, susceptible d'être émis par les sociétés par actions du secteur public et les sociétés anonymes coopératives.

Titre au porteur *[Dr. com.]*
Titre ou valeur mobilière ne mentionnant pas le nom de son titulaire, mais portant simplement un numéro d'ordre. Un tel titre est considéré comme une chose incorporelle mobilière dont la négociation s'effectue par la tradition.

Titre putatif *[Dr. civ.]*
Titre qui n'existe que dans la croyance du possesseur d'un bien.
Il ne permet pas la prescription abrégée.

Titre-restaurant *[Dr. trav.]*
Bon de paiement émis par l'employeur ou par une entreprise spécialisée grâce auquel l'employeur s'acquitte de l'in-

demnité de repas due aux salariés. Sous certaines conditions, le titre restaurant est exonéré des charges fiscales et sociales. On dit aussi « chèque restaurant ».

Titrisation *[Dr. civ. / Dr. com.]*

Conversion en titres négociables des créances de prêt détenues par un établissement de crédit ou la Caisse des dépôts et consignations au moyen de leur cession à un <u>fonds commun de créance</u> qui émet, en contrepartie, des parts représentatives desdites créances; ces parts sont offertes aux investisseurs comme valeurs mobilières sur le marché financier.

Tobar (doctrine de) *[Dr. int. publ.]*

Doctrine formulée en 1907 par le ministre des Affaires étrangères de l'Équateur, selon laquelle un État devrait refuser de reconnaître un nouveau Gouvernement formé inconstitutionnellement. Quelques applications en Amérique Centrale.

Tolérance (acte de simple) *[Dr. civ.]*

Acte accompli sur le fonds d'autrui, mais avec la permission expresse ou tacite du propriétaire qui peut y mettre fin à tout moment. Un tel acte ne peut fonder ni possession, ni prescription, spécialement en matière de servitudes.
🛡 *C. civ., art. 2232.*

Tontine *[Dr. civ.]*

Opération par laquelle plusieurs personnes constituent, par des versements, un fonds commun qui sera capitalisé pendant un certain nombre d'années et réparti, à l'échéance convenue, entre les survivants, déduction faite des frais de gestion de la société qui s'est chargée de cette opération (société tontinière). Ainsi entendue, elle constitue l'ébauche de l'assurance-vie.

Dans la pratique notariale, la tontine, encore appelée clause d'accroissement ou de réversion, est un pacte conclu entre plusieurs personnes lors de l'acquisition d'un bien et en vertu duquel seul le survivant de tous sera considéré comme propriétaire, chaque acquéreur conservant la jouissance du bien sa vie durant.
🛡 *CGI, art. 754 A.*
➤ *Accroissement.*

La tontine désigne enfin une pratique coutumière (en Afrique et en Asie notamment) par laquelle chaque membre d'un groupement verse périodiquement une certaine somme d'argent, le capital ainsi réuni étant utilisable à tour de rôle par chacun des membres.

Tour d'échelle *[Dr. civ.]*

Droit de pénétrer sur le terrain d'un voisin pour y placer des échelles aux fins d'entretien de bâtiments situés sur la ligne séparative des fonds. Ce droit ne peut constituer une servitude que s'il a été établi par un titre.

Tour extérieur *[Dr. adm.]*

Mode de nomination dérogatoire au droit commun de la <u>Fonction publique</u>, permettant à l'exécutif de recruter directement certaines personnes à des emplois de la haute Fonction publique de l'État. Ces nominations sont limitées en nombre et depuis 1994, en raison d'abus, sont soumises à des avis destinés à éclairer sur l'aptitude des intéressés à remplir convenablement leurs fonctions.

Tortures et actes de barbarie *[Dr. pén.]*
Violente souffrance physique que l'on fait subir à autrui et tous autres traitements cruels inhumains ou dégradants. Ces faits constituent aujourd'hui, dans le code pénal, une infraction autonome.
📖 *C. pén., art. 222-1 s.*

Totalitarisme *[Dr. const.]*
Système dans lequel l'État établit son emprise sur la totalité des activités humaines (politiques, économiques, sociales, culturelles, religieuses, etc.), l'individu étant entièrement subordonné à l'idéal exclusif formulé par le pouvoir.
➤ *Démocratie populaire.*

Toxicomanie *[Dr. pén.]*
Habitude de consommation de certains produits pouvant procurer des sensations agréables mais susceptibles d'entraîner un état de dépendance physique ou psychique.
➤ *Stupéfiants.*

Tracfin *[Dr. fin.]*
Service organisé par l'État pour déceler – en liaison avec les banques et établissements analogues – et livrer à la justice les auteurs de mouvements de capitaux d'origine délictueuse, notamment en matière de trafic de drogue et de fraude fiscale.

Tractatus *[Dr. civ.]*
➤ *Possession d'état.*

Trade Unions *[Dr. const.]*
Les syndicats au Royaume-Uni.

« Traditio » *[Dr. civ.]*
Mot latin qui désigne la remise de la chose faisant l'objet d'un contrat. On dit également tradition.
📖 *C. civ., art. 1138, 1919.*

Tradition *[Dr. civ.]*
➤ *Traditio.*

[Dr. com.] Avant la dématérialisation des valeurs mobilières, mode de transmission propre aux titres au porteur s'effectuant par la simple remise matérielle du titre de la main à la main. Aujourd'hui, le titre au porteur est cédé de la même façon que le titre nominatif par virement de compte à compte.

Trafic d'influence *[Dr. pén.]*
Infraction consistant dans le fait de solliciter ou d'agréer des offres, dons, promesses pour abuser d'une influence réelle ou supposée dans le but de faire obtenir, d'une autorité ou d'une administration publique, des distinctions, des emplois, des marchés ou toute autre décision favorable. Le fait est plus sévèrement réprimé lorsqu'il est accompli par une personne exerçant une fonction publique.
📖 *C. pén., art. 432-11 et 433-2.*

Trahison *[Dr. pén.]*
Ensemble d'infractions commises par un Français ou un militaire au service de la France dont la caractéristique commune est qu'elles constituent une atteinte aux intérêts fondamentaux de la Nation, le plus souvent au profit d'une puissance étrangère.
📖 *C. pén., art. 411-1 s.*
➤ *Espionnage.*

Traite *[Dr. com.]*
➤ *Lettre de change.*

Traitement budgétaire *[Dr. adm.]*
Élément de la rémunération d'un fonctionnaire correspondant à son indice de traitement, et sur le montant duquel est calculée à son départ sa pension de retraite. Pendant que le fonctionnaire

est en activité, cet élément est toujours assorti d'une indemnité de résidence, variable selon l'importance de la commune d'affectation, et il est souvent majoré de primes très inégales suivant les Administrations, et généralement mal connues, qui aboutissent à fausser largement les comparaisons entre les rémunérations des différents fonctionnaires.

Traité *[Dr. int. publ.]*

Accord conclu entre États ou autre sujets de la société internationale (comme le Saint-Siège ou les Organisations internationales) en vue de produire des effets de droit dans leurs relations mutuelles.

Termes pratiquement synonymes : convention, pacte, accord, arrangement, protocole...

1° *Traité bilatéral* : traité résultant de l'accord de deux contractants seulement.
➢ *Traité multilatéral.*

2° *Traité-contrat* : traité générateur de situations juridiques subjectives, les contractants stipulant des prestations réciproques, comme dans un contrat privé (ex. : traité de commerce).
➢ *Traité-loi.*

3° *Traité-loi* (ou traité normatif) : traité – généralement multilatéral – dont l'objet est de poser une règle de Droit, c'est-à-dire d'établir une situation juridique impersonnelle et objective (par exemple : un mode d'organisation de la société internationale, un statut territorial, etc.).
➢ *Traité-contrat.*

4° *Traité multilatéral* (ou collectif) : traité résultant de l'accord de plus de deux contractants.
➢ *Traité bilatéral.*

Traité d'Amsterdam
➢ *Amsterdam.*

Traités inégaux *[Dr. int. publ.]*

Traités reflétant le déséquilibre des rapports de force entre les États signataires, l'une des parties ayant profité de la faiblesse de l'autre pour lui imposer des clauses désavantageuses (Ex. : la Chine se plaint de subir les conséquences des traités inégaux conclus avec l'URSS au XIXᵉ siècle et réclame une rectification équitable de la frontière sino-soviétique).

Transaction *[Dr. civ.]*

Contrat par lequel les parties terminent ou préviennent une contestation en consentant des concessions réciproques.
▌ *C. civ., art. 2044.*

Ce mot est aussi utilisé dans le langage courant pour désigner une opération commerciale.

[Pr. civ.] Lorsqu'une transaction est intervenue entre deux personnes, celle-ci a la même valeur qu'une décision passée en force de chose jugée. En présence d'une transaction extrajudiciaire, le président du tribunal de grande instance, saisi par requête de l'une des parties, peut lui conférer force exécutoire.
▌ *C. civ., art. 2052; NCPC, art. 1441-4.*

[Pr. pén.] Procédure par laquelle certaines administrations (contributions indirectes – douanes, etc.) peuvent proposer aux délinquants l'abandon des poursuites pénales en contrepartie de l'aveu de l'infraction et du versement d'une somme d'argent dont elles fixent elles-mêmes le montant. Cette procédure d'application restrictive entraîne l'extinction de l'action publique.
▌ *C. pr. pén., art. 6.*

Transcription [Dr. civ.]

Formalité de publicité de certains actes juridiques, qui consiste à recopier totalement ou partiellement l'acte sur un registre officiel. – Terme désignant, avant 1955, les opérations de <u>publicité foncière</u>.

Transfèrement [Dr. pén.]

Translation d'une personne détenue d'un établissement pénitentiaire à un autre. Il peut être judiciaire ou administratif.

🔖 *C. pr. pén., art. 713-1 s., D. 290 s.*

Transfert [Dr. com.]

Mode de transmission des titres nominatifs qui s'effectue par l'inscription sur un registre tenu par le débiteur du titre (en l'espèce la société émettrice ou la collectivité publique) du nom du cessionnaire, cette inscription étant accompagnée de la radiation du nom du cédant.

[Dr. trav.] Situation d'un salarié dont le contrat de travail est rompu avec l'entreprise qui l'emploie et qui passe au service d'une autre entreprise par convention conclue par les trois parties intéressées.

➤ *Mutation, Détachement.*

Transit [Dr. com.]

Passage d'une marchandise à travers un État sans être dédouanée.

Transit International Routier (TIR) [Dr. adm.]

➤ *Transports sous douane.*

Transitaire [Dr. com.]

Commissionnaire spécialisé dans l'importation et l'exportation des marchandises, qu'elles circulent ou non en transit. Il effectue les formalités matérielles et juridiques de la douane (transitaire en douane).

Translatif [Dr. civ.]

Qui opère déplacement d'un droit, spécialement du droit de propriété, d'un patrimoine à un autre (vente, donation...).

Transmission à titre particulier [Dr. gén.]

Transmission d'un ou plusieurs biens déterminés ou déterminables.

Transmission à titre universel [Dr. gén.]

Transmission d'une quote-part de biens.

Transmission universelle [Dr. gén.]

Transmission de tout le patrimoine d'une personne (actif et passif). Elle ne peut se réaliser que pour cause de mort.

Transparence fiscale [Dr. fin.]

Néologisme désignant une manifestation particulière de l'autonomie du droit fiscal, selon laquelle celui-ci accepte d'ignorer la personnalité juridique de certaines sociétés. Celles-ci ne sont pas assujetties à l'impôt sur les bénéfices des sociétés, leurs profits étant imposés dans la personne de leurs associés au titre de l'impôt sur le revenu comme s'ils avaient été réalisés directement par eux et non par la société. La charge fiscale globale est ainsi allégée du montant de l'impôt sur les bénéfices qu'aurait eu à payer la société si elle n'avait pas été fiscalement « transparente ».

Transport sous douane [Dr. fin.]

Institution fiscale permettant soit de traverser le territoire douanier français,

T

soit d'acheminer les importations vers des entrepôts de douane ou des centres de dédouanement dans l'intérieur du territoire sans remplir à la frontière les formalités de dédouanement, pour tenir compte de l'accroissement des échanges internationaux, notamment par transports routiers.

Le Transit International Routier (TIR) en est l'une des modalités.

Transport sur les lieux *[Dr. pén.]*

Mesure de l'enquête ou de l'instruction conduisant un magistrat ou une formation de jugement d'une juridiction à se rendre sur les lieux où s'est déroulée une infraction pour y effectuer des constatations matérielles.

▌ *C. pr. pén., art. 92 s., 456, 536.*

[Pr. civ.] Mesure d'instruction consistant pour le juge à aller sur place pour procéder aux constatations, évaluations, appréciations ou reconstitutions qu'il estime nécessaires à la manifestation de la vérité.

▌ *NCPC, art. 179.*

Transsexuel *[Dr. civ.]*

Personne qui, à la suite d'un traitement médical et/ou d'une opération chirurgicale, ne possède plus tous les caractères de son sexe d'origine et a pris une apparence physique la rapprochant de l'autre sexe, auquel correspond son comportement social. Si le traitement a été subi dans un but thérapeutique, la Cour de cassation considère que le principe du respect dû à la vie privée justifie que l'état civil de cette personne indique désormais le sexe dont elle a l'apparence et que le principe de l'indisponibilité de l'état des personnes ne fait pas obstacle à une telle modification.

Travail *[Dr. trav.]*

• *Travail par équipes* : travail pratiqué dans un établissement de façon continue ou prolongée et assuré par des équipes successives.

▌ *C. trav., art. L. 231-3-3.*

➤ *Travail par roulement.*

• *Travail clandestin* : V. *ci-dessous Travail dissimulé.*

• *Travail dissimulé* : aux termes de la loi du 11 mars 1997, le travail dissimulé est un concept plus large que ce que le législateur dénommait antérieurement par l'expression « travail clandestin ». Il peut y avoir dissimulation d'entreprise ou dissimulation de salariés. Dans le premier cas, c'est le fait, pour une personne ou une entreprise, de se livrer à une activité commerciale, artisanale ou agricole sans respecter l'obligation d'obtenir l'inscription aux registres prévus par la loi ou sans établir les déclarations fiscales ou sociales exigées par la réglementation ; dans le second cas, c'est le fait pour un employeur, tout en exerçant une activité au grand jour, de ne pas déclarer les salariés aux organismes de protection sociale ou de ne pas délivrer de bulletins de paye. Le travail dissimulé est pénalement sanctionné.

▌ *C. trav., art. L. 324-9 s., R. 324-1 s., L. 362-3 s.*

• *Travail intermittent* : travail sur des emplois permanents qui, par nature, comportent une alternance de périodes travaillées et de périodes non travaillées. Ces emplois sont définis par convention ou accord collectif étendu ou par convention ou accord d'entreprise ou d'établissement. Le contrat de travail intermittent est un contrat à durée indéterminée écrit qui doit comporter un certain nombre de mentions obligatoires. Le travail intermittent a été réintroduit dans le Code du travail par la loi du 19 janvier 2000 après son abrogation par la loi dite « quinquennale » du 20 décembre 1993.

📖 *C. trav., art. L. 212-4-12 s.*

• *Travail par roulement* : organisation du travail dans laquelle les travailleurs d'un même établissement, n'appartenant pas à des équipes successives, n'accomplissent pas tous leur travail et ne prennent pas tous leur repos aux mêmes heures.

• *Travail à temps choisi* [Dr. trav.] : Modalités relatives à la durée du travail ou à la répartition des heures de travail qui, sous certaines conditions, sont proposées au personnel qui en principe peut les accepter individuellement et librement. Le législateur distingue à ce titre les horaires individualisés et le travail à temps partiel.

📖 *C. trav., art. 212-4-1 s.*

• *Travail à temps partiel* : travail dont la durée est inférieure à la durée légale du travail ou, lorsque ces durées sont inférieures à la durée légale, à la durée fixée conventionnellement pour la branche ou pour l'entreprise ou aux durées applicables dans l'établissement (cette définition résulte de la loi dite « Aubry II du 19 janvier 2000, qui a permis sur ce point la mise en conformité du droit français aux textes de la directive communautaire n° 97/81 du 15 décembre 1997 et de la convention internationale du travail n° 177). Le travail à temps partiel peut aussi être organisé dans le cadre d'une durée du travail mensuelle ou annuelle, dont la modulation est possible. Il nécessite dans tous les cas l'établissement d'un contrat de travail écrit spécifique avec des mentions obligatoires.

📖 *C. trav., art. L. 212-4-2 s.*

Travail en commun *[Séc. soc.]*
Situation dans laquelle les salariés de plusieurs entreprises, bien que se livrant à des tâches différentes, travaillent simultanément pour un objet et un intérêt commun sous une direction unique. Lorsque le travail en commun est caractérisé, les recours respectifs de la victime et de la Sécurité sociale sont exclus. La victime ne peut prétendre qu'aux réparations forfaitaires assurées par la Sécurité sociale, sauf faute inexcusable ou intentionnelle.

➤ *Unité économique et sociale.*

Travail d'intérêt général *[Dr. pén.]*
Peine pouvant se substituer à un emprisonnement à titre de sanction principale lorsque le juge estime opportun de prononcer une telle mesure. Le condamné, qui doit accepter ce type de sanction, effectuera, au profit d'une collectivité publique ou d'une association agréée, un travail d'une durée comprise entre 40 et 240 heures dans un délai qui ne peut excéder 18 mois.

Cette mesure peut également être utilisée comme peine complémentaire pour une contravention de cinquième classe ou comme modalité d'exécution du sursis.

📖 *C. pén., art. 131-8, 131-22, R. 131-12; C. pr. pén., art. 747-1 s.*
➤ *Sursis assorti de l'obligation d'accomplir un travail d'intérêt général.*

Travail temporaire *[Dr. trav.]*
➤ *Contrat de travail.*

T

Travailleur *[Dr. trav.]*

• *À domicile* : celui qui exécute, soit seul, soit avec son conjoint, ses enfants à charge ou un auxiliaire, le travail confié par un donneur d'ouvrage lui procurant les matières premières, moyennant une rémunération forfaitaire. Le travailleur à domicile est assimilé au salarié par la loi;

■ *C. trav., art. L. 721-1 s., R. 721-3 s.*

• *handicapé* : celui dont les possibilités d'acquérir ou de conserver un emploi sont effectivement réduites, par suite d'une insuffisance ou d'une diminution de ses capacités physiques ou mentales;

■ *C. trav., art. L. 323-1 s., R. 323-1 s.*

Travailleur social *[Dr. pén.]*

Personne dont le rôle est de s'assurer que les délinquants placés sous le régime de la mise à l'épreuve (sursis, ajournement), ou qui exécutent leur peine en milieu libre (condamnés à un travail d'intérêt général, libérés conditionnels…), se soumettent aux mesures de contrôle et respectent les obligations qui leur sont imposées. On parlait d'agent de probation avant la loi n° 2000-516 du 15 juin 2000 renforçant la protection de la présomption d'innocence et les droits des victimes.

■ *C. pén., art. 132-44 et 132-55.*

Travaux forcés *[Dr. pén.]*

Peine criminelle temporaire ou perpétuelle qui n'a été abrogée qu'en 1939. – Ceux qui la subissaient étaient des forçats. Les travaux forcés ont été remplacés par la réclusion.

➢ *Transportation.*

Travaux préparatoires *[Dr. const.]*

Ensemble des documents officiels (rapports des commissions spécialisées, procès-verbaux des débats au sein des Assemblées, communiqué du Conseil des Ministres…) qui précèdent l'établissement de la règle de droit écrit et qui permettent de mieux connaître la volonté du Pouvoir qui a posé la norme.

Travaux publics *[Dr. adm.]*

Travaux exécutés sur un immeuble, dans un but d'utilité générale, soit pour le compte d'une personne publique quel qu'en soit le maître d'œuvre, soit plus rarement pour le compte d'une personne privée, s'ils sont effectués par une personne publique agissant dans le cadre d'une mission de service public. Au singulier (travail public) le terme désigne aussi l'ouvrage qui en est le résultat.

Tréfoncier *[Dr. civ.]*

Propriétaire du sous-sol (tréfonds), par opposition au foncier, propriétaire du sol, et au superficiaire, propriétaire de ce qui est situé au-dessus du col (constructions, plantations).

■ *C. min., art. 36, 55.*

Tréfonds *[Dr. civ.]*

Ce qui est situé au-dessous d'un terrain.

■ *C. civ., art. 552, al. 3.*

Trentième indivisible *[Dr. fin.]*

Règle de comptabilité publique selon laquelle la fraction indivisible du traitement mensuel des personnels de l'État est égale au trentième de celui-ci. En conséquence, en l'absence de « service fait » (c'est-à-dire d'exécution des fonctions) pendant une durée inférieure à une journée, notamment en cas de grève de très courte durée, la retenue sur traitement est égale à la rémunération d'une journée entière.

Trésor *[Dr. civ.]*
Chose cachée ou enfouie sur laquelle personne ne peut justifier d'un droit de propriété, et qui est découverte par le pur effet du hasard.
▮ *C. civ., art. 716.*

Trésorerie *[Dr. fin.]*
Dénomination actuelle du poste comptable du trésor naguère appelé : perception. Ce dernier terme, traditionnel, est encore très souvent utilisé dans la langue courante.
➢ *Percepteur.*

Trésorier-Payeur Général *[Dr. fin.]*
Dans chaque département, le Trésorier-Payeur Général est le seul comptable principal de l'État – c'est-à-dire rendant un compte de gestion à la Cour des comptes, après avoir intégré dans ses écritures celles d'un grand nombre d'autres comptables publics; il est chargé de centraliser les impôts directs (recouvrés par les « trésoreries ») et un grand nombre de produits non fiscaux de l'État, et de suivre le contentieux de leur recouvrement. Il contrôle la mise en paiement des dépenses de l'État et pourvoit au règlement des créanciers.
Il joue un rôle important de conseiller financier auprès du Préfet de région en matière d'économie et d'investissements publics régionaux.
Il apure également les comptes des communes de moins de 2 000 habitants – les 9/10e du total – dont les recettes ordinaires n'excèdent pas un plafond, étant observé que seules les Chambres régionales des comptes sont compétentes pour mettre leurs comptables en débet.
➢ *Apurement administratif, Chambre régionale des comptes, Débet.*

Il avait gardé de ses origines historiques jusqu'en 2001 le droit de tenir sous sa responsabilité personnelle des comptes de dépôts de fonds des particuliers (« comptes de fonds particuliers »), comparables à des comptes bancaires.
➢ *Contrôleur financier.*

Trésor public *[Dr. fin.]*
Service public de l'État investi d'attributions :
financières : il tient la caisse de l'État, des collectivités territoriales et de nombreux établissements publics, et il joue un rôle de banquier en dégageant à leur profit les ressources supplémentaires nécessaires pour ajuster le montant de leurs disponibilités à celui des charges à régler, et en distribuant à l'économie privée des capitaux d'investissement;
administratives : il participe à l'exercice de la tutelle de l'État sur le marché monétaire et le système bancaire.

Tribunal administratif *[Dr. adm.]*
Juridiction administrative de droit commun, dont le ressort comprend un nombre variable de départements, et qui rend des jugements susceptibles d'appel devant la Cour administrative d'appel dont il relève. Il existe 36 tribunaux administratifs (dont 28 en Métropole).

Tribunal administratif international
[Dr. int. / Dr. publ.]
Tribunal chargé de statuer sur les litiges concernant la situation des fonctionnaires des Organisations Internationales (Tribunaux administratifs de l'ONU, de l'OIT et des Institutions spécialisées).

TRI

Tribunal des affaires de Sécurité sociale
[Séc. soc.]

Juridiction compétente pour tout litige relatif à l'application du droit de la Sécurité sociale. Elle est présidée par un juge magistrat du siège du tribunal de grande instance avec un assesseur représentant les travailleurs salariés et un assesseur représentant les travailleurs non salariés (un employeur ou un travailleur indépendant); lorsque le litige est relatif à la législation applicable aux professions agricoles, les assesseurs sont choisis parmi les membres de ces professions. Il en existe 116.

📖 *CSS, art. L. 142-1, R. 142-1, L. 142-4 s.*

Tribunal aux armées de Paris *[Pr. pén.]*

Juridiction militaire d'exception, composée de magistrats professionnels, compétente pour juger les infractions de toute nature commises hors du territoire de la République par les membres des forces armées ou les personnes à la suite de l'armée. Elle remplace les tribunaux armées qui pouvaient jusqu'alors être établis lorsque des troupes stationnaient hors du territoire de la République.

📖 *C. just. mil., art. 1ᵉʳ, 30, 59.*

Tribunal de commerce *[Pr. civ.]*

Juridiction composée de juges élus par les délégués consulaires et chargée de statuer sur les contestations entre commerçants, sur les litiges relatifs aux actes de commerce entre toutes personnes, ainsi qu'en matière de redressement et de liquidation judiciaires et de faillite personnelle. On appelle parfois ce tribunal la juridiction consulaire. Il en existe 229.

📖 *C. org. jud., art. L. 411-1 s. et R. 411-1 s.*

Tribunal des conflits
[Dr. adm. / Pr. civ. / Pr. pén.]

Juridiction la plus haute après le Conseil constitutionnel, placée au-dessus des deux ordres pour juger les conflits, composée paritairement de membres du Conseil d'État et de la Cour de cassation et présidée par le ministre de la justice.

Celui-ci siège en pratique seulement dans les cas où il faut départager des opinions qui s'opposeraient en nombre égal (« vider le conflit »).

Tribunal du contentieux de l'incapacité (ex-commission régionale d'invalidité et d'incapacité permanente) *[Séc. soc.]*

Juridiction compétente pour examiner les contestations relatives à l'état d'incapacité permanente du travail et notamment au taux de cette incapacité en matière d'accidents du travail et de maladies professionnelles.

📖 *CSS, art. L. 143-2.*

Tribunal correctionnel *[Pr. pén.]*

Formation du tribunal de grande instance compétente en matière de délit pénal.

📖 *C. pr. pén., art. 381 s.*

Tribunal de première instance des communautés européennes *[Dr. eur.]*

Installé en 1989, il a pour objet d'alléger un rôle de la Cour de Justice devenu trop chargé. Siège à Luxembourg et reste lié à la Cour. Traite essentiellement des litiges opposant les fonctionnaires européens aux institutions des Communautés, et de tous les recours directs (annulation, carence, responsabilité) pouvant être formés contre celles-ci par les particuliers ou par les entreprises.

Tribunal de grande instance *[Pr. civ.]*

Tribunal siégeant en principe au chef-lieu du département. Juridiction de droit commun de première instance, substituée en 1958 au tribunal civil de première instance qui avait pour ressort l'arrondissement. Il en existe 181 en métropole et hors métropole.

C. org. jud., art. L. 311-1 s., R. 311-1 s.

Tribunal d'instance *[Pr. civ.]*

Juridiction à juge unique ayant en général pour ressort l'arrondissement. A succédé, en 1958, au juge de paix qui avait pour ressort territorial le canton. Il en existe 473.

C. org. jud., art. L. 321-1 s., R. 321-1 s.

Tribunal maritime commercial *[Pr. pén.]*

Juridiction répressive d'exception compétente pour juger certains délits relatifs à la police des navires et à la navigation marchande (abandon de navire, refus d'assistance en cas d'abordage par exemple). Cette juridiction, composée de cinq membres, est présidée par un magistrat du tribunal de grande instance du ressort, assisté de quatre assesseurs, professionnels de la navigation maritime, l'un d'entre eux étant choisi en fonction de la qualité du prévenu.

Tribunal militaire international
[Dr. int. publ.]

Tribunal institué après la seconde guerre mondiale pour juger les dirigeants allemands (tribunal de Nuremberg) et japonais (tribunal de Tokyo) responsables de crimes de guerre contre l'humanité. Consécration d'une responsabilité pénale des individus par le Droit International.

Tribunal militaire aux armées *[Pr. pén.]*

Juridiction militaire d'exception créée en temps de guerre lorsque des armées stationnent ou opèrent en dehors du territoire de la République ou sur le territoire de celle-ci. Composé de cinq membres, un président et quatre juges militaires, il est compétent pour juger les infractions commises par les membres des forces armées et les auteurs ou complices d'infractions réalisées contre les forces armées françaises, leurs établissements et matériels.

C. just. mil., art. 1er, 49, 68.

Tribunal paritaire des baux ruraux
[Pr. civ.]

Tribunal d'exception, présidé par le juge d'instance assisté de deux assesseurs représentant les bailleurs et de deux assesseurs représentant les fermiers ou métayers, assesseurs élus. Cette juridiction est compétente en matière de bail rural. Il en existe 413.

C. org. jud., art. L. 441-1 s.

Tribunal pénal international
[Dr. int. publ. / Pr. pén.]

Tribunal créé à la suite d'un conflit où les droits fondamentaux de la personne ont été particulièrement ignorés et le crime de génocide incriminé. Juridiction internationale jugeant des individus. Après le Tribunal de Nuremberg et celui de Tokyo créés au lendemain de la seconde guerre mondiale pour juger les criminels de guerre allemands et japonais, le Conseil de sécurité a institué le Tribunal de la Haye pour connaître des crimes commis dans le cadre du conflit

T

né en ex-Yougoslavie (1993) et celui d'Arusha pour ceux perpétrés au Rwanda (1994).

➤ *Tribunal militaire international.*

Tribunal de police *[Pr. pén.]*
Formation du tribunal d'instance compétente en matière de contravention. Il a été créé à Paris, à Lyon et à Marseille, un tribunal de police qui n'a que des attributions pénales.

▌ *C. pr. pén., art. 521 s.*

Tribunal prévôtal *[Pr. pén.]*
Juridiction militaire composée d'un officier de gendarmerie (prévôt), compétente pour juger les contraventions des quatre premières classes. Elle ne peut fonctionner qu'en temps de guerre, lorsque des tribunaux militaires aux armées sont établis.

▌ *C. just. mil., art. 479 s.*

Tribunal territorial des forces armées
[Pr. pén.]
Juridiction répressive d'exception créée en temps de guerre, composée de cinq juges (deux juges civils et trois juges militaires) compétente pour juger les infractions commises par les membres des forces armées, les nationaux ennemis ou ceux qui servent les intérêts ennemis, pour les infractions réalisées à l'encontre d'un national ou de ses biens ainsi que d'une manière générale les crimes et délits commis contre les intérêts fondamentaux de la nation, de même que les infractions qui leur sont connexes.

▌ *C. just. mil., art. 1er, 24 s.*

Tribunaux mixtes de commerce *[Pr. civ.]*
Tribunaux de commerce établis dans les départements de la Guadeloupe, de la Guyane, de la Martinique et de la Réunion et dont l'originalité est d'être composés du président du tribunal de grande instance et de juges élus.

▌ *C. org. jud., art. L. 921-4 s.*

« Troïka » *[Dr. int. publ.]*
En droit communautaire, appellation donnée à l'association informelle des représentants de l'État assurant momentanément la présidence du Conseil, de l'État qui l'a précédé et de celui qui lui succédera, en vue d'assurer une plus grande continuité de l'action communautaire.

Trouble psychique ou neuropsychique
[Dr. pén.]
Formule générique utilisée par le législateur pour désigner, en droit pénal, toutes les formes d'aliénation mentale. Selon que ces troubles auront aboli le discernement ou le contrôle des actes de la personne qui en est atteinte, ou simplement altéré ces mêmes facultés, elle sera reconnue irresponsable ou bénéficiera simplement d'un allègement ou d'un aménagement de la peine.

▌ *C. pén., art. 122-1.*

Trust *[Dr. com.]*
Coalition d'intérêts financiers et économiques grâce auxquels une société-mère possède la totalité ou la majorité des titres de plusieurs sociétés filiales dont elle assure le contrôle.
L'objectif visé est d'avoir un monopole sur un marché donné.

Turpitude *[Dr. civ.]*
Comportement gravement immoral conduisant à déclarer irrecevable la demande en restitution consécutive à l'annulation d'un contrat.

Tutelle *[Dr. adm.]*

Institution très différente de la tutelle du droit civil, consistant en un contrôle exercé par l'État sur des collectivités décentralisées moins dans leur intérêt qu'en vue, surtout, de la sauvegarde de l'intérêt général ou de la légalité. Elle peut comporter des pouvoirs sur les autorités décentralisées (tels que la suspension, voire la révocation) et sur leurs actes (approbation, annulation, substitution. L'extension de la décentralisation en 1982, qui s'est traduite par la disparition des cas d'approbation des actes des collectivités territoriales, et par le remplacement à leur égard des cas d'annulation administrative de leurs actes illégaux par des recours juridictionnels formés contre ceux-ci par le préfet ou le sous-préfet, a été accompagnée au plan terminologique par le remplacement du terme de tutelle par celui de contrôle administratif pour les collectivités territoriales.

Il existe également une tutelle de l'État sur des associations, fondations et congrégations.

[Dr. civ.] Institution permettant de protéger par voie de représentation, certains mineurs ainsi que les majeurs dont les facultés mentales sont gravement altérées.

▌ *C. civ., art. 390, 488, 490, 492; NCPC, art. 1211 s., 1243 s.*

Tutelle des organismes *[Séc. soc.]*

Contrôle exercé par l'État sur le fonctionnement des caisses de Sécurité sociale (contrôle des décisions, agrément donné à la nomination des directeurs des caisses locales). Il est justifié par le fait que si les caisses – à l'exception des caisses nationales – sont des

organismes privés, elles gèrent un service public.

Tutelle aux prestations sociales *[Séc. soc.]*

Désignation d'un tiers pour recevoir les prestations sociales lorsque l'attributaire normal ne les utilise pas conformément à leur fin. Cette tutelle a d'abord existé pour les prestations familiales; elle a été étendue aux allocations d'aide sociale, aux avantages de vieillesse, à l'allocation supplémentaire. C'est le juge des enfants dans le premier cas, le juge d'instance dans le second qui décide de la tutelle.

▌ *CSS, art. L. 167-1 s.*

Tutelle (territoire sous) *[Dr. int. publ.]*

Territoire confié à l'administration d'un État, sous le contrôle de l'ONU, afin d'assurer son développement et de le faire évoluer vers l'autonomie interne ou l'indépendance. Simple adaptation du régime des mandats, le régime de tutelle a été appliqué aux territoires encore sous mandat à la fin de la seconde guerre mondiale et à la Somalie (détachée d'un État vaincu en 1945). Tous les territoires sous tutelle sont devenus des États indépendants, sauf les îles du Pacifique (Carolines, Marshall, Mariannes sous tutelle des États-Unis).

➤ *Conseil de tutelle.*

Tutelle stratégique : régime spécial de tutelle pour un territoire ayant le caractère de zone stratégique (existence de bases militaires); le contrôle de l'ONU est confié au Conseil de Sécurité. Une seule application : les îles du Pacifique sous tutelle des États-Unis (Carolines, Marshall, Mariannes).

T

Tuteur *[Dr. civ.]*

Personne chargée de représenter un mineur ou un majeur placé sous le régime de la tutelle.

C. civ., art. 417, 450 s., 495.

Tuteur « ad hoc » *[Dr. civ.]*

Personne spécialement chargée d'un acte déterminé pour le compte d'un incapable, lorsque le tuteur ne peut agir du fait de l'existence d'un intérêt personnel dans l'affaire en cause.

C. civ., art. 317.

Tyrannie ou despotisme *[Dr. const.]*

Gouvernement monocratique arbitraire : « un seul, sans loi et sans règle, entraîne tout par sa volonté et par ses caprices » (Montesquieu).

T

U

« Ubi lex non distinguit, nec nos distinguere debemus »

Il n'y a pas lieu de distinguer lorsque la loi ne distingue pas.

« Ultra petita » *[Pr. civ.]*

Au-delà de la demande.

Le tribunal statue « ultra petita » lorsqu'il accorde plus qu'il n'a été demandé ou juge des points qui ne lui ont pas été soumis.

📘 *NCPC, art. 464.*
➤ *« Infra petita ».*

« Ultra vires » *[Dr. civ. / Dr. com.]*

Expression signifiant qu'une personne (héritier, légataire, associé) est tenu de payer des dettes et un passif au-delà de ce qu'il recueille ou possède dans l'actif correspondant (succession, régime matrimonial, société).

📘 *C. civ., art. 724, 873, 1017, 1482 s., 1857.*
➤ *« Intra vires ».*

UNESCO (Organisation des Nations unies pour l'éducation, la science et la culture) *[Dr. int. publ.]*

Institution spécialisée des Nations unies fondée en 1946, en vue de contribuer au maintien de la paix et de la sécurité internationales en resserrant, par l'éducation, la science et la culture, la collaboration entre les nations et en favorisant leur compréhension mutuelle. *Siège* : Paris.

Unilatéral *[Dr. civ.]*
➤ *Acte unilatéral.*

Union *[Dr. trav.]*
➤ *Syndicat professionnel.*

Union administrative *[Dr. int. publ.]*

Nom générique désignant les Organisations internationales non politiques qui se sont développées dans la deuxième moitié du XIXᵉ siècle, sous l'influence des progrès techniques, pour coordonner les services des différents États dans des domaines divers (communications et transports, intérêts économiques, sociaux, scientifiques, etc.) (ex. : Union Télégraphique Universelle, Union Internationale pour la protection de la propriété industrielle, etc.).

Union civile *[Dr. civ.]*

Statut juridique de deux personnes non mariées entre elles et éventuellement du même sexe, visant à régler leurs relations juridiques patrimoniales de leur vivant et après leur mort. L'union civile, non légalement reconnue en général, est prise en considération par le droit de la Sécurité sociale qui attribue la qualité d'ayant droit, pour les prestations en nature des assurances maladies et maternité, à la personne qui vit depuis douze mois consécutifs avec un assuré social et se trouve à sa charge effective, totale et permanente.

📘 *CSS, art. L. 161-14 et R. 161-8-1.*
➤ *Concubinage, Pacte civil de solidarité.*

U

U

Union douanière *[Dr. int. publ.]*

Groupement d'États qui ont convenu de supprimer entre eux les barrières douanières pour ne former qu'un seul territoire douanier, et d'établir vis-à-vis des États tiers un tarif extérieur commun.

➤ *Zone de libre échange.*

Union économique *[Dr. int. publ.]*

Groupement d'États qui ont convenu d'unifier leurs politiques économiques en les soumettant à des institutions et à une législation communes.

Union économique et monétaire
[Dr. eur.]

Objectif majeur de l'Union européenne défini dès la fin des années soixante après la réalisation de l'union douanière (Plans Barre en 1969 et Werner en 1971). Suppose des politiques économiques concertées (nécessité d'une convergence économique, y compris des politiques budgétaires) et une monnaie unique. Prévue par le traité de Maastricht s'est mise en place le 1ᵉʳ janvier 1999 avec l'institution de la monnaie unique, l'euro.

Union de l'Europe Occidentale
[Dr. int. publ.]

Organisation internationale créée en 1954 comme solution de rechange après l'échec de la CED (Communauté européenne de défense) pour être d'abord le cadre du contrôle des limitations imposées à l'Allemagne en matière d'armement.

États membres : France, Grande-Bretagne, Allemagne Fédérale, Italie, Belgique, Hollande, Luxembourg. Siège : Londres.

Longtemps en sommeil, la politique étrangère et de sécurité commune mise en place par l'Union européenne avec les Traités de Maastricht et d'Amsterdam indique que l'UEO « fait partie intégrante du développement de l'Union » et préparent son intégration pour devenir l'instrument de la défense commune. Élargie progressivement à 28 États associés, les pays membres de l'Union européenne ont décidé en 1999 la disparition de l'UEO qui devient un mécanisme propre à l'UE.

Union européenne *[Dr. eur.]*

Objectif défini dans le cadre des Communautés européennes en 1972 visant à l'établissement d'une forme d'union politique entre les États membres. Longtemps restée lettre morte, elle est officiellement instituée par le traité de Maastricht, « traité sur l'Union européenne ». Le concept rassemble aussi bien les objectifs d'union économique et monétaire que, sur le plan politique, la coopération en matière de politique étrangère et de défense, ou maintenant de sécurité intérieure et de justice.

Union française *[Dr. const.]*

Système succédant à l'Empire et prévu par la constitution de la IVᵉ République pour organiser les relations de la France avec ses colonies. Voulait se fonder sur le principe d'association et non de subordination (mais la sécession n'était pas possible). Cette formule n'a pu empêcher de graves crises (Indochine, Algérie). Remplacée en 1958 par la Communauté.

Union libre *[Dr. civ.]*
➤ *Concubinage.*

Union personnelle *[Dr. int. publ.]*

Union de deux États qui, tout en restant distincts et indépendants l'un de l'autre, se trouvent avoir, à la suite d'un hasard politique (coïncidence des lois de succession monarchique), le même souverain (ex. : Union Personnelle de l'Angleterre et du Hanovre de 1714 à 1837).

Union postale universelle *[Dr. int. publ.]*

Organisation internationale créée en 1874, aujourd'hui Institution Spécialisée des Nations Unies. A pour tâche d'améliorer par la collaboration internationale le fonctionnement des services postaux internationaux. *Siège* : Berne.

Union de recouvrement *[Séc. soc.]*

Organisme chargé du recouvrement des cotisations de Sécurité sociale et d'allocations familiales dans une circonscription correspondant à celle d'une ou de plusieurs caisses de Sécurité sociale. Les Unions de recouvrement sont coiffées par l'Agence centrale des organismes de Sécurité sociale.

▌ *CSS, art. L. 213-1 s.*

Union réelle *[Dr. int. publ.]*

Union de deux États consistant non seulement dans l'unité de Chef d'État, mais aussi dans l'existence d'organes communs (départements ministériels, etc.) chargés de la gestion d'affaires communes (politique étrangère, défense nationale, finances) (ex. : Union réelle austrohongroise de 1867 à 1918).

Unipersonnel *[Dr. civ. / Dr. com.]*
➤ *Société unipersonnelle.*

Unité *[Dr. fin.]*

Principe de Droit budgétaire dont la portée est double :

- comme règle de fond, il exige que soit soumise à l'approbation du Parlement la totalité des ressources et des charges prévisibles de l'État pour l'année à venir ;

- comme règle de forme, il postule qu'elles lui soient toutes présentées simultanément, afin qu'il puisse arrêter ses options en pleine connaissance de cause, et qu'elles soient groupées dans un même document afin qu'il puisse apprécier l'équilibre ou le déséquilibre réel de leurs masses.

Unité économique et sociale *[Dr. trav.]*

Regroupement en un seul organisme socio-économique d'entreprises juridiquement distinctes, pour l'application de certaines dispositions du droit du travail, tout spécialement celles qui ont trait à la mise en place des institutions représentatives des personnels. Cette qualification est subordonnée à la triple condition que les entreprises fonctionnent en fait sous une direction unique, aient un objet commun ou complémentaire et que les salariés soient soumis à des conditions statutaires ou conventionnelles analogues.

▌ *C. trav., art. L. 431-1.*
➤ *Travail en commun.*

Unités de formation et de recherche (UFR) *[Dr. adm.]*

Nom générique donné aux différents départements des Universités dans l'organisation prévue par la loi du 26 janvier 1984. Elles associent des départements de formation et des centres (ou des laboratoires) de recherche, et doi-

U

vent correspondre à un projet éducatif et à un programme de recherche. Comme les ex-UER, elles sont gérées par un Conseil élu, composé de représentants de leurs enseignants et de leurs étudiants, ainsi que de personnalités extérieures, et par un directeur élu par ce Conseil.

Les UFR peuvent se donner la dénomination de leur choix : Département, Institut, Faculté (Dans ce dernier cas leur Directeur prend le nom de Doyen).

Les UFR, en général dépourvues de la personnalité juridique, sont groupées en Universités.

Universalité [Dr. fin.]

Principe de droit budgétaire possédant, dans son acception la plus compréhensive, une double portée :

d'un point de vue comptable, il interdit toute compensation entre les ressources et les charges de l'État en vue de faire apparaître seulement le solde d'une opération génératrice de recette ou de dépense;

d'un point de vue juridique, il s'oppose à ce qu'une ressource soit affectée au financement privilégié d'une charge particulière (règle de la non-affectation).

Universalité de droit [Dr. civ.]

Ensemble d'éléments composés de droits et d'obligations et qui sont soumis à un système juridique global, en ce sens que l'actif et le passif sont indissolublement liés.

Université [Dr. adm.]

Dans l'organisation de l'Enseignement Supérieur antérieur à 1968, établissement public regroupant des Facultés d'une même Académie, mais qui ne jouait qu'un rôle effacé dans leur fonctionnement.

Dans l'organisation actuelle, établissement public à caractère scientifique, culturel et professionnel composé essentiellement d'unités de formation et de recherche, d'instituts et de centres (ou laboratoires) de recherche. Les Universités sont juridiquement autonomes, mais elles exercent leurs missions dans le cadre éventuel d'une réglementation nationale et sont soumises au contrôle administratif et financier de l'État, qui leur assure l'essentiel de leurs moyens en personnels, en matériel et en locaux.

Les Universités sont gérées par un Conseil d'administration qui en est l'organe délibérant, par un Conseil scientifique et par un Conseil des études et de la vie universitaire qui ont un pouvoir d'avis et de proposition, et par un directeur élu par la réunion de ces trois Conseils. Ceux-ci associent des représentants des personnels et des étudiants, ainsi que des personnalités extérieures.

Urbanisme [Dr. adm.]

Ensemble des mesures juridiques et des opérations matérielles qui tendent à réaliser un développement ordonné des agglomérations en fonction des différentes sortes de besoins auxquels elles doivent satisfaire.

Urgence [Pr. adm.]

L'urgence joue un rôle en procédure administrative (référé, sursis à exécution) dans les cas où elle est constatée.
➢ *État d'urgence, Nécessité.*

[Pr. civ.] Circonstance de fait permettant de demander au juge une décision, par la procédure de référé ou par la procédure à jour fixe.

L'urgence justifiera parfois une exécution provisoire du jugement, une autorisation de signifier un acte ou d'exécuter en dehors des heures légales et des jours ouvrables. L'urgence suppose que tout retard entraînerait un grave préjudice pour celui qui s'en prévaut.

▌ *NCPC, art. 788, 808, 917.*
➢ *Nécessité. [Pr. civ.].*

[Pr. pén.] La circonstance d'urgence est quelquefois prise en considération en matière répressive. Elle l'est notamment dans le cadre de l'enquête de flagrance pour permettre à certaines autorités, policières ou judiciaires, d'agir en dehors du cadre de leur compétence ordinaire, territoriale essentiellement. Il en va de même pour l'exécution d'une commission rogatoire. L'urgence peut également conduire à réduire les délais de procédure afin de mieux protéger les libertés individuelles, dans le domaine de la détention provisoire par exemple, jusqu'à l'organisation d'une procédure de référé particulière dite référé-liberté.

Usage *[Dr. civ.]*
1° Usages conventionnels. Règles que les particuliers suivent habituellement dans leurs actes juridiques et auxquelles ils sont censés s'être tacitement référés parce que ces règles dérivent de clauses de style devenues sous-entendues.

▌ *C. civ., art. 1135, 1159, 1160.*
2° Usages fonciers. Pratiques particulières à une région auxquelles renvoie le législateur pour régler certains rapports de voisinage (distance à respecter pour la plantation des arbres, le creusement d'un puits…) ou la jouissance du fonds de terre (ordre et quotité des coupes de bois taillis).

▌ *C. civ., art. 590, 663, 671, 674.*

3° Utilisation d'une chose.
➢ *Usus.*

[Dr. trav.] Pratique professionnelle ancienne et constante, qui, dans l'esprit de ceux qui l'observent, correspond à une obligation. À côté de ces usages professionnels, de plus en plus rares en raison du développement des conventions collectives de branche, il existe des usages d'entreprise qui reposent essentiellement sur un élément matériel. La pratique en question doit alors présenter un triple caractère de constance, de généralité et de fixité pour être qualifiée d'usage.

Les usages sont parfois consacrés par la loi. Il en a été ainsi pour le délai de préavis.

Usage (droit d') *[Dr. civ.]*
Droit réel principal, démembrement du droit de propriété, qui confère à son titulaire, l'usager, le droit d'utiliser la chose et d'en percevoir les fruits mais dans les limites de ses besoins et de ceux de sa famille.

▌ *C. civ., art. 630.*

Usage de faux *[Dr. pén.]*
Utilisation en connaissance de cause d'un écrit falsifié en vue de permettre l'obtention du résultat auquel tend normalement sa production.

▌ *C. pén., art. 441 s.*
➢ *Faux.*

Usucapion *[Dr. civ.]*
Synonyme de prescription acquisitive.
➢ *Prescription civile.*

Usufruit *[Dr. civ.]*
Droit réel principal, démembrement du droit de propriété, qui confère à son

U

titulaire le droit d'utiliser la chose, et d'en percevoir les fruits, mais non celui d'en disposer, lequel appartient au nu-propriétaire.

📖 *C. civ., art. 578, 582 s.*
➢ *« Fructus », Nue-propriété, « Usus ».*

Usure *[Dr. civ. / Dr. com. / Dr. pén.]*
Intérêt excessif rattaché à une somme faisant l'objet d'un prêt ou d'un contrat similaire.

L'usure est un délit pénal lorsque le taux d'intérêt dépasse un plafond fixé par la loi.

📖 *C. consom., art. L. 313-3.*

U

Usurpations *[Dr. pén.]*
Ensemble d'infractions consistant à s'approprier sans droit des fonctions, signes, titres ou qualités dans le but, assez général, d'entraîner une confusion entre des activités privées et celles réservées à l'administration publique ou exercées sous son contrôle.

📖 *C. pén., art. 433-12, 433-14, 433-17 etc., par exemple.*

« Usus » *[Dr. civ.]*
Parmi les prérogatives attachées à la propriété, droit de détenir et d'utiliser une chose sans en percevoir les fruits.

➢ *« Abusus », « Fructus », Habitation, Usage.*

Utérins *[Dr. civ.]*
Se dit des frères et sœurs qui sont nés de la même mère mais qui n'ont pas le même père.

📖 *C. civ., art. 752.*
➢ *Consanguins.*

« Ut singuli, ut universi »
[Dr. civ. / Dr. com. / Pr. civ.]
Lorsque l'on considère une personne, un bien, l'exercice d'une action en justice, à titre individuel, on emploie l'expression « ut singuli ». En revanche, l'expression « ut universi » indique que l'on envisage des biens ou des actions dans le cadre d'une universalité (ainsi d'une succession).

V

Vacance [Dr. const.]

Temps pendant lequel une fonction reste sans titulaire (ex. : vacance de la Présidence de la République par suite de son décès, de sa démission ou de sa destitution par la Haute Cour de Justice).

➤ *Intérim.*

[Dr. civ.] Vide juridique créé par l'inexistence ou le refus des personnes appelées à occuper telle situation et dont la conséquence est la prise en charge par l'État. C'est ce qui par exemple se produit pour la succession qui n'est pas réclamée par personne, que les héritiers soient inconnus ou que les héritiers connus y aient renoncé. État provisoire prenant fin, soit par la représentation d'un héritier acceptant, soit par la liquidation du patrimoine au profit des créanciers, l'éventuel surplus allant à l'État par voie de <u>déshérence</u>.

Le plus souvent, le bien est vacant quand il est sans propriétaire (abandon) ou sans possesseur (perte ou vol).

📖 *C. civ., art. 539, 713.*

Vacation [Pr. civ.]

Au singulier, période de temps au cours de laquelle un professionnel (notaire, expert) exerce ses fonctions. Au pluriel, honoraires correspondant à cette période.

Vagabonds [Dr. pén.]

Individus sans domicile certain, sans moyens de subsistance, n'exerçant habituellement ni métier ni profession, punissables jusqu'alors de ce seul fait de peines correctionnelles, ou susceptibles d'être pris en charge, avec leur consentement, par le service de l'aide sociale.

Aujourd'hui, cette situation n'est plus une infraction pénale.

Vaine pâture (Droit de…) [Dr. rur.]

Usage ancestral permettant aux habitants d'une commune le libre accès aux terres vacantes en vue du pacage des troupeaux (marais, terres en friche…). La puissance publique tend à cantonner l'exercice de ce droit qui constitue un obstacle à la politique de rationalisation des sols agricoles.

📖 *C. rur., art. L. 651-1 s.; C. civ., art. 648.*

Valeur fournie [Dr. com.]

Créance que possède le bénéficiaire contre le tireur.

Valeur nominale [Dr. com.]

Valeur inscrite sur une action ou sur une obligation.

Valeurs mobilières [Dr. civ. / Dr. com.]

Titres émis par des personnes morales, publiques ou privées, transmissibles par inscription en compte ou <u>tradition</u>, qui confèrent des droits identiques par catégorie et donnent accès soit à une

V

quotité du capital de la personne morale émettrice, soit à un droit de créance général sur son patrimoine.
Constituent également des valeurs mobilières les parts de fonds communs de placement et de fonds communs de créance.

📘 *C. mon. fin., art. L. 211-2; C. com., art. 228-1 s.*

Valeur sociale protégée *[Dr. pén.]*
Donnée fondamentale d'une société, objet d'une protection particulière au titre de la politique d'incrimination (vie, intégrité physique, honneur, propriété, foi publique, sécurité...).

V

Valeurs du Trésor *[Dr. fin.]*
Terme employé par le Ministère des Finances pour désigner l'ensemble formé par les obligations assimilables du Trésor, les bons du Trésor dits BTF et BTAN, qui représente (en 1996) près des 9/10ᵉ de la dette de l'État.
➤ *Bons du Trésor.*

Valeur vénale *[Dr. civ.]*
Prix auquel un bien peut être vendu d'après l'état du marché. Sert de référence en cas de destruction ou de détérioration d'une chose pour évaluer le montant de l'indemnité due par le responsable ou l'assureur.

Validation *[Séc. soc.]*
Prise en compte de certaines périodes, par exemple période de service militaire et de guerre, pour déterminer les droits d'un assuré à pension.
📘 *CSS, art. L. 351-3.*

Valise diplomatique *[Dr. int. publ.]*
Mode de transport du courrier diplomatique, qui le soustrait à toute inquisition douanière ou policière.
➤ *Immunités diplomatiques.*

Valorisme monétaire *[Dr. civ.]*
Conception qui combat le principe du nominalisme monétaire et qui considère que le créancier d'une somme d'argent a droit, à l'échéance, à une quantité d'unités monétaires réajustée, tenant compte de la perte du pouvoir d'achat de la monnaie.
➤ *Indexation.*

Vassalité *[Dr. int. publ.]*
Rapport de hiérarchie de type féodal entre deux États, l'État vassal devant tribut et assistance à l'État suzerain qui, de son côté, assure sa protection militaire et diplomatique.
Ce régime, devenu anachronique, a été appliqué dans la deuxième moitié du XIXᵉ siècle à des provinces détachées à l'Empire Ottoman (Serbie, Roumanie, Bulgarie, Égypte), pour lesquelles il a été une étape vers l'indépendance.

Vatican *[Dr. int. publ.]*
Territoire de 0,44 km² dans la ville de Rome (comprenant essentiellement la place Saint-Pierre, la Basilique, le palais et les jardins qui s'étagent sur les pentes de la colline du Vatican), sur lequel le Saint-Siège exerce une autorité exclusive et une juridiction souveraine (Traité du Latran du 11 févr. 1929).

Vénalité *[Dr. civ. / Pr. civ.]*
Caractéristique essentielle d'un office ministériel qui consiste pour le titulaire d'une charge à se faire payer un prix par

la personne qu'il propose pour nomination au Garde des Sceaux en rémunération de cette présentation.

➤ *Officier ministériel.*

Vente *[Dr. civ.]*

Contrat par lequel une personne, le vendeur, transfère ou s'engage à transférer un bien à une autre personne, l'acheteur, qui a l'obligation d'en verser le prix en argent.

📕 *C. civ., art. 1582 s.*

Lorsque le droit transféré est un droit personnel, on parle généralement de cession (ex. : cession de créance).

📕 *C. civ., art. 1597, 1689 s., 1696, 1699.*

Vente à la boule de neige *[Dr. priv.]*

Vente pratiquée par un procédé consistant à offrir des marchandises au public en lui faisant espérer l'obtention gratuite ou avantageuse de ces marchandises et en subordonnant cette vente au placement de bons ou tickets à des tiers ou à la collecte d'adhésions ou inscriptions. Ce procédé est interdit et réprimé pénalement.

📕 *C. consom., art. L. 122-6 et L. 122-7.*

Vente CAF *[Dr. com.]*

Type de vente dans lequel le vendeur, pour le compte de l'acheteur, assure le transport et fait assurer la marchandise pour un prix global qui comprend : le *coût* de la marchandise (C.), le prix de l'*assurance* (A.) et le montant du fret (F.) On dit aussi vente CIF.

Vente à crédit *[Dr. civ.]*

Vente dans laquelle la chose est livrable immédiatement, mais le prix payable à terme.

Vente au déballage *[Dr. com. / Dr. pén.]*

Vente de marchandises effectuée dans des locaux ou sur des emplacements non destinés à la vente au public de ces marchandises, ainsi qu'à partir de véhicules spécialement aménagés à cet effet. Ces ventes doivent faire l'objet d'une autorisation administrative préalable.

📕 *C. com., art. L. 310-2.*

Vente à distance *[Dr. civ.]*

Vente procédant d'une commande passée par télématique, téléphone, vidéotransmission ou voie postale, permettant à l'acheteur de faire retour du produit au vendeur, pour échange ou remboursement, durant un délai de sept jours francs à compter de la livraison.

📕 *C. consom., art. 121-16.*

Vente à domicile *[Dr. civ.]*

Vente résultant de la sollicitation d'un démarcheur opérant au domicile de l'acquéreur, à sa résidence ou à son lieu de travail, soumis à un formalisme particulier et à laquelle le client peut renoncer discrétionnairement dans les sept jours suivant la commande ou l'engagement d'achat.

📕 *C. consom., art. 121-23 s.*

Vente à l'encan *[Dr. civ.]*

Vente aux enchères publiques.

Vente aux enchères *[Dr. civ.]*

Forme de vente caractérisée par son ouverture au public et par l'adjudication du bien au plus offrant. La loi nᵒ 642-2000 du 10 juillet 2000 réglemente les ventes *volontaires* de meubles aux enchères (à l'exclusion des ventes en gros) en les confiant à des sociétés de forme commerciale et à objet civil dénommées « sociétés de ventes volontaires de meubles aux enchères publiques ». Pour les ventes *forcées* de meubles, les commissaires-priseurs judiciaires conservent leur statut d'officier ministériel. Quant aux ventes judiciaires d'immeubles, elles ont lieu à l'audience des criées, les enchères sont portées par l'intermédiaire d'un avocat et l'adjudication n'est prononcée qu'après l'extinction de trois bougies successivement allumées.

C. pr. civ., art. 704 s.; C. com., art. L. 320-1 s. et L. 322-1 s.

Vente à l'essai *[Dr. civ. / Dr. com.]*

Contrat de vente par lequel le transfert de propriété ne devient effectif qu'après que l'essai de la chose vendue a donné satisfaction; ce n'est qu'à cette date que l'acheteur supporte les risques de perte de la chose.

C. civ., art. 1588.

Vente FOB (Free on board) *[Dr. com.]*

Type de vente dans lequel la livraison de la marchandise a lieu à bord du navire (*free on board*). En conséquence le vendeur ne s'occupe ni de l'assurance, ni du transport de la marchandise, et le prix ne comprend que le coût de la marchandise et les frais de mise à bord.

Vente d'immeuble à construire *[Dr. civ.]*

Contrat par lequel le vendeur s'oblige à édifier un immeuble dans un certain délai. Il est susceptible de deux modalités :

- dans la *vente à terme*, le prix est payé lors de la livraison. Le transfert de propriété s'effectue au moment où l'état d'achèvement de l'immeuble est constaté par acte authentique et rétroagit au jour du contrat;

- dans la *vente en l'état futur d'achèvement*, le prix est payé au fur et à mesure de l'exécution des travaux. La propriété du sol est immédiatement transférée à l'acquéreur, celle des constructions à venir au fur et à mesure de leur exécution.

C. civ., art. 1601-1 s., 2108-1; CCH, art. L. 261-9 et R. 261-1.
➤ *Promotion immobilière.*

Vente à perte *[Dr. com. / Dr. pén.]*

Fait pour un commerçant de revendre un produit en l'état, à un prix inférieur à son prix d'achat effectif.

Le prix d'achat effectif est présumé être le prix porté sur la facture d'achat, majoré des taxes sur le chiffre d'affaires, des taxes spécifiques afférentes à cette revente et le cas échéant du prix du transport.

La vente à perte constitue un délit correctionnel.

C. com., art. L. 442-2.

Vente à prime *[Dr. com. / Dr. pén.]*

Vente ou prestation de services à l'occasion de laquelle est remise gratuitement au client une prime consistant elle-même en marchandises ou en une prestation de services.

La remise peut être immédiate ou différée.

Cette pratique est interdite dans les rapports entre professionnels et consommateurs sous réserve de quelques exceptions concernant les menus objets ou services de faible valeur et les échantillons.

C. consom., art. 121-35.

Vente à tempérament *[Dr. civ.]*

Variété de vente à crédit dans laquelle le paiement du prix est fractionné en plusieurs versements échelonnés sur une certaine durée.

📖 *C. consom., art. L. 311-2 s.*

Ventilation *[Pr. civ.]*

Opération consistant, lorsque plusieurs biens sont vendus pour un prix unique (plusieurs immeubles, tous les éléments d'un fonds de commerce), à déterminer la partie du prix total correspondant à chacun d'eux.

« Verba volant, scripta manent » *[Dr. civ.]*

Les paroles s'envolent (il n'en reste aucune trace); les écrits restent et font preuve.

Verdict *[Pr. pén.]*

Réponses données par la cour et le jury d'assises aux questions posées à la suite des débats.

Vérification approfondie de situation fiscale d'ensemble (VASFE) *[Dr. fin.]*

Antérieurement au mois de juillet 1987, ancienne dénomination de l'«Examen contradictoire de l'ensemble de la situation fiscale personnelle».

Vérification des dépens *[Pr. civ.]*

La vérification des dépens, lorsqu'elle est nécessaire, est effectuée par le greffier de la juridiction devant laquelle ces dépens ont été exposés. Le greffier délivre au plaideur un certificat de vérifications des dépens.

Si ce certificat n'est pas accepté, une ordonnance de taxe est demandée au président de la juridiction.

📖 *NCPC, art. 704 s.*

Vérification d'écriture *[Pr. civ.]*

Incident provoqué par la dénégation ou la méconnaissance d'écriture ou de signature d'un acte sous seing privé, et qui oblige la partie désireuse d'utiliser dans un procès l'acte désavoué ou méconnu à établir qu'il émane bien de celui à qui elle l'oppose ou de l'auteur auquel l'adversaire succède.

Il est possible d'introduire une action principale aux mêmes fins, en dehors de tout procès actuel.

📖 *NCPC, art. 287 s.*
➤ *Faux (Procédure de).*

Vérification d'identité *[Pr. pén.]*

Recherche coercitive, effectuée par un OPJ, de l'identité d'une personne qui ne peut ou ne veut en justifier lors d'un contrôle. Elle implique la rétention de l'intéressé sur les lieux dudit contrôle ou dans un service de police ou de gendarmerie.

📖 *C. pr. pén., art. 78-3 et 78-4.*
➤ *Contrôle d'identité, Identité judiciaire.*

Vérification des pouvoirs *[Dr. const.]*

Contrôle par les assemblées parlementaires de la régularité de l'élection de leurs membres (validation ou invalidation).

Système en vigueur en France jusqu'à la Constitution de 1958, qui a transféré cette compétence au Conseil constitutionnel.

[Dr. int. publ.] Procédure par laquelle un organe d'une organisation internationale ou une conférence internationale s'assure de la représentativité des personnes se présentant pour représenter l'un de ses membres. En principe formelle, peut être utilisée pour exclure de fait un État (Afrique du Sud

à l'ONU et dans les institutions spécialisées).

Vérifications personnelles du juge
[Pr. civ.]

Procédure de preuve. Dans ce but, le juge, les parties présentes ou appelées, se transporte éventuellement avec le secrétaire-greffier sur les lieux où se trouve l'objet du litige et procède aux constatations, évaluations, appréciations ou reconstitutions qu'il estime nécessaires.

 NCPC, art. 179 s.

Versement de transport *[Séc. soc.]*

Participation des employeurs occupant plus de 9 salariés au financement des transports en commun.

« Verts » budgétaires *[Dr. fin.]*

Après l'adoption de la loi de finances par le Parlement, le détail des crédits est donné pour chaque ministère dans des fascicules à la couverture verte – d'où leur nom.

➢ *« Bleus » budgétaires, Lois de finances.*

Veto *[Dr. const.]*

1° *Veto royal ou présidentiel* : pouvoir reconnu au Chef de l'État (Roi ou Président de la République), dans certains régimes, de s'opposer aux lois votées par l'assemblée législative.

2° *Veto populaire* (ou référendum facultatif) : procédé de la démocratie semi-directe qui permet au peuple, sur pétition formulée dans un certain délai par un nombre déterminé de citoyens, d'opposer son refus à une loi régulièrement votée par le Parlement. À défaut d'opposition populaire dans le délai imparti, la loi entre en vigueur.

[Dr. int. publ.] Dans les organisations internationales :

faculté, pour l'un quelconque des États membres, lorsqu'une décision doit être prise à l'unanimité, d'y faire obstacle par un vote négatif;

privilège de chacun des cinq États membres permanents du Conseil de Sécurité de l'ONU de paralyser les décisions de cet organe portant sur des questions autres que des questions de procédure (Privilège découlant de la règle selon laquelle la majorité requise pour ces décisions – 9 voix sur 15 – doit comprendre les voix de tous les membres permanents du Conseil).

Viabilité *[Dr. civ.]*

Se dit d'un enfant qui au moment de sa naissance est apte à vivre.

C. civ., art. 725, 906.

Viager *[Dr. civ.]*

Se dit d'un droit dont on a la jouissance durant sa vie, mais dont le bénéfice ne passe pas aux héritiers (rente viagère, par exemple).

C. civ., art. 617, 1979.

Vices cachés *[Dr. civ.]*

Défauts de la chose vendue qui à premier examen ne se révèlent pas et qui la rendent impropre à l'usage auquel l'acheteur la destinait.

C. civ., art. 1641.

Vices du consentement *[Dr. civ.]*

Faits de nature à entraîner l'altération du consentement et, par voie de conséquence, la nullité de l'acte juridique. Les vices du consentement sont : l'erreur, le dol, la violence.

C. civ., art. 146, 180, 1109, 1844-16.

➢ *Vices cachés.*

Vices rédhibitoires *[Dr. civ.]*

Synonyme de vices cachés dont l'existence donne lieu à garantie.

📖 *C. civ., art. 1641, 1721; C. rur., art. 285 s.*

➢ *Garantie, Vices cachés.*

Victime par ricochet *[Dr. civ.]*

Tiers subissant un préjudice matériel ou moral du fait des dommages causés à la victime directe, tel un fils privé de subsides à la suite du décès de son père tué accidentellement.

Viduité *[Dr. civ.]*

➢ *Délai de viduité.*

Vignette *[Séc. soc.]*

1° Timbre apposé sur les emballages des médicaments que les assurés doivent coller sur la feuille de soins pour obtenir le remboursement de leurs frais pharmaceutiques.

2° Moyen de payer les cotisations de sécurité sociale dans les professions comportant des embauchages et débauchages fréquents : artistes et musiciens du spectacle par exemple.

Vil *[Dr. civ.]*

Se dit d'un prix dérisoire, tellement insignifiant qu'il équivaut à une absence de prix provoquant la nullité absolue du contrat.

Ville nouvelle *[Dr. adm.]*

Termes généralement employés pour désigner les « agglomérations nouvelles » créées en vue de comporter au moins 10 000 logements, avec des possibilités locales d'emploi d'au moins une partie des habitants. Leur support juridique peut être représenté, jusqu'à leur achèvement, par la constitution par les communes préexistantes intéressées soit d'un syndicat communautaire d'aménagement, soit d'une communauté urbaine, soit d'un ensemble urbain.

Viol *[Dr. pén.]*

Acte de pénétration sexuelle, de quelque nature qu'il soit, commis sur la personne d'autrui par violence, contrainte ou surprise. L'état vulnérable de la personne (grossesse, maladie, infirmité, déficience mentale), la minorité de 15 ans de la victime, la menace par arme, la commission en réunion, la qualité d'ascendant de la victime de l'auteur, la survenance d'une infirmité permanente ou d'une mutilation, constituent des circonstances aggravantes.

📖 *C. pén., art. 222-23 s.*

Violation de domicile *[Dr. pén.]*

Délit qui consiste, pour une personne dépositaire de l'autorité publique ou chargée d'une mission de service public, agissant dans l'exercice ou à l'occasion de l'exercice de ses fonctions ou de sa mission, or les cas prévus par la loi, ou pour un particulier, à s'introduire dans le domicile d'un citoyen contre le gré de celui-ci. S'agissant de l'infraction commise par un particulier, le maintien dans les lieux est également incriminé mais il faut que l'introduction soit effectuée à l'aide de manœuvres, menaces, voies de fait ou contraintes.

📖 *C. pén., art. 432-8, 226-4 s.*

Violation de la loi *[Pr. civ.]*

La violation de la loi est l'une des principales causes d'ouverture à cassation. Le mot loi est entendu d'une manière extensive et peut viser une règle prétorienne.

Violence *[Dr. civ.]*

Fait de nature à inspirer une crainte telle que la victime donne son consentement à un acte que, sans cela, elle n'aurait pas accepté.

■ *C. civ., art. 1112 s.*

➤ *Vice du consentement.*

Violences *[Dr. pén.]*

Terme générique qui, dans le code pénal, désigne l'ensemble des infractions constituant une atteinte à l'intégrité des personnes.

■ *C. pén., art. 222-7 s., R. 625-1.*

Virement *[Dr. com.]*

Technique permettant de transférer une somme d'argent d'un compte sur un autre par un simple jeu d'écritures.

Visa *[Dr. int. publ.]*

Mention portée sur un acte par l'autorité compétente à l'effet de lui reconnaître certains effets (ex. : visa d'un passeport, autorisant le titulaire à entrer dans le pays dont un fonctionnaire a délivré le visa, ou à en sortir).

[Pr. civ.] Simple mention datée et apposée sur l'original et sur la copie d'un acte de procédure ou d'une pièce ou document communiqué, attestant qu'une formalité exigée par les textes a bien été accomplie.

■ *NCPC, art. 672, 821.*

Dans un jugement, le visa désigne le texte sur lequel il s'appuie, ou l'acte de procédure qui lui sert de support.

Visa en matière de chèque *[Dr. com.]*

Procédé par lequel le tiré, en apposant sa signature au recto ou au verso du chèque sous les mots « visé » ou « visa » pour la somme de..., atteste l'existence et la disponibilité de la provision à la date de la signature.

■ *C. mon. fin., art. L. 131-5.*

Visite domiciliaire *[Pr. pén.]*

Au sens strict cette expression désigne l'entrée dans un lieu privé aux fins de constat ou de vérification. Aujourd'hui cette mesure est soumise aux règles de la perquisition.

■ *C. pr. pén., art. 56 s., 76.*

Vœu *[Dr. adm.]*

Nom donné, pour les opposer aux délibérations, aux simples manifestations d'opinion comportant un souhait, émises sous forme de votes par les assemblées des collectivités locales. Les vœux politiques leur sont interdits; ils n'en sont pas moins assez fréquents.

[Dr. civ.] Disposition contenue dans une libéralité par laquelle le disposant souhaite seulement que le bénéficiaire accomplisse une prestation, sans la lui imposer en droit.

Voies d'exécution *[Pr. civ.]*

Ensemble de procédures permettant à un particulier d'obtenir, par la force, l'exécution des actes et des jugements qui lui reconnaissent des prérogatives ou des droits. V. les différentes saisies portant sur des meubles corporels ou sur des biens incorporels, visant à l'exécution forcée d'obligation de verser une somme d'argent ou d'exécuter une obligation de faire.

Voie de fait *[Dr. adm.]*

Théorie d'origine jurisprudentielle, protectrice des droits des administrés en ce qu'elle entraîne pour l'Administration la perte de la majeure partie de ses pri-

VOI

vilèges traditionnels. Elle est constituée si l'Administration accomplit un acte matériel représentant une irrégularité manifeste soit parce qu'elle exécute une décision ne se rattachant pas à un pouvoir qui lui appartient (comme une décision grossièrement illégale, ou annulée par une juridiction), soit parce qu'elle exécute selon une procédure grossièrement illégale une décision même légale, et à condition que cet agissement parte atteinte à la propriété mobilière ou immobilière ou à une liberté publique. Les juges judiciaires deviennent alors compétents pour connaître de cette irrégularité, à titre exclusif en matière d'action en responsabilité, et concurremment avec les juges administratifs pour prononcer l'annulation de l'acte.

[Pr. civ.] Tout comportement portant ouvertement atteinte à des droits personnels ou méconnaissant à l'évidence une disposition législative ou réglementaire et justifiant, de ce fait, le recours à la procédure de référé en vue de faire cesser ce trouble manifestement illicite.
📖 *NCPC, art. 809.*

« Voies de nullité n'ont lieu contre les jugements » *[Pr. civ.]*

Adage signifiant qu'un acte juridictionnel ne peut être critiqué que par une voie de recours.
📖 *NCPC, art. 460.*
➢ *Acte juridictionnel, Nullité.*

Voie parée *[Dr. civ.]*

Clause par laquelle un créancier gagiste ou hypothécaire obtient de son débiteur l'autorisation de vendre la chose gagée ou hypothéquée sans observer les formalités requises par la loi (du latin

« *via parata* », voie d'exécution préparée à l'avance). Elle est illicite lorsqu'elle est passée lors de la constitution de la sûreté.
📖 *C. pr. civ., art. 742.*
➢ *Pacte commissoire.*

Voies de recours *[Pr. gén.]*

Moyens mis à la disposition des plaideurs pour leur permettre d'obtenir un nouvel examen du procès (ou d'une partie de celui-ci) ou de faire valoir les irrégularités observées dans le déroulement de la procédure. On distingue voies de recours ordinaires (opposition et appel) et extraordinaires (tierce opposition, recours en révision, pourvoi en cassation), voies de rétractation (opposition, recours en révision) et de réformation (appel).
📖 *NCPC, art. 527; C. just. adm., art. L. 811-1 et R. 811-1 s.; C. pr. pén., art. 567 s.*

Voirie *[Dr. adm.]*

Dépendance du domaine public comprenant principalement les voies et places publiques, mais aussi les arbres qui les bordent et les égouts. La voirie fait l'objet d'un régime juridique très détaillé, tendant à concilier les intérêts de ses usagers avec les prérogatives de la puissance publique.
➢ *Aisances de voirie, Concession de voirie, Permission de voirie.*

Voix délibérative, consultative
[Pr. gén / Dr. adm.]

Avoir voix délibérative : pour un magistrat lors du délibéré d'un jugement, ou pour un membre d'un conseil, avoir le droit de prendre part à la décision (de voter, si un vote est requis), par opposition à la voix consultative, qui permet

V

seulement d'exprimer un avis durant la discussion.

Vol *[Dr. pén.]*
Soustraction frauduleuse de la chose d'autrui.
📖 *C. pén., art. 311-1 s.*
➤ *Immunités de l'article 380 C. pén.*

« Volenti non fit injuria » *[Dr. civ.]*
Il n'est pas fait de tort à celui qui a consenti.

Voyageurs, Représentants, Placiers (VRP)
➤ *Représentant.*

Votants *[Dr. const.]*
Électeurs qui, ayant le droit de voter, ont effectivement pris part à un scrutin. Le pourcentage des votants par rapport aux électeurs inscrits est l'indice de la participation électorale.

Votation *[Dr. const.]*
Délibération directe des citoyens sur un problème déterminé.
➤ *Démocratie directe, Démocratie semi-directe.*

Vote *[Dr. const.]*
Acte par lequel un citoyen participe, en se prononçant dans un sens déterminé, au choix de ses représentants ou à la prise d'une décision.
➤ *Suffrage.*
1° *Vote facultatif* : vote que le citoyen est libre d'émettre ou de ne pas émettre.
2° *Vote obligatoire* : vote imposé par la loi, sous peine de sanction en cas d'abstention.
3° *Vote par correspondance* (supprimé en France par la loi du 31 décembre 1975).

4° *Vote par procuration* : vote par l'intermédiaire d'une personne désignée par l'électeur. Admis en France pour diverses catégories d'électeurs.
5° *Vote préférentiel* : faculté pour l'électeur de modifier l'ordre de présentation des candidats sur une liste.
6° *Vote public* : celui dans lequel le sens du vote émis par chacun est connu de tous.
7° *Vote secret* : celui qui est organisé de manière que le choix de chacun soit ignoré tant des autorités que des autres électeurs (enveloppe, isoloir, interdiction des signes sur les bulletins). Le secret du vote est la garantie de son indépendance.

Vote bloqué *[Dr. const.]*
Procédure qui permet au Gouvernement d'obliger l'Assemblée à se prononcer par un seul vote sur tout ou partie du texte en discussion, en ne retenant que les amendements proposés ou acceptés par lui.

Vote par délégation *[Dr. const.]*
➤ *Délégation.*

Vues et jours *[Dr. civ.]*
Ouvertures qui peuvent être pratiquées dans les murs séparant deux fonds.
Les *jours* sont des ouvertures pratiquées dans un mur séparatif qui n'appartient qu'à un seul des propriétaires voisins, et qui doivent laisser passer la lumière sans qu'il soit possible de voir au-dehors.
Les *vues* sont des ouvertures qui ne peuvent être pratiquées que dans des murs situés à une certaine distance du fonds voisin.
📖 *C. civ., art. 675 s.*

déposées dans un magasin général ou qu'il s'engage à conserver chez lui.
➤ *Récépissé-Warrant.*

Warrant agricole *[Dr. rur.]*
Sûreté mobilière permettant un gage sans dépossession sur des récoltes (y compris de vin), des animaux, et le matériel servant à contenir les produits warrants.

Whip *[Dr. const.]*
Terme anglais (whip : fouet) pour désigner les personnes chargées au Parlement de faire respecter la discipline de vote dans un groupe.

Warrant *[Dr. com.]*
Billet à ordre souscrit par un commerçant et garanti par des marchandises

Z

Zone d'aménagement concerté (ZAC)
[Dr. adm.]

Zone foncière à l'intérieur de laquelle une personne publique intervient en vue d'aménager et d'équiper les terrains pour y réaliser des constructions et/ou des équipements collectifs ou privés, soit afin de les utiliser elle-même, soit afin de les rétrocéder après équipement à des constructeurs publics ou privés.

📖 *C. urb., art. L. 311-1.*

Zone d'aménagement différé (ZAD)
[Dr. adm.]

Zone généralement située en secteur péri-urbain, à l'intérieur de laquelle existe un droit de préemption au profit d'une personne publique ou d'une société d'économie mixte d'aménagement permettant, en cas d'aliénation d'immeubles bâtis ou non bâtis, de payer seulement le prix du bien un an avant la création de la ZAD. Cette institution a pour but de prévenir la spéculation foncière sur des secteurs urbains à créer ou sur des zones d'activité à équiper.

📖 *C. urb., art. L. 212-1 s., L. 213-4.*

Zone d'attente *[Dr. adm.]*

En matière de police des étrangers, locaux situés dans un port, un aéroport ou une gare internationale, dans lesquels les étrangers se présentant à ces frontières sans titre d'entrée en france valable peuvent être placés pour un bref délai, en attendant soit leur refoulement effectif hors du territoire, soit leur admission au moins provisoire sur celui-ci (demandeurs d'asile).

Zone contiguë *[Dr. int. publ.]*

Bande maritime s'étendant au-delà de la mer territoriale sur laquelle l'État côtier exerce certains droits justifiés par sa protection douanière, fiscale, sanitaire ou militaire. Fixée par la convention de Montego Bay du 10 décembre 1982 à 12 milles au-delà de la mer territoriale (alors qu'auparavant mer territoriale plus zone contiguë, ne pouvaient ensemble dépasser 12 milles).

Zone économique exclusive
[Dr. int. publ.]

Née par décision unilatérale de certains États revendiquant l'exercice de droits souverains sur les ressources d'une zone s'étendant jusqu'à 200 milles de ses côtes, a été consacrée par la convention de Montego Bay du 10 décembre 1982. L'État côtier reçoit en exclusivité tous les droits de nature proprement économique pouvant s'exercer dans cette zone.

Zone d'entreprise *[Dr. fin.]*

Secteur géographique où la gravité de la situation de l'emploi a entraîné l'attribution aux entreprises industrielles qui s'y créent du bénéfice d'un statut fiscal privilégié (exonération d'impôt sur les sociétés pendant dix ans). Trois zones existent actuellement : Dunkerque, Aubagne – La Ciotat, Toulon – La Seyne.

Zone Franc *[Dr. fin.]*

Ensemble de pays regroupant autour de la République française (Métropole, Département d'Outre-Mer, Territoires d'Outre-Mer) quatorze États africains (naguère Territoires d'Outre-Mer français, sauf la Guinée Bissau) et les Comores. L'unité de cet ensemble d'États fondé sur des accords de coopération monétaire est réalisée par la convertibilité réciproque illimitée de leurs monnaies à des taux de parité fixes, par la liberté de transfert des capitaux d'un État à l'autre et par la centralisation, auprès du Trésor français, de la majorité de leurs réserves de change (avoirs en devises). Une décision du Conseil de l'Union européenne (23 novembre 1998) a confirmé que le passage à l'euro n'affectait pas les accords de coopération monétaire liant les États de la Zone, qui conservent ainsi le droit de modifier librement la parité entre l'euro et le franc CFA (ou le franc comorien).

Zone franche *[Dr. fin.]*

Au sens propre du terme, la zone franche est une institution du droit douanier. Elle correspond à une fraction du territoire national physiquement clôturée, pouvant être réduite à une ville portuaire (port franc) soustraite, en vue de favoriser le négoce ou la transformation de produits étrangers normalement destinés à être réexportés, à l'application des droits de douane; des exonérations d'impôts nationaux sont parfois accordées à titre d'encouragement. Ce régime existe à l'étranger

(ex. : Hambourg, Shannon) mais ne fonctionne pas en France, encore qu'une loi du 31 décembre 1986 ait ouvert la possibilité d'en créer dans les DOM.

Ce que l'on appelle actuellement en France Zone franche correspond à des territoires peu étendus (ex. : Pays de Gex, à la frontière franco-suisse) où certains produits originaires ou à destination d'un État limitrophe bénéficient d'un régime douanier privilégié.

De façon imagée et abusive, l'expression Zone franche est aujourd'hui souvent employée pour désigner des portions de territoire où, pour des raisons diverses, des entreprises bénéficient temporairement d'exonérations ou d'allégements d'impôts nationaux (ex. : « zone franche » de la Corse).

➤ *Zone d'entreprise, Zone franche urbaine.*

Zone franche urbaine *[Dr. fin.]*

Appellation donnée à certains secteurs urbains (quartiers dits « sensibles », connaissant de graves problèmes sociaux) à l'intérieur desquels les entreprises qui créent ou maintiennent des activités génératrices d'emplois bénéficient d'une exonération temporaire d'impôt sur une partie de leurs profits.

Zone d'influence *[Dr. int. publ.]*

Zone réservée par traité à l'influence politique exclusive d'un État déterminé. Pratique liée à l'expansion coloniale (particulièrement en Afrique à la fin du XIXe siècle) ou à l'impérialisme dans le cadre de la politique des blocs (ex. : l'Europe de l'Est fait partie de la zone d'influence soviétique depuis les accords de Potsdam et de Yalta en 1945).

Z

Zone de libre échange *[Dr. publ.]*
Zone comprenant le territoire de plusieurs États, qui ont supprimé entre eux les barrières douanières mais ont conservé chacun la liberté de leur tarif douanier vis-à-vis des pays tiers (à la différence de l'union douanière, qui comporte un tarif extérieur commun).

Zone à urbaniser par priorité (ZUP)
[Dr. adm.]
Zone foncière délimitée par l'Administration en vue de la construction d'immeubles d'habitation, et assortie de règles facilitant la concentration sur elle des principales constructions à réaliser dans la commune. Cette institution a disparu, et a été remplacée par celle de la zone d'aménagement concerté. On lui a notamment reproché d'avoir favorisé, par l'urbanisation trop dense qu'elle a permise, la construction de « grands ensembles » dont une partie des habitants connaît de graves difficultés psychologiques et sociales.

Z

Sigles*

ACOSS	Agence centrale des organismes de sécurité sociale.
ADAPEI	Union départementale des associations de parents d'enfants inadaptés.
ADIL	Association départementale pour l'information et le logement.
ADSEA	Association départementale de sauvegarde de l'enfance et de l'adolescence.
AELE	Association européenne de libre-échange (Genève).
AEMO	Action éducative en milieu ouvert.
AFA	Association française d'arbitrage.
AFB	Association française des banques.
AFL-CIO	American federation of labor-congress of industrial organisations.
AFNOR	Association française de normalisation.
AFP	Agence france-presse.
AFPA	Association pour la formation professionnelle des adultes.
AFSEA	Association française pour la sauvegarde de l'enfance et de l'adolescence.
AGIRC	Association générale des institutions de retraite des cadres.
AGS	Association pour la gestion du régime d'assurance des créances des salariés.
AID	Association internationale de développement (Washington).
AIDA	Association internationale du droit de l'assurance.
AIEA	Agence internationale de l'énergie atomique (Vienne).
AIPPI	Association internationale pour la protection de la propriété industrielle.
AMEXA	Assurance maladie des exploitants agricoles.
ANAH	Agence nationale pour l'amélioration de l'habitat.
ANDAFAR	Association nationale pour le développement de l'aménagement foncier agricole et rural.
ANPE	Agence nationale pour l'emploi.
ANVAR	Agence nationale de valorisation de la recherche.
AP	Assistance publique.
APCA	Assemblée permanente des chambres d'agriculture.
APCM	Assemblée permanente des chambres des métiers.
APJ	Agent de police judiciaire.
APL	Aide personnalisée au logement.
APUL	Administrations publiques locales (collectivités locales).

---

* Seuls ont été retenus les sigles les plus usuels. Ceux-ci ne sont cependant pas tous repris dans le Lexique, en raison de leur très grande diversité qui déborde le cadre d'un vocabulaire intentionnellement sommaire. Voir M. Gendrel, *Dictionnaire des principaux sigles utilisés dans le monde juridique, de A à Z,* préface J. Carbonnier, Les Cours de Droit, 1980.

ARH	Agence régionale de l'hospitalisation.
ARRCO	Association des régimes de retraites complémentaires.
ART	Autorité de régulation des télécommunications.
ASEAN	Association des nations du sud-est asiatique.
ASSEDIC	Association pour l'emploi dans l'industrie et le commerce.
AT	Accident du travail.
ATD	Avis à tiers-détenteur.
ATR (loi)	Loi du 6 février 1992 relative à l'administration territoriale de la République.
AUPELF	Association des universités partiellement ou entièrement de langue française.
AVTS	Allocation aux vieux travailleurs sociaux.
BALO	Bulletin des annonces légales obligatoires.
BAPSA	Budget annexe des prestations sociales agricoles.
BAS	Bureau d'aide sociale.
BAT	Bureau de l'assistance technique (ONU, New York).
BENELUX	Union économique : Belgique, Nederland, Luxembourg.
BERD	Banque européenne pour la reconstruction et le développement (Londres).
BFP	Bon pour francs.
BIC	Bénéfices industriels et commerciaux.
BIMA	Bulletin d'information du ministère de l'agriculture.
BIRD	Banque internationale pour la reconstruction et le développement (Washington).
BIT	Bureau international du travail (Genève).
BNC	Bénéfices non commerciaux.
BODACC	Bulletin officiel des annonces civiles et commerciales.
BOPI	Bulletin officiel de la propriété industrielle.
BRI	Banque des règlements internationaux (Bâle).
BRP	Bureau de recherche des pétroles.
BTAN	Bons du trésor à taux fixe et intérêt annuel.
CAA	Cour administrative d'appel.
CADA	Commission d'accès aux documents administratifs.
CAF	Caisse d'allocations familiales.
CAF ou CIF en anglais	Vente de marchandise à un prix global comprenant le coût, l'assurance et le fret.
CANAM	Caisse nationale d'assurance maladie et maternité des travailleurs non salariés des professions non agricoles.
CANCAVA	Caisse autonome nationale de compensation de l'assurance vieillesse artisanale.
CANSSM	Caisse autonome nationale de la sécurité sociale dans les mines.

CAP	Certificat d'aptitude professionnelle.
CAPA	Certificat d'aptitude à la profession d'avocat.
CAPES	Certificat d'aptitude pédagogique pour l'enseignement secondaire.
CAPET	Certificat d'aptitude (degré) pédagogique pour l'enseignement technique.
CAR	Conférence administrative régionale.
CARPA	Caisse autonome des règlements pécuniaires des avocats.
CAT	Centre d'aide par le travail.
CCAS	Centre communal d'aide sociale.
CCDVT	Caisse centrale de dépôts et de virements de titres.
CCI	Chambre de commerce internationale (Paris).
CCP	Compte courant postal.
CDC	Caisse des dépôts et consignations.
CDCI	Commission départementale de la coopération intercommunale.
CDD	Contrat (de travail) à durée déterminée.
CDI	Centre des impôts.
CDI	Conseil départemental d'insertion.
CEA	Centre de l'énergie atomique.
CEA	Compte d'épargne en actions.
CECA	Communauté européenne du charbon et de l'acier.
CED	Communauté européenne de défense.
CEDEX	Courrier d'entreprise à distribution exceptionnelle. ➤ *CIDEX*.
CEDH	Cour européenne des droits de l'homme, ou Convention européenne des droits de l'homme.
CEE	Communauté économique européenne (Bruxelles) ou marché commun.
CEEA	Communauté européenne de l'énergie atomique (Bruxelles) ou EURATOM.
CERC	Centre d'étude et de recherche de la consommation.
CERN	Centre européen pour la recherche nucléaire (Genève).
CES	Comité économique et social (de la région).
CES	Contrat emploi-solidarité.
CFA (Franc)	(Franc) Communauté financière africaine.
CFDT	Confédération française démocratique du travail.
CFE-CGC	Confédération française de l'encadrement – Confédération générale des cadres.
CFP (Franc)	(Franc) Change France Pacifique.
CFT	Confédération française du travail.
CFTC	Confédération française des travailleurs chrétiens.
CGA	Confédération générale de l'agriculture.
CGC	Confédération générale des cadres. ➤ *CFE-CGC*.
CGI	Code général des impôts.
CGPME	Confédération générale des petites et moyennes entreprises.

CGT	Confédération générale du travail.
CGT	Compagnie générale transatlantique.
CGT-FO	Confédération générale du travail – force ouvrière.
CHU	Centre hospitalier universitaire.
CIA	Central intelligence agency.
CIAT	Comité interministériel d'aménagement du territoire.
CICR	Comité international de la Croix Rouge (Genève).
CIDEX	Courrier individuel à distribution exceptionnelle. ➢ CEDEX.
CIDJ	Centre d'information et de documentation de la jeunesse.
CIJ	Cour internationale de justice (La Haye).
CIL	Comité interprofessionnel pour le logement.
CIO	Centre d'information et d'orientation.
CIRA	Centre interministériel de renseignements administratifs.
CIRDI	Centre international pour le règlement des litiges en matière d'investissements.
CIRI	Comité interministériel de restructuration industrielle.
CISC	Confédération internationale des syndicats chrétiens.
CISL	Confédération internationale des syndicats libres.
CJCE	Cour de justice des communautés européennes.
CJP	Centre des jeunes patrons.
CMU	Couverture maladie universelle.
CNAF	Caisse nationale d'allocations familiales.
CNAM	Conservatoire national des arts et métiers.
CNAM ou CNAMTS	Caisse nationale d'assurance maladie des travailleurs salariés.
CNAR	Confédération nationale pour l'aménagement rural.
CNASEA	Centre national pour l'aménagement des structures agricoles.
CNAV ou CNAVTS	Caisse nationale d'assurance vieillesse des travailleurs salariés.
CNC	Conseil national du crédit.
CNCL	Commission nationale de la communication et des libertés.
CNE	Caisse nationale d'épargne.
CNES	Centre nationale d'études spatiales.
CNESER	Conseil national de l'enseignement supérieur et de la recherche.
CNESSS	Centre national des études supérieures de la sécurité sociale.
CNET	Centre national d'étude des télécommunications.
CNEXO	Centre national pour l'exploitation des océans.
CNIJ	Centre national d'informatique juridique.
CNIL	Commission nationale de l'informatique et des libertés.
CNJA	Centre national des jeunes agriculteurs.
CNPF	Conseil national du patronat français (remplacé par le MEDEF).
CNR	Compagnie nationale du Rhône.
CNRS	Centre national de la recherche scientifique.

CNOUS	Centre national des œuvres universitaires et scolaires.
CNU	Conseil national des universités.
CNUCED	Conférence des nations unies sur le commerce et le développement. (Sigle anglais UNCTAD.)
COB	Commission des opérations de bourse.
CODEFI	Comité départemental d'examen des problèmes de financement des entreprises.
CODEVI	Compte pour le développement industriel.
COMECON	Conseil d'assistance économique mutuelle (Moscou).
CORRI	Comité régional de restructuration industrielle.
COS	Coefficient d'occupation des sols.
COTOREP	Commission technique d'orientation et de reclassement professionnel.
CPAG	Centre de préparation à l'administration générale.
CPAM	Caisse primaire d'assurance maladie.
CRAM	Caisse régionale d'assurance maladie.
CREAI	Centre régional pour l'enfance et l'adolescence inadaptées.
CREDOC	Centre de recherches, d'études et de documentation sur la consommation.
CRFPA	Centre régional de formation professionnelle des avocats.
CRIDON	Centre de recherches, d'information et de documentation notariales.
CRS	Compagnie républicaine de sécurité.
CROUS	Centre régional des œuvres universitaires et scolaires.
CSA	Conseil supérieur de l'audiovisuel.
CSERC	Conseil supérieur de l'emploi, des revenus et des coûts.
CSG	Contribution sociale généralisée.
CSM	Conseil supérieur de la magistrature.
CSMF	Confédération syndicale des médecins de France.
CUMA	Coopérative d'utilisation de matériel agricole.
CV	Curriculum vitae.
DAB	Distributeur automatique de billets.
DADS	Déclaration annuelle des données sociales.
DAS	Direction de l'action sociale.
DATAR	Délégation à l'aménagement du territoire et à l'action régionale.
DDAF	Direction départementale de l'agriculture et des forêts.
DDASS	Direction départementale des affaires sanitaires et sociales.
DDE	Direction départementale de l'équipement.
DDISS	Direction départementale des interventions sanitaires et sociales.
DDTE	Direction départementale du travail et de l'emploi.
DEA	Diplôme d'études approfondies.
DESS	Diplôme d'études supérieures spécialisées.
DEUG	Diplôme d'études universitaires générales.

DEUST	Diplôme d'études universitaires scientifiques et techniques.
DGF	Dotation globale de fonctionnement.
DGI	Direction générale des impôts.
DGS	Direction générale de la santé.
DOM	Département d'Outre-Mer.
DRASS	Direction régional des affaires sanitaires et sociales.
DSQ	Développement social des quartiers.
DST	Direction de la surveillance du territoire.
DTS	Droits de tirage spéciaux.
DUT	Diplôme universitaire de technologie.
EARL	Entreprise agricole à responsabilité limitée.
ECU	*European currency unit* (Unité de compte européenne).
EDF	Électricité de France.
EGF	Électricité-Gaz de France.
EMO	Éducation en milieu ouvert.
ENA	École nationale d'administration.
ENM	École nationale de la magistrature.
ENS	École normale supérieure.
ENSI	École nationale supérieure d'ingénieurs.
ENSP	École nationale de la santé publique.
EPCI	Établissement public de coopération intercommunale.
ERA	Équipe de recherche associée.
ESCAE	École supérieure de commerce et d'administration des entreprises.
ESRO	*European spatial research organization.* ➢ *OERS.*
ESSEC	École supérieure des sciences économiques et commerciales.
EURATOM	➢ *CEEA.*
EURL	Entreprise unipersonnelle à responsabilité limitée.
FAF	Fonds d'assurance formation.
FAO	Food and agriculture organization. ➢ *OAA.*
FAS	Fonds d'action sociale.
FASASA	Fonds d'action sociale pour l'aménagement des structures agricoles.
FBI	Federal bureau of investigation (Washington).
FCP	Fonds commun de placement.
FCTVA	Fonds de compensation pour la TVA.
FDES	Fonds de développement économique et social.
FED	Fonds européen de développement.
FEN	Fédération de l'éducation nationale.
FEOGA	Fonds européen d'orientation et de garantie agricoles.
FGA	Fonds de garantie automobile.
FGEN	Fédération générale de l'éducation nationale.
FIDA	Fonds international de développement agricole.

FINUL	Force intérimaire des Nations Unies au Liban.
FISE	Fonds international des Nations Unies pour le secours de l'enfance (New York). (Sigle anglais : UNICEF.)
FIVETE	Fécondation *in vitro* et transfert d'embryon.
FMI	Fonds monétaire international (Washington).
FNAL	Fonds national d'aide au logement.
FNAS	Fonds national d'action sociale.
FNASS	Fonds national d'action sanitaire et sociale.
FNCTVA	Fonds national de compensation de la TVA.
FNS	Fonds national de solidarité.
FNSEA	Fédération nationale des syndicats d'exploitants agricoles.
FOB	(*Free On Board* ou Franco bord). Livraison sans frais par le vendeur des marchandises vendues à bord du navire qui les transportera.
FONGECIF	Fonds pour la gestion du congé individuel de formation.
FORMA	Fonds d'organisation et de régularisation des marchés agricoles.
FPA	Formation professionnelle des adultes.
FSM	Fédération syndicale mondiale.
FUNU	Force d'urgence des Nations Unies.
GAEC	Groupement agricole d'exploitation en commun.
GAFI	Groupe d'action financière sur le blanchiment des capitaux.
GAM	Groupement d'action municipale.
GATT	*General agreement on tariffs and trade* (en français : Accord général sur les tarifs douaniers et le commerce. Genève) *(obsolète)*. ➤ *GATT*.
GDF	Gaz de France.
GEIE	Groupement européen d'intérêt économique.
GFA	Groupement foncier agricole.
GIC	Grand invalide civil.
GIE	Groupement d'intérêt économique.
GIEE	Groupement d'intérêt économique européen.
GIG	Grand invalide de guerre.
GIP	Groupement d'intérêt public.
HBM	Habitation à bon marché.
HCR	Haut commissariat des Nations Unies pour les réfugiés.
HE	Hors échelle (pour un fonctionnaire).
HEC	Hautes études commerciales.
HLM	Habitation à loyer modéré.
HT	Hors taxes. ➤ *TTC*.
IAE	Institut d'administration des entreprises.
IATA	Association internationale des transports aériens.
IDI	Institut de développement industriel.
IDI	Institut de droit international (Genève).

IEJ	Institut d'études judiciaires.
IEP	Institut d'études politiques.
IFOP	Institut français d'opinion publique.
IFP	Institut français du pétrole.
IGF	Impôt sur les grandes fortunes (supprimé en 1986).
IGN	Institut géographique national.
IGREF	Ingénieurs du génie rural, des eaux et forêts.
IME	Institut médico-éducatif.
IMP	Institut médico-pédagogique.
IMP	Institut médico-professionnel.
IMPro	Institut médico-professionnel.
INA	Institut national de l'audiovisuel.
INC	Institut national de la consommation.
INED	Institut national d'études démographiques.
INPI	Institut national de la propriété industrielle.
INRA	Institut national de la recherche agronomique.
INS	Institut national des sports.
INSEE	Institut national de la statistique et des études économiques.
INSERM	Institut national de la santé et la recherche médicale.
INTELSAT	Organisation internationale des télécommunications par satellites.
IPAG	Institut de préparation à l'administration générale.
IPP	Incapacité de travail partielle permanente.
IRA	Institut régional d'administration.
IR	Impôt sur le revenu (des personnes physiques).
IRCANTEC	Institution de retraite complémentaire des agents non titulaires de l'État et collectivités locales.
IREPS	Institut régional d'éducation physique et sportive.
IRETIJ	Institut de recherche pour le traitement de l'information juridique (Montpellier).
IS	Impôt sur les sociétés.
ISF	Impôt de solidarité sur la fortune.
IUT	Institut universitaire de technologie.
IVG	Interruption volontaire de grossesse.
JAF	Juge aux affaires familiales.
JAM	Juge aux affaires matrimoniales.
JAP	Juge de l'application des peines.
JEX	Juge de l'exécution.
JME	Juge de la mise en état.
JO	Journal officiel.
JOCE	Journal officiel des communautés européennes.
MATIF	Marché à terme international de France.

MEDEF	Mouvement des entreprises de France.
METP	Marché d'entreprise de travaux publics.
MGEN	Mutuelle générale de l'éducation nationale.
MIN	Marché d'intérêt national.
MJC	Maison des jeunes et de la culture.
MNEF	Mutuelle nationale des étudiants en France.
MODEF	Mouvement de défense des exploitations familiales.
MRAP	Mouvement contre le racisme, l'antisémitisme et pour la paix.
MSA	Mutualité sociale agricole.
NASA	National aeronautics and space organization. Organisation nationale de l'aéronautique et de l'espace (USA).
NATO	*North atlantic treaty organization.* ➢ *OTAN.*
OAA	Organisation des Nations Unies pour l'alimentation et l'agriculture (Rome).
OACI	Organisation de l'aviation civile internationale (Montréal).
OCAM	Organisation commune Africaine et Malgache.
OCDE	Organisation de coopération et de développement économique (Paris).
OEA	Organisation des États Américains (Washington).
OEB	Office européen des brevets.
OERS	Organisation européenne de recherches spatiales. Sigle anglais : ESRO.
OGAF	Opérations groupées d'aménagement foncier.
OIT	Organisation internationale du travail (Genève).
OJD	Office de la justification de la diffusion (journaux).
OMC	Organisation mondiale du commerce.
OMCI	Organisation intergouvernementale consultative de la navigation maritime (Londres).
OMI	Office des migrations internationales.
OMM	Organisation météorologique mondiale (Genève).
OMO	Observation en milieu ouvert.
OMPI	Organisation mondiale de la propriété intellectuelle.
OMS	Organisation mondiale de la santé (Genève).
ONDAM	Objectif national des dépenses d'assurance maladie.
ONF	Office national des forêts.
ONG	Organisation non gouvernementale.
ONISEP	Office national d'information sur les enseignements et les professions.
ONN	Office national de la navigation.
ONPI	Office national de la propriété industrielle.
ONU	Organisation des Nations Unies (New York).

ONUDI	Organisation des Nations Unies pour le développement industriel (Vienne).
OOA	Organisation des Nations Unies pour l'alimentation et l'agriculture.
OP	Ouvrier professionnel.
OPA	Offre publique d'achat.
OPAC	Office public d'aménagement et de construction.
OPCVM	Organisme de placement collectif en valeurs mobilières.
OPE	Offre publique d'échange.
OPEP	Organisation des pays exportateurs de pétrole.
OPHLM	Office public d'habitation à loyer modéré.
OPJ	Officier de police judiciaire.
OPV	Offre publique de vente.
ORGANIC	Caisse de compensation de l'organisation autonome nationale de l'industrie et du commerce.
ORGECO	Organisation générale des consommateurs.
ORSEC	Organisation des secours.
ORSTOM	Office de la recherche scientifique et technique d'Outre-Mer.
OS	Ouvrier spécialisé.
OTAN	Organisation du Traité de l'Atlantique Nord (Bruxelles). Sigle anglais : NATO.
OUA	Organisation de l'unité africaine (Addis-Abéba).
PAC	Politique agricole commune.
PACS	Pacte civil de solidarité.
PACT	Protection, amélioration, conservation, transformation de l'habitat.
PAH	Prime à l'amélioration de l'habitat.
PAIO	Permanence d'accueil d'information et d'orientation.
PALULOS	Prime à l'amélioration des logements à usage locatif et d'occupation sociale.
PAZ	Plan d'aménagement de zone.
PDG	Président directeur général.
PDU	Plan de déplacements urbains.
PEP	Plan d'épargne populaire.
PG	Procureur général.
PIB	Produit intérieur brut.
PIC	Prêts immobiliers conventionnés.
PIL	Programme d'insertion locale.
PJ	Police judiciaire.
PLA	Prêt locatif aidé.
PLD	Plafond légal de densité.
PLM (loi)	Loi du 31.12.1982 relative à l'organisation administrative de Paris, Lyon, Marseille.
PLU	Plan local d'urbanisme.

PMA	Procréation médicalement assistée.
PME	Petites et moyennes entreprises. ➤ *CGPME*.
PMI	Petites et moyennes industries.
PMI	Protection maternelle et infantile.
PMS	Préparation militaire supérieure.
PMU	Pari mutuel urbain.
PNB	Produit national brut.
PNUD	Programme des Nations Unies pour le développement.
POS	Plan d'occupation des sols *(obsolète)*. ➤ *PLU*.
P et T	Postes et télécommunications.
PUD	Plan d'urbanisme de détail.
PVD	Pays en voie de développement.
RATP	Régie autonome des transports parisiens.
RC	Répertoire civil.
RCB	Rationalisation des choix budgétaires.
RER	Réseau express régional.
RFA	République Fédérale Allemande.
RG	Renseignements généraux.
RIB	Relevé d'identification bancaire.
RIP	Relevé d'identification postale.
RMI	Revenu minimum d'insertion.
RTLN	Réunion des théâtres lyriques nationaux.
SA	Société anonyme.
SACEM	Société des auteurs, compositeurs et éditeurs de musique.
SAFER	Société d'aménagement foncier et d'établissement Rural.
SARL	Société à responsabilité limitée.
SALT	Négociations sur la limitation des armements stratégiques.
SAMU	Service d'aide médicale urgente.
SAS	Société par actions simplifiée.
SASU	Société par actions simplifiée unipersonnelle.
SCI	Société civile immobilière.
SCOP	Société coopérative ouvrière de production.
SDDS	Schéma départemental des structures agricoles.
SDECE	Service de documentation extérieure et de contre-espionnage.
SDI	Schéma départemental de coopération intercommunal.
SDF	Sans domicile fixe.
SDN	Société des nations *(obsolète)*.
SDR	Société de développement régional.
SEBC	Système européen de banques centrales.
SEITA	Service d'exploitation industrielle des tabacs et allumettes. Devenu aujourd'hui : Société nationale d'exploitation industrielle des tabacs et allumettes.

SEL	Société d'exercice libéral.
SELAFA	Société d'exercice libéral à forme anonyme.
SELARL	Société d'exercice libéral à responsabilité limitée.
SELCA	Société d'exercice libéral en commandite par actions.
SEM	Société d'économie mixte.
SERNAM	Service national des messageries.
SFI	Société financière internationale (Washington).
SGAR	Secrétariat général pour les affaires régionales.
SGDG	Sans garantie du gouvernement.
SHAPE	*Supreme Headquarter of Allied Powers in Europe* État-major des forces de l'OTAN en Europe.
SICA	Société d'intérêt collectif agricole.
SICAV	Société d'investissement à capital variable.
SICOMI	Société immobilière pour le commerce et l'industrie.
SICOVAM	Société interprofessionnelle pour la compensation des valeurs mobilières.
SIRENE	Système informatique pour le répertoire des entreprises et établissements.
SIRET	Système informatique pour le répertoire des établissements.
SIVOM	Syndicat intercommunal à vocations multiples.
SIVU	Syndicat intercommunal à vocation unique.
SMAG	Salaire minimum agricole garanti.
SME	Système monétaire européen.
SMI	Surface minimum d'installation.
SMIA	Société mixte d'intérêt agricole.
SMIC	Salaire minimum de croissance.
SMIG	Salaire minimum interprofessionnel garanti.
SNCF	Société nationale des chemins de fer Français.
SNEP	Société nationale des entreprises de presse.
SNIAS	Société nationale industrielle aérospatiale.
SNPA	Société nationale des pétroles d'Aquitaine.
SOFIRAD	Société financière de radiodiffusion.
SOFRES	Société française d'enquête par sondage.
SRU (Loi)	Loi du 13 décembre 2000 relative à la solidarité et au renouvellement urbains.
TA	Tribunal administratif.
TEG	Taux effectif global.
TGI	Tribunal de grande instance.
TI	Tribunal d'instance.
TIR	Transit international routier.
TNP	Théâtre national populaire.
TOM	Territoire d'Outre-Mer.

TPG	Trésorier-payeur général.
TT	Immatriculation des véhicules en transit temporaire.
TTC (prix)	(Prix) Toutes taxes comprises.
TVA	Taxe sur la valeur ajoutée.
UCANSS	Union des caisses nationales de sécurité sociale.
UEM	Union économique et monétaire.
UEMOA	Union économique et monétaire de l'Afrique de l'Ouest.
UEO	Union de l'Europe occidentale *(obsolète)*.
UER	Unité d'enseignement et de recherche (appellation remplacée par UFR).
UFR	Unité de formation et de recherche.
UIPPI	Union internationale pour la protection de la propriété industrielle (Paris Union).
UIT	Union internationale des télécommunications (Genève).
UNAF	Union nationale des associations familiales.
UNAPEI	Union nationale des associations de parents d'enfants inadaptés.
UNAPL	Union nationale des associations de professions libérales.
UNCAC	Union nationale des coopératives agricoles de céréales.
UNCAF	Union nationale des caisses d'allocations familiales.
UNCTAD	*United nations conference on trade and development.* ➤ *CNUCED.*
UNEDIC	Union nationale des ASSEDIC.
UNESCO	Organisation des Nations Unies pour l'éducation, la science et la culture (Paris). *United nations educational, scientific and cultural organization.*
UNICEF	*United nations international children's emergency fund* (New York). ➤ *FISE.*
UNIOPSS	Union nationale interfédérale des œuvres et organismes privés sanitaires.
UNIRS	Union nationale des institutions de retraite des salariés.
UNRRA	Administration des Nations Unies pour le secours et le relèvement.
UPU	Union postale universelle (Berne).
URIOPSS	Union régionale des œuvres et organismes privés sanitaires et sociaux.
URSS	Union des Républiques Socialistes Soviétiques *(obsolète)*.
URSSAF	Union pour le recouvrement de la sécurité sociale et des allocations familiales.
USA	*United States of America.*
UTA	Union des transports aériens.
VASFE	Vérification approfondie de situation fiscale d'ensemble.
VDQS	Vin délimité de qualité supérieure.
VRP	Voyageurs, représentants, placiers.

ZAC	Zone d'aménagement concerté.
ZAD	Zone d'aménagement différé.
ZAN	Zone d'agglomération nouvelle.
ZAR	Zone d'action rurale.
ZEP	Zone d'éducation prioritaire.
ZUP	Zone à urbaniser par priorité *(obsolète)*.

Photocomposition : **SCM**, Toulouse

Achevé d'imprimer sur les presses de
LA TIPOGRAFICA VARESE S.p.A.
Italie

Dépôt légal : juillet 2001

704292(1) CSB-T 60g SCM